Collective Choice and Social Welfare
EXPANDED EDITION

集団的選択と
社会厚生
［拡大新版］

アマルティア・セン—著

鈴村興太郎・蓼沼宏一・後藤玲子—監訳

栗林寛幸・坂本徳仁・宮城島要—訳

勁草書房

目　　次

集団的選択と社会厚生（1970 年）

集団的選択と社会厚生（2017 年）

序文 (1970 年)

　集団的選択の理論はいくつかの学問分野に属している．経済学はそのうちの一分野だが，決して唯一の分野ではない．本書は数理経済学テキスト・シリーズの一冊ではあるが，その考察の対象を経済問題にかぎる意図は，私にはまったくない．実際，本書が採用するアプローチは，経済学のみに閉じこもっていては，集団的選択の問題を十分に議論することはできないという信念に基づいている．経済学（特に厚生経済学，計画理論，公共経済学）の本質的な一側面であるとはいえ，この問題は政治科学，なかんずく国家の理論や決定手続きの理論と密接に関連しているからである．また，集団的選択の問題は倫理学——とりわけ正義の理論——のように，重要な哲学的な側面を持っている．

　本書は，数学的な分析を含んだ星印付きの章と形式張らない星印なしの章に分割されていて，それらは交互に登場してくる．数学に馴染みの薄い読者は，星印なしの章によって議論の核心を直観的に捉えることができるだろう．しかし，分析結果の精密な記述と証明のためには，星印付きの章の議論は必要不可欠である．

　本書を数学的な章と非数学的な章に分割することは，書物構成上のひとつの実験的な試みである．集団的選択の問題の多くは，分析の明確化のためには厳密で数学的な処理を必要としている．数学を用いない略式の議論は，たしかに頼りにならない場合があることは否定できないが，形式的な議論によって一度結論が得られれば，その結論の意味，重要性及び妥当性は，数学を用いない日常言語で語ることができる．事実，結論の重要性に関する純粋に形式的な議論は，必要な限度を超えて偏狭なものとなりかねない．本書は，明白に異なる 2 種類の読者の要求に応えることを志している．第一の読者層は，得られた結論の数学的な記述やその技術的な導出よりも，その結論の意義に主に関心を持つ人びとである．第二の読者層は，数学的な記述と技術的な導出にも関心を持つ人びとである．本書を星印付きの章と星印なしの章に分割する試みは，私の癒

しがたい分裂症を反映しているのみならず，それなりに合理的な根拠も備えているのである．

本書が用いる数学は，主として関係の論理に関わるものである．集団的選択に関する定理を証明するために駆使される数理論理学の主要な結果は，第1*章で記述され，議論され，証明されている．この意味で本書は自己完結的である．

集団的選択の問題領域は広範である．その全支流をカバーすること，ましてやそれら全支流を等しく徹底的に議論することは，到底実行不可能である．この分野の主要な研究を本書が適切にカバーしていることを私は望んではいるが，多様な支流の相対的重要性に関する評価に私の主観的な偏向が反映されている可能性があることは，率直に認めなければならない．

本書の初稿と第2稿をタイプしてコピーを作成する作業を援助して下さったデリー・スクール・オブ・エコノミクスとハーヴァード・インスティテュート・オブ・エコノミック・リサーチに感謝を捧げたい．実際に初稿と第2稿を効率的にタイプしてくれたのは，C. G. デバラジャン氏とヘレン・ビゲロー夫人だった．

次に私は，この本に影響を与えて下さった方々への謝意を表さなくてはならない．集団的選択の問題に対する私の関心は，いまから約15年前，私がケンブリッジ大学トリニティカレッジの学部生だった頃，モーリス・ドップと刺激的な議論を交わした際に初めて湧き上がったものである．それ以来，彼と私は断続的に議論を重ねてきた．ケネス・アローに私が負う恩義は，彼の先駆的な研究が社会的選択の分野における研究の様々な道筋を開拓したという理由のみならず，より個人的に，本書の原稿全体を通読して，多くの重要な改善を提案してくれたという理由からも，計りしれないものがある．ジョン・ロールズは1966年から67年の間に作成された本書の最初の原稿をすべて読んで，いくつかの論点，特に問題の哲学的な側面について，私の誤りを正してくれた．1967年から68年には，タパス・マジュムダー，ジェームズ・マーリーズ，プラサンタ・パタナイックが本書の最初の草稿を読んで，内容と形式の両方にわたって数多くの改善を提案してくれた．本書の最終稿には，彼らのコメントの影響が反映されている．私はまた，1968年から69年の間にハーヴァード大学でア

ローとロールズと私が共同で行ったこの主題に関する共同講義の参加者たち，特に，フランクリン・フィッシャー，A.ギバード，スティーヴン・マーグリン，ハワード・ライファ，ジェローム・ローゼンバーグ，ロス・スター，ディヴィッド・スターレット，リチャード・ゼックハウザーから，大きく裨益することができた．さらに，ディパック・バナジー，ロバート・カッセン，パーサ・ダスグプタ，ピーター・ダイアモンド，ジャン・グラーフ，フランク・ハーン，ベングト・ハンソン，ジョン・ハルサニー，ハンス・ヘルツバーガー，稲田献一，チャリング・クープマンス，アバ・ラーナー，ポール・サミュエルソン，トマス・シェリング，スブラマニアン・スワミーとも，有意義な議論を行うことができた．しかし，以上に列挙した方々の誰ひとりにも，本書の誤りや欠点に対する責任を負わせることはできないという事実を，私は認めざるを得ないのである．

新しい序文（2017年）
社会的選択と本書

　社会は様々な選好と優先順位を持つ一群の人びとから構成されている．集団を的確に代表する社会的決定を行おうとすれば，社会は人びとの（多種多様でありうる）見解と利害を，真摯に考慮する必要がある．集団の総合的な評価は社会的選択理論で中心的な意義を持っているが，総合的な社会的評価の形成という課題は，決して生易しいものではない．詩人ホラティウスによってつとに指摘されたように，「人びとの数だけ異なる選好評価がある」からである．この難問に取り組むことこそ，社会的選択理論の課題である．

　社会的選択の問題は，一国の統治機関の選出や，公共政策を決定するための国民投票の実施，人びとの経済的・社会的な機会の拡大，個人や少数者の権利と自由の保障など，様々に異なる姿で登場してくる．さらに我々は，地球規模の多様な問題とも取り組む必要がある．これらの問題には国際貿易と経済関係，国境を越える平和の維持とテロ活動の抑止，人口の国際移動に関する合理的な取り決め，教育及び文化的な交流の促進，そしてもちろん現在非常に挑戦的な課題となっている世界的な気候の健全な維持に関する決定が含まれている．このように我々の生活は多種多様な社会的選択の問題に取り巻かれているのである．

　国民的・国際的な政策とその社会的な優先度の決定という，非常に難しい重要課題に加えて，社会的選択の課題には，一国ないし全世界の人びとといった集団になにが起こりつつあるかという困難な判断を形成することも含まれている．その集団は以前よりも豊かになったのか．集団内部の社会的な不平等は縮小したのか拡大したのか．集団内部の貧困は，従来よりも増大したのか，どれほど広範囲にわたっているのか．また，制度的な評価の問題に立ち入れば，現在姿を現しつつある社会的な決定は真に民主的な決定といえるかどうか．

　社会的選択理論の起源は，コンドルセ侯爵を嚆矢とする18世紀フランスの数学者たちの研究に求めることができる．そうした貢献は啓蒙主義と民主主義

の双方に共感する社会で行われた．当時の社会では，人びとを平等かつ内省的な創造物として扱うべきことが大勢の見方となっていた．こうした見方はフランス革命において最も鮮明に表現されることになるのだが，初期の社会的選択理論の研究者——コンドルセやボルダなど——が，人びとを平等な存在として取り扱うという一般的な目標を共有する数学的な定理を提示したまさしくその時代に，フランス革命は爆発的に広まったのである．ケネス・アローは 20 世紀の現代的な社会的選択理論の創始者だが，彼もまた，この平等主義的な伝統に連なっている．

アローの不可能性定理は，社会的な決定を個人の選好に関連づける手続きが民主主義的であることを求める一見控えめな一群の公理がどんな決定手続きによっても満足されることはないという驚嘆すべき重大な結果を，厳密な論法を用いて証明するものだった．（この重要な定理が提起する問題については，後続の「新しいイントロダクション」と第 A1 章から第 A2* 章で議論することになる．）アローによる社会的選択の問題の定式化が，不可能性定理と同様に非常に重要な意義を持っていることは，社会的選択理論という学問分野の発展が示している通りである．アローの不可能性定理については，それに挑戦する試みと並行して，それを拡張する試みも存在している．さらに，アローの公理及び不可能性定理の倫理的・政治的解釈に関しても，数多くの貢献がなされてきた．アローの否定的な定理は，社会的選択の可能性に関する驚くほど多数の文献を弁証法的にもたらしたのであり，ある程度まで本書もその文献の一部である．

1950 年は，若い大学院生だったアローを革新的な社会思想の世界的指導者に押し上げた，社会的選択理論の先駆的な論文（Arrow 1950）が公刊された年である．同じ年には，現実の社会的選択にとって興味深い多くの地政学的な展開があった．共産主義の中華人民共和国が広範な外交上の承認を受けたのは同年であり，国際連合が朝鮮戦争に国連軍を派遣したのも，インド共和国が新たな民主主義的な憲法のもとで発足したのも，ジョセフ・マッカーシー上院議員がアメリカ人のなかの「反アメリカ主義」を摘発するキャンペーンを張って，政治的に暴走していたのも，同じ 1950 年のことだった．これら高度に現実的な問題に対しても，社会的選択理論は——異なる方法によってだが——有効である．C. P. スノーが，大衆的な人気を博した小説『学寮長（The Masters）』

で鮮やかに描写した学寮長選挙という学術界の集団的な選択に関わる権謀術数の論脈でも，社会的選択理論は有効である．スノーの小説が出版されたのは，1950年のアローの論文が提起した教訓を，総合的に展開した古典的な著書『社会的選択と個人的評価』（Arrow, 1951a）が出版されたのと同じ1951年のことだった．

　社会的選択の理論の現実との関連性にもかかわらず，これらの社会的選択の現実的な事例に対して，**形式化された**社会的選択理論が直接的に適用可能だと考えるなら，いささか誇張が過ぎるというべきだろう．数学的な社会的選択理論の発展は，（本書で議論され例証もされるように）現実の懸案事項と究極的には関連しているが，即席の応用とは一定の距離を保って，理論的な分析に集中する傾向がある．形式的に整備された分析と形式に捉われない議論がそれぞれ担う役割と両者間の相互関係を理解することは重要である．直裁な応用と一見距離を保つことには利点があり，それは厳密な論理と数学的な分析手法の発展を促進することにはとどまらない．もし，すべての分析上の新展開が日々の出来事への即座の応用の観点から正当化されなければならないとすれば，洗練された理論的な分析の発展は到底望めないことになるだろう．

　公理的方法は概念的な普遍性を持っていて，きわめて多様な分野に対して類似した分析結果の適用を可能にしてくれる．例えば，アローの直接的な関心は厚生経済学にあって，とりわけ功利主義的な厚生経済学が瓦解した廃墟の上に「社会厚生関数」を再構築するというアブラム・バーグソン（Bergson 1938）とポール・サミュエルソン（Samuelson 1947）が主導したプランの批判的な検討に絞られていたが，彼が到達した結論は，民主主義と参加型の統治という政治的な問題に対しても，等しく有効性を持っていた．サミュエルソン（Samuelson 1957, p. viii）が正しく指摘したように，アローの「数理政治学」は「民主主義の長い歳月を経た難問に新たな理解の光」を投げかけたのである．

　社会的選択理論のアプローチは，不平等，貧困，流動性，生活水準の指標など，多様な経済的・社会的な測度を工夫する問題とも，密接な関連がある．これらの関連は，本書（1970年の初版及びこの拡大版の新しい章）が探求する主題に部分的に含まれていて，社会的選択の純粋理論と多くの分野で我々が直面する多種多様で実践的な問題——応用厚生経済学，社会的・経済的な成果の評価，

民主主義的な手続きの評価，自由と人権の追求，及び正義と不正義の精査など
——の関係を，鮮明に例示することに役立っている[1].

個人的評価と社会的選択

アローが創始した現代的な社会的選択の理論を，我々はどのように理解する
べきだろうか．バーグソンとサミュエルソンを継承して，アローは人びとの利
害関心を表現する集計的な**社会厚生関数**に関心を持ち，社会における個人の**評
価**を集計的な社会厚生関数に関連づけている．1951年の著書『社会的選択と
個人的評価』でアローが提示して，社会的選択アプローチの決定的な定式化と
なったのが，個人的評価と社会的選択の間の関数関係だった．彼の1950年の
論文の議論は，この著書によってさらに深められたのである．

1970年の本書初版が提示して，この拡大版で拡張されている私の研究は，
アローの先駆的な研究によって直接に触発されたものである．本書の焦点は大
筋において事実の説明と予測を目的とする投票理論ではなく，規範的な社会的
選択の理論に絞られている．実際に適用されているか，また適用することが可
能な様々な投票手続きの検討も興味深い課題であり，私は他の所，なかでも
「投票方法の判定の仕方」という論文（Sen 1995b）で，投票手続きを議論して
いる[2]．だが本書は，主として社会的選択の理論と厚生経済学の基礎，及び倫理
学や政治哲学とこれらの研究課題の関係に関わっている．多数決のような基本
的な投票方法は規範的な社会的選択理論とも深い関係を持っていて，その文脈
で本書も投票方法に注目することになる．

アローは**社会厚生関数**という用語を個人の評価と社会厚生の間の**関係**を描写
するために使用している．この用語法の採用は社会的選択に民主主義的な基礎

1　これらの文献の様々な側面は，アロー，セン，鈴村が協力して編集した *Handbook of Social
　Choice and Welfare*, vols. I and II（Arrow, Sen and Suzumura, eds., (2002), (2011)）において，
　卓越した社会的選択の理論家たちによって展望されている．

2　投票の理論のなかで，大きな知的興味のみならず実践的な重要性もある問題は，Caplin and
　Nalebuff (1988, 1991), Maskin (1995), Aleskerov (1997, 2002), Gaertner (2002), Brams and
　Fishburn (2002), Maskin and Sjöström (2002), Pattanaik (2002), Schofield (2002), Dasgupta
　and Maskin (2008a, 2008b) など，優れた論文で提起されてきた．

を賦与しようとするアローの試みの一部だったが，この試みはコンドルセ侯爵がフランス革命後のフランスの将来に関する理論で達成を企てたことと，完全に軌を一にしていた．だが，コンドルセが1780年代の初頭に投票の数学理論を確立しつつあり，『人間精神進歩史』（Condorcet 1795）で形式的でない方法で研究を進めていた時代には，フランス革命はまだ水平線上にその姿を現しつつある段階だった．ヨーロッパ啓蒙主義の時代には，アダム・スミス（Smith 1759, 1790），トマス・ペイン（Paine 1776, 1791），イマニュエル・カント（Kant 1788），ジェレミー・ベンサム（Bentham 1789），メアリ・ウルストンクラフト（Wollstonecraft 1790, 1792）などにより，体系的だが非数学的な社会的評価の探索も追求されていた．以下で論じるように，これらの理念の多くも社会的選択の研究分野と深い関わりを持っている．

社会的選択理論に私が関与してきた経緯

アローの『社会的選択と個人的評価』は，社会的な決定の厳密な分析に革命をもたらして，現代的な社会的選択理論を誕生させた．この本が公刊された1951年は，私がコルカタのプレジデンシー・カレッジで学部生の教育を受け始めた年だった．私は刊行後わずか2〜3か月の学部1年生当時にアローの著書に出会うという幸運に恵まれた．才気煥発の級友シュカモイ・チャクラバルティによって私はこの本に興味を持つことになったのである．彼は，他の多くの卓越した資質のうちでも，飽くことのない読書家であり並外れた学者でもある点で抜群の存在だった．彼はアローの新著を，寛容な店主がいる地元の本屋から借用してきた．ある朝のことだが，興奮した彼は私にアローの著書を見せて「この本に君は非常に強い興味を持つに違いない！」と言った記憶がある．彼は正しかった．カレッジの筋違いに位置するカレッジ・ストリートの喫茶店に座り込んで，シュカモイと私は「不可能性定理」を含むアローの数学的結果と，数学的でない洞察の重要性について，延々と議論を重ねた．これこそ私の終生にわたる社会的選択理論への関心の出発点だった．アローのこの著書は，私のなかですでに芽生えていた民主主義と正義に対する関心に，非常によく合致していた．世界の根源的な社会問題の取り扱いに，数学的な推論と非数学的

な推論を混合するアローの方法は，大半の級友や教師にはかなり風変わりに見えることを認識していた私だが，非常に魅力的な主題として直ちに社会的選択理論にのめりこんだ（その当時，非常に若い教師だったタパス・マジュムダーは勇気を鼓舞してくれる例外的な存在であって，私が興奮した主題について，マジュムダーと私は大いに語り合うことができた）.

　コルカタで経済学と数学を 2 年間学んだ後，ケンブリッジ大学に入学した私が学生仲間——及び教師——たちを社会的選択理論に誘う試みは，みじめな失敗に終わった. わずかな例外のすべては，私が所属したトリニティ・カレッジにあった. その例外のうちには学部生仲間のなかで非常に広い関心の持ち主で才気ある経済学専攻のマイケル・ニコルソン，教師のなかではモーリス・ドッブとピエロ・スラッファ——2 人の偉大なマルクス経済学者——が含まれていた. 私の教師のひとりだった傑出した経済学者ジョーン・ロビンソンは，概して私にはとても優しかったが，私が知的に優先するようになった事柄にいかなる関心も持ってくれなかった. 彼女は私にはとても親身で，とても思いやりもあったが，社会的選択理論への私の関心を意志の弱さの類い——古代ギリシア人がアクラシアと呼んだもの——に過ぎないと考えていた. 私は自信を欠いていたために，モーリス・ドッブが自然に湧き起こる自らの関心を追求せよと私を強く激励してくれたことは，非常に重要だった. 偉大なインド人経済学者であって，家族ぐるみで親交もあり，私の教育に大きな影響力を持っていたアミヤ・ダスグプタが，「ジョーン・ロビンソンや他の誰かが勧告すること」に従うよりも，私自身が関わりたいと思うならばどんなテーマであれ追求する勇気を持てと指導してくれたことも，私にとって非常に重要だった.

　後に私がケンブリッジ大学の講師になったとき，カリキュラムに社会的選択を正式に加えようとする私の新たな努力はまたしても実を結ぶことはなかったが，「厚生経済学」という科目を工夫して，そこに社会的選択理論の雰囲気を盛り込むことには，なんとか許可を得ることができた. 経済学部の教務委員会は，この許可は私へのきわめて異例の譲歩であって，私がこの措置に感謝することが期待されていると伝えられた. 私は従順に謝意を表明した.

　ケンブリッジで学んでいたサミュエル・ブリタン，ジェームズ・マーリース，クリストファー・ブリスとは社会的選択理論に関連した主題について啓発的な

議論をする幸運に恵まれたとはいえ，周囲にいた少数の人びと——学生と同僚——を超えて社会的選択理論への体系的な関心を広めることができたのは，私がケンブリッジ大学を去った後のことだった．この素晴らしい成功は，私が1963年に教え始めたデリー・スクール・オブ・エコノミクス（学生たちは「Dスクール」と呼んでいた）においてもたらされた．ケンブリッジの若齢の教師であった頃の私は，「自由時間」には社会的選択の問題と取り組み始めていたが，最初の頃はまったく別の主題——生産技術の間で選択を行う方法——に関する博士論文の作成作業も進めていた．これは，私の指導教員たちが［社会的選択理論より］「もっと価値があり」「もっと実践的な」課題であるといって私を説得しようとしたが，完全には成功しなかったテーマであった．拙速に書き上げた博士論文は『技術の選択』（Sen 1960）というタイトルで出版された．この論文は，当時活発に議論された代替的技術を評価する基準に関する論争を解決するものだったため，私はこの論文の出版に不満だったわけではない（幸運にも本書は数回にわたって重版されている）．だが，このテーマへの私の関心はその後長くは続かなかった．

　そうこうするうちに，私は社会的選択については多くの課題が残されていること，とりわけアローの不可能性定理は探索の経路の「終着点」——往々にして解釈されているように，理性的な民主政治への希望を優雅に破壊した成果——ではなく，さらに探索と発展が求められる体系的な学問の建設作業の「出発点」であるという確信をさらに深めていった．私はデリー・スクール・オブ・エコノミクスで，社会的選択理論に関する新鮮で建設的な科目を考案することを熱望していた．この熱望は，私がデリー大学で教えていたそれ以外の科目——Dスクールにおけるミクロ経済学原理と初等的なゲーム理論，デリー大学のその他の学部における認識論と数理論理学——ともよく調和していた．本書の初版（1970年）は，私がDスクールで準備した講義ノートにその起源を持っている．

　この過程で私を鼓舞したインスピレーションは，デリー大学で教えた8年間にわたって徐々に進化していったものであり，世界の人びとの経済的・社会的・政治的な状況を評価するために，体系的な基礎を発展させることへの私の関心と緊密に結びついていた．これらの状況には，私の同胞であるインド人の

大多数が送っていた悲惨な生活の状況も含まれていた（私の学生の多くは，この状況に深い関心を寄せていて，プラパット・パトナイックをはじめとする数名は，その後インドの指導的な政治経済学者になった）．このインスピレーションは，コンドルセやボルダ，そして当然アローのような先駆者に遡って，この主題に関する数学的な結果に徐々に深まりつつあった私の関心とも密接に結びついていた．この主題が数世紀にわたって創出してきた数多くの文献にも私は通暁するようになっていた（ルイス・キャロルとして広く知られている数学者チャールズ・ドジソンは，集団的決定に関するいくつかの——体系だっていないとはいえ——重要な数学的な結果と並んで，私が渇望していた気晴らしも提供してくれた）．

　しかし，実際に社会的選択理論の教育といっそうの研究に私を専念させたものは学生からの反応であり，彼らの熱意と励ましこそが，この主題に関する講義とクラスを始めたことの正しさを私に確信させたのだった．我々は社会的選択について存分に語り合い，学生のなかで冒険心に富んだ人びとは，厳密な社会的選択理論の新たな成果を確立し続けたのである．なかでも飛び抜けて際立つ一例はオリッサから来たプラサンタ・パタナイックであって，私が新たな分析的な問題を定式化するや否や，どんなに困難なものでも解決する能力を示す彼の技量と独創性に，私は息をのむ思いを味わった．パタナイックは彼の博士論文（Pattanaik 1967a）を驚くほどのスピードで完成して，その要諦は最高の経済学専門誌に一連の優れた論文（Pattanaik 1968a, 1968b, 1970）として，速やかに公刊された．そうこうするうちに彼の博士論文は著書（Pattanaik 1971）の形でも出版されて，社会的選択に関する研究に大きな衝撃をもたらした．

　Dスクールで過ごした数年の間に，私は1964〜65年にはカリフォルニア大学バークレー校を，1968〜69年にはハーヴァード大学を訪問した．どちらの大学でも，私は社会的選択の分野で進めていた新しい研究を完成させ，その成果を遠慮会釈もなく，同僚や学生たちに提示した．バークレーとハーヴァードの両大学の学生と同僚たちが，推進中の私の研究に関心を持ってくれたという事実から，私は大きく裨益した．バークレーの人びとのなかではピーター・ダイアモンド，ジョン・ハルサニー，ジョン・サール，デール・ジョルゲンソン，ダニエル・マクファーデン，ティボール・スキトフスキー，ジョン・ウィリアムソン，ベンジャミン・ワード，ロイ・ラドナー，バーニー・サフラン，カー

ル・リスキンから（私と同様バークレーを訪問していたディパック・バナジーからも）貴重なコメントを得る幸運に恵まれた.

1968〜69年のハーヴァードでは，私はケネス・アロー，ジョン・ロールズと共同で社会的選択と正義に関するコースを教えた．この講義に出席した学生のなかには，偉大な社会的選択の理論家という地位を瞬く間に確立して，指導的な哲学者としても頭角を現していたアラン・ギバードが含まれていた．学生以外にも綺羅星のごとき研究者（ハワード・ライファ，ロバート・ドーフマン，トマス・シェリング，フランクリン・フィッシャー，スティーヴン・マーグリン，リチャード・ゼックハウザー，ディヴィッド・スターレット，ロス・スター，ジェローム・ローゼンバーグその他多くの人びと）が出席して，興味深い議論が巻き起こされた．私はスティーヴン・マーグリンとプラサンタ・パタナイック（彼もその年にハーヴァード大学を訪問していた）と協力して，費用便益分析に関する別のコースも教えた．この講義は社会的選択の理論と実践の関係について，素晴らしい議論を生み出した.

社会的選択に対する私の関心は，変容しつつあった言論の自由と社会的コミットメントの解釈によって強化され，研ぎ澄まされていった．私の滞在中には，1964〜65年のカリフォルニア大学バークレー校の自由言論運動，1968〜69年のハーヴァード大学の反戦デモと占拠といった学生運動が巻き起こっていた．私は1960年代の平穏なDスクールでそうしたように，学生たちの声に耳を傾けて，アメリカのキャンパスで実り多い時間を過ごした.

1970年の初版が試みたこと

1970年の本書初版は，当時確立されていた社会的選択理論を紹介することのみを目的としていたわけではない．それのみならず，アローの社会的選択理論の枠組みを実質的に拡張すること，彼の洞察を統合していくつかの定理を拡張すること，彼が課した制約の一部に疑問を提起して，その制約を緩和したうえで社会的選択に関する考え方にいくつかの修正案を，細心の注意を払って提案することを目指す野心的な試みでもあった.

社会的選択理論の全主題を取り扱うことを試みたとはいえ，私はアローの枠

組みの拡張と修正を特に強調せざるを得なかった．追求した修正には，社会的選択理論の枠組みに，効用の個人間比較を追加することが含まれていた．1950年前後の経済学で支配的だった考え方と整合的に，アローは効用の個人間比較には「なんの意味もない」と信じていたため，彼の公理的な構造に異なる個人の福祉――もしくは個人の利益――に関する個人間比較の余地を残す必要を特に認めなかった．だが，特定の文脈で個人間比較を承認する，想像力に富んだ試みがウィリアム・ヴィックリー，ジョン・ハルサニー，パトリック・スッピスなどによって追求されていた．個人間比較を許容する包括的な枠組みは内容が豊かで柔軟性に富む全体構造のなかで，福祉や利益の「水準」の比較可能性，「単位」の比較可能性，「比率」その他の比較可能性など，様々な種類の個人間比較を許容する必要があるが，これらの初期の新しい試みが提示した輝かしい洞察は特筆に値する重要性を持っている．

　本書の第 7〜8* 章が論じるように，個人間比較の使用は社会的選択の問題を解決する重要な手段となる．事実，社会的選択理論の枠組みで人びとの効用の個人間比較が許される場合――効用**水準**の比較に限定して許される場合でさえ――アローの不可能性定理はもはや成立しなくなる．1970 年版はいくつか異なる方法で個人間比較を行える場合について，社会的選択の方法を探索した．この探索には認識論と数学の両方にわたる解釈上の問題が含まれている．認識論に関わる解釈上の問題とは，個人間比較に関する知識とはなにを意味するのか，その知識はどのような方法で獲得できるかという問題である．数学に関わる解釈上の問題とは，考察の俎上に載せる比較の種類に適切な不変性の条件を活用して，どのような方法で異なる個人の効用を集計するかという問題である．厚生経済学や社会的測定の問題に直面する際に，個人間の効用比較を完全に排除する代わりに多様な個人の効用比較の代替的な可能性を承認すれば，不可能性からなんとか脱出しようとするのっぴきならない苦闘は，様々な価値や優先度の間で選択するという建設的な作業へと転換される効果を持つことになるのである．また，いくつかのタイプの個人間比較は簡単に実行可能であるが，実行が困難な個人間比較もありうるため，個人間比較のうちには完備性を持たずに，部分的にとどまるものもある（1970 年版の第 7 章と第 7* 章では，部分的な比較可能性を認める枠組みのもとで，例えば効用の社会的な総和を活用するアプロー

チが部分順序の構成可能性に導くことが示されて，このアプローチの可能性と有用
性が議論されている）．

　福祉（及び個人の利益）の個人間比較を組み込む新しい試みは，社会的選択
理論の新世代が生み出した数多くの際立って強力な貢献によってその基礎を固
められて，急速に拡大することになった（これらの新世代には，ピーター・ハモ
ンド，ルイ・ゲヴァース，クロード・ダスプリモン，エリック・マスキン，鈴村興
太郎，チャールズ・ブラッコビー，ディヴィッド・ドナルドソン，ジョン・ウェイ
マーク，ケヴィン・ロバーツ，フィリップ・モンジャン，金子守などが含まれてい
る）．ケネス・アロー自身も，社会的選択理論を変貌させるこの実践に参加した．

　本書が試みた重要な前進の別の一例は，個人的自由の重要性を認識して，社
会的選択理論の公理体系に権利の概念を収納する試みであった．この試みは第
5～6* 章で論じられている．啓蒙主義の時代に急進的な考え方を持った初期の
先駆者，なかんずくコンドルセ，トマス・ペイン，メアリ・ウルストンクラフ
ト，ジョン・スチュアート・ミルは，権利と自由の概念が持つ道徳的・政治的
な説得力をかなり援用していたが，社会的選択理論は制度的な形式を身にまと
う法的権利の概念を除いて権利の概念を拒絶するという点で，ジェレミー・ベ
ンサムに与する傾向を持っていた．事実，アローの枠組みには権利を考慮する
余地がなかったのである．私はこの傾向を批判して，いくつかの根源的な革新
を提案した．例えば，ベンサムが効用の計算の妥当性を強調するのと同様にミ
ルは（我々を効用数値を超える地点に導く）自由の社会的重要性に，我々が［権
利の概念に］関心を持つべきだと求めている．この主旨の革新を持ち込むこと
の論理的な帰結は著しく重大であることが判明した．事実，本書が導いたある
結果——「パレート派リベラルの不可能性」——は，1970 年以降の数十年間に，
その命題の応用・拒絶・拡張を伴う膨大な研究成果を派生させてきたのである．

　初版が試みたもうひとつの展開は，ジェームズ・ブキャナンなどによって提
起された「社会的選好」の概念の妥当性への疑問と真摯に取り組んで，この概
念にアローが課した推移性の要求を放棄することだった．ブキャナン（Buchan-
an 1954a）は，アローに対する初期の優雅な批判を提起して，社会的選好の推
移性という恣意的な要請を課したことこそ，アローの不可能性定理が生まれた
理由であると主張していた．彼によれば，社会は個人ではないためそれに固有

の「選好」を持つとはみなせず，社会の選好という概念の使用にはなんの意味もないのである．私は，投票ルールなど制度的選択に関してはブキャナンの主張はおおむね正しいが，社会厚生の判断を下す問題の論脈では，彼の主張には妥当性がないと確信していた．直観的にいって，アローの推移的な社会的選好の要請を放棄しさえすれば不可能性定理が解消されるという展望に，私は説得されてはいなかったのである．だが，集団的合理性の要請をまるで必要としない不可能性定理の証明に私が成功したのは，ずっと後年になってからのことだった．この不可能性定理の証明は，1984年のエコノメトリック・ソサエティの会長講演において最初に公表されたが，その後 "Internal Consistency of Choice" というタイトルのもとに，*Econometrica*（Vol. 61, 1993）に掲載された．

　しかし，アローの社会的選択の枠組みを修正せず集団的合理性に関する彼の要請を弱めるだけでも，不可能性定理の妥当性には強い影響が及ぶことが明らかにされている．1960年代の後半から多くの指導的な社会的選択理論の研究者は，社会的選好の推移性の要請を落として，社会的選択の内部整合性の条件を弱めれば，社会的選択の可能性を拡張することができることを示してきた．この主旨の研究の代表例には，アラン・ギバード，ベングト・ハンソン，プラサンタ・パタナイック，アンドリュー・マスコレル，ヒューゴー・ソンネンシャイン，鈴村興太郎，ドナルド・ブラウン，トマス・シュヴァルツ，ピーター・フィッシュバーン，チャールズ・プロット，ラジャット・デブ，ジョルジュ・ボルドゥ，ダグラス・ブレア，ロバート・ポラック，ピーター・ハモンド，ジョン・フェレジョン，アリエル・ルービンシュタイン，ドナルド・キャンベル，ジェリー・ケリー，ケヴィン・ロバーツ，ディヴィッド・クレップス，モーリス・サール，ディヴィッド・ケルシー，松本保美の業績が含まれている．この潮流に所属する研究は技術的な側面のみに集中する嫌いがあったが，（究極的には）社会的選好の概念にブキャナンが投げかけた基本的な概念上の問題と結びついていた．

この拡大版が目指すこと

　1970年代及び1980年代には，膨大な研究活動が社会的選択理論に注がれた

ため，本書の 1970 年版は注目を集める幸運に恵まれた．公刊から 40〜50 年が経過した現在ではこの主題に関して大量の新たな研究が存在しており，本書初版が本質的な補充を必要としていることは明らかである（しかし旧版の内容は依然として意義を持ち続けて，根こそぎ取り換える必要はないと私は信じている）．拡大版の新たな章で私が提示しようと試みるものは，まさにこの必要な補完作業の成果なのである．

　数十年にわたって，社会的選択の理論及び関連する主題の教育と研究に従事した様々な場所（ロンドン，オックスフォード，ハーヴァード）において，私は傑出した哲学者，経済学者，数学者たちとの交流から恩恵を享受する稀有な幸運に恵まれた．私の研究に対するケネス・アロー，ジョン・ロールズ，ヒラリー・パットナム，バーナード・ウィリアムズの巨大な影響に加えて，鈴村興太郎，トニー・アトキンソン，ジェームズ・マーリース，ピーター・ハモンド，ニコラス・スターン，エドモンド・フェルプス，ウルフ・ゲルトナー，ニコラス・ベージェント，ロバート・ノージック，トマス・スキャンロン，アイザック・リーヴァイ，ロバート・ポラック，マーサ・ヌスバウム，フィリップ・ペティット，フィリップ・ヴァン・パリース，スディール・アナンド，エリック・マスキン，エリック・ネルソン，エリン・ケリー，エリザベス・アンダーソン，バリー・メイザー，ジャン・ドレーズ，キャス・サンステインが私の社会的選択の考え方に与えた影響の大きさは，計りしれないほどのものだった．

　エリック・マスキンと私はハーヴァード大学で定期的に——そしてしばしば社会的選択理論に関する——講義を担当しているが，この経験から私は多大な恩恵を得ている．哲学部と数学部が共同で主催するマスキンと私の講義「数理モデルによる推論」には，偉大な数学者，バリー・メイザーが最近加わった．マスキンと私は，いままさに「民主主義と人権」に関するキャス・サンステインとの共同講義の準備をしているが，これはハーヴァード大学哲学部と法科大学院に提供される講義である．数年前にエリック・ネルソンと行った共同講義「正義の基礎」では，社会的選択理論と密接に関係する主題に関する批判的な議論も行われた．トマス・スキャンロン，ロバート・ノージック，ジョシュア・コーエン，マイケル・サンデル，フィリップ・ヴァン・パリースとの政治哲学に関する共同講義からも，私は大いに裨益した．

　社会的選択の哲学的な基礎に関する私の研究は，ロールズ，パットナム，ウィリアムズ及び私の講義仲間たちとの交流から深く学んできているが，W. V. O. クワイン，ハワード・ライファ，デレク・パーフィット，トマス・ネーゲル，アイザック・リーヴァイ，ロナルド・ドゥウォーキン，パトリック・スッピス，ドナルド・ディヴィドソン，イアン・ハッキング，ジェラルド（ジェリー）・コーエン，オノラ・オニール，スティグ・カンガー，ベングト・ハンソン，W. G. ランシマン，フィリップ・ペティット，ナンシー・カートライト，ジョン・ブルーム，ヤン・エルスター，ジュリアン・ブラウ，クエンティン・スキナー，トマス・シュヴァルツ，マイルズ・バーンヤット，ジョン・ダン，フレデリック・シック，ジョセフ・ラズ，E. F.（ネド・）マクレネン，ジョナサン・グローヴァー，テッド・ホンドリック，マイケル・マクファーソン，ダニエル・ハウスマン，クリスチャン・リスト，フランシス・カム，エリン・ケリー，デブラ・ザッツ，ファビエンヌ・ピーター，ジョン・タシオラス，エリザベス・アンダーソンたちとの交流からも，私は大きな恩恵を受けてきた.

　社会的選択に関する私の理解に様々な方法で貢献してくれた経済学者その他の社会科学者のなかで，当然私はケネス・アローを真っ先に挙げなければならない. 彼に加えて，私はジョン・ヒックス，ポール・サミュエルソン，レオ・ハーヴィッツ，ロバート・ソロー，森嶋通夫，フランク・ハーン，W. M.（テレンス・）ゴーマン，ジョン・ハルサニー，メナヘム・ヤーリ，ティボール・スキトフスキー，鈴村興太郎，ジェームズ・マーリース，A. B.（トニー・）アトキンソン，ピーター・ハモンド，ジャン＝ジャック・ラフォン，ニコラス・スターン，デール・ジョルゲンソン，ルイ・ゲヴァース，クロード・ダスプリモン，フランクリン・フィッシャー，ベツァレル・ペレッグ，ウルフ・ゲルトナー，タパス・マジュムダー，ディパック・バナジー，マイケル・ニコルソン，チャールズ・ブラッコビー，プラサンタ・パタナイック，ジョン・フェレジョン，ジョン・チップマン，スディール・アナンド，アンガス・ディートン，ジョン・ミュールバウアー，スティーヴン・マーグリン，ジェリー・グリーン，チャールズ・プロット，クリストファー・ブリス，ロバート・ポラック，アラン・カーマン，ミッシェル・ル・ブリトン，ジョン・ウェイマーク，ディヴィッド・クレップス，ムクル・マジュムダー，ヨルゲン・ウェイブル，ジュリア

ス・マーゴリス，ニコラス・タイドマン，ジョージ・アカロフ，ジョセフ・スティグリッツ，メグナード・デサイ，カウシック・バスー，シディク・オスマニ，ラジャット・デブ，ラヴィ・カンブル，ジョン・ヴィッカーズ，リチャード・タック，プラナブ・バーダン，アミヤ・バグチ，クリスチャン・ザイドル，ジェームズ・ヘックマン，パーサ・ダスグプタ，ジェフリー・ヒール，グラチエーラ・チチルニスキー，モーリス・サール，フィリップ・モンジャン，エリック・マスキン，ジョン・ローマー，ジャン・ドレーズ，ラース＝グンナー・スヴェンソン，ピーター・スヴェドベリ，ピーター・コフリン，バスカー・ダッタ，ビーナ・アガーワル，ポール・アナンド，ディヴィッド・ケルシー，アリエル・ルービンシュタイン，ケヴィン・ロバーツ，ロジャー・マイヤーソン，ロバート・サグデン，アンソニー・ショロックス，ジェームズ・フォスター，ベン・ファイン，マーク・マキーナ，ヴィンセント・クロフォード，テッド・グローブス，エスファンディア・マスーミ，アージャン・セングプタ，サンジェイ・レッディ，S.スブラマニアン，エスター・デュフロ，バーティル・トゥンゴッデン，アビジット・バナジー，マーティン・ラバリオン，マーク・フローベイらとの交流から学ぶ幸運にも，私は恵まれてきた.

　潜在能力のアイデアの私の使用法は，マーサ・ヌスバウムの研究と彼女の哲学的な洞察によって根本的な前進を遂げた．福祉と潜在能力という概念に取り組む私の試みにおいて，私はマブーブル・ハック，ラル・ジャヤウォーディナ，リンカーン・チェン，ジェームズ・ヘックマン，フランシス・スチュワート，ポール・ストリーテン，シディク・オスマニ，ナナック・カクワニ，ジョスリン・キンチ，スティーヴン・クラーゼン，サビーナ・アーカイア，モザッファー・キジルバッシュ，エンリカ・キアペル＝マルティネッティ，イングリッド・ローベインス，後藤玲子，メグナード・デサイ，スディール・アナンド，セリーム・ヤハン，サキコ・フクダ＝パー（福田咲子），バーバラ・ハリス，ジェーン・ハンフリーズ，ジェニファー・プラー・ルガー，エリック・スコッケールト，ポリー・ヴィザード，タニア・バーチャート，ヴィブケ・ククリス，フラヴィオ・コミンらと協力する機会を得た．このリストには，サルコジ仏大統領（当時）に宛てた経済的・社会的進歩の指標に関する報告書を準備する過程で，ジョセフ・スティグリッツとジャン＝ポール・フィトゥーシと行った共

同作業も追加しなければならない．社会的選択に関する私の思索に，様々な交流を通じて恩恵を与えてくれた人びとの上掲のリストは長大だが，リストから漏れた多数の方がいることは間違いない事実である．

章の構成とその内容

本書の初版は文体上の実験を含んでいて，各章は厳密でない（星印の付かない）章と，厳密で数学的な推論を伴う（星印の付いた）章に分かれている．星印なしの章と星印付きの章は交互に配置されている．数学的な推論は星付きの章で限定的に行われて，星印なしの章ではすべてのひとが理解できるように，日常言語のみが使用されている．この実験はうまく機能したようであり，多分に技術的な内容を伴う書物としては，本書の初版は私の予想を上回って幅広い読者を獲得することができた．この二分法は，数学的な分析と数学的でない評価の両方を必要とする社会的選択という主題に関する私の見解ともよく合致していた．この点については後に詳しく触れる予定である．この拡大版が含む（全部で 11 個の）新しい章にも同じ二分法が適用されて，星印付きの 5 章と星なしの 6 章に分けられている．星印付きの章と星印なしの章への二分法を堅持せんとする私の決断は，私の同僚であり教育面のパートナーであるエリック・マスキンから激励を受けたこと，アリエル・ルービンシュタインの称賛すべき著書（Rubinstein 2012）が本書 1970 年版を寛大に紹介してくれたことで揺るぎないものになったという事実を私はここで書き添えておきたい．

この拡大版は社会的選択理論への新しいイントロダクションから始まり，その後の各章は年代順に配列されている．1970 年版の章が最初に配列されて，新しい章がそれに続いている．この順番で各章を読むべき理由は，数多くある．旧い章は様々な議論の根底にある動機を詳しく解説しているうえに，社会的選択の主題に関して拙速を避けた考察を含んでいるからである．拡大版の新しい章は，1970 年版以降の歳月に登場した興味深く重要な分析に格別な注意を払って，社会的選択理論の現状を俯瞰する試みである．これらの版の章は，読者が旧い章をまず読まなくても理解できるような形で書かれてはいるが，この読み方を選んでしまうと，社会的選択の問題の動機づけに関わる議論と問題の歴

史的な展開の経緯を，読者は見落としてしまうことになりかねない．さらに，旧い章で提示されている結果や分析が新しい章で引用される場合，結局読者は旧い章を見返さなくてはならないことになる．

　新たに書かれた追加的な章の新しい論点と新しい章と旧い章との関係についても，この箇所で簡潔にコメントしておきたい．証明のいくつかは新たな推論によって短縮された．これはアローの古典的な不可能性定理の証明に対しても妥当する．初等的な論理のみを用いるというアローのこだわりを堅持しつつ，不可能性定理は，いまでは非常に簡潔・単純に証明することができる（この点について読者は第 A1 章及び第 A1* 章を参照してほしい）．当然のことながら，アローがこの主題に導入した基本的な洞察なくしては，議論のいかなる簡略化も生じなかったことはいうまでもない．

　この拡大版では，古い結果の若干の一般化も登場する．推移性のような社会的選好の性質は緩和されて，さらに控えめな要求で置き換えられるが，それでもなお（個人間の比較が許容されない）アロー流の枠組みでは，独裁的な要素は解消されずに残存し続けることになる．この緩和手続きの最終段階では社会的選好の概念そのものが完全に放棄されるのみではなく，社会的選択の内部整合性の条件を全部放棄することで社会的選好という概念を間接的に復活させる道も閉ざされる．そのときでさえ，アローの条件を社会的選択関数の枠組みで適切に再定義すれば，アローの不可能性の結果が復活することになる（この点については，第 A2 章と第 A2* 章を参照していただきたい）．

　この結果は，射程が非常に長いジェームズ・ブキャナンの批判に，より完全な形で応答することを可能にしてくれる．手始めに，ある種の論脈では，仮想的な「社会的選好」という考え方が有意義であることに，読者の注意を喚起したい．例えば，ある社会状態が改善されたかどうかという厚生経済学的な論脈では，「改善された」や「いっそう好ましい」などの社会的関係の考え方を放棄する必要はないどころか，放棄するべきではないと考える理由がある．だが，問題の論脈が異なって，選挙や政治的な主題に関する国民投票などを議論する場合には，必要な考慮事項は手続き的な公正であり，なにか内在的な意味で「社会的な改善」が達成されたかとか，「社会的に選好」される選択肢が実現されたかなどという観念を持ち出す必要はない．単に勝者は「公正に選択」され

たかさえ考慮すればよいのである．新しく拡張された定理から得られる洞察を考慮すれば，アローのパレート原理，非独裁性，無関係な選択肢からの独立性の条件を満たす公平な選択手続きに対しても，社会的選好の観念をまったく使用せずに，不可能性定理の成立を結論づけることができる（この点については第 A2* 章を参照せよ）．社会的選好の考え方の妥当性に関してブキャナンがアローに加えた批判には，それ自体として興味ある論点が含まれているとはいえ，アローの不可能性はこの批判を受けて崩壊するというブキャナンの主張は，正当性を欠いているといわざるを得ない．この事実は，ブキャナンの批判が持つ建設的な側面——公正な手続きの重要性に我々の関心を惹起した側面——の意義をいささかも傷つけるものではないが，アローの不可能性定理を拒絶するブキャナンの批判の破壊的な側面は，支持できないというべきである．

　アローの枠組みを本質的に拡張して，個人間比較を許容するという 1970 年版が追求した構想は，この拡大版でさらにその基礎固めと探求の作業がなされている．本書初版では，個人の選好に関する情報が（様々な選択肢のペアに対する選好の相対的な強度に関する情報を伝える）「基数的効用」によって拡充される場合でさえ，アローの不可能性定理が脱出の余地をわずかなりとも残さずに維持されることが（第 8* 章において）論証された．このように，効用の基数性を許容するだけでは，アローの不可能性定理から逃れることはできないのである．しかし，効用の基数性と個人間の比較可能性を同時に認めれば，基数性は社会的選択の可能性をいっそうの高み（効用水準のみが比較可能な場合よりいっそうの高み）に我々を導いてくれる．情報的に充実した——効用の個人間比較可能性と基数性の両方を認める——経路をとれば，正義の理論から引き出される洞察をも援用して（様々な形態の衡平性の追求など）倫理的な判断を行える明るい展望を持って，厚生経済学や規範的な評価の問題を探求することができるのである（この点については第 A3 章と第 A3* 章を参照せよ）．

民主主義，多数決，権利

　1970 年版では民主主義の要請も簡潔に議論していた．この主題は，拡大版の第 A4 章，第 A4* 章，第 A6 章において，さらに詳しく吟味されている．多

数決ルールは民主主義の一部と考えられるため，プラサンタ・パタナイックとの共同研究（Sen and Pattanaik 1969）に基づいて初版で提示した整合的な多数決の必要十分条件の特定化には，いくらかの興味があった．エリック・マスキン（Maskin 1995）が確立して，彼とパーサ・ダスグプタの共同研究（Dasgupta and Maskin 2008a, 2008b）がいっそう展開した結果は特別に興味深いものである．彼らが示したのは，個人的選好の許容可能な組み合わせにある種の制約を課した場合に任意の投票手続きから整合的な結果がもたらされるならば，同じ制約のもとで単純多数決ルールも，同じく整合的な結果がもたらされるということである．その逆は必ずしも成立しないため，他の投票ルールがうまく機能しない場合でも多数決ルールは的確に機能する可能性がある．この意味で，単純多数決ルールは優れた集計手続きであることが論証されたわけである．

多数決ルールは，政治学の理論家に──実際には公衆全体にも──よく知られた多くの長所を持っている．しかし，厚生経済学の論脈では，多数決ルールは選択肢を評価する格別に公正な方法ではないのみならず，もっともらしい方法ですらないことを認識することは重要である．相対的に裕福な人びとからなる多数派は，自分たちの利益を追求するために，最も貧しくて最も悲惨な少数派を圧倒することができる．このような場合，単純多数決ルールの判断に基づく選択手続きは，とりわけ不公正であることになるだろう．

また，多数決ルールは少数派の権利や個人の自由にほとんど注意を払うことがない．考察の対象となる社会的な集計問題の性質次第で，多数決ルールは適切な社会的選択の手続きになる場合もあれば，ならない場合もある．権利，自由（liberties）及び自由（freedoms）に関するアプローチは，この拡大版の第A5 章と第 A5* 章で幅広く探求されている．

多くの文脈で多数決の倫理的な地位に留保が置かれる場合，しばしば多数決ルールに帰着されている罪責の一部は，実は誤認の結果であるかもしれない点に注意する必要がある．不幸なことに，公共の議論では最大多数の支持を受ける選択肢──最大多数の人びとが彼らの選好の最上位に置く選択肢──の選択が，往々にして多数決ルールによる選択と混同されている．**相対多数決ルール**（plurality rule）は，有権者が最も好む候補者だけに投票するという制約が課される場合に，一番好まれている選択肢のなかで最大の得票数を獲得した選択肢

を選択するルールである．実際には，相対多数決ルールの勝者は有効投票の半数以下——非常に少数の場合さえある——しか受け取れないことがある．最も多くのひとが第一に好む候補者は，同時に多くのひとの最悪の候補者である可能性がある．第 A4* 章で示されるように，過半数の投票者が相対多数決ルールの勝者を選好リストの最下位に置くことさえありうるのである．

2016 年のアメリカ合衆国大統領選挙の共和党予備選挙において，ドナルド・トランプは一連の予備選での勝利によって，共和党大統領候補としての選出に道を切り開いたが，最初の 17 地区において彼は過半数を得ることに失敗した（アーカンソーにおいて彼は 33% の支持しか得られなかった）．これらどの地区の予備選挙でも投票者の過半数は彼を拒絶したのだが，彼は毎回の選挙で複数の競争相手に直面していたので，非トランプ票は割れた．トランプはこれらの票の割れたすべての予備選で相対多数を獲得したのだが，もし単純多数決投票が行われていればその都度ひとりの競争相手と直面することになるため，そのうち多くの選挙で彼は敗北を喫していた蓋然性が高いのである．

単純多数決の勝者は，一対一のペアごとの競争において他のすべての候補者に勝利する——あるいは同点となる——候補者である．単純多数決勝者の存在を保証する条件は第 A4* 章で論じられているが，単純多数決の勝者は必ず存在するわけではない．単純多数決の勝者が存在する場合には，相対多数決ルールの勝者とはかなり異なることが起こりうる．選挙システムが相対多数決ルールで勝利する候補者ではなく，ペアごとの単純多数決コンテストを通して多数決の勝者を探すようなものであったなら，最終的に正式な共和党候補に採用されるはるか手前の段階で，トランプ氏は競争から脱落する可能性が十分にあったのである[3]．

もうひとつの問題を検討の俎上に載せたい．相対多数決システムが，少数派の票に基づいて国会の議席の多数派を形成している状況では，国民大衆の支持に関する問題は，注意深く分析される必要がある．例えば（2014 年に開催された）前回のインド総選挙において，相対多数決ルールの勝者となったインド人民党（BJP）は，全体の票の 31% しか獲得できなかった（BJP はいわゆるヒンド

---

3 Eric Maskin and Amartya Sen, "How to Let the Majority Rule," *New York Times*, 1 May 2016 を参照せよ．また，Maskin and Sen（2017）も参照せよ．

ゥー民族主義運動の一部だが，ヒンドゥー教徒の投票者の多数は BJP には投票しなかった）．それでも（インドではイギリス流の選挙区に基づく相対多数決選挙が行われているおかげで）BJP はインドの国会下院議席の過半数をかなり上回ったのである．協力関係にある政党とともに，BJP 率いる政党連合はいくらか高い 39% の票を獲得したが，過半数には到底手が届かなかった．もちろん，与党集団が国会の議席の過半数を占めるかぎり，少数票に基づいて国を統治することに，なんら違法なところはない（とはいえ，選挙システムを批判的に精査する必要性は認められるべきである）．だが，過半数をはるかに下回る支持しか得ない政府があたかも過半数の人びとを代表するかのように語ること——まして国民全体を代表しているかのように語ること——は（ときとして現実に起こっているが）許されるべきでないことは，非常に重要である．過半数の得票といえども，批判的な見解に不寛容な態度をとる免許を政府に与えるわけではない．まして半数を下回る支持しか得ていない政府は，「反国家的」だという理由で個人の表現の自由を抑圧しないように配慮すべき，非常に強い理由がある．

準 順 序

本書（1970 年版と拡大版の両方）の重要で新奇な試みのひとつは，アロー流の枠組みが許容する社会的ランキング（この概念がそもそも意味をなす場合）に課した**完備性**を要求せずに，社会的ランキングの基本的な関係として**準順序**を使用することだった．完備なランキングは選択肢のいかなるペア x, y も，相互に順位づけられること——x は y よりよいか，y は x よりよいか，x と y は完全に同程度によいかのいずれかであること——を要求するが，部分ランキングは（推移性の要求を満たす準順序でさえも）あるペア x, y を順位づけないままに残す可能性を許している．準順序の持つ意義については，初版（1970 年版）でもかなり議論されているが，その役割と使用は，この拡大版でさらに詳細に検討されている．

この新たな試みには重要な意義がある．標準的な選択理論が用いている古典的な最適化の枠組みは，実現可能な選択肢のうちで「最適」（または「最善」）な選択肢——他のどの選択肢と比較しても少なくとも同程度に望ましい選択肢

——を選択する仕組みとして表現することができる．対照的に「極大」の選択肢は，他の選択肢より悪くない（少なくとも悪いと知られていない）選択肢であるとして，形式的に定義される．我々が——理由のいかんを問わず——x と y を互いに順位づけられなかった場合には，このペア $\{x, y\}$ に最適ないし最善の選択肢は存在しないが，この状況のもとではどちらの選択肢も明らかに極大な選択肢なのである．

　「最適」と「極大」の間の数学的な相違は，集合と関係の理論において決定的な重要性を持っている（この点についてはブルバキの古典的な『数学原論』を参照せよ）．極大化の一般的な教義は，ある選択肢が他のいかなる選択肢よりも悪いとわからない場合（その選択肢が他のすべての選択肢と同程度に望ましいとみなせるか否かにはかかわらず）その選択肢の選択がもっともだと考える点で，その特殊ケースである最適化の教義とは異なっている．ある要素が極大であるためには，選択可能な他のいかなる選択肢より**悪くはない**ことさえ確認すればよい．**他のすべての選択肢より望ましいとか同程度に望ましいことを示す必要はない**のである．極大化と最適化の基本的な対照は選好ランキング R が不完備である可能性に根差している．すなわち，x が y と少なくとも同程度に望ましいとはみなされず（少なくとも**現在はまだみなされず**），y が x と少なくとも同じ程度に望ましいとはみなされない（少なくとも現在はまだみなされない）ような選択肢 x と y のペアが存在する可能性から生じるのである．

　ビュリダンのロバという有名な哲学的寓話において，ロバは 2 つの干し草の山の間の選択ができなかったため餓死してしまう．干し草のどちらの山も，他方よりも望ましいと（同程度に望ましいとさえも）決定できなかったからである．ロバは極大の選択の存在を見落としていた——どちらの干し草の山も理に適う極大の選択肢であったし，どちらの山でも餓死するより明らかに望ましかった．ビュリダンのロバは，最適な選択という大義のために死んだのかもしれないが，極大の選択が存在する場合に，最善の選択肢がないからといってなにもしないという決定を下すことが賢い選択であるとはいえないことを理解することは，なにも難しいことではないのである．

　準順序を容認すれば，社会的選択理論の適用可能性は著しく拡大される．例えば，不一致点がいくらか残されているとしても，同意されている部分的なラ

ンキングが多くの有益な事柄の実行を可能にする場合があるため，準順序を容認すれば現実的な解決策に到達する可能性が開かれるのである．地球環境の保全のために（もっと特定すれば，地球温暖化の阻止のために）なすべきこと，地球規模の感染症の爆発的な蔓延を抑制するために緊急になすべきこと，世界中の医療の充実・整備のためになすべきことなどについて，意見の完全な一致が成立する望みはほとんどないだろう．それでも，適切な公共的な議論と積極的な問題提起を通じて，意見の全般的な相違の完全な解消を待たずとも，部分的な措置に関する同意は得られるという希望を持つことはできる．本書最終章の第 A6 章では，この問題をより十分に論じることになる．

推論と情報

公共的推論の重要性は，18 世紀のコンドルセ，スミス及びカント，19 世紀のミル及びマルクスを含む啓蒙思想の先駆者たちによって強調されて，そのアイデアは社会的選択理論の発展に貢献した．20 世紀になってこの理論が復活した当初の段階では，公共的推論への注目は，いくらか脇役的な位置に甘んじることになった．というのは，個人の選好を社会的に集計するルールにもっともな公理を課すことから誕生するアローの衝撃的な定理に触発されて，往々にして不可能性をもたらすような瞠目すべき数学的帰結を探求する熱狂と関心が湧き起こったからである．しかし，これらの熱狂的な探求から生まれた悲観的な結果によって否応なく注目を浴びたのは，特定の公理の受容可能性や，議論及び公共的推論がもたらす個人間の優先事項の差異に対する配慮の妥当性を，再度検討すべきだということだった．これらの関心は，厳密な集計手続きと対話型の公共的議論を組み合わせる研究を復権させたが，このような研究は特にコンドルセが深い関心を寄せたものだった．公共的推論への新たな関心が芽生えるなかで，アローの定理ならびにそれに触発された他の結果は，大きな役割を果たしてきた．しかし，この研究では「議論による統治」としての民主主義の理解を深めようとする——ジョン・スチュアート・ミルとフランク・ナイトを引き継いだ——ジェームズ・ブキャナンの建設的な努力も，指導的な役割を担ってきたのである．

　選挙と投票をより優れた情報に基づくものにするためには，広範に公開されて厳しい精査の目にさらされる公共的な討議が，強力で積極的な役割を担うことになる．批判的な精査の目が欠ければ，広範に公開された公共的議論であっても，論点と事実に関する人びとの理解を歪曲する結果に終わる可能性がある．群衆効果は，シグナルからの学習を通じて真実が広く普及する過程においてのみならず，誤った信念が拡散される過程においても観察されるのである（これについてはアビジット・バナジー（Banerjee 1992）を参照せよ）．また，誤った情報はビジネスの擁護や国家によるプロパガンダ，利益集団によるロビー活動，（メディアの所有や支配に関わる場合もあるが）偏向したメディアを通じて，（選挙に重大なインプリケーションを持つ）政治的討論に狡猾に仕組まれることもある．例えば，2016 年 6 月 23 日の（「ブレグジット」投票と呼ばれるようになった）イギリスのヨーロッパ連合からの離脱を決めた国民投票に関連した政治的混乱の少なくとも一部は，投票前に広範に流布していた事実の歪曲にその原因がある．実際，私がこの序文を執筆していた国民投票後の夏に，「離脱」キャンペーンは活動家による投票前の発言を──しばしば訂正を含んで──釈明していたように思われる（例えば，イギリスが定期的にヨーロッパ連合に支払っていた金額は，活動家の宣伝によればブレグジット後は「国民保健サービスに回せる」というもの）．民主主義にとっては言論の自由が重要であるのと同様に，「事実確認」のために組織化されて信頼できる機関もまた重要なのである．

　意見の形成，広範な公共的コミュニケーション，批判的な精査の相互間連携の重要性は，紀元前 64 年にクィントゥス・トゥッリウス・キケロが（もっと有名なキケロである彼の兄マルクスが，共和制ローマの最高位である執政官の地位を獲得できるように応援する目的で書いた）『選挙に勝つ方法』という小冊子で巧みに論じていた．事実，この連携は社会的選択一般の中枢を占めている．社会的選択は，究極的には他者との関わりで人間生活を取り扱うものである．とはいえ，社会的選択理論は（数学的な結果を含む）厳密な分析を，厳密ではなく，明瞭で容易に共有できる議論と関連づける必要がある．

　社会的コミュニケーションと公共的な精査の役割は，アダム・スミス，ディヴィッド・ヒュームからフランク・ナイト，ジェームズ・ブキャナンに至るまでの政治哲学者・社会哲学者によっても強調されてきた．彼らの業績は（この

序文で先にも論じたように）社会的選択の問題と直接的な関わりを持っている．情報的な基礎を拡張するための適切な枠組みの開発，（部分的な個人間比較の可能性を含めて）福祉の個人間比較を使用する方法の体系化，社会的な選択肢の準順序の重要性及びその条件次第での適切性の認識，社会的選好及び社会的選択に要求される整合性の条件の緩和など，本書で幅広く探求されるアイデアの多くは，形式化された研究と並んで批判的で学識ある公共的な精査を必要としている．

我々の心に深く刻まれた実世界の関心事は，形式的・数学的な推論の分析的な使用と統合されなければならない．推論の類型の多元論の必要性は，星印なしの章と星印付きの章に分割する本書の方法の背後にある根拠の一部を提供している．星印なしの章は，誰もが容易に取り組める日常言語による推論に限定されている．新版の星印なしの章は，旧版の場合と同様，星印付きの章を避ける——数学的な推論に立ち入ることを避ける——読者が，それでもなお示される主要な議論を理解できるような形で書かれている．社会的選択の主題とされる問題は，処理されるべき論理的・数学的な複雑さを含むため，厳密な分析を必要としている．だが，社会的選択の重要な課題は「日常言語」による精査も必要としていて，それなしでは済まされない．日常言語による精査の一部の正しさを立証するために数学的な推論が必要とされることもあるが，数学的推論が日常言語による精査を完全に置き換えることはできないのである．

謝　辞

『失われた時を求めて』でマルセル・プルーストは「幸福は人体に有益だ」と述べている．それに続いて彼は「だが，精神力の発達をもたらすのは幸福よりはむしろ悲しみである」とも述べた．悲しみの有益性を説いたプルーストでさえ，合理的な社会的決定の民主的な手続きを探求する過程で「不可能性定理」に遭遇してしまった悲しみの効用を意識していなかったことは，おそらく間違いない．だが，2 世紀にもわたり，当初は人を落胆させる成果しか生まなかった探求が，巨大な精神力を解き放ったこと，なかんずく社会的評価と意思決定に関して目覚ましい分析結果を生み出して，社会的選択理論という理性的で魅惑的な学問分野の誕生に導いたことは，まぎれもない事実である．18 世紀のコンドルセから，現代のケネス・アローに至る偉大な理論家たちの卓抜な精神は，失望の経験に彩られた探求を，個人的な評価に基礎を据え，合理的な社会的評価に移行する魅惑的な冒険へと，大きく転換させたのである．

　私はこの驚嘆すべき冒険に参加する機会を得たこと，また社会的選択理論が伝える教訓を私が関与を試みた他の研究領域——経済学，政治学，哲学——に応用することからも，大きく裨益してきた．これらの研究領域は，飢饉と飢餓，不平等と貧困，アイデンティティと暴力，正義と不正義，知識と客観性など，多岐にわたっている．知的な意味で挑戦的であって，社会的な意味で重要でもあるのみならず，広範囲にわたって有効性を持つ主題へと我々を導いた先駆的な思想家たちに感謝の念を捧げることから，私の謝意の表明を開始したい．

　まず，社会的選択理論の先駆者たちのみならず，人間の理解に関わる他の領域で研究を進めつつ，その成果が社会的選択理論に深い関連性を持っている学識豊かな思想家たちに，謝意を述べたい．この主旨の謝意を表明する必要性は，ケネス・アローに触発されて研究を開始した当初から，私には明らかだった．私がここで特に念頭に浮かべるのは，アダム・スミス，イマニュエル・カント，メアリ・ウルストンクラフト，ほか数人の偉大なヨーロッパの啓蒙思想家，時

代をわずかに下ってジョン・スチュアート・ミル，カール・マルクスである．彼らの誰ひとり，広く認知されているどのような形式的な意味でも，社会的選択の理論家ではない．だが，彼らの思想は少なくとも私が理解するようになった意味で，社会的選択の推論方法に対して，深い含蓄を持っている．同じ主旨の謝意を現代の思想家のなかではジョン・ロールズ，バーナード・ウィリアムズ，ヒラリー・パットナムの非常に創造的な思想に対しても表明したいと私は考えている．

　私の社会的選択理論の長い旅は50年を優に超えている．数十年に及ぶこの旅路の過程で，プラサンタ・パタナイック，ピーター・ハモンド，鈴村興太郎，エリック・マスキンなど他の社会的選択の理論家たちとの知的な交流から私がいかに多くの恩恵を得てきたかを適切に表現することは，ほとんど不可能なように思われる．1970年代の初頭，鈴村興太郎がロンドン・スクール・オブ・エコノミクスに到着したことは，進行中のピーター・ハモンドとの強固な交流に加えて，私の研究計画を全面的に変化させるほどに，強いインパクトを持っていた．この論脈で私はフアド・アレスキーロフ，ポール・アナンド，スディール・アナンド，ニック・ベイジェント，カウシック・バスー，ケン・ビンモア，チャールズ・ブラッコビー，ウォルター・ボッサール，ドナルド・キャンベル，クロード・ダスプリモン，ラジャット・デブ，バスカー・ダッタ，マーク・フローベイ，ジェームズ・フォスター，ウルフ・ゲルトナー，ルイ・ゲバース，ジェリー・ケリー，ミッシェル・ル・ブリトン，アイザック・リーバイ，ジェームズ・マーリーズ，フィリップ・モンジャン，エルベ・ムーラン，シディク・オスマニ，フィリップ・ペティット，ケヴィン・ロバーツ，モーリス・サール，アルナバ・セン，S.スブラマニアン，ロバート・サグデン，ジョン・ウェイマークにも言及しておかねばならない．彼らの考え方や発言は，しばしば私の社会的選択の研究の姿態を変えるほどの影響力を持っていた．社会的選択理論に携わるこれらの人びとに加えて，エリザベス・アンダーソン，トニー・アトキンソン，ディパック・バナジー，アキール・ビルグラミ，クリストファー・ブリス，フランソワ・ブルギニョン，ジェリー・コーエン，パーサ・ダスグプタ，アンガス・ディートン，ロナルド・ドウォーキン，ジャン＝ポール・フィトゥーシ，テレンス・(W. M.) ゴーマン，フランク・ハーン，ダ

ニエル・ハウスマン，ラヴィ・カンブル，ジャン゠ジャック・ラフォン，リチャード・レヤード，ムクル・マジュムダー，マイケル・マクファーソン，森嶋通夫，トマス・ネーゲル，ロバート・ノージック，マーサ・ヌスバウム，デレク・パーフィット，ジョセフ・ラズ，エマ・ロスチャイルド，トマス・スキャンロン，ディヴィッド・スターレット，ニコラス・スターン，ジョセフ・スティグリッツ，キャス・サンステイン，フィリップ・ヴァン・パリース，そしてもちろん私と頻繁に共著を著しているジャン・ドレーズなど，関連する学問分野における長年の友人たちの思想からも，私は大きな恩恵を受けてきた．

　1970 年版とこの拡大された 2017 年版の 2 つの序文では，非常に多くの人びとが私の研究に影響を与えて援助してくれたことを，広い範囲にわたって述べた．私はここで彼らすべてに対して深い感謝を表明したい．彼らの名前は 2 つの序文で個々に記されているため，改めて繰り返すことはしない．ここではただ彼らは私の教師タパス・マジュムダー，モーリス・ドッブ，ピエロ・スラッファを含んでいること，異なる大学で私が教えた学生（年代順に，プラサンタ・パタナイック，カウシック・バスー，シディク・オスマニ，ラジャット・デブ，ベン・ファイン，ラヴィ・カンブル，ディヴィッド・ケルシー，ステファン・クラーゼン，フェリシア・ナウル，ジェニファー・プラー・ルガー，そして私が指導する過程でさえ，多くのことを私に教えてくれた 100 人を超す他の人びと），多彩な学術機関で一緒に教えた同僚たち（ケネス・アロー，ジョン・ロールズを含んだ多くの人びと，なかでもスティーヴン・マーグリン，クリスティン・ジョールズ，エリック・ネルソン）を含んでいることを記録しておきたい．個人や社会の評価における潜在能力アプローチを共同で推進した研究者たちは，私の社会的選択の研究に対しても，かなりの影響力を持っている．この点については「新しい序文」で述べているが，第 A3 章でも改めて触れることになる．

　拡大新版の執筆過程では，独立した「新しい序文」と「新しいイントロダクション」を書き加えたが，本書の 1970 年版も新たに追加された 11 の章と統合される必要があった．この作業は，拡大版を執筆する試みを開始した際に私が予想したより困難な仕事であることが判明した．本書は日常言語で議論する章に加えて，いくつかの数学的な言語を用いる章——これらの章には星印をつけて日常言語で議論する章と区別した——から構成されているので，統合する作

業は容易ではなかった．この作業を開始するに際しては，私の編集者スチュア
ート・プロフィットの援助に負うところが多かった．彼は，草稿段階の全部の
章にわたって，表現上の数多くの改善策も提案してくれた．

　本書の制作過程では，リチャード・ダギッド，シャーロット・ライディング
ス，サンドラ・フラー，ベン・シンヤーの非常に効率的な作業に大いに助けら
れた．私はまた，ハーヴァード大学における私の研究補助者たち，とりわけカ
ヴェ・デニッシュ，プリヤンカー・メノン，カースティ・ウォーカーの卓抜な
助力を得ることができた．その全員に最大限の謝意を捧げたい．

　この拡大版は，スディール・アナンドから得た頻繁な助言と導きなくしては，
実現しなかった．内容と表現の双方にわたって，私は彼の助言に決定的に重要
な仕方で依存しているのである．

　最後に，社会的選択の問題における私の最近の関心は，エリック・マスキン
と協力してハーヴァードで教えた社会的選択理論の常設コースと，非常に密接
に結びついていることに言及しなくてはならない．私はまた，彼と協力してい
くつかの研究を行う栄誉を得ている．鈴村興太郎，ピーター・ハモンド，スデ
ィール・アナンドとともに，この拡大版に強い影響を与えてくれたことに対し
ても，エリック・マスキンに感謝したい．

A. S.

2016 年 11 月

新しいイントロダクション（2017 年）

　集団的選択の挑戦は広範囲にわたる難しい課題である．集団の構成員の利害と関心の多様性が，この課題をことさら難しくしている．非常に長期にわたり，社会思想家は社会構成員の関心を（完全に民主的な社会ではないまでも）民意に敏感な社会が行う決定にどのように反映させるかについて，思索を重ねてきた．例えば，いずれも紀元前 4 世紀の人物である古代ギリシアのアリストテレスと，古代インドのカウティリヤは，『政治学』及び『経済学』と呼ばれるそれぞれの古典において，社会的選択の様々な方法の可能性を探求している[1]．

　社会的選択理論は非常に広大な学問分野であって，独立した様々な問題を対象としている．その主題を例示するために，問題のいくつかの側面に言及することは有益であると思われる．どのような場合に，**多数決ルール**は明確で整合的な決定に導くだろうか．様々な構成員の多様な利害に照らすとき，**全体としての社会**が適切に機能しているか否かを，どんな方法で判断すればよいのだろうか．社会構成員の選好に十分に配慮しながら，人びとの権利と自由を調整することは，どんな方法で可能になるだろうか．社会を構成する多様な人びとの様々な苦境と惨状を考慮に入れて**社会全体の貧困**を計測するためには，どうすべきだろうか．自然環境や疫学的な安全など，公共善はどう評価されるべきだろうか．

　さらに，直接的には社会的選択理論の一部ではないとはいえ，飢饉や飢餓の因果関係の発見やその予防，ジェンダーの不平等の形態や帰結などの探求は，集団的決定の研究が生み出す認識によって支援されてきた．それ以上に，正義の理論は社会的選択理論の分析的な結果及び洞察から，大いに裨益することが

1　カウティリヤの著書のタイトルのサンスクリット語 "Arthashastra" は，正確に直訳すれば『経済学』となる．もっとも彼は，この著書の多くのスペースを政治的な対立と政治的な手腕の必要性に割いている．アリストテレスの『政治学』とカウティリヤの『経済学』の英訳は，それぞれ E. Barker（1958）と L. N. Rangarajan（1987）に収録されている．中世ヨーロッパの投票に関するいくつかの興味深い著作は，Ian McLean（1990）で議論されている．

できる（この点について私は『正義のアイデア』（Sen 2009a）において，詳しく議論した）．このように，社会的選択理論の射程とその現実との関連は非常に広範囲にわたるのである．

社会的選択理論の初期の起源

「新しい序文」で述べたように，社会的選択理論が整然とした学術の一分野として初めて正当に評価されたのはフランス革命期のことだった．この主題を開拓した功績は，J. C. ボルダ（Borda 1781）やコンドルセ侯爵（Condorcet 1785）など18世紀後半のフランスの数学者たちに帰着される．彼らは社会的選択問題を数学的に表現して，投票その他の手続きの観点から社会的選択の理論という知的な学術分野に先鞭をつけたのである．当時の知的環境はヨーロッパ啓蒙思想の強い影響のもとにあり，社会秩序の理性的な建設に関心が寄せられていた．

実際，コンドルセを最も顕著な例として，初期の社会的選択理論の研究者のうちの数名はフランス革命の知的指導者だった．先駆的な経済学者であり，リモージュ州の総徴税区長官（知事）も務めていたテュルゴーを，コンドルセは絶賛していた．彼によると，テュルゴーは「人びとを理性的な存在の集合体として取り扱った」最初の政治家だった．テュルゴーと敵対するジャック・ネッケルは「人びとの愚かさを誇張している」としてコンドルセは警鐘を鳴らしている．特に後期の著作において，コンドルセは集会における対話型の意思決定に強い関心を寄せた．この集会には租税，公共事業，民兵，公共財源の利用，公共財の管理に関する意思決定を担当する「行政議会」が含まれていた．

しかし，フランス革命は平和的な社会秩序をフランスに招来することに成功しなかった．全世界にまたがって政治的な焦点を変更するという点では重要な成果を達成しつつも，フランス革命は国内では多くの闘争と流血をもたらしたのみならず，いわゆる「恐怖政治」につながったといって過言ではない．事実，革命の背後にある思想に貢献した社会的協調の理論家の――コンドルセを含む――多数は，他人による殺害の危険が迫ったとき自らその命を絶っている．この場合には，社会的選択の問題は知的な解決方法に到達できなかったのである．

　初期の社会的選択の理論家の動機のうちには，社会的選択手続きの不安定性と恣意性の双方を避けたいという願望が含まれていた．彼らの研究の野心は，集団を構成する人びとの選好と利害に適切に配慮して，その集団の合理的・民主的な決定の枠組みを構築することに焦点を絞っていたのである．とはいえ，理論的な研究においてさえ，概して彼らはかなり悲観的な結果をもたらした．例えばコンドルセは，あらゆる選択肢が別のある選択肢に多数決投票で敗北する場合には，多数決ルールに基づく集団的な決定が袋小路に入り込む可能性があることを例示している．

　この可能性は，社会的選択の困難性の例として，ここで議論される価値がある．コンドルセの問題は，20世紀にケネス・アローの「不可能性定理」によって，はるかに一般的な形式で追究されることになった．社会的選択のメニューに属する3つの選択肢 $\{x, y, z\}$ を順位づける3人の個人 $\{1, 2, 3\}$ を考える：

• 個人1は x を y より選好して，y を z より選好する；
• 個人2は y を z より選好して，z を x より選好する；
• 個人3は z を x より選好して，x を y より選好する．

　この選好プロファイルに多数決投票を適用すれば，x は y に勝利して，y は z に勝利するが，z は x に勝利する．すべての選択肢は，他のいずれかの選択肢に敗北を喫するのである．この状況はしばしば「多数決サイクル」と呼ばれているが，このとき明らかに社会的選択は非整合的である．コンドルセが注意を傾注したもっと直接的な特徴は，この状況では明確な多数決の勝者が存在しないことである（後続の研究では，この状況は「コンドルセ勝者」──ペアごとの比較において，他のすべての選択肢に多数決で優越する選択肢──が存在しない状況，と称されている）[2]．

　この特定の袋小路は，しばしば「投票のパラドックス」と呼ばれている（コ

2　Condorcet（1785）を参照のこと．多数決サイクルの状況には，Arrow（1951a），Duncan Black（1958），William V. Gehrlein（1983），H. Peyton Young（1988），McLean（1990）を含む多くの解説がある．多数決投票の非整合性がいたるところに現れる可能性については，Richard D. McKelvey（1979）及び Norman J. Schofield（1983）を参照せよ．

3

ンドルセ自身は，この呼称を用いたことはない）．コンドルセはこのパラドックスを，多数決投票が抱える他の多くの問題と一括して考えていた．「投票のパラドックス」の論脈において彼が考えたひとつの例は，興味深い現代的な響きを伴っている．この例の3つの選択肢は以下のように定義される．(1)「商業に課されるいかなる制約も正義に反する」，(2)「一般法によって課される制約だけが，正義に適う可能性がある」，(3)「特別の命令によって課される制約は，正義に適う可能性がある」[3]．彼は，可能な個人的選好のもとで，3つの選択肢のどれもが別の選択肢に敗北を喫する可能性があることを示したのである．

社会的選択の現代理論

フランス人数学者たちの初期の貢献を直接的に継承した社会的選択理論に関する研究は存在しないが，この主題はその後の多くの著作において散発的な注目を浴びてきた．その研究のうちのいくつかは，非常に高名な著者によって行われている（その一例は『不思議の国のアリス』の著者ルイス・キャロルである．彼は実名チャールズ・L. ドジソンを冠して，集団的決定に関する魅力的な重要論文（Dodgson 1876, 1884）を執筆している）．だが，完全に公理化された現代的な形式で，社会的選択の現代理論に初めて厳密な基礎を付与した研究は，ケネス・J. アローによるものだった．

アローの博士学位請求論文は，彼の有名な「不可能性定理」を含む論文の形式で最初に公刊された（Arrow 1950）が，後に専門図書（Arrow 1951a）として出版されて，即座に古典の地位を獲得した．経済学，政治理論，道徳哲学，政治哲学，社会学の研究者のみならず一般の人びとまでも，圧倒的な論理的エクササイズに見える本書——事実それは圧倒的だった——にすぐに注目した．ごく短期間のうちに，現代的・体系的に公理化された形式の社会的選択理論は，学問分野として強固に確立されて，経済学，哲学，政治学及びその他の社会科学と直接的で幅広い関係を築いたのである．

「投票のパラドックス」を発見したコンドルセのように，アローも集団的決

3　このパラドックスならびに他の投票の問題に関するコンドルセの研究を議論したものとして，Emma Rothschild（2005）を参照のこと．

定の難問がもたらす非整合性を重視して強い関心を持っていた．アローの「不可能性定理」（正式には「一般可能性定理」）は，驚嘆すべき優雅さと迫力を備えて数学的に論証された命題であり，道理に適ったいくつかの非常に緩い条件でさえ，個人的選好順序の各プロファイルにひとつの社会的選好順序を指定するどんな社会的選択手続きによっても，同時に満たされることはあり得ないことを示していた．

　社会的選択の現代理論の創始期に大きな役割を果たした命題であるだけに，アローの不可能性定理の特徴に関する基本的な理解を持つことは重要である．アローが直面した基本的な挑戦は，様々な社会状態に関する個人的な選好順序のプロファイルが表明する社会の全構成員の視点を「集計」することによって，それらを社会状態に関する社会的選好に移行するという問題だった．彼は，社会的選好が「順序」（さらに完全な表現として「完備順序」と呼ばれることもある）の公理を満たすことを要求した．あるランキングは，次の2つの条件を満たせば順序であるといわれる．（1）どんな2つの選択肢も順位づけることができて，一方が他方より選好されるか，その逆であるか，互いに無差別である（「完備性」），（2）選択肢 x が選択肢 y と少なくとも同程度に望ましく，選択肢 y が選択肢 z と少なくとも同程度に望ましければ，選択肢 x は選択肢 z と少なくとも同程度に望ましいと判断されるという意味で，そのランキングは「推移性」（選好の研究分野で作法に適った用語法）という，首尾一貫性の要求を満たしている．社会的ランキングに関するこれらの2つの要求を，アローは「集団的合理性」の要請と理解したのである．

　アローは**個人的**選好を社会状態に関する完備順序であると仮定したが，この同じ仮定を**社会的**選好に対して要求することと比較すれば，さほど大きな問題ではない．整合性を追求することに意義を持たせるために，アローは少なくとも3つの異なる選択肢があること，投票者の数が有限であることも仮定した．

　個人的選好順序のプロファイル（ひとりにひとつの順序）から，社会的な選好順序を形成する社会的選択手続きは「社会厚生関数」と呼ばれている．この概念の基礎にある考え方に従えば，ある状態 x が別の状態 y と比較して社会的に上位に順位づけられていれば，状態 x は状態 y よりも高い「社会厚生」を生み出すということは理に適っている．アローの不可能性定理は，道理に適

って非常に緩やかな要求の集合が，どのような社会厚生関数——つまりどのような社会的集計手続き——によっても満たされないということを示した命題なのである．

社会厚生関数を特徴づける以下の4つの公理を考える[4]．ここで社会厚生関数とは，様々な社会状態に関する個人的選好順序の各プロファイルに，社会状態に関するひとつの社会的順序を対応させる関数である．

- **定義域の非制約性**（U）は，社会厚生関数があらゆる個人的選好プロファイルに対して機能する（すなわち，ひとりひとつずつの個人的選好の任意のリストに対して，ひとつの社会的順序を指定できる）必要があることを主張する．

- **無関係な選択肢からの独立性**（I）は，どのような選択肢のペアに対する社会的ランキングも，その——「関係がある」選択肢の——ペアに対して各個人が表明するランキングのみに依存して形成されることを要求する．

- **パレート原理**（P）は，全個人がある選択肢 x を別の選択肢 y より厳密に選好する場合には，社会的順序も x を y より厳密に高く評価しなくてはならないことを要求する．

- **非独裁性**（D）は，独裁者の存在を許さないこと，すなわち，ある特定の個人が任意の x を任意の y よりも厳密に選好するときは，社会も必ず x を y よりも厳密に高く評価するような独裁的な個人が存在しないことを要求する．

アローの不可能性定理は，どのような社会的集計手続き（または社会厚生関数）も，これら一見緩やかな公理 U, I, P, D を同時に満たすことはできないことを示すものだった．

これは驚くべき分析結果である．それのみならず，すべての個人の選好に配慮しつつ合理的に社会的選択を行う手続きを探求する人びとを深刻な絶望感に

4　これはアロー（Arrow 1963）が自ら用いた条件の集合をいくらか単純化して，多少弱めたものである．

陥れる結果でもあった．それはまた，非常に深刻な意味で反民主主義的な結果
であるようにも思われた（後に議論するように，これはアローの結果の正しい解釈
ではない）．アローの結果のひとつの一般的な解釈は，独裁性のみが社会的選
択の非整合性を回避することができるのだが，独裁的ルールは参加型の意思決
定を極端に犠牲にすることは明白であるうえ，様々な人びとの異質的な利害と
関心に著しく鈍感でもある，というものだった．

　社会的合理性を希求する啓蒙思想の熱望とフランス革命の理論家たちの著作
が華麗に開花してから2世紀が経過して，［合理的な社会的選択のルールを探求
するという］主題は，悲惨な宿命を避けがたいことを示すように思われた．社
会的な評価，経済的な価値づけや規範的な統計量は，恣意的であることを免れ
ないか，修復不可能なまで専制的であるほかはないことになってしまった．ア
ローが論証した「不可能性定理」は，直ちに猛烈な関心を惹起した（アローの
主張はそれに応答する膨大な文献も生み出したが，その文献の多くは別種の不可能
性定理を含んでいた[5]）．それはまた，社会的選択理論の研究分野には深刻な脆
弱性があるという病状診断にもつながることになった．

　不幸なことに，アローの不可能性定理から発生した悲観主義は，参加型の決
定を行う様々な社会的方法を特徴づけて，体系的な社会的選択理論を開発する
という，重要で**建設的**な研究計画の基礎を侵食する傾向を持っていた[6]．本書
の初版（Sen 1970a）は，部分的には社会的選択理論が暗礁に乗り上げる傾向の

5　公理体系の構造を修正すれば，アローの定理と関連を持つ別種の不可能性定理を得ることができ
　る．その例は，Arrow（1950, 1951a, 1952, 1963），Julian H. Blau（1957, 1972, 1979），Bengt Hans-
　son（1969a, 1969b, 1976），Tapas Majumdar（1969a, 1973），Sen（1969, 1970a, 1986b, 1993a,
　1995a），Pattanaik（1971, 1973, 1978），Andreu Mas-Colell and Hugo Sonnenschein（1972），
　Thomas Schwartz（1972, 1986），Peter C. Fishburn（1973, 1974），Allan F. Gibbard（1973），
　Donald J. Brown（1974, 1975a, 1975b），Ken Binmore（1975, 1994），Maurice Salles（1975），
　Mark A. Satterthwaite（1975），Robert Wilson（1975），Rajat Deb（1976, 1977），Suzumura
　（1976a, 1976b, 1983），Blau and Deb（1977），Jerry S. Kelly（1978, 1987），Douglas H. Blair and
　Robert A. Pollak（1979, 1982），Jean-Jacques Laffont（1979），Bhaskar Dutta（1980），Graciela
　Chichilnisky（1982a, 1982b），David M. Grether and Charles R. Plott（1982），Chichilnisky and
　Geoffrey Heal（1983），Hervé Moulin（1983），Pattanaik and Salles（1983），David Kelsey
　（1984a, 1984b），Bezalel Peleg（1984），Hammond（1985, 1997a），Mark A. Aizerman and Fuad
　T. Aleskerov（1986），Campbell（1989a, 1995），Schofield（1996），Le Breton（1997），Le Breton
　and Weymark（1996, 2011），Aleskerov（1997, 2002），Campbell and Kelly（1997a, 2002）を含
　む多数の文献に見出される．

議論と説明にも注意を払った（また少数の新たな不可能性の結果も示した）が，初版の考察の大半を占めたのは，社会的選択理論を建設的な方向に向け直す試みだった．アローが不可能性の障壁に遭遇する以前に，彼をそもそもこの領域の研究に誘導した動機に確固とした基礎づけを提供することこそ，本書の初版の主眼だったのである．この拡大版では，社会的選択理論の建設的な研究計画をさらに拡張するよう努力している（この点については，「新しい序文」を参照されたい）．

不可能性定理及びそれと隣接する可能性

　議論をさらに進める前に，不可能性定理の存在に関する方法論的な問題点を，ここで一般的に整理しておくことが有益である．アローの不可能性定理を嚆矢として，社会的選択の現代理論は相当数の不可能性定理の集合体となっている（この事実は，本文中のいくつかの章で議論されることになる）．この文脈で，不可能性定理の本質とその役割を理解するために，可能性定理と不可能性定理の一般的な関係に注意しておく必要がある．

　1952 年にフランス語で初めて公表された初期の論文で，アローはこの問題について彼に特有の明晰さを持って，次のように語っていた．

　　道理に適うあらゆる社会的選択関数が備えるべき性質がまず説明される．それに引き続き，これらの条件を満たす可能性が吟味される．運がよければ，これらの条件を全部満たす唯一の社会的選択関数が存在するだろう．それほど幸運でない場合には，これらの条件や公理を満たす複数個の社会的選択関数が存在するだろう．最後に，もし望ましい条件を満たす関数がまったく存在しなければ，我々にとって不運の極致であるだろう[7]．

6　第 A1 章，第 A1* 章，第 A2 章，第 A2* 章を参照せよ．1970 年の本書初版では，アロー（Arrow 1950, 1952）自身の証明を忠実にたどって，いくぶん長い証明を（第 3* 章で）与えている．

7　この論文は，最初パリにあるフランソワ・ペルーの応用経済科学研究所で講演するためにフランス語で執筆されて，Arrow（1952）として公刊されたが，後に英語版（"The Principle of Rationality in Collective Decisions," *Collected Papers of Kenneth J. Arrow*, Vol. 1, Chapter 3（Arrow

　アロー自身の説明によれば，彼の「不可能性定理」は「不運の極致」だったことになる.

　幸運と不運との間の距離はどれほどのものだろうか. 実際には，分析的な推論のこの領域では，「幸運」に恵まれることと，「不運の極致」に転落することとの間に密接な関連があることには，ことさら指摘して注意を喚起する価値がある. 社会的選択に関する一群の公理が同時に満たされる場合には，機能できる複数個の選択手続きのなかから我々は選択しなくてはならないことになる. 複数個ある手続きを識別できる公理を用いて，異なる可能性のなかから選択を行うためには，唯一の手続きだけが残されるまで**追加的**な公理を導入しなければならない. ［この方法を繰り返し適用した結果として］唯一の手続きが最後に残されれば，この方法で唯一の社会的選択手続きが公理的に導出されたことになる. 積極的な可能性の公理化に成功したという意味で，これはたしかに「幸運」な結果である. しかし，我々が少しでもやり過ぎて，生き残る社会的な選択手続きが消滅すれば，我々は即座に「不運の極致」に陥ることになってしまう. これは，瀬戸際政策のひとつの事例にほかならない. 我々は社会的選択手続きが満たすべき良き性質として次々と追加的な公理を導入して，それ以前の――それほど厳しくない――要求にはよく応えた代替的ルールの可能性を，さらに削ぎ落とさなければならない. この過程で我々は不可能性へ――それとなく――接近していくわけだが，すべての可能な手続きが削ぎ落とされる直前に，唯一の手続きが残された地点で，踏みとどまろうとするのである.「可能な最高の幸運」は，「あまり幸運でない状態」から「不運の極致」への移行過程で，両者を分ける狭い断崖の上でかろうじて達成されるのである.

　こうして，特定の社会的選択手続きの完全な公理化は，不可能性の支配領域のすぐ隣――その領域の直前――で発見されることが明確になったことになる. 社会的選択のある手続きが，不可能性の支配領域から遠く離れていて，それ以外に他の多くの手続きが同様な適格性を備えていれば，我々は特定の社会的選択手続きの完全な公理化を導出できていないことになる. ライバルとなる手続きがすべて健在だからである. こうして，公理的な推論に基づく社会的選択の

　1983)）が公刊されている. 本文での引用文は英語版の p. 51 にある.

理論を建設する道筋は，一方の側面では適格な手続きの存在不可能性の評決によって塗装され，他方の側面では適格な複数の手続きの存在可能性の評決によって塗装されていることを覚悟すべきである．社会的選択理論における建設的な成果は理論的に「脆弱」なものだとしばしば考えられているが，それこそまさに我々が厳密な分析的な推論に基づいて予期すべき成果なのである．だからといって，研究の主題——あるいは**研究分野**——として社会的選択理論が脆弱であるという結論が，この事実の認識から導びかれるわけではまったくない．

　アローの先駆的な業績を継承した文献は，一群の不可能性定理を樹立したのみならず，特に1970年代以降，一群の積極的な可能性定理も確立してきた[8]．これら両範疇の成果は，互いに非常に密接な関係にある．事実，不可能性定理はつねに特定の社会的選択手続きの公理主義的な特徴づけ定理と，非常に密接な位置にある．本当の問題は不可能性があまねく存在することにあるのではなく，定理で採用される公理の射程範囲の広範性と，その妥当性にこそあるというべきである．我々は，「幸運の絶頂」と隣接する「不運の極致」に遭遇したからといって，絶望感に陥るべきではなく，道理に適う要請を満たして機能する社会的選択ルールを発見するという基本的な課題の追求に，一路邁進するべきなのである．

厚生経済学の危機

　社会的選択の難問は，とりわけ「厚生経済学」と称される主題——人びとの福祉（及びその他の関心事項）の観点から，社会状態の善・悪の判断を目指す

8　数多くの文献のなかでも，Hansson（1968, 1969a, 1969b, 1976），Sen（1969, 1970a, 1977a, 1993a），Schwartz（1970, 1972, 1986），Pattanaik（1971, 1973），Alan P. Kirman and Dieter Sondermann（1972），Mas-Colell and Sonnenschein（1972），Wilson（1972, 1975），Fishburn（1973, 1974），Plott（1973, 1976），Brown（1974, 1975），John A. Ferejohn and Grether（1974），Binmore（1975, 1994），Salles（1975），Blair et al.（1976），Georges A. Bordes（1976, 1979），Donald E. Campbell（1976），Deb（1976, 1977），Parks（1976a, 1976b），Suzumura（1976a, 1976b, 1983），Blau and Deb（1977），Kelly（1978），Peleg（1978a, 1984），Blair and Pollak（1979, 1982），Blau（1979），Bernard Monjardet（1979, 1983），Salvador Barberà（1980, 1983），Chichilnisky（1982a, 1982b），Chichilnisky and Heal（1983），Moulin（1983），Kelsey（1984a, 1984b, 1985），Vincenzo Denicolò（1985），Yasumi Matsumoto（1985），Aizerman and Aleskerov（1986），Taradas Bandyopadhyay（1986），Isaac Levi（1986），Campbell and Kelly（1997）を参照せよ．

古くからの主題であり，A. C. ピグーの卓越した著書『厚生経済学』（Pigou 1920）は，その古典的な説明として位置づけられている——と，深い関わりを持っている．この主題は，アローの不可能性定理が体系的な厚生経済学の将来展望をさらに暗転させるに先立つ 1930 年代に，すでに深刻な打撃を受けていた．この危機は，伝統的な厚生経済学の基礎を提供してきた個人的効用の個人間比較は，その根拠が非常に薄弱だという信念を経済学者が新たに抱くことによって招来されたものである．アローの不可能性定理がさらに深刻な挑戦を提起する以前でさえ，厚生経済学はすでに危機に直面していたことを理解することは重要である．社会的選択理論においてアローが挙げた新たな成果が，厚生経済学にいかなる影響を及ぼしたかを吟味するに先立って，1930 年代に訪れたこの危機の性質に簡潔に触れておくことにしたい．

　伝統的な厚生経済学は，ボルダ（Borda 1781）やコンドルセ（Condorcet 1785）の同時代人ジェレミー・ベンサムの功利主義哲学（Bentham 1789）に淵源を持ち，フランシス・Y. エッジワース（Edgeworth 1881），アルフレッド・マーシャル（Marshall 1890），アーサー・C. ピグー（Pigou 1920）など，功利主義的な経済学者たちに推進されて，投票理論による方向づけを受けた社会的選択理論とは非常に異なる経路をたどって発展してきた．ベンサムは，様々な個人の利害を単純に彼らの快楽や幸福を反映する効用と同一視される厚生として把握して，この意味の個人的利害の社会的な集計値をもって社会的な利害に関する判断の形成手段とする「功利主義的」計算の先駆者となったのである．

　ベンサム——及び功利主義一般——の関心は，社会の**総効用**に関わるものだった．彼らの関心の焦点は効用の**総和**に絞られていて，その総和がどのように**分配**されるかは無視されているのである．このことは功利主義は重要な倫理的・政治的な関心事項に目もくれない嫌いがあることを示唆している．例えば，不幸にも（身体的あるいは精神的な障害などにより）所得から快楽や効用を生み出す潜在能力が一様に低い個人は，理想的な功利主義的世界でも，所得から効用を生み出す本人の能力が低いために総所得の**低い**割合しか与えられないことになる．これは功利主義が効用の総和の最大化をひたすらに追求する結果である．分配がどれほど不平等であるかは問われない[9]．しかし，異なる人びとの損得の比較に注意を払う功利主義の関心は，それ自体ささいな事柄ではない．

この関心のために，功利主義的な厚生経済学は，ある範疇の情報——異なる個人の効用の損得の比較の情報——の利用に深く関心を寄せている．これはコンドルセとボルダが直接的には関与しなかった関心事項である．

　功利主義は厚生経済学の方向づけに大きな影響を与えてきた．厚生経済学は長い間，功利主義的計算へのほとんど絶対的な盲信の支配下にあったのである．しかし，1930年代までに功利主義的厚生経済学は厳しい批判にさらされるようになっていた．功利主義が分配の問題を無視して，そうすることで効用の総和のみに集中していたことに対して（ロールズ（Rawls 1971）が後に彼の正義論を体系化する過程で鮮やかに行ったように）疑問を呈することは，非常に自然なことだった．だがそれは，1930年代及びそれに引き続く数十年間に，反功利主義の批判者たちが向かった方向ではなかった．むしろ経済学者は，効用の個人間比較には科学的根拠がないとするライオネル・ロビンズ（彼自身は，哲学の一学派である論理実証主義の強力な影響下にあった）の議論に，説得されるようになっていた．「すべての精神は他の精神には不可解であり，感情の共通の基準などというものは，存在し得ない」（Robbins 1938, p. 636）．このように，功利主義的な厚生経済学の認識論的基礎には，矯正不可能な欠陥があると見られていた．

　その後，異なる人びとの効用の得失の個人間比較をまるで行わず，社会状態に関する各個人の順序に基礎を置く厚生経済学の試みが続いた．功利主義と功利主義的な厚生経済学は，異なる人びとの間の効用の**分配**にまるで無関心である（とにかく効用の**総和**のみに集中する）が，［これに代わる］新方式はいかなる形式の個人間比較も行わず，社会的選択が利用できる情報的基礎をさらに切り詰めたのである．すでに限定されていたベンサム流効用計算の情報的基礎は，ボルダやコンドルセの投票空間へとさらに縮小させられた．新たに許容された情報的な基礎は，異なる個人の単純なランキングであった（私がここで言及しているのは，投票理論の研究者としてのコンドルセの顔であって，彼の研究の別の顔だった一般的で卓越した社会哲学者としての活動ではない．特にコンドルセ（Con-

---

9　このように，単一の焦点を優先することの不平等な帰結については，Sen（1970a, 1973a）, John Rawls（1971）, Peter J. Hammond（1976, 1977）, Claude d'Aspremont and Louis Gevers（1977）, Blackorby, Donaldson and Weymark（1984）を参照せよ．

dorcet 1795, 1955）を参照せよ）．個人間比較をまったく行わずに，異なる人び
との効用のランキングを利用することは，社会的選択を行う際に投票情報——
各個人は別々に取り扱われる——を利用することと分析的にはかなり類似して
いる．

修正の試みとさらなる危機

　この情報制約に直面して，功利主義的な厚生経済学は，1930年代後半から，
過度に野心的な呼称を得た「新」厚生経済学に道を譲ることになった．それは，
社会的改善の唯一の基準として，「パレート比較」を用いるアプローチだった．
パレート基準は，ある別の状況が現状と比較してより良いと確実にいえるのは，
その変化が全員の効用を増加させる場合である，ということのみを主張してい
る[10]．この基準を採用した新厚生経済学の大部分は「パレート効率性」のみに
（つまりいっそうのパレート改善が不可能な極大状態にあることを確認することのみ
に）注意を絞った．この基準は，利害や選好の対立を考慮せずには扱えない分
配の問題にはまったく関心を示さない．したがって，ある人は受益するが，他
の全員が損失を被るときには（どれほど多人数であるか，どれほど多額であるか
にかかわらず），パレート効率性のみに固執する限りこの変化の是非を明言する
ことは許されなかったのである．

　この沈黙は，ローマ皇帝ネロにとっては魅力的なものだったと推測して差し
支えなかろう．彼は，ローマの街が燃えて，他のすべてのローマ人が悲惨な状
況に陥るなか，どうやら音楽の演奏に興じていたらしい．一般的に，たとえ多
くの人びとがある状態でひどく飢えた生活を強いられる一方で，他の人びとが
極端に贅沢な生活を送っているにせよ，極貧層の惨状を緩和するためには超富
裕層の生活を切り詰める必要がある限り，その状態のパレート効率性は揺るぐ
ことはない．社会状態はうんざりするほど不公正であったにせよ，パレート効
率的であるという栄光を手にすることは可能なのである．

　より広い範囲で社会厚生の判断を行うためには，パレート効率性を超えるい

10　もう少し断定的な形のパレート基準は，もしある状態が少なくともひとりの効用を高めて，他の
　　誰の効用も低めなければ，その状態は比較対象の状態よりも望ましいと断言する．

っそうの基準が明らかに必要である[11]. この必要性は，アブラム・バーグソン（Bergson 1938）とポール・A. サミュエルソン（Samuelson 1947）による洞察に満ちた研究対象となった. この探究は，そのままアロー（Arrow 1950, 1951a）による社会的選択理論の先駆的な定式化につながって，社会的な選好（や決定）を個人的選好の集合に結びつけるものであった. すなわち,（先に論じたように）アローのいう「社会厚生関数」の探究である. アローが強力な不可能性定理を確立したのは，社会厚生関数の枠組みにおいてだった. それは，いくつかの非常に緩やかに見える条件（先述したパレート原理，非独裁性，無関係な選択肢からの独立性，定義域の非制約性を含む）が，論理的に相容れないことを示している. 理性的で納得できる厚生経済学の可能性に対する見通しはすでに暗かったのだが，アローの研究はさらなる悲観論をもたらしたのである[12].

　この不可能性を避けるため，アローの要求を修正する様々な方法が後続する研究で試みられたが，その都度他の困難が登場し続けた[13]. 不可能性の威力と遍在は悲観的な意識を強めて，厚生経済学と社会的選択の理論において一般的に繰り返されるテーマとなったのである. 経済学一般，なかんずく厚生経済学への貢献が著しいウィリアム・ボーモル（Baumol 1965）の慎重な言葉を借りると，1960 年代半ばには，「厚生経済学の意義に関する見解」は「死亡記事と

11　一部の卓越した経済学者たち（ニコラス・カルドア（Kaldor 1939）やジョン・ヒックス（Hicks 1939b）を含む）が提案したように，脇道にそれて，いわゆる「補償テスト」を行ってこの溝を埋める試みは，奇異で正当性を欠いている. このテストは，受益する人びとが損失を被る人びとに補償できるほど受益するようないかなる変化をも（そのような補償が実際には行われなくても）改善とする.（「ほら，あなたはかなり損をして，私はそれ以上に得をしたけれども，私はあなたの損を補償できるほど得をしたので，このほうがより善い社会状態なのです. ただし，当然私はあなたにいっさい補償しません. いいですね？」）. 近年，補償テストに言及するのは，法学や貿易の教科書の一部のみで，厚生経済学自体では稀なようである. 補償テストの空約束と幸い短命に終わった「新」厚生経済学への期待の批判的な吟味については，本書初版（1970年）の第2*章を参照せよ.

12　ここでの説明は略式で，技術的な曖昧さを多少許しているため，厳密さを求める読者は，本書の第3章と第3*章の定式的な記述を参照されたい. Arrow（1951, 1963a），Fishburn（1973）あるいは Kelly（1978）も参照のこと. 数多いアローの定理の改訂版のなかでも，Sen（1979b, 1986a），Blau（1972），Robert Wilson（1975），Barberà（1980, 1983），Binmore（1994），John Geanakopolous（1996）を参照せよ.

13　この研究分野の興味深い説明については，とりわけ Kelly（1978），Feldman（1980），Pattanaik and Salles（1983），Suzumura（1983），Hammond（1985），Walter P. Heller et al.（1986），Sen（1986a, 1986b），Mueller（1989），Arrow et al.（1997）を参照のこと.

隠しきれない類似」を示し始めていた[14]．これはたしかに一般的な見方の正しい解釈であった．しかし，ボーモルが同時に述べたように，これらの見方がどれほど健全だったかを，我々は評価しなくてはならない．特に，社会的選択理論におけるアロー流の枠組みを巡る悲観論が，学問分野としての厚生経済学にとって壊滅的であるかどうかを，我々は問わねばならないのである．

厚生経済学と投票情報

　ポスト功利主義段階の厚生経済学の「死亡記事的」な風潮は，概して，情報の投入を投票に類する入力情報に制限する厚生経済学の認識論的な貧困の結果であったと主張することができる．投票に基づく手続きは，例えば選挙，国民投票，委員会の決定のような，ある種の社会的選択の問題にとってはきわめて自然である[15, 16]．しかし，それらは他の多くの社会的選択の問題にはまるで不適切である．例えば，社会厚生のある種の集計的指標を得たいとしても，少なくとも2つの独立した理由から，我々はこの手続きに頼ることはできないのである．

14　Baumol（1965, p. 2）．

15　だが，投票と現実の選好が対応しない可能性から生じる深刻な問題がある．投票と現実の選好が異なりうる原因は，真の選好を正直に表明するのではなく，投票結果の操作を目的として行われる戦略的な投票である．この問題については，ギバード（Gibbard 1973），サタースウェイト（Satterthwaite 1975）の驚くべき不可能性定理ならびにパタナイック（Pattanaik 1973, 1978）を参照せよ．また，Dutta and Pattanaik（1978），Peleg（1978a, 2002），Laffont（1979），Dutta（1980），Laffont and Maskin（1982），Maskin（1985），Barberà（2011）も参照せよ．本書では論じない実装理論とメカニズム・デザインという重要な分野への優れたイントロダクションとして，Maskin and Sjöström（2002）も参照のこと．

16　投票の操作及び実装の問題については，広範な研究がある．なかでも，Pattanaik（1973, 1978），Steven J. Brams（1975），Ted Groves and John Ledyard（1977），Barberà and Sonnenschein（1978），Dutta and Pattanaik（1978），Peleg（1978a, 1984），Schmeidler and Sonnenschein（1978），Dasgupta et al.（1979），Green and Laffont（1979），Laffont（1979），Dutta（1980, 1997），Pattanaik and Sengupta（1980），Sengupta（1980a, 1980b），Laffont and Maskin（1982），Moulin（1983, 1995），Leo Hurwicz et al.（1985），Maskin（1985），Maskin and Sjöström（2002），Barberà（2011）を参照せよ．また，(1) 選好する，(2) 嫌悪する，(3) 無差別である，ことと，(1*) 賛成票を投じる，(2*) 反対票を投じる，(3*) 棄権する，こととの間に，(投票行動にいかに費用がかかろうと，それが楽しかろうと，いずれでもなかろうと) 厳密な一対一対応を確立することには，非戦略的な不可能性が存在する（Sen（1964）を参照せよ）．

第一に，投票は積極的な参加を要求する．もしある集団が（おそらくは文化的な条件づけのせいだとか，投票を困難かつ高価にする手続き的な障壁が原因で）投票権を行使しない傾向にある場合，その集団の選好は社会的決定になかなか反映されないだろう．その一例は，かなりの大集団——例えば合衆国のアフリカ系アメリカ人——の利害は，投票参加率の低さから最近まで国政に対して限定的な影響しか及ぼさなかった．それでも，道理に適う社会厚生判断は，（理由はどうあれ）投票に行きたがらない人びととか，投票を試みても政治運動家の排他的な戦略による組織的な障害のために，挫折を余儀なくされる人びとの利害を無視することはできない．投票の結果も，選好と現実の投票行動の乖離によって，深刻に歪められる可能性がある．

　第二に，投票行動に全個人の積極的な関与がある場合でさえ，厚生経済学的な評価に必要な重要情報は不足せざるを得ない．社会厚生の判断が，ある社会と別の社会を特徴づける格差の問題を理解せずに可能であると考えるのは，馬鹿げている．投票情報それ自体は，異なる社会を比較する問題には目を向けようとしていない．投票情報のこの限界は，究極的には福祉の個人間比較を回避する選択に根差しているのだが，奇妙なことに専門的な経済学者たちは，数十年にわたって福祉の個人間比較を回避する選択を，賢明な知恵であると信じ続けてきたのである．

　また，経済学者のいう「基数的効用」の排除も［厚生経済学の貧困の根底に］あった．基数的効用は，より善いか・悪いか・無差別かという序数的な観点から選択肢を単に順位づける——いわゆる序数的効用の——考え方を超越して，異なる選択肢間の相対的な効用差についても我々に教えてくれる（「あるひとの効用ランキングによれば，x の効用は y の効用よりも高く，y の効用は z の効用より高いのみならず，x と y の効用差は，y と z の効用差よりも大きい——実際には，前者の効用差は後者の効用差より 2 倍大きい——」といった類の言明を可能にしてくれる）．功利主義的な厚生経済学は，効用の基数性に加えて効用の個人間比較も利用していたが，1930 年代に登場した新しい正統派の厚生経済学者は，異なる人びとの効用の基数性と個人間比較の両方の科学的な地位に異議を唱えたのである．

社会的選択の問題の発生源としての情報の貧困

　功利主義哲学ならびにその影響を受けた伝統的厚生経済学にも，それに固有の大きな情報制約があることは，ここで思い起こす価値がある．すべてを最終的には帰結状態における効用の総和に基づいて判断するために，伝統的な厚生経済学では**非効用情報**のどのような基礎的な使用も許されてはいない．これに加えて，効用の個人間比較と基数的効用も排除されるために，非効用情報の排除を維持したままで効用の総和をとる考え方も，維持不可能であることになる．これほどに荒涼とした情報環境は，**情報に基づく推論**によって社会厚生の体系的な判断を行う作業を，極度に困難にする．この文脈でアローの定理を解釈すれば，極端なまでに情報が欠乏する世界においては，個人的選好を社会的な厚生判断に結びつけるいくつかのごく弱い条件——この場合にはアローの公理——でさえも，同時には満たすことができないという結論にたどり着くほかはないことになる（この点については，セン（Sen 1977c, 1979a）も参照せよ）．

　不可能性だけが問題なのではない．新しい第 A1* 章で示されるように，アローの公理 U（定義域の非制約性），I（無関係な選択肢からの独立性），P（パレート原理）のもとで個人的選好のプロファイルに基づく社会的ランキングは，選択肢（すなわち社会状態）が持つ内在的な性質への配慮を完全に放棄して，選択肢上の個人的選好がどんなものであっても，その選好が指示するままに，従順に順序づけするほかはないのである．関連する選択の性質は検討の俎上にある社会的選択肢の属性次第でまるで異なっていても，その理由のいかんを問わず個人 1 が任意のペア (a, b) を巡る社会的な選択に対して決定力を持てば，その個人は他のあらゆる選択肢のペア (x, y) に関する社会的選好にも，同様な決定力を持つことになる．

　この要請は「中立性」と呼ばれることがある（この用語法はアロー自身によっても支持されていたもの（Arrow 1963）だが，私はそれが気乗りが薄い支持であったことを望んでいる）．この用語法は，究極的に（効用以外の）情報の参照に目を閉ざす慣行を聖域化する要求に対して，奇妙なまでに好意的なのである．おそらくそれに代わる用語法である「厚生主義」（これについてはセン（Sen 1977c,

1979a）を参照）のほうが適切である．この代替的な要請は，それぞれの社会状態がもたらす個人の厚生情報——しかも，効用という形でもたらされる厚生情報のみ——を通ずる以外には，社会状態に関するいかなる情報も直接的には利用できないことを要請している．さらにまた，利用される効用情報は個人間比較の基数性をいっさい含んではならないものとされている．これらの要請を総括すれば，アローの公理を満たす社会的選択は，極度に乏しい情報に基づいてなされるべきだと要請する立場こそ，厚生主義にほかならないのである．

いわゆる「中立性」の要請は，推論に基づく社会的選択という学問分野に，混乱をもたらす傾向にある．例えば，ケーキを分配する問題を考えて，全員がケーキのより大きな分け前を選好するものとしよう．このケーキ分配問題において，もし2人の間の（50, 50）という均等分割のほうが，個人1は99%を取得するが，もうひとりは1%しか得ない（99, 1）という分割形態より社会的に選好されるならば，この特定の場合には，個人2の選好が個人1の選好より優先されるという判断が明確に下されていることになる．だが，いわゆる中立性が要請されるならば，選択肢の［内在的な］性質は，誰の選好が優先されるかに影響を与えるべきではないと主張されるため，以前の選択で決定力を持っていた個人2が，他のすべての選択にも決定力を持つべきだという要請を通じて，個人2がケーキのほとんどすべてを得る（1, 99）という真逆の形の不平等が，（50, 50）という均等分配よりも，社会的に選好されることになってしまうのである．

こうなれば，根底にある知の体系において，なにかがひどく間違っている——そしてその間違いは，アローの不可能性定理の登場以前から生じている——と考えるほかはない．ここで我々が行っているのは，厚生判断の基礎は投票データのようなものでなければならないという主張に的を絞って批判することである．誰がなにを選好するかということにもっぱら注目して，誰が豊かであるとか，誰が貧しいかとか，変化から被害を受ける人びとの損失と比較して，誰がどれだけの利得を獲得したかには注目しない立場への批判なのである．投票データから異なる人びとが獲得する福祉を個人間で比較するとか，厚生や効用の基数性を得るなどする直接的な方法は存在しない．分配問題を扱おうとするならば，我々は（ボルダやコンドルセ，そしてアローが探求した）投票ルール

の情報制約を克服する必要があるのである.

　アローが個人間比較の利用を排除したのは，（彼の表現によれば）「効用の個人間比較は無意味である」（Arrow 1951a, p. 9）という，1940年代に成立した一般的な合意に従ってのことである．アローが使用した公理群は，全体として，社会的選択の仕組みを広義の投票形式のルールに限定する効果を持つことになった．先に述べたように，彼の不可能性定理は，情報が貧困なこの種類の社会的選択のルールに関するものなのである.

　ここで強調しなくてはならないが，アローが効用の個人間比較の利用を明示的に排除したのとは異なり，社会的選択手続きを投票ルールのみに制限するという要請は，アローが直接課したものではない．それはむしろ，彼が利用する様々な公理が組み合わさった結果であって，社会的選択に課される一見道理に適う公理の集合からの分析的な帰結であるとみなすことができる．効用の個人間比較はもちろん明示的に除外されているが，不可能性定理を証明する過程でアローは，一見もっともな仮定が組み合わされて一体化すれば，投票ルールの他の特徴，特に（先に論じた）いわゆる「中立性」または「厚生主義」に近い特徴が論理的に導かれることを示したのである[17]．この結果によって，社会的選択理論は社会状態の**内在的な性質**に実質的な注意を払う必要はなく，賛成——ないし反対——の投票のみに注目すればよいことが示されたことになる.

　様々な種類の情報の利用が，様々な方法によってどのように排除されていくかに注目してみたい．効用の個人間比較を排除すれば，効用の不平等——さらに効用の得失差——に注意を払う可能性が消滅する．他方では，別の公理（特に，定義域の非制約性，独立性，パレート原理の諸公理）の論理的な帰結として導出される「中立性」の要請は，各々の社会状態が持つ［内在的な］特徴を明示的に考慮することによって，分配上の問題に対して間接的に配慮する可能性さえも，排除する機能を隠し持っている．その一例は以前に触れたケーキ分配の問題である．誰が他の人びとと比較して，相対的に大きなケーキの分け前に浴するかという所得分配の不平等性の問題は，中立性の要請によって考察の射程外に追放されることになる．このような情報制約を総括的に眺めてみると，不

17　第 A1* 章及び第 A2 章を参照せよ.

平等の回避といったありきたりの原則に基づいて社会的な選択肢を峻別することは，非常に困難になることに気づかざるを得ないのである．

社会的決定にいっそう多くの情報を取り入れる

　建設的な社会的選択理論のために（アローが採用した枠組みよりも）幅広い基礎を築こうとすれば，従来以上に多くの情報を活用する余地を確保する必要がある．なかんずく，社会的選択に際して個人の厚生（や効用）の個人間比較を利用することに反対する歴史的な合意に，我々は抵抗する必要がある．この合意は，アローがこの分野を創始した当時には，学会の支配的な潮流だった．だが，社会的選択の建設的な軌道を敷こうとする限り，困難であっても重要な2つの問題と取り組まなくてはならない．第一に，多種多様な人びとの福祉を個人間で比較するという複雑な手順を体系的に組み込んで利用することは，果たして可能だろうか．この試みは，混乱を惹起する（そして多分に混乱した）アイデアの百花繚乱の状態ではなく，秩序だった研究の対象となりうるだろうか．第二に，この研究の分析結果は，果たして現実的な利用と統合できるのだろうか．実際の個人間比較は，いかなる種類の情報に基づかせるのが道理に適った選択なのであろうか．そもそもこの分析に必要な関連情報は，実際に利用可能だろうか．

　第一の問題群は，分析的な体系構築に関係するものであり，第二の問題群は，認識論と実践的な推論に関係するものである．このうち第二の問題群は個人間比較の情報的基礎の再検討を要求するものであって，不可避的に条件づきではあるにせよ，建設的に対応する必要があると私は主張するつもりである．

　第一の問題群には，建設的な分析を通じてより完璧に対処することができる．研究文献に登場する専門技術的な側面には立ち入らないが，様々な類型の個人間比較を完全に公理化して，社会的選択手続きに正確に組み込むことは（本書1970年版の第7*章で示して，第A3*章でもさらに拡張するように）可能であると，私は報告したい．技術的な側面は数学的な章に譲ってここでの立ち入りは避けるが，個人間比較可能性の程度は，異なる人びとの福祉（あるいは効用）を反映する数値を組み合わせる際に我々が課す制約条件に組み込めることに，読者

の注意を喚起したい. (これらの制約は正確には「不変性条件」と呼ばれている).

　完備な個人間比較可能性の場合を考えてみよう. 社会的な選択肢 x, y, z における個人 1 の福祉の数値がそれぞれ 1, 2, 3 であり, それに対応する個人 2 の数値がそれぞれ 2, 3, 1 であるものとする. 福祉の単位として自然に固定される数値は存在しないため, x, y, z に対する個人 1 の福祉の数値を, 1, 2, 3 に替えて 2, 4, 6 にすることは容易である. 非常に厳しい要求である完全な個人間比較可能性のもとでは, 個人 1 の福祉の数値を 2 倍にして規模を変えるのなら, 個人 2 にも同じ変更をして, 福祉の数値を 2, 3, 1 から 4, 6, 2 に変えるべきだと要求する必要がある. この種の完全な個人間比較可能性が含意するような福祉の数値の関連性があると, 本来の数値 (個人 1 に 1, 2, 3, 個人 2 に 2, 3, 1) を用いても, 体系的に変換された数値 (個人 1 に 2, 4, 6, 個人 2 に 4, 6, 2) を用いても, 実質的な違いはない. 異なる種類の個人間比較可能性 (例えば「水準比較可能性」や「単位比較可能性」) を前提にすれば, それに対応して修正された不変性条件が得られることになる.

　こうした直観的な説明は, 星印付きの章で示したように, 形式的な叙述によって厳密に表現することができる. (アローの枠組みにおけるような) 社会的選択肢の単純なランキングを超えて, 数値化された福祉を用いる一般化された枠組みで「不変性条件」を活用すれば, **社会厚生汎関数** (SWFL) という新概念を得ることができる. この概念は, アローの**社会厚生関数** (SWF) が許容するよりも, はるかに豊かな情報の利用を可能にしてくれる[18].

　実際には, 個人間比較は「すべてか無か」の二分法に拘束される必要すらない. 我々はある程度までの個人間比較は行えるにしても, あらゆる比較, すべての種類の比較, 正確無比な比較が行えるわけではない. この点を例示するために, 以前議論したネロとローマの大火の例を引き合いに出したい. 西暦 64 年 7 月の重大な夜にネロがローマの消失から獲得した効用増分は——カッシウス・ディオが感動的に描いたように——火事の被害を被ったその他数十万人の

18　Sen (1970c, 1977c, 1986a) を参照せよ. また, 特に Patrick Suppes (1966), Hammond (1976, 1977, 1985), Stephen Strasnick (1976), Arrow (1977), d'Aspremont and Gevers (1977), Maskin (1978, 1979), Gevers (1979), Kevin W. S. Roberts (1980a, 1980b), Suzumura (1983, 1997), Blackorby et al. (1984), d'Aspremont (1985), d'Aspremont and Philippe Mongin (1998) も参照のこと.

ローマ人全員の効用損失の総和よりも小さいと主張することは，理に適うといって差し支えないように思われる．この主張をするためには，ローマ人全員の効用を，互いに正確に一対一対応させられるという仮定が，必要とされるわけではない．ネロが得た厚生増分と，どの特定のローマ住民が失った厚生損失とは，正確に比較することができる必要はないのである．罹災したローマ人全員の厚生損失が，ネロの厚生利得を上回るという集計的な結論は，ネロの厚生測度と他の人びととの厚生測度の対応関係にかなりの変動幅を認めるものである．よって，両極端——完全な比較可能性と完全な比較不可能性——を否定しつつも，なお厚生の「部分比較可能性」を求める余地がある．

　部分比較可能性の様々な程度には，許容される変動の程度を正確に示しつつ，数学的に厳密な形式を与えることができる[19]．また，明確な社会的決定に達するために，非常に洗練された個人間比較が一般に必要になるわけではないことも示すことができる．多くの場合には，かなり限定的な程度の部分比較可能性で，社会的な決定を下すうえでは十分である．個人間厚生比較の経験的な実践は，ときに恐れられるほどに野心的な試みである必要はないのである．

情報の拡充はどのような相違をもたらすか

　個人間比較の情報的基礎に進む前に，重要な分析的疑問を提起しておきたい．個人間比較を体系的に利用すれば，社会的選択の可能性にどれほどの変化がもたらされるのだろうか．アローの不可能性とそれに関連する結果は，社会厚生の判断に個人間比較を利用することによって消失するのか．端的に答えれば，この疑問への解答はイエスである．個人間比較によって追加的な情報が利用可能になるならば，このタイプの不可能性を回避するために十分な識別が可能になる．例えばこの情報の追加によって我々はロールズの分配原理である**マキシミン原理**を導入できるが，この原理は最も不遇な人（人びと）の利害が優先さ

19　Sen (1970a, 1970c, 1977c)，Blackorby (1975)，Ben J. Fine (1975)，Kaushik Basu (1980)，T. Bezembinder and P. van Acker (1980)，Levi (1986) を参照せよ．非厳密性の研究は，ファジーな特徴づけに拡張することもできる．これについては，特に Salles (1986, 1990, 1992, 1998)，M. Dasgupta and Deb (1991, 1996, 1999, 2001)，Basu, Deb and Pattanaik (1992)，Barrett and Salles (2011) を参照せよ．

れるという形式をとることになる[20].

　本書の「序文」で触れておいたように，ここには興味深い対照がある．効用の個人間比較を**導入せず**，その基数性のみを認めても，アローの不可能性定理にはなんの変化も生じない．1970 年版部分の第8*章で示したように，アローの定理は効用の基数的可測性を許容する形に，容易に拡張することができるからである．これに対して，人びとの間の福祉ランキングを変えずに「序数的」効用の個人間比較を**導入する**ならば，厳密な不可能性を打破するためにはそれで十分である．基数的な個人間比較可能性を含む完全な形式で，ある種の個人間効用比較を導入すれば，古典的な功利主義のアプローチを活用できることはわかっていた．だが，さらに弱い形の比較可能性を利用するだけでも，アローの要求をすべて満たしつつ，分配への関心に反応性を持って，整合的な社会厚生判断を下せることが判明している．もっとも，使用可能なルールは比較的狭隘な範疇に制限されることは事実である[21].

　実のところ，分配上の問題は，社会厚生判断の基礎として投票ルールを超える必要性と密接に結びついている．先にも論じたように，功利主義も重要な意味において分配の問題に無関心である．功利主義の研究プログラムは，効用の**総和**を最大にすることに焦点を絞っていて，その総和がどれほど不平等に分配されていようとも，まるで気にかけていない[22].だが，個人間比較を利用して功利主義以外の評価形式を採用することは可能であり，福祉や機会の**不平等性**に敏感な公共的な意思決定を許容することも可能である．

20　パレート原理との両立可能性のため（そして新しい原理を道理に適うものにするため）に，この原理の導入は辞書的な形式で行われる必要がある．つまり，2 つの社会状態を比較する際に，最も不遇な人びとが福祉の点で互いに同等である場合は，2 番目に不遇な人びとの利害を参照して社会的な順序づけを行うという原理である（これについては，本書 1970 年版部分の第 9 章と第 9* 章を参照せよ）．［ただし，］ロールズが（「レキシミン」というぎこちない名前を与えた）辞書式マキシミンルールを利用したのは効用比較の論脈においてではなく，人びとが持つ「基本財」——汎用性を持つ資源（所得や富など）——の比較の論脈においてだった．

21　Sen (1970a, 1977c), Rawls (1971), Edmund S. Phelps (1974), Hammond (1976), Strasnick (1976), Arrow (1977), d'Aspremont and Gevers (1977), Maskin (1978, 1979), Gevers (1979), Roberts (1980a, 1980b), Suzumura (1983, 1997), Blackorby et al. (1984), d'Aspremont (1985) を特に参照のこと.

22　分配に対するこの種の無関心が衡平性の評価にもたらす限界は，Sen (1973a), Foster and Sen (1997) で論じられている.

社会厚生汎関数の広範なアプローチは，多種多様な社会厚生ルールへの道を切り開くことができる．これら多彩なルールは，効率性のみならず衡平性の取り扱い方法においても，投入情報の要求においても，相互に異なっている[23]．このような分析方法の拡大は，多種多様な個人間比較を導入すること，それらの方法を社会厚生判断のために利用すること，さらには政策分析で実際に利用するための規範的な指標の構築に活用されてきた（この点については，第 A3 章と第 A3* 章を参照せよ[24]）．

なにに関する個人間比較か

　個人間比較を取り込む分析的な問題は概してうまく整理されてきているが，個人間比較を実施して実証的な研究分野で活用するために適切なアプローチを発見するという重要で実践的な課題は，依然として残されている．この課題との取り組みに際して最優先で考察するべき問題は，**なにを個人間で比較するのか**という問題である．歴史的には，福祉の個人間比較を巡る論争は「効用」の比較に集中して行われてきて，功利主義的な哲学者たちも効用の個人間比較に特別の関心を寄せてきたのだが，個人間比較一般の問題はそれよりずっと広い範囲にわたっている．

　実際には，社会厚生関数の形式的な構造はいかなる意味でも個人間の効用比較だけには限定されず，その他の種類の個人間比較も組み込むことができる．

23　こうした論点については，特に Sen (1970a, 1977c), Hammond (1976), d'Aspremont and Gevers (1977), Robert Deschamps and Gevers (1978), Maskin (1978, 1979), Gevers (1979), Roberts (1980a), Basu (1980), Siddiqur R. Osmani (1982), Blackorby et al. (1984), d'Aspremont (1985), T. Coulhon and Mongin (1989), Nick Baigent (1994), d'Aspremont and Mongin (1998) を参照のこと．個人間比較の利用の先駆的な分析については，Harsanyi (1955), Suppes (1966) を参照せよ．Jon Elster and John Roemer (1991) は，この主題の広範な研究文献の優れた批判的解説である．

24　厚生経済学における私自身の研究では，最近の社会的選択理論の拡張された情報的な枠組みを広く利用して，不平等 (Sen 1973a, 1992a, 1997b)，貧困 (Sen 1976b, 1983b, 1985a, 1992a)，分配調整済み国民所得 (Sen 1973b, 1976a, 1979a)，環境評価 (Sen 1995a) の評価と測定を追究してきた．経済的不平等について (Sen (1973a) 以来) 私が試みてきた研究は，とりわけアトキンソンの先駆的業績 (Atkinson 1970, 1983, 1989) に影響を受けてきたことを述べておくべきだろう．この主題の研究文献は近年急速に増えている．その批判的な検討と現在の文献展望については，Foster and Sen (1997) を参照せよ．

個人間比較の主要な課題は，他人との比較において個人の相対的な優位性を説明することである．この説明は，幸福や欲求のような精神状態の比較という（功利主義の哲学者によって擁護されてきた）形式をとることも可能だが，それのみに制限される必要はない．精神状態の情報に投錨する代わりに，個人間比較は個人の福祉や個人の相対的な優位性に注目する他の方法として自由（freedoms）や実質的な機会に焦点を合わせることも可能である（この代替的な視点に基礎を据える評価法は，功利主義の狭隘な境界をはるかに超越することができる）．

　（ロビンズ（Robbins 1938）が提起した批判のように）論理実証主義的な批判に追随した厚生経済学と社会的選択理論で，効用の個人間比較が拒絶された根拠は，個人間比較とは完全に精神状態の比較だという解釈に，全面的に根差すものだった．だが，精神状態の比較に限定する場合においてさえ，個人間比較を無条件に拒絶する主張を堅持することは容易ではない．事実，哲学者ドナルド・ディヴィドソン（Davidson 1986）が強力に主張したように，自分自身の精神や感情となんらの比較も行わずに，他人の精神や感情について多くを理解できるとは考えがたい．そのような比較は非常に正確ではないかもしれないが，理論的な研究によって明らかにされたように，社会的選択に際して個人間比較を体系的に利用するためには，極度に精密な個人間比較を行う必要はないかもしれないのである．

　個人間比較が事実の評価とはみなされず，完全に人の見解とか価値判断の問題であるとみなされることになれば，異なる人びとが表明する多様な見解や価値観を，いかに**組み合わせる**ことができるかという問題も生じてくる（この問題自身が，社会的選択の実践であるように思われる）．ケヴィン・ロバーツ（Roberts 1995）は，個人間比較を人びとの見解を集約する実践作業と捉えつつ，このような定式化を研究した．一般的にいって，判断や見解を社会的に集約するという課題は，様々な人びとの自己利益の集計という論脈で意味をなす公理的な要請とは異なった公理的な要請を求めることになる（この区別に関しては，セン（Sen 1977b）を参照せよ）．ル・ブレトンとトラノワ（Le Breton and Trannoy 1987）は，所得分布に関する個人的選好の集計に関して，強力な分析を提示している．クリスチャン・リストとフィリップ・ペティット（List and Pettit 2005, 2011）も，社会的選択における判断集計の実践に際して直面する特別な

25

課題を明確にしている.

　これに対して，我々が関心を持つ個人間比較が，異なる人びとの福祉の比較であって，確固とした事実上の基礎がある（ある人びとは他の人びとよりも客観的に悲惨な状況にあるなど）とされる場合には，証拠を探究する必要性が重要かつ喫緊の課題であることになるが，これは，倫理というよりも認識論の一部となる実践である[25]．効用——及び関連する精神的な尺度——のこうした「事実比較」に関する悲観論は，半世紀以上にわたって経済学の研究をかなり支配していたが，効用の計測と個人間比較における楽観論に根拠を与える，実験的観察を含む新しい方法がいまや存在している[26]．

潜在能力と基本財

　厚生の個人間比較を行う際に，精神状態の比較評価に依拠することに対する懐疑論の主要な根拠は，ライオネル・ロビンズの主張とは異なって，信頼すべき精神状態の事実描写を得ることが認識論的に困難だからというわけではないのかもしれない．異なる人びとの［福祉］状況を比較する際に，精神状態の比較や（満足や欲求充足の測度とされる）効用に過度に集中すべきではないと考える重要な倫理的根拠があるからである．

　事実，効用は持続する剝奪に対して非常に適応的である可能性がある．絶望的な困窮に打ちのめされた貧困者，搾取的な経済的取り決めに拘束されて生きる労働者，根深いジェンダーの不平等に取り巻かれた社会に隷属して生きる主婦，過酷な権威主義のもとで専制に従属する市民は，彼らの剝奪状態と折り合いをつけて生きることに慣れて，小さな成功からもできる限りの満足を得るとともに，実現可能性に鑑みて欲求のほうを調整する（ことにより，調整済みの欲

25　福祉の個人間比較に関する対照的な視点について，Ian Little (1957), Sen (1970a, 1985b), Tibor Scitovsky (1976), Donald Davidson (1986), Gibbard (1986), Elster and Roemer (1991) を参照せよ．また，観察された惨状の実証研究（例えば Drèze and Sen (1989, 1990, 1995, 1997, 2013), Erik Schokkaert and Luc Van Ootegem (1990), Robert M. Solow (1995) も参照のこと．

26　Daniel Kahneman (1999, 2000) に加えて Kahneman and Krueger (2006), Alan Krueger (2009), Krueger and Arthur Stone (2014) を参照せよ．評価及び政策策定に「事実的」な効用比較を使用する提案について，Layard (2011a, 2011b) も参照のこと．

求充足を促進しようとするようになる）かもしれないのである．だが，そのような調整に成功しても，剥奪という事実がなくなるわけではない．満足や欲求充足の測度は，人びとの重大な剥奪の程度を反映するためには，著しく不適切である可能性があるという事実が残されるからである．

たしかに，所得，財バンドル，ないし一般的な資源には，[他人との比較においてある人が持つ相対的な優位性]を判断する際に，直接的な関心を向ける根拠があるだろう[27]．所得や資源への関心は，多様な理由から生じうる——富裕のおかげで生まれる精神状態だけがその理由ではない[28]．事実，ロールズの「公正としての正義」の理論における格差原理（Rawls 1971）の基礎は，彼がいう「基本財」に対する支配という観点から，人が持つ相対的な優位性を判断することにある．ここで基本財とは，（正確な目的がなんであろうとも）誰のどの目的にとっても役立つような汎用性を備えた資源である．

個人間比較を行うこの手続きは，基本財や資源の保有量のみならず，それらの財を人が善く生きるための潜在能力に転換する能力の個人間の差異にも注目することによって，改善することができる．実際，異なる人びとが持つ潜在能力の観点から，他人との比較においてある人が持つ相対的な優位性を評価して，その人自らが高く評価する理由がある生き方を追求する自由を人びとに付与すべきだと主張することは可能である（この可能性に関しては，セン（Sen 1980, 1985a, 1985b）及びヌスバウム（Nussbaum 1988, 1992, 2001, 2011）を参照せよ）．彼らのアプローチは，帰結として生じる特定の結果のみならず，人びとが持つ実質的な自由にも焦点を当てるものである．責任ある成人にとって，達成される帰結のみならず，自由にも注目することには優れた利点があり，この観点は現

---

27 財に注目するアプローチに対する初期の貢献は，Franklin Fisher（1956）に見出すことができる．Fisher（1987）も参照せよ．

28 Jorgenson, Lau and Stoker（1980），Jorgenson（1990），Jorgenson, Landefeld and Schreyer（2014）を参照せよ．実質所得比較の厚生との関連は，精神状態との相関から切り離して考えることができる．この点に関しては，Sen（1979a）を参照のこと．また，羨望のない状態としての衡平性の観点から「公平性」を理解する関連研究，例えば，Duncan Foley（1967），Serge-Christophe Kolm（1969），Elisha A. Pazner and David Schmeidler（1974），Hal R. Varian（1974, 1975），Lars-Gunnar Svensson（1977, 1980），Ronald Dworkin（1981a, 1981b），Suzumura（1983），Young（1985），Le Breton and Trannoy（1987），Campbell（1992），Moulin and William Thomson（1997）Marc Fleurbaey（2008），Fleurbaey and Maniquet（2011a, 2011b, 2012），Fleurbaey and Blanchet（2013）も参照のこと．

代社会において個人の相対的な優位性と剥奪を分析するために，一般的な枠組みを提供することができる（本書の第 A3 章を参照せよ）[29]．個人間比較の程度は部分的であっても差し支えないし，往々にしてそれは多様な視点の共通部分に基づいている．こうした福祉の部分比較可能性を利用できれば，推論に基づく社会的判断の情報的基礎には大きな違いがもたらされる可能性が開かれるのである．

　潜在能力アプローチは，「基本的ニーズ」の充足の観点から人間の福祉を理解する試みと類似した側面を持っている[30]．基本的ニーズの視点はニーズの持ち主である生き物としての人間に焦点を当てているが，潜在能力アプローチは人間が享受して評価する理由がある「自由」に関心を集中している．ここには哲学的な相違があるのだが，本書ではこれ以上は立ち入らない（ただし，セン（Sen 1985a, 2009a）を参照せよ）．

潜在能力の剥奪としての貧困

　社会厚生の分析に利用できる多様な情報は，貧困の研究及び貧困との闘いの研究によって明快に例示することができる．アンガス・ディートンのいう「大

29　Sen（1980, 1985a, 1985b, 1992a），Martha Nussbaum（1988, 1992, 2011），Drèze and Sen（1989, 1995），Nussbaum and Sen（1993）を参照のこと．また，特に Roemer（1982, 1996），Basu（1987），Richard J. Arneson（1989），Atkinson（1989, 1995），G. A. Cohen（1989, 1990a），F. Bourguignon and G. Fields（1990），Keith Griffin and John Knight（1990），David Crocker（1992），Sudhir Anand and Martin Ravallion（1993），Meghnad Desai（1994），Arrow（1995），Pattanaik（1997a）を参照．潜在能力の視点については数多くのシンポジウムも開催され，初期の *Giornale degli Economisti e Annali di Economia*（1994）や *Notizie di Politeia*（1996）特集号には，Alessandro Balestrino（1994, 1996），Giovanni Andrea Cornia（1994），Elena Granaglia（1994, 1996），Enrica Chiappero Martinetti（1994, 1996），Sebastiano Bavetta（1996），Ian Carter（1996），Leonardo Casini and Iacopo Bernetti（1996），Shahrashoub Razavi（1996）などが寄稿している．これらに対する私の応答を含む Sen（1994, 1996a）も参照．最近 20 年ほどの間に，潜在能力アプローチに関する研究文献は驚異的な速さで広がりを見せており，文献リストを更新する試みは諦めざるを得ない．

30　基本的ニーズのアプローチを探究してきたのは，特に Paul Streeten（1984）や Frances Stewart（1985）である．Irma Adelman（1975），Dharam Ghai et al.（1977），James P. Grant（1978），Morris D. Morris（1979），Chichilnisky（1980），Nanak Kakwani（1981, 1984），Robert Goodin（1988），Alan Hamlin and Phillip Pettit（1989）なども参照．最低限のニーズの充足に焦点を当てるアプローチの起源は Pigou（1920）に遡ることができる．

脱出」を巡る知的・政治的な課題は，社会的選択の分野にとって重要であると同時に社会科学一般の基本的関心の中枢を占めている[31]．貧困研究の拡張は，多くの要求を含んでいるが，その要求の一部は社会的選択の研究文献の中心的な論点と明確なつながりを持っている．

　通常の場合，貧困は所得の低さと理解されている．伝統的にその計測は貧困線所得を下回る人びとの数を単純に数えることで行われてきた．これは頭数測度と呼ばれることがある．このアプローチを精査することは現代の社会的選択の研究の重要な一部であり，異なる 2 種類の問題が提起されている．第一に，貧困を所得の低さと理解することは，果たして適切だろうか．第二に，たとえ貧困を低所得と理解するにせよ，社会の集計的貧困を選ばれた境界——「貧困線」——所得を下回る人びとの頭数を計測する測度で特徴づけることは，果たして最善な方法だろうか．

　これらの問題を順番に取り上げることにしたい．個人の所得を社会的に所与とされる貧困線所得と比較することによって，我々は個人の貧困について十分な診断を下すことができるのか．所得は貧困線をはるかに上回っているが，費用のかかる（例えば腎臓透析が必要な）病気に苦しむ人の貧困についてはどうか．剥奪とは，つまるところ甘受できる最低限の生活を送る機会を欠いていることではないのか．この機会を左右する考慮事項は数多くあり，個人所得はもちろんのことながら，物理的，環境的特徴や他の変数（医療その他の施設の利用可能性や費用など）も含まれている．このような問いの背後にある動機は，貧困をある種の基本的な潜在能力の深刻な剥奪とみなす理解と密接に関係している．この代替的なアプローチは，純粋に所得に基づく分析とはかなり異なる貧困の診断に導くことになる[32]．

　だからといって，我々は所得の低さが多くの状況で非常に重要となる可能性を否定しようとするわけではない．市場経済において人びとが享受する機会は，

31　アンガス・ディートンの著書『大脱出』は「人類が剥奪と夭逝から脱出する物語，人びとがどのように努力して生活を改善して，後続の人たちに道を切り開いてきたかという物語」において，様々な社会，政治，経済，科学，組織の問題が明らかにしている（Deaton 2013, p. ix）．

32　特に Sen（1980, 1983b, 1985a, 1992a, 1993b, 1999），Kakwani（1984），Nussbaum（1988），Drèze and Sen（1989, 1995），Griffin and Knight（1990），Schokkaert and Van Ootegem（1990），Nussbaum and Sen（1993），Anand and Sen（1997），Foster and Sen（1997）を参照せよ．

実質所得の水準に厳しく制約されるからである[33]．しかし，様々な付随的な条件が，所得を最低限受容できる生活のための潜在能力に「転換」する際に，差異をもたらす可能性がある．そしてこれが我々の関心対象であるならば，所得の貧困を超えたところに目を向けるもっともな理由があることになる（セン（Sen 1976b, 1984, 1992a），フォスターとセン（Foster and Sen 1997）を参照せよ）．差異の源泉は少なくとも4つある．(1) 個人の異質性（例えば病気にかかる傾向の差）．(2) 環境の多様性（例えば嵐や洪水に見舞われやすい地域に住んでいること）．(3) 社会風土の差異（犯罪の蔓延や疫学的に不利な状況など）．(4) 特定の社会における消費の慣習的なパターンと関連する相対的な剥奪の相違（豊かな社会で相対的に貧しいことは，共同体の生活に参加するための絶対的な潜在能力の剥奪につながりうる）．

　所得の相対的な剥奪が基本的潜在能力の絶対的な剥奪につながる可能性は，アダム・スミスによって初めて論じられた（Smith 1776）．スミスは，「必需品」（ならびにそれに対応して基本的剥奪を避けるために必要な最低所得）の定義は，社会によって必然的に異なると主張した．彼はまた，潜在能力の境界水準はほぼ同じでも，社会によって「貧困線」所得を変化させる一般的アプローチを提案した．スミスが論じたように，麻のシャツや革靴を買うために十分なお金がなければ，ほとんどの人が麻のシャツを着て革靴を履く豊かな社会では，「恥じることなく人前に出る」ことが妨げられるかもしれない．一方，そうしたシャツや靴がなくても，服装規定がそれほどまで厳しくない貧しい社会では，同様な妨げにはならないだろう．

　このように，貧困分析では，所得の情報を超えて貧困を潜在能力の剥奪と理解することが肝要である．しかし（すでに論じたように），貧困分析のための情報的基礎の選択を，実際的な考慮，とりわけ情報の利用可能性から切り離すことはやはりできない．貧困の実証研究において，貧困を所得の剥奪とする見方が不要になる可能性は，その見方の限界が完全に明らかになったにせよ，低いだろう．実際，多くの文脈で，所得情報を利用する大雑把な方法が，深刻な剥奪の研究に対する最も手っ取り早いアプローチを提供できるのかもしれない[34]．

33　このような論点については，特に Deaton and Muellbauer（1980b, 1986），Jorgenson（1990），Pollak（1991），Deaton（1995），Slesnick（1998）を参照のこと.

　例えば，飢饉の原因は，人口の一部の実質所得が急激に低下して飢餓と死亡につながることに着目すると，最もよく理解できることが多い（これについては（Sen 1981）を参照せよ[35]）．それどころか，所得の稼得と購買力の動態は，飢饉研究の最も重要な要素であるかもしれない．このアプローチでは，様々な集団の所得の決定を左右する影響因の研究が中心的な役割を果たしていて，この分野の研究文献で頻繁に見られる農業生産と食糧供給への関心の集中とは対照的である．

　食糧供給から権原（供給に加えて所得及び結果的な相対価格を含む）に情報の焦点を移せば，［飢饉研究には］根本的な違いが生じうる．なぜならば，飢饉は食糧生産や供給の大幅な低下がなくても——可能性としてはどんな低下もないままに——発生しうるからである[36]．例えば農村の賃金労働者，サービス提供者や職人たちの所得が，失業，実質賃金の低下，サービスや工芸品への需要の減少を通じて暴落すると，経済における食糧供給の総量は減っていなくても，影響を受ける集団は飢餓を強いられるかもしれない．飢餓が発生するのは，一部の人が食料の購入や生産によって適量の食料に対する権原を確立できないときなのであって，食糧の総供給量は経済における各々の集団の権原の決定に影響する多くの要因のひとつであるに過ぎない．こうして，所得に敏感な権原アプローチは，もっぱら生産に注目する見方よりも優れた飢饉の説明を提供することができる．それはまた，飢饉と飢餓の救済に対して，さらに効果的なアプローチを生み出すことができる（これについては，特にドレーズとセン（Drèze and Sen 1989）を参照せよ）．

　問題の本質は，分析が集中すべき特定の「空間」を指定することにある．飢

34　これらの問題は，究極の倫理的焦点が所得ではなく人間生活の質（及び人びとが享受する潜在能力）にあるときでさえ，すべての人への「ベーシック・インカムの保証」に対する政治的支持と結びついている．これらの関連する問題は，フィリップ・ヴァン・パリースが明快に論じている（Van Parijs 1995）．

35　関連する事柄について，Mohiuddin Alamgir（1980），Ravallion（1987），Drèze and Sen（1989, 1990），Jeffrey L. Coles（1995），Desai（1995），Osmani（1995），Peter Svedberg（1999），Gráda（2010）を参照せよ．

36　飢饉の実証研究が浮き彫りにしたように，現実の飢饉のなかには食糧生産の減少をほぼまったく伴わずに発生したもの（1943 年ベンガル大飢饉，1973 年エチオピア飢饉，1974 年バングラデシュ飢饉など）もあれば，食糧生産の減少に大きく影響されたものもある．Sen（1981）を参照せよ．

饉による死亡と苦難の正確なパターンを説明するに際して，所得を栄養へ転換する仕組みに関する情報によって所得に基づく分析を補完すれば，追加的な理解を獲得することができることは，依然として事実である．この転換の仕組みに関する情報は，代謝率，病気にかかる程度，体の大きさなど，様々な他の影響因に依存している．もうひとつの重要問題は，**家族内部**での食糧の分配である．これは家計の所得以外にも，いくつかの要因によって影響される．ジェンダーの不平等や子どもと高齢者の処遇の問題は，この文脈において重要になる可能性がある．家計所得を超えて，家族内の分配の習慣及びルール（女児に対する偏見の存在を含んで）に踏み込むことによって，権原の分析はこの方向に拡張することができる[37]．これらの問題は，栄養不良，罹病率及び死亡率の調査にとっては，疑いの余地なく重要である．

ここで，第二の問題に移りたい．最も一般的かつ伝統的な貧困の測度は，頭数測度——貧困線を下回る人びとの数——に集中する傾向があった．だが貧困の測度は，貧しい人びとがそれぞれ貧困線を**どれほど下回っているか**とか，剥奪が貧しい人びとの間でどのように**負担されて分布しているか**，によっても違いが生じなくてはならない．社会の貧困層を構成する各個人の剥奪に関する社会的なデータは，集計されない限り，有益で便利な集計的貧困の測度にたどり着くことはできない．これは社会的選択の問題である．実際，この建設的な試みにおいて分配への関心を捉える公理を提案することが可能である（この点については，第 A3 章と第 A3* 章を参照のこと[38]）．

いくつかの分配に敏感な貧困測度が，最近の社会的選択の文献において公理的に導出されて，様々な代替案が分析されてきた．新しい文献には，多次元貧困測度を使う最近の試みがある．これらを——異なる形式で——強力に推進してきたのは，アトキンソンとブルギニョン（Atkinson and Bourguignon 1982），

---

37 これらの論点については，特に Bardhan（1974），Chen, Huq and D'Souza（1981），Sen（1983b，1984, 1990a, 1990b, 2013），Jocelyn Kynch and Sen（1983），Sen and Sunil Sengupta（1983），Megan Vaughan（1987），Drèze and Sen（1989），Barbara Harriss（1990），Nussbaum and Sen（1993），Bina Agarwal（1994, 2009），Nancy Folbre（1995），Kanbur（1995），Nussbaum and Jonathan Glover（1995），Agarwal, Humphries and Robeyns（2004）を参照のこと．

38 いわゆる「センの貧困測度」は，アンソニー・F. ショロックス（Shorrocks 1995）が明快に提示した，重要だが単純な変形によって改善することができる．私はもとの「セン指数」より「セン－ショロックス指数」という名称のほうを選好することを，ここで告白しておきたい．

マースウミ（Maasoumi 1986）及びアルカイアとフォスター（Alkire and Foster 2011a）などである.

　ここでは，これらの測度の比較評価や，それらの峻別に使える公理的要求には立ち入らない[39].　だが，社会的評価の情報的基礎が的確に拡大されると，袋小路とか不可能性とは正反対に，「豊富さのなかの貧困」という問題に直面するという事実を，私は強調しなくてはならない[40].　貧困測度の選択肢の多くは，それぞれある程度はもっともらしく，すべて拡大された枠組みの情報的境界の内側にあり，注目を得ようと互いに競合している.　ただひとつの貧困測度を公理化して，その他の測度を排除するためには，以前に述べた「瀬戸際政策」に身を任せざるを得なくなる.　それは，不可能性に至る寸前まで他の公理的要求を追加していって，唯一生き残る貧困測度を入手するという政策である.　公理の代替的な集合の相対的な長所について議論することはできるが，その試みは「最善」な公理群を明瞭に特定できないかもしれない.　公理の選択は，相当程度，貧困の測定が求められる論脈にも依存するだろう（ここでいう論脈には，社会的・政治的批判，長期的な経済計画，直近の公共政策，あるいは地球環境政策への貢献のような国際的な取り組みの議論などが含まれている）.　実際，貧困を評価する試みの目的次第で異なる貧困測度を利用することには，十分な根拠がある.　貧困の評価は，我々が貧困を測定する様々な動機を付与する多様な論脈において，重要性を持っている.　動機による方向づけという問題は，規範的測定という領域全体にわたって重要なのである.

39　1990 年代までの研究文献のかなり包括的な解説が，ジェームズ・フォスターと私による批判的サーベイでなされている（Foster and Sen（1997）を参照のこと）.

40　貧困の集計的測度の選択における主要な問題のいくつかを論じたものとして，特に Anand（1977, 1983），Blackorby and Donaldson（1978, 1980），Foster（1984, 1988, 2011），Foster et al.（1984），Kanbur（1984），Atkinson（1987, 1989），Christian Seidl（1988），Foster and Shorrocks（1988），Satya R. Chakravarty（1990），Camilo Dagum and Michele Zenga（1990），Ravallion（1994），Frank A. Cowell（1995），Shorrocks（1995）を参照せよ（この膨大な研究文献の包括的な目録が Foster and Sen（1997）に掲載されている）.　取り組むべき重要な課題のひとつは，「分解可能性」（及びそれより弱い要請である「下位集団整合性」）の必要性──及び限界──である.　Shorrocks（1984）も参照せよ.　Foster（1984）が Anand（1977, 1983）と同様に）分解可能性を支持する主張を展開する一方で，Sen（1973a, 1977c）は反対論を提示する.　Foster and Sen（1997）は，分解可能性及び下位集団整合性への賛成論と反対論の真剣な評価を試みている.

潜在能力の剥奪とジェンダーの不平等

　貧困はそれがもたらす不幸と切り離して考えることはできない．この意味で効用という福祉の古典的な視点は，貧困の研究にも援用することができる．とはいえ，本書ですでに述べたように，人の精神的な態度の可塑性は，往々にして剥奪の程度を隠蔽するなど，実態を包み隠す傾向がある．窮乏した小作人が貧窮生活からわずかな喜びを絞り出したからといって，その精神的な成果を根拠に彼は「貧しくない」などという判断を下すべきではない．

　この［精神の環境への］適応は，伝統的に不平等な社会におけるジェンダーの不平等や女性の貧困を取り扱う際には，とりわけ重要である．その理由の一部は，家族生活の結束にとって知覚が決定的な役割を演じているからであり，家族で暮らす文化は，虐げられている者との結束を重視する傾向があるからである．女性は家庭内で——かなり頻繁に——男性よりはるかに重労働をこなさざるを得ない（これは特に，家事労働の厳しさと幼児や老人の世話をする必要のためだが，これらの労働は伝統的に——まったく不公平にも——女性の責任範囲であるとされているからである）．また女性は，健康管理や栄養摂取の面では，男性と比較して受ける配慮が少ないこともしばしばある．それにもかかわらず，ここには根絶困難な不平等があるという意識は，非対称的な規範が静かに支配している社会では欠如しているとして，おかしくはない[41]．こうした状況では，この種の不平等や剥奪は，不平や不満といった精神的な測度の目盛りには十分に表面化しないかもしれない．

　社会的に醸成された満足感や平静意識は，病気や不健康の認識に対してさえ影響を及ぼす可能性がある．かなり前に，1944 年のベンガル飢饉後の 1944 年に行われた飢饉に関する調査について研究していた私は，調査対象となった**寡婦**のほとんどは不健康状態の発生を報告しなかったのとは対照的に，**寡夫**のほうは不健康状態の蔓延について大々的に不平を述べていたという顕著な事実に，衝撃を受けた（Sen 1985a, Appendix B）．同様に，インドにおける各州の間の

41　特に Jocelyn Kynch and Sen（1983），Sen（1984, 1990, 2013），Bina Agarwal（1994, 2006, 2010），Nussbaum（1992, 2001），Ingrid Robeyns（2003, 2005, 2016）を参照せよ．

比較では，教育及び医療設備が最も貧弱な州からの報告では，通常は病気とされる状態をそう認識する水準が**最低**である一方で，優れた医療サービスと学校教育を提供する州では自己を不健康と認識する人々の割合は，それより**高い**のである（最高の疾病率が報告されているのは，インドで寿命と識字率が最高のケーララ州のように，最良の仕組みを持つ州である）[42]．精神的反応は，古典的な効用の主な支えだが，剥奪の分析の基礎としては大きな欠陥を持っている可能性がある．

　かくして，貧困と不平等を理解するためには，剥奪に対する精神的な反応のみならず，実際の剥奪にも注目すべき強力な根拠がある．ジェンダーの不平等や女性の剥奪に関する多くの最近の研究が，栄養不足，臨床診断される疾病，観察される無学，そして（生理学的に正当化される予想と比べて）予期せぬほど高い死亡率という観点から行われている[43]．多様な生活条件の個人間比較を，女性の剥奪や男女不平等の研究の重要な基礎に据えることは，簡単に実現する

42　優れた医療サービス（そして実際に健康状態が良いこと）と，健康状態が良いという意識との間の矛盾するランキングの背後にある方法論的問題は，「位置客観性」（私がSen 1993b, 2009aで吟味した概念）の観点から分析できる．相対的に優れた仕組みと高い教育水準を有するケーララ州の人びとが，医療サービスに残された欠点に対して感じる不安は実体もあり，それ自身として重要でもある．それでもなお，相対的な健康状態の良さと医療サービスの適切さを推測するために，異なる位置から寄せられる不平や苦痛の程度を比較することは誤りだろう．例えば，ウッタル・プラデーシュ州の劣悪な医療と（不健康の認識がはるかに強い）ケーララ州のはるかに優れた設備との間の比較である．所与の位置からの観察では客観的に思われる情報が，医療サービスの客観的な機会を位置間で相互比較して対照するための的確な指針になるとは限らないからである．

43　「消えた女性」（女性差別がない場合に予想される女性の数と比較して，現実の女性の数が過少であるという意味）の研究は，この趣旨の実証分析の一例である．これについては，Sen（1984, 1990b, 1992c, 2003, 2013），Vaughan（1987），Drèze and Sen（1989, 1990），Ansley J. Coale（1991），Stephan Klasen（1994, 2009），Klasen and Wink（2002），Klasen and Vollmer（2014）を参照せよ．特に，Kynch and Sen（1983），Harriss（1990），Ravi Kanbur and Lawrence Haddad（1990），Agarwal（1994），Folbre（1995），Nussbaum and Glover（1995）も参照のこと．最近まで，「消えた女性」の主要な原因は，医療や食事における女性——特に若い女性——の軽視であり，女性の死亡率が不自然に高くなっていた（恐ろしいことには，一部の社会で嬰児殺しは散発的に見られるが，人口学的に目立つ要因ではなかった）ことに帰着されていた．近年になって，女児（及び女性一般）の相対的軽視はかなり減ってきたのだが，女性に対する偏見は（子宮内性別診断という新技術を用いる）女性胎児の性別に基づく堕胎という形態で，新たに浮上している．この新たなジェンダー偏見の顕著な特徴のひとつは，女児と男児を見かけ上では同様に扱っている（例えば中国や南アジアの）多くの家族でも，女性胎児を堕胎するという強度な「男児選好」を示すことである（Sen（2003, 2013）を参照せよ）．

可能性がある．これらの研究には，厚生経済学及び社会的選択の幅広い枠組み
のなかで対応することが可能である．この対応の一助となるのは，伝統的な厚
生経済学に広範に見られる厳しい情報制約を除去することである．伝統的な情
報制約には，ジェンダーの不平等の理解に重要な幅広い範疇の有益な関連情報
の利用を排除する傾向があったのである[44]．

投票と多数決

　厚生経済学にとって投票情報だけでは十分でないことは，これまで議論して
きた理由から，きわめて明瞭なはずである．だがこの事実は，投票過程が社会
的選択理論で持つ意義を抹消するわけではない．選挙と国民投票が社会的選択
手続きにおいて持つ重要性は否定すべくもないし，投票の過程が厚生経済学的
な判断を下す手段としてかなり不十分であったにせよ，社会が行うべき政治的
決定のなかには，投票手続きが社会的選択に至る主要な道筋であり続けるもの
があるからである．

　コンドルセが探求した「投票のパラドックス」は理性的な厚生経済学の可能
性を閉ざすものではないにせよ，社会的選択のその他の試みに対して彼が発見
した袋小路――及びそれに類似した多くの問題――が，暗鬱な影を投げかけ続
けることは間違いない．これらの困難に我々はどのように対処すべきだろうか．

　この文脈において探求されてきたひとつの可能性は，個人的選好プロファイ
ルを「制約された定義域」に限定する措置である．これによって，投票結果の
矛盾の問題を回避することができ，納得できる投票結果の欠如の問題も防ぐこ
とができる（実際，一対一の多数決投票で他のすべての候補に勝つコンドルセ勝者
の存在さえ，保証できるかもしれない）．これまでの議論で私は，個人的選好の
特定の組み合わせ――「プロファイル」――に注意を限定して，他の組み合わせ
を無視する試みは論じてこなかった．正式には，［あらゆるプロファイルを許容
する］寛容さは，「定義域の非制約性」というアローの条件によって要求され

44　ジェンダーに基づく偏見の様々な現れ方は，特に Sen（1984, 1990a），Agarwal（1994, 2009），
　　Strassman（1994），Benhabib et al.（1995），Folbre（1995），Anand and Sen（1996），Cornell
　　（1998, 2002），Osmani and Sen（2003），Klasen and Schüler（2011）で分析されている．

ている．この条件は，社会的選択手続きが，想像可能な限りにおいてすべての個人的選好のプロファイルに対して機能できることを要求するものである．だが，どのような決定手続きであっても，一部の選好プロファイルに対しては社会的決定の非整合性と矛盾をもたらす一方で，他のプロファイルに対してはそのような結果を生まないということは，自明の理であるように思われる．

　アロー（Arrow 1951a）自身もダンカン・ブラック（Black 1948a, 1948b, 1958）と並行して，多数決による意思決定の整合性を保証できる適切な制約の探求に先鞭をつけている．［アローが発見した］十分条件は，彼が駆使した推論に類似した論法を活用すれば，大幅に拡張することができる（セン（Sen 1966a）及び1970年版部分の第10*章を参照せよ）．実際には，整合的な多数決を保証する定義域制約の必要かつ十分な条件は，［アローの議論の延長線上において］正確に表現することができる（センとパタナイック（Sen and Pattanaik 1969）を参照せよ[45]）．これらの条件は，確認済みの以前の条件と比較してはるかに緩やかではあるが，依然としてかなり強い要求である（第10*章と第A4*章を参照せよ）．

　社会が直面する選択問題は，その形態と規模のいずれも多種多様である．ある形式の社会的選択の問題においては，［多数決による意思決定の非整合性と決定の不可能性の障害は］他の形式の社会的選択の問題に対するよりも，不都合性の程度が強いかもしれない．分配の問題が圧倒的な関心事であり，人びとが他者のことを考えず自分の「分け前」の最大化のみに専念する場合——「ケーキ分割」の論脈で，他人になにが起ころうとも各人が自分の分け前を増やす分割方法を選好する場合など——においては，多数決ルールは完全に整合性を欠く傾向がある．しかし，民主的な政府が飢饉を防止する能力を欠いている場合

45　Ken-Ichi Inada（1969, 1970）も参照せよ．稲田はこの研究分野への主要な貢献者のひとりである．さらに，William S. Vickrey（1960），Benjamin Ward（1965），Sen（1966a, 1969），Sen and Pattanaik（1969），Pattanaik（1971）も参照のこと．別の型の制約も多数決による整合的な決定をもたらすと考えられている．特に，Michael B. Nicholson（1965），Plott（1967），Gordon Tullock（1967），Inada（1970），Pattanaik（1971），Otto A. Davis et al.（1972），Fishburn（1973），Kelly（1974a, 1974b, 1978），Pattanaik and Sengupta（1974），Eric S. Maskin（1976a, 1976b, 1995），Jean-Michel Grandmont（1978），Peleg（1978a, 1984），Wulf Gaertner（1979），Dutta（1980），Chichilnisky and Heal（1983），Suzumura（1983）を参照のこと．より広い範疇の投票ルールに対する定義域の制約は，Pattanaik（1970），Maskin（1976a, 1976b, 1995）ならびに Ehud Kalai and E. Muller（1977）によって検討されている．研究文献のサーベイとしては Gaertner（1998, 2002）が有益である．

のように，国民的な憤激が惹起されるような事態に直面すると，有権者たちの声はかなりのまとまりを持って，完全な整合性を示す可能性がある．また，人びとが複雑な議題を巡って継続的な対話を交わす党派的集団として群を形成して，衡平とか正義のような価値に対する一般的な姿勢を共有するのみならず，構成員間に互酬関係も成立している場合には，いたるところに非整合性があったとしても，合意による社会的決定に至る可能性がある[46].

　投票の袋小路を一般的に解消することはできないにせよ，実のところ，多数決ルールは他の投票手続きよりもはるかに矛盾に陥る脆弱性の程度が低いと言えそうである．エリック・マスキンが「アローの不可能性定理：ここからどこにいくのか」（Maskin 2014）という論文で論じたように，もし多数決ルール以外の投票ルールがうまく機能する定義域の制約が存在すれば，多数決ルールも，同じ制約に服する定義域でうまく機能することを示すことができる．多数決ルールに有利なこの優越関係は，「新しい序文」のなかで議論されている．どんな投票ルールもなんらかの点で脆弱性を免れないが，ある明確な意味で，多数決ルールはそのうち最も脆弱性の程度が低いルールであることが示されているのである．

自由と権利

　以上で考察した情報的基礎の拡大は，主として個人間比較の利用に関わっていた．しかし，情報に基づく社会的選択の可能性を高める拡張形式の可能性は，これのみに限られない．一世紀半以上も前に，ジョン・スチュアート・ミル（Mill 1859）は，良き社会がどのように各人の自由の保証に努めるべきかを研究した．

46　この一般的な政治的論点の様々な側面については，特に Arrow (1951a), Buchanan (1954a, 1954b), Buchanan and Tullock (1962), Sen (1970a, 1973c, 1974, 1977d, 1984), Suzumura (1983), Hammond (1985), Pattanaik and Salles (1985), Andrew Caplin and Barry Nalebuff (1988, 1991), Young (1988), Guinier (1991) を参照せよ．また，*Journal of Economic Perspectives* (Winter 1995) 所収の投票手続きに関するシンポジウムへの寄稿 Jonathan Levin and Nalebuff (1995), Douglas W. Rae (1995), Nicolaus Tideman (1995), Robert J. Weber (1995), さらに Michel Le Breton and John Weymark (1996), Suzumura (1999) も参照せよ．

　自由には多様な側面があって，2 つのかなり独立した特徴を含んでいる．

(1) **機会の側面**：我々は，私的な活動領域，例えば私生活において達成することを自ら選択した帰結を，結果的に達成する機会を保証されていなくてはならない．
(2) **手続き的な側面**：我々は，私的な活動領域において（自ら選択した帰結を，実際に達成できるか否かとは無関係に）自律的な選択を実行する手続きを保証されていなくてはならない．

　社会的選択理論では，自由の定式化の主な関心対象はこの前者，つまり機会の側面に絞られてきた．

　機会の側面の観点から見るとき，自由の要求は，各人が本人の「私的領域」に属する帰結を確保する自己決定力を付与されることであり，（仮に多数派が──あるいは他の全員が──強力に要求しようと試みても）他者からの干渉を許さないことである．当該の個人の決定が優先的に尊重されるべき私的領域の例を，ミルは数多く考察した．彼・彼女自身の宗教を静かに実践する自由はその一例である．ここで読者は，自由の「機会の側面」は，当該の個人の行為の選択を（「手続き」的な保証として）本人の自由に任せるだけでは，実現することはできないことに注意を払うべきである．例えば，極度な騒音を上げたり，大規模なデモを組織したりして儀式を妨害するなど，宗教の静謐な実践を選択した人の生活を妨害する他者による干渉が依然として可能だからである．ミルが主張したように，私的領域における本人の選択が［社会的に］優先されるように保証することは，社会の義務である（この例の場合には，個人が私的な宗教行為を実践でき，他者によって阻止されないように，また他者の干渉行為によって妨害されないように，社会は保証する義務を負っているのである）．

　自由のこのような機会的な側面と（定義域の非制約性のもとでの）パレート原理との間の対立こそ，「リベラル・パラドックス」ないし「パレート派リベラルの不可能性」と呼ばれている不可能性定理の主題である（セン（Sen 1970c）及び本書第 6 章，第 6* 章，第 A5 章，第 A5* 章を参照せよ）．アローの定理とは相違して，この不可能性定理は無関係な対象からの独立性の公理（I）には依存

していない．この公理は，パレート派リベラルの不可能性定理の成立とは，関わりがない．定義域の非制約性（U）とパレート原理（P）の両公理を「最小限の自由」の公理と結合して使用することは，それだけでは不可能なのである．公理（I）は，少なくとも 2 人の個人がそれぞれひとつずつのペア——そのペアが含む社会的選択肢の間の相違点は，当該個人の「私的」な関心事のみである——を巡る社会的選択に対して決定力を持つことを求めている．この主題に関しては膨大な研究文献が存在して，不可能性定理の結果を批判したり，拡張したり，不可能性を解消する試みをしたり，自由の解釈を再検討したりしている[47]．パレート派リベラルの不可能性定理が論証したことは，「最小限の自由」という非常に緩やかな要請でさえ，（定義域の非制約性のもとでは）パレート効率性の要請とは両立不可能であるということだったのである．

次に，自由の手続き的な側面に移りたい．人びとが自らの私的領域において，ある種の行為を自律的に行えるように保証する手続きとして自由を理解しようとする考え方は，（ロバート・ノージック（Nozick 1974）に先導されて他の多くの論者も様々な方法で参入した）この研究分野において，特に注目されてきた自由の側面である[48]．この考え方によれば，人びとが自らの私的領域内部で望む行為を他人の干渉を受けずに行える限りでは，実際の帰結がどうなるかはそれほど重要ではないことになる．

自由が［「機会の側面」と「手続き的な側面」という］両側面を持つことは，否定すべくもない．顔に他人のタバコの煙を吹きかけられたくない場合に，私が

---

47 Seidl（1975, 1997），Suzumura（1976b, 1983, 1999），Breyer（1977），Barnes（1980），Breyer and Gardner（1980），Gaertner and Lorenz Krüger（1981, 1983），Hammond（1982a, 1997a），Basu（1984），Kanger（1985），John L. Wriglesworth（1985），Rowley（1986, 1993），Levi（1986），Riley（1987），Mueller（1989, 1996），Deb（1994），Gaertner, Pattanaik and Suzumura（1992），Pattanaik（1996）を参照のこと．また，Binmore（1996），Breyer（1996），Buchanan（1996），Fleurbaey and Gaertner（1996），Anthony de Jasay and Hartmut Kliemt（1996），Kliemt（1996），Mueller（1996），Suzumura（1996），van Hees（1996）を含む *Analyse & Kritik*（September 1996）所収の「リベラル・パラドックス」シンポジウムも参照せよ．さらに，関連する様々な論点の Hammond（1997），Pattanaik（1997a），Suzumura（1999）による評価も参照のこと．

48 なかでも，Peter Gärdenfors（1981），Robert Sugden（1981, 1985, 1993），Hillel Steiner（1990），Gaertner, Pattanaik and Suzumura（1992），Deb（1994），Marc Fleurbaey and Gaertner（1996）を参照せよ．また，Basu（1984），Pattanaik（1996, 1997），Suzumura（1996, 1999），Hammond（1997a）も参照のこと．

保証されるべき自由は基本的に私の行為とは独立に，大部分は他者の行為［への社会的な制約］に依存する．私自身の行為が自由であるにせよ，私の個人的自由が［他者の行為によって］侵害されるのを排除することはできない．手続きに基づく自由の定式化は，ノージック（Nozick 1974）による最初の簡単な記述以降，非常に洗練されて，「ゲーム形式」（game form）の定式化（ゲルトナーとパタナイックと鈴村（Gaertner, Pattanaik and Suzumura 1992）を参照せよ）を使用して提示されているが，自由の実現にとってはしばしば重要な実際の帰結を無視することから生じる限界は，依然として残されている．第 A5 章と第 A5* 章では，この問題をより詳細に検討することになる．

　自由の機会的な側面の存在は，最小限の自由と（定義域の非制約性のもとでの）パレート原理の間の対立——パレート派リベラルの不可能性定理の成立——を示すためには，それだけで十分である．だが，自由の要求を適切に理解しようとすれば，自由の手続き的な側面にも注目する必要があり，機会的側面にもっぱら関心を集中するのは不適切である（リベラル・パラドックスの存在を証明するためにはそれで十分であるとはいえ，この事実に変わりはない）．それでも，最近一部の論者が好んで行っているように，手続き的側面にもっぱら関心を限定しようとする逆の方向の視野狭窄を避けることも，同様に重要である．選択の手続きはたしかに重要だが，自由の機会的な側面の重要性をそれで無視することは不適切である．それどころか，個人の私的な生活で自由を達成する実効性が持つ重要性は，ジョン・スチュアート・ミル（Mill 1859）からフランク・ナイト（Knight 1947），フリードリッヒ・A. ハイエク（Hayek 1960）を経てジェームズ・ブキャナン（Buchanan 1986）に至るまで，手続きに深く関心を寄せる評者も，長年にわたって承認してきたところである．自由を尊重する帰結の実効性（ミルの例示では，ある個人が自分の宗教の実践に成功すること）を尊重することと並んで，手続きの公正を保証することを比較衡量することが困難だからといって，自由の手続き的な側面のみに専念して自由の機会的な側面を無視することを，それで正当化するわけにはいかないのである．

　パレート派リベラルが直面する矛盾は，どうすれば解消できるのだろうか．この矛盾に対処する様々な方法は，（第 A5 章と第 A5* 章で議論されるように）多くの研究文献で探索されてきた．ここで理解されるべき論点は，アローの不可

能性定理とは袂を分かって，リベラル・パラドックスに対しては［個人的な選好の］個人間比較を利用しても，満足な解決を発見できないことである．自由の主張もパレート効率性の主張も，個人間比較の可能性によって著しく影響を受ける必然性はないというべきなのである．私的領域において個人が表明する要請の訴求力は，彼・彼女の選択の**私的**な性質に由来するのであって，特定個人の私生活に対する人びとの選好の**相対的な強さ**に由来するものではないからである（「強烈な熱情にあふれて」いるからといって，［特定個人の私的領域に］侵入する人に，他人の私的領域に侵入する権利の根拠が与えられるわけではないのである）．

　この問題の解決策はむしろ別の場にある．個人の自由を保証するという要請と社会的選択の帰結のパレート効率性を保証するという要請が相互に矛盾する可能性が認識される限り，一方の要請を他方の要請の重要性に鑑みて修正する必要性があることになる．事実，リベラル・パラドックスの要諦は，両方の要請が対立する可能性があることを，白日のもとにさらすことにあった．この不可能性定理に対する満たすべき解決は，一方における個人の自由，他方における直近の快楽と欲求の牽引力との間で，満たすべき優先性に関する評価を確立する作業を含まざるを得ない．これらの多様な牽引力の間で，説得力を備える解決を追求しようとすれば，推論による精査は不可避なのである．

結　　語

　ケネス・アロー（Arrow 1951a）の先駆的な研究に先導された社会的選択理論の不可能性定理は，厚生経済学を含めて，道理に適う民主的な社会的選択の可能性を徹底的に破壊するものだとしばしば解釈されてきた．本書で私は，この見解に反論したい．実際には，アローの古典的な定理を含めてこれらの不可能性定理のすべては，人びとを諦念に導くものというよりは，積極的な関与と社会的な熟考へと人びとを招聘するものなのである．もちろん我々は，民主的決定がときとして不調和を導く可能性があることを十分に承知している．これが現実世界のひとつの特徴であるという点では，その存在と影響範囲は客観的な認識の問題である．非整合性の生じやすさは状況次第であり，状況の違いを

確認して，合意に基づく整合的な決定が達成される過程を特徴づけることは可能である．

　コンドルセ自身は，社会問題の解決方法として公共的な討議に非常に熱意を持っていた．形式化された社会的選択理論の研究文献では，コンドルセの優先順位の対話的な側面は，特にジェームズ・ブキャナンが先導した——しばしば「公共選択理論」と呼ばれる——アプローチと比較すれば，あまり注目されてこなかった．研究関心のこの拡張は「公共選択」の伝統の功績だが，その伝統は，人びとが——特にホモ・エコノミクスとして——つねに極端に自己中心的な行動をとると仮定する傾向によって，限定されてきた．とはいえ，ブキャナン自身（Buchanan 1986, p. 26）は，この点に関する「緊張関係」に言及していた（ブレナンとロマスキー（Geoffrey Brennan and Loren Lomasky 1993）も参照のこと）．世界は利己的な行動にあふれているとはいえ，それは人間が持つ唯一の動機だろうか．イギリスの国民保健サービスのような社会制度は，仮にも医者や医療スタッフ全員が（制度的特徴によって課されるあらゆる説明責任にもかかわらず）つねにもっぱら自分自身の福祉や成功のためだけに行動するとすれば，到底機能できるとは思われない．

　アダム・スミスは，「経済人」があまねく存在して倫理に適っていることを最初に論じた人物だといわれることがあるが，それは随分杜撰な歴史である．実際にはスミス（Smith 1776, 1790）は「自己愛」「深慮」「共感」「寛容」「公徳心」など，明瞭に識別される規律を検討して，それぞれの規律が持つ内在的な重要性のみならず，社会の成功に果たすそれらの規律の手段的な役割や，現実の行動にそれらの規律が及ぼす実際的な影響さえも論じていた．合理性の要求を，これらの動機のうちのただひとつ（例えば自己愛）の使用に全面的に向ける必要はない．また，狭義の自己利益を妥協なく追求するという仮定が，スミスの時代と同じく，今日でも誤りであることを示唆する豊富な経験的な証拠が存在する[49]．すべての人間（特に公務員）が，無私の「社会善」の推進をつねに試みると仮定する高尚な感傷主義を避ける必要があるように，誰もがつねに——もっぱら——単純な自己利益のみに動かされると仮定する「下劣な感傷主

49　この点及び関連する論点についての一連の研究がマンスブリッジ編の論文集（Jane Mansbridge 1990）に収録されている．

義」とも呼ぶべきものから脱却することも等しく重要である．

　社会的に重要な帰結を招くどのような行為も，純粋な私的利益を最大化する
ある種の狡猾な試みであると説明する努力は，社会分析において珍しくはなく，
現代経済学の一部にも頻繁に登場する．これは，アレクシス・ド・トクヴィル
が19世紀の前半にアメリカを訪れたときに気づいた傾向である．興味深い問
題は，完全な利己主義の仮定が，大西洋のいずれかの沿岸で現実の行動の一般
的特徴になっているかはさておき，ヨーロッパにおけるよりもアメリカにおい
てより頻繁に見られる一般的な信念であるかどうかという問題である．トクヴ
ィル（Tocqueville 1840）は事実そうであると信じていた．

　　アメリカ人は……正しく理解された自己利益の原則によって，生活のほぼ
　　全行動を説明することを好んでいる．彼らが得意げに示すのは，賢明な利
　　己心が，いかに絶えず助け合いを促進して，国のために自分の時間と財産
　　の一部を進んで犠牲にする気にさせるか，ということである．この点で，
　　彼らはしばしば自分自身を正当に評価していない．というのも，合衆国で
　　も他の場所と同じく，ときに人びとは，人間にとって自然な，利害を超越
　　した自発的衝動に，身を任せると見られるからである．しかし，アメリカ
　　人は，この種の感情に屈することをめったに認めない．彼らは自分自身よ
　　りも自らの哲学を重視したいのである[50]．

　この点，「公共選択」の伝統はトクヴィルの意味でかなりアメリカ的であっ
て，あらゆる人が自己利益を——もっぱら——追求すると仮定している．対照
的に，社会的選択理論はこの点ではヨーロッパの伝統により忠実であり，人び
とが持つ動機の多種多様さを許容している．他方，社会的選択理論は，公共選
択の理論と比較して，価値の形成に公共的な議論が果たす役割を認めることに
は注意を怠りがちであった．公共選択の理論家に深い影響を与えた有名なシカ
ゴの経済学者フランク・ナイトによれば，「価値が確立され，正当化され，認
識されるのは，**議論**を通じてであり，それは同時に社会的，知的，創造的な活

50　Tocqueville (1840), book II, chapter VIII; in the 1945 edition p. 122.

動である」（Knight 1947, p. 280）．事実，これが民主主義の中心的な構成要素（「議論による統治」）であり，「個人の価値は意思決定の過程で変化しうるし，実際に変化する」というブキャナンの主張（Buchanan 1954a, p. 120）は強力である．この認識は，コンドルセが（人間精神の進歩に関する歴史的展望の）『素描』で社会と政治について書いたことから判断すると，彼によっても承認されたはずである．

　この問題は非常に実践的な重要性を持っている．一例を挙げれば，飢饉が発生するかは国次第であるという事実を研究する際に私は，定期的な選挙と適度に自由なメディアを持った複数政党制の民主主義国では，大規模な飢饉は一度も起こったことがない，という現象を指摘しようとした（セン（Sen 1983c）ならびにドレーズとセン（Drèze and Sen 1989）を参照せよ）．これは，比較的貧しい民主主義国（インドやボツワナなど）に対しても豊かな国と同様に当てはまる事実である．その主な理由は，飢饉が何百万もの人を殺す一方で，支配階級や独裁者の直接的な福祉にはあまり影響を与えず，彼らは自らの支配が脅かされない限り，飢饉を防ぐ政治的誘因をほとんど持たないからである．それでも飢饉は容易に回避できる．世界各地の飢饉の経済分析によると，打撃を受ける傾向にあるのは人口のわずかな一部である——5%程度を超えることはめったにない．そうした貧しい集団の所得と食糧の割合は，通常，国内における合計のせいぜい3%であるため，非常に貧しい国においてさえ，真剣な努力が適切な方向に向けられれば，彼らの所得と食糧の失われた割合を回復させることは難しくない（セン（Sen 1981）とドレーズとセン（Drèze and Sen 1989）を参照せよ）．公衆の批判に直面すること，有権者に正面から立ち向かう必要があることによって，政府には緊急に予防的な措置をとる政治的な誘因がもたらされるのである．

　残る疑問は次の点である．人口のごく小さな割合（典型的には5%以下）だけが飢饉に見舞われるのに，なぜ彼らは，選挙や公共的な批判において，それほど強い影響力を持てるのだろうか．これは普遍的な自己中心主義の仮定との緊張関係を示唆している．どうやら我々は，他者の苦境を理解して，それに対応する能力——及びしばしば性向——を備えているようだ．この文脈で特に必要なことは，悲惨な出来事を人びとが議論する結果として，市民の側にはその発

生を防ぐための行動への共感とコミットメントが生まれるという価値の形成を吟味することである.

　経済開発の研究分野で実り豊かに活用されている「基本的ニーズ」という概念でさえ,「ニーズ」と考えられるものは,生物学的で外部からの影響を受けない要因だけで決まるわけではないという事実と,関連づけられる必要がある.その例として,いわゆる第三世界で頻繁な出産が母親の福祉と自由にもたらす帰結について,従来以上に広範な公共的な議論が行われた地域では,より小さな家族が女性のみならず男性にとってさえ「基本的ニーズ」だという意識が育ってきている.この価値の形成においては,民主主義,自由な公共メディア及び基礎教育(特に女性教育)の組み合わせが,非常に強力だった.この発見が持つ含意は,いわゆる「世界人口問題」の合理的な考察にとって,とりわけ重要である.

　環境問題を扱う際にも,同様な論点が浮上する.我々が直面する脅威は,組織立った国際的取り組みに加えて,国内政策の変更をも求めるものである.特に,社会的な費用を価格や誘因によりよく反映させるために,この点の認識は重要である.それはまた,個人の行動への影響と,政治過程を通じて政策の変更を実現することの双方に対する(公共的な討議と関係する)価値形成にも依存している.このすべてに多数の「社会的選択の問題」が含まれているが,これらの問題を分析する際には,所与の個人的な選好を適切に反映することとか,このような選好に基づく選択のために最も受け入れやすい手続きを探すことのみならず,これらの両側面を超えて,価値形成の可能性を探らなくてはならない.固定された個人的選好の仮定と,人びとはホモ・エコノミクスという純粋に自己中心主義の見本であるという仮定の両方と,我々は手を切る必要があるのである.社会的な選択に関する有益な洞察は多様な源泉から湧き出るものであって,我々はこの重要な事実を認識すべきなのである.

本文に関する注釈

1. 本書の旧版（1970 年）と新版（2017 年）で追加された章では，いくつかの場合に，数学的表記に若干の差異があることを読者には注意しておきたい．例えば，部分集合の弱い包含関係（集合 Y が X のすべての要素を含み，かつその他の要素を含む場合もあるが，必ず含むというわけではない）は，1970 年版の星印付きの章では $X \subset Y$ と表されているが，2017 年版の星印付きの章では $X \subseteq Y$ である．

2. 社会的選択に関する文献はいまや膨大であるから，私は注釈に値する文献のすべてについて論評しようとはしなかった．しかし，巻末の参照文献には，本書では論じなかったが，読者の興味によって，大いに読む価値のある文献を数多く含めた．また，人名索引でもそれらに関心を向けさせるようにした．

集団的選択と社会厚生（1970 年）

ナバニータに捧げる

第1章
イントロダクション

1.1. 予備的な所見

　抽象的な祖国についてロマンティックに歌うことと，社会の恣意的な目標関数を設定して最適化問題を解くことの間には，どこか共通した点がある．どちらの活動にも価値があり，双方ともによく行われる活動であることは確かだが，本書はそのどちらの活動にも関わるものではないことを，私は懸念している．本書の課題は，社会政策の目標と社会の構成員の選好や願望の間の関係にある．

　もちろん，社会は個人とは独立したひとつの実体であって，社会的選好は社会の構成員の選好に基づく必要はないという見解をとることもできる．あるいは，社会は個人に依存するものかもしれないが，その関係を捨象して，社会はそれとして人格と選好を持つ存在だと，単純に「仮定する」こともできる[1]．この仮定に満足感を覚える人は誰であれその仮説を採用していっこうに差し支えないが，本書はそのような人を退屈させるに違いない．本書は，社会的な選択や公共政策に関する判断が，社会の構成員の選好に基づく有り様を精査することにこそ，関心を寄せているからである．

　集団的選択に関する価値判断は，共同体の構成員の必要や願望に関連してはいるが，その関連がとる形式は大きく異なる可能性がある．財 α への課税が最適ではないと述べる冷徹な経済学の専門家は，集団的選択に関してひとつの形式の判断を提供しているが，1789年7月14日バスティーユ監獄司令官ド・ローネに対して「第二の跳ね橋を下ろせ！」[2]と怒号を浴びせた激昂した群衆は，

1　この立場は一部の社会主義の文献で採用されているものだが，マルクスによって強く否定されている．「なにを差し置いても否定されるべきは，個人と対峙する抽象的な観念として，「社会」を再定位することである」（Marx 1844, p. 104）．

2　G. Lefebvre, *The Coming of the French Revolution*, trans. by R.P. Palmer, Vintage Books, New York, 1957, p. 101.

これとは大いに異なる種類の集団的選択に熱狂していた．本書の主題はその両者を包摂するだけの広範性を備えているとはいえ，これらの［異質な］問題に対するアプローチは実質的に異なるものにならざるを得ない．この多様性は，集団的な選択の主題の本質的な側面である．事実，この分野の多彩な豊饒さはこの多様性に関連しているのである．

　個人の選好と社会的選択の間の様々な関係性の研究が，我々の主な関心のひとつである．ここでいう関心の多様性は広範囲にわたっている．例えば，ある人は，暗黙のうちにせよ明示的であるにせよ，自分の願望だけが社会的な選択に考慮されるべきだという見方をとるかもしれないが，特定の階級や集団の同質的な利益だけが考慮されるべきであるという見方をとる可能性もある．あるいは，すべての人びとの選好は「等しく考慮されるべきである」と論じる人もいるだろうが，直ちに見てとれるように，この表現それ自体がきわめて多様な方法で解釈可能なものである．これらの解釈の各々に対応して，集団的な選択を行う様々なシステムが得られることになる．本書で我々はこれら様々なシステムが持つ性質，作動方法及び含意に，深く関心を寄せることになる．

1.2. 集団的選択の構成要素

　社会的選択は個人の選好に基づくべきだと主張したとしても，そうした個人の選好がどのように関連性を持つのかという問題は，依然未解決のままに残されている．アローの古典的な研究『社会的選択と個人的評価』（Arrow 1951）は，代替的な社会状態の集合上の個人の選好順序を集団的選択の基本的な構成要素として，社会の選好を個人の選好順序の関数として表現する集団的選択ルールに関心を寄せた．個人の選好順序の組が与えられると，それに対応する社会的な選好順序が完全に決定されることになるのである．

　順序とは，すべての選択肢を相互に順位づけるものである．順序が持つ形式的な性質は第 1* 章で論じられるが[3]，順位づけの関係が順序になるためには，3つの特徴を満たさなければならないことを，ここで簡潔に説明しておく必要が

3　Tarski (1965)，Arrow (1951, Chapter 2)，Debreu (1959, Chapter 1) も参照せよ．

ある.「少なくとも同程度に望ましい」という関係を考えよう. 第一に, この関係は「推移的」でなければならない. すなわち, x が y と比較して少なくとも同程度に望ましく, y が z と比較して少なくとも同程度に望ましければ, x は z と比較して少なくとも同程度に望ましくなければならないのである. この合理性の条件は第 1* 章で詳細に分析される. 第二に, どの選択肢もそれ自身と比較して少なくとも同程度に望ましいという意味で, この関係は「反射的」でなくてはならない. この要求はあまりに穏健な条件なので, 合理性の条件というよりは, むしろ正気さの条件と見るべきではないかと思われる. 第三に, どの選択肢のペア x, y に対しても, x は y と少なくとも同程度に望ましいか, または y は x と少なくとも同程度に望ましいか, そのいずれかが成立する(あるいは両方が同時に成立する)という意味で, この関係は「完備」[4] でなければならない. ある個人が完備性を持つ選好関係を備えていれば, どのような選択肢のペアに対しても自らの選択を決定することができる.

　無差別であることと完備性に欠けることとの区別は重要である. 我々の日常言語はしばしば冗漫にすぎ, 両者を区別できない場合がある. もし私が, 選択すべきものが「わからない」という場合に, 私はどれを選んでも無差別だということを示しているのかもしれないが, 私はどちらを選択すべきか決定できないというほうが, より自然な理解の仕方だろう. 両者の論理的な違いは非常に簡単である. 以下の 2 つの記述を考えてみよう.

(1)　x は y と比較して, 少なくとも同程度に望ましい
(2)　y は x と比較して, 少なくとも同程度に望ましい

　無差別性の場合には上の両方の記述が同時に満たされるが, 完備性が欠ける場合には上の記述のどちらも満たされないのである.

　アローの問題設定に従えば, 各個人は社会状態の選択肢上の順序を持つものと仮定される. 社会もまた, 個人の順序の各組に対応してひとつの順序を持つことが仮定される. 本書は, この古典的な枠組みからいくつかの点で逸脱しな

4　論理学者は「連結的」という表現を「完備」よりも好んでいるようだが, この用語の選択は, 位相数学における「連結性」との混同を惹起する懸念がある.

ければならなくなる．第一に，整合的な選択を行うためには，社会は順序を持たざるを得ないわけではない．例えば，x が y よりも望ましく，y は z よりも望ましいが，z と x は無差別である場合には，すべての選択状況において最善の選択肢が存在しているが，推移性は満たされない．事実，ペア $\{x, y\}$ から選択する場合には x が選ばれ，ペア $\{y, z\}$ から選択する場合には y が選ばれるが，ペア $\{z, x\}$ から選択する場合には z と x のどちらの選択肢を選択することも可能である．このとき，すべての選択肢の集合 $\{x, y, z\}$ から選択する場合には，x だけが他の 2 つの選択肢と同程度に望ましいものである以上は，x が選択されるべきである．これは満足のいく選択の基礎になっているだろうか．上で挙げた例では十分な基礎となるように思われるが，ある種の合理性の性質を満たさないため，選択の基礎と言いきれるかを決定することは難しい．この例が失敗する合理性の性質（性質 β）の詳細は第 1* 章で述べることにする．この問題の詳細な検討は，合理性の論理的帰結の観点から第 4 章で詳しく行う予定だが，この段階では，社会的選好の完全な推移性まで要求しなくとも，最善の選択肢を選ぶ問題を考えることは可能であることを指摘するだけにとどめておきたい．後に第 3 章では，一般的形式でこの問題を取り扱ったうえで，推移性は特殊な仮定のひとつとして導入することになる．

　第二に，いくつかの選択問題では，完備性の要請さえ必要ではない．x は y と z よりも好まれているが，y と z は比較できないものとすれば，この選好関係は不完備ではあるが，x, y, z の間の選択において x を最善の選択肢として選ぶことは依然として可能である．だが，y と z の間で選択を行う場合には，我々は困難に陥ることになる．完備性なしで済ませられるか否かは，行うべき選択の性質に依存する．完備性は明らかに社会的選好の望ましい性質ではあるが，我々は完備性を神格化すべきではないのである．反射的で推移的ではあっても，必ずしも完備ではない選好関係は，「準順序」と呼ばれている．準順序の形式的な性質は第 1* 章で研究される．不完備な社会的選好を伴う問題は，第 2 章，第 8 章，第 9 章及びそれらに対応する星印付きの章で登場することになる．

　第三に，社会的選択は単に個人の選好順序に依存するのみならず，選好の強度にも依存するべきであると主張される余地がある．個人の基数的厚生関数を

考えることにして，例えば，個人1はyではなくて，xが社会的に選択される
べきであると非常に強く望んでいるが，個人2は逆にxではなくて，yが社会
的に選択されるべきであるとかすかに望んでいるものとしよう．このとき，彼
ら2人だけの世界では，xを選択すべきもっともな理由がある．この議論は個
人の選好強度を特定しているだけではなく，選好強度の個人間比較も行ってい
るため，なにかと誤解を招きやすいものである．この個人間比較が有害である
か無害であるかは即断できないが，この議論の説得力が選好強度の純粋に私的
な測度に依存するのみならず，選好強度の個人間比較という追加的特徴にも依
存する事実に変わりはない．個人間比較を伴う基数性の使用は，第7章，第
7*章で，個人間比較を伴わない基数性の使用は，第8章，第8*章で，各々論
じることになる．

　第四に，個人間比較の問題はそれ自体として興味深いものである．個人間比
較は基数性を用いない場合でさえ行える（第7章，第7*章，第9章，第9*章）
し，個人間比較は様々な程度・分量で適用することができる（第7章，第7*
章）．もし，集団的選択が個人の順序に依存するのみならず，個人の厚生水準
や追加的な厚生の利害得失の個人間比較にも依存するのであれば，一連の新た
な可能性が開拓されることになる．

　個人間比較の利用は恣意的であると広く考えられている．多くの人びとは，
この比較は選択行為と関連づけられていないという意味で「無意味」なもので
あるとみなしている．この比較に意味を与えるひとつの方法は，社会状態x
において個人Aであることと，社会状態yにおいて個人Bであることの間で
［仮説的］選択を考えることである．例えば，次のような質問をしてみればよ
い．「あなたは社会状態xにおいて解雇された労働者A氏であることと，社会
状態yにおいて高給取りの技術者B氏であることのどちらを好むのか」と．
この質問に答えるためには個人間比較に関わらざるを得ないが，私はこの選択
を体系的に考えることが我々の知的水準をはるかに超えるようなものではない
と断言したい．集団的選択メカニズムにそのような選択に関わる選好を導入す
ることは可能である．この分析方法については第9章，第9*章で取り上げる
ことになる．

　こうして我々は，アローの体系のように純粋に個人的な順序のみの場合から，

個人的な厚生の基数性を許容するかしないか，さらに多種多彩な個人間比較を許容するかしないかという多様性を含む個人的な厚生関数の場合に至るまで，社会的選択に必要な**構成要素**に関する代替的な観点を包摂する集団的選択の枠組みを考察することになる．

1.3. 個人の選好の性質

集団的選択の理論は，個人の選好の組から社会的選好を導出することのみに関心を寄せるべきであって，個人の選好それ自体の形成にまで立ち入る必要はないと主張することは可能である．この主張が持つ説得力のなかでも，我々が考察する問題の範囲をこの観点から限定できることの意義は，それなりに重要である．だが，これはいくぶん視野狭窄な考え方であり，個人の選好の起源を知ることは，集団的選択のルールを前提とするうえで現実に役立つ可能性がある．我々の研究が示すように，異なる集団的選択のルールが機能するか否かは個人の選好順序の組み合わせの詳細に大きく依存している．そして，個人の選好順序の組み合わせは，個人の選好を規定する社会的諸力を反映することが通則なのである．社会的選択が個人の選好に基づくのと同様に，個人の選好もまた，社会の性質に依存している．このように，代替的な集団的選択ルールの適切さは，部分的には社会の精密な構造に依存するのである．

個人の選好の中身もまた重要な問題である．社会的選択のいくつかの研究では，個人が現実に持っている選好と，自分自身を他者の境遇に置こうとしたときに持つと思われる選好が区別されている．この区別は重要であって，その区別の詳細は（第9章，第9*章において）詳しく検討する予定である．人びとが実際に持つ選好が他者への関心をまったく含まないと仮定するのは間違いである．個人がその内部で生きる社会，所属する階級，共同体の社会的・経済的構造と個人の関係といったものは，その個人の私的利害に影響するのみならず，社会の他の構成員に対する「義務」的配慮の概念を含む個人の価値体系にも影響を及ぼすことによって，個人的選択に関わってくるのである[5]．他者への配慮をすべて排除して自己利益のみを追求する偏狭な経済的人間は，多くの伝統的な経済学に通底する仮定を表現しているかもしれないが[6]，これは社会的選

択の問題を理解するうえでさほど有用なモデルにはならない．本書では，個人間の相互依存関係を排除するような，どのような試みもなされていない．

　選好関係の論理的性質の研究は有用な予備的訓練である．本書におけるこれ以降の使用を見据えて，第1*章ではこの予備的な作業を行うことにする．この章で得られる結果の多くは周知のものであるが，必ずしもよく知られていない成果も，少なからず含まれている．標準的な文献における選好関係の研究の多くは消費者選択の理論や需要分析によって動機づけられているが，それらの研究は集団的選択の問題にとって必ずしも役立つものではないことが，その主な理由である．

5　この事実は歴史研究にとって当然重要な課題である．例えば Hobsbawm（1955）を参照せよ．

6　形式的にはこれは外部性を排除する形をとる．アロー（Arrow 1951, p. 18）における「嗜好」と「価値」の対比も参照せよ．

第 1* 章
選 好 関 係

1*1.　二項関係

　記号 xRy は，「x は y と比較して，少なくとも同程度に望ましい」とか「x は y 以上である」などを意味する x と y の間の二項関係であるものとする．この関係が成立しない場合，すなわち「x は y と比較して，少なくとも同程度に望ましくはない」とか「x は y 以上ではない」場合には，$\sim(xRy)$ と書くことにする．

　集合 S 上の二項関係を特定化するひとつの方法は，$S \times S$ で表記される S の直積集合の部分集合 R を指定することである．ここで S の直積集合 $S \times S$ とは，S に所属する要素 x と y との順序対 (x, y) の集まりとして定義される集合である．xRy が成立するという代わりに (x, y) は R に属するということもできる．したがって，集合 S 上の二項関係の研究は，$S \times S$ の部分集合の研究と本質的には同じことである．直積集合の部分集合という方法で選好関係を研究する方法を本書では採用しないが，読者は好都合に思える形式に［本書の結果を］自由に翻訳して，なんら差し支えはない．

　本書では以下の記法が今後使用される．この記法を下支えする概念に関する議論については，読者はカルナップ（Carnap 1958），チャーチ（Church 1956），ヒルベルトとアッカーマン（Hilbert and Ackerman 1960），クワイン（Quine 1951），スッピス（Suppes 1958），タルスキー（Tarski 1965）など標準的な数理論理学の入門書を参照されたい．

　　∃　　存在記号（ある○○に対して）
　　∀　　全称記号（すべての○○に対して）
　　⇒　　条件節（もし○○ならば，××である）

集団的選択と社会厚生（1970 年）

⇔　　　同値（必要かつ十分）

〜　　　否定（○○ではない）

∨　　　選言（もしくは）

&　　　連言（かつ）

=　　　等号（○○と××は等しい）

∈　　　○○の要素である（○○に属する）

⊂　　　○○は××の部分集合である（○○は××に含まれる）

∩　　　○○と××の共通部分（○○と××の両方の集合に属する要素の集合）

∪　　　○○と××の和集合（○○と××のどちらかの集合に属する要素の集合）

　二項関係が満たすかもしれないし，満たさないかもしれない様々な性質を考える．以下の性質は，様々な文脈で重要性が判明している性質である．

(1)　反射性：$\forall x \in S: xRx$.

(2)　完備性：$\forall x, y \in S: (x \neq y) \Rightarrow (xRy \lor yRx)$.

(3)　推移性：$\forall x, y, z \in S: (xRy \,\&\, yRz) \Rightarrow xRz$.

(4)　反対称性：$\forall x, y \in S: (xRy \,\&\, yRx) \Rightarrow x = y$.

(5)　非対称性：$\forall x, y \in S: xRy \Rightarrow {\sim}(yRx)$.

(6)　対称性：$\forall x, y \in S: xRy \Rightarrow yRx$.

　一例として，標高を計測済みの山頂の集合に適用される「少なくとも同程度に高い」という関係を考える．各山頂はそれ自身と同じ高さであるため，この関係は反射的である．山頂 A が山頂 B と少なくとも同程度に高くはない場合，山頂 B は山頂 A よりも少なくとも同程度に高いため（実際には山頂 B は山頂 A よりも高いため），この関係は完備である．山頂 A が山頂 B と比較して少なくとも同程度に高く，かつ山頂 B が山頂 C と比較して少なくとも同程度に高いことは，山頂 A が山頂 C と比較して少なくとも同程度に高いことを意味するため，この関係は推移的である[1]．異なる山頂であっても，山頂 A と山頂 B が同じ高さになることがあるために，この関係は反対称的ではない．同様に，A

が B と比較して少なくとも同程度に高いことは，B が A と同じ高さを持つことを排除しないため，この関係は非対称的ではない[2]．また，A が B と比較して少なくとも同程度に高くても，B が A と比較して少なくとも同程度に高くならなければならないことを強制するわけではない．そこでこの関係は対称的ではない．

「〇〇より高い」という関係は推移性，反対称性，非対称性を満たすが，反射性，完備性，対称性を満たさないことは容易に確認できるはずである．

簡単化のために，標準的なタイプの（所与の性質を満足する）二項関係には，特定の名称が割り当てられてきた．残念なことに用語法は論者により異なっているため，重大な齟齬が生じていることを意識しなければならない．例えば，アロー（Arrow 1951）にとって「順序」は反射的，推移的そして（反対称性に関わりなく）完備だが，デブリュー（Debreu 1959）にとっての「順序」は，反射的，推移的そして（完備性に関わりなく）反対称的である．

表で，本書で使用する用語法を明示するとともに，既存の文献において用いられている代替的な名称も記載する[3]．

1*2.　極大要素と選択集合

「弱い選好」（「少なくとも同程度に望ましい」）の二項関係 R に対応して，厳密な選好関係 P と無差別関係 I を定義することができる．

定義 1*1.　$xPy \Leftrightarrow [xRy \ \& \ \sim(yRx)]$

定義 1*2.　$xIy \Leftrightarrow [xRy \ \& \ yRx]$

1　男性に適用される「〇〇の兄弟である」という関係は，ときとして推移的だと考えられることがあるが，実際にはそうではない．個人 A が個人 B の兄弟であって，B が A の兄弟であるからといって，推移性によって A は A 自身の兄弟になるかといえば，そのような贅沢は残念ながら A には許されないのである．

2　非対称性は反対称性を含意するが，その逆は一般に成立しないことに注意されたい．もし xRy $\Rightarrow \sim(yRx)$ ならば，反対称性の前提条件である $(xRy \ \& \ yRx)$ は，決して満たされない．したがって，反対称性の含意は論理的に正しいことになる．

3　例えば，Birkhoff（1940），Bourbaki（1939），Tarski（1965），Church（1956），経済学における文献では，Arrow（1951），Debreu（1959）を参照せよ．

満たされる性質	本書で用いる名称	既存研究で用いられる別称
1. 反射性, 推移性	準順序	前順序
2. 反射性, 推移性, 完備性	順序	完備前順序，完備準順序，弱順序
3. 反射性, 推移性, 反対称性	部分順序	順序
4. 反射性, 推移性, 完備性, 反対称性	鎖状順序（chain）	線形順序，完備順序，単純順序
5. 推移性, 非対称性	狭義の部分順序	
6. 推移性, 非対称性, 完備性	強順序	順序，狭義の順序，狭義の完備順序

その集合に属する他のいかなる要素にも優越されない要素は，考察対象となっている二項関係に関する「極大」要素と呼ばれる.

定義 1*3. S の要素 x が二項関係 R に関する S の極大要素であるとは，
$$\sim[\exists y: (y \in S \,\&\, yPx)]$$
が成立するとき，かつそのときのみである. S の極大要素の集合を極大集合と呼び， $M(S, R)$ で表現する.

要素 x が S の「最善」要素（大小関係における「最大」に相当）であるとは，x が考察の対象となっている選好関係 R において，S の他のどの要素との比較でも少なくとも同程度に望ましい（大きい）場合を指している.

定義 1*4. S の要素 x が二項関係 R に関する S の最善要素であるとは，
$$\forall y: (y \in S \Rightarrow xRy)$$

が成立するとき，かつそのときのみをいう．S の最善要素の集合を，選択集合と呼び，$C(S, R)$ で表現する．

　議論を明確にするために，2つの注釈を与えておきたい．第一に，最善要素は極大要素でもあるが，逆は一般に成立しない．S に属するどの y に対しても xRy である場合，明らかに yPx となる S の要素 y は存在しない．一方，xRy でも yRx でもない場合，x と y はともに集合 $\{x, y\}$ の極大要素であるが，どちらも最善要素ではない．したがって，$C(S, R) \subset M(S, R)$ である．

　第二に，$C(S, R)$ も $M(S, R)$ も空集合になりうる．例えば，xPy, yPz, zPx である場合には，最善要素も極大要素も存在しない．推移性が成立する場合でも，集合が無限集合であれば $M(S, R)$ は空になりうる．例えば，$x_2Px_1, x_3Px_2, ..., x_nPx_{n-1}, ...$ となる例を考えればよい．一方，推移性も満たされて，有限集合の場合であっても，$C(S, R)$ は空になるかもしれない．例えば，$\sim(xRy)$ & $\sim(yRx)$ である場合，x も y も $\{x, y\}$ の極大集合の要素ではあるが，どちらも $\{x, y\}$ の選択集合の要素ではない．

1*3. 準順序に関する一群の結果

　準順序に関する基本的な結果を，ここで導出することにしたい．順序，鎖状順序，半順序は準順序の特殊型であるから，ここでの結果は自動的に上記の二項関係に適用されることになる．

補題 1*a. R が準順序ならば，任意の $x, y, z \in S$ に対して
　(1) xIy & $yIz \Rightarrow xIz$
　(2) xPy & $yIz \Rightarrow xPz$
　(3) xIy & $yPz \Rightarrow xPz$
　(4) xPy & $yPz \Rightarrow xPz$

証明
　(1) xIy & $yIz \Rightarrow (xRy$ & $yRz)$ & $(yRx$ & $zRy)$

63

$$\Rightarrow xRz \ \& \ zRx$$
$$\Rightarrow xIz$$
$$(2) \quad xPy \ \& \ yIz \Rightarrow xRy \ \& \ yRz$$
$$\Rightarrow xRz$$

　（2）が偽であるのは，zRx となるときのみ，すなわち xIz となるときのみである．仮に xIz が成立するとしよう．このとき，（1）より $xIz \ \& \ yIz \Rightarrow xIy$ なので，xIy が成立する．しかし，xIy は前提によって偽であるため，zRx とはならず，xPz が成立する．

　（3）の証明は，（2）の証明とまったく同様である．

　（4）$xPy \ \& \ yPz \Rightarrow xRy \ \& \ yRz \Rightarrow xRz$ となることは容易に確認できる．（4）が偽であるのは，zRx となるときのみ，すなわち xIz となるときのみである．もし xIz が成立すれば，（3）と xPy から zPy が成立する．だが zPy は前提より偽であるため，zRx とはならず，xPz が成立するほかはない．

　上記 4 つの性質（1）〜（4）を，各々 *II*，*PI*，*IP*，*PP* と書くことにする．
　以下の 2 つの結果は基本的なものである．

補題 1*b.　任意の有限な準順序集合は，少なくともひとつの極大要素を持つ [4].

証明　$x_1, x_2, ..., x_n$ を準順序集合の要素とする．$a_1 = x_1$ であるとする．再帰的な方法に従って，$x_{j+1} P a_j$ ならば $a_{j+1} = x_{j+1}$ とし，その他の場合には，$a_{j+1} = a_j$ とする．この作り方によって a_n は必ず極大になる．

補題 1*c.　R が反射的ならば，$xPy \Longleftrightarrow \{x\} = C(\{x, y\}, R)$ [5].

証明　$xPy \Rightarrow xRy \ \& \ \sim(yRx)$

4　バーコフ（Birkhoff 1940, p. 8）の定理 1.4 を参照せよ．バーコフは「部分順序の体系」について論じているが，その証明では反対称性の性質は用いられていない．
5　Arrow（1951, p. 16）の補題 2 を参照せよ．

反射性より xRx であるから

$$\Rightarrow \{x\} = C(\{x, y\}, R)$$

となる．次に，

$$\{x\} = C(\{x, y\}, R) \Rightarrow xRy\ \&\ \sim(yRx)$$
$$\Rightarrow xPy$$

となる．

したがって，x が $\{x, y\}$ の選択集合の唯一の要素であるとき，かつそのときにのみ，x は y より選好される．

極大集合と選択集合の関係はいくつかの論脈で重要である．すでに $C(S, R) \subset M(S, R)$ となることは指摘した．ここでさらに次の結果を指摘したい．

補題 1*d. 準順序 R に対して $C(S, R)$ が非空ならば，$C(S, R) = M(S, R)$ である．

証明　$x \in C(S, R)$ とする．このとき

$$z \in M(S, R) \Rightarrow \sim(xPz)$$

であるが，xRz であるので

$$\Rightarrow xIz$$

となる．補題 1*a と $x \in C(S, R)$ より

$$\Rightarrow \forall y: (y \in S \Rightarrow zRy)$$
$$\Rightarrow z \in C(S, R)$$

となり，$M(S, R) \subset C(S, R)$ が得られる．$C(S, R) \subset M(S, R)$ であるため，$C(S, R) = M(S, R)$ が成立する．

次の結果もまた便利である．

補題 1*e. 有限集合 S 上の任意の準順序 R に対して

$$\forall x, y: [x, y \in M(S, R) \Rightarrow xIy] \Leftrightarrow [C(S, R) = M(S, R)]$$

が成立する．

証明　補題の主張に反して，$C(S, R) \neq M(S, R)$ だが，$\forall x, y: [x, y \in M(S, R) \Rightarrow$

xIy] であるものとする．このとき，補題 1*d より，$C(S, R)$ は空である．いま，$x_0 \in M(S, R)$ とすれば，明らかに $\sim[x_0 \in C(S, R)] \Rightarrow \exists x_1 \in S: \sim(x_0 R x_1)$ である．x_1 が $M(S, R)$ の要素であることは $x_0 I x_1$ を意味するために，x_1 は $M(S, R)$ に属することはあり得ない．そこで x_1 は極大集合の補集合 $C_M(S, R)$ に属することになる．だがこのことは $\exists x_2 \in S: x_2 P x_1$ を意味する．x_2 が $M(S, R)$ の要素であることは $x_0 I x_2$，したがって $x_0 P x_1$ を意味するため，x_2 も $M(S, R)$ に属することはあり得ない．ゆえに，x_2 も $C_M(S, R)$ に属する．同じ理由から $\exists x_3 \in S: [x_3 P x_2$ & $x_3 \in C_M(S, R)]$ である．

$C_M(S, R)$ のなかに n 個の選択肢があれば，上記の手続きを進めて $x_n \in C_M(S, R)$ かつ $C_M(S, R)$ に属するすべての y に対して $x_n P y$ となる選択肢 x_n を得ることができる．さらに $\sim(x_0 P x_n)$ である．なぜなら $x_0 P x_n$ とすると P の推移性によって $x_0 P x_1$ が導出されることになるが，これは偽だからである．これまで示してきたことから，x_0 を除く S のすべての要素は $C_M(S, R)$ に属するため，x_n が極大要素ということになる．しかし x_n は $C_M(S, R)$ に属すると仮定しているため，これは矛盾である．この矛盾が補題の前半を証明している（S の有限性は証明にとって必要ではなく，$C_M(S, R)$ の有限性のみが用いられていることに注意せよ．そこで，補題 1*e は適切に一般化することができる）．

この逆の成立は直ちに示すことができる．$C(S, R) = M(S, R)$ であれば，$x, y \in M(S, R) \Rightarrow x, y \in C(S, R)$ であるので xRy & yRx となるが，これは xIy を意味するからである．

1*4.　部分関係と両立可能性

2 つの準順序 Q_1 と Q_2 を考えて，「部分関係」の概念を導入することにする．

定義 1*5.　Q_1 が Q_2 の部分関係であるとは，すべての $x, y \in X$ に対して

(1)　$xQ_1y \Rightarrow xQ_2y$

(2)　$[xQ_1y$ & $\sim(yQ_1x)] \Rightarrow \sim(yQ_2x)$

が成立するとき，かつそのときのみである．

　すなわち，Q_1 が Q_2 の部分関係であれば，Q_1 では x が y よりも「少なくとも同程度に望ましい」（もしくは「望ましい」）ときには必ず Q_2 でも同様であるが，逆は必ずしも成立しないのである．

　順序と準順序の「両立可能性」の概念もまた重要である．

定義 1*6.　準順序 Q が順序 R の部分関係であれば，R は Q と両立可能であるという．

　ここでは証明なしで 2 つの標準的な結果を紹介しておきたい．

補題 1*f.　任意の準順序 Q に対して，Q と両立可能な順序 R が存在する[6]．

補題 1*g.　Q が準順序であって $\forall x, y \in S \subset X: xQy \Rightarrow x = y$ であり，かつ T が S の要素の順序であるならば，Q とも T とも両立可能であるような X のすべての要素の順序 R が存在する[7]．

　いかなる応用においても 2 つの補題の成立は自明のものだが，その一般性についてはそれほど自明ではない．補題 1*g は補題 1*f を前提としており，任意の準順序が，その準順序が不完備に残す［比較不可能である］ペアから構成される部分集合上の順序と完全に両立可能であると主張していることに注意してほしい．

　2 つの準順序の両立可能性は，以下のように定義できる．

定義 1*7.　2 つの準順序 Q_1 と Q_2 が両立可能であるのは，両者と両立可能な順序が存在するとき，かつそのときのみである．

6　Szpilrajn（1930, pp. 386-9）を参照せよ．スピルレヤンは部分順序に関心を寄せているが，準順序に対する証明も同様のものである．

7　Arrow（1951, pp. 64-8）を参照せよ．

以下の結果は直ちに導出される.

補題 1*h. 準順序 Q_1 が準順序 Q_2 の部分関係であるならば，Q_1 と Q_2 は両立可能である.

補題 1*i. Q が準順序で $\forall x, y \in S \subset X: xQy \Leftrightarrow x = y$ であり，しかも T が S の要素の準順序であるならば，Q とも T とも両立可能であるような X のすべての要素の順序 R が存在する.

　補題 1*i は補題 1*g をわずかに拡張した命題である. 補題 1*f によって，T と両立可能な S 上の順序 T^* を定義することができる. また，補題 1*g によって，Q と T^* と両立可能な X 上の順序 R が存在する. いま，R が X 上で T^* と両立可能であり，T が T^* の部分関係であれば，明らかに R は T と両立可能である. その意味するところは，2 つの準順序において，一方では不完備である選択肢のペアが，もう一方では完備である場合には，両者は両立可能である，ということなのである. この事実は，社会的選択において，論理的に独立した一連の選好の諸原理の利用を許すという意味で重要である.

1*5. 選択関数と準推移性

　第 1*2 節では選択集合を定義した. ここで選択関数を定義することができる.

定義 1*8. X 上で定義される選択関数 $C(S, R)$ とは，X の非空な各部分集合 S に対して，選択集合 $C(S, R)$ が S の非空部分集合となる関数関係である.

　したがって，X 上で定義される選択関数 $C(S, R)$ が存在するということは，X の任意の非空部分集合に対して，最善要素が存在するということに等しいのである. 選択関数の存在は，合理的選択にとって明らかに重要である.
　選好関係が完備性を満たさない場合には，明らかに選択関数は存在しない. X のあるペア x, y に対して，xRy でも yRx でもなければ，このペア $\{x, y\}$ の選

択集合は空になる．同様に，反射性が満たされないことも選択関数の存在を不可能にする．自分を自分自身と同程度に望ましいとみなさない選択肢 x がある場合，$\{x\}$ の選択集合は空になるためである．

　反射性と完備性に加えて推移性も仮定すれば，順序が得られる．推移性を満たさなくとも選択関数が得られる可能性を考察する前に，順序に関する基本的な結果を述べておこう．

補題 1*j.　R が有限集合 X 上で定義される順序ならば，選択関数 $C(S, R)$ が X 上で定義される．

　証明は補題 1*b と同様であるため，ここでは省略する．もちろん，集合 X が有限ではない場合には，X 上の順序の存在は選択関数を保証するわけではない．例えば，$j = 2, 3, \cdots, \infty$ に対して $x_j P x_{j-1}$ となる例を考えさえすればよい．

　反射性と完備性が与えられれば，推移性は有限集合の上で選択関数が存在するための十分条件ではあるが，必要条件ではない．推移性よりも弱い十分条件を以下で述べることにしよう．

定義 1*9.　すべての $x, y, z \in X$ に対して xPy & $yPz \Rightarrow xPz$ が成立する場合には，R は準推移性を持つという．

　この条件は補題 1*a のなかで PP として言及したものである．

補題 1*k.　R が有限集合 X 上で反射的，完備，準推移的であれば，X 上で選択関数 $C(S, R)$ が定義される[8]．

証明　集合 $S \subset X$ に，n 個の選択肢 $x_1, \ldots, x_n$ が含まれるものとする．最初に，ペア $\{x_1, x_2\}$ を考える．R の反射性と完備性によって，このペアには最善要素が存在する．次に，$\{x_1, \ldots, x_j\}$ が最善要素を持つ場合に $\{x_1, \ldots, x_j, x_{j+1}\}$ も最善要素を持つことを示して，帰納法による証明を完成させる．a_j を集合 $\{x_1, \ldots, x_j\}$ の最善要素であるとすると，任意の $k = 1, \ldots, j$ に対して $a_j R x_k$ である．このと

き，$x_{j+1}Pa_j$ か a_jRx_{j+1} が成立する．a_jRx_{j+1} が成立すれば，a_j は $\{x_1, ..., x_{j+1}\}$ の最善要素でもある．これに対して $x_{j+1}Pa_j$ が成立すれば，x_{j+1} が $\{x_1, ..., x_{j+1}\}$ の最善要素にならないのはある $k = 1, ..., j$ に対して x_kPx_{j+1} となるときのみである．この場合，R の準推移性より x_kPa_j を得るが，これは a_jRx_k に矛盾する．これで補題の証明は完了する．

準推移性は有限集合に対して選択関数が存在するための十分条件ではあるが，必要条件ではないことに注意されたい．実際，3個から成る要素の集合上だけで定義される条件では，選択関数が存在するための必要条件にはならないことが示される．ここで**非循環性**の性質を導入する．

定義 1*10. R が X 上で非循環的であるとは，以下の条件が成立するとき，かつそのときのみである．

$\forall x_1, ..., x_j \in X: [(x_1Px_2 \ \& \ x_2Px_3 \ \& \ ... \ \& \ x_{j-1}Px_j) \Rightarrow x_1Rx_j]$

補題 1*l. R が反射的かつ完備ならば，有限集合 X 上で $C(S, R)$ が定義されるための必要十分条件は，R が X 上で非循環的であることである．

証明 最初に必要性を証明したい．R が非循環的ではないとすれば，j 個の選択肢から成る X の部分集合が存在して，$x_1Px_2, x_2Px_3, ..., x_{j-1}Px_j, x_jPx_1$ が成り立つ．明らかに，この部分集合には最善要素が存在しないため，X 上の選択関数は存在しない．十分性の証明は，以下の点を指摘することから始まる．いま，すべての選択肢が互いに無差別であれば，すべての選択肢が最善になる．したがって，少なくともひとつは，厳密に順序づけられたペア，例えば x_2Px_1 が存在する事態を考えることにする．この x_2 が S の最善要素にならないのは，x_3Px_2 となる X の選択肢 x_3 が存在するときのみである．もし x_1Px_3 ならば，非循環性

8　Sen (1969, Theorem II) 及び Pattanaik (1968a) も参照のこと．無限集合に対しては，P が「整礎（founded）」であること，すなわち，無限に降下していく鎖状順序の存在が許されないことが必要条件になる．これはホワイトヘッドとラッセル（Whitehead and Russell 1913）の整列順序の概念の一側面である．選択関数に関わるこの問題及び他の問題について，ヘルツバーガー（Herzberger 1968）を参照せよ．

より x_1Rx_2 となって，矛盾が生じる．したがって，x_3 は $\{x_1, x_2, x_3\}$ の最善要素である．この手続きを続ければ，選択集合を空にすることなく，S のすべての要素を数え上げることができる．こうして非循環性が必要かつ十分であることが確認される．

3 個だけの要素の集合上の非循環性，すなわち，$\forall x, y, z \in X:$ $[xPy \;\&\; yPz \Rightarrow xRz]$ は選択関数が存在するための十分条件にはならないことに，読者の注意を喚起したい．というのも，3 個の要素の集合上の非循環性は，全体の集合上の非循環性を含意しないからである．例えば $x_1Px_2, x_2Px_3, x_3Px_4, x_4Px_1, x_1Ix_3,$ x_2Ix_4 となる 4 個の選択肢 x_1, x_2, x_3, x_4 の集合を考えれば，3 個の要素から成るどんな部分集合も非循環性に反しない．だが，全体集合は非循環性に反しているため，全体集合の最善要素は存在しないのである．

最後に，補題 1*k と補題 1*l により，3 個の要素から成る集合上の条件である準推移性は，非循環性を含意することがわかる．だがこの逆は成立しない．

1*6.　選好と合理的選択

選択関数の存在は，いくつかの点において合理的選択の条件である．本書で選択関数は選好の二項関係に基づいて定義されている．したがって，非空な選択集合の存在は，他のすべての選択肢と比較して少なくとも同程度に望ましいとみなされる選択肢が存在することに等しい．この事実はそれ自体として合理的な性質であり，早くも 1785 年にはコンドルセによって，多数決の文脈において指摘されていた．

しかしながら，選択関数の性質からある種の合理性の条件を定義することも可能である（アロー（Arrow 1959）を参照せよ）．このために，$C(S)$ は X 上で定義される選択関数ではあるが，二項関係から必ずしも導出されないものとする．当然ながら，どんな二項関係からも導出できない選択関数を考えることは容易である．$C(\{x, y, z\}) = \{x\}, C(\{x, y\}) = \{y\}$ となる選択関数は，その一例である．単に選択可能であるのみならず，合理的に選択可能であることを保証するためには，ある種の選択関数の性質を特定化する必要がある．以下の性質を考えてみよう（セン（Sen 1969）を参照せよ）．

性質 α：すべての x に対して，$x \in S_1 \subset S_2 \Rightarrow [x \in C(S_2) \Rightarrow x \in C(S_1)]$.

性質 β：すべての x, y に対して，$[x, y \in C(S_1)\ \&\ S_1 \subset S_2] \Rightarrow [x \in C(S_2) \Leftrightarrow y \in C(S_2)]$.

　性質 α は，S_2 の部分集合 S_1 のある要素が S_2 において最善であるならば，S_1 においても最善であることを述べている．これは，合理的選択のごく基礎的な要求であって，異なる文脈では「無関係な選択肢からの独立性」[9] の条件と呼ばれているものである．性質 β もまた魅力的ではあるが，性質 α に比べるとどこか直観に欠けるものかもしれない．性質 β は，x と y が S_2 の部分集合 S_1 においてともに最善であるならば，一方が S_2 において最善であることなくしては，もう片方も S_2 において最善であることは起こり得ないことを要求している．一例を挙げれば，性質 α は，ある競技の世界チャンピオンがパキスタン人であれば，その個人はパキスタンのチャンピオンでもあることを要求している．一方，性質 β は，あるパキスタンのチャンピオンが同時に世界チャンピオンであれば，パキスタンのすべてのチャンピオンは世界チャンピオンでなければならないことを要求している．

　本章の以下の大半は，セン（Sen 1969）の結果に大きく依存している．

補題 1*m.　二項関係 R から生成される選択関数 $C(S, R)$ は性質 α を満たすが，必ずしも性質 β は満たさない．

証明　x が $C(S, R)$ に属するならば，S のすべての要素 y に対して明らかに xRy であるため，S の任意の部分集合におけるすべての要素 y に対して，xRy である．こうして性質 α は満たされる．

　次に，xIy, xPz, zPy となる 3 個の選択肢 x, y, z を考えよう．明らかに，$\{x, y\} = C(\{x, y\}, R)$ かつ $\{x\} = C(\{x, y, z\}, R)$ である．これは性質 β に反する．

9　Nash（1950），Chernoff（1954），Radner and Marschak（1954），Luce and Raiffa（1957）を参照せよ．しかし，この条件はアロー（Arrow 1951）の同名の条件と混同されるべきではない．アローの条件は社会的選好と個人の選好の間の関数関係に関する条件である．第 3* 章を参照のこと．

　性質 β を満たす選択関数と，選択関数を基礎づける選好関係が，補題 1*a において言及された条件 PI を満たすことの間には，密接な関係が存在するように思われる．

定義 1*11.　関係 R が X 上で PI 推移的であるのは，すべての X の要素 x, y, z に対して xPy & yIz ⇒ xPz が成立するとき，かつそのときのみである．

補題 1*n.　二項関係 R から生成される選択関数 C(S, R) が性質 β を満たすのは，R が PI 推移的であるとき，かつそのときのみである[10].

証明　二項関係が選択関数を生成するためには，完備，反射的でなければならないことは前述した．いま，PI が満たされないとすれば，xPy, yIz, zRx となる 3 個の選択肢 x, y, z が存在する．明らかに，{y, z} = C({y, z}, R) である．さらに z ∈ C({x, y, z}), R) だが，~[y ∈ C({x, y, z}, R)] である．そのため性質 β は満たされない．

　逆に性質 β が満たされないとしよう．このとき，あるペア x, y が存在して，$S_1 \subset S_2$ であれば x, y ∈ C(S_1, R), x ∈ C(S_2, R), ~[y ∈ C(S_2, R)] が成り立つ．明らかに，zPy & xPz となる S_2 の要素 z が存在する．x, y ∈ C(S_1, R) なので xIz となることがわかる．PI 推移性より zPy & yIx ⇒ zPx が成立することになるが，実際には xRz であるため矛盾が生じる．こうして，性質 β が満たされないとき R は PI を満たすことができないことになる．これで補題の証明は完了する．

　次に，PP（準推移性），PI，推移性の間の関係は，正確にいってどのようなものだろうか．

補題 1*o.　（a）一般に，PP と PI は互いに完全に独立である．
　　　（b）　R が完備であれば，PP と PI を結合するとき推移性が含意される．

10　Sen（1969, Theorem III）を参照せよ．

証明　命題 (a) は 2 つの例を考えれば証明できる．xPy, yPz, zPx となる状況を考えれば，PP は満たされないが PI は満たされる．次に xPy, yIz, xIz となる状況を考えれば，PI は満たされないが，PP は満たされる．

　命題 (b) は，PI と PP は成立しても推移性は成立しない例を挙げて，背理法によって証明できる．この場合，ある 3 つの要素 x, y, z に対して，xRy, yRz でありつつ ~(xRz) が成立しなければならない．R の完備性により ~(xRz) は zPx を意味する．xRy は xPy または xIy を含意する．xPy であれば zPx から PP によって zPy でなければならないがこれは正しくないため，xIy であることになる．zPx と PI から zPy でなければならないがこれもまた正しくはない．この矛盾から補題の正しさが証明される．

　しかし，R が選択関数を生成する場合には，PI と PP の間に緊密な関係が存在する．すなわち，PI は PP を含意する（逆は成立しない）．ゆえに，PI は完全な推移性に等しくなる．

補題 1*p.　二項関係 R が選択関数を生成する場合には，PI 推移性は R が順序であることを含意する[11]．

証明　R の反射性と完備性は自明である．そこで補題 1*o より PI が PP を含意することを示しさえすればよい．

　PP が満たされないとして，xPy, yPz, zRx となる 3 個の選択肢 x, y, z を考えることにする．もし zPx であれば，$C(\{x, y, z\}, R)$ は空になるため，zIx が成立する．だが PI より $[yPz \ \& \ zIx] \Rightarrow yPx$ である．しかし実際には xPy であるので，PI もまた満たされないことになる．ゆえに，PI は PP を含意する．（補題 1*o から）PI は R が順序であることも含意するので，証明はこれで完成する．

　補題 1*n と補題 1*p の系として，以下の結果が直ちに導かれる．

補題 1*q.　二項関係 R から導出される選択関数 $C(S, R)$ が性質 β を満たすのは，

11　Sen (1969, Theorem IV) を参照せよ．

R が順序であるとき，かつそのときのみである[12].

　推移性の別の側面を展望するため，選択関数が存在するか否かにかかわらず
成立する関係性についても注記しておきたい．

補題 1*r. R が完備であれば，(a) $PI \Leftrightarrow IP$，(b) $PI \Rightarrow II$，(c) $PP \,\&\, II \Rightarrow PI$ が
成立する．

　ここでは証明を省略するが，(a) の証明はソンネンシャイン (Sonnenschein
1965) とロリマー (Lorimer 1967) によって，(b) と (c) の証明はセン (Sen
1969) によって与えられている．これらの証明はすべて初等的なものである[13].
　最後に，R の PP, PI, II, IP, T（推移性），有限集合 S の上での選択関数
$C(S, R)$ の存在，合理性の条件 α と β との間の主要な関係を，2 つの図で示す．
矢印の方向は含意の関係を示している．図 1*2 では，選択関数 $C(S, R)$ が存在
する場合に，四角のなかの含意関係が成立する．

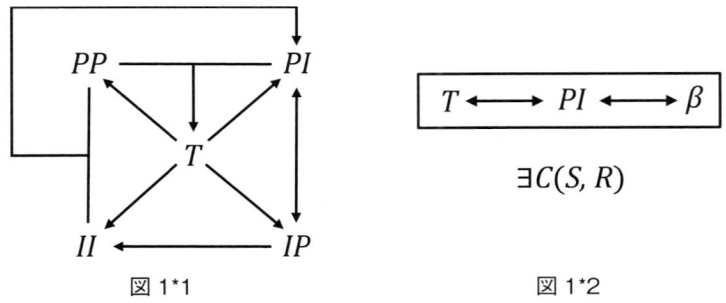

図 1*1　　　　　　　　　　　図 1*2

12　Sen (1969) 及び Arrow (1959) を参照せよ．

13　ここでは触れなかった選好と選択に関する重要な結果は，Herzberger (1968) 及び Hansson
　　(1969) に見出される．

第 2 章
全 員 一 致

2.1. パレート基準

社会厚生を比較するきわめて素朴な基準は，パレートの名前と関連づけられている（Pareto 1897）．このアプローチでは以下の 2 つのルールが用いられている．(a) 社会の全員が 2 つの代替的な社会状態 x と y の間で無差別であれば，社会もまた両状態の間で無差別でなければならない．(b) 少なくともひとりの個人が x を y よりも厳密に選好して，すべての個人が y との比較で x を少なくとも同程度に望ましいとみなすとき，社会は x を y より選好しなければならない．この基準は明白な魅力を持っている．ルール (a) が満たされるときには，2 つの選択肢のどちらを選ぶかという問題を誰も気にかけないため，いずれの選択肢を選んでも，差し支えはない．ルール (b) が満たされるとき，x の代わりに y を選択しても誰の利益にも寄与することはなく，y の代わりに x を選択すれば誰かの利益に寄与するので，個人の集合体としての社会が x を y よりも選好することは，いかにも理に適っているように思われる．

曖昧な用語法を避けるために，ルール (a) が満たされているときには，社会は x と y の間でパレートの意味で無差別であるといい，ルール (b) が満たされているときには，x は y をパレートの意味で優越するということにしたい．これで我々は**パレート最適性**の概念を考察する準備を整えることができた．ある選択状況において，そこから選択すべき選択肢の集合 X を考える．集合 X に所属する選択肢 x がパレート最適であるとは，x をパレートの意味で優越する選択肢が，その集合内に存在しないことを指している．すなわち，全員が x との比較で少なくとも同程度に望ましいとみなしていて，少なくともひとりの個人が x よりも厳密に選好するような選択肢が存在しない場合，x はパレート最適であるというのである．

　現代の厚生経済学の大半がこのアプローチに基づいている．システムや政策の「最適性」は，パレート最適性を達成するか否かという観点からしばしば判断されている[1]．このことはある程度までは問題なさそうだが，どの程度までそういえるだろうか．ある人は x を y よりも選好するが，別の人は y を x よりも選好する場合には，残りの人びとが x と y をどのように評価していても，また残りの人びとが何人いるにしても，パレート・ルールを適用して x と y を社会的に評価することは不可能である．パレート基準から導かれる社会的な選好関係は（各人が準順序を持つことを前提として）反射的かつ推移的ではあるが，すべての社会構成員が完備な選好関係を持つときでさえ，完備性の性質を満たさない場合があることは明らかである．パレート基準が正確にはどれほど不完備であるのかは，人びとがどれほど同じ意見を持つかに依存している．その極端な例は全員が同じ選好順序を持つ場合である[2]．この特殊な状況では社会的順序は完備になる．もうひとつの極端な例は，2人の個人が正反対の選好を持つ場合である[3]．この特殊状況では，いかなる選択肢もパレート・ルールを用いて互いに比較することはできない．どちらの極端な状況もめったに起こるものではなく，中間状況ではパレート・ルールを用いていくらかの比較ができるとはいっても，すべて比較ができるわけではない．どれほどの比較が可能であるかはその状況次第なのである．

　厚生経済学という困難な領域では，ささやかな恵みでさえ貴重である．その不完備性にもかかわらず，パレート基準には多大な賞賛が寄せられる理由はこの点に認められる．だが，パレート最適性に全面的に関心を絞ることには，危険が伴っている．一部の人びとが贅沢な暮らしを満喫する一方で，残された人びとはほとんど飢餓状態にあるときでさえ，飢餓状態の人びとの状態が富裕層の快楽を減らさずには改善できないかぎり，その経済はパレートの意味におい

1　競争均衡の最適性に関する文献，例えば Arrow（1951a），Debreu（1959）を参照せよ．

2　ある個人が x を y より厳密に選好するときには，必ず他の全員が x を y との比較で少なくとも同程度に望ましいとみなすかぎりにおいて，全員が厳密に同じ選好を持たなければならないというわけではない．

3　より明確にいえば，2人の個人のいずれも選択肢の全体にわたって強順序を持ち，一方の個人がある選択肢を他方の選択肢よりも選好するときには，もう一方の個人は必ず後者の選択肢を前者の選択肢よりも選好する場合である．

ては最適状態にあるのである．ローマの大火を防ぐことが皇帝ネロの快楽を損ねるのであれば，ローマを燃えるままに放置することがパレート最適になる．要するに，ある社会や経済は，パレート最適でありつつひどくうんざりさせるものである可能性が十分あるのである．

2.2. パレート内包的な選択ルール

個人の選好順序から，社会的選好を生み出す方法を，「集団的選択ルール（collective choice rule，以下では CCR）」と呼ぶ．例えば，「多数決による決定方法（method of majority decision，以下では MMD）」は CCR の一例である．MMD によれば，x が y との比較で社会的に少なくとも同程度に望ましいのは，x を y より選好する人びとの数が y を x よりも選好する人びとの数以上であるとき，かつそのときのみである．MMD は往々にして非推移的な社会的選好に導くが，各ペア上で必ず「決定を下す」ことができる．つまり，MMD は完備な選好順序をもたらして，x が y との比較で社会的に少なくとも同程度に望ましいか，y が x との比較で社会的に少なくとも同程度に望ましいか，いずれかを決定することができるのである．パレート基準自体も CCR となるが，パレート関係の不完備性のためにペアごとに社会的決定を下すものではない．パレート最適な要素は，互いに順位づけられないのである．

パレート関係を包含しつつ，パレート関係を超えて順序づけできる可能性を持つ CCR は，パレート内包的 CCR と呼ばれる．MMD はパレート内包的 CCR である．x が y をパレート優越すれば，多数決投票において，x は必ず y に勝利しなければならないからである．だが，x と y がパレートの意味で比較不可能でも，多数決投票において x と y の一方が他方に勝利する（または両者が引き分けとなり社会的に無差別になる）ことは起こりうる．パレート基準が説得力を持つかぎり，我々の関心はパレート内包的 CCR に絞られるべきである．

2つ以上の要素から構成されるパレート最適な集合から，「最善」の選択肢を特定して確定するひとつの方法は，パレート最適な選択肢を順序づけることである．例えば，パレート基準は効率性に専念して所得分配には無関心であるので，我々は所得分配への配慮を導入したいと考えるかもしれない[4]．この

方法の実践には様々な困難が伴うが，そのうちの一部は以下で議論されることになる．

　パレート関係を拡張するとりわけ簡単な方法は，すべてのパレート最適な点を無差別と宣言することである．この方法は，分配面への配慮を意図的に除外することを意味している．この方法が多くの人びとを魅了する考えであるとは私には思えないが，現代厚生経済学におけるパレート関係へのほとんど排他的ともいえる関心がなんらかの兆候を示しているとすれば，一部の人びとがこの考えに魅了されていることに疑いの余地はない．この問題をさらに詳細に検証する機会は，第5章，第5*章で訪れることになる．

　「完備な決定を下す」ことはできないが，パレート関係よりは外延的であり，パレート関係を包含する社会的選好関係を作る CCR を構想することもできる．集計的な厚生（第7章，第7*章），交渉解（第8章，第8*章），正義（第9章，第9*章）の諸基準のなかにこの方法のいくつかの例が見られる．普通に念頭に浮かぶ CCR の大半は，少なくとも弱い形式でパレート内包的であるといっても，公平性を欠くことにはならないと思われる．

　パレート原理のさらに弱い形式のもとでは，x が y よりも社会的に望ましいとされるのは，全員が x を y よりも厳密に選好する場合である．この基準は，通常のパレート基準よりも控えめである．なぜなら，誰かが x を y よりも選好して，全員が x を y と比較して少なくとも同程度に望ましいとみなしている状況について，この弱基準はなにも判定しないからである．

　上述の（要求度が強い）意味で x が y をパレート優越する場合に，x が y よりも社会的に選好されるべきではないと論じることは難しいだろう．社会の全員が y ではなく，x を欲しているとき，社会は y を x よりも選好するとか，両者は無差別であるとか，両者間の優劣関係は決定できないということに，どんな意味があるだろうか[5]．これはかなり説得力の強い議論だが，私には疑問の余地が残されているように思われる．選択肢のペア上の選択が，そのペアに対する個人的選好のみに基づかなければならないとすれば，問題は十分単純に思われる．しかし，x と y 上の社会的選択に際して CCR が他のペア（例えば x と

4　Fisher（1956）及び Kenen and Fisher（1957）を参照のこと．

5　Cassen（1967）を参照せよ．

z, yとz）上の個人的選好にも依存する状況を考えるとき，その判断の根拠は明白とはいえなくなる．集団的選択ルールのいっそうの研究を重ねるまで，この込み入った議論に立ち入ることは早計であると思われるので，第6章までこの議論は棚上げすることにする．しばらくの間は，パレート基準は魅力的な原理として処理したい．とはいえ，パレート基準は深刻なまでに不完備であって，いっそうの基準による補完が必要とされるという事実に変わりはない．

2.3.　集団的行為の基礎としての合意

　パレート準順序の不完備性にもかかわらず，社会的行為の基礎として一般的な合意や全員一致にもっぱら依拠することを肯定する議論が，最近展開されるようになってきた．なかでも，ブキャナンとタロック（Buchanan and Tullock 1962）は，このアプローチを採用することの帰結について，非常に綿密な研究を行って，他の方法と対比して全員一致の方法を好意的に捉えている．彼らが全員一致からの離脱を許容するのは，全員一致の決定に至る費用が高すぎる場合に限られるのである．

　　我々が発展させてきた政体に関する個人主義的な理論では，ただひとつの意思決定ルール——普遍的な合意ないし全員一致ルール——が，中心的な役割を担っている．選択を決定する他のありとあらゆるルールは，全員一致ルールの変種として導入される．これらの変種が合理的に選ばれるのは，その変種がもっと「望ましい」集団的な意思決定に導くからではなく（実際には望ましい帰結には導けないだろう），結局のところ，全員一致の決定に必要な費用が過重であるために，「理想的」なルールからのいくばくかの逸脱を余儀なくされるためなのである（Buchanan and Tullock（1962, p. 96）を参照のこと）．

　ある問題に関して全員一致の見解が得られる場合には，明らかに非常に満足のいく選択の基盤が与えられることになる．社会的選択に困難が生じるのは，多くの問題について，全員一致の状況が存在しないためなのである．このとき

我々にはなにができるだろうか．ひとつの解答は，**変化**に関する全員一致の成立を求めることである．提案された変化に関する全員一致が得られない場合は，**現状**を維持することにする．この社会的選択のルールは，次のようにまとめることができるだろう．一部のひとが代替案 x を現状 y より選好して，誰も x を y よりも悪くないとみなしている場合には，x は y よりも社会的に選好される．この条件が満たされない場合には，現状 y が代替案 x よりも選好される．

この方法は究極的な保守主義の一種である．他の全員がなにを望んでいても，ある変化に反対する人がたったひとりでもいれば，その変化を阻止できてしまうのである[6]．第一共和制へのマリー・アントワネットの反対はフランスの君主制を救うことになり，世界はほんのわずかの変化も見ることがなかっただろう．明らかに，このような社会的意思決定のルールには，グロテスクなまでの不満が残される．

ブキャナンとタロックは，「現代の政治学の理論家は，おそらくその思考過程において，あまりにも性急に全員一致の要求を切り捨ててきた」と論じている（Buchanan and Tullock 1962, p. 250）．また，「利害の対立があるからといって，全員一致の達成が排除されるわけではない」（p. 255）とも主張している．最初の時点で意見の一致がないときでさえ，議論や交渉を通じて最終的に全員一致がもたらされることは確かにある．人びとの間の妥協や「取引」の過程が，本質的に「馴れ合いの過程に等しい」[7] ことも真実である．あなたの提案に対する私の穏健な反対を差し控えることと引き換えに，より強く求めている私の提案にあなたの賛成を求めることができる．実際に，全員一致は最初の時点で存在しないときにでも［究極的には］生じうるものなのである．

---

6 ブキャナンとタロック（Buchanan and Tullock 1962）は，「**全員一致ルールはひとりによる少数者ルールと同一のものになるという逆説的な結果**」に言及している（p. 259）．しかし，彼らは「行為を実行する」権力と「行為を阻止する」権力の間にある重要な論理的な相違も指摘している．全員一致が各人に与える権力とは，後者の「行為を阻止する」権力のことである．だが，この相違が「**他者に外部性の費用を賦課する権力と，他者によって賦課される外部性の費用を防止する権力との相違を表している**」（p. 259）という彼らの言明の正しさは疑わしい．この言明の正しさは，いかなる種類の行為に関わっているかに大いに依存している．ブキャナンとタロックは道路の補修などの強制的な貢献の事例を論じている．だが，もし環境汚染の反対運動が全員一致の支持を得られないのであれば，ひとりの個人（例えば，大気汚染を生み出している工場の所有者）が他者に**外部性の費用**を課す権力を行使できることになるのである．

　これは意義ある論点であって，集団的選択の理論はそのような妥協の問題を考慮に取り入れなければならない．だが，この文脈において以下の2つの見解は言及に値する．第一に，我々が考察している集団的選択ルールは，社会状態を完全に記述するx, yなどの選択肢上で定義される個人の選好順序に基づいている．この社会状態は，個別課題の意思決定に関するすべての組み合わせを記述しており，そこには馴れ合いの妥協の結果も含まれる．ブキャナンとタロックが指摘した点は，妥協が関係する選択においては，個別の課題においては利害対立があろうとも，全員一致が起こりうるということである．当然のことだが，この事実は全個人の順序が一般にほとんど一致していなければならないことを意味しない[8]．

　第二に，人びとがどのような妥協を受け入れるのかは，彼らの相対的な交渉力に関する自己評価に多分に依存するということの重要性は，どれほど強調してもしすぎることはない．共同体の全構成員がある社会的な状況を受容するようになることは，その状況が他の社会的選択肢よりも全員一致で選好されることを，必ずしも意味するわけではない．買い手独占的な労働市場にいる労働者は，これ以上よくなる見込みがないと感じて，ある契約条項を受け入れているだけなのかもしれない．しかしこのことは他の代替的な契約条項よりも，その契約条項が全員一致で選好されていることを意味するわけではない．この点は十分に単純なものではあるが，妥協案が一般的に受容されているという事実は，普遍的な是認と解釈されるべきではないことを示している．第8章と第8*章では，倫理的モデルの要請という観点から，交渉解の持つ意義が検証される．

　とはいえ，パレート原理の不完備性を社会的な無差別関係と同等に評価することの含意を研究するのは興味深い．第5章ではこの点を研究して，第5*章ではこのかなり恣意的なルールの必要十分条件である一連の公理を提示するこ

7　Buchanan and Tullock（1962, p. 255）を参照せよ．この過程の啓発的な議論については，彼らの著書の Chapter 10 を参照のこと．また，Wilson（1968a, 1968b, 1968c）も参照せよ．

8　次章で論じるアローの「不可能性定理」について，ブキャナンとタロックは，「票が取引される」場合には，「アローが述べる特定の種類の不合理性は，不可能になる」と主張している（Buchanan and Tullock 1962, p. 332）．また，p. 359 の脚注 14 も参照せよ）．この主張は個人の選好が定義されている選択肢の性質に関する誤解に基づいているように思われる．この問題については，アロー（Arrow 1963, p. 109）を参照のこと．

とにする.

第 2* 章
集団的選択ルールとパレート比較

2*1.　選択とパレート関係

　X を社会状態の集合とする．個人 i の選好関係を R_i で示して，個人の総数は n 人であるとする $(i = 1, ..., n)$．R は社会的選好関係を示すものとして，個人はそれぞれ順序を持つと仮定する．すなわち，各 i に対して R_i は反射性，推移性，完備性を持つものとする．社会的選好関係 R に対してはそのような仮定を安易に課すことはできない．実際，R が列挙された特性を持つか否かを検討することは，我々の研究課題の一部なのである．それゆえ，現段階では R が順序であることは要求しない[1]．

定義 2*1.　集団的選択ルールとは，任意の n 個の順序が構成する個人的選好の組 $R_1, ..., R_n$（各個人に対してひとつずつの順序）に対して，ただひとつの社会的な選好関係 $R = f(R_1, ..., R_n)$ を決定する関数関係 f のことである．

定義 2*2.　集団的選択ルールが決定力を持つというのは，集団的選択ルールの値域が完備な選好関係 R に制約されているとき，かつそのときのみである．

　次の課題は，パレート選好関係 $(\bar{P})$，パレート無差別関係 $(\bar{I})$，パレート選好関係ないし無差別関係 $(\bar{R})$ を定義することである．

定義 2*3.　X のすべての要素 x, y に対して

1　第 3* 章では R が順序になることを求める特殊ケースを吟味することになるが，この場合には集団的選択ルールはアローの「社会厚生関数」に対応する．

(1)　　$x\bar{R}y \Leftrightarrow [\forall i: xR_i y]$

(2)　　$x\bar{P}y \Leftrightarrow [x\bar{R}y \ \& \ \sim(y\bar{R}x)]$

(3)　　$x\bar{I}y \Leftrightarrow [x\bar{R}y \ \& \ y\bar{R}x]$

が成立する.

　$x\bar{R}y \Leftrightarrow xRy$ であることを要請すれば, パレート関係から集団的選択ルール を導出することができる. あるいは, $x\bar{R}y \Rightarrow xRy$, $x\bar{P}y \Rightarrow xPy$, $x\bar{I}y \Rightarrow xIy$ だ けを要請して, 逆向きの要請は排除することもできる. これは集団的選択ルー ルに課される**条件**であって, 集団的選択ルールそのものの**定義**ではない.
　$\bar{R}$ が必ず準順序になることは容易に確認することができる.

補題 2*a.　論理的に可能なすべての個人的選好の組に対して, 関係 $\bar{R}$ は準順序 である.

証明　$\forall x \in X: xR_i x$ であるから, $\bar{R}$ は反射的である. さらに

$$\forall x, y, z \in X: [x\bar{R}y \ \& \ y\bar{R}z] \Rightarrow \forall i: [xR_i y \ \& \ yR_i z]$$
$$\Rightarrow \forall i: xR_i z$$
$$\Rightarrow x\bar{R}z.$$

が成立するため, $\bar{R}$ は推移的である.

　関係 $\bar{R}$ は完備性を満たさないため, 必ずしも順序ではない. どのような場 合に $\bar{R}$ は順序になるのだろうか.

補題 2*b.　$\bar{R}$ が順序となって, $R = \bar{R}$ が決定力を持つ集団的選択ルールになる ための必要十分条件は

$$\forall x, y \in X: [(\exists i: xP_i y) \Rightarrow (\forall j: xR_j y)]$$

が成立することである.

証明 任意のペア x, y とすべての i に対して xI_iy ならば,上記の条件は自明に満たされて,$x\bar{I}y$ が成立する.一方,$\exists i: xP_iy$ ならば $\forall j: xR_jy$ なので,$x\bar{R}y$ となる.次に,上記の条件が満たされなければ,$\exists i: xP_iy \, \& \, \exists j: yP_jx$ が成立する.この場合には $\sim(x\bar{R}y) \, \& \, \sim(y\bar{R}x)$ となって,完備性が満たされないことになる.こうして上記の条件が必要十分条件であることが確認された.

ここで厳密なパレート関係を弱めた選好関係を定義する.

定義 2*4. X のすべての要素 x, y に対して,

$$x\bar{\bar{P}}y \Longleftrightarrow \forall i: xP_iy$$

によって関係 $\bar{\bar{P}}$ を定義する〔訳注:$\bar{\bar{P}}$ は $\bar{P}$ より強い選好関係である〕.

ここで証明なしで2つの結果を述べておきたい.その証明は自明である.

補題 2*c. 論理的に可能なすべての個人の順序の組に対して,$\bar{P}$ も $\bar{\bar{P}}$ もともに狭義の部分順序(推移的かつ非対称的な二項関係)である.

補題 2*d. $\forall x, y \in X: x\bar{\bar{P}}y \Rightarrow x\bar{P}y.$

すべての x, y に対して $xPy \Longleftrightarrow x\bar{\bar{P}}y$ としても,それで集団的選択ルールを定義できることにはならない.なぜなら,$\sim(x\bar{\bar{P}}y)$ である場合,yRx であるか否かは未定のまま残されているからである.$xPy \Longleftrightarrow [xRy \, \& \, \sim(yRx)]$ であるので,$\sim(xPy)$ であることは R が不完備であること,すなわち $\sim(xRy) \, \& \, \sim(yRx)$ となることと,R が無差別である――xIy となる――ことのいずれとも矛盾はしない.$xRy \Longleftrightarrow x\bar{\bar{P}}y$ あるいは $xRy \Longleftrightarrow \sim(y\bar{\bar{P}}x)$ あるいはその中間にある社会的選好関係を定義することも可能である.これらの関係はいずれも集団的選択ルー

ルを定義するが，最初の R は不完備なことがあるのに対して，2番目の R は必ず完備になることに注意されたい．

同様のことは $\overline{P}$ についてもいえる．つまり，$xRy \Leftrightarrow x\overline{P}y$，$xRy \Leftrightarrow \sim(y\overline{P}x)$ あるいはその他の社会的選好関係を，同様に定義することができる．最初の R は完備性を満たさないことがあるが，2番目の R は必ず完備性を満たしている．

伝統的な厚生経済学は，$x\overline{R}y$ であれば必ず xRy と判定して，$x\overline{P}y$ であれば必ず xPy と判定するという意味で，本質的に「パレート主義」に依っている．これらの条件を満たす集団的選択ルールのクラスを，**パレート内包的選択ルール**と呼ぶ．

定義 2*5. 集団的選択ルールがパレート内包的であるのは，パレート関係 $\overline{R}$ が社会的選好関係 R の部分関係になるように値域が制約されているとき，かつそのときのみである．すなわち，パレート内包的な集団的選択ルールによれば，

$$\forall x, y \in X: [(x\overline{R}y \Rightarrow xRy) \,\&\, (x\overline{P}y \Rightarrow xPy)]$$

が成立する．

社会状態がパレート最適であるとは，その状態が S に属する他のどのような要素に対しても，パレート劣位にならないことをいう．

定義 2*6. 任意の n 個の個人的選好 $(R_1, ..., R_n)$ に対して，ある状態 $x \in S$ が S においてパレート最適であるとは，$\sim[\exists y \in S: y\overline{P}x]$ を満たすとき，かつそのときのみである．パレート最適な状態は，経済的に効率的な状態ともいわれる．

補題 2*e. 任意の社会状態の有限集合 S 上で定義される任意の個人的選好の組 $(R_1, ..., R_n)$ に対して，少なくともひとつのパレート最適な状態が存在する．

証明 補題 2*a より，パレート選好関係 $\overline{R}$ は準順序である．パレート最適な部分集合は $\overline{R}$ に関する S の極大集合，すなわち第 1* 章で定義した $M(S, \overline{R})$ にほ

かならない．補題1*b により，S が有限集合で R が準順序であれば，$M(S, R)$ は非空でなければならない．

2*2.　補償原理

「補償原理」という形式でパレート・ルールを拡張する一連の試みについて考えてみよう．$S(x)$ は x から再分配を行うことで到達できるすべての社会状態の集合であるとする．もちろん，$x \in S(x)$ である．カルドア（Kaldor 1939）が開発した補償原理において，x が y を優越するといわれるのは，x から再分配を経由してパレートの基準で zPy となる状態 z に到達可能なとき，すなわち y から x に移行した際に，利益を得た個人から損失を被った個人にその損失分を補償しても，当初利益を得た個人の手元に利益が残されるとき，かつそのときのみである．

定義 2*7.　カルドアの補償原理に従えば，任意の $x, y \in X$ に対して

$$[xPy] \Longleftrightarrow \exists z: [z \in S(x) \,\&\, \forall i: zR_i\, y \,\&\, \exists i: zP_i\, y]$$

が成立する．

$x\overline{P}y$ であれば，カルドア基準も x を y より望ましいと判定するという意味で，この基準はパレート基準が生成する厳密な選好関係を包含している．この事実は，$x \in S(x)$ であることから直ちに導かれる．この段階で，スキトフスキー（Scitovsky 1941）が最初に示した残念な結果を紹介しよう．

補題 2*f.　カルドアの補償原理は，ある選好の組のもとにおいては，どのような CCR とも両立不可能である．

証明　この補題を確認するためには，カルドアの補償原理によれば xPy，yPx となりうる事実に注意しさえすればよい．そのために，パレート基準によって

∃$z \in S(x)$: $z\overline{P}y$ となるが，同じくパレート原理によって ∃$w \in S(y)$: $w\overline{P}x$ となる $x, y \in X$ を選択する[2]．補題がいう両立不可能性は，この両者から直ちに導かれることになる．

この両立不可能性はスキトフスキーの補償原理によって排除される．

定義 2*8.　スキトフスキーの補償原理によれば，任意の $x, y \in X$ に対して xPy となるのは，カルドアの補償原理によって xPy & ~(yPx) となる場合，そしてその場合のみである．

だが，ゴーマン（Gorman 1955）が示したように，スキトフスキーの補償原理が生成する選好関係は単に推移的ではないのみならず，準推移的ですらない場合がある．

補題 2*g.　スキトフスキーの補償原理は非推移的な P をもたらすことがある．

証明　ある $x, y, z \in X$ に対して

(1)　[∃$x' \in S(x)$: $x'\overline{P}y$] & ~[∃$y' \in S(y)$: $y'\overline{P}x$]
(2)　[∃$y' \in S(y)$: $y'\overline{P}z$] & ~[∃$z' \in S(z)$: $z'\overline{P}y$]
(3)　~[∃$x' \in S(x)$: $x'\overline{P}z$]

であるとしよう．この状況の仮定に矛盾がないことはすでに確認されている．このとき，スキトフスキーの補償原理によれば明らかに xPy かつ yPz ではあるが，xPz ではない．

スキトフスキーの補償原理のもとで P が推移的であるための十分条件は以

2　この両立不可能性の現実的な妥当性については，Scitovsky（1941）及び Little（1950）を参照せよ．

下のように与えられる[3].

補題 2*h. X のすべての要素 x, y に対して

$$[\exists x' \in S(x): x'\overline{P}y] \Rightarrow \forall y' \in S(y): [\exists x'' \in S(x): x''\overline{R}y']$$

ならば, スキトフスキーの補償原理のもとで P は狭義の部分順序になる.

証明 任意の 3 個の要素 $x, y, z \in X$ に対して

$$xPy \ \& \ yPz \Rightarrow \exists x' \in S(x): x'\overline{P}y \ \& \ \exists y' \in S(y): y'\overline{P}z$$

が成立する. 仮定により

$$\Rightarrow \exists x'' \in S(x): x''\overline{R}y' \ \& \ y'\overline{P}z$$
$$\Rightarrow \exists x'' \in S(x): x''\overline{P}z$$

なので, $\exists z' \in S(z): z'\overline{P}x$ でないかぎり xPz である. しかし, この仮定が真であるとすれば $\exists z'' \in S(z): z''\overline{R}x' \ \& \ x'\overline{P}y$ が成立することになる. だが, スキトフスキーの補償原理において yPz であるため, $\sim[\exists z'' \in S(z): z''\overline{P}y]$ となる. この矛盾から xPz が成立して, 補題の成立が確認される.

　事実, 上記の仮定のもとではカルドアの補償原理において $xPy \Rightarrow \sim(yPx)$ となって, カルドアの選好関係とスキトフスキーの選好関係は一致する. この特殊ケースのもとではカルドアの補償原理は完全に整合的なのである.

3　Samuelson (1950b) を参照せよ. サミュエルソンは推移性に特別の関心を持っていなかったのだが, 「効用可能性フロンティア」が完全に外側に移動するという彼の条件は, 実際には強選好の推移性の十分条件になっている.

第3章
集団的合理性

3.1. バーグソン‐サミュエルソンの厚生関数

　社会厚生について考えるひとつの合理的で体系的な方法は，すべての代替的な選択肢に対する社会的な順序づけを試みることである．この基本的な構想を他に先駆けて遂行したのはバーグソン（Bergson 1938）の独創的な論文だったが，彼が採用した方法は，単なる社会的順序の定義を超える特徴を備えていた．彼が構想した社会厚生は，実数値厚生関数 W によって表現されるものであり，「その関数がとる値は，社会厚生に影響すると考えられるすべての変数に依存するものと考えられ」（Bergson 1948, p. 417）ていた．パレートの考え方が我々にとって魅力的なものであれば，社会厚生関数 W はパレート的な評価を包含することになるかもしれない．だが，この特定化でさえ，バーグソンの構想の不可欠な一部であるわけではない．彼の社会厚生関数は，様々な基準を適用して様々な方法で定義できるのである．社会厚生関数アプローチは，非常に一般的な構想だったのである（Samuelson（1947, Chap. 8）を参照せよ）．

　このアプローチを活用した一例として，「社会的無差別曲線」に関する文献に言及することにしたい．社会的無差別関係を定義するひとつの方法は，パレート無差別ルールを適用して，社会の全員が無差別であれば，社会的に無差別であると定義する方法である．スキトフスキーは彼の古典的な論文（Scitovsky, 1942）でこの問題に関心を示して，2個の消費財のバンドルが同じ社会的無差別曲線に属するのは，その消費財のバンドルを各人が得ている配分のもとで，全員が2個の財のバンドルについて無差別であるとき，かつそのときのみであるとした．この概念は，バーグソンの社会厚生関数を適用すれば拡張できる．個人1にとっては x が y よりも望ましいが，個人2にとっては y が x よりも望ましいとしても，社会全体の判断として一方の利益がもう片方の損失をちょ

うど相殺できるのであれば，社会は依然として，x と y を無差別と判断するかもしれない．サミュエルソン（Samuelson 1956）やグラーフ（Graaff 1957），その他の論者は，スキトフスキーの意味において社会厚生を一定に維持することと，バーグソンの意味において社会厚生を一定に維持することの相違を分析してきた．一般に仮定されているように，バーグソンの社会厚生関数がパレート内包的である場合，スキトフスキーの意味で2つの選択肢が社会的に無差別であることは，バーグソンの意味で両者が**社会的に無差別である**ことを含意する．だがその逆は一般には成立しない．この事実はパレート準順序がパレート内包的な社会的順序に包含されることに対応している（第2*章を参照せよ）．

バーグソンの厚生関数の概念は見かけ上は単純であっても，明晰に説明するためにはいくつかの洞察が必要なように思われる．第一に，厚生関数がとる**形式**をバーグソンは特定化しておらず，ただ単に合理的な思考の枠組みを提示しているに過ぎない．もし，バーグソンの厚生関数についてその概念以上にはなにもいえなければ，それほど前進を達成したことにはならなかっただろう[1]．「目的に関する明確な意思決定」（Bergson 1948, p. 417）は体系的に導入される必要があり，この作業によって社会的選好関係の性質が明確になるのだが，この作業こそ困難に直面する可能性が高いものなのである[2]．

第二に，社会厚生関数が表現する目的を**誰が**与えるのかについて，バーグソンの分析はなにもいっていない．社会厚生関数が表現する目的は倫理的な観察者の見解を表現しているのかもしれないし，整合的な多数決による意思決定，寡頭政治の執行官の指令，独裁者の気まぐれ，特定階級の価値観，あるいは単純に伝統によって与えられたものかもしれない．社会的順序の起源について，バーグソンはなにも特定してはいないのである．

最後に，多分に技術的な論点ではあるが，バーグソンが選択した社会厚生の特定の表現方法は，不必要なまでに制約的である．社会状態の代替的な選択肢

1　サミュエルソン（Samuelson 1947, p. 222）が喝破したように，
　　多くの人びとが W の形式，変数 z の性質，制約の性質を特定化することに関心を持つことがなければ，［バーグソンの社会厚生関数に基づく厚生経済学の］研究は，このような陳腐な話で終わっていた可能性がある．

2　指数理論の文脈で「バーグソン・フロンティア」の凸性が持つ重要性に関しては，例えば Graaff（1957）を参照せよ．

を選択可能にするためには，実数値の厚生関数 W が存在しなくてはならない
というわけではない．必要とされるのはあらゆる選択肢上の完備な社会的順序
R であって[3]，R に対応する実数値厚生関数が存在しなくとも，社会的順序は存
在可能である[4]．例えば，2次元実数空間上で定義される完備な「辞書式順序」
は，いかなる実数値厚生関数によっても表現することはできない．

　辞書式順序の簡単な例は次の通りである．2人の個人の厚生水準が各々 W_1
と W_2 で表現されるものとして，社会的な目標は，(a) W_1 を最大化する，(b)
W_1 が同じ値である場合には W_2 を最大化する，という形で決定されるものと
する．W_1 と W_2 はそれぞれ 0 から 1 までの範囲内で任意の値をとるものとし
て，この特定の辞書式順序を表現する W_1 と W_2 の実数値関数として社会厚生
W を表現することを目指すことにする．だが，そのような数値表現は不可能
である[5]．この例では，申し分のない社会的順序 R は存在するが，バーグソンが
定義した意味での社会厚生関数は存在しないのである．しかし，社会厚生関数
を単なる R という形で捉えて，その実数値表現である W という形では捉えな
いとしても，バーグソンとサミュエルソンの構想に対していかなる不当な扱い
もしてはいないと私は確信している[6]．

3.2.　アローの社会厚生関数

　バーグソン（Bergson 1938）が提唱して，サミュエルソン（Samuelson 1947）
が発展させた社会厚生関数 W の概念は，社会的選択に関する合理的思考に対
するいくつかの障壁を除去することに成功した．彼らの貢献はロビンズ

3　選択のためにどうしても必要なものは順序ですらなく，あらゆる選択の状況において，「最善」
　の選択肢を特定化する選好関係である．この問題については第1章で論じたが，そのいっそうの
　詳細は第4章で触れることになる．

4　リスクが存在する場合，上で言及した順序は確実な選択肢の上だけではなく，ありうるすべての
　「くじ」の上で定義されるものでなければならない．

5　Debreu (1959) を参照のこと．Little (1949a)，Chipman (1960)，Banerjee (1964)，Richter
　(1966) も参照せよ．

6　バーグソンとサミュエルソンは，すべての順序が効用関数によって表現することが可能であると
　いう想定が一般的だった時代に執筆していた．順序ではなくて，「序数的効用」に注目するヒッ
　クス（Hicks 1939b）の関心と比較せよ．サミュエルソンは，分析方法の［序数主義的］変革を
　もたらした先駆者であった．

（Robbins 1932）が嚆矢を放った有名な功利主義批判に先導された混乱した論争に終止符を打ち，厚生経済学の歴史に重要な一歩を刻んだのである．この構想を拡張してアロー（Arrow 1951）は次の問題を提起した．使用されるべきバーグソンの社会厚生関数を特定するものはなんだろうか．とりわけ，関数 W（もしくはより一般的に社会的順序 R）は，個人の選好順序にどのように依存するのだろうか，と．アローの疑問を別様に表現すれば，（前章で定義した）集団的選択ルールはどのようなものであるべきだろうか．

　さらに議論を進めるに先立って，注意すべき点が 2 つある．第一に，アローが使用した社会厚生関数という表現は，バーグソンやサミュエルソンが使用した表現とは異なるものである[7]．社会に対して順序を特定化するひとつの集団的選択ルールを，アローは社会厚生関数（social welfare function，これ以降はSWF）と呼んだ．社会に対するどのような順序（より正確には，その実数値表現）も，バーグソン - サミュエルソンの社会厚生関数（これ以降は swf）となる．ひとつのアロー SWF は，ひとつのバーグソン swf（もしくは swf の基礎となる順序 R）を個人の順序に基づいて決定する．両者の関係は十分に単純ではあるが，同じものではない．この用語法のために，若干の混乱が生じてしまった．我々の主要な関心は，アローが考察したタイプの問題であることから，修飾なしの社会厚生関数という用語は，アローの意味で使用することにする．だがこれは単なる利便性の問題に過ぎず，両者の用語法の間で意味論的な適宜性を議論する誘惑は退けることにしたい．

　第二に，アローの SWF は社会的選好関係が順序（反射性，推移性，完備性を満たす二項関係）となる特定のタイプの集団的選択ルールである．アローはSWF のみにもっぱら関心を寄せたが，彼が関わった問題の一部は，一般的にすべての CCR にも関わりを持っている．だが，有名な**不可能性定理**のように，SWF に特有の問題も存在する．

　論理の観点だけからすれば，SWF や CCR は我々が望む限りで任意の整合的な方法で定義することができる．だが，論理的な整合性は集団的選択メカニズムが満たすべき唯一の美徳ではない．例えば次のような SWF を想定するこ

7　この点については，Arrow（1951, pp. 23-4）及び Samuelson（1967）を参照のこと．

とに，論理的な問題はまったくない．（「飲んだくれとして有名なあの」）個人 A
が x を y よりも選好する場合，社会は y を x よりも選好するが，個人 A が無
差別である場合，社会も無差別と判定する．この SWF は，日常的な表現でい
えばせいぜい「荒っぽい」と呼ぶほかはないものである．堅実な議論において
はこのような SWF の可能性を除去して，SWF（一般に CCR）のクラスを制限
することが有益であるかもしれない．そのひとつの方法は，SWF（あるいは
CCR）が，特定の「適宜性（reasonableness）」の条件を満たすように要求する
ことである．だが条件の適宜性は個人の見解の問題なので，非常に穏健な条件
だけを課すことが有益である．そのような一連の穏健な条件によって，果たし
て SWF のクラスを本当に絞り込めるのかと人は疑うかもしれない．驚くべき
ことながら，問題は対極から生じてくる．アローの**一般可能性定理**において，
彼は非常に穏健に見える一連の条件が，結合されると制約的になりすぎてしま
い，一部の SWF のみならず，**あらゆる潜在的な SWF を排除してしまうこと**
を証明したのである．次にこの問題の検討に転じることにしたい[8].

3.3.　一般可能性定理

　本節では，アローが彼の定理で用いた4つの条件について，その合理的根拠
を強調しつつ略式に議論する．その後の第3* 章では，同じ条件を正式な形式
で述べる．
　第一に，個人の順序から社会的選好を導出する方法として，あらゆる論理的
に可能な個人的順序の組に対して機能するためには，SWF の射程は十分に広
いものでなければならない．例えば選択ルールとしてパレート原理を考えよう．
個人の順序が前章で説明された意味で全員一致する場合には，パレート原理は
申し分のない社会的順序を与えてくれる．しかし他の状況では，社会的順序と
はならず不完備な選好関係をもたらすために，このルールはアローの要求を満

8　ここではアローの定理の第二バージョンに従うことにする．この定理は最初にアロー（Arrow
　　1952）に，次に彼の古典の第二版（Arrow 1963a, Chapter VIII）に掲載されている．アロー
　　（Arrow 1950, 1951）において述べられた当初の定理は，その定式化に小さな誤りを含んでいた
　　のだが，その誤りはブラウ（Blau 1957）によって修正されている．アローの定理に関連する他
　　の不可能性定理については，Inada（1955, 1964）及び Murakami（1961）も参照せよ.

たさない．同様に，多数決による決定方法は個人の選好順序が（第10章，第10*章で議論されるような）特定のパターンを満たさないかぎり非推移性を生んでしまう可能性があり，多数決による決定方法（method of majority decision，以下では MMD）もこの試験に失敗する．集団的選択ルールが個人の選好順序の論理的に可能なすべての組に対して機能しなければならないとする要求を，**定義域の非制約性の条件**（the condition of unrestricted domain）あるいは単に条件 U と呼ぶ．

第二に，SWF は弱い形式のパレート原理を満たさなければならない．つまり全員が x を y よりも選好するならば，社会もまた x を y よりも選好しなければならない．この条件はすでに第2章で論じてきた．この条件を**弱パレート原理**（the weak Pareto principle）あるいは条件 P と呼ぶ．

第三に，アローはある選択肢の集合上の社会的選択は，**その選択に関係を持つ選択肢上の個人的順序だけに依存するべきであって，その選択には含まれない「無関係」な選択肢の順位づけなど，なにに対しても依存してはならない**と要求した．いま，x と y の間の選択において x と y の各個人の順位づけは変わらないままだが x と他の選択肢 z の順位づけは変化するか，z ともうひとつの選択肢 w の順位づけが変化するとしよう．このとき，x と y の間の社会的選択は依然として変わらないままであるべきだということが求められる．同様の例を挙げれば，A 氏と B 氏が関わっている選挙においては，選択は A 氏と B 氏に関する投票者の順序に依存するべきであって，投票者が A 氏とリンカーンをどう順位づけるか，リンカーンとレーニンをどう順位づけるかに依存するべきではないということである[9]．この要求を**無関係な選択肢からの独立性の条件**（the condition of independence of irrelevant alternatives）あるいは条件 I と呼ぶ．

最後に SWF は独裁的ではないことが要求される．すなわち，他の全員の選好とは無関係に，ある人が x を y よりも選好するときには必ず社会も x を y より選好することになるような個人［独裁者］は存在すべきではない．この条

9　リンカーンやレーニンに関する見解が結果に影響する（実際そうで**なければならない**）のは，リンカーンやレーニンに関する見解が修正された結果，A 氏と B 氏に関する投票者の順序それ自体が変化するとき，かつそのときのみである．

件を非独裁性の条件（the condition of non-dictatorship）あるいは条件 D と呼ぶ.

　アローが証明した驚嘆すべき定理は，穏健に見えるこれら4つの条件すべてを同時に満たすような SWF は存在しないという命題だった．各々の条件は十分無害に見えるものの，これらの条件が一緒になると世界に残されたわずかばかりの SWF までをも食い尽くす怪物を生み出してしまうのである．

　この定理は第3*章で証明される．次節ではこの結果の意義について議論することにする．

3.4.　アローの結果の意義に関するコメント

　個人の選好を組み合わせて社会的選好を作るいくつかの方法が，非整合性に陥る可能性は昔から知られていた．ほぼ2世紀前にはコンドルセ（Condorcet 1785）が，多数決の非推移性を指摘している．多数決ルールの非整合性の分析は，ルイス・キャロルというペンネームで人びとの記憶に残っているチャールズ・ドジソン（C. L. Dodgson 1876）のような多彩な思想家たちを魅了した．最も議論されている非整合性の事例，いわゆる「投票のパラドックス」は，ナンソン（Nanson 1882）によって言及されている．この事例は問題の本質に対する非常に優れた導入部となっていて，ここで述べておくことは有益であろう．3人の個人 1, 2, 3 と，3個の選択肢 x, y, z を考える．個人1は x を y よりも，y を z よりも選好して，個人2は y を z よりも，z を x よりも選好しているが，個人3は z を x よりも，x を y よりも選好している．多数決のもとでは x は y を2票対1票で打ち負かし，y が z を同じ票差で打ち負かすことは容易に確認できる．単純多数決が推移性を持てば，投票において x は z を打ち負かすはずだが，実際には z が x を2票対1票で打ち負かすことになる．多数決による決定方法は，非整合的な結果を生んでしまうのである．

　多数決による決定方法は非常に魅力的な CCR なので，上掲のパラドックスはそれ自体で非常に興味深い結果である．特に MMD が条件 P，条件 I，条件 D を満たすことは容易に確認できる．だが MMD は条件 U を満たさないので，これら4つの条件による試験を課せば，MMD は許容可能な SWF ではなくなってしまう．アローの定理の重要性は，この問題が所詮は社会的選択の方法の

ひとつであるに過ぎない多数決による決定方法だけに起こるものではなく，既知のものも未知のものも含めて，認識しうるすべての方法について発生することを示した点にある．前述の4つの条件を同時に満たすSWFを獲得できる可能性は皆無なのである．

　他の著名な社会的決定の方法を素材として，この不可能性を例証することは有益であるかもしれない．非常に古い投票方法のなかには，**投票の順位得点評価方式**（rank order method of voting）がある．この方法のもとでは，個人の選好順序における第1位の選択肢に対してある一定の点数が与えられ，第2位の選択肢にはそれより低い点数が与えられ，以下同様に点数が割り振られる．そのうえで，それぞれの選択肢ごとに獲得点数が合計されて，最高得点を獲得した選択肢が最終的な勝者となる．例えば，3個の選択肢があって，第1位に3点，第2位に2点，第3位に1点が割り振られているものとする．このSWFが独裁的ではないことは容易に確認できるため条件 D のテストは容易に合格する．パレート・ルールに従うことから条件 P のテストにも合格する．さらに，任意の個人の順序の組から完備な社会的順序を生み出すので，この投票方式が条件 U を満足することも明らかである．ナンソンの「投票のパラドックス」の事例に適用すれば，x, y, z が各々6点獲得して，その結果は非整合性ではなくて引き分けとなる．

　だがこのSWFは条件 I に合格しない．以下の単純な例を考えよう．個人1は x を y よりも，y を z よりも選好するが，個人2と個人3は z を x よりも，x を y よりも選好しているものとする．上述の順位得点評価方式では，x は7点を獲得して，z も同様であるため，結果は両者の引き分けとなる．いま，全員の x と z の順位づけは変わらないものの個人1が無関係な選択肢 y に関する考えを変更して，y を x と z よりも悪いものとする第二の状況を考える．この変化は x の総得点には変化をもたらさないが，z はその得点を1点上回る8点を獲得して7点の x を打ち負かすことになる．x と z の全員の順序は依然として同じものであるにもかかわらず，x と z の社会的選択は同じものではなくなり，当然のこととして条件 I が侵害される．それゆえに，このSWFもまた4つの条件のテストに落第するのである．

　次に，いくらか奇妙なCCRを考える．このルールでは，伝統的な慣習が社

会状態の順序づけを完全に指定して，社会的順序 R^* を決定するものとする．この R^* を決定するために個人の選好はいかなる役割も果たさないため，条件 U は満足されている．条件 I が満足されることも自明である．さらに，このルールでは独裁者になる個人は存在せず，伝統的な慣習のみが社会的な順序を決定するために，条件 D も満たされる．だがこの奇怪な SWF は，パレート原理を満たすことはできない．伝統的な慣習が x を y よりも選好するように求めているとすれば，たとえ共同体のすべての個人が y を x よりも選好したとしても伝統的な慣習による社会的選好を変えることはできないので，条件 P が侵害されることになるからである．

　上のような事例はいくらでも重ねることができる．一般可能性定理の重要性は，特定の事例をいちいち検証するまでもなく，その事例のルールが四条件を満たさないという個別の結果を予測できることにある．この定理が示している虚無主義は完全に普遍的なものであり，長い（そしておそらく果てしない）探索の過程を省略してくれるのである．

第 3* 章
社会厚生関数

3*1.　不可能性定理

集団的選択ルールのある特定の集合がアローの社会厚生関数に対応する.

定義 3*1.　社会厚生関数（social welfare function, これ以降は SWF）とは, その値域が X 上の順序の集合に制約される集団的選択ルール f である. この制約を, f に対する条件 O と呼ぶ.

アローの一般可能性定理は, 社会厚生関数 f に特定の条件を課して, それらの条件が相互に両立不可能であることを示す命題である. これらの条件は以下で列挙されるものである[1].

条件 U（定義域の非制約性）：ルール f の定義域は, すべての論理的に可能な個人の順序の組み合わせを含まなければならない.

条件 P（パレート原理）：任意の X のペア x, y に対して, $[\forall i: xP_iy] \Rightarrow xPy$ が成立しなければならない.

1　条件の名前を記憶しやすいように, 我々はアロー自身の条件とは異なる名称を使用して, 重要な単語の最初の文字を条件名とすることにした. 以下の名称はアロー（Arrow 1963）で使用されたものである.

	アローの名称		本書の名称
条件 1′	名称なし	条件 U	定義域の非制約性
条件 P	パレート原理	条件 P	パレート原理
条件 3	無関係な選択肢からの独立性	条件 I	無関係な選択肢からの独立性
条件 5	非独裁性	条件 D	非独裁性

条件 *I*（**無関係な選択肢からの独立性**）：*R* と *R'* は，各々 2 つの個人的選好の組 $(R_1, ..., R_n)$ と $(R'_1, ..., R'_n)$ に対応して *f* が決定する社会的二項関係であるものとする．このとき，*X* の部分集合 *S* に属するすべての選択肢のペア *x, y* 及びすべての個人 *i* に対して $xR_iy \Leftrightarrow xR'_iy$ であれば，$C(S, R)$ と $C(S, R')$ は一致しなければならない．

条件 *D*（**非独裁性**）：ルール *f* の定義域の各要素，すなわち個人の選好順序の組 $(R_1, ..., R_n)$ に対して，$\forall x, y \in X: xP_iy \Rightarrow xPy$ となる個人 *i* は存在しない．

これらの条件は（SWF に対してのみではなく）任意の集団的選択ルール *f* に対して一般的に定義されているため，今後 SWF 以外のルールに関する問題にも上記の条件を利用できることに注意されたい．また，条件 *D* に「ルール *f* の定義域の各要素に対して」という限定がついていることにも注意されたい．この限定がなければ，すべての選択肢について無差別な個人を独裁者とみなす論理的な危険がある．あらゆる選択肢を無差別とみなす個人に対しては，集合 *X* のすべての要素 *x, y* に対して xP_iy となるという前提が偽になるからである．アローが与えたいくぶん粗雑な定義は曖昧な解釈を許してしまうが，それはアローの意図とはまったくかけ離れた解釈である．

本書全体を通して，社会には少なくとも 2 人の個人がいて，少なくとも 3 個の代替的な社会状態があるものと仮定する．ひとりの個人だけが構成する社会では集団的選択の問題は存在せず，代替的な社会状態が 2 個しかない場合には推移性が自明に満たされてしまうからである．アローの「一般可能性定理」は，次のように述べられる命題だが，この定理はアロー（Arrow 1963）が提出した定理の第二バージョンである．

定理 3*1. 条件 *U, P, I, D* を満たす SWF は存在しない．

この定理は，以下の定義と補題を用いて証明される[2]．この補題は一般可能性

---

2 ここで与える定理の証明は，アロー自身の証明と論理的に等価なものである．アロー自身の証明は，重要な条件 *I*（すなわち彼の条件 3）の用い方において，特に不明瞭であるため，不透明な

定理の重要性を別にしても，それ自体として重要であると考えられる.

定義 3*2.　個人の集合 V が，x を y よりも優位に置くことにほとんど決定力を持つというのは，V に属する全個人 i が $xP_i y$ であり，V に属さない全個人 i が $yP_i x$ であれば，必ず xPy となることを意味している.

定義 3*3.　個人の集合 V が，x を y よりも優位に置くことに決定力を持つというのは，V に属する全個人 i が $xP_i y$ でありさえすれば，必ず xPy となることを意味している.

　ある個人 J だけを区別して，J が x を y よりも優位に置くことにほとんど決定力を持つことを $D(x, y)$ と書く. また，J が x を y よりも優位に置くことに決定力を持つことを $\overline{D}(x, y)$ と表記する[3]. $\overline{D}(x, y) \Rightarrow D(x, y)$ であることに注意されたい.

補題 3*a.　ある選択肢の順序対に対してほとんど決定力を持つ個人 J が存在するならば，条件 U, P, I を満たす SWF では，J が必ず独裁者になる.

証明　個人 J が x を y より優位に置くことにほとんど決定力を持っていて，$\exists x, y \in X: D(x, y)$ であるものとする. z は x, y とは異なる選択肢，i は J 以外の個人一般を指すものとする. いま，$xP_J y$ & $yP_J z$ かつ $yP_i x$ & $yP_i z$ であるものと仮定する. x と z の間の J 以外の個人の選好は，なんら特定化されていないことに注意してほしい.

　　ものになっている. 事実，彼の証明のなかでは，この条件は一度も言及さえされていない. 私が
　　行ったのは，いくらか異なる形によるアローの証明の再定式化なのである.
3　大雑把にいえば，ある個人が「ほとんど決定力を持つ」とは，反対があるにもかかわらずその個
　　人が勝つ場合をいう. 個人が「決定力を持つ」とは，反対があろうとなかろうと，その個人が勝
　　つ場合をいう. 「個人と社会の価値の間の正の関係」（第 5 章を参照せよ）が仮定される場合には，
　　2 つの定義は等しくなる. この場合には，反対があるにもかかわらず，個人が決定力を持つなら
　　ば，その個人は反対がない場合にも決定力を持たねばならない. だが定理 3*1 では，その条件は
　　前提されていない. この条件がない場合には，決定力を持つことはほとんど決定力を持つことよ
　　りもいくぶん強い性質である. 前者は後者を含意するが，その逆は一般に成立しないからである.

　個人 J はほとんど決定力を持っているために，$[D(x, y) \And xP_J y \And yP_i x] \Rightarrow$ xPy が成立する．また，条件 P より $[yP_J z \And yP_i z] \Rightarrow yPz$ が成立する．したがって，厳密な社会的順序関係 P の推移性により，$[xPy \And yPz] \Rightarrow xPz$ となる．

　こうして得られた結果 xPz は，x と z に関する J 以外の個人の選好にいかなる仮定も課すことなしに得られている．$yP_i z$ と $yP_i x$ という仮定を課したことは事実ながら，x 対 y 及び y 対 z に関するこれらの順位づけが x と z の間の社会的選択になんらかの影響を及ぼすのであれば，条件 I（無関係な選択肢からの独立性）が満たされなくなる．そのため xPz という結論は，x 対 y 及び y 対 z の個人的選好に関する特定の仮定から独立していなければならない．そのため，他の個人の順序とは無関係に，$xP_J z$ だけの結果として必ず xPz が成立するほかはないことになる．だがこれは，J が x を y よりも優位に置くことに決定力を持つことを意味している．すなわち，

$$D(x, y) \Rightarrow \overline{D}(x, z) \tag{1}$$

であることが示された．

　次に $zP_J x \And xP_J y$ であるが，$zP_J y \And yP_i x$ であるものとする．条件 P により，zPx でなければならない．また，$D(x, y) \And xP_J y \And yP_i x$ なので，xPy となる．推移性により zPy であるが，これは y と z の間の J 以外の個人の選好に関していかなる仮定も置かず，$zP_J y$ であることのみで成立する．そこで J は z を y よりも優位に置くことに決定力を持っていることになる．この議論は (1) を得るために用いた議論とまったく同じものである．こうして

$$D(x, y) \Rightarrow \overline{D}(z, y) \tag{2}$$

が得られる．(2) で y と z を入れ替えれば，以下の結論も示される．

$$D(x, z) \Rightarrow \overline{D}(y, z) \tag{3}$$

z を x で，y を z で，x を y で置き換えれば，(1) から以下の結論が得られる．

$$D(y, z) \Rightarrow \overline{D}(y, x) \tag{4}$$

このとき,

$$
\begin{aligned}
D(x, y) &\Rightarrow \overline{D}(x, z) && \text{(1) より} \\
&\Rightarrow D(x, z) && \text{定義 3*2 及び定義 3*3 より} \\
&\Rightarrow \overline{D}(y, z) && \text{(3) より} \\
&\Rightarrow D(y, z) \\
&\Rightarrow \overline{D}(y, x) && \text{(4) より}
\end{aligned}
$$

であるため,

$$D(x, y) \Rightarrow \overline{D}(y, x) \tag{5}$$

が得られる. (1), (2), (5) において x と y を入れ替えれば,

$$D(y, x) \Rightarrow [\overline{D}(y, z) \,\&\, \overline{D}(z, x) \,\&\, \overline{D}(x, y)] \tag{6}$$

が得られる. ここで

$$
\begin{aligned}
D(x, y) &\Rightarrow \overline{D}(y, x) && \text{(5) より} \\
&\Rightarrow D(y, x) && \overline{D}(y, x) \text{ と } D(y, x) \text{ の定義により}
\end{aligned}
$$

なので, (6) より以下の性質が得られる.

$$D(x, y) \Rightarrow [\overline{D}(y, z) \,\&\, \overline{D}(z, x) \,\&\, \overline{D}(x, y)] \tag{7}$$

(1), (2), (5), (7) をあわせると, 条件 U, P, I のもとで $D(x, y)$ は個人 J が 3 個の選択肢の集合 $\{x, y, z\}$ から作られる選択肢の順序対（全部で 6 種の順序対）に対して決定力を持つことを含意することがわかる. こうして, J は x

とyを含む3個の選択肢のいかなる集合に対しても独裁者であることになる.

　次に，より大きな数の選択肢の集合を考える．任意の2つの選択肢uとvを選択肢全体の集合から選び出す．もし，$\{u, v\}$が$\{x, y\}$に一致するように選ばれるのであれば，uとvのほかにもうひとつの選択肢zから構成される3個の選択肢の集合を取り上げて証明できるので，$\overline{D}(u, v)$が成立する．もしuとvのうちのいずれかがxとyのうちのいずれかに等しく，例えば$u = x$であるが$v \neq y$であれば，$u(=x)$，y，vから構成される3個の選択肢によって構成される集合を考える．$D(x, y)$が成立することから，このとき，$\overline{D}(u, v)$及び$\overline{D}(v, u)$が成立する.

　最後に，uもvのどちらもxとyと異なるとする．このとき，最初に$\{x, y, u\}$を取り出して，$\overline{D}(x, u)$を得る．これは$D(x, u)$を含意する．次に3個の選択肢の集合$\{x, u, v\}$を取り上げる．$D(x, u)$なので，前述の論理によって，$\overline{D}(u, v)$と$\overline{D}(v, u)$が成立する．したがって，あるxとyに対して$D(x, y)$であれば，任意の順序対(u, v)に対して$\overline{D}(u, v)$であることがわかる．そこで個人Jは独裁者となって，補題3*aの成立が示されたことになる.

　本章の結論として，補題3*aを用いて定理3*1を証明することにする.

証明　条件U, P, Iが与えられた場合には，ある選択肢の順序対に対してほとんど決定力を持つ個人が必ず存在することを示したい．背理法の論法を用いて，この事実を否定する場合に矛盾が発生することを示して，この事実の正しさを証明する.

　選択肢の任意のペアに対して，少なくともひとつの決定力を持つ集合が存在することは，条件Pによって社会の全員からなる集合が決定力を備えているという事実から明らかである．決定力を持つ集合はほとんど決定力を持つ集合なので，選択肢の各ペアに対応して，少なくともひとつのほとんど決定力を持つ集合が存在する．あるペア（必ずしも同じペアではない）の選択に対してほとんど決定力を持つ個人の集合すべてを比較して，最小の集合（あるいは最小の集合のうちのひとつ）を選び出そう．この集合をVとして，Vはxをyよりも優位に置くことに，ほとんど決定力を持つものと仮定する.

V がひとりの個人しか含んでいなければ，証明手続きをこれ以上進める必要はない．V が 2 人以上の個人を含んでいれば，V を単一個人から構成される集合 V_1 と，残りの人びとから構成される集合 V_2 に二分割する．V に含まれない全個人は，集合 V_3 を形成するものとする．

条件 U によって，論理的に可能なあらゆる個人の順序の組を仮定することができるので，以下のような順序の組を取り上げる．

(1) V_1 に属するすべての個人 i に対して xP_iy & yP_iz
(2) V_2 に属するすべての個人 j に対して zP_jx & xP_jy
(3) V_3 に属するすべての個人 k に対して yP_kz & zP_kx

V は x を y よりも優位に置くのにほとんど決定力を持っていて，V に属する各個人は x を y よりも選好するが，V に属さない各個人はその反対の選好を持っているのだから，xPy でなければならない．y と z については，V_2 の構成員だけが z を y よりも選好するが，残りの人びとは y を z よりも選好しているために，zPy である場合には V_2 がほとんど決定力を持つ集合でなければならない．だが，V はほとんど決定力を持つ集合のなかで最小のものとして選ばれていて，V_2 は V よりも小さい（V の真部分集合である）ため，$\sim(zPy)$ でなくてはならない．このとき，R が完備性を持つためには，yRz でなければならない．こうして xPy & $yRz \Rightarrow xPz$ である．だが V_1 に属するひとりの個人だけが x を z よりも選好して，残りの人びとは z を x よりも選好しているため，この個人がほとんど決定力を持つことになる．そこで当初の仮定は矛盾を生むことになるのである．

たとえ V_3 が空集合であっても，上述の証明が成立することに注意されたい．その場合には，集合 V はすべての個人を含んでいることになるが，上記の証明はその可能性を排除していないからである．

あるペアに対してほとんど決定力を持つ個人は完全な独裁者になるため，補題 3*a から定理の成立が示されたことになる．

第4章
選択対順序

4.1. 推移性，準推移性，非循環性

　社会厚生関数（social welfare function，以下 SWF）はすべての社会的選好が順序であること，すなわち社会的選好が反射性，完備性，推移性を満たすことを要求する特定のタイプの集団的選択ルールである．第1章で指摘したように，どの部分集合にも最善な要素が存在すること（すなわち「選択関数」が存在すること）が求められる場合，反射性と完備性は不可欠な性質だが，推移性は必ずしも必要ではない．選好関係の反射性と完備性のもとで選択関数が存在するための必要十分条件は，第1*章で「非循環性」と呼んだ条件である．x_1 が x_2 よりも選好され，x_2 が x_3 よりも選好され，以下同様に x_n までこの関係が続く場合に，非循環性は x_1 が x_n と比較して少なくとも同程度に望ましいことを求めている．この条件は，明らかに推移性よりも，ずっと弱い条件である．推移性は x_1 が x_n よりも強く選好されるのみではなく，無差別関係の推移性まで求めている[1]．ついでにいえば，推移性は本質的に「三項集合」すなわち3個の要素から構成される選択肢の集合に関する条件である．すべての三項集合に対して推移性が成立すれば，どれだけ選択肢の長い列であろうとも，全体の集合に対しても推移性が成立しなければならない．これは非循環性では成立しない．第1*章1*5節の後ろから2番目の段落で示したように，すべての三項集合に対し

1　非循環性は，顕示選好理論で定義されたハウタッカー（Houthakker 1950）の「半推移性」に近い条件である．すなわち，x_1 が x_2 よりも選好されることが顕示され，x_2 が x_3 よりも選好されることが顕示され，以下同様の関係が x_n まで続けば，x_n が x_1 よりも選好されることが顕示されてはならないのである．**選好されること**と**選好されることが顕示されること**との相違を除けば，完備性が与えられた場合には非循環性と半推移性は等しくなる．需要理論では，選択肢が特殊な集合（「予算集合」）に対して定義されるため，半推移性はある面では非循環性より**弱い**要求であるが，別の面では**強い**要求である．なぜなら，多くの顕示選好理論では無差別関係が排除されているからである．

て非循環的であっても，全体の集合に対して非循環性を満たさない場合がある．

アローの「不可能性」の結論は SWF に対して妥当する．だが，もしアローの目的がただ単に「任意の環境において，選択される選択肢が存在すること」[2] を保証するだけであれば，社会的選好の推移性を要求しなくても，非循環性を要求するだけで，この目的は達成できる．選択関数が存在するような選好関係を生成する集団的選択ルール（collective choice rule，以下 CCR）を，社会的決定関数（social decision function，以下，SDF）と呼ぶ．

SWF と SDF の相違は重要だろうか，それともこの区別は些事へのこだわりに過ぎないのだろうか．私には，両者の相違はそれなりに重要であると思われる．その一例を挙げれば，セン（Sen 1969）が示したようにアローの「不可能性」の結論は SWF に対しては妥当するが，SDF に対しては妥当しない．アローが列挙した 4 つの条件を全部満たしつつ，社会的選択にとっては十分な CCR が存在する（定理 4*1）のである．実際には，これらの条件は，実質的に強めることができる．例えば，大域的な独裁者と同様に，局所的な独裁者も排除すること，アローが要求した弱パレート原理だけではなく強パレート原理さえ要求したうえで，なお矛盾（inconsistency）の発生を避けることが可能である（定理 4*2，定理 4*4）．アローの不可能性定理は，まさに選択関数ではなく社会的順序を要求することの帰結なのである．

ひとつの例示が役立つだろう．x が y をパレート優越する場合，x は y よりも社会的に望ましいと判断して，y が x をパレート優越しない場合，x は y と比較して社会的に少なくとも同程度に望ましいと判断する CCR を取り上げて，先に論じた「投票のパラドックス」の状況を考える．このとき，個人 1 は x を y よりも，y を z よりも選好して，個人 2 は y を z よりも，z を x よりも選好して，個人 3 は z を x よりも，x を y よりも選好しているので，この CCR は x, y, z を互いに無差別だと判断する．この事例にはなんの問題もなく，非循

2　Arrow (1963, p. 120) を参照せよ．アローはさらに，「最終的な選択の経路からの独立性」の重要性を強調している．選択集合が 2 個以上の選択肢を含むとき，最善の要素のうちどれが選ばれるかは経路に依存してしまうため，完全な推移性が伴う場合でさえ，経路からの選択の独立性が厳密な意味で真になることはない．だが，推移性が与えられた場合には，最善の要素のうちのひとつは経路とは無関係に選択されることが保証される．無差別な選択肢の**両方**を残る選択肢と比較したうえで無差別関係が満たされるならば，同様の結論は非循環性に対しても妥当する．

環性も推移性も成立している．続いて個人3がおらず，個人1と個人2だけの場合を考える．このCCRのもとでは，yはzよりも社会的に望ましく，xとyは無差別，xとzも無差別になる．この場合には，推移性は満たされないが，非循環性は満たされており，各部分集合において最善要素が存在する．個人の順序の各組に対して最善要素が存在することが証明できるために，条件Uが満たされる．さらに，このSDFはパレート原理に基づいているため，パレート原理も満たしている．xとyの間の社会的選択はxとyの間の個人の選好だけに依存するため，無関係な選択肢からの独立性も満たされる．さらに，全員がxをyと比較して最悪でも同程度に望ましいと思わないかぎり，CCRがxをyよりも社会的に望ましいとすることはないために，このSDFは非独裁性の条件も満たしている．

　推移性よりも弱いが非循環性よりは強い条件に「準推移性」がある．この条件は三項集合の観点から完全に定義できる．もしxがyより選好され，yがzより選好されるならば，xはzより選好されなければならない．この条件は推移性と多少似ているが，無差別関係の推移性は要求していない．先ほどの段落で述べたCCRは準推移的な社会的選好関係を生み出すため，三項集合だけの観点から分析することが非常に容易である．推移性と準推移性の相違は一見軽微なものに思われる．だが，準推移性は実際には社会的順序に関わるアローの不可能性の結論から我々を救い出して，社会的選択に関わる簡単明瞭な可能性定理に導いてくれるため，両者の差異は大きいのである．

4.2. 集団的選択とアローの条件

　この結論はアローの問題が社会的選択にとってそれほど深刻ではないことを意味しているのだろうか．残念ながらそうではないと私は危惧している．この議論が実際に示していることは，アローの不可能性定理がきわめて**節約的**に構成されているという事実である．彼が条件としたどの制約を緩和しても不可能性定理は崩壊する．もしそうでなければ，アローの定理を直ちに強めることができるだろう．アローが相互の矛盾を論証した諸条件は，彼が満足できる集団的選択のシステムの**十分条件**とみなしたものではなく，そのもっともらしい**必**

113

要条件と考えたものである．これらの条件を十分条件とみなすことはできない
という事実は，これらの条件の整合性を示した先述の例からも明らかであろう．
先ほどの SDF は，すべてのパレート最適点を無差別と判断するため，分配面
の配慮に関心を持つ人であれば，誰も魅力的とは考えないだろう．この SDF
はひとつの例に過ぎないが，他の SDF のなかにはそれより魅力的なものがあ
るかといえば，答えはまったく明らかではない．

　実際，あるペアに対して決定力を持つ任意の個人は必ず独裁者になることを
保証する補題 3^*a の証明は準推移性以上の条件を用いていないため，SDF の
もとで依然として補題 3^*a が成立することは，注意に値する．この結果を援用
すれば，条件 U, I, P, D を満たして，準推移的な社会的選好を作り出すあ
らゆる SDF は，必ず「寡頭支配」的な意思決定ルールになると証明できる[3]．
すなわち，社会内部に特定可能な個人の集団が一意に存在して，その集団の誰
であれひとりの構成員が x を y より厳密に選好すれば社会は x を y と少なく
とも同程度に望ましいとみなすが，その集団の全構成員が x を y より厳密に
選好すれば，社会も x を y より選好しなくてはならないのである．先に用い
た例は，社会の全構成員がこの「寡頭支配集団」を構成するという事例に対応
するものだった．その他の事例は，一見してさらに魅力に欠けるように思われ
るだろう．

　非循環性は選択関数の存在のための十分条件であるから，準推移性さえ
SDF にとって必要条件ではないことは当然である．非循環性のもとで，さら
に複雑ではあるが，さらに魅力的な例を考えることもできる．とはいえ，アロ
ーの諸条件は，彼の「不可能性」定理の文脈で通常想定されているように過大
な要請であるというよりは，過小な要請であると認識されるべきことに変わり
はない．SDF はアローのすべての要請のテストに合格できるが，依然として
魅力に乏しいものに見えることは否めない．これ以降の数章では，集団的選択
に関するいくつかの他の条件が導入され，分析されることになる．

3　1969 年の未公刊論文で，アラン・ギバードはこの重要な事実を証明している［訳者注：ギバー
　　ドの未公刊論文は，その後 Gibbard, A., "Social Choice and the Arrow Conditions," *Economics
　　and Philosophy*, Vol. 30, 2014, pp. 269-284. として公刊された］．

4.3.　合理性と集団的選択

　社会的選択関数に対して，アローの不可能性が形式的には成立しないからといって，勝ち誇るべきでないことには第二の理由がある．各部分集合に対して最善要素が存在するという事実それ自体は，合理的選択のための健全な基礎であるが，それは完全に満足のいく基礎だといえようか．x が y よりも選好され，y が z よりも選好され，x と z は無差別であるような状況を考えよう．この場合，選択関数が存在する．とりわけ x は他の 2 個の選択肢のいずれと比べても悪くないため，すべての選択肢からの選択では x が唯一の最善要素になる．しかし，x と z の選択の問題を考えよう．一方は片方と同程度に望ましいため，どちらの選択肢も「最善」である．x と z の間の選択においてはどちらも選べるが，三項集合 $\{x, y, z\}$ からの選択の場合には x だけを選ばなければならないのであれば，この選択の過程を「合理的」とみなすことは正しいのだろうか．この選択は（第 1* 章において定義された）性質 β を侵害している．性質 β は 2 個の選択肢を含む部分集合で，どちらの選択肢も最善である場合，そのうちの一方が全体の集合で最善であれば，もう一方も全体の集合で最善であることを求める条件である．もうひとつの合理性の要請は性質 α であって，大きな問題を引き起こすことはないように思われる要請である．性質 α は x が全体の集合で最善であるならば，どの部分集合においても x が最善でなければならないことを要求する．この性質はこれまで関心を寄せてきたすべての CCR によって満たされている．この性質 α は，選択の合理性にとって十分な条件だろうか，あるいは性質 β もこれに加えて要求すべきなのだろうか．

　様々な選択の手続きが，実際には性質 β を満たさない．ある競技のオーストラリア選手権で，2 人のオーストラリア選手のいずれも相手選手を打倒できずに引き分けても，一方の選手はすべての非オーストラリア選手を打倒できるが，他方の選手にはそれができないという場合に，後者の選手が単独で世界チャンピオンになることは完全に可能である．同様に，2 人の詩人ないし科学者が，同国の国民栄誉賞を授与される一方では，両者のうちのひとりだけがノーベル賞のような国際的な名誉に浴したとしても，どんな重要な意味でも不合理

であるようには思われない.

　こうして，社会的選択関数に対して性質 β を要求すべきか否かという問題は，いくぶん意見が分かれる問題である．他の事情がすべて等しい場合に，性質 β が満たされないよりは満たされるほうが好ましいように見えるのは当然である．だがここには実際の対立が**存在**して，他の事情も必ずしも同一であるとは限らない．性質 β を満たす選択関数を生成する関係は，順序にならなければならないことがわかっている（補題 1*q）．そこで，性質 β を満たす選択関数を生成するような選好関係をもたらす SDF は必ず SWF になる．もし社会的選択の必要条件として性質 β も課すとすれば，SWF に関するアローの不可能性定理は，SDF に関する不可能性定理へと容易に変換されることになる（定理 4*5）．このとき，アローの四条件のうち少なくともひとつは，論理的整合性のために削除されなければならない．そこで真の問題は，性質 β が望ましいか否かということではなく，SDF の文脈のなかで性質 β が他の四条件のいずれかと比較して望ましいか否かということなのである．ここでなんらかの妥協が必要となる．性質 β はそれ自体として魅力的であるにせよ，排除される条件の他の候補を退けてまで必要とされる条件であるとは思われないかもしれない.

　前節で論じたように，「不可能性定理」だけに焦点を絞って見える映像以上に，実像はずっと複雑なものである．満足のいく集団的選択メカニズムを選択するという文脈において考慮すべき条件は，ほかにも存在する．社会的選択の領域においては数多くの対立と数多くのジレンマがあって，アローの不可能性定理はそのひとつに過ぎない．そのため，アローの特定の問題を解こうと試みるだけでは不十分なのである．第 4* 章以降の章では，集団的選択の問題のより包括的な見方の提示に役立つはずの諸問題の一部に踏み込むことになる.

第4*章
社会的決定関数

4*1. 可能性定理

　社会的順序 R を例外なく確定できる集団的選択ルール f は社会厚生関数 (social welfare function, 以下 SWF) である. だが, 第1*章で指摘したように, 順序は選択関数が存在するための必要条件でも十分条件でもない. 有限集合に対しては十分条件になるが, そのときでも必要条件にはならない. そこで, 順序は形成できないものの選択関数を生成できるような選好関係を含む領域にまで, 集団的選択ルール f の値域を拡張することを考えたい.

定義 4*1.　社会的決定関数 (social decision function, 以下 SDF) は, その値域が選好関係 R に制約されている集団的選択ルール f である. f の値域に属する選好関係は, 選択肢の全体集合 X 上の選択関数 $C(S, R)$ を生成する. この値域に対する制約を, f に対する条件 O^* と呼ぶ.

　無限集合 X を考える場合, SWF は SDF にならない可能性がある. 有限集合の場合, SWF はつねに SDF になるが, その逆は必ずしも成立しないことに注意を払いたい.
　有限集合の場合に集団的選択ルールの値域を拡張すれば, アローの不可能性定理に影響するだろうか. 第4章で指摘したように, この値域の拡張はたしかに定理の成立に影響するのである[1].

定理 4*1.　任意の有限集合 X に対しては, 条件 U, P, I, D を満たす SDF が

1　この点については, Sen (1969) を参照のこと.

存在する.

証明　この定理を証明するためには一例を示せば十分である. 関係 R を

$$xRy \Rightarrow \sim[(\forall i: yR_i x) \,\&\, (\exists i: yP_i x)]$$

によって定義する. この R は明らかに反射的かつ完備である. また, この SDF は条件 $P,\ I,\ D$ を満たす. 次に, 論理的に可能な個人的順序の任意の組に対して, R が準順序であることを示すことにする.

$$
\begin{aligned}
[xPy \,\&\, yPz] &\Rightarrow [(\forall i: xR_i y \,\&\, \exists i: xP_i y) \,\&\, \forall i: yR_i z] \\
&\Rightarrow [\forall i: xR_i z \,\&\, \exists i: xP_i z] \\
&\Rightarrow xPz
\end{aligned}
$$

なので R は準順序であり, 補題 1*k により, この SDF の定義域にはいかなる制約も課す必要はない. すなわち, 条件 U もまた満たされる. これで証明は完了する.

　ここで定義された SDF が生成する社会的選好関係 R は, 準推移的ではあるが完全に推移的ではないことに注意されたい. 例えば, 2 人の個人 1, 2 と 3 個の選択肢 x, y, z があり, $xP_1 y \,\&\, yP_1 z$ かつ $zP_2 x \,\&\, xP_2 y$ であるとする. このとき xPy, yIz, xIz が成立する. この R は明らかに非推移的[2]だが, どの部分集合にも「最善」の選択肢が存在すること, すなわち個人のどのような選好に対しても選択関数が存在することを保証できる.

　定理 4*1 は, パレート・ルールと非独裁性の条件を強めて, いっそう強い結果にすることができる. 以下で強化した 2 つの条件を定義しよう.

条件 P^*（強パレート・ルール）：X の任意のペア x, y に対して,

2　したがって, 上掲の SDF は定義域の非制約性を伴う SWF ではない. また, この SDF はアローの一般可能性定理に対する反例にはならない.

$$[\forall i: xR_i\, y \,\&\, \exists i: xP_i\, y] \Rightarrow xPy$$

かつ

$$[\forall i: xI_i\, y] \Rightarrow xIy$$

が成立する.

条件 D^*：X に属する任意のペア x, y と f の定義域に属する任意の $(R_1, ..., R_n)$ に対して，以下の条件のいずれかが成立するような個人 i は存在しない.

　　（1）　$xP_i\, y \Rightarrow xPy$

または

　　（2）　$xR_i\, y \Rightarrow xRy.$

　条件 P^* は，第 2* 章の定義 2*3 における $\overline{P}$ に対応する形で定義されていて，明らかに条件 P よりも強い条件である. 条件 D^* は 2 つの面で条件 D を強化している. 第一に，条件 D は大域的な独裁者を排除しているのみだが，条件 D^* は局所的な独裁者までも排除している. すなわち，どの個人も，ただひとつのペアに対してさえ，決定力を持つべきではない. 第二に，条件 D^* は任意の選択肢のペアに対して，個人の弱い選好 R_i が弱い社会的選好 R を含意するようなタイプの独裁性も排除している.
　明らかに，条件 P^* は条件 P を含意して，条件 D^* は条件 D を含意するが，逆は一般には成立しない. だが以下の定理が成立する.

定理 4*2.　任意の有限集合 X に対して，条件 U, P^*, I, D^* を満たす SDF が存在する.

　証明は定理 4*1 の証明で用いたものと同じ例を用いて与えられる．したがって，順序を生成するには十分ではなくても，各部分集合において最善の選択肢を選ぶためには十分であるような集団的選択ルールに対して，アローの不可能性の帰結は引き継がれないのである．

　この結果は有限集合という前提にも関係している．無限集合のもとではそのような SDF は存在しない．実際，次の結果が成立する．

定理 4*3.　X が無限集合ならば，条件 U と条件 P を満たす SDF は存在しない．

証明　各個人 i が，$x_2 P_i x_1, x_3 P_i x_2, ...$ であるような，反対称性を伴う同一の順序，すなわち鎖状順序を持つものとする．条件 U によって，そのような個人の選好順序の組は f の定義域内に必ず存在する．また，条件 P により，集合 X には社会的に最善の要素が存在しない．定理はこれで証明された．

　定理 4*3 は表面的には心を乱される定理に見えるものの，この定理が実際に指摘することは，選択肢の集合が無限である場合には，こうした形で問題を提起することにはあまり意味がないということなのである．無限集合の上では，個人の選好順序が存在するときでさえ，**個人の選択関数が存在しない場合がある**のだから，どのような場合でも**社会的選択関数が存在する**と期待することは無意味なのである．そのうえさらに，以下の定理さえ成立する．

定理 4*4.　f の定義域の各要素に対して，少なくともひとりの個人の順序 R_i が X 上の選択関数を生成するならば，条件 P, I, D^* を満たして，上述の制約にも従う形で条件 U を満たす SDF が存在する．

証明　任意の x と y に対して，$xRy \Leftrightarrow \sim [\forall i : y P_i x]$ によって定義される集団的選択ルールを選ぶ．任意の部分集合 S に属する任意の要素 x と任意の個人 i に対して，$[x \in C(S, R_i)] \Rightarrow [x \in C(S, R)]$ であることは明らかである．少なくともひとりの個人が選択関数を持つので，社会もまた必ず選択関数を持たなければならない．この社会的選択関数が条件 P, I, D^* を満たすことは，容易に確認す

ることができる[3].

　こうして無限集合によって引き起こされる混乱は，この例では特に深刻なものには見えない．（SWF ではなく）SDF の観点から「不可能性の問題」を解決しようとすることの本当の困難は，選択に課される合理性の条件としての性質 β の重要性にある．第 1* 章において，二項関係によって生成される選択関数は性質 α を満たすが，それが性質 β を満たすのは R が順序であるとき，かつそのときのみであることが示された．もし性質 β が合理的選択の本質的な側面であると考えるのであれば（この問題は第 4 章で検討した），以下の定理は我々の心を悩ませるものになるだろう．

定理 4*5. 条件 U, P, I, D を満たして，SDF の値域に属する各 R が性質 β を満たす選択関数を生成する SDF は存在しない．

この定理は補題 1*q と定理 3*1 から直ちに証明できる．

　定理 4*5 は，集団的選択及びその合理性の観点から直接的に「不可能性の問題」を表現したものであって，関連する主要な課題のひとつを明晰に示したものである．問題の要諦は，合理性の条件 β を課すか否かにかかっているように思われる[4].

3　条件 P^* は満たされないことに注意せよ．以下の反例が示すように，条件 P を P^* で置き換えて定理 4*4 を強めることはできないのである．ひとりの個人が最善要素を持たない鎖状順序を持つことを除けば，他のすべての個人はすべての選択肢を無差別に判断しているものとしよう．このとき，条件 P^* により，社会は最善要素を持たない同じ鎖状順序を持たねばならない．

4　第 5 章，第 5* 章，第 6 章，第 6* 章も参照せよ．

第5章
価値と選択

5.1. 厚生経済学と価値判断

　厚生経済学は政策提言に関心を寄せている．それは例えば，「社会状態 x と y のいずれかを選択する場合には，x を選ぶべきである」といった結論に達する方法を探究する．厚生経済学は明らかに「価値自由」ではあり得ない．というのは，目標とする提言自体が価値判断的であるからである．そう考えればいささか不思議に思わざるを得ないことだが，非常に多くの著名な経済学者が価値自由な厚生経済学を発見できるかという論争に関与してきたのである．

　いわゆる「新厚生経済学」(1939-1950) は，純粋に事実に関する前提から，政策判断を導き出すことに多大な関心を寄せていた[1]．その当時の最も著名な一論者を引用すれば，

> ［価値自由な厚生経済学の可能性に関する］敗北主義を克服する簡単な方法
> ——生産効率を向上させる改革と，そうでない改革の識別を可能にする完全に客観的なテスト——がある．もし，ある改革がAの状況を大幅に改善するため，Bの損失が補塡されて余りあるほどであるならば，その改革は**まぎれもない改善である**[2]

ということになる．

　これは「一連の『〜である』という命題から『〜すべき』という命題を演繹

1　Kaldor (1939)，Hicks (1939a, 1941)，Scitovsky (1941)，Samuelson (1950b)，Little (1949b, 1950) による論争を参照のこと．また，Graaff (1957) 及び Mishan (1960) も参照せよ．

2　Hicks (1941, p. 108)．強調は引用者による．

することの不可能性」[3] を主張する，広く支持された哲学的見解に反するように見えるだろう．この「法則」を巡って，近年その妥当性[4] や倫理学における他のいくつかの命題との論理的な両立可能性[5] に関しては，一連の疑義が呈されている．だが，いわゆる新厚生経済学を特徴づけた価値自由な厚生経済学を巡る探究がこれらの疑義となにか関係があったと考えるのは誤りだろう．理由はいささか曖昧だが，**価値自由あるいは倫理から自由**であるということは個人間の対立を免れていることと，しばしば同一視されてきた．もし仮に全員がある価値判断に同意すれば，それは決して価値判断ではなく，完全に「客観的」な判断であるというのが，暗黙裡に前提されてきたように思われる．

この理由から，パレート原理は価値判断を免れているとしばしばみなされてきた．その負の側面として，経済学における価値判断の使用に対してロビンズ（Robbins 1932）が浴びせた有名な攻撃も，個人間比較の難しさに集中するものだった．先に引用した補償原理の**客観性**に関するヒックスの注釈も，もし仮に補償が支払われれば全員の状況が改善されて，個人間の利害衝突が発生しないという考えに基づいている[6]．驚くべきことに，サミュエルソンでさえ新厚生経済学に関する決定的な論文の結びで，以下のように主張している．「ある集団の潜在的実質所得の増加のただひとつ整合的で**倫理から自由**な定義は，効用可能性関数の一様なシフトに基づくものである」[7] と．以上では，あえて筋金入りの論者たちを選択してコメントしたが，同じ仮定を異なった形式で表現している他の例は，厚生経済学のあらゆる文献のなかに容易に発見できる．

ここで検討している見解に対しては，分析的な観点からの反論の余地はあるが，この見解の常識的な根拠は，かなり明快である．もし全員がある価値判断

3　Hare (1961, p. 29)．この主張はヒューム（David Hume）が『人間本性論（*Treatise*）』の第 3 巻第 1 部第 1 節で述べたことに依拠して，「ヒュームの法則」と呼ばれることがある．

4　例えば，Black (1964) 及び Searle (1964, 1969) を参照せよ．

5　例えば，Sen (1966b) を参照せよ．

6　Hicks (1914, p. 109)．しかし，補償が実際に支払われるか否かはさておいて，補償の支払いが「可能」でありさえすれば「まぎれもない改善」であると主張するならば，個人間の利害対立を再び招来することになる．

7　Samuelson (1950b, pp. 19-20)．強調は引用者による．実質所得の比較が価値判断であれば，この定義は「倫理から自由」ではない．他方，この比較が価値判断ではなければ，これは**唯ひとつ**の「倫理から自由」な整合的定義ではなくなる．ただし，Samuelson (1947, Chapter 8) を参照せよ．

に同意するならば，その価値判断の客観性を証明できないからといって，なにも重大な問題が起こるわけではない．全員が同意する価値判断と，一部の人しか同意しない価値判断との間には，明瞭な差異がある．だが，この議論全般にわたってまるで奇妙なのは，人びとがそもそも価値自由ないし倫理から自由な厚生基準を探求したという事実である[8]．全員が一致する価値判断は厚生経済学の大きな部分の基礎となるかもしれないが，その理由はそれが価値判断ではないからではなく，その価値判断が全員に受け入れられるからである．多くの文献でこれとは逆の主張が陰に陽になされていなければ，こんな凡庸な主張を述べる必要はなかったのである．

5.2.　厚生経済学の内容：あるジレンマ

　厚生経済学は，政策勧告に関心を寄せている．政策勧告は（a）事実に関する前提，（b）価値判断，（c）勧告の導出に必要な論理，を利用して，展開されることになる．この第一要件は「実証」経済学の主題であって厚生経済学の主題ではない．第二要件は科学的な議論の主題にはなり得ないといわれている．ロビンズの言い回しに従えば，価値判断は「汝の血か私の血か」という問題であるのだから[9]，価値判断について［客観的に］議論することはできないものとされている．第三の要件つまり論理は，まったく別の学問分野である．そうなると，厚生経済学には固有の生存適地は残されているのだろうか．厚生経済学という研究分野は，そもそも存在するのだろうか．

　これほどまで大胆な形では主張されていなかったが，グラーフ（Graaff 1957）による大家の風格を示す厚生経済学の追放は，同様の精神に根差すものだった．ニヒリズムこそ多くの厚生経済学的な研究の支配的な通底音となっていたのである．ボーモルの言い回しを借りれば，そこには「死亡記事との隠しきれない類似性」[10] があった．直前の段落で述べた推論の概要が匂わせているように，

　8　価値判断の意味と重要性に関する経済学者による取扱いへの批判として，Little（1957）を参照せよ．また，Streeten（1950）及び Dobb（1969）も参照せよ．

　9　Robbins（1932, p. 132）．

　10　Baumol（1966, p. 2）．

厚生経済学の主題が空疎であるのなら，ニヒリズムが説得力を持つことにはなんの不思議もない．だがこの推論の問題点は，それが非常に恣意的な定義に基づいていて，きわめて誤解を招きやすいことである．

　第一に，政策提言の導出過程に含まれる論理的な操作の実践を，厚生経済学の核心から排除することはできない．分析的な推論を伴ういかなる学問領域にも，インフォーマルな推論として，あるいはフォーマルな論理や数学的操作として，論理が含まれている．これらの実践が論理学の一部とされるのか，問題となっている学問領域の一部とされるのかは，主に**便宜性**の問題である．そこで，経済学的な政策提言の導出に必要な論理的操作を，論理学者や数学者に委ねるよりも経済学者に担わせるほうが好都合であることは，この実践を厚生経済学という学問領域の一部とみなすことのかなり説得的な理由である．実際，伝統的な経済学の一部とされている様々な研究，例えば競争的一般均衡の存在，効率性，安定性を取り扱う研究は，ほぼ例外なく論理的な実践である．

　第二に，政策勧告の実践に際して，価値判断は必ずしも単純に経済学の外部から与えられるものと仮定されているわけではない．実際，アローの意味での社会厚生関数（SWF）の存在の問題は，（社会的順序に反映される）社会全体の価値判断を，個人の順序に基づいて形成する問題に関係している．この実践もまた主として論理の形式をとってはいるが，問題の輪郭を定義するのは，個人の選好から公共的選択を行う基礎となる社会的価値にどのようにして移行するかという設問に関わっている．経済的厚生を巡る近年の議論の多くは，当然のことながらこの設問に関心を寄せている．

　最後に，ニヒリスティックな議論における推論で暗黙裡に用いられている**事実と価値の二分法**は，疑わしいものに思われる．この二分法は価値判断の性質に関することさら限定的な解釈に基づいている．実際，厚生経済学における論争がしばしば徒労に帰したわけは，価値判断の性質に関する認識が不適切だったからだといっても，過言ではない[11]．次節ではこの問題の検討に転じたい．

11　価値判断の理論に関する優れた研究として Nowell-Smith（1954）を参照せよ．とりわけ興味深いアプローチが Hare（1960, 1963）に見出される．

5.3.　基本的判断と非基本的判断

　価値判断を 2 つの種類に区分すれば，我々の目的に役立つだろう[12]．ある価値判断は，ある人にとって想像可能なあらゆる状況に適用可能である場合には，「基本的」であると呼ぶことができる．そうではない価値判断は「非基本的」であるという[13]．その一例として，ある人が「基準年と最終年の価格で測定した国民所得がいずれも上昇していれば，経済状況は改善されている」という判断を表明するものとする．我々は，彼があらゆる事実状況のもとでも，この判断を維持するか否かを問いかけ，「状況がしかじかであったとしても——例えば貧困層が極端に貧しくなっても——同じ判断を維持しますか」と尋ねることができる[14]．ある状況のもとでは判断を見直すということになれば，彼の価値体系においてその判断は非基本的であるといえる．他方，いかなる状況のもとでも人を殺すことは正当化できないというのが彼の価値判断ならば，「人を殺してはならない」というのは彼の体系において基本的な価値判断である．

　この区別は単純なものであり，倫理的な議論に際して事実を考慮することの重要性の根底にある．おおまかにいって，ある価値判断が人にとって基本的である限り，我々はそれに対して事実や分析に関する主張に異論を唱える場合と同様な形で反論することはできないが，ある価値判断が非基本的である場合には，事実的もしくは分析的な形式で，異論を提起することができる．

　この区別の性質に関する誤解の可能性を阻止するために，いくつかの注意事項を挙げておくことは意義がある．第一に，許容される事実状況は，必ずしも発生の蓋然性が高い状況であるとは限らない．次の議論のやり取りを考えてみよう．

　　A：男性も女性も，自分の好きな服の着用を許されるべきである．

12　価値判断を分類する様々な方法は，セン（Sen 1967b）によって提案されている．
13　両方の範疇が**必ず**非空であると，ここで主張しているわけではない．
14　もうひとつの尋ね方の例は，この価値判断の基準が選好の非推移性に導いたとすれば，彼はどうするかを尋ねることである．ある状況のもとで，このような非推移性が現実に発生する可能性があるからである．Gorman（1955）及び本書第 2* 章を参照せよ．

B：たとえミニ・スカートを見た人の目に，癌が引き起こされるとわかったとしても？

A：もちろんその場合には違う．しかし，そんな状況はありそうにないと私には思われる．

　それでもなお，この価値判断はやはり非基本的である．この議論への反論は事実に関する形式をとりうるが，この点に関する議論が非常に有益なものになるかといえば，私には疑わしく思われる．

　第二に，価値判断はある状況のもとでという条件つきで下されることがある．その価値判断が非基本的であることを示そうとすれば，そのような条件が満たされない場合ではなく，満たされる場合を検討して示さなくてはならない．私が「雨の日には傘を持っていくべきだ」という判断を表明するとしよう．この判断が非基本的であることを示すためには，私が晴れの日には異なる行動方針を勧めるということではなく，例えば傘の値段が年収の半分であれば，雨の日でも私が別の行動方針を勧めるかもしれないことを示す必要があるのである．

　第三に，個人が持つ一連の判断には，**論理的な非整合性**が判明するかもしれず，その場合それらすべての判断が基本的であることはあり得ない．「今日の消費が最大化されるべき」であり，それに加えて「一年後の消費も最大化されるべき」であると判断する人は，そうした論理的な非整合性に陥ってはいない．なぜなら，これら2つの判断が衝突するのは，特殊な（ただしもっともな）事実状況のもとにおいてのみだからである．2つの判断のうち少なくともひとつは非基本的でなくてはならないが，それは分析上の理由からではない．これとは対照的に，すべての人びとの所得が全国平均よりも高くなることを望む心優しい人は，かなり重大な分析上の問題を抱えているように思われる．

5.4. 事実と価値

　ひとつの判断をある人が推奨するが，別の人はその判断を否定するときには，彼らはなにに関して議論できるのだろうか．複数の選択肢からの選択に直面してなにを選ぶべきかに関して，彼らは意見を異にしている．彼らがこの価値判

断の意味を同様に理解しているものとすれば，議論の余地はどこにあるのだろうか．彼らはもちろん，その価値判断を保持すること，あるいは保持しないことの「理由」について議論することはできる．だが，「理由」という表現で我々はなにを意味しているのだろうか．事実や論理に関する言明ではなくて，価値判断を受容するとか拒否したりする「理由」は，そもそも存在しうるのだろうか．

この問いに対する答えは，かなり明白であるように思われる．ある価値判断が非基本的であれば，その判断に対する反論のひとつの「理由」は，判断の基礎にある事実または分析上の仮定への疑義であろう．事実のみに関する前提からは，規範的な結論を導き出すことはできないというヒュームの有名な法則を我々が受け入れるにせよ，事実に関する前提を**一部として含む**一群の前提から規範的結論を導けることには，疑いの余地がない．したがって，他人に提示された価値判断に反論する人は，その価値判断の妥当性を，判断の基礎にある事実に関する前提や論理展開の正しさを検討することによって，科学的な議論の場に据えることができる．この意味において，ある価値判断の拒絶を推薦する「理由」は，純粋に科学的でありうる．

表明された判断が，その人の価値体系においてたまたま「基本的」であれば，そしてその場合に限っては，事実的あるいは分析的方法でその判断に反論することはできないと主張することができる．だが我々が習慣的に表明する価値判断の多くは非基本的であることを示すことは，かなり容易なはずである．

特定の事実に関する前提に依存する非基本的な判断から，その事実に関する前提からは独立した別の価値判断に移動することは，もちろん可能である．例えば，次の価値判断を考えよう．「政府は，実質国民生産に比例する以上に貨幣供給を増やすべきではない」．この判断の基礎には，貨幣供給と生産をインフレーションに関連付ける事実に関する理論があると仮定する．このインフレーション理論が反駁されて，当該の価値判断に反対する正当な理由になれば，この人はより基底的な価値判断に移るかもしれない．「政府は，インフレーションにつながることはなにもすべきではない」．もし，この価値判断もなんらかの事実に関する仮定に基づく非基本的な判断であれば，後退するこの過程が繰り返されるかもしれない．事実に関する仮定 F_1 に基づく判断 J_0 から，F_1 と

は独立な（一連の）判断 J_1 に移るが，それもまた事実に関する仮定 F_2 に依存するのであれば，F_1 と F_2 の双方から独立な判断 J_2 に移る．こうしてこの人の価値体系においてなんらかの基本的な価値判断 J_n に最終的にたどり着くことが期待される．しかし，確実に基本的な価値判断にたどり着けるという保証は実際にはどこにも存在しない．

　価値判断を巡る議論は無益だとする一般化には，大雑把に「目的」と呼ばれる**基本的**価値判断の性質の考察に依拠するものが含まれている．実際には，暗黙裡に基本的な価値判断に議論を集中したことは，経済学の発展に対して顕著で根源的な影響を及ぼしてきた．経済学者は，非常に少数の例外を除いて，この意味での価値判断を巡るいかなる論争にも尻込みしてきた．この立場の古典的な表明こそ，ロビンズによる経済学の本質と意義に関する有名な言説である．「単なる並置以外のどんな形式でも，2つの学問分野［倫理学と経済学］を結びつけることは論理的に不可能であるように思われる．経済学は確認可能な事実を扱うのに対して，倫理学は価値と義務を扱う学問分野なのである」[15]．この対比が成立しうるのは，倫理学が基本的価値判断のみを扱う場合である．ロビンズは自らの立場を次のように説明している．

　　目的に関して意見が分かれる場合には，汝の血か我の血が流されることになる．あるいは，意見の相違の重大さや敵の相対的な強さによっては，お互いに干渉せずということになる．だが，手段について意見が分かれる場合には，往々にして科学的分析がその相違の解消を助けてくれる．利子を受け取ることの道義性について意見が分かれている（自分たちがなにを語っているかを双方が理解している）場合には，議論の余地は存在しない[16]．

　このアプローチの決定的な難点は，ある目的もしくはその目的を述べる価値判断が基本的であるか否かが，あまり明確には定まらないことである．ロビンズ自身の例を使えば，利子の道義性に関する両者の判断が，なぜ必然的に基本的でなくてはならないのだろうか．

15　Robbins（1932, p. 132）.
16　Robbins（1932, p. 134）.

　当然ながら，我々はこれほど単純な見方をとる必要はなく，基本性を確かめるなにか他のテストで，ロビンズの議論を補強できるかもしれない．当事者本人に，ある価値判断が彼の価値体系において基本的であるかどうかを尋ねることが可能であるかもしれない．しかし，誰ひとりとして想像可能なあらゆる事実状況を考慮して，どんな状況ならば価値判断を変えるか否かを決定する機会を持つことはあり得ない以上，この問いに対する彼の回答は最終的なものではないだろう．これに代わる別の方法は，当事者本人に，事実に関する仮定について一連の適当な改訂を検討してもらい，そのいずれかの場合に彼が判断を変更するかどうかを尋ねることである．この手続きは彼の価値判断の基本性を確立できるわけではないが，明白に適切ないかなる意味においても，価値判断が非基本的ではないことを確立することは可能である．

　興味深いことだが，ある種の価値判断の非基本性を証明することは可能だが，いかなる価値判断であっても，その基本性を簡単に証明することは不可能なのである．もちろん，明らかに非基本的であるとは証明されていない価値判断を基本的価値判断であると**仮定する**ことは，その誤りを示す例が出てこない限りで，有用であるかもしれない．この点において，新しい観察事実によって仮説の正しさが棄却されない限り，ある事実に関する仮説を暫定的に真とする認識論の慣行と，価値判断の基本性と非基本性に関する考え方との間には，明瞭な類似性が認められる．

　ここで注意してほしいのは，基本的な価値判断は必ずしも以前定義した J_n のごとき「究極の」原理である必要はないことである．適切な制約を課せば，非基本的価値判断が基本的価値判断に変わることは可能である．その一例を示せばこの可能性を明確にできるだろう．「すべての［財・サービスの］正の価格の組み合わせにおいて国民所得が増加することは経済状況の改善を意味する」という判断は，非基本的な判断である．なぜなら，この判断を表明する人は，［国民所得の増加に付随して］所得分配の「悪化」が起こることを理解すれば，判断を覆すかもしれないからである[17]．この点から出発して基本的価値判断に到達するためには，進行可能な方向が2つある．第一の可能性は，所得分配が

17　国民所得の大きさとその分配を区別することの問題点は，もちろんよく知られている．とりわけ Samuelson（1950b），Little（1957），Graaff（1957）を参照せよ．

悪化しない場合には国民所得の増加に対応するさらに**基底的**な価値判断——総効用の最大化など——が存在する余地を探索することである．第二の可能性として，我々は本人が「もし**仮に**（ジニ係数などで測定された）所得分配が不変にとどまるなら，国民所得の増加は経済状況の改善を意味する」のような価値判断を受け入れるかどうかを問うことができる．彼の答えが否であれば，我々はこの判断をさらに制約することができる．そのとき，第一の方法で発見できる「究極の」価値判断が存在しない場合でさえ，適切な制約の追加によって基本的な価値判断を得ることができるかもしれない．

だが，価値判断の基本性を確認することの困難性は，第二の方法のもとでさえ依然として残されている．たとえ基本的な価値判断の存在がわかっていても，ある判断を基本的な価値判断のひとつであると断定することは，不可能であるかもしれないのである．ある点を超えて価値判断に関する理性的な議論を行うことは不可能であるという道徳「情緒」説の根本的難点は，このような断定の難しさにある．おそらく，「究極的にはそれ以上の回答を入手することはできず，『価値あるものだから，これを尊重せよ』[18] という指図を繰り返すほかはないときが来る」かもしれないが，そのような究極点に実際に到達したのかを判定できる絶対に確実なテストは存在しない．残念なことに，理性的な反論が潜在的に果実を生む場合と生まない場合を識別するルールを入手できないのは，この理由によっているのである．ある人の価値体系においてある判断が非基本的であることを最終的に確認できる場合はあるが，その逆は真ではない．所与の価値判断を基本的であるという判定は，せいぜいのところ，その判断の基本性を疑わせる根拠が不十分であれば，被告側に有利な解釈を与えるという判定に過ぎない．価値判断に関して，実り多い科学的な議論を行う可能性を排除することは，不可能であるように思われる．

5.5. 個人的順序と選択ルール

次の問題を考えてみよう．ある個人 A は，社会状態 x を社会状態 y よりも

18　Ayer（1959, p. 244）を参照せよ．また，Stevenson（1944, 1963）も参照のこと．

断固として選好しているが，彼は社会の他の全構成員が y を x よりも選好しているということも知っている．さらに彼は，集団的選択に対して非常に反独裁的な姿勢を堅持している．そのとき彼はどうすべきだろうか．もし y を推薦すれば，彼は自らの選好に逆らうことになるが，もし x を推薦すれば，彼は自らの反独裁主義的な価値観に背くことになる．彼が直面せざるを得ない衝突がここには明瞭に存在するのである．

　集団的選択のモデルにおいて，この衝突は不可避的である．個人的価値は2つの意味でこの問題に関わりを持っている．（a）個人的価値は，個人的選好 R_i に影響する．（b）個人的価値は，集団的選択ルール（CCR）の選択に関わりを持つ．（a）と（b）に反映される価値判断は容易に衝突する可能性があり，両方の判断が「基本的」であることは不可能である．

　この問題を解決するひとつの方法は，CCR の根底に潜む価値判断は基本的な判断として尊重するが，個人的順序 R_i のほうはそうではないとする方法である．このモデルでは，各個人が選好を表明して，CCR はそれらの選好を適切に表現する社会的順序の決定を試みるが，いったん CCR が社会的順序を選択したからには，各個人が以前に表明した個人的順序がいかなるものであったにせよ，彼らは選択された社会的順序を正しいものとして受け入れる義務をわきまえていることになる．このモデルのひとつの例は，一部の大学における教授の選考手続きに見出される．この手続きでは，投票が二段階で行われる．まず候補者に対する［無制約な］投票が行われるが，［投票の結果を集計して］決定に到達すれば，第二段階で全員が選ばれた候補者に形式的に投票して，選考結果を「全員一致」にするのである．

　しかし，これが唯一可能なモデルというわけではない．その対極には，各個人が自ら正しい選好とみなす R_i にまさに完全にコミットして，公共政策向けにその選好 R_i を選択しない CCR を拒絶するモデルがある．ほとんどの実際の集団的選択メカニズムに対する個人の態度は，これらの両極端の間のどこかに納まる傾向があるだろう．自分の選好が集団の選択に完璧に反映されないたびに革命を起こしたくなることはないだろうが，まさしくそのように集団的選択メカニズムを変革したくなる状況はあるだろう．フランス革命における自由・平等・友愛の要求は，基本的に既存体制の集団的選択メカニズムに対する極端

な不満の表現であった．ある CCR が社会の制度的特色として定着していても，それが全員に受け入れられているとは限らないし，あるいは多くの人に受け入れられている保証はない．というのも，実際に定着している選択メカニズムは，社会における政治的・経済的な力の均衡を反映していて，全員一致もしくは広範な同意にすら基づいているわけでは必ずしもないからである．

真の衝突が発生するのは，ある人がある CCR を是認しつつも社会状態に関する自己の選好順序が公共政策のために選択されてほしいと考える場合である．実際に両方の願望が満たされることは，選択された CCR が彼の薦める社会的順序を選択するという特殊な状況以外にはあり得ない．一般的には，いずれかの願望，場合によっては両方の願望が，非基本的でなくてはならないのである．

ハルサニー（Harsanyi 1955）は，個人の「主観的選好」と「倫理的選好」を区別して，その区別に特殊な解釈を与えた．彼は，人が実際に表明する選好 R_i を主観的選好と解釈する一方で，どの個人の位置にも等しい確率で立つ可能性があると考えた場合に人が持つことになるはずの選好として，倫理的選好を定義した[19]．ハルサニーは，各個人が期待効用を最大化することを保証する一群の公理を採用した．これはかなり特殊なモデルであり，魅力的であるとはいえ，いくつかの簡単な反論にさらされる余地も残していた．このモデルに関しては第9章を参照してほしい．

CCR という文脈において，ハルサニーが導入した区別には，より広範な解釈を与えることができる．ある人が，自己の道徳的価値の観点から，複数ある可能な CCR のうちで選択することを要請されるものとしよう．こうして選択された CCR は，彼の倫理的 CCR と称することができる．ある個人の倫理的 CCR が，所与の個人的選好の実際の組に対して生み出す社会的な選好順序を，彼の倫理的選好であると理解することができる．ハルサニーが与えた定義は，特定の集計手続きに対応するものであり，より一般的なアプローチの重要な特殊ケースとなっている[20]．

19　他人の立場に身を置くということは，ハルサニーが定義したように，その人の客観的な境遇のみならず，（選好を含む）主観的な特徴をも引き受けることを意味している．「等しい無知」に関するラーナー（Lerner 1944）のモデルを拡張したサミュエルソン（Samuelson 1964）と対比せよ．ハルサニーについては Pattanaik（1968b）も参照せよ．また，Leibenstein（1965）も参照のこと．
20　厳密にいえば，これは正しくない．ハルサニーの手続きは，個人的順序ではなく個人の効用関数

　この文脈において「倫理的」という用語が適切であるかどうかという問題には立ち入らないことにしたい．ここでいう倫理的価値は，選好を組み合わせることに関係するものであり，おそらく他の倫理的価値を導入することも可能なはずである．だが，ここで重要な区別は，人が持つありのままの選好と，他者の選好及び集団的選択手続きに対する彼の個人的価値を所与として，彼が公共政策の基礎として受け入れるだろうと考える選好との間の区別である．このように解釈すれば，彼が持つ可能性がある 2 組の選好の間に衝突はない．それらは 2 つの異なる問題に関わる選好なのだからである．自分自身が持つ選好と同じ順序 R_i（そして R_i に対するコミットメント）を，他者も持つことを人は願うのかもしれないが，他者の選好が与えられると，彼は特定の CCR から形成される社会的選好（よってその CCR へのコミットメント）を受容するかもしれない．この区別は集団的選択の特定の問題を議論する際に便利であることが判明するはずである．

5.6.　選択ルールに課される条件

　人びとが CCR に反映させたいと考える価値の間でも，衝突が生じる可能性がある．その一例となるのがアローの不可能性定理である．条件 U, P, I, D が条件 O に従う CCR（つまり SWF）に課されるときには，衝突が発生することになる．これらの価値がすべて基本的であることは明らかに不可能である．
　これらの条件のうちで，「定義域の非制約性」を要請する条件 U は，残る他の条件とはいささか異なる論理的なレベルにある．他の条件は，個人的選好の組み合わせが与えられたとき，なにがなされるべきかを特定したり制限したりする機能を担っている．これに対して条件 U は，CCR が個人的選好のあらゆる可能な組み合わせに対して機能すべきだと主張する．もちろん，個人的選好のある種の組み合わせは決して生じないという主張をする可能性は，たしかにある[21]．もしある人が，一部の選好は実際には排除可能であると信じるならば，

　　に基づいているからである．ハルサニーの例は第 8 章で定義する倫理的な「社会厚生汎関数」の
　　ごく特殊なケースである．
21　人びとの選好は階級利害に依存するというマルクス主義の立場は，ある種の論理的に可能な組み

CCR や SWF に対して条件 U を要請すべき理由を承認しないだろう．

　ある CCR は発生の蓋然性が高いほとんどの状況では望ましいが，発生の蓋然性が低い選好の組み合わせに対しては反対の余地があると信じられる場合には，もっと微妙な衝突が生じる可能性がある．この場合，CCR の望ましさは実際の選好の組み合わせと無関係ではなく，**あらゆる**状況で CCR が的確に機能することを要請すれば，すべての場合ではないが，ほとんどの場合にうまくいくはずの優れたルールを除外することになりかねない．後に多数決による決定方法など，特定のルールを第 10 章と第 10* 章で議論する際に，さらにこの問題を検討する予定である．条件 U を，O, P, I のような他の条件に加えて要請することは，社会的選好の推移性，パレート原理，無関係な選択肢からの独立性が個人的選好のたったひとつの組み合わせに対してさえ（その組み合わせの発生が蓋然的であろうがなかろうが）CCR によって侵害されてはならないことを要求していることになる．これこそがアローの不可能性という結果を招く要因なのである．

　我々は，CCR に課すその他の一般的な条件を考えることもできる．無関係な選択肢からの独立性を満たす CCR に対して，メイ（May 1952）は 1 組の条件を提案している．**匿名性**条件は，あなたが私の選好を持ち，私があなたの選好を持つというように，所与の選好の組に対して個人間で入れ替えを行っても，社会的選好は不変でなくてはならないことを要請する．**中立性**条件は，選択ルールが選択肢の間で差別してはならないことを要請する．いかなる基準であれ，それを用いれば x は社会的に y と同程度に望ましいのであれば，その基準のもとで x と y をそれぞれ w と z に入れ替えれば，w は z と同程度に望ましいと宣言できなくてはならないのである[22]．**正の反応性**条件は，個人と社会の選好の関係が正でなくてはならないことを要請する．すなわち，ある状況で x が社会的に y と同程度に望ましいと考えられていて，誰かの選好において y との比較で x が上昇しつつ，誰の選好においても y との比較で x が下降しな

　　合わせを直ちに除外することになる．実際，決定論的な個人的選好の理論は個人的選好のパターンを多少とも制約する傾向があって，定義域の非制約性という条件の必要性を減じている．

22　この条件を第 5* 章で形式的に述べる際，中立性は「無関係な選択肢からの独立性」を含むように定義される．同じことはメイの定式化に対しても妥当する．

ければ，x はいまや y よりも社会的に厳密に望ましいとみなされるべきなのである．

これらの条件は魅力的であるように思われる．そしてメイが証明したように，定義域が無制約で決定力を持つ CCR のうち，無関係な選択肢からは独立しているうえに匿名性，中立性，正の反応性を示すものは，多数決による決定方法に限られる（定理 5*1）．これらすべての条件を是認しつつ，多数決のルールを受容したくないと思う人は，問題に直面することになる．彼の判断のうちで，少なくともひとつは却下されなくてはならないからである．

また，個人的選好のある種の組み合わせに対応して多数決ルールがもたらす社会的選好は非推移的であるのみならず，例えば「投票のパラドックス」状況のように，非循環性にさえ反する可能性がある．そこで直前の段落で述べた条件を要求するのであれば，社会的選好の推移性のみならず非循環性をも却下しなければならない（定理 5*2）ことになる．非循環性を好むのであれば，他の条件のうちで，少なくともひとつを却下しなければならない．これはアローの結果と同様な不可能性であり，選択の困難な別の問題を投げかけている[23].

正の反応性に代わり，**非負の反応性**（x が y との比較で，誰の順序においても下降しなければ，社会的順序においても，x は y との比較で下降してはならない）を要請すると，様子が少々変化する．いくらかの余裕が生まれて，非循環性のみならず準推移性さえも満たすことができる．さらに，もし仮に（必ずしも全員ではなく）誰かが x を y より選好して，全員が x を y と比較して少なくとも同程度に望ましいとみなせば，x は社会的に y よりも望ましいとするように要請して，パレート原理を強めることにする．そのとき，CCR はパレート拡張ルールでなくてはならないことが示される．それは，パレート・ルールに従い，それを補完するために，パレート比較不可能なすべてのペアを社会的に無差別とするルールである（定理 5*3）．我々はそのような CCR を定理 4*1 の証明に用いたが，さらにその前にはブキャナンとタロック（Buchanan and Tullock 1962）の公共選択の理論の論脈でも議論した（第 2 章）．このルールのもとでは，

23　ハンソン（Hansson 1969）による別種の興味深い結果は，無関係な選択肢からの独立性，中立性，匿名性が SWF に課される場合には，すべての選択肢が社会的に無差別となることを示している．だが，第 5* 章で明らかにされるように，この結果は SDF には妥当しない．

y が x をパレート優越しない場合には，x は社会的に y と同程度に望ましいことになる．

多くの人は，分配上の判断を完全に回避するパレート拡張ルールを，直ちに却下するだろう．だが，準推移性，匿名性，無関係な選択肢からの独立性，定義域の非制約性，パレート原理といった条件のいずれについても，却下することをためらうかもしれない．もっともこれらの条件が結合されれば，選択された CCR はパレート拡張ルールにならざるを得ない．これまた，アローの不可能性の結果を一例とする広範なクラスに属するジレンマである．

さらに注意してほしいのは，2 つの非常に異なる伝統に属する多数決ルールとパレート拡張ルールだが，基底的な条件の点から見れば両者の相違点はごく小さいと思われることである．多数決の決定方法は，パレート拡張ルールと同様に独立性，匿名性，中立性，非負の反応性，強パレート原理，定義域の非制約性を満たしている．両者の違いは，MMD が正の反応性を（非負の反応性に加えて）満たすのに対してパレート拡張ルールはこの条件を満たさないこと，そしてパレート拡張ルールは社会的選好の準推移性を満たすのに対して MMD はこの条件を満たさないことである．関連する定理を知らないままこれらの条件を検討したとすれば，条件のこうした小さな変化が重要であるという可能性は必ずしも推測できないだろう．アローが「正の関連性」と呼んだ条件は，我々が「非負の反応性」と呼んだ条件よりさらに弱いが[24]，メイの「正の反応性」からアローの「正の関連性」へと移行すれば，多数決とはまるで異なるパレート拡張ルールへと導かれることになる．

主な教訓は，これらの条件の含意は個別的には判断しがたく，組み合わされる他の条件と一緒に考えなければならないことである．CCR の性質に関するこの種の判断は非基本的である傾向があり，同意の署名をする前に，これらの条件が使用される可能性がある正確な状況を吟味することが重要である．さらなる条件とさらなる衝突を第 6 章と第 6* 章で議論し，この線に沿った推論を，

24　アローの「正の関連性」は，x が誰の判断においても y との比較で下降しない場合，x が以前に y より選好されていたなら，その選好は維持されなくてはならないことを要請する．x が以前は y と無差別であった場合についてはなにも言及されていない．非負の反応性は，この場合においても x が y と比較して下降してはならないこと，つまり x が y と少なくとも同じ程度に望ましいことを要請する．

もっと前進させる予定である.

第5*章
匿名性，中立性，反応性

5*1.　多数決ルールのための条件

　集団的選択ルール（CCR）に対する一群の条件を満たすルールは，存在しない場合（例えば条件 O を満たすすべてのルールに対して，アローの4つの条件を課すとき）もあれば，数多く存在する（例えば選択ルールにパレート原理と非独裁性だけを要求するような）場合もある．両者の中間には，条件のすべてを満たす唯一のルールが存在する場合がある．この点を説明するために，多数決による決定方法の必要十分条件の組を用いることにする（メイ（May 1952）を参照せよ）．まず多数決による決定方法を定義しよう．

定義 5*1.　多数決による決定方法とは，

$$\forall x, y \in X: xRy \Longleftrightarrow [N(xPy) \geqq N(yPx)]$$

が成立する場合，そしてその場合のみであるルールを指している．ここで $N(aPb)$ は，X に属する任意の a, b に対して，aP_ib となる人びとの数を示している．

　無差別関係は不等式の両辺に影響するので，この定義は $xRy \Longleftrightarrow [N(xRy) \geqq N(yRx)]$ とする定義と同値であることに注意する．ここで $N(xRy)$ は，xR_iy を満たす個人 i の数を示している（アロー（Arrow 1951）を参照せよ）．

　多数決による決定方法（MMD）は x と y の間の社会的選好が x と y の間の個人的選好のみに依存するような集団的選択ルールの集合に属する．これは，条件 I によって含意される性質である．

補題 5*a. 条件 I を満たして決定力を持つすべての集団的選択ルールにおいて，X に属する任意のペア x, y に対する社会的選好関係 R は，x, y に対する個人的選好のみの関数でなくてはならない．

証明は自明である．

次に，条件 I を満たす集団的選択ルールに課される 3 つの条件を定義する．

定義 5*2. 集団的選択関数 f は，n 個の個人的順序の組 $(R_1, ..., R_n)$，$(R'_1, ..., R'_n)$ をそれぞれ R, R' に写像するものとする．f の定義域にある任意の組 $(R_1, ..., R_n)$，$(R'_1, ..., R'_n)$ に対して，

(1) $(R_1, ..., R_n)$ が $(R'_1, ..., R'_n)$ の構成要素の並べ替えである場合に，$\forall x, y \in X: xRy \Longleftrightarrow xR'y$ であるとき，かつそのときにのみ，匿名性（条件 A）が満たされる．

(2) $\forall x, y, z, w \in X: [(\forall i: xR_i y \Longleftrightarrow zR'_i w) \,\&\, (\forall i: yR_i x \Longleftrightarrow wR'_i z)] \Rightarrow [(xRy \Longleftrightarrow zR'w) \,\&\, (yRx \Longleftrightarrow wR'z)]$ であるとき，かつそのときにのみ，中立性（条件 N）が満たされる．

(3) $\forall x, y \in X: [\forall i: \{(xP_i y \Rightarrow xP'_i y) \,\&\, (xI_i y \Rightarrow xR'_i y)\} \,\&\, \exists k: \{(xI_k y \,\&\, xP'_k y) \lor (yP_k x \,\&\, xR'_k y)\}] \Rightarrow (xRy \Rightarrow xP'y)$ であるとき，かつそのときにのみ，正の反応性（条件 S）が満足される．

匿名性は，個人的選好の並べ替えを行っても社会的選好は変化しないことを要請する．中立性が求めるのは，もしケース 1 の各個人の選好における 2 つの選択肢 x, y の相互関係が，ケース 2 における z, w の相互関係と完全に同じならば，ケース 1 における x と y の間の**社会的な**選好は，ケース 2 における z と w の間の社会的選好と，完全に同じでなくてはならないことである．正の反応性の要請は，もし誰かの個人的選好が y と比較して相対的に x を好むように変化して，他のすべての人の x と y に関する選好は同じままであれば，社会的選好は x に有利な方向に変化すべきだが，もし社会が以前は無差別であったのなら，いまや x を厳密に選好すべきだということである．

補題 5*b.　任意の集団的選択ルールにおいて，中立性の要請 (N) は無関係な選択肢からの独立性の要請 (I) を含意する．

　証明は，$x = z, y = w$ とすれば，定義 5*2 (2) から直ちに従う．

定理 5*1.　条件 U, A, N, S を合わせると，決定力を持つ集団的選択ルールが多数決による決定方法となるための必要十分条件となる[1]．

証明　MMD の定義から，そのルールが 4 つの条件のすべてを満たすことは明らかである．そこで考慮すべきは，証明の十分性の部分のみである．補題 5*b により条件 I は満たされるため，x, y に対する社会的選好に関して検討する必要があるのは，R_i のうち x と y のみである．匿名性 (A) により，社会的選好は x を y より選好する人，y を x より選好する人，両者間で無差別な人，それぞれの数以外には依存しない．中立性 (N) により，もし $N(xPy) = N(yPx)$ であれば xIy となる．この事実は，その結論を否定して各個人の選好順序において x と y を入れ替えることで確認できる．こうして X に属する x, y に対して $[N(xPy) = N(yPx)] \Rightarrow xIy$ が成立するので，正の反応性条件によって $[N(xPy) > N(yPx)] \Rightarrow xPy$ となる．これこそまさに，多数決による決定方法である．

　定理 5*1 の以下の系は，集団的選択に対して多少なりとも問題を提起している．

系 5*1.1.　いかなる SWF も条件 U, A, N, S を満たすことはできない．

　証明は定理 5*1 から直ちに導かれる．ここで注意すべき点は，個人的選好の組み合わせには非推移的な多数派の選好関係を生み出すものがあるため，この選択ルールが SWF にはならないことである．

---

[1]　これはメイ (May 1952) の定理の修正版である．

しかし，系 5*1.1 は先に証明された定理 3*1（一般可能性定理）よりも弱く，後者から導出される．この事実は次の 2 つの補題の助けを借りれば簡単に確認することができる．

補題 5*c.　匿名的な集団的選択ルールは必ず非独裁的である．

補題 5*d.　中立的で正の反応性を示して，決定力を持つ集団的選択ルールは，強パレート原理を満たす．

補題 5*c の証明は定義から直ちに得られる．補題 5*d を証明するため，中立性より $[\forall i: x I_i y] \Rightarrow x I y$ であることにまず注意する．したがって正の反応性によって $\exists i: x P_i y$ & $\forall i: x R_i y$ ならば $x P y$ となる．

強パレート原理（P^*）は弱パレート原理（P）を含意するので，系 5*1.1 は定理 3*1, 補題 5*c と補題 5*d から直接導かれる．しかし，以下の定理はさらに強い結論である．不可能性定理は，SWF ではなく SDF に条件を課す場合にも，依然として成立し続けるのである．

定理 5*2.　条件 U, A, N, S を満たす SDF は存在しない．

証明は，定理 5*1, 補題 5*c と補題 5*d を考慮すれば，個人的選好のある種の組み合わせに対しては多数決による決定方法が非循環性に反することを示しさえすればよい．例えば，3 人の個人 1, 2, 3 と 3 つの選択肢 x, y, z に対して，$x P_1 y P_1 z, y P_2 z P_2 x, z P_3 x P_3 y$ とすると，MMD によって $x P y, y P z, z P x$ となる．

「個人的選好と社会的選好の間の正の関連性」というアローの条件は，条件 S（正の反応性）より弱いが，その意図はほぼ同様である．アローの条件を強めることはできるが，それでも条件 S より弱いままにしておきつつ，条件 S をこの条件で置き換えることの意味を考察することにする[2].

2　Murakami (1968) の「単調性」の概念を参照のこと.

条件 R（非負の反応性）：集団的選択関数 f は，n 個の個人的順序 $(R_1, ..., R_n)$，$(R'_1, ..., R'_n)$ をそれぞれ R, R' に写像するとする．f の定義域にあるすべての組 $(R_1, ..., R_n)$, $(R'_1, ..., R'_n)$ に対して，

$$\forall x, y \in X: [\forall i: (xP_i y \Rightarrow xP'_i y) \,\&\, (xI_i y \Rightarrow xR'_i y)] \Rightarrow [(xPy \Rightarrow xP'y) \,\&\, (xIy \Rightarrow xR'y)]$$

のとき，かつそのときに限り，非負の反応性が満たされるという．

　x は，誰の選好順序においても順位を下げられない限り，社会的順序において順位を下げられてはならない．条件 S を条件 R に弱めると，なにか重要な違いが生じるだろうか．実際に生じるということを次節で示すことにする．

5*2. パレート拡張ルール

　定理 4*1 と 4*4 の証明と同様にパレート不完備性をパレート無差別性で置き換えて，一対の集団的選択ルールを定義したい．

定義 5*3. **(1) 弱パレート拡張ルール**（The weak Pareto-extension rule，以下では WPE）とは，

$$\forall x, y \in X: xRy \Longleftrightarrow \sim (y\overline{\overline{P}}x)$$

で定義される集団的選択ルールである．

(2) パレート拡張ルール（The Pareto-extension rule，以下では PE）とは，

$$\forall x, y \in X: xRy \Longleftrightarrow \sim (y\overline{P}x)$$

で定義される集団的選択ルールである．

　ある集団的選択ルールがパレート拡張ルールであるために必要十分な条件に関する定理の証明に先立って，２つの補題を示したい．

補題 5*e.　選択肢の任意の順序対に対してほとんど決定力を持つ個人 J が存在するならば，条件 U，P，I を満たして，準推移的で完備性を持つ社会的選好関係を生み出す集団的選択ルールにおいて，J は必ず独裁者となる．

　これは補題 3*e の一般化だが，すでに与えた補題 3*a の証明だけで補題 5*e を証明するためには十分である．というのは，R の準推移性という性質だけがその証明で必要とされていて，完全な推移性は要求されないからである（補題 3*a の証明を参照せよ）．

　ある個人 i の xP_iy が，必ずしも xPy を含意しないが xRy を含意する場合には，個人 i は弱い意味で決定力を備えているという．

定義 5*4.　個人 J が y ではなく x を選ぶことに半決定力を持つというのは，xP_Jy であればつねに xRy が成立する場合である．彼が y ではなく x を選ぶことにほとんど半決定力を持つというのは，xP_Jy かつ $i \neq J$ となる任意の i について yP_ix であればつねに xRy が成立する場合である．

　$\bar{S}(x, y)$ と $S(x, y)$ は，個人 J が半決定力を持つこととほとんど半決定力を持つことを，それぞれ表現することにする．

補題 5*f.　選択肢の任意の順序対に対して，ほとんど半決定力を持つ個人 J が存在すれば，条件 U，P，I を満たして，準推移的で完備性を持つ社会的選好関係をつねに生み出す集団的選択ルールは，J が選択肢のどのような順序対に対しても半決定力を持つことを含意する．

証明　証明は補題 3*a と非常に似ている．個人 J がある x を y より選択することにほとんど半決定力を持つこと，すなわち $S(x, y)$ が成立することを仮定する．また，$\{x, y, z\}$ の３選択肢の集合に対して，個人 J は xP_Jy & yP_Jz，他のす

べての個人 $i\ (\neq J)$ は yP_iz & yP_iz であるものと仮定する．条件 P により yPz であり，$S(x,y)$ によって明らかに xRy でもある．いま仮に zPx であるとすると（準推移性により）yPx となるが，これは xRy と矛盾する．したがって，R の完備性により，xRz でなくてはならない．だが，J 以外のすべての i の選好は x と z の間で特定されておらず，J だけが z よりも x をはっきりと選好している．そのため，J は z よりも x を選ぶことにほとんど決定力を持っている．すなわち，$S(x,y)\Rightarrow\bar{S}(x,z)$ である．

zP_jx & xP_jy 及びすべての $i\ (\neq J)$ に対して zP_ix & yP_ix であることから，$S(x,y)\Rightarrow\bar{S}(z,y)$ も同様に示される．y と z を置き換えれば，$S(x,z)\Rightarrow\bar{S}(y,z)$ が得られる．また，$S(x,y)\Rightarrow\bar{S}(x,z)$ の証明において x を y で，y を z で，z を x で置き換えた場合を考察すると，$S(y,z)\Rightarrow\bar{S}(y,x)$ が得られる．よって $S(x,y)\Rightarrow\bar{S}(x,z)\Rightarrow\bar{S}(y,z)\Rightarrow\bar{S}(y,x)$ である．つまり $S(x,y)$ だけから次の 3 つの結果が含意される．すなわち，$\bar{S}(x,z)$，$\bar{S}(z,y)$，$\bar{S}(y,x)$ である．

ここで x と y を置き換えると，$S(y,x)$ が $\bar{S}(y,z)$，$\bar{S}(z,x)$，$\bar{S}(x,y)$ を含意することがわかる．しかし，$S(x,y)\Rightarrow\bar{S}(y,x)$ である．こうして，$S(x,y)$ は $\bar{S}(x,y)$，$\bar{S}(y,x)$，$\bar{S}(y,z)$，$\bar{S}(z,y)$，$\bar{S}(x,z)$，$\bar{S}(z,x)$ を含意するため，J は 3 つの選択肢集合 $\{x,y,z\}$ のあらゆるペアに対して半決定力を持つことになる．

選択肢の数をどれだけ増やしても，補題 3*a とまったく同様である．これを省略せずに書けば補題 5*f の証明が完了する．

最後に CCR に課すべき条件という観点からパレート拡張ルールを定義する．

定理 5*3.　準推移性かつ完備性を持つ社会的選好関係をつねに生み出す CCR に対して条件 U，I，P^*，A をあわせて要請することは，この CCR がパレート拡張ルールであることにとって，必要かつ十分である．

証明　定理 3*1 の証明で行ったように，（必ずしも同一とは限らない）あるペアに関する選択についてほとんど決定力を持つ個人の集合すべてを比較して，これらから最小の集合（最小の集合が複数ある場合には，そのうちの任意のひとつ）を選ぶ．この集合を V と呼び，V は y よりも x を選ぶことにほとんど決定力を

持つとする．仮に V がひとりの個人だけを含む場合，匿名性により，あらゆる個人が y よりも x を選ぶことにほとんど決定力を持つことになり，補題 5*e により全部の個人が独裁者でなくてはならなくなるが，それは不可能である．したがって，V には 2 人以上の個人がいなくてはならないことになる．

　ここで V のすべての個人を 2 つの集団に分割する．V_1 は，誰であれひとりの特定の個人，例えば J からなり，V_2 は，V_1 には属さないが V に属するすべての個人からなるものとする．V_3 は他のすべての個人からなる集合とする．ここで，定理 3*1 の証明とまったく同様に x, y，そしてある z について，以下のような個人的選好の組み合わせを考える．

　　(1) V_1 に属するすべての i について，$xP_iy \,\&\, yP_iz$.
　　(2) V_2 に属するすべての j について，$zP_jx \,\&\, xP_jy$.
　　(3) V_3 に属するすべての k について，$yP_kz \,\&\, zP_kx$.

　V は y よりも x を選ぶことにほとんど決定力を持ち，V に属する誰もが y よりも x を選好して，V に属さない全員が x より y を選好しているため，xPy となる．V_2 に属する人だけが y より z を選好して，他の全員は z より y を選好するため，仮に zPy であるとすれば，V_2 はほとんど決定力を持つ集合であることになる．だがこれはあり得ない．なぜなら，V_2 を真部分集合とする V が，ほとんど決定力を持つ最小の集合だからである．したがって yRz である．仮にここで zPx とすると，準推移性と xPy により zPy とならなくてはいけないが，実際には yRz なので，R の完備性により xRz を結論せざるを得ない．しかし，V_1 の一個人は z より x を選好する唯一の個人であり，他の全員が x より z を選好しているので，J は z より x を選ぶことにほとんど半決定力を持つ．したがって，補題 5*f により，J は選択肢のあらゆる順序対に対して半決定力を持つことになる．

　匿名性によって，あらゆる個人が選択肢の任意の順序対に対して半決定力を持たなくてはならない．よって

$$\forall i: [\forall x, y: (xP_iy \Rightarrow xRy)]$$

となるが，これは $\forall x, y: xPy \Rightarrow \forall i: xR_i y$ を意味する．だがパレート原理 P^* によって以下のことがわかっている．

$$\forall x, y: [(\forall i: xR_i y \,\&\, \exists i: xP_i y) \Rightarrow xPy]$$

及び

$$\forall x, y: [(\forall i: xI_i y \Rightarrow xIy].$$

したがって，$\forall x, y: [(\forall i: xR_i y \,\&\, \exists i: xP_i y) \Leftrightarrow xPy]$．さらに R の完備性により

$$\forall x, y: [xR_i y \Leftrightarrow \sim(\forall i: yR_i x \,\&\, \exists i: yP_i x)]$$

が導かれるが，これこそまさにパレート拡張ルールである．これで定理 5*3 の証明が完了する．

　パレート拡張ルールが中立性（条件 N）と非負の反応性（条件 R）も満たすことは容易に確認できる．MMD が条件 U, I, A, N, P^*, S を満たす一方で，パレート拡張ルールは条件 U, I, A, N, P^*, R そして社会的選好の準推移性を満たす（定理 5*1, 5*3 及び補題 5*d を参照）．条件 S から条件 R への反応性の緩和と，準推移性を付加することによる社会的選好の性質の強化が，多数決ルールをパレート拡張ルールに変貌させるように思われる．

第6章
価値の衝突とジレンマ

6.1. 匿名性と中立性への批判

　第5*章で確認したように，社会的決定関数（SDF）に課された匿名性と中立性の仮定は非常に強力な条件である．これらの条件はどれほど魅力的な要請だろうか．まず指摘できることは，多くの実際的な集団的決定手続きがこれらの条件に反することである．国際連合の総会では，手続き的事案は単純多数決投票による議決が可能だが，重要な事案は3分の2多数決を必要とするため，この場合の集団的選択は中立的ではないが匿名的である．しかし，総会から安全保障理事会に場面が移ると事情は変わって，わずか5つの特別な国が拒否権を与えられることになっている．

　自由市場による資源配分手続きは，資本主義のもとでも市場社会主義（例えばランゲ‒ラーナー・システム）のもとでも，決して中立的でも匿名的でもない．私が私の消費財のバンドルを選び，あなたがあなたの財のバンドルを選んだうえで，我々の選好を入れ替えるとすれば，利用可能な社会的選択肢が同一のままであっても，社会的な帰結は異なるものとなる可能性がある．この結果は匿名性の条件に反するのみならず，中立性の条件にも反している．次に，それ以外の社会状態が Ω であるとき，私は自宅の壁が白ではなく青であることを選好するが，あなたは逆の選好を持つ場合を考えると，市場メカニズムは私の壁が青になることを保証するはずである．しかるに，それ以外の社会状態が $\widehat{\Omega}$ であるとき，私はあなたの家の壁が白ではなく青であることを選好するが，あなたは私とは逆の選好を持つとする．これは単に選択肢を入れ替えただけであるが，市場メカニズムはあなたの壁の色を青ではなく白にするかもしれない．この例は中立性の条件に反する．

　市場メカニズムは匿名性や中立性の条件に反する可能性があるからといって

も，これらの原則に反対する説得力のある議論にはならない．これらの条件を固持しつつ，「それだけ市場メカニズムには欠陥があるということなのだ」と主張することも可能である．事実，市場メカニズムが「外部性」を考慮しないことは，市場システムのよく知られた不備のひとつとされてきている．だが，個人的選択の自由という価値は，市場メカニズムで表現されるよりもはるかに深遠なものである．さらに綿密な検討が必要とされている．

6.2. リベラルな価値と不可能性定理

ある種の社会的選択は，純粋に個人的なものであると主張することができる．例えば，社会における他のすべての状況が Ω であって A 氏が仰向けに寝る場合 (x) と，他のすべての状況が Ω であって A 氏がうつ伏せに寝る場合 (y) である．A 氏が x より y を選好するとしても，他の多くの人びとはその逆を望むかもしれない．x と y の間の社会的選択が純粋に個人的なものであると主張できる理由は，A 氏だけが唯一「真の」関係者であり，残りの人びとは単なる「おせっかい」であるからである．また，この純粋に「個人的な」選択において，A 氏の選好が社会的選好に正確に反映されるような集団的選択ルール（CCR）を選ぶことも可能である．

ある非常に弱い形式でこのリベラリズムの条件（条件 L）を主張するためには，各個人は選択肢の少なくともひとつのペアを巡る社会的選択において完全な決定力を持つ（例えば，A 氏は x と y の間で決定力を持つ）べきことを要求しさえすればよい．一般にそのようなペアは 2 つ以上存在しうる．その理由の一端は (a) そうした個人的選択の例はほかにもあり，A 氏が就寝する前にヨガを実践するようなことが考えられる（この実践を，他の人びとがどれほど不快に思っても）からである．また (b) 仰向けか，うつ伏せかの選択の場合にしても，Ω が異なりうるために，そうした選択肢のペアは 2 つ以上あるだろう．例えば B 氏の台所の壁がピンク色であるとき，A 氏が仰向けではなくうつ伏せで寝てかまわないならば，B 氏の台所の壁が真紅色のときでも同様にしてもかまわないはずである．このように，条件 L はじつに弱い要請である．リベラルな個人は条件 L を受け入れるはずだが，実際にはもっと強い要請をするに違いな

い．

　条件 L よりもさらに弱い要請は条件 L^* で与えられる．その要請は，少なくとも 2 人の個人的選好が，それぞれ選択肢のあるひとつのペアに対する社会的選好に反映されなくてはならないことを求めている．この条件はごく緩やかな要請なので，「最小リベラリズム」の条件と呼ぶことができる．というのも，この意味の自由を付与される個人の数をさらに減らす（ひとりに減らす）なら，完全な独裁制さえ許容することになるが，これはあまりリベラルなルールではないからである．

　残念なことに，この緩やかな条件 L^* を社会的決定関数（SDF）に課せば，条件 U（定義域の非制約性）及び条件 P（弱パレート原理）と衝突することになる．これはセン（Sen 1970）が示した不可能性定理であって，以下の定理 6*1 で再び示す．この不可能性定理はアローの不可能性定理と対比することができる．

　条件 L^*（最小リベラリズム）はアローの条件 D（非独裁性）よりもいくらか強い要請だが，「リベラリズム」の要請よりもはるかに弱いと思われる．条件 U と条件 P はアローの定理と定理 6*1 に共通して要請されている．条件 I（無関係な選択肢からの独立性）はアローの定理では要請されているが定理 6*1 では要請されていない．さらに，アローの条件は社会厚生関数（SWF）に適用される（条件 O が課される）が，定理 6*1 では SDF（条件 O^*）が要請されるのみであり，後者は社会的選好の推移性ではなく非循環性だけを要請している．非循環性は，当然のことながら推移性よりも厳密に弱い要請であるが，それでも不可能性が成立するために，定理 6*1 はかなりやっかいな不可能性定理なのである．

　定理 6*1 を例示すれば，問題の本質が明らかになるだろう．小説『チャタレー夫人の恋人』を A 氏だけが読む，B 氏だけが読む，誰も読まない，という 3 つの選択肢から，社会的選択が行われるものとしよう．これらの選択肢をそれぞれ a, b, c と名づけたい．A 氏は堅物であり，この本を誰も読まないことを最も強く選好するが，彼自身が読むことをその次に希望して，「影響を受けやすい」B 氏がこの本を手にすることを最も望まない．つまり彼は，c を a よりも，そして a を b より選好している．B 氏は好色な人物で，2 人とも『チャタレー

夫人』を読まないよりはどちらかが読んだほうがよいと思っているが，彼自身が読むよりは A 氏がロレンスの散文に触れることを重視して，a は b よりも，そして b は c よりも望ましい選択肢であると考えている．リベラルな議論に従うならば，A 氏が読むか，誰も読まないかという選択では，A 氏自身の選好が優先されて，社会的選好に反映されるべきである．したがって，本人が明白に嫌悪する本を読むように A 氏に強要するよりは，むしろ誰も読まないことを社会的には選好すべきである．こうして c は社会的に a よりも望ましいと結論される．同様に，リベラルな議論に従えば，B 氏がこの本を読むか，誰も読まないかという社会的選択に際しては，B 氏の個人的選好の社会的な反映が支持される．こうして b は c よりも社会的に選好されることになる．したがって，社会は A 氏がこの本を読むよりも誰も読まないことを，そして A 氏ではなく B 氏が読むことを選好すべきである．とはいえ，B 氏がこの本を読むことは A 氏が読むことと比較して，弱パレート基準によってさえ，パレートの意味で劣っている．そこで社会的選好がこの順位づけを尊重すれば，a は b よりも選好されることになる．こうしてあらゆる選択肢は，どれか他の選択肢よりも社会的に劣ると判定されることになる．そのため，$\{a, b, c\}$ には最善の選択肢が存在せず，最適な社会的選択は不可能となるのである．

6.3. 非循環性への批判

定義域が無制約であってさえ，選択肢のどの特定のペアについてもパレート原理と最小リベラリズムの条件の間で衝突は起きないことに注意したい．両者間の衝突が生じるのは，2 つ以上のペアを一緒にする場合なのである．この衝突のひとつの打開策は，ペアごとの選択を拒否して，社会的選好関係から選択関数を生成するのをやめることである．a と b の間の選択では a が選ばれ，b と c の間の選択となると b が選ばれ，c と a の間の選択では c が選ばれ，さらに a, b, c からの選択においては例えば a が選ばれると主張することは，［論理的には］可能である．だがこれは，我々が定義した集団的選択ルールにはならない．なぜなら，いかなる社会的選好関係によっても，この選択を表現することはできないからである．特に，この選択は性質 α に反する．a は $\{a, b, c\}$ で

は最善であるが，$\{a, c\}$ では最善でないからである．

　非循環性を放棄するための議論を構成することは難しいが，可能なひとつの議論は，まさに定理 6*1 や同様な結果を参照することである．条件 P も条件 L^* も緩和することができず，また選択メカニズムが定理 6*1（または第 6.2 節）で言及した個人的選好順序の組み合わせに対して機能すべきであるならば，却下すべきは非循環性である．条件 P と条件 L^* が「抗しがたい」魅力を持つならば，非循環性こそ排除すべき対象でなくてはならないことになる．

　だがこれは，あまり魅力的な打開策ではない．第一に，この場合に非循環性を拒否すると，選択関数はペア単位の選好関係に基づかないうえに，合理性の性質 α すら満たさなくなる．a, b, c からの選択では a を選択しつつ，a と c の選択では a を拒否する理由はなんだろうか．性質 α は非常に説得力の強い条件なのである．

　第二に，非循環性の条件を拒否してパラドックスを回避する試みは，実際にはごまかしである．それが通用するのは，条件 P と条件 L^* がペアからの選択に対する要請として課されているからでしかないが，非循環性によって社会的選択は本質的にペア間の選択ではなくなっている．社会的選好の非循環性のもとで条件 P と条件 L^* を再定義する必要がある．我々は以下の条件 $\hat{P}$ を要求することができる．集合 S 内に全員が x より選好する選択肢 y があれば，x は社会的選択集合 $C(S)$ に所属してはならない，と．また我々は，以下の条件 $\hat{L}^*$ を要求するかもしれない．選択肢のペアが 2 つあり（x と y，z と w），個人 1 と個人 2 がいて，個人 1（2）が y より x（w より z）を選好する場合には，x（z）が集合 S に所属すれば y（w）は選択集合 $C(S)$ に入ってはならず，個人 1（2）が x より y（z より w）を選好する場合には，もし y（w）が集合 S 内にあれば x（z）は選択集合 $C(S)$ に入ってはならない，と．条件 $\hat{P}$ と条件 $\hat{L}^*$ は必ずしも選好関係によって生成されない選択関数に対して，パレート原理と最小リベラリズムを言い換えているに過ぎない．個人の選好順序の集合が与えられたときに，社会的選択関数を特定する（厳密には CCR でない）集団的選択メカニズムに条件 $\hat{P}$，条件 $\hat{L}^*$ 及び条件 U を課せば，論理的な衝突が生じることを示すことは容易である．事実，a, b, c を用いた先の例で十分である．条件 $\hat{P}$ によって $\{a, b, c\}$ からの選択集合は b を含んではならず，条件 $\hat{L}^*$ によってその

選択集合は a も c も含んではならない．したがって，選択集合は空にならざる
を得ないのである．非循環性を緩和する場合には，もともと課された条件の動
機に照らして条件を言い換える必要が生じるが，その言い換えによって，不可
能性に逆戻りすることになる．このように，非循環性の緩和はあまり有望な脱
出路ではないことになるのである．

6.4. リベラルな価値への批判

条件 L^* を拒否することはもちろん可能である．例えば次のように主張する
ことができる．ある種の事柄は個人の「私的な」問題であるという考え方は支
持できない．A 氏の壁の色が B 氏を煩わせるのであれば，それは B 氏の問題
でもある．B 氏がうつ伏せで寝たり，起床時に『チャタレー夫人の恋人』を読
むことが A 氏を不幸にするのなら，A 氏はこの選択の**当事者**のひとりである，
と．

これがひとつの観点としてありうることに疑いの余地はない．マリファナ吸
引の禁止，同性愛行為やポルノグラフィの抑圧といったルールが持つ人気は，
こうした見方を少なくとも部分的に反映している．公共政策は，直接的には一
部の個人だけに関係する事柄についてさえ，他者の意思をその個人に押しつけ
ることに向けられることが多い．しかし，条件 L^* はきわめて弱いもので，こ
れを拒否すればリベラルな考慮を**完全に**否定することになる．条件 L^* に関係
するのは，各人についてたった 1 組の選択肢のペアであり，しかも 2 人の個人
に対してだけである．私の予想では，非常に弱い形の条件 L^*，さらにはいく
らか強い形の条件 L でさえも，多くの支持者を見出すように思われる[1]．条件
L^* の否定はリベラリズムの侵害になるというのが通常の理解だが，それのみ
ならず，個人的自由の最も限定的な表現の否定にさえなる．さらに，プライバ

---

1 L や L^* の魅力は，選択に供される選択肢の性質に依存するだろう．選択肢のすべてが非個人的
 なもので，例えば不可触賤民の身分の禁止や，他国への宣戦布告の可否に関するものであれば，
 条件 L や L^* はあまり魅力を持たないはずである．しかし，個人的な差異を伴う選択では，L や
 L^* は魅力を持つだろう．問題となる衝突があらゆる集団的選択の状況でやっかいだと示唆して
 いるわけではなく，この衝突が深刻な困難を引き起こす可能性がある実際の選択が数多く存在す
 るだろうということこそ，私の主張なのである．

シーの否定にもなる．というのも，x と y の間の選択は自らの私事に関する情報表明を強制されること (x) と，強制されないこと (y) の間の選択であるかもしれないからである．こうして条件 L や条件 L^* は，通常の意味での「リベラル」ではない人びとからも，支持を獲得できる可能性がある．

6.5.　パレート原理への批判

　[脱出路を探索する] 別個の選択肢は，パレート原理を拒否することである．第2章で指摘したことだが，この原理の特に「弱い」形式のものは，社会厚生の研究文献において聖牛のように神聖視されている．だが，それに対する反論を，6.2節で考察したタイプの例や定理 6*1 に基づいて構成することは可能である．[この例や定理を教訓として] 単に誰がなにを選好するかを知るだけではなく，**なぜ**その選好を持つかを知ることも重要であると主張することができる．A氏は彼自身がある本を読むか，誰も読まないか，という選択であれば自分自身は読みたくないと考えるが，B氏が読むことの利益（読まないことと比較してB氏が評価する利益）を否定したいと考えている．A氏の選好順序が持つこの特異性は，B氏が読むことと比較してA氏が自ら読むことを選好することの価値から，人びとの注意を逸らす効果を持つと議論することができる．他者にとってなにがよいかについて，過剰におせっかいな選好は無視するべきであると主張する余地さえ生まれる可能性がある．

　このような推論に説得力があろうとなかろうと，パレート原理以外の事柄に対しても，疑念を生じさせる可能性がある．第一に，もし社会的選択が個人の選好に依存するのみならず，ほかの事柄（例えば選好の原因）にも依存することになれば，集団的選択ルール（したがって SWF 及び SDF）の概念自体に疑問の余地が生まれてくる．その結果として，社会的選好はもはや個人的選好だけの関数ではなくなるだろう．

　しかし第二に，集団的選択メカニズムは個人的順序の源泉（やその背後にある推論）のように，複雑な情報に基づいて作動することは実際には不可能であること，これを考慮に取り入れる唯一の方法は，上述した場合のように別の選択肢のペアに対する選好を使用する方法であることが主張される余地がある．

B 氏が読むよりも自分が読むことを好む A 氏の選好は，実際には A 氏は（その選択が可能であるかぎり）むしろまったく読みたくないのだということに留意すれば，重要ではないと考えてよいかもしれない．もしこのアプローチが受け入れられれば，我々は CCR（また可能性としては SWF や SDF）の枠内にとどまることができるが，条件 *I*（無関係な選択肢からの独立性）に反することになる．

定理 6*1 と定理 6*2 は条件 *I* それ自体を使用していないが，パレート原理によって生成される社会的決定は，条件 *I* を満たしている．このようにパレート条件を暗黙裡に使用することでさえ，反論を招くかもしれない[2]．もし *x* と *y* 相互間の社会的選好が *x* と *y* 相互間の個人的選好のみに依存するのであれば，弱パレート原理はまったく異論の余地がないように思われる．しかし，この意味の独立性を仮定しなければ，*x* と *y* 相互間の個人的選好の集合は *x* と *y* 相互間の社会的選択のための情報として不適切だと主張することができる．この点で，パレート準順序を「全員一致準順序」[3] と呼ぶのは少しばかり誤解を招く可能性がある．というのは，問題となっている全員一致性は，特定のペアのみに関するものだからである．

パレート原理が拒否されれば，その影響は集団的選択一般，特に厚生経済学にとって，計りしれないほどのものになるに違いない．通常の政治的な集団的選択メカニズムのほとんどはパレート内包的である．自由市場による配分は，外部性が存在する場合には必ずしもパレート最適性を達成しないが，パレート最適性は達成できないことが悔やまれる目標であるとされている．いま議論の俎上に載せられている問題から従うように思われることは，「おせっかい」という形の外部性が存在する場合には，パレート最適性は望ましい目的ですらない可能性がありうることである[4]．この結論の影響は広範囲に及んでいる．

繰り返していうが，パレート原理の拒否は喜びの源泉とはなり得ない．それ

2　アローの一般可能性定理（定理 3*1）の証明における条件 *I* の利用は，もちろんはるかに直接的であり，証明の全体にその効果は浸透している（補題 3*a の証明を参照せよ）．

3　Arrow（1951, p. 36）を参照のこと．

4　ちなみに，この例において，{*a*, *b*, *c*} から *b* を選択する「リベラルな」解決策はパレート最適でないのみならず不均衡点でさえある．市場は，パレート最適でない「リベラルな」解決策さえ，達成できないのである．

はきわめて魅力的な基準であり，多くの人びとはこの原理を手放すことを非常に躊躇するに違いない．推論の過程で我々が議論したように，「無関係な」選択肢を持ち込むことは，いささか懸念の種となりそうである．特に「おせっかい」が嘆かわしいことだと考えられるとは限られないうえ，そもそも「おせっかい」の証拠はせいぜいのところ間接的であるに過ぎないからである．A 氏が問題の書を B 氏に渡すよりも自分で読むことのほうを選好する理由は，B 氏が「危険な」本を読んだ後にとる社会的な行動に関する A 氏の予想に基づくものであるかもしれない．A 氏の選好順序を見るだけでは，真正なおせっかいの決定的な証拠を発見することは不可能なのである．パレート原理に疑問を提起する余地はありそうだが，この原理を拒絶することには，かなりの注意が必要であるように思われる．

6.6.　定義域の非制約性への批判

　集団的選択におけるほとんどすべての不可能性定理で，条件 U が用いられているという事実は重要である．というのも，個人的選好の数多くの組み合わせに対して，条件 P と条件 L^*（または条件 L）の間で衝突は起こらないからである．現実の選好が，実際にこのように好都合なタイプのものばかりであれば，検討の俎上にある問題は無視して差し支えないかもしれない．だが我々は，もっともな例に即して，これらの条件がまさしく衝突することを発見したのである．

　このように，我々が提起した問題を簡単に片付けることはできない．しかし，個人的自由の究極的な担保は，集団的選択メカニズムの内部には発見できず，相互のプライバシーや個人的選択を尊重する価値観や選好を育成することにこそ発見できると主張することは，間違いなく可能である．

　本章で論じたジレンマや衝突から，いくつかの教訓を明瞭に発見することができる．個人的選好がある特定のパターンに納まらないかぎりパレート原理はもちろん最小リベラリズムと衝突する．この事実は断固たるリベラルな個人にとってあまり混乱の種にはならないかもしれない[5]．条件 L^* を正当化する推論は，パレート原理 P に徹底して執着する立場を，栄光の座から転落させるよ

うに思われる．「おせっかい」という考え方を否定するほど生真面目であり，
A が B の「私的な」問題に関心を持つ場合にはそれは A の問題でもあるのだ
とみなす人にとってさえこれはたいして悲劇的な出来事ではない．彼は条件
P を受け入れて，条件 L^* を拒否する態度を選択する可能性が非常に高い．真
のジレンマに直面するのは，おせっかいの概念の意味とその意義は認めつつ，
個人的な選好がおせっかいな場合でさえパレート原理を適用停止することを承
服しようとはしない中間的な立場の観察者だけである．この立場はいささか精
神分裂的であるが，この意味においてはきわめて多くの人びとは実際に精神分
裂的であるので，これではたいした慰めにはなりそうにない．

　次のような主張も可能である．パレート原理や最小リベラリズムのような
CCR に対する条件の適宜性は，いかなる個人的選好のパターンが**論理的に考
えられる**かにではなく，いかなる個人的選好のパターンが**実際に成立する**かに
依存するものなのかもしれない，と．CCR に対するある条件は，ある制約さ
れた定義域を持つ CCR にとっては適切であるが，CCR に対する別種の条件は，
別の制約された定義域を持つ CCR にとっても適切であるとするとき，CCR に
対する両条件が衝突する可能性がある場合には，実際に成立しそうな個人的選
好のパターンの集合を念頭において，CCR に対して要求すべき条件の選択を
行うことができるかもしれない．条件 P を定義域 Δ^1 の上では満たし，条件
L^* を定義域 Δ^2 の上では満たす場合には，Δ^1 と Δ^2 が全部ではないにせよ一部
の要素を共有するような CCR を擁護することが可能である．このような見方
は，それほど大きな期待を抱かせるものとはいえないかもしれないが，形式的
には我々を悩ますジレンマから脱却するひとつのありうる方法である．

5　リベラルという言葉は多くの意味で使われていて，それらの使用法のすべてが整合的であるわけ
　ではない．本書では，他者による干渉からの個人の自由の擁護に深い関心を持つ人を指すために，
　この用語を用いている．

第6*章
リベラル・パラドックス

6*1.　リベラリズム vs. パレート原理

　リベラルな価値観は，人間生活には私的な選択というものが存在して，そのような選択に際しては関連する個人は自分が好むように行動する自由を持つべきだと要請しているように思われる．ほかのあらゆる事情が一定にとどまる限り，個人に［私的な選択肢間で］自由な選択を認めることは，社会的にも望ましいものと考えられる．我々はこのリベラリズムの条件を非常に弱い形式で定義する．

　条件 L（リベラリズム）：各個人 i に対して，少なくとも1組の相異なる選択肢からなるペア (x, y) が存在して，個人 i はこれらの選択肢間の社会的選択に際して，どちらの順序であっても決定力を持っている．すなわち，$xP_iy \Rightarrow xPy$ かつ $yP_ix \Rightarrow yPx$ が成立する．

　条件 L が言及する限定的な決定力を，すべての人びとに対してではなくて，少なくとも一部の人びとに対して付与することによって，この条件を緩和することができる．その際に，唯一の個人にだけ決定力を付与すると，その条件は独裁制とも両立することになってしまい，リベラリズムの要請ではなくなってしまう．そのため，少なくとも2人の個人に決定力を付与することを，我々は［弱いリベラリズムの条件として］要請しなくてはならないのである．

　条件 L^*（最小リベラリズム）：少なくとも2人の個人 k, j と相異なる選択肢からなる2組のペア (x, y) と (z, w) が存在し，個人 k と個人 j はそれぞれ (x, y) と (z, w) に対して，どちらの順序であっても決定力を持っている．

明らかに $L \Rightarrow L^*$ であるが，その逆は成立しない.

定理 6*1. 条件 U, P, L^* を満たす SDF は存在しない.

証明 もし (x, y) と (z, w) が同じペアならば，条件 L^* は成り立たないことが明らかである．これらのペアの要素のひとつのみ共通で，例えば $x = z$ の場合，$xP_k y$, $wP_j x$, $i: yP_i w$ とすれば，条件 L^* によって xPy, wPx となり，条件 P によって yPw となる．だがこれは非循環性に反する結果であり，最善の選択肢は存在しないことになる.

次に4つの選択肢はすべてが異なるものとする．いま，$xP_k y$, $zP_j w$ かつ $\forall i: (wP_i x \,\&\, yP_i z)$ であると仮定する[1]．そのとき条件 L^* によって xPy かつ zPw となり，条件 P により wPx かつ yPz となる．これもまた非循環性に背く結果である．こうして条件 U のもとでは条件 L^* と P を満たす SDF は存在しないことになって，定理の証明は完結する.

［定理 6*1 では］無関係な選択肢からの独立性の条件は課されていないことに注意してほしい．同じく社会的選好が推移的であることも，準推移的であることさえも要請されてはおらず，排除されているのは非循環性だけである．そのために定理 6*1 はやっかいな命題なのである．以下で与える系ははるかに弱い命題であるが，それでもなおやっかいな命題である.

系 6*1. 1. 条件 U, P, L を満たす SDF は存在しない.

6*2. 拡張

2人の個人が，それぞれに付与された選択肢のペアに対して，どちらであっても決定力を持つという条件を緩和して，2人の個人が異なる選択肢から成る**2つの順序づけられた**ペアに対して決定力を持つと要請することによって，定

---

1 特定した個人的選好関係のそれぞれと**両立する**順序があることに注意せよ.

理 6*1 と類似したジレンマを提起することができる.

　条件 L^{**}：少なくとも 2 人の個人 k, j と，2 つの順序づけられた選択肢のペア (x, y) と (z, w) が存在し，4 つの選択肢はすべて異なっていて，$xP_k y \Rightarrow xPy$ かつ $zP_j w \Rightarrow zPw$ が満たされる.

定理 6*2.　条件 U, P, L^{**} を満たす SDF は存在しない.

　証明は定理 6*1 の証明の第二段落と同様である.　ただ注意を要するのは，L^* が L^{**} を含意せず，L^{**} も L^* を含意しないために，2 つの定理は独立なことである.

　最後にもうひとつの条件 L^{***} を提示する.

　条件 L^{***}：少なくとも 2 人の個人 k, j と，順序づけられた選択肢からなる 2 組のペア (x, y) と (z, w)（ただし $x \neq z$ かつ $y \neq w$）が存在して，$xP_k y \Rightarrow xPy$ かつ $zP_j w \Rightarrow zPw$ を満たす.

定理 6*3.　条件 U, P, L^{***} を満たす SDF は存在しない.

　ここでは省略するが，定理 6*1 の証明と同じ方針でこの定理を証明できる.　$L^{**} \Rightarrow L^{***}$ であり，$L \Rightarrow L^* \Rightarrow L^{***}$ であることに注意しよう.　そのため定理 6*3 は定理 6*1, 定理 6*2, 系 6*1.1 を包含するが，逆の包含関係は成立しない.　しかし，この論理的な前進は，内容の重要性の実質的な前進を伴わないため，リベラル・ジレンマの議論では定理 6*1 に集中して差し支えない.　実際，第 6 章で我々はそうしたのである.

第7章
個人間の集計と比較可能性

7.1. 無関係な選択肢からの独立性

　第3章で述べたように，投票の順位得点評価方式は条件 U, P, D を満たすが条件 I は満たさない社会厚生関数（SWF）である．第6章ではリベラル・パラドックスという特定の文脈において，条件 I を課すことへの反論を提示した．この条件に対するその他の反対理由も，これまでの研究では言及されている（ローゼンバーグ（Rothenberg 1961）及びウィルソン（Wilson 1968c）を参照のこと）．一方，条件 I を緩和すれば多くの可能性が開かれることに注意すべきであって，順位得点評価方式はそのうちの一例に過ぎない．事実，功利主義という古典的アプローチを無関係な選択肢からの独立性の条件 I は排除するが，この条件を緩和すれば，功利主義的アプローチを探究する道も開かれる．だが，条件 I のみが個人的効用の集計を妨げているわけではない．集団的選択ルールの定義自体がそれを禁じているのである．なぜならば，集団的選択ルール（CCR）は，社会的順序は個人的順序のリストの関数であるとしているからである．効用の測度がどれだけ変化したとしても，個人的順序 R_i に変化がないかぎり，いかなる CCR が生成する社会的順序 R も，変化してはならないことになる．この点は CCR の特殊例である SWF や社会的決定関数（SDF）にも自然にあてはまる．だが，たとえ効用の測度が変数に含められるように CCR が再定義されたとしても，条件 I の問題は依然として残る可能性がある．

　条件 I がどのように功利主義の活用を妨げるかは，自明ではないかもしれない．「無関係な選択肢からの独立性」という名称は誤解を招く余地がある．ここで我々は，条件 I の2つの側面を識別すべきである．第一は，x と y を含む社会的選択に対して，第三の選択肢，例えば z と，x, y ないしその他の任意の選択肢との間の個人的ランキングが，関連を持つ要因として影響を及ぼす状況

を条件 I が阻止する側面である．これを，我々は条件 I が持つ「無関係性」の側面（'irrelevance' aspect）と称することにする．第二は，x と y を含む社会的選択に対して，x と y の間の個人的順序以外の特徴――例えば選好の強度――が影響する状況を，条件 I が阻止する側面である．条件 I のこの側面が関係する状況には，個人的順序に無関係な選択肢が含まれていてもいなくても，差し支えない．これは，条件 I の「順序性」の側面（'ordering' aspect）と称することができる．「無関係性」の側面は「順序性」の側面の一部でしかないが，条件 I の名前に引きずられてこの条件の「無関係性」の側面に，もっぱら関心が集中しているように思われる．この点についてはローゼンバーグ（Rothenberg 1961）及びセン（Sen 1966c）を参照されたい．

　一例を挙げることで，条件 I の二側面の論理的な相違が，多分明瞭になるだろう．各個人は独自の基数的効用尺度を持っていて，全個人に関するこの情報は巨大な本にまとめられて天国で出版されているものとしよう．これらの基数的な効用尺度を使用して，代替的な社会状態 x と y を含む社会的選択が行われるものとする．各個人の効用尺度はこの貴重な本を所蔵するどの公共図書館でも，平日ならいつでも調べることができるため，尺度を構成する目的で無関係な選択肢を参照する必要はまったくない．いま，x と y の個人的な効用差を足し合わせたとき総和が正であることがわかり，功利主義を適用して x が y より社会的に選好されることが宣言されるものとしよう．そうこうするうちに，人びとはその効用尺度の変化を感じ始める．短期間のうちに人びとの効用尺度の変化が天国で公表されて，この本の改訂版が直ちに利用可能になるものとしよう．調査したところ，全員の x と y に関する順序，それのみか他の全選択肢に関する順序は維持されたままで，選択肢の間の基数的な効用差だけが変化したということが判明した．改めて x と y の間の効用差を全個人について集計したところ，社会的な効用差はいまや負となることが判明して，y が x よりも社会的に選好されるということが宣言される．この結果は無関係な選択肢からの独立性というアローの条件を侵害するが，無関係な選択肢はこの議論のなかに一度も登場していない．これは条件の「順序性」の側面が侵害されている場合であり，「無関係性」の側面はいっさい関係していないのである．

　このような分析的な相違があるにもかかわらず，実践においてはたいした実

質的な相違は生じないかもしれない．個人の効用は自然な基数的単位で観察されるわけではない．効用の基数化は，実験的な観察に従って正の線形変換を除いて一意の数値の組を生み出すに過ぎない．効用尺度を確定するには，2点の効用値を特定する必要があるため，明示的であれ，暗黙裡であれ，他の選択肢がこの評価に関係してくる[1]．社会的集計のために個人間の対応を得るにはこの特定化を行う必要があるが，その際に選好の強度をわずかなりとも用いれば，条件の「順序性」の側面だけでなく「無関係性」の側面も侵害することになる．

　ひとつの例を挙げて，この点を明確にしよう．考察対象とする選択肢は3つ，すなわち x, y, z だけであり，個人1はこの順序で選択肢を順位づけているものとしよう．そのうえ，ある実験によって，この3つの効用値はそれぞれ200, 110, 100であると判明するが，これらの数値は線形変換を除いて一意である．それゆえ，異なる個人の効用値の間にはいかなる自然な対応も存在しない．よくある慣行に従えば，最悪の選択肢には値0，最善の選択肢には値1が与えられる．したがって，もとの数値の集合に適切な線形変換を施せば，x が1，y が0.1，z が0となるようにできる．同じような正規化の方法により，他の2人の効用値もまったく同様に y が1，x が0.6，z が0となるようにすることができる．共同体がこの3人で構成されているものとすれば，x は y に勝利する．x の総効用は2.2，y の総効用は2.1となるからである．

　次に x と y の間の選択に無関係な選択肢である z に対する意見を，個人2と3が改めたと仮定しよう．彼らはいまや z を x とちょうど同程度に望ましいものと考える．x と y に対する全個人の態度は同一のままだが，それでもなお x と y の効用値は個人2と3について変化することになる．彼らにとって x はいまや値0をとるが，y は引き続き値1を得る．こうなると，y の総効用は2.1であるのに対して x の総効用は1となり，y は x に勝利する．x と y の間の社会的順序は，無関係な選択肢 z の順位の変化によって逆転するのである[2]．

　この結果は，特定の方法で正規化が行われたから生じたわけではないことに注意したい．例えば，最悪の選択肢の効用を0，すべての社会状態[3]の総効用

1　これは，たとえ効用の数値が比例変換を除いて一意だったとしても同様である．「単位」は依然として恣意的であるからである．

2　ここで論じた具体例は，アロー（Arrow 1963, p. 32）が論じた例をわずかに変更したものである．

を 1 とするルールに従う場合でも，同じ問題が起こる可能性がある．実際に，先に論じた数値例でも，まさにその事態が起こるのである．最初の状況でこの数値化の方法を用いれば，個人 1 は x から（10/11）単位，y から（1/11）単位，z から 0 単位の効用を得る．一方，個人 2 と 3 は y から（5/8）単位，x から（3/8）単位，z から 0 単位の効用を得る．このとき x が生み出す総効用は y が生み出す総効用よりも大きい．ここで，個人 2 と 3 による z の評価が上がり x と無差別になると，個人 2 と 3 のそれぞれにとって (x, y, z) の効用値は（0, 1, 0）となる．そのとき，y が生み出す総効用は x が生み出す総効用より大きくなり，x と y の間の社会的選択が逆転する．これは無関係な選択肢を含む順序の変化の結果である．この問題は非常に一般的である．その原因は，ひとえに効用尺度の「単位」の恣意性という事実に求められる[4]．

7.2. 比較可能性，基数性，識別

個人的効用の単位の恣意性の問題は，主に個人間比較可能性の問題を反映している．例えばフォン・ノイマン - モルゲンシュテルンのアプローチを含む実験的手法において行われているように，異なる人びとの効用尺度が別々に計算される場合，効用の個人間対応はまったく定義されないままに残される．ある個人の効用単位を 2 倍にして他の人びととの効用単位は同じ値にしておくことも可能であるが，これは直ちに個人間のトレードオフを変えることになるであろう．

前節で述べた巨大な本を巡る空想的な例は，この論点を回避していた．効用の測度は，あらゆる個人に対して一対一対応で与えられていたからである．人びとの表情の観察に基づく行動主義的な効用測度は，個人間で比較可能な要素を含んでいる．喜びに満ちた A 氏と不機嫌な B 氏を観察して，A 氏は B 氏よりも幸せであるということは可能かもしれない．効用増分の限界的比較を行うことも可能だろう．客観的な個人間比較可能性へのこのアプローチを非常に鮮

3　考慮する社会状態の数は，全個人にとって同じでなくてはならない．

4　線形変換を除いて一意であるため，「原点」もまた恣意的になるが，それは功利主義にとって決定的に重要なことではない．x と y の効用の差だけが使用されるからである．

やかに提示したのはリトル（Little 1950）だった[5].

　第7*章で展開するアプローチは，無限からゼロに至るまで個人間の可変性がいかなる程度であっても許容する．しかし，同時に必要なことは，（a）個人の厚生の基数的測度を得ることと，（b）個人間比較のためのなんらかのルールを得ることとの区別を明確にすること，さらにこれら2つの問題に照らして主要な理論を概観することである.

　個人の効用の基数化を目指すひとつの試みの基礎となってきた仮定は，個人は実際のところあまり細かい比較ができないため，各個人にとって「識別水準」は有限個しかないとするものである．ある識別水準とその隣の識別水準の間の差は，その個人が感知できる最小の効用差である．個人は同じ識別水準に属するすべての選択肢に対して「無差別」で，任意の2つの選択肢の効用差の基数的測度を手にするためには，それらの間にいくつの識別水準があるかを数えればよい．こうして得られる基数的尺度は，もちろん正の線形変換を除いて一意であって，原点と単位を選択すれば一意の基数的効用関数が得られる．ボルダ（Borda 1781）やエッジワース（Edgeworth 1881）により先鞭をつけられたこのアプローチに基づく基数化の問題の探究は，アームストロング（Armstrong 1951），グッドマンとマルコヴィッツ（Goodman and Markowitz 1952），ローゼンバーグ（Rothenberg 1961）などによってなされた.

　個人間比較について，グッドマンとマルコヴィッツはひとつの規範的な仮定を設けている．その仮定とは，ある識別水準から隣の識別水準に移ることの倫理的な意義はどの個人にとっても同じであり，しかも，移動の起点となる水準からは独立であるというものである．この仮定があれば計算が非常に簡単になる．選択肢 x と y を比較するためには，各個人の尺度において，x が y を何段階の識別水準で上回るか（あるいは下回るか）を調べて，それから適切な符号をつけて水準の差を単純に足し合わせればよい.

　このアプローチの難点はかなり明らかである．実生活でこの方法を用いる際の実践的問題をここで強調する必要はない（いずれにせよ，その難点は十分に明

5　リトルが指摘したように，このアプローチによれば個人間比較は完全に客観的になる可能性があるとはいえ，社会のために総効用を最大化するという目標の設定はひとつの価値判断に基づくものであって，この判断は容易には受け入れられないかもしれない.

らかである）が，分析上の難点も存在する．グッドマンとマルコヴィッツが自ら指摘しているように，一定の選択肢集合を所与とすれば，ある個人の全部の識別水準を観測することは不可能である．すなわち，数値化の体系は選択肢の実際の利用可能性に依存するのである．ここで新しい財が利用可能になり，この個人が実現できる選択肢の集合が拡大したとすれば，古い識別水準の間に新しい識別水準が出現することは，十分にありうる．これによって，個人が用いる効用数値化の体系は変わることになる．このように，2 つの選択肢 x と y の間の社会的評価は，その他にどのような選択肢が利用可能かということから独立ではなくなるのである．

　グッドマン－マルコヴィッツのアプローチの第二の難点はある識別水準から隣の水準への移行が社会厚生にとって持つ意義は，すべての個人で同じであるという倫理的な仮定にある．この仮定は恣意的であるのみならず，感覚の敏感さが異なる諸個人を扱う場合，異論の余地が大いにある．識別水準の総数は少ないが水準間の違いを非常に大きく感じる人もいれば，識別水準の総数は多いものの，ある水準と隣接する水準の間の違いは気にするほどではないと考える人もいるだろう．この場合にはグッドマン－マルコヴィッツの体系は非常に不完全なものとなる[6]．事実，極論に走りがちで，ものごとを「この上ない」状態と「ひどい」状態のいずれかだと分類する人もいれば，「素晴らしい」状態，「良い」状態，「善くも悪くもない」状態，「悪い」状態，「とんでもない」状態へと細かく区別する人もいる．このとき，前者の個人を彼のみなす「ひどい」状態から「この上ない」状態へと移らせることの厚生上の意義は，後者の個人を彼の思う「悪い」状態から「善くも悪くもない」状態へと移らせることと厚生上同程度でしかないという倫理的な仮定を設けることは，明らかに不公平だろう．この特定の仕組みがとりわけ問題なのは，それが条件 I に反するという当然の事実ではなくて，恣意的で異論の余地がありそうな倫理的仮定を意味することになるからである．

6　アロー（Arrow 1963, pp. 117-18）が指摘したように，グッドマン－マルコヴィッツの体系では，2 人の敏感さがわずかに異なるだけで，完全な不平等（敏感でない個人には所得がまったく分配されず，他方の個人が全所得を受ける状態）が，分配問題で社会的に「最適」な結果となる可能性がある．

7.3.　フォン・ノイマン‐モルゲンシュテルンの基数化の利用

　リスクを伴わない市場における合理的個人の行動は，一般に序数的な効用によって完全に説明できる[7].完全に確実な状況下の行動について個人の効用尺度の導出を試みるとして，財のグループ（より一般的には行為の集合）[8] の「独立性」に関する非常に特殊な仮定を設けない場合，効用値は単調変換を除いて一意になるだけである.だが，リスクのある状況下の合理的行動を考えると，状況は一変する.フォン・ノイマンとモルゲンシュテルン（von Neumann and Morgenstern 1947）が示したように，個人の行動が一連の明確に定義できる公準を満たすならば，選択肢の集合に対応するその個人の効用値の集合を見出せて，彼の行動はこれらの効用値の数学的期待値を最大化する試みとみなすことができる[9].これらの数値は，正の線形変換を除いて一意であることを示せる.

　このために十分な一連の公準はフォン・ノイマンとモルゲンシュテルン（von Neumann and Morgenstern 1947）によって提示されたが，ほかにもマルシャック（Marschak 1950）などによって提出された.それらの公準には多くの共通点があるが，マルシャックの公準のほうがわかりやすい.

　マルシャックの体系には 4 つの公理がある.（a）**完備順序**の公準，すなわち選好関係は，すべての見通し（プロスペクト）の間の弱順序を構成する.（b）**連続性**の公準，すなわちもし見通し x が見通し y よりも選好され，さらに見通し y が見通し z よりも選好されるなら，x と z のある確率混合（両者を含む「くじ」）が存在して，この個人にとって，その確率混合と y が確実に得られる事象とは無差別になる.（c）無差別でない見通しの数が**十分にある**という公準，つまり互いに無差別ではない見通しが少なくとも 4 つは存在しなくてはな

7　実は序数的な効用が存在するという仮定でさえ厳しすぎる.辞書式順序では，それに適合する効用尺度が（序数的なものでさえ）なくても，選択肢を完全に順序づけることができる.本書第 3 章を参照のこと.

8　Samuelson（1947），Leontief（1947a, 1947b），Debreu（1960），Koopmans（1966），Gorman（1968）を参照のこと.

9　効用の数学的期待値はベルヌーイ（Bernoulli 1730）の「心理的期待値」と同じである.各選択肢から得られる効用は，その生起確率で重みづけられる.Ramsey（1931）も参照せよ.

らない．(d) **等価な見通しの確率混合の等価性**という公理，すなわちもし見通し x と見通し x^* が無差別ならば，任意の見通し y に対して，x と y の一定の確率混合は，x^* と y の同様の確率混合と無差別でなければならない[10]．

このアプローチの詳細な評価にここで立ち入ることはとてもできない．だがそれを利用する際の比較的簡単な問題のいくつかには注意を要する．第一に，これらの公理が以下のような「単調性」の性質を含意することは明らかである．「ある選択肢が別の選択肢よりも望ましいなら，前者の確率を増やして後者の確率は減らせ．機会に限りがないならば，最善の履歴を 100% の確率で約束する見通しを選択せよ」[11]．ただし，マルシャックが指摘するように「危険（や賭け事）を愛する」登山家は，生還確率 95% を例えば 80% よりも選好すると同時に，生還確率 100% よりも選好するかもしれない．この登山家に対しては単調性の公理は妥当しないのである．

第二の懸念は連続性の基準を巡るものである．賭け事や運任せを「罪深い」とみなす人ならば，何事も運任せにしない非常に貧しい生活（x）を，一山当てるかなりの見通しのある賭け（y）より選好し，また後者を一山当てる可能性のない賭け（z）より選好するだろう．だが x と z の確率混合で，彼にとって y と無差別になるようなものはないかもしれない．というのは，いったん x に賭ける——「何事も運に任せない非常に貧しい生活」に賭ける——なら，彼はどのみち罪深いほうの枠に入ることになるため，x と z のすべての組み合わせより，かなり勝てそうな見通し（y）のある賭けを選好してもおかしくないからである．彼が y ではなく x を選好した理由は x の純粋さにあるのだが，この純粋性は x と z を含む賭け事をすれば失われてしまう．これは公理（b）に反することになる．

基準（d）にも疑問の余地がある．もちろん，この公理で人びとが「運任せにすること」を楽しんだり嫌ったりする可能性が排除されるわけではないこと

10　マルシャックが論じた基準（c）には 3 種類がある．ここでは最も理解しやすいものを選択した．サミュエルソン（Samuelson 1952）は基準（d）を「強独立性の仮定」と呼ぶ．この公理は，特にゲーム理論の文献では，「確実性原理」とも呼ばれている．

11　Marschak（1950, p. 138）（この結果はマルシャックの定理 6 から従う）．「履歴」という言葉はここではやや特殊な意味で使われていて，「地平と呼ばれる特定の時点までの将来の時間区間」の展望を意味する．マルシャックはこれを「将来履歴」と定義している（p. 113）．

はフォン・ノイマンとモルゲンシュテルンが正しく指摘している通りである[12].
だが人は，くじの全体的な確率だけではなく，くじに参加する**回数**からもスリ
ルを味わうだろう．おそらく，ばくち打ちが選好する可能性が高いのはルーレ
ット盤で何度も賭けに挑むことであって，その晩のすべての賭けの確率を合成
して表現される1回限りの賭けをすることではないだろう．

　しかしながら，確実に言えるのは，人びとの賭け事そのものに対する態度が
単純である可能性をこれらの公理が排除するわけではないことである．つまり，
賭けを好むか好まないかは，（単一であれ合成であれ）全体の確率分布だけに関
係するという態度である．効用の数値はリスクに対する態度を反映しており，
実はそのことが根拠のひとつとなり，これらの効用を社会的選択に用いること
に反論が出ているのである．アローは次のように指摘する．「もし偶然の要素
が入る余地のない政策の社会的選択が我々の主要な関心事ならば」，フォン・
ノイマン - モルゲンシュテルン効用指標は社会的選択のための適切な尺度では
ないであろう．「そうではないと言うならば，社会的な所得の分配は，諸個人
の賭け事に対する好みを基準に決められると主張することになろう」[13].

　この反論は，いささか堅苦しい印象を与えるとはいえ，強力なものであり，
確実な選択肢間の選択においては**あらゆる**基数的尺度が恣意的であるという一
般的問題に関わっている．この恣意性は，行為集合の独立性を仮定するアプロ
ーチのような，他の基数化の方法にも当てはまる[14]．例えば，ある人は，地上
での社会状態間の選択に際して，天国の仮説的状態を所与とする（その逆も行
う）ことで，たまたま独立性を満たしているのかもしれず，これは彼の地上で
の効用の基数化を助ける可能性がある．だが，ここで得られた基数的数値は，
いま，ここでの社会的選択にとって重要であろうか．これは決して自明ではな
い．さらに，この場合に必要な独立性の仮定は，フォン・ノイマン - モルゲン
シュテルンの基数化に要求されるもの（先に論じたマルシャックの公準（d）の
こと）よりも強い．後者は通常の意味での補完性（complementarity）を否定し

12　von Neumann and Morgenstern (1947, p. 28) を参照せよ．彼らの言う公準Cの文脈である．
　　Marschak (1950, p. 139) も参照のこと．

13　Arrow (1951, p. 10).

14　Samuelson (1947), Leontief (1947a, 1947b), Debreu (1960), Koopmans (1966), Gorman
　　(1968) を参照のこと．Luce and Tukey (1964), Luce (1966) も参照のこと．

ないのに対し，前者は否定するからである[15].

　これではいくぶん悲観させられるが，望みがないわけではない．第一に，あらゆる特定の基数的尺度が「恣意的」であるといっても，それは，確実な選択肢の集合上（あるいはその関連する部分集合上）の選択において，個人の行動が，他の尺度の構成方法と矛盾しないという意味でしかない．倫理的な議論においては，追加して特定される**他**の根拠に基づいて，ある特定の尺度を——この「恣意性」にもかかわらず——選ぶことが望まれるかもしれない．第二に，ハーサニ (Harsanyi 1953, 1955) が論じたように，我々は，仮想的な不確実性の要素が慎重に組み込まれた社会状態に対する個人的選好を検討することもあろう．これは第 5 章で述べた通りである．人びとの「倫理的選好」は，誰の立場にも等しく身を置く可能性があるとした場合に同意するはずの判断と定義できるだろう．こう解釈すると，個人の選好はリスクを伴う選択肢を巡る選択となり，人びとの「賭け事に対する態度」が実は社会的選択の適切な要素になる可能性がある．このように，フォン・ノイマン‐モルゲンシュテルンの基数化がまさに重要となるような集団的選択の枠組みが存在するのである．

　第三に，2 つ以上の基数化の方法が重要であることが判明しても，万事休すというわけではない．集計手続きを利用して，（必ずしもすべてではなくとも）いくつかの社会状態を互いに順位づける準順序を手にすることは，依然として可能である（第 7* 章，特に 7*4 節を参照）．それぞれの測度を利用して，共通のランキングをとることが可能で，それは論争の余地のないものになるだろう．この問題は 7.5 節と 7*4 節で論じる．

　基数的な測定可能性は，功利主義[16]を用いる際の問題の一部でしかない．別の問題は個人間の集計にある．フォン・ノイマン‐モルゲンシュテルン型の基数化に関して，この難題は他のいかなる体系と同様に深刻である．この測度は

15　Samuelson (1952), Manne (1952), Malinvaud (1952) 及び *Econometrica* 20, 1952 の同じ号の他の論文を参照せよ．

16　この「功利主義」という表現は，ここでは非常に広義に使われていて，個人的厚生の集計値を最大化するアプローチを指している．実際，「功利主義」は個人の心理的な満足感として定義される「効用」をその人の厚生とする特殊な場合に対応する．現在の経済学や他の一部の社会科学では，効用の定義を必ずしもベンサムの意味での「快楽」の測度ではなく，個人の厚生を表す任意の測度とすることが慣例になっている．ここではこの慣行に従うが，これはいくぶん疑わしい手続きである．Little (1950) と対比せよ．

完全に個人的だからである．いかなる方法による個人間の正規化も批判を免れない．体系によっては，例えば各個人の尺度で最悪の選択肢に値 0，最善の選択肢に値 1 を割り当てるようなものは，個人間で「公平」であると主張できるかもしれないが，そうした議論は疑わしい．第一に，同様な対称性を持つ他の体系が存在し，例えば先述の体系は，最悪の選択肢には 0 を割り当て，すべての選択肢から得られる効用の**総和**に 1 を割り当てる．いずれの体系も，他方と比べて著しく公平さに欠けることはない（一方は全員の最大効用の均等を想定し，他方は全員の平均効用の均等を想定する）．しかし，それらは社会的選択の異なる基礎を生み出すことになる[17]．第二に，異なる個人の効用測度を比較するとき，満足の受容能力が個人間で異なることを慎重に考慮したくなるかもしれない．例えば，喜びの測度（基準）が一様に低いとされる障害者に特別な配慮を望むかもしれないのである[18]．

　繰り返すが，問題は深刻であるものの，まったくお手上げというわけではない．問題に立ち向かうひとつの方法は，個人間の正規化の多くの代替案を利用して，それらの案のどれを選んでも変わらないペアごとのランキングを選びだすことである．この「部分比較可能性」のアプローチを次節で論じて，より形式的な検討は第 7* 章で行う．

7.4.　部分比較可能性

　皇帝ネロが竪琴を奏でる間にローマの街が燃えたことがローマ人たちの総厚生に与えた帰結について我々が討論しているとしよう．他のローマ人たちが苦しんだ一方でネロが喜んだことはわかるが，それでも，結果として厚生の総和は低下したと我々が言うとする．このとき，我々はいかなる種類の個人間比較可能性を仮定しているのだろうか．比較可能性がまったくないなら，異なる個

17　重要な論文でヒルドレス（Hildreth 1953）は 2 つの特別に定義された社会状態 X と Y で全員が X を Y よりも好むようなものを考え，どの個人の効用尺度にも，X と Y のそれぞれに 2 つの固定された実数値 a と b を割り当てる（p. 87）．これも，仮定からすると個人間の正規化を可能にする方法である．

18　これを行うのは功利主義の枠組みにおいては難しいが，例えばロールズの正義論のような他のアプローチでは重要になる（本書第 9 章）．

人の効用単位を別々に変えることができるため，ネロの効用測度に適当に大きな数を乗じることで，ネロの利得を他の人びとの損失よりも大きくできるはずである．よって，ここでは比較不可能性を仮定しているわけではない．しかし，あらゆるローマ人の厚生単位を他のあらゆるローマ人の厚生単位に一対一で対応させられると仮定しているのであろうか．必ずしもそうではない．我々は，正確にはいかなる対応を採用すべきか確信はなく，また，いくらかの変動の可能性を認める可能性はあるものの，依然として主張できそうなことは，様々な可能性のうちいかなる組み合わせを採用しようとも，ともかく総和は低下したということである．これは，単位の比較不可能性と完全比較可能性の間に位置する場合である．

　別の例として，現在の貨幣所得の分配の不平等を公然と非難し，それは個人的厚生の集計値を低下させると主張しているとしよう．このとき，あらゆる人の厚生単位を一対一に対応させることができると仮定しているのだろうか．そう仮定する必要はない．異なる個人の正確な厚生関数やそれぞれの厚生単位の正確な対応関係はいくらか不確かであるかもしれないが，変動の幅が許容範囲内ならば，想定しうるあらゆる場合に，総和はより平等な分配のもとで可能な水準よりも小さいことを，依然としてかなり説得的に主張できるだろう．個人間比較可能性に対するロビンズ（Robbins 1932）や他の人びとの攻撃は，単位の**部分的**比較可能性と**全面的**比較可能性を区別しておらず，その結果，分配の問題は厚生経済学の公式な研究文献から事実上，姿を消してしまった（例外として，ラーナー（Lerner 1944），ドッブ（Dobb 1955, 1969），フィッシャー（Fisher 1956），ミシャン（Mishan 1960），その他いくつかがある）．

　我々の希望は，異なる個人の厚生単位の比較に限定的な変動幅を導入することであり，一対一対応ではなく多数対多数の対応を扱うことである．一般的な枠組みは第7*章で展開するが，ここでは簡単な例によってこのアプローチを説明する．

　次の場合を考えよう．3人の個人 A, B, C と3つの選択肢 x, y, z があるとする．利害調停者として，我々はどの選択肢が総厚生の点で社会的に最も望ましいかを割り出そうとしている．まず，3人の基数的厚生関数を得るが，これらはそれぞれ当然，正の線形変換だけを除いて一意である．この3人の厚生単位の対

表 7.1　暫定的厚生指標

個　人	選　択　肢		
	x	y	z
A	1	0.90	0
B	1	0.88	0
C	0	0.95	1

応を考えるが，完全に確定することはできない．ここで利用したくなるのは，例えば，各個人について，最悪の選択肢の厚生を 0，最善の選択肢の厚生を 1 とするおなじみの正規化手続きであろう．ただし，これが厳密に正しいという確信は持てないだろうが．これにより表 7.1 が得られるとする．

　厚生の総和を見ると，暫定的順序は y, x, z という順で減少していく．他にはどのような基準を使えるだろうか．注意すべきは，これらのうちどの選択肢も，他のいかなる選択肢に対してもパレート優位になっていないことである．多数決による決定という点では，一貫した社会的順序が得られて，x が y よりも，そして y が z よりも，社会的に選好されるが，これにはいささか疑問が生じる．見たところ，x よりも y を好む C の選好は非常に鮮明であるのに対して，y よりも x を好む A や B の選好はかなり軽度である．しかし，この「鮮明」や「軽度」といった比較は，個人間比較に関する我々の仮定に依存するのである．例えば，仮に A の厚生水準を 10 倍に膨張させるとし，それに対応するようにより小さな単位を A のために選ぶと，A が x, y, z から得る厚生はそれぞれ 10, 9, 0 となろう．すると，y よりも x を好む A の選好（測度 1）は，x よりも y を好む C の選好（測度 0.95）よりもさらに鮮明に見えることになる．

　A のための 10 倍の膨張は妥当であろうか．我々の価値判断は曖昧で，多少の変動幅を認めることには同意できるかもしれないが，それでも，10 倍の膨張はやはり変動幅が大きすぎると感じるだろう．そこで，制限を設けて，誰であれ厚生単位の増減幅はいずれの方向にも例えば 2 倍までとすることができる．ある選択肢の厚生の総和が，こうした制限内でのあらゆる可能な単位の組み合わせに対して，他の選択肢の厚生の総和以上であれば，前者の総厚生は後者以上であるといえる．これを確認するため，最初の推定における厚生の格差を計算する（表 7.2）．

表7.2　暫定的厚生格差

個　人	二項の厚生格差		
	x と y	y と z	z と x
A	0.10	0.90	-1.00
B	0.12	0.88	-1.00
C	-0.95	-0.05	1.00

　まず x と y を比較する．最初の推定のもとでは，x と y の間の3人の厚生格差の総和は -0.73 なので，y が有利に見える．しかし，これらの厚生格差の測度を変えることができる．y に対して x が最も有利な組み合わせは，A と B の測度を2倍して，C の測度を半分にするものである．このときの正味の差は -0.035 となり，y の厚生の総和は依然として x よりも大きい．よって，特定した変動幅を伴う集計基準に照らして，y は x よりも望ましいと明言できるのである．

　y と z を見ると，z が最も有利な組み合わせは，A と B の厚生測度を半分にして，C の測度を倍増するものであるが，それでも y の厚生の総和は z よりも 0.79 大きい．よって，y は z よりも望ましいのである．

　しかしながら，z と x の比較は確定的でない．表7.1と7.2に見るように，x のほうが厚生の総和は大きいが，もし A と B の厚生測度を半分にして，C の測度を2倍にすれば，違いが生じて，x ではなく z が有利である．よって，集計関係はこのペアに関しては不完備であると言わざるを得ない．しかし，偶然にもこれは，x, y, z からの選択に影響を与えない．というのも，y が x と z の双方よりも望ましいとされているからである．唯一の最善要素が存在するのである．

　これは非常に単純な例であり，一般的な枠組みは第 7* 章で分析される．ここで考察した例は，第 7* 章で言うところの「強対称性」の特殊ケースである．「強対称性」は「弱対称性」の特殊ケースで，「弱対称性」自体は「正則性」の特殊ケースである．ここで第 7* 章の結果を要約するつもりはないが，以下を述べておく．(a) 比較可能性のあらゆる仮定のもとで，どれほど部分的なものであれ，集計関係 R^a はつねに反射的かつ推移的である．(b) R^a はつねにパレート準順序を包含し，比較不可能性のもとではそれと一致する．(c)「正則性」

のもとでは，部分比較可能性の範囲をより厳しくすると，集計関係は単調に拡張される．(d)「弱対称性」のもとでは，部分比較可能性の程度dの測度を0と1の間で次のように見出すことができる．$d = 0$ ならば比較不可能性，$d = 1$ ならば完全な単位比較可能性，そして $d^1 > d^2$ ならば，後者のもとでの集計的準順序は前者のそれの部分関係となる．このように，比較的緩やかな仮定のもとで，準順序の非常によく整った列を見出すことになる．各順序は次の順序の部分関係となり，始まりは比較不可能性下のパレート準順序で，終わりは単位の完全比較可能性（「単位比較可能性」）下の完備順序である．もちろん，完備順序に達することは，比較可能性の程度が1より小さい場合にも可能で，さらに低い程度の部分比較可能性のもとで「最善」要素が出てくる可能性もある．ちなみに，先述の例では，$d = 0.25$ であったが，比較可能性がそれほど低くても，最善の選択肢の出現を確認できた．比較可能性の程度が 0.71 以上ならば，この例では完備順序に達していただろう．完全な比較可能性という仮定は，疑わしいのみならず，ほとんど不要でもある．

7.5.　序数型厚生の加算

　個人間比較に関する数値の曖昧さが存在することがあるように，個人の効用の測定においてさえ，多少の曖昧さが残る可能性がある．前述したように，複数の基数化体系が可能である．しかも，倫理的にある体系が他の体系よりも優れていると立証することは難しいだろう．仮にこれらのすべての体系が認められるならば，各個人は効用関数のひとつの集合に関連づけられるが，［厳密な］基数性の場合とは異なって，すべてが互いの線形変換になるとは限らない．もちろん，それらはすべて互いに正の単調変換となる．しかし，厳密な序数性の場合とは異なって，あらゆる単調変換が必ずしも含まれるわけではない．このケースを「序数型」厚生と呼ぼう．このケースの一方の極は厳密な序数性であり，集合にはすべての正の単調変換が含まれる．このケースの他方の極は厳密な基数性であり，正の**線形**変換しか含まれない．

　序数型効用と部分比較可能性のもとでは，以下のようなルールを用いて集計の準順序を得ることができる．それは，（測定可能性の仮定によって与えられる）

個人的効用のあらゆる測度のもとで，また（比較可能性の仮定によって与えられる）個人間のあらゆる対応のもとで，x の厚生の総和が y 以上であるとき，かつそのときに限り，x は y と少なくとも同程度に望ましい，とするルールである．測定可能性と比較可能性を特定する個別の仮定の選択とは関係なく，こうして定義される集計関係は準順序（つまり推移的かつ反射的）になるとともに，少なくともパレート準順序を包含する．測定可能性と比較可能性の仮定が厳密になるほど，この準順序はより拡張的なものとなるだろう．もちろん，厳密な基数性及び完全な比較可能性ほどではなくても，完備順序を得ることは可能である．

　形式的な分析は 7*4 節で示される．ここで注意すべき重要な点は，個人的厚生の単位の基数性と完全な個人間比較可能性という仮定は，総厚生最大化のもとでの合理的選択にとって，**十分ではあっても必ずしも必要ではないこと**である．よって，これらの仮定を落としても，しばしば見受けられる主張とは異なり，総厚生最大化のアプローチが無力になるわけではない．集団的選択を分析するアプローチとして，古典的功利主義を特殊ケースとする総厚生の最大化が幅広い魅力を持つのは，完全な比較可能性と基数性によって許されるよりも広い枠組みを暗黙裡に利用しているからである．そのような一般的な枠組みは，第 7* 章で定義され，分析されるが，非常に特殊なケースである古典的功利主義が持つ絶対確実な効力は欠くものの，功利主義の自信過剰な性格や無制限の恣意性を回避する．

第 7* 章
集計的準順序[1]

7*1. 比較可能性と集計

社会状態 x の集合を X とする. すべての個人 i は, それぞれ X 上で定義される実数値厚生関数 W_i の集合 L_i を持つ. もし, 個人の厚生が「序数的に測定可能」であれば, L_i のすべての要素はその他のすべての要素の正の単調変換であり, さらに L_i の任意の要素の正の単調変換はすべて L_i に属する. 他方, もし個人の厚生が「基数的に測定可能」であれば, L_i のすべての要素は, その他のすべての要素の正の線形変換であり, かつ, L_i の任意の要素の正の線形変換はすべて L_i に属する[2]. 本節とそれに続く 2 つの節では, 個人的厚生の基数的測定可能性が仮定される. 7*4 節では, 非基数的効用の集計が検討される.

個人の厚生の水準を足し合わせるためには, 各 L_i からひとつの要素を選択しなければならない. そのような個人的厚生関数の任意の n 個の組を関数組と呼ぶ.

定義 7*1. 関数組 W は, L で表されるデカルト積 $\prod_{i=1}^{n} L_i$ の要素である.

X に属する様々な社会状態の総厚生を比較するために, L の部分集合 $\bar{L}$ を定義し, $\bar{L}$ のすべての要素について, 任意のペア $x, y \in X$ の間の個人的厚生の差を足し合わせる. L の特定化は, 個人間比較可能性に関して我々が仮定する内

---

1 本章は, Sen (1970b) と密接に関連している.
2 正の線形変換は次のような写像を意味する. $U^1 = a + bU^2$, ただし a と b は定数であり, $b > 0$ である. 厳密に言えば, これらは「アフィン変換」であり, 線形変換ではない. 後者は代数学者が $U^1 = a + bU^2$ 型の同次変換のために確保している用語である.

容を反映する．x の総厚生が y と少なくとも同程度であることを $xR^a y$ と表す．

定義 7*2. 比較集合 $\overline{L}$ は，以下のように定められた L の部分集合である．すなわち，任意のペア x と y に対して，x の総厚生が y の総厚生と少なくとも同程度であると言明されるのは，x と y における個人的厚生の差の総和が $\overline{L}$ のすべての要素 W について非負であるとき，かつそのときのみである．つまり，

$$\forall x, y \in X: \left[xR^a y \leftrightarrow \forall W \in \overline{L}: \sum_i \{W_i(x) - W_i(y)\} \geqq 0 \right]$$

$xP^a y$ を $xR^a y$ かつ $\sim(yR^a x)$ と定義し，$xI^a y$ を $xR^a y$ かつ $yR^a x$ と定義する．

個人間比較可能性のいくつかの顕著なケースは特記する価値があり，個人間比較可能性と比較集合の関係を示すことに役立つだろう．（任意の W の i 番目の要素を W_i と記す．これは個人 i の厚生水準を表す）．

定義 7*3 （1）比較不可能性が成り立つのは，$L = \overline{L}$ のとき，かつそのときのみである．

（2）完全比較可能性が成り立つのは，$\overline{W}$ が $\overline{L}$ の任意の要素であるならば，$\overline{L}$ は次の条件を満たす関数組 W のみを，そしてそのすべてを含むとき，かつそのときのみである．その条件とは，すべての i に対して，

$$W_i = a + b\overline{W}_i$$

ただし，a と $b > 0$ は定数であり，i について不変である．

（3）単位比較可能性が成り立つのは，$\overline{W}$ が $\overline{L}$ の任意の要素であるならば，$\overline{L}$ は次の条件を満たすすべての関数組 W のみを，そしてそのすべてを含むとき，かつそのときのみである．その条件とは，すべての i に対して，

$$W_i = a_i + b\overline{W}_i$$

ただし，a_i は i について可変だが，$b > 0$ は i について不変である．

　比較不可能性のケースでは，関数組の集合 L は，比較集合 $\overline{L}$ に帰着するのにどのような制限も受けない．完全比較可能性のケースでは，異なる人びとの厚生関数の間に，特定の一対一対応が成立する．単位比較可能性のケースでは，ひとりの厚生関数が特定されると，その他のすべての人びとに対して厚生関数のある 1 パラメーター族が特定され，その族の各要素は定数（正あるいは負）の分だけ異なる．単位比較可能性のもとでは，人びとの厚生の絶対水準は比較可能でない（例えば，個人 A は個人 B と比べて厚生水準が高いということに意味はない）が，厚生の差は比較可能である（例えば，社会状態 y ではなく社会状態 x を選択することで個人 A は個人 B よりも厚生を大きく改善するということには意味がある）ということに注意されたい．この場合には，原点は恣意的であるものの，厚生の単位は比較可能である（厚生の単位の一対一対応が存在する）．

　集計の二項関係 R^a に関する以下の結果は重要である．定義 2*3 で定義したように，$\overline{R}$ と $\overline{P}$ はパレート選好関係である．

定理 7*1.　基数的に測定可能な個人的厚生のもとでは，

(1)　どのような $\overline{L}$ に対しても，すわなち個人間比較可能性のあらゆる仮定に対して，R^a は準順序である．

(2)　どのような $\overline{L}$ に対しても，すわなち個人間比較可能性のあらゆる仮定に対して，$\overline{R}$ は R^a の部分関係である．すなわち，
$$\forall x, y \in X: [x\overline{R}y \to xR^a y] \quad \text{かつ} \quad [x\overline{P}y \to xP^a y].$$

(3)　比較不可能性のもとでは，$R^a = \overline{R}$.

(4)　単位比較可能性，あるいは完全比較可能性のもとでは，R^a は完備順序である．

証明　(1)　L の各要素に対して，各 W_i が R_i の順序保存的な変換であることから，R^a の反射性が直ちに成り立つ．また，R^a の推移性も以下より直ちに導かれる．

$[xR^a y \,\&\, yR^a z] \rightarrow$ すべての $W \in \overline{L}$ に対して，$\sum_i \{W_i(x) - W_i(y)\} \geq 0$ かつ

$$\sum_i \{W_i(y) - W_i(z)\} \geq 0$$

$\rightarrow$ すべての $W \in \overline{L}$ に対して，$\sum_i \{W_i(x) - W_i(z)\} \geq 0$

$\rightarrow xR^a z$

(2) 任意の $x, y \in X$ に対して，$\overline{L} \subset L$ であることから，次が成立する．

$x\overline{R}y \rightarrow$ すべての $W \in L$ に対して，$\forall i: [W_i(x) - W_i(y)] \geq 0$

$\rightarrow xR^a y$

さらに，$\overline{L} \subset L$ より，次が成立する．

$x\overline{P}y \rightarrow [\exists i: xP_i y \,\&\, \forall i: xR_i y]$

$\rightarrow$ すべての $W \in \overline{L}$ に対して，

$[\exists i: [W_i(x) - W_i(y)] > 0 \,\&\, \forall i: [W_i(x) - W_i(y)] \geq 0$

$\rightarrow xP^a y$

(3) (2) を考慮すると，$xR^a y \rightarrow x\overline{R}y$ を示せばよい．任意の $x, y \in X$ に対して，$\sim(x\,\overline{R}\,y) \rightarrow \exists j: yP_j x \rightarrow \exists j: [W_j(y) - W_j(x)] > 0$ ($\forall W \in L$) となる．各 W に対して，$\alpha_1(W) = W_j(y) - W_j(x)$ と，$\alpha_2(W) = \sum_{i, i \neq j} [W_i(x) - W_i(y)]$ を定義する．任意に $W^* \in \overline{L}$ をとる．$\alpha_1(W^*) > \alpha_2(W^*)$ であれば，明らかに $\sim(x\,R^a\,y)$ となる．しかし，$\alpha_1(W^*) \leq \alpha_2(W^*)$ と仮定しよう．今度は，以下のような $W^{**} \in L$ を考える．すなわち，すべての $i \neq j$ に対して $W_i^{**} = W_i^*$，かつ，n を $\alpha_2(W^*)/\alpha_1(W^*)$ よりも大きな実数として $W_j^{**} = nW_j^*$ となるような W^{**} を考える．明らかに，$\alpha_1(W^{**}) > \alpha_2(W^{**})$ であり，$W^{**} \in L$ である．比較不可能性のもとでは $\overline{L} = L$ であるから，$\sim(x\,R^a\,y)$ となり証明が完了する．

(4) (1) を考慮すると，我々は R^a の完備性を示せばよい．まず単位比較可能性を仮定する．任意の $W^* \in \overline{L}$ と $x, y \in X$ をとる．明らかに，$\sum_i [W_i^*(x) - W_i^*(y)] \geq 0$ または $\sum_i [W_i^*(x) - W_i^*(y)] \leq 0$ である．すべての $W \in L$ に対して，

ある $b > 0$ が存在し，各 i について，$W_i = a_i + bW_i^*$ であるので，$\sum_i [W_i(x) -$ $W_i(y)]$ は各 $W \in \overline{L}$ に対して非負か，あるいは各 $W \in \overline{L}$ に対して非正でなくてはならない．よって，R^a は完備である．完全比較可能性は $\overline{L}$ がよりいっそう強く制限されることを意味するため，この場合も R^a が完備であるのは明らかである．

7*2.　部分比較可能性

　部分比較可能性とは，単位比較可能性と比較不可能性の間にある個人間比較可能性のすべてのケースに用いられる用語である．$\overline{L}(0)$ と $\overline{L}(1)$ はそれぞれ，比較不可能性と単位比較可能性のもとでの $\overline{L}$ を表すものとする．

定義 7*4.　部分比較可能性が成り立つのは，$\overline{L}$ が $\overline{L}(0)$ の部分集合で，かつ $\overline{L}(1)$ を包含するときである．部分比較可能性のもとでの $\overline{L}$ を $\overline{L}(p)$ と表す．

　定理 7*1 より，集計的二項関係 R^a が部分比較可能性のすべてのケースにおいて準順序であることがわかる．集計のために，我々が真に関心があるのは厚生の原点ではなく単位であるから，任意の比較集合 $\overline{L}(p)$ に対して，個人的厚生測度の係数ベクトル b の集合を特定するとよい．b の集合は明らかに，正規化のために選択される特定の $W^* \in L$ に関して定義されることになる．この W^* を参照要素と呼ぼう．W^* の選択はまったく任意であるため，我々が関わる b の集合の性質は，特定の W^* の選択に依存すべきではない．b の i 番目の要素を b_i と表す．

定義 7*5.　W^* を参照要素とする $\overline{L}$ の係数集合とは，ある $W = (W_1, ..., W_n) \in$ $\overline{L}(p)$ が，あるベクトル a に対して，

$$W_i = a_i + b_i W_i^*$$

と表現できるようなベクトル b のすべての集合のことである．この集合を

$B(W^*, \overline{L})$ と表記する．曖昧になる恐れがない場合には，$B(W^*, \overline{L})$ を B と表す．

B の代表例を挙げると理解しやすいであろう．n を個人の数とし，n 次元の ユークリッド空間を考えよう．単位比較可能性のもとで，B は0を原点とする が0は含まない半開直線となる[3]．もし係数集合 B のある要素 b が明らかにな れば，残りは単純に $t > 0$ でスカラー倍すれば得ることができる．0を原点と する半開直線の正確な特定は，その表現のために選択された要素 W^* に依存す る．重要な点は，この場合，B は単純に原点からのひとつの射線となることで ある．ちなみに，もし $\overline{L}$ から W^* が選択されると，すべての i と j，すべての b に対して，$b_i = b_j$ でなければならない．

他方で，比較不可能性のもとでは，B は E^n の正の象限，すなわち，境界を 除く非負の象限全体と等しくなる[4]．このとき，任意の厳密に正のベクトルを b として選択することができる．

社会状態の集合 X と，X 上で定義される個人的効用関数の集合が与えられ たとき，B のサイズと各ケースで生成される集計的準順序との間にどのような 関係があるのか考えよう．最初に，B^1 と B^2 のそれぞれに関する2つの集計的 準順序 R^1 と R^2 について，次のような初歩的な結果を得る．

補題 7*a. $B^2 \subset B^1$ ならば，$\forall x, y \in X: xR^1y \to xR^2y$.

証明は明らかである．注記するが，$xR^1y \to xR^2y$ は導かれないので，$B^2 \subset B^1$ であっても R^1 は必ずしも R^2 の部分関係であるわけではない．一例を示す だけ十分であろう．2個人の世界において，参照要素として $W^* \in \overline{L}$ をとる． 各 $W \in \overline{L}$ について，$b_1 = b_2$ を要求する単位（または完全）比較可能性のケー スと，閉区間 $[1, 2]$ から b_1/b_2 を選択できる厳密に部分的な比較可能性のケー スとを比較してみよう．さらに

$$[W_1^*(x) - W_1^*(y)] = [W_2^*(y) - W_2^*(x)] > 0$$

---

3 正の線形変換のみが許容されるため，0を除く必要がある．
4 正の線形変換のみが許容されるため，境界は除かれる．

を仮定する．明らかに 1 つ目のケースでは xI^2y となり，2 つ目のケースでは xP^1y となる．したがって，R^1 は R^2 の部分関係とならない．

　部分比較可能性をかなり一般的に定義したので，半開直線から正の象限全体まで，どんな B もこの分類に入ってしまう．しかしながら，部分比較可能性のもとで B が一定の正則性条件を満たすよう要請することは合理的であろう．まず，係数は尺度について独立でなければならない．もし $b \in B$ ならば，すべての $\lambda > 0$ について $(\lambda b) \in B$ である，すなわち，B は半直線 $0, b$ 上の 0 自体を除くすべての点を含む．例えば，もし $(1, 2, 3)$ が b でありうるならば $(2, 4, 6)$ もそうでなくてはならない．なぜなら，本質はなんら数量的表現の尺度に依らないからである．これにより，B は 0 を頂点として 0 自体は除いた錐になるだろう．つまり，0 を頂点とした錐における 0 の補集合である．

　次に，B の凸性を仮定することは理に適っていると考えられる．例えば，個人 1 について 1 の係数が与えられた場合，もし個人 2 の厚生の単位に 1 と 2 の両方の係数を適用することができるならば，1.5 も適用できるほうがいいだろう．より一般的には，b_1 と b_2 が B の 2 つの要素であれば，$0 < t < 1$ である任意の t に対して，$tb^1 + (1 - t)b^2$ も B の要素となる．B は 0 を除いた錐であるから，これは錐の凸性と同義である．

公理 7*1.　尺度独立性と凸性：もし $b^1, b^2 \in B$ ならば，$t^1 = t^2 = 0$ の場合を除くすべての $t^1, t^2 \geq 0$ に対して，$(t^1b^1 + t^2b^2) \in B$ となる．

　この公理については，程度の差こそあれ受け入れられるだろう．次の節では，一連の諸条件を，次第に強くなる順に導入する．

7*3.　正則性と対称性

　まず，正則性の公理を導入する．

公理 7*2.　正則性：個人の集合の 2 つの部分集合へのすべての可能な分割（V^1 と V^2）について，もし B^2 が B^1 の真部分集合であれば，

$$\exists(b^1 \in B^1 \,\&\, b^2 \in B^2): [\{\forall i \in V^1: b_i^2 < b_i^1\} \,\&\, \{\forall i \in V^2: b_i^2 > b_i^1\}]$$

定理 7*2. 基数的な個人的厚生のもとで，公理 7*2 を仮定するとき，$B^2 \subset B^1$ であるならば，R^1 は R^2 の部分関係である.

証明 もし $B^1 = B^2$ ならば $R^1 = R^2$ であることは明らかなので，B^2 が B^1 の真部分集合であるケースに注目しよう. 補題 7*a を考慮すると，すべての $x, y \in X$ に対して $xP^1y \rightarrow xP^2y$ となることを証明しさえすればよい. これとは反対に，ある $x, y \in X$ に対して，$xP^1y \,\&\, \sim(xP^2y)$ であると仮定する. 補題 7*a を考慮すると，このとき xP^1y, xR^2y かつ yR^2x である. xI^2y となることから，$\forall b^2 \in B^2$: $\sum_i[W_i^*(x) - W_i^*(y)]b_i^2 = 0$ でなければならない. xP_iy のとき，かつそのときにかぎり $i \in J$ となり，そうでなければ $i \in K$ となるような 2 つのグループ J と K に人びとを分割する. 公理 7*2 より，$\exists b^1 \in B^1$: $\sum_i[W_i^*(x) - W_i^*(y)]b_i^1 < 0$，あるいは $\forall i: xI_iy$ と主張することができる. しかしながら，xP^1y であることから，どちらの可能性も真ではあり得ず，この矛盾により定理が成立する.

定理 7*2 において公理 7*1 は必要ではないことに注意されたい. しかしながら，この事実は実践的な観点からはあまり重要ではないだろう. 凸性と尺度独立性があれば公理 7*2 への反論の余地は少なくなると思われるからである.

正則性の公理はどれだけ強い条件だろうか. B^1 と B^2 が 2 つの（頂点を除く）凸錐である場合を考えよう. 正則性の公理が主張することは，もし B^2 が B^1 の真部分集合であれば，B^1 の内部**射線**[5]となる半直線が B^2 に少なくともひとつ存在するということである. これが除外するのは，比較可能性の緩和が非常に偏っていて，より小さい集合で許容されるケースすべてが，単純に大きい集合の境界の位置にある場合だけである. n を人びとの数とし，B^2 を表す錐の線形次元が n であるならば，この可能性はいずれにしろ起こり得ない. さらに，B^2 の線形次元が n より小さいとしても，B^2 から B^1 への移行が極端に偏って

---

5 錐 C の内部射線とは，ある $\varepsilon > 0$ に対して，C が射線 (r) の ε 近傍を含むような (r) のことである. このために，我々は E^n の通常の位相に関係づけて，射線に関わる距離を定義しなければならない. これは，本質的に似通った多くの方法で行うことができる. Dunford and Schwartz (1958, Vol. 1)，あるいは Fenchel (1953) を参照のこと.

いない限り，正則性の公理は成り立つ．

　正則性よりもかなり強い条件が，「弱対称性」と呼ばれる要請である．

公理 7*3.　弱対称性：係数集合のすべてのペア B^1 と B^2 に対して，

$$\left[\exists i,j: \sup_{b^1 \in B^1}\left(\frac{b_i^{\ 1}}{b_j^{\ 1}}\right) > \sup_{b^2 \in B^2}\left(\frac{b_i^{\ 2}}{b_j^{\ 2}}\right)\right] \rightarrow \left[\forall i,j: \sup_{b^1 \in B^1}\left(\frac{b_i^{\ 1}}{b_j^{\ 1}}\right) > \sup_{b^2 \in B^2}\left(\frac{b_i^{\ 2}}{b_j^{\ 2}}\right)\right]$$

　これは，正則性の公理よりも非常に強い要求である．正則性のもとでは，$B^2 \subset B^1$ のとき，B^2 に含まれるひとつの射線が B^1 の内部射線となれば十分である．それに対して，弱対称性のもとでは，もし B^2 が B^1 の真部分集合であれば，B^2 に含まれるすべての射線が B^1 の内部射線でなければならない．弱対称性の場合は，どれであれ個人のひとつのペアの間で比較可能性の範囲を緩めたならば，個人のすべてのペアでこれを緩めなければならない．しかしながら，その緩和の明確な範囲はペアごとに異なるかもしれない（それゆえ，これは後述する「強対称性」と比較して「弱い」のである）．また弱対称性は，ペアの個人の間に方向の対称性も課す．もし，i と j の間で係数の比率の最小上界が上昇したならば，その比率の最大下界は必ず下落する（すなわち，j と i の間の比率の最小上界は必ず上昇する）．公理 7*3 を課す意図は，部分比較可能性の様々なケースにおいて方向の偏りを除外することである．この公理は次の重要な結果を導く．

補題 7*b.　基数的な個人的厚生のもとで，公理 7*1 と 7*3 を仮定すると，集合包含の二項関係が，すべての係数集合のクラス上の順序［訳注：反射的，推移的かつ完備な二項関係］となる．

証明　すべての B について $B \subset B$ であり，かつすべての B^1, B^2, B^3 について $B^3 \subset B^2$ & $B^2 \subset B^1 \rightarrow B^3 \subset B^1$ なので，$\subset$ が必ず反射的かつ推移的であることがわかる．もし $B^1 \neq B^2$ であるならば，凸性により，ある i,j について $\sup_{b^1 \in B^1}(b_i^{\ 1}/b_j^{\ 1})$ は，$\sup_{b^2 \in B^2}(b_i^{\ 2}/b_j^{\ 2})$ よりも厳密に大きいか，厳密に小さい．

一般性を失うことなく，厳密に大きいとしよう．このとき，弱対称性の公理より，すべての i, j について $\sup_{b^1 \in B^1}(b_i^1/b_j^1) > \sup_{b^2 \in B^2}(b_i^2/b_j^2)$ を得る．B^1 と B^2 は（頂点を除く）凸錐であるから，これは $B^2 \subset B^1$ を意味する．

定理 7*2 と補題 7*b を考慮すると，公理 7*3 が公理 7*2 を含意することに注意すれば，我々は直ちに次の結果を得る．

定理 7*3. 基数的な個人的厚生に対して，もし R^1 と R^2 が部分比較可能性の 2 つのケースによって生み出された 2 つの集計的準順序であるならば，公理 7*1 と 7*3 のもとで，R^1 が R^2 の部分関係になるか，または R^2 が R^1 の部分関係になるかのどちらかであり，複数の準順序の間の「部分関係である」という二項関係は，部分比較可能性のもとで可能なすべての集計的準順序上の完備順序となる．

こうして我々は，比較不可能性から得られるパレート準順序からはじまり，単位比較可能性から導かれる完備順序で終わるような，それぞれがその次の準順序の部分関係となる集計的準順序の列を得る．その間には部分比較可能性のすべてのケースが存在し，部分比較可能性の程度が上がるにつれて，すなわち，B が小さくなるにつれて，集計的準順序は（少しでも変化するとすれば），拡張されるのであって，より低い部分比較可能性のもとで得られた前の準順序と矛盾することは決してない．

このケースにおいては，部分比較可能性の程度に関する測度が有用となろう．すべての順序づけされた個人 i, j のペアに対して，次の比率を定義する．これを比較可能性比率と呼ぼう．

$$c_{ij} = \inf_{b \in B}(b_i/b_j) \, / \sup_{b \in B}(b_i/b_j)$$

すべての順序づけされた個人のペアに対する比較可能性比率の算術平均により，部分比較可能性の程度を定義することができる．

定義 7*6. 公理 7*1 と 7*3 のもとで，部分比較可能性の程度 $d(B)$ は，すべて

の順序づけされたペア i, j に対する c_{ij} の算術平均によって測定される.

　各 c_{ij} は閉区間 [0, 1] 内に必ず入るため,部分比較可能性の程度もこの区間内で定義される.さらに,次の定理が成り立つ.

定理 7*4. 基数的な個人的厚生に対して,公理 7*1 と 7*3 のもとで,$d(B) = 0$ であれば集計的準順序はパレート準順序 $\overline{R}$ と同じであり,$d(B) = 1$ であれば集計的準順序は順序となる.さらに,もし $d(B^2) > d(B^1)$ であれば,集計的準順序 R^1 は集計的準順序 R^2 の部分関係となる.

証明　もし $d(B) = 1$ であれば,明らかにそれぞれの順序づけられたペア i, j に対して $c_{ij} = 1$ である.このケースでは,B は原点からの唯一の射線で構成され,単位比較可能性が成り立つ.定理 7*1 より,このケースでは R^a が完備順序になることがわかる.他方で,もし $d(B) = 0$ であれば,各 c_{ij} は 0 と等しくなければならないため,比率 b_i/b_j はすべての i, j に対して(各 b_i が正の値であることからすでに含意されている制限を除いて)非有界に変動する.これは,比較不可能性が成立していることを意味し,定理 7*1 より $R = \overline{R}$ であることがわかる.

　もし $d(B^2) > d(B^1)$ であれば,ある i, j に対して $c_{ij}^1 < c_{ij}^2$ となる.これは,あるペア i, j に対して $\sup(b_i^1/b_j^1) > \sup(b_i^2/b_j^2)$ あるいは $\inf(b_i^1/b_j^1) < \inf(b_i^2/b_j^2)$ であることを意味する.もし前者であれば,公理 7*3 より,B^2 は B^1 の真部分集合となることが導かれる.もし後者であれば,$\sup(b_j^1/b_i^1) > \sup(b_j^2/b_i^2)$ となり,やはり B^2 は B^1 の真部分集合となる.ここで,弱対称性は正則性を含意するため,定理 7*2 より,必ず R^1 は R^2 の部分関係となる.

　定理 7*4 が明示する通り,もし比較的差し障りのない仮定である凸性と尺度独立性に加えて,弱対称性が成り立つならば,部分比較不可能性のすべてのケースが,興味深い性質を備えた部分比較可能性の精密な度数 $d(B) = q$ で測定可能である.各度数は閉区間 [0, 1] に属する実数 q であり,それに対応する準順序 R^q は,より高い水準の部分比較可能性 ($d > q$) で得られるすべての準順序の部分関係となる.他方,より低い水準の部分比較可能性 ($d < q$) に基づく

すべての準順序は R^q の部分関係になる．[0, 1] 区間における比較可能性の度数の連続体と，パレート準順序から完備順序までの集計的準順序の列との関係におけるこの単調性は，重要な現象である．

　また，完備順序が生成されるためには，$d(B) = 1$ であれば十分であるものの，これを仮定する**必要**はないことも注意しなければならない．$d(B) < 1$ のもとでさえ，完備性は達成されうる．完備性のために必要な度合いは，個人的厚生関数の組の詳細な構成に依存する．

　弱対称性よりも制約的なケースは，以下に定義する「強対称性」である．

公理 7*4. 　強対称性：ある関数組 $W^* \in \overline{L}(p)$ が存在して，各 $B(W^*, \overline{L})$ について，$\sup_{b \in B}(b_i/b_j)$ がすべての順序づけられたペア i, j に対して完全に等しくなる．

　明らかに，強対称性は弱対称性を含意するが，その逆は成り立たない．さらに，強対称性のもとでは，c_{ij} はすべての i, j について同じである．部分比較可能性の程度は，任意の c_{ij} として簡単に表すことができる．注意すべきなのは，同じ上界を持つという性質は，我々が参照点としてどの W^* を選択するかに依存することである．したがって，W^* はもはやなんでもいいわけではない．強対称性の公理は，ある W^* については等号がすべて成立すると主張するが，当然，すべての W^* の選択についてそう主張しているわけではない．

　強対称性の例を次に示そう．これは，第 7 章で議論したケースに関係する．いま，$0 < p < 1$ である実数 p に対して，すべての i, j について，$p < (b_i/b_j) < 1/p$ でなければならないという制約を考えよう．定義 7*6 による部分比較可能性の度数は p^2 で与えられ，これ自体，閉区間 $[0, 1]$ に属する．そして p が 0 から 1 へ増えるにつれて，比較不可能性から単位比較可能性へと単調に移行する．

　強対称性により，集計的準順序の完備性を保証するのに十分な部分比較可能性の度数が容易に特定される．選択肢の任意のペア $x, y \in X$ に対して，人びとを 2 つのクラスに分ける．すなわち，J は x を y よりも選好するすべての人びとで構成され，K は y を x と少なくとも同程度に善いとみなすすべての人びとで構成される．まず，以下を定義する．

$$m(x, y) = \sum_{i \in J}[W_i^*(x) - W_i^*(y)]$$
$$m(y, x) = \sum_{i \in K}[W_i^*(y) - W_i^*(x)]$$

さらに，$a(x, y)$ を以下のように定義する．

$$a(x, y) = \frac{\min[m(x, y), m(y, x)]}{\max[m(x, y), m(y, x)]}$$

定理 7*5. 基数的な個人的厚生に対して，凸性，尺度独立性，及び強対称性のもとでは，部分比較可能性の度数が $a^* = \sup_{x,y \in X} a(x, y)$ より大きいかそれと等しいならば，集計的準順序は完備となる．

証明 任意のペア x, y について，完備性が満たされないのは，ある $W \in \overline{L}$ に対して $\sum_i[W_i(x) - W_i(y)] > 0$ であるが，ある他の $W \in \overline{L}$ に対しては $\sum_i[W_i(x) - W_i(y)] < 0$ であるとき，かつそのときのみである．最初に W^* について考える．一般性を失うことなく，$\sum_i[W_i^*(x) - W_i^*(y)] > 0$ すなわち $m(x, y) > m(y, x)$ とする．我々は，x と y の間の厚生の差の合計が，すべての $W \in \overline{L}$ に対して非負であることを示さなければならない．部分比較可能性の度数が d であると仮定する．したがって，各個人の厚生の単位は引き上げられるとしても最大で $p = d^{1/2}$ の比率までであり，引き下げられるとしてもその比率は $1/p$ の比率までである．もし定理とは反対に，x と y の間の厚生の差の合計が，ある $W \in \overline{L}$ に対して負であれば，$[pm(x, y) - (1/p)m(y, x)] < 0$ となる．したがって，$p < [m(y, x)/m(x, y)]^{1/2}$ である．しかし，$p^2 \geq \sup_{x,y \in X} a(x, y)$ であるから，これはあり得ない．この矛盾により，集計的準順序が必ず完備であることが証明された．

単位比較可能性が不必要に強い仮定であることは明らかであり，ある程度の厳密な部分比較可能性で，つまり $d < 1$ でも，完備順序——単位比較可能性（あるいは完全比較可能性）のもとで得られるものとまったく同じ順序——を生成しうる．

7*4. 非基数的厚生の加算

　ここまで，L_i の各要素は他のすべての要素の正の線形変換である，すなわち個人的厚生は基数的に測定可能であると仮定してきた．部分比較可能性の実践において，これは不必要に強い仮定である．以下ではこの制約は緩和され，L_i は，互いに正の単調変換でなければならないが，互いに線形変換とはならない要素を含みうるものとする．しかし，正の単調変換をすべて含む必要はない．したがって，基数的測定可能性よりも制約は強いが，序数的測定可能性よりは弱い様々なケースが考えられる．

定義 7*7.　各 i に対して，L_i の各要素が L_i の他のすべての要素の正の単調変換であり，かつ L_i の任意の要素のすべての正の線形変換が L_i に属するとき，個人的厚生は序数型である．

　厳密に序数的な厚生尺度（すべての正の単調変換を含む）と，厳密に基数的な厚生尺度（正の線形変換のみを含む）は両方とも，序数型の厚生の特殊ケースであることを注記しておこう．実際のところ，序数型は非常に一般的な測定可能性のクラスである．
　前出と同様に L を定義する．すなわち，L をすべての i に対する L_i のデカルト積として定義し，$\overline{L}$ を定義 7*2 と同様に，集計的関係 R^a に関連づけて，L の部分集合として定義する．比較不可能性の定義に変化はない，すなわち $L = \overline{L}$ である．次の定理は，定理 7*1 における 4 つの言明のうち 3 つの一般化である．

定理 7*6.　序数型の個人的厚生のもとで

　　(1) 任意の $\overline{L}$ に対して，R^a は準順序である．
　　(2) 任意の $\overline{L}$ に対して，$\overline{R}$ は R^a の部分関係である．すなわち

$$\forall x, y \in X: [\{x\overline{R}y \rightarrow xR^ay\} \,\&\, \{x\overline{P}y \rightarrow xP^ay\}].$$

(3) 比較不可能性のもとでは $R^a = \overline{R}$ となる.

　証明は, 定理 7*1 とまったく同じである. なぜなら, この証明では基数性の性質は使われないからである.

　次に, ただひとつのペア $x, y \in X$ における選択について考えよう. $\overline{L}$ の任意の要素 W^* をとる. g_i^* を以下のように表す.

$$g_i^* = [W_i^*(x) - W_i^*(y)]$$

まず g_i^* はゼロでないと仮定する. $\overline{L}$ の任意の要素 W に対して, $\hat{b}_i$ を次のような実数とする.

$$g_i^* \hat{b}_i = [W_i(x) - W_i(y)] = g_i$$

ここで, $\hat{b}$ で表される n 組 $(\hat{b}_1, ..., \hat{b}_n)$ を考える.

定義 7*8.　任意に特定されたペア $x, y \in X$ において, ある $W \in \overline{L}$ に対して, すべての i について $g_i = g_i^* \hat{b}_i$ となるような $\hat{b}$ のすべての集合は, W^* に関する $\overline{L}$ の係数集合と呼ばれ, $\hat{B}(W^*, \overline{L})$ と表記する.

　容易に確かめられるように, もし基数性が成り立てば, 係数集合 $\hat{B}$ はどのようなペア x, y をとるかにかかわらず同じになり, さらに定義 7*5 で定義された係数集合 B と同じになる. 次に, 選択肢のただひとつのペア x, y を考えるならば, すべての公理において B を $\hat{B}$ で置き換えることによって, 補題 7*a, 7*b, 定理 7*2, 7*3, 7*4 がすべて, 序数型の厚生のもとで成り立つことが容易に確認できる. ここで, 公理のそれぞれは, 各ペア x, y に対して定義される.

　さらに, 定理 7*6 より, 序数型の個人的厚生のもとでも R^a は, 関連する選択肢の数に関係なく, 必ず準順序になることがわかる. これにより, 直ちに下記の定理が成り立つ.

定理 7*7. 序数型の個人的厚生に対して，公理 7*2 が各ペア $x, y \in X$ において成り立つとする．このとき，$\overline{L}^2 \subset \overline{L}^1$ ならば，R^1 が R^2 の部分関係である．

定理 7*8. 序数型の個人的厚生に対して，公理 7*1 と 7*3 が各ペア $x, y \in X$ において成り立つとする．このとき，もし R^1 と R^2 が２つの集計的準順序であるならば，R^1 が R^2 の部分関係であるか，または R^2 が R^1 の部分関係であるかのいずれかである．

定理 7*9. 序数型の個人的厚生に対して，公理 7*1 と 7*3 が各ペア $x, y \in X$ について成り立つならば，

$$[\forall x, y: d(\widehat{B}) = 0] \rightarrow R^a = \overline{R}$$
$$[\forall x, y: d(\widehat{B}) = 1] \rightarrow R^a \text{ は順序である}.$$

また，

$$[\forall x, y: d(\widehat{B}^2) > d(\widehat{B}^1)] \rightarrow R^1 \text{ は } R^2 \text{ の部分関係である}^{[6]}.$$

　これらの定理は，定理 7*6, 7*2, 7*3, 及び 7*4 を用いることで容易に証明できる．

6　$d(\widehat{B})$ はいまや各ペア $x, y \in X$ について別々に定義されることに注意されたい．

第8章
個人間比較を伴う基数性と伴わない基数性

8.1. 交渉における有利性と集団的選択

　個人の厚生関数を集団的選択に用いる場合，個別の（しかし相互に関連した）問題が少なくとも3つ存在する．すなわち，(a) 個人的厚生の測定可能性，(b) 厚生の個人間比較可能性，(c) 個々人の厚生関数と個人間比較可能性の仮定を所与としたときの社会的選好関係を特定する関数形，である．第7章と第7*章において，(a) と (b) に関する多くの代替的な仮定を考察したが，個人的厚生の測度に関する操作は単に加算のみだった．もちろん，これらの測度を他の方法で結合することも可能である．

　ナッシュ（Nash 1950）は，「交渉問題」に対する彼の解において，適切に原点を選択したうえで人びとの厚生の（合計ではなく）積をとる．一般化することも可能ではあるが，2個人モデルが用いられる．2人が合意に至らなかった場合の結果となる，ある社会状態 $\tilde{x}$（「現状」）が存在する．もし $\tilde{x}$ が交渉を通じて得られるどの選択肢より少なくとも同程度に良いと双方からみなされるなら，協約がなくても誰も損をすることはあり得ないので，この問題はつまらないものになろう．他方，もし双方が $\tilde{x}$ よりも選好する協力的帰結があるなら，この問題は興味深いものとなるかもしれない．しかし，もし双方が協力的帰結に対してまったく同じ選択集合を持つなら，彼らは双方にとって最も良い帰結を選べるので，この問題は再びとるに足りないものになるだろう．この問題は2人の間に利害対立があってこそ意味がある．両者が協力から便益を得るが，どの契約からどれだけより多くの便益を得るかは人によって異なる．これこそが交渉における問題である．

　ナッシュは不確実性下での個人の行動に関して，個人的選好の基数的表現を認める仮定をおく．彼が提案するのは，（現状の帰結 $\tilde{x}$ に対してパレート優位に

ある）協力的帰結 x からの効用と帰結 $\tilde{x}$ からの効用との差を 2 人の間で掛けたものを最大化する，つまり $[U_1(x) - U_1(\tilde{x})][U_2(x) - U_2(\tilde{x})]$ を最大化する解である．これは，原点を適切に選択した後に，効用の積を最大化することに等しい[1]．

ナッシュ解が個人の効用関数の原点や単位の変化に関して不変であることは直ちに明らかである．原点は差し引かれるし，単位は積の尺度を変えるだけで，積の値による帰結の**順序**を変えることはない．ここに個人間比較可能性の欠如の原因がある．なぜなら，どの個人の効用の単位や原点も，他の個人の効用の単位や原点にかかわらず，移動させることができるからである．

個人の効用関数の原点や単位の選択に関するこの不変性は他の関数形でも保持されうるが[2]，このシンプルな積の形は，ナッシュが課したように，2 個人の扱いに関する「対称性」の要請も満たしている[3]．厳密な公理群と，ナッシュ解がそれらを満たす唯一の解であることの証明は，第 8* 章で与えられる．

個人的効用を足し合わせるにしても，掛け合わせるにしても，または他の方法をとるにしても，個人的効用の単位や原点の可変性はある問題をもたらす．これまで我々が考えてきた 2 つのアプローチにおいて，この問題に取り組む方法を対比するのは有益である．第 7 章と第 7* 章の集計アプローチにおいて，原点は無関係であった．なぜならば，x と y の効用の差のみがすべての個人に関して足し合わされて，社会的順序が生み出されるからである．単位は重要であるが，もしもある個人の効用の単位に関する変化が，体系的に他の個人の単位の変化と関係するならば，社会状態のランキングはこれらの変化にそれほど反応しないかもしれない．この体系的な関係は，完備な順序を生み出す一対一

---

1 この操作は**加算**の見せかけだと考えたくなるかもしれない．なぜなら積の最大化は，その数字の対数の和を最大化することと同値だからである．ある効用関数の対数変換それ自体が効用関数になっている，と解釈するだけでよいのだと考えられるかもしれない．しかしこれは正しくない．なぜなら基数性は，ナッシュ（そして実際に他の論者たち）によって用いられているように，線形変換のみを許容しており，対数変換を排除している．さらに，まずは $U_1(\tilde{x}) = 0$ を得る操作をし，それから対数変換をするという組み合わせが必要になる．そのような混成操作によって，選好に関するどの性質が保存されるかはまったく明らかではない．

2 例えば，2 つの正の実数 α と β について，$[U_1(x) - U_1(\tilde{x})]^{\alpha}[U_2(x) - U_2(\tilde{x})]^{\beta}$ をとることができる．

3 もちろん，これを得ることは脚注 2 で与えられた例において $\alpha = \beta$ とすることにより可能であるが，このとき生み出された社会的順序は，単純に積を比較するナッシュのシステムとまさに同じである．

の対応関係（完全比較可能性の場合）から，まったくなにも関係がなく（比較不可能性），パレート選好とパレート無差別のみが社会的選択に反映される場合まで，幅がある．この幅のなかで，完備性の程度が異なる準順序の様々な可能性がある．対照的に，ナッシュのアプローチにおいては，そのような比較可能性は導入されていない．原点は現状点を用いて消し去られ，単位は積の形により無関係となる．これにより集団的解が現状点に決定的に依存することになる．他のすべてのことを一定とすると，現状点が異なれば，通常は異なるナッシュ解が生み出されるであろう．

　明確に定義された非協力的帰結にこのように依存することは正当化できるだろうか．この疑問に対する答えは，分析の目的に大きく依存しているように思われる．交渉のせめぎ合いの実際の帰結を予測する場合，現状点は明らかに関係がある．なぜなら，現状点は交渉の当事者が協力的な解に合意しなかったときになにが起こるかを定めるからである．両者にとって劣るこの帰結が実際の帰結として起こりうるのだ，という脅威がつねに存在する[4]．合意から得る利益を分割する際に，現状点は明らかに重要である．実際，ハルサニーが述べたように，ツォイテン（Zeuthen 1930）によってはじめに提唱された，譲歩をしたりそれを受け入れたりする過程が存在する．そのような過程はありそうもないものではなく，実際それがまさにナッシュの帰結を生み出すのである．

　しかしこれは，ナッシュ解が倫理的に望ましい帰結であり，それを組み込んだ集団的選択メカニズムを推奨すべきである，ということを意味するわけではない．最良の予測は必ずしも公平な，ないしは正義に適う帰結ではない．失業者のいる労働市場において，労働者たちは非人道的賃金や劣悪な雇用条件に合

4　この分析は，プレーヤーによる具体的な「脅し」の提示を許容することによって拡張できる．それは，協力的な合意がない場合にプレーヤーが実行するであろうことである．相手に酷い結果をもたらす方策で脅しをかけることにより，プレーヤーは自身の交渉力を強めようとするかもしれない．ナッシュのモデルはそのような「脅し」を含むように拡張できる．これについては，Nash（1953）及び Luce and Raiffa（1957）を参照せよ．付言すれば，脅しの理論はある問題を含んでおり，それを解決するのは簡単ではない．すなわち，交渉が決裂した場合に，脅しているプレーヤーにとって，その脅しを実行しても実際には利益にならないだろう，という問題である．自らを害するコストをかけて他のプレーヤーになにか害を与えると脅すことが有効であるのは，交渉が決裂したら実際にそのことが実行されると他のプレーヤーが信じている場合に限られるであろう．しかし，ひとたび交渉が決裂したら，このことを実行するのが本人の合理的な利益にならないのは明らかである．脅しの理論はこの問題を解決しなければならない．

意するかもしれない．契約しなければ飢える（$\tilde{x}$）からである．このことから，いかなる意味においてもこの解が望ましい結果であるとは言えない．実際，$\tilde{x}$ と比べると，ある特定の解では，労働者と資本家との間で交渉から得られる効用の増分の分配は対称になっているかもしれないが，それでも労働者たちは交渉力が乏しいために搾取されたと言えるだろう．

　ひとつのとりうるモデルに過ぎないが，ハルサニー（Harsanyi 1955）の「倫理的判断」のモデルを取り上げて，その違いを明確にすることは有益であろう．このモデルにおいては，人が交渉当事者のどちらになる確率も等しいと考えたときに解として**推奨**するであろうものが，なんらかの「倫理的」な推奨をもたらすだろう．他方，人が交渉当事者たちのいま置かれている立場から，起こりそうな帰結として**予測**することはまったくの別ものである．ナッシュ「交渉解」はむしろ前者の観点からはあまり興味深くないと思われ，もし少しでもなにかを表すとすれば，後者を表すであろう．ナッシュ解が予測として有用であろうとなかろうと（これに関する疑念についてはルースとライファ（Luce and Raiffa 1957）を参照せよ），その倫理的な重要性は非常に小さいと考えられる．

　この推奨と予測の対比はかなり一般的なものであり，ハルサニーのモデルとは別の倫理的モデル，例えば部分的な個人間比較可能性のもとでの総厚生最大化のモデルや，ロールズ（Rawls 1958, 1967）の公正と正義のモデル，スッピス（Suppes 1966）の「評価原理」，あるいは多数決法のような集団的選択メカニズムなどで引き出すこともできる．

　倫理的な解とされているものの多くは，考え方としてはナッシュ解と似ていることには注意すべきである．例えば，ブレイスウェイト（Braithwaite 1955）がゲーム理論を「道徳哲学者の道具」として興味深い形で利用したのは，これら推奨と予測という2つの問題を区別できていなかったからだと思われる．ブレイスウェイトの例では，あるルークという人は自分の部屋でピアノを弾くのが好きだが，その隣の部屋に住むマシューという人はトランペットでジャズの即興演奏をするのが好きで，それでいて2つの部屋の間の防音は不完全である．2人は同時に演奏すると互いに邪魔になってしまうが，予想される通り，トランペッターがピアニストにかける迷惑のほうが，ピアニストがトランペッターにかける迷惑より大きい．ブレイスウェイトが推奨する最終的な解は，時間を

分けて，トランペッターにピアニストよりもかなり長い時間を与えることである．ブレイスウェイト（Braithwaite 1955, p. 37）が述べるように，「トランペッターであるマシューは両者とも演奏しないよりは両者とも演奏することを好むのに対し，ピアニストであるルークは不協和音よりは静寂を好んでいる．マシューの優位は純粋にこの事実から生まれている」．マシューは契約が成立しない場合の脅威がより小さいために有利な立場にあるので，マシューとルークが実際に交渉すれば，ブレイスウェイトの解が出てくる可能性はたしかにある[5]．しかし，いかなる意味においてこの解は「公平な分配と整合的な充足感の最大化をなし得ている」のであろうか[6]．公平な裁判官ならば当然，ルークがマシューを脅すよりも効果的に（そしてよりやかましく）マシューはルークを脅すことができるという事実によって，マシューにより多くの演奏時間が付与されるわけではない，と判決を下すであろう．仮にマシューが時間の分配システムについて決定する前に，自分がルークになるかマシューになるかわからなかったとしたら，当然，脅しに関する優位性には目をとめずに，より平等な時間の分配を推奨したであろうということを，マシュー自身も認めるだろう．脅しを巡る2者間の優位性によって決まる解は，実に明らかに不公正であろう．

　　しかし，倫理的議論はすべて無意味であり，真に興味深いのは結果の予測であるという「頭の固い現実主義者」の立場がありうることには注意すべきである．起こるべきであることを，もしそれが起こりそうにないなら，論じることになんの意味があるだろうか．この考え方はかなり古くからあるが，集団的選択の理論のためにはそれほど有用ではない．第一に，集団的選択の研究の目的には社会批判も含まれる．ある広く支持されている価値判断を用いると，特定の集団的選択メカニズムは意味ある形で批判される可能性があり，これが長期的にはより適切な選択メカニズムの開発の助けになるであろう．第二に，様々なグループの交渉力は，それ自体が社会の性質や選択メカニズムの評価に依存する．あるグループ（例えば労働者）か不正義に置かれているという感情はそれ自体，様々なグループの相対的な交渉力を変える制度（例えば労働組合）の

5　しかし，Luce and Raiffa（1957, pp. 145-50）を参照せよ．別のアプローチについては，Raiffa（1953），及び Luce and Raiffa（1958, pp. 143-5）を参照せよ．

6　Braithwaite（1955, p. 9）を参照せよ．Lucas（1959）も参照せよ．

発足に貢献するかもしれない．明快な例を 2 つ挙げると，ルソーによる「不正義」の分析とマルクスの「搾取」の理論は世界の情勢に対して，「頭の固い現実主義者」が予想したであろうよりも大きな影響力を及ぼしてきた[7]．第三に，人びとが主張する一般的な諸原理と彼らが選ぶ一連の行動の間には，しばしば対立がある．これらの原理は集団的選択に関する条件の形をとるかもしれず，それらの条件の論理的含意の分析は，社会的意思決定に関する議論や論証のための興味深く有用な基礎である．理論と実践の整合性を確認するために，その社会で広く受け入れられている一般原理に照らして，現に存在する集団的選択メカニズムを検討することも有用である．

　この節の結論を述べよう．ナッシュ，ブレイスウェイト，そしてその他の論者たちが同様のモデルにおいて提示した解は，契約や交渉の結果を予測するためには重要であるかもしれないが，集団的選択の原理に関する広く受け入れられた価値判断の観点からはまったく魅力のない解であると考えられる．現状点と脅しに関する優位性に特別な重要性を付与し，個人間比較を完全に避けると，集団的選択に関わる倫理的判断全体を排除することになろう．

8.2. 基数性と不可能性

　社会的選択が現状点（$\tilde{x}$）の捉え方に依存すると，「無関係な選択肢からの独立性」が満たされないということに注意せよ．ただし，ここでは「無関係な選択肢からの独立性」は（個人的順序の関数ではなく）個人的厚生関数の関数としての社会的選好に適用できるように再定義されている．実際，もしナッシュの諸条件に加えて，2 つの協力的帰結 x と y に関する社会的選択は 2 人の個人の x と y に関する厚生値のみに依存しなければならない，ということも要求するならば，不可能性定理が直ちに導かれるであろう．

　この問題はナッシュのアプローチだけでなく，どのような個人間比較可能性も伴わない基数性の使用（つまり，社会的選択が個人的効用関数の正の線形変換に関して不変であると仮定すること）のすべてに当てはまる．実際，アローの不可

7　レーニンは，十月革命で執筆を中断したために，『国家と革命』を 6 章分のみしか書き終えることができなかった．

能性の結果は，集団的選択ルールの独立変数として，（個人の順序ではなく）個人の基数的効用関数を用いる場合に直ちに拡張できる．社会厚生汎関数（SWFL）とは，各個人が 1 つずつ厚生関数を持っていて，1 組の個人的厚生関数が与えられたとき，1 つの，そしてただ 1 つの社会的順序を特定するメカニズムである．比較不可能性は，どの個人の厚生関数の（測定可能性の仮定によって認められる）いかなる変換も社会的な順序を変えないことを要求する．基数性は，任意の個人に割り当てられた任意の効用関数のすべての正の線形変換が認められることを要求する．これらを所与として，我々は SWFL に適用するために適切に修正されたアローの諸条件，すなわち，定義域の非限定性，弱パレート原理，非独裁性，そして無関係な選択肢からの独立性を要求する．最初の 3 つの条件は直ちに定義し直すことができる．最後の条件は，x と y に関する各個人の効用測度が不変である限り，x と y との間の社会的選好が不変であると要請することで再定義される．これらの条件を合わせると，アローの一般可能性定理に沿う形でもうひとつの不可能性（定理 8*2）を得るが，それはここでは基数的な個人的効用関数に基づく SWFL に当てはまる[8]．

　この不可能性の結果を第 7 章と第 7* 章で得られた集計的準順序と比較すると有益であろう．その関係は，個人的効用関数のすべての可能な線形変換に関する不変性ではなく，我々の個人間比較可能性に関する仮定を反映する，ある線形変換（L の特定の部分集合 $\bar{L}$ に属する効用関数）のみに関する不変性に基づいていた．単位比較可能性と基数性のもとでは，その集計ルールは非限定的な定義域上の SWFL で，パレート原理と非独裁性と無関係な選択肢からの独立性を満たす．決定的な違いは個人間比較可能性を導入するところにある．先に示された通り，もし個人間比較不可能性が仮定されるなら，集計的準順序はパレート準順序と一致する（定理 7*1）．定理 8*2 が示すのは，もし基数性が個人間比較不可能性と組み合わされるならば，単に集計ルールだけでなく，個人的厚生関数から社会的順序に至るパレート包含的，非独裁的，そして無関係な選

8　このことから，これについてのサミュエルソン（Samuelson 1967）の予想が確かめられる．サミュエルソンは個人間比較不可能性の要請についてはなにも述べていないが，これは原点と単位の変形に関する不変性について彼が以前行った議論から含意される．くわえて，セン（Sen 1966c）は，サミュエルソンにこの文脈で言及されているが，基数性のみを導入するのではなく，個人間比較もあわせて導入することを提唱した．

択肢から独立なすべてのルールが，社会的順序を生成できないということである．

　これはもちろん，驚くべきことではない．比較不可能性を前提とすると，任意のペアに関する個人の相対的な選好の強度は，大小の符号が変わらない限り，つまり順序が逆にならない限り，好きなように変換できるので，基数性は個人間比較不可能性と結びつく場合には個人的順序と比べてたいした前進にはならないのである．基数性になんらかの効力を与えるためには，他の条件のひとつを緩めなくてはならない．ナッシュの手続きは，選択集合を現状点 $\tilde{x}$ に依存させているので，無関係な選択肢からの独立性に反している．これに対して，集計手続きは，個人間比較可能性を完全に，または部分的に許容することによって，条件のひとつを緩めている．基数性だけではドラゴンを倒すことはなさそうであり，どこかに我々の小さな聖ジョージを捜し求めなくてはならない．

第8* 章
交渉と社会厚生汎関数

8*1.　ナッシュの交渉問題

　個人的厚生の基数性を仮定しつつ個人間比較可能性をなんら仮定せずに，個々人の厚生関数から社会的順序を導出する試みとして，ナッシュの交渉モデルを検討することは有益である[1]．その解は，ある特別な社会状態 $\tilde{x}$ に依存している．これは現状点と呼ばれ，交渉者の間で協力がない場合に起こるであろう状態を表す．ここで，X は双方が協力した場合に達成可能となるすべての社会状態の集合を表す．双方が現状 $\tilde{x}$ よりも好む点が X のなかにあると仮定する．さらに，ナッシュ交渉問題では2人の個人からなる社会が考えられている．n 人の場合への自然な拡張は存在するが，以下ではナッシュのもともとの定式化に従おう．

　任意に与えられた W に対して，X の各点 x は，2個人それぞれの厚生を表す効用値のペアに写される．任意の W について，X のすべての要素に対応する効用値のペアの集合は $U(X, W)$，または短く U と表される．これは2次元ユークリッド空間の部分集合とみなすことができる．ナッシュに従って，U はコンパクトで凸であると仮定する．

　我々の説明はナッシュのものとはいくぶん異なるのだが，我々の5つの公理はナッシュの表す8つの公理と同値である．定義 7*1 を用いて，関数組 W は各個人の厚生関数の集合のデカルト積 $\prod_{i=1}^{n} L_i$ の任意の要素であるとする．

定義 8*1.　交渉解関数（Bargaining Solution Function，以下 BSF）とは，現状を表す特定の社会状態 $\tilde{x} \in X$ が与えられたもとで，任意に指定された関数組

---

[1]　Nash（1950）を参照せよ．優れた解説と批判的な評価については，Luce and Raiffa（1957）を参照せよ．Nash（1953）及び Harsanyi（1956, 1966）も参照せよ．

集団的選択と社会厚生（1970年）

$W \in L$ に対して，1つの，そしてただ1つの社会状態 $\bar{x} \in X$ を選ぶ関数関係である．

以下の公理群を用いよう．

公理 8*1.　良い特性を持つ基数的効用：各 i に対して，L_i のすべての要素は他のすべての要素の正の線形変換であり，かつ，L_i の任意の要素のすべての正の線形変換は L_i に属する．さらに，各 W_i は X 上で連続であり，任意の W に対して，U はコンパクトかつ凸である．

公理 8*2.　比較不可能性：BSF の値は $W \in L$ の選択に関して不変である．

公理 8*3.　弱パレート最適性：BSF の値域は $\sim[\exists y \in X: y\bar{\bar{P}}x]$ であるような要素 $x \in X$ のみに限定される．

公理 8*4.　性質 α：X が社会状態の集合であるときに，$\bar{x}$ が BSF で与えられる解であり，かつ $\bar{x} \in S \in X$ であるならば，$\bar{x}$ は S に対してその BSF で与えられる解である[2]．

公理 8*5.　対称性：ある $W^* \in L$ に対して，$W_1^*(\tilde{x}) = W_2^*(\tilde{x})$ であり，かつその $W^* \in L$ について U が対称的であるならば[3]，$W_1^*(\bar{x}) = W_2^*(\bar{x})$ である．

定理 8*1.　任意の X に対して，公理 8*1 から 8*5 を満たす BSF は，$x^0\bar{\bar{P}}\tilde{x}$ となり，かつ任意の $W \in L$ に対して，

2　これはルースとライファ（Luce and Raiffa 1957）によって無関係な選択肢からの独立性と名付けられた．しかし，同じ名前がついたアローの条件と混同してはならない．後ほど，アローのものに対応する条件を議論する．公理 8*6 を参照せよ．性質 α については第 1* 章を参照せよ．

3　すなわち，$(a,b) \in U$ であるならば，$(b,a) \in U$ である．

$$x^0 = x \left|\begin{array}{c} \max[W_1(x) - W_1(\widetilde{x})][W_2(x) - W_2(\widetilde{x})] \\ x \in X \\ x\overline{\overline{P}}\widetilde{x} \end{array}\right.$$

である $x^0 \in X$ を選択する.

証明　明らかに,上記の点 x^0 は存在し,U のコンパクト性と凸性により一意である.さらに基数性により,これは明らかに $W \in L$ の選択に関して不変である.ここで,$W_1^*(\widetilde{x}) = W_2^*(\widetilde{x}) = 0$,かつ $W_1^*(x^0) = W_2^*(x^0) = 1$ となるような $W^* \in L$ を考えよう.基数性より,そのような $W^* \in L$ は存在する.x^0 の選択により,$W_1^*(x) \cdot W_2^*(x) > 1$ となるような $x \in X$ は存在しない.よって,$W_1^*(x) + W_2^*(x) > 2$ となるような $x \in X$ は存在しない.なぜなら,もしそのような x が存在するなら,$(W_1^*(x), W_2^*(x))$ と $(1,1)$ の凸結合 (W_1', W_2') は $W_1'W_2' > 1$ となり,さらに凸性より,(W_1', W_2') は U に属するであろう.効用空間上に X^* に対応する対称的な集合 U^* を構築することはいまや容易であり,U^* はすべての $x \in X$ に対する $(W_1^*(x), W_2^*(x))$ を含む,つまり,$X \subset X^*$ であり,かつ $x = x^0$ 以外に $W_1^*(x) \geqq 1$ かつ $W_2^*(x) \geqq 1$ となるような x は含まない.公理 8*3(弱パレート最適性)と公理 8*5(対称性)より,与えられている $W^* \in L$ について,BSF により X^* に対して x^0 がもたらされる.公理 8*4(性質 α)より,与えられている $W^* \in L$ について,BSF により $X \subset X^*$ に対して x^0 がもたらされる.公理 8*2(比較不可能性)より,任意の $W \in L$ に対して,BSF により X に対して x^0 がもたらされる.x^0 がつねに公理 8*1 から 8*5 を満たすことを確認すれば,証明は完結する.

　ナッシュの解は性質 α を満たすが,この性質はラドナーとマルシャック(Radner and Marschack 1954),ルースとライファ(Luce and Raiffa 1958)などにより,無関係な選択肢からの独立性の条件として記述されてきた.他方,ナッシュの解は,アローの無関係な選択肢からの独立性の基数的同値条件は満たさない.ここで,集団的選択ルールではなく BSF に適した非常に弱い形でアローの条件を定義する.ある現状 $\widetilde{x}$ を所与として,BSF によって X から x^0 が選ばれて x^1 が棄却されるため,x^0 は x^1 より社会的に選好されると考えよう.

ここで，$\tilde{x}$ は変化するが，その他については，各個人 i に関する $W_i(x^0)$ や $W_i(x^1)$ を含めてすべて変わらないと仮定する．そのとき，x^0 と x^1 の間の選択が無関係な選択肢から独立であるとしたら，明らかに，BSF が x^1 を選択して x^0 を棄却することがあってはならない．

公理 8*6. 独立性：X 上でそれぞれ定義される任意の $W \in L$ と $\hat{W} \in \hat{L}$ に対して，もしすべての $x \in X$ について $\forall i: W_i(x) = \hat{W}_i(x)$ が成り立つならば，BSF は $W \in L$ と $\hat{W} \in \hat{L}$ に対して同じ解をもたらさなくてはならない．

次の結果が成り立つことは明らかである．

系 8*1.1. 公理 8*1 から 8*6 を満たす BSF は存在しない．

ナッシュ解が $\tilde{x}$ に感応的であることから，証明は直ちに導かれる[4]．このナッシュ解の性質は，交渉の実証的モデルの文脈においては必ずしも反論の余地のあるものではないが，その倫理的な限界は重要であり，そのことについては第8章で論じた．

8*2. 社会厚生汎関数

ここで，比較可能性なしに基数性を用いる問題の，より一般的な定式化に移ろう．SWF に即して，社会厚生汎関数を定義する．

定義 8*2. 社会厚生汎関数（SWFL）とは，任意の W に対して，つまり，それぞれ X 上に定義される個人的厚生関数の任意の n 個の組 $W_1, ..., W_n$ に対して，1つの，そしてただ1つの X 上の社会的順序 R を特定する関数関係である．

SWF は，個人的順序の性質のみが用いられており，SWFL の特殊ケースで

4　8*2 節で明らかになる通り，実はここには余分な条件がある．

あることに注意されたい．任意の $W \in L$ に対する集計関係は SWFL であるが，第7* 章における集計関係は $\overline{L} \subset L$ の［上の］関数であり，必ずしも各要素 $W \in L$ の関数［L 上の関数］ではなかったことにも注意されたい．

　SWF に課されるアローの諸条件に対応して，同様の諸条件が SWFL にも課される．

条件 $\overline{U}$（定義域の非制約性）：SWFL の定義域にはすべての論理的に可能な W，つまり，X 上で定義されるすべての可能な個人的厚生関数の n 個の組が含まれる．

条件 $\overline{I}$（無関係な選択肢からの独立性）：すべての個人 i について，$W_i(x) = \hat{W}_i(x)$ と $W_i(y) = \hat{W}_i(y)$ が，あるペア $x, y \in X$ とある厚生関数のペア $W, \hat{W}$ に対して成り立つならば，$xRy \leftrightarrow x\hat{R}y$ が成り立つ．ただし，R と $\hat{R}$ は W と $\hat{W}$ に対応した社会的順序である．

条件 $\overline{D}$（非独裁性）：SWFL の定義域に含まれるすべての要素に対して，$xP_iy \rightarrow xPy$ となる個人 i は存在しない．

条件 $\overline{P}$（弱パレート原理）：もしすべての i に対して xP_iy ならば，これと整合的で SWFL の定義域に属するすべての要素に対して，xPy となる．

条件 $\overline{C}$（基数性）：[5] 各 i について，L_i の任意の要素のすべての正の線形変換は L_i に属する．

条件 $\overline{M}$（比較不可能性）：任意の L について，各 $W \in L$ に対して SWFL によって生成される社会的順序 R は同じでなければならない．

5　L_i のすべての要素がそれぞれの線形変換であるということは要求していない．しかし，結果に影響を与えずにこれを加えることはできる．ちなみに，条件 $\overline{C}$ は条件 $\overline{M}$ と結びつくことでのみ SWFL を制約する．

定理 8*2. 条件 $\overline{U}, \overline{I}, \overline{D}, \overline{P}, \overline{C}, \overline{M}$ を満たす SWFL は存在しない.

証明 ペア $x, y \in X$ を考えよう. $W \in L$ について, すべての i に対して $W_i(x)$ と $W_i(y)$ を得る. ここで, 人びとの選好順序は同じままとし, 人びとの厚生関数の変化を考え, L が $\hat{L}$ になるとしよう. 明らかに, 条件 $\overline{C}$ より, 各個人に対する厚生尺度について 2 の自由度があるので, $W_i(x) = \hat{W}_i(x)$ かつ $W_i(y) = \hat{W}_i(y)$ となるような $\hat{W} \in \hat{L}$ を見出すことができる. 条件 $\overline{I}$ より, W と $\hat{W}$ に対応する社会的順序 R と $\hat{R}$ について, $xRy \leftrightarrow x\hat{R}y$ となる. よって $\overline{M}$ より, L の要素に対する社会的順序は, $\hat{L}$ の要素に対する社会的順序と同じになる. したがって, $\overline{I}$ と $\overline{C}$ を満たす唯一可能な SWFL は, SWF だけである. すなわち, 社会的順序 R は単に n 個の個人的順序の組 $(R_1, ..., R_n)$ の関数となる[6].

しかし, 定理 3*1 より, 条件 U, I, D, P, を満たす SWF は存在しないことが知られており, これらの条件は SWFL に関する $\overline{U}, \overline{I}, \overline{D}, \overline{P}$ より含意される. このことから, 証明は完結する.

この問題は, 第 7* 章の集計に関しては生じなかった. なぜなら, 集団的選択基準はある特定の $\overline{L} \subset L$ に属する各 W に対する不変性という観点から定義されており, L からのすべての W の選択に対する不変性は求めていなかったからである. $\overline{L}$ の選択は, 個人間比較可能性に関する我々の仮定を反映している. 定理 8*2 は, 比較可能性をまったく伴わない単なる基数性は有用ではないのではないか, という疑念を確かなものにする.

---

6 実際, 社会状態のそれぞれのペアにおける R は, そのペアのみにおける R_i の n 個の組の関数である.

第 9 章
衡平と正義

9.1. 普遍化と衡平

　個人間比較を行うひとつの方法は，自らを他者の立場に置こうと試みることである．驚くべきことではないが，このアプローチは，社会によって用いられ方が大きく異なるものの，ほぼ有史以来，異なる文化において様々な形で現れてきた．

　「人にしてもらいたいと思うことはなんでも，あなたがたも人にしなさい」という，福音書のいわゆる黄金律は，このアプローチの——むしろ狭い—ひとつの表現である．カントの「道徳法則」の研究は，この自らを他者の立場に置くというアプローチと密接に関係しており，彼の一般法則も同様である．すなわち「自分の行為の信条が自分の意志によって普遍的自然法則になるべきであるかのように，行為しなさい」[1]．シジウィックの「衡平」または「公正」の原理は，このアプローチの特に有用な形の表現である[2]．

　……我々の誰もが自分自身にとって正しいと判断するどんな行動も，同様の状況にいる同様の人びとすべてにとって正しいと暗黙のうちに判断する．あるいは，別の言い方をするのであれば，「もし自分にとって正しい（または間違っている）ある種の行いが他の誰かにとっては正しくない（または

1　Kant (1785) を参照されたい．アボットの翻訳では，Kant (1907, p.66) を参照せよ ［訳注：訳文は平田俊博訳「人倫の形而上学の基礎づけ」『カント全集　第7巻』岩波書店，2000年，54頁より］．

2　Sidgwick (1907, Book III, Chap. XIII, p.379)．シジウィックはこれをカントによるものと考えた．「似たような状況においては，私にとって正しいことは，すべての人びとにとって正しいに違いないということ——これは私がこのカントの格率を受け入れた際の形式だった——は私にはたしかに根源的で，たしかに真であり，また実践的な重要性がないわけではないように思えた」(p. xvii)．この一般化の議論に関するサーベイとしては，Singer (1961) を参照されたい．

間違っていない）のなら，それはこの 2 つの場合の間で，私と彼が異なる
人間だという事実以外の，なんらかの差異に基づいているに違いない」．
異なる個人によってなにがなされるべきかではなく，異なる個人に対して
なにがなされるべきかに関して，対応する立場が等しい真実とともに表明
されるだろう[3].

　このアプローチの比較的最近の拡張は，ヘア（Hare 1952, 1963）に見られる．
ヘアはシジウィックの意味での「衡平」の問いを，一般的な価値判断の「普遍
化可能性」（すなわち，まったく同様の状況では，まさしく同様の判断を行うべきで
ある）という性質と関連づけており，これを，我々が価値判断に満たしてほし
いと願う道徳原理の問題ではく，むしろ意味の問題とする．ヘア（Hare, 1961,
pp. 176-177）からの引用は，彼の解釈を例示するのに有用であろう．

　　私が誰かに「このコンパートメント［列車の仕切り客室］でたばこを吸う
　　べきではありません」と言い，そのコンパートメントには子どもたちがい
　　ると仮定しよう．話しかけられた人はおそらく，もし私が喫煙してはなら
　　ないと言った理由がわからなければ，あたりを見回し，子どもたちがいる
　　ことに気づき，それで理由を理解するだろう．しかし，このコンパートメ
　　ントの状況を確かめた後，彼が次のように言ったと仮定しよう．「わかり
　　ました．私は隣のコンパートメントに行きましょう．ちょうど同じくらい
　　良いコンパートメントがもうひとつあります．実際，まさしくここと同じ
　　で，そこにも子どもたちがいます」．もし彼がこのように言ったならば，

3　マーティン・エンゲルブローデ（Martin Engelbrodde）の有名な墓碑銘が，この「拡張された
　共感」の例としてアロー（Arrow 1963）に引用された［訳注：以下の訳文は長名寛明訳『社会
　的選択と個人的評価　第三版』勁草書房，2013 年，163 頁より］．
　　　ここに Martin Engelbrodde 葬らる，
　　　主なる神よ，我もし汝ならば我の憐れむ如く，
　　　主なる神よ，我が魂を憐れみ給え，
　　　然して汝は Martin Engelbrodde なりき．
　シジウィックの衡平の原理のもとで神がエンゲルブローデの魂に慈悲を与える義務を負うかどう
　かという興味深い問題は，読者への練習問題とする（ヒント：「私がなすように」と「あなたが
　望むように」を対比せよ）．

私は彼が「すべき（ought）」という言葉の機能を理解していないと考える
だろう. なぜなら,「すべき」はつねになんらかの一般原理を指すからで
ある. だから, もし隣のコンパートメントが本当にまさしくここと同様で
あるならば, ここに適用されるすべての原理はその別のコンパートメント
にも適用されなくてはならない. それゆえ, 私はこう答えるであろう.
「けれど, いいですか, もしあなたがこのコンパートメントでたばこを吸
うべきでないのなら, そして別のコンパートメントもこことちょうど同じ
ようで, 同じような乗客たちがいて, 同じ注意書きが窓にあって, 等々で
あれば, 明らかにあなたはそちらでもたばこを吸うべきではないでしょ
う」.

　状況の類似性は（シジウィック同様）ヘアによって, 他のすべての条件を等
しくしたうえでの反実仮想的な個人間置換［立場の入れ替え］を含む, と解釈
されている. もし南アフリカの白人がアパルトヘイトは善いことだと主張する
一方で, 彼自身が黒人であれば彼の判断は違っていただろうと認めるのであれ
ば, ヘアの思想体系において, 彼は「『善い（good）』という言葉が機能する仕
方」についての無知をさらけ出していることになろう. 対照的に, もしこの基
準が意味の問題ではなく道徳原理として扱われれば, この南アフリカの白人は
ある意味で**不道徳**と呼ばれうるが, いかなる意味においても（道徳の言語につ
いて）**無知**であるとは言われない.
　ここでは, 異なる 2 つの問いが明確に区別されなくてはならない. すなわち,
(a) 価値判断の普遍化可能性についての問い, そして (b) 他の事柄は同じと
した**反実仮想的な**個人間置換を「まさしく同様の」状況とみなすべきかどうか
という問い, である. まず (a) を取り上げよう.
　普遍化可能性はたしかに広く受け入れられている基準であり, アローが別の
文脈において論じたように,「価値判断は経験的に識別可能な現象を同等視す
るかもしれないが, 経験的に識別不可能な状態を区別することはできない」[4].
しかし, 普遍化可能性の使用は, 少なくとも 2 つの難題を引き起こす. 第一に,

4　Arrow (1963, p. 112).

普遍化可能性を道徳的原理としてではなく論理的必然として捉えると，事実のみに関する前提からはいかなる価値判断も導き出せないと主張する，いわゆる「ヒュームの法則」に反することになる．この見解によれば，規範的な価値は事実である諸状態の上に定義された関数でなければならず，事実に依拠する関数に対して（古典的な「自然主義」の立場にあるように）特定の関数形を受け入れなくてはならないという強制はないものの，2つの状態が事実として同一であるならば，同じ規範的価値を持たなければならない．もしこれが論理的必然として捉えられるならば，2つの状態が事実としてまったく同じ（ひとつの事実）であるということは，それらが等しく善いということ（ひとつの価値判断）を意味するであろう[5]．このことは，ヒュームの法則を全面的に支持している人たちを除けば，必ずしも誰かを困惑させるわけではない．とはいえ，ヘア自身はその支持者たちにたしかに含まれているのである[6]．

　普遍化可能性についてヒュームの理論を厳守することよりも重要な難点は，それが論理的必然として解釈されるか規範的ルールとして解釈されるかにかかわらず，その原理の**適用範囲**に関する問題である．2つの状況は本当にまさしく同様に**なりうる**だろうか．もしなり得ないのならば，普遍化可能性は無内容となる．もし2つの状況がまさしく同様だと言えなくとも，もちろん「重要な点では類似」しているとは主張できるだろう．例えば，ある登録番号付きの車を買うことと，物理的には同一だが登録番号だけ異なる別の車を買うことである．「重要な点での類似性」という概念は，それ自体が価値判断を含み，定義するのが容易ではないが，ひとつの可能な方向性としては次のようなものがある．もし x と y がいくつかの点を除いてまさしく同様であり，ある個人の x と y に関する判断がこれらの点に依存しないならば，この個人の思考体系のなかでは x と y は重要な点で類似している．この拡張された定式において，普遍化可能性は，x と y が重要な点で類似している場合には，その2つの選択

5　Sen (1966b) を参照されたい．同一性の理論に基づけば，もし $x = y$ ならば，すべての f について $f(x) = f(y)$ である．これは，たとえ f が道徳的な関数であっても成り立つ．最初の言明は事実に関するものであり，後の言明は道徳に関するものである．

6　「私は過去に，そして今もそうであるが，道徳的判断を道徳と無関係な事実に関する言明から導き出すことはできない，というヒュームの主張の断固たる擁護者であった」(Hare 1963, p. 186). Hare (1961, pp. 29-31, 79-93) も参照されたい．

肢に関して個人の判断がまさしく同様であることを要請するだろう．この拡張にはいくつか問題があるが，それらは純粋な形での普遍化可能性が無内容になる可能性と比べればさほど深刻ではないと思われる．

　ここで2つ目の問いに移ろう．他の条件を一定とするならば，個人間置換は「類似性」を保存するだろうか．ヘアのように，もしそうだと考えるのであれば，シジウィックの衡平の原理は普遍化可能性の直接的な帰結である．そうでないとするならば，重要な点での類似性の問題が生じ，先に例に挙げた南アフリカの白人が，白人か黒人かは彼の思考体系のなかでは意味のある差異であると主張するかもしれないという問題に直面しなければならない．ヘアはこれを排除するだろうが，そのような判断は「不道徳」ではあるものの，道徳の言語の規則からすれば不可能ではない，という立場をとることは可能だと思われる．

　道徳的判断の基準を構築するためにヘアの個人間置換を用いることにはさらなる難題がある．実際，そのような思考テストを通過する判断は存在しない可能性があり，ある個人が考えうるすべての個人間置換のもとで厳密に同じ判断をするとは率直には言えない場合について，疑問が投げかけられることになるであろう．すでに使われている道徳的言語の規則がこのような厳しい意味で普遍化可能性を要請すると信じることに関してヘアが正しい限り，そしてこの言語が人びとに意味のある形で用いられる限り，この基準は概して価値判断の空集合を形成することはないだろうと主張できる．しかし，これは特にすべての種類の道徳的判断に適用されると想定されるため，厳しい要請であることには疑いはない[7]．

　いくらか要求の弱い一連のルールが，「公正」，「正義」，そして「（主観的とは対比される）倫理的選好」に関する判断という特定の文脈において，多くの著者によって提示されてきた．これらの要請は，2つの理由からより緩い．第一に，これらは（公正や正義のような）道徳のある限られたカテゴリーへの適用が意図されている．第二に，そしておそらくより重要なのは，個人の立場の

7　ヘアのアプローチの妥当性や有効性に関しては，いくつかの問題に関連して哲学者たちの間でかなり議論が行われてきた．これらの貢献のうちのほんのいくつかを引用するとすれば，例えば，Madell（1965），Montague（1965），Gauthier（1968）を参照せよ．ヘア自身，「意志の弱さ」の問題や「熱狂者」の問題を含めて，いくつかの問題を概説している．Hare（1960, 1963）を参照されたい．

考えうるすべての置換のもとで同じ判断をするという条件は，考慮される社会状態のいずれにおいても，個人は自分がどの立場になるか正確にはわからない状況で判断をしなくてはならないという要請に置き換えられる．これらのアプローチのいくつかが次に検討されることになる．

9.2. 公正と正義のマキシミン原理

　ロールズによる公正の概念の分析は，ある仮説的状況（「原初状態」）を用いる．原初状態では，人びとはそこから帰結する社会状態において自分たちの置かれる立場を知らず，社会的地位だけでなく個人的な特徴すら知らない原初的平等の状態で「諸原理」を選択する．このような状況において，一般的に受け入れられるであろう諸原理は，既得権のまったくない公正な合意の結果であるから，「公正」の基準を満たすであろう（ロールズ（Rawls 1958, 1963a, 1963b, 1967, 1968）を参照されたい）．

　ロールズは「正義」の原理を，公正の基準から導出する．彼の「公正としての正義」の概念は，正義の諸原理とは公正な初期状況において選ばれるであろうものだという考え方を表現している．ヘアのモデルとは異なり，ひとつの道徳的判断が個人間置換を通じて個人が占めうるすべての立場で保持されるべきであるとは要求されていない．そうではなく，正義の諸原理は，「原初状態」という公正な状況において受け入れられるであろうものとされる．

　この正義の考え方が，ルソーの「一般意志」や仮説的「社会契約」の分析とある類似性を持つことは注目されてきた[8]．正義の諸原理は「原初状態」における協力ゲームの解とみなすことができる．しかし，「公正」や「正義」の概念が個人間の（例えば，経済的富，政治的権力，そして同様の偶然による特性に関する）不平等を所与とした**現実**の状況における交渉問題の協力解ではなく，原初的平等の状態における協力解と関係しているという点で，ロールズのアプローチはナッシュ（Nash 1950, 1953），ライファ（Raiffa 1953），そしてブレイスウェイト（Braithwaite 1955）のアプローチとは本質的に異なる．よって，先述し

8　ランシマンとセン（Runciman and Sen 1965）は，ルソーの「一般意志」やロールズの「原初状態」のゲーム理論的な解釈を提示している．

た協力解を公正と正義の解釈とすることについての我々の留保（第8章と第8*章を参照せよ）は，ロールズには当てはまらない．

　このように公正のための枠組みを構築したうえで，ロールズは次の2つの正義の原理が「原初状態」で選ばれるであろうと論じた．(a)「ある実践に参加するか，またはそれによって影響を受ける各人は，すべての人びととの同様な自由と両立する限り，最も広範な自由への平等な権利を持つ」，(b)「諸々の不平等が恣意的ではないのは，それらの不平等が関係する，またはその原因となりうる地位や職が，すべての人びとに開かれているという前提のもと，それらの不平等がすべての個人の利益になるであろうと期待するのが合理的であるときに限られる」（ロールズ（Rawls 1958））．

　これらの原理の意味はまったく明らかというわけではないが，ロールズの分析によれば，適切な最大化対象は最も恵まれない個人の厚生であるということになる（ロールズ（Rawls 1963a））．第一原理は，同様の自由がすべての個人に与えられる限りにおいて，各人の自由の拡大を推奨する．個人間の利害対立が第二原理の主題である．この原理は，「諸々の社会的不平等は，最も恵まれない者を最も善くするように」，言い換えれば，最も恵まれない個人の厚生水準をできるだけ高めるように，調整されなくてはならないと要請していると解釈される．

　この最後の部分は，最も恵まれない個人を見つけるために序数的個人間比較ができるならば，明確に定義された基準となる．これは本質的には「マキシミン」基準であり，個人的厚生の集合のなかで最小の要素が最大化される[9]．ロールズの主な焦点は選択される制度の性質にあるが，マキシミン原理を用いて，個人的順序に基づいて社会状態を順序づけることもできる．任意の社会状態に対して，人びとを厚生の点から順序づけて，最も恵まれない個人を選ぶ．彼の厚生水準は，別の社会状態において最も恵まれない個人の厚生と比較される．各個人が完備順序を持っており，かつ，異なる個人の福祉を順序づける，言い換えれば，厚生水準の個人間比較を行うなんらかの方法が存在する限り，我々

9　ロールズの正義の基準を用いるためには，個人的厚生の測定可能性は実際必要ではなく，序数的な意味ですら必要ない．この基準は順序に基づいて表すことができるが（第9*章），それに関する議論は，厚生指標をまったく持ち込むことなく，完全に適切に行うことができる．

は完備な社会的順序を得ることができる.

　このマキシミンの手続きはアローの意味での社会厚生関数（SWF）であろうか. 答えは否である. なぜなら, アローのSWFは任意に与えられた個人的順序の集合に対して, ひとつの, そしてただひとつの社会的順序を特定する関数だからである. 各個人の順序は同一のままとしつつ, 社会状態xにおいて以前は最も恵まれなかった個人iの厚生水準がすべての選択肢に対して上昇し, もはや状態xで最も恵まれない個人ではなくなったと仮定しよう. いまやxを含む社会的順序は, 別の個人の厚生に基づくので, 前とは異なるものになることもある. これはSWFでは認められない.

　この対比を見るもうひとつの方法がある. SWF, またはより一般的に集団的選択ルール（CCR）は, 現実の社会状態に関する個人的順序の集合に基づいて, 社会的選好関係を特定する. ロールズ型の比較にとって, 必要となるのは単に自分自身の立場から見た社会状態の順序ではなく, 個人間置換を伴う社会状態の順位づけである. 状態xにおける個人iは状態yにおける個人jよりも高い厚生を得るという言明は, 次のように言い換えることができる. 状態xにおいて個人iであることは, 状態yにおいて個人jであるよりも望ましい. もしm個の状態と, n人の個人が存在するならば, そこで関係してくるのはmn個の選択肢に関する順序$\tilde{R}$である. そのような順序が与えられれば, m個の社会状態に関するロールズ型マキシミン順序が直ちに得られる[10]. 他方, CCR（またはSWF）ならば, それぞれがm個の社会状態の上に定義されるn個の順序によって社会的順序が決まったであろう. このように, CCRはm個の要素に関するn個の順序に基づいているのに対し, ロールズ型マキシミン選択メカニズムはmn個の要素に関するひとつの順序に基づいている.

　このmn個の立場に関する拡張された順序はひとりの個人の評価を反映しているかもしれないし, またはすべての個人の全員一致の意見すら表しているかもしれない. ここで全員一致を仮定することは不合理ではない. なぜなら, 各人が様々な立場を順序づける際には, 状態xにおいて個人iであるということは, 単にiの社会的立場にあるということだけでなく, 彼の正確な主観的特徴

10　厳密には, 順序は必要とされない. なぜなら, 最悪ではない状態はどのようにでもランク付けられてよく, 互いにランク付けされることすらないかもしれない.

を保持することも意味するからである[11]. しかし，個人間の判断の違いは依然として生じうるし，もし判断が異なれば，CCR や SWF が直面したのと同様の問題にここでも直面するであろう. 差し当たり，「立場」の順序づけにおける全員一致を仮定するか，またはすべての順序づけがある首尾一貫した観察者によってなされると仮定しよう.

しかし，社会的決定ルールとしてマキシミン基準はどのくらい魅力的なのだろうか. 形式的な基準として見た場合，マキシミン基準はたしかに多くの問題を伴う. そのなかでも以下は重要であろう.

(1) マキシミン基準は弱い意味でのパレート・ルール（条件 P）を満たすが，強い意味でのパレート・ルールは満たさない. 2 人の個人 A と B に以下のような厚生水準をもたらす 2 つの状態 x と y を考えよう.

	A の厚生	B の厚生
状態 x	10	1
状態 y	20	1

マキシミンルールは x と y を無差別とするであろうが，パレートの意味では y が x を優越する. 不平等の増幅は「万人の利益」とはならず，最も恵まれない個人の状態は y において x よりも改善してはいないので，y が社会的に x より望ましいとは判断されない[12].

11　立場に関する順序の同一性は，ヘアのモデルにおいて要請される社会状態に関する判断の同一性と混同してはならない. 立場に関してある所与の順序を持つ個人であっても，自分自身がどの立場をとるかに依存して，異なる選択を推奨する可能性がある.

12　以下の形で辞書式順序を定義することにより，n 人の共同体について，マキシミンルールの本質を失うことなく，この問題を回避することができる.

(1) 最も恵まれない個人の厚生を最大にする.
(2) 最も恵まれない個人の厚生が等しい場合，2 番目に恵まれない個人の厚生を最大化する.
  ·
  ·
  ·
(n) 最も恵まれない個人と，2 番目に恵まれない個人と，……，$(n-1)$ 番目に恵まれない個人の厚生が等しい場合，最も恵まれている個人の厚生を最大化する.

本文の例では，このルールにおいて y は明らかに x より選好されている. これを辞書式マキシミンルールと呼ぶ.

　(2)　不平等に関する我々の価値観をマキシミンルールに十分反映させることはできない．なぜならば，最も恵まれない個人またはグループのみに関心を持つことで，平等に関係する他の様々な問題を隠してしまうことになるからである．以下のような別の状態を考えよう．

	A の厚生	B の厚生	C の厚生
状態 x	100	80	60
状態 y	100	61	61

　マキシミンルールは y のほうが x よりも好ましいと判断するだろう．しかし，B と C の間では格差が縮まっているが，A と B との間では拡大している．グループにおける不平等についての単純な尺度はなく，我々の価値観も「最も恵まれない者の状態を改善する」というような単純なルールでは捉えられないほど複雑になる傾向がある．

　この批判は妥当ではあるが，その重要性はさほど明らかではない．もし制度の特徴が，平均値と最小値との差の減少が他の指標で測った不平等の減少を通じてのみ達成可能であるようなものならば，この問いについて眠れなくなるほど悩むのはあまり意味がないだろう．この種の判断は非基本的になりがちであり，事実的背景が重要となる．ロールズの論証はある制度的枠組みに基づいており，彼の基準の有効性を評価する際には，このことを念頭に置かなくてはならない．しかし，我々の問題である一般的な社会状態の選択においては，ロールズが関心を絞った制度間の選択よりも，問題はより深刻になりそうである．

　(3)　マキシミン基準は，その純粋に序数的な性質のために，便益と損失の大きさに対して反応しない．ここでは，最も恵まれない個人のわずかな便益が，社会的な観点から他の人びとの大きな便益（どれほど大きいと仮定したとしても）によって消し去られてしまう，というようなことは起こらない．トレードオフが**ない**のである．

　(4)　ロールズにとって，マキシミンルールの正当化は「公正」の原理との関係にあり，上の議論はその文脈においては無関係であろう．「公正」の要請が非常に魅力的であることにほとんど疑いはない．もし人びとが自分たちの個人的属性をまったく知らずに制度を選ぶならば，それは我々の道徳的な体系における重要な価値をたしかに満たしている．「公正」の概念と，マキシミンルー

ルを特定する「正義」の二原理とのつながりは，「公正な」合意においてはこ
れら 2 つの原理が選ばれるであろうという信念にある．この議論は容認できる
だろうか．

　不確実性下の意思決定理論はこの種の問題にそれほど明確な結論をもたらさ
ない．たしかに，圧倒的に悲観的な見方をすれば，マキシミンルールが唯一選
ばれるルールとなるであろう．ほかにも論拠があり，ロールズ（Rawls 1967,
1968）が詳しく述べている．このルールは明快であり，扱いは比較的簡単であ
る．功利主義のアプローチとは異なり，諸個人の効用の分配に対して無関心で
はない．制度の選択に応用する際には，マキシミンルールは宗教的またはそれ
以外の迫害を防ぐだろう．なぜなら，尋問にさらされる人の苦痛は，尋問者の
利益がどれだけ大きかろうと，それによって洗い流されることはないからであ
る．いくつかの制度の問題において，マキシミンアプローチの魅力はロールズ
によってよく示されている．それにもかかわらず，ロールズのマキシミン解は
非常に特殊なものであり，それが原初状態において選ばれ**なければならない**と
いう主張はいささか説得力を欠く，という事実が残っている．たとえ，次の節
で論じる期待効用最大化の基準を否定するとしても，考慮しなければならない
基準がほかにもある[13]．ハーヴィッツ（Hurwicz 1951）の悲観主義－楽観主義
指標では，マキシミンルールはその極端な（悲観主義度 1 に対応する）ケース
であるが，この指標は適切な一般化を行えば，探究に値するものになるかもしれ
ない．特定の意思決定ルール，例えばマキシミンルールを多くのルールの中か
ら選ぶことは時には適切かもしれないが，それが「原初状態」において合理的
な諸個人によって必ず選ばれるという主張は，かなり厳しい仮定であろう．

　公正と正義の概念への高度に独創的で価値あるロールズの貢献を評価するこ
とがここでの我々の目的ではない．彼の主たる関心は，我々の関心事である社
会状態の順序づけよりもむしろ，不正義な制度とは対照的に正義に適う制度を
見出すことにあり，これはいくぶん異なる問題である．後者の問題に対するロ
ールズのアプローチは前者の問題にも関連するが，前者の文脈では全体像を描
いてはいない．

13　様々な意思決定基準への明快な導入としては，Luce and Raiffa（1957, Chapter 13）及び Raiffa
　　（1968）を参照されたい．

最後に，ロールズの公正の原理は，そこから彼が導出した正義の諸原理と比べて，より根源的であることは注目に値する．そして，ロールズの公正の基準を，彼の正義の同定に完全には与せずとも，受け入れることは可能である[14]．実際，ある集団的選択メカニズムを道徳的に推奨するという考えには，ロールズによって概説された**反実仮想的な**不確実性という概念によって，かなりの内容を与えることができるのである．

9.3. 非個人性と期待効用最大化

ハルサニー（Harsanyi 1955）は各個人に対して 2 種類の選好を考える．「主観的選好」は，「ありのままの」選好である[15]．「倫理的選好」は，「非個人的」であるという特徴を満たさなくてはならない．

> 個人の選好が非個人性の要請を満たすのは，選択される新たな状況（及びそれに替わるどの状況）における自身の個人的立場を知らず，最も高いものから最も低いものまで，この状況において存在する社会的立場のどれになる確率も等しいときに，その選好がどの社会状況を選ぶかを示す場合である[16]．

---

14 ロールズや他の論者たちの公正の基準に対する，半分冗談で半分真面目な異議に以下のようなものがある．なぜ自分自身を他の人間の立場のみに置くことに限定するのか，なぜ他の動物の立場には置かないのか？　生物学的な境界線は，それほど明確に引かれているのだろうか？　この種の非難が見落としているのは，ロールズは我々の価値体系に含まれていると考えられる公正の概念を明確化しているのであり，生物学的対称性に基づいて虚空に正義のルールを構築しているのではない，という事実である．動物に対する平等を要請しない形で，人間の衡平な扱いを要請することで革新は起こる．「もし私が彼の立場だったら」というのは，「もし私があの動物の立場だったら」というのとは違う形で，ある道徳的議論に関係する．我々の倫理的諸体系には，時折主張されるように，生物学的な起源があったのかもしれないが，ここで関係しているのはこれらの諸体系を**利用**することであり，ある種の生物学的な論理に基づいてその諸体系を**形成**することではない．よって，上記の異議の半々に分けたうちの冗談の部分のほうが，真剣な部分よりも興味深い．

15 これらの個人的効用関数は，当然，諸個人の効用の間での相互依存を排除しておらず，アローが「嗜好」ではなく「価値」と呼ぶものに対応している（Arrow 1963, p. 18; Harsanyi 1955, p. 315）．

16 Harsanyi（1955, p. 316）を参照せよ．Vickrey（1945, p. 329）も参照せよ．また，Harsanyi（1953），Leibenstein（1965）及び Pattanaik（1968b）も参照されたい．

　この「非個人性」の概念は，前の２つの節で論じた「普遍化可能性」や「公正」の概念と非常に密接に関連している．ヘアの「普遍化可能性」は，これら３つのなかで最も厳しい条件である．これを満たすためには，個人の判断は誰の立場に立とうが同じままでなくてはならない．ロールズの「公正」は，誰の立場に立つことになるかわからない「原初状態」における承認を要請した．ハルサニーの「非個人性」は，等確率の仮定のもとでの承認を要請する．ロールズの概念とハルサニーの概念の類似性は際立っており，「理由不十分の原理」を用いてロールズの「無知」をハルサニーの「等確率」に変換できるならば，さらに類似性が明確になるだろう．ロールズはこれを否定して，非確率的なマキシミン基準を選んだ．しかし，ハルサニーは**反実仮想的な**等確率によって直接彼の「非個人性」を定義し，さらに諸個人はフォン・ノイマン-モルゲンシュテルン（またはマルシャック）によるリスク下での合理的行動に関する公準を満たすと仮定した（これらの公準の言明については第７章を参照されたい）．したがって，倫理的選好は期待効用最大化によって決定され，等確率の仮定のもとでは，これは単に全員の効用の和を最大化することに帰着する．かくて功利主義は「非個人性」に基づいて擁護され，そこで関係する効用はフォン・ノイマン-モルゲンシュテルン型のものであり，そのため第７章で議論した基数化の問題が緩和される．

　このような倫理的選好への直接的なアプローチのほかに，ハルサニーは社会的選択へのより一般的なアプローチも探究している．彼は次の定理を証明している．もしすべての個人の選好だけでなく社会的選好もマルシャック（またはフォン・ノイマン-モルゲンシュテルン）の公準を満たし，かつすべての個人が無差別であることが社会的無差別を含意するならば，社会厚生は個人的効用の加重和でなくてはならない[17]．この定理を用いる様々な方法がある（パタナイック（Pattanaik 1968b）を参照されたい）．ハルサニーは社会的選好を「ある所与の個人の社会厚生関数」とみなしており[18]，このことが倫理的選好という概念の背景となっている．つまり，倫理的選好とはこの意味での「社会的選好」

17　Harsanyi（1955, p. 314）の定理Ⅴを参照せよ．また，Flemming（1952）も参照せよ．

18　Harsanyi（1955, p. 315）を参照せよ．

の一種なのである．等確率の仮定のもとでは，倫理的選好は加重されない（つまり等加重の）効用の和を用いる社会的選好である．

この非個人性の思考テストはどのくらい納得のいくものであろうか．以下の困難は比較的深刻であろう．

（1）99 人の自由人とひとりの奴隷からなる奴隷社会を考えよう．後者は前者の都合のよいように奉仕し，多大な不快を感じている．どの立場になる確率も等しいとすると，ある人は 1% の奴隷になる確率を進んで受け入れるかもしれない．なぜなら，99% の確率で奴隷に奉仕してもらう自由人になるということが彼の空想をくすぐるからである．このとき，奴隷社会は道徳的に支持することができるだろうか．多くの人びとはこの思考テストを受け入れないであろう．

ちなみに，この場合ロールズ型の「正義」のモデルは，「非個人性」から導出される判断とは異なる判断を与える傾向があることにも注意しておこう．マキシミンという考え方は最も恵まれない個人の厚生にのみ注目するので，それに従った基準を用いる際にこの種の問題が現れることはあり得ない．同様に，奴隷制やアパルトヘイトが，ヘアの「普遍化可能性」の要件によって「正義」に適うと主張するためには，ここで用いられる思考テストをはるかに超えることが要求されるであろう．判断を下す者は，単に非個人性に関する等確率仮定だけでなく，彼自身がその社会状況において，すべての関連する立場に（確実に）立つことを想像して，その判断を主張しなければならないであろう．

（2）ここでいくぶん異なる問題を考えよう．x と y で表される 2 つの代替的な社会状態があるとして，それぞれにおける 2 個人の厚生の状況は以下で与えられるとしよう．

	1 の厚生	2 の厚生
状態 x	1	0
状態 y	$\frac{1}{2}$	$\frac{1}{2}$

期待効用の点では，非個人性の仮定より，各個人は x と y に関して無差別となるだろう．なぜならどちらの期待値も $\frac{1}{2}$ であるからである．これら 2 つは等しく魅力的だろうか．もしある人が，（平等は個人的厚生の総計を最大にす

る，というような派生的な理由ではなく[19]平等それ自体に価値を見出すのであれば，y を x より無条件に選好するだろう．社会的選択において，我々は非個人性のもとでの厚生の数学的期待値だけではなく，人びとの間での厚生の正確な分布にも関心があるだろう．

ダイアモンド（Diamond 1967）は，興味深くかつ重要な注釈論文で，「強独立性の仮定」（または「確実性原理（sure thing principle）」，7.3 節を参照）が，ハルサニーの社会的選好の枠組みにおいて問題を引き起こしている原因だと論じた[20]．この仮定は，ハルサニーが受け入れたマルシャックの公準の組に含まれている．

	確率 0.5	確率 0.5
くじ I	$U_A = 1,\ U_B = 0$	$U_A = 0,\ U_B = 1$
くじ II	$U_A = 1,\ U_B = 0$	$U_A = 1,\ U_B = 0$

ダイアモンドは 2 個人（A と B としよう）と 2 つの代替的な「くじ」（I と II としよう）の例を考える．もし II が選ばれれば，A は 1 単位の効用を得るが，B はなにも得られない，ということが確実である．I であれば，A が 1 単位の効用を得て B がなにも得られない確率が 0.5 であり，他方で B が 1 単位の効用を得て A がなにも得られない確率も 0.5 である．

総期待効用最大化の観点からは，期待総計値はともに 1 となるから，I と II は同じくらい望ましい．I の 2 つ目の効用の組と II の 2 つ目の効用の組が無差別なのは理に適っているように思える．なぜなら，これらは A と B という名札が入れ替わったこと以外はまったく同じに見えるからである．さらに，両方のくじの 1 つ目の効用の組は同じなので，「確実性原理」（または「強独立性の仮定」）により I と II は無差別となるだろう．しかし，くじ II は個人 B に対してあまりに不公正であるように思えるのに対して，くじ I は「個人 B に公正な機会を与えている」．このことから，ダイアモンドは「確実性原理」を社会的選択に適用することを拒絶した．

しかし，ダイアモンドの議論は個人的厚生の水準（よってまた「原点」）の比較可能性に決定的に依存していることに注意すべきである．この仮定は，ハル

---

19 上記の表における単位は個人的厚生であり，所得や生産量ではないことに注意せよ．

20 Strotz（1958, 1961）及び Fisher and Rothenberg（1961, 1962）も参照せよ．

サニーの集計的厚生のモデルや，さらに言えば，どんな集計的厚生のモデルにおいても，必要ではない．個人 B の厚生関数に 1 を加え，A の厚生関数はそのままであるとしよう．効用空間において，上記の 2 つのくじは次のように変換される．

	確率 0.5	確率 0.5
くじ I	$U_A = 1, \; U_B = 1$	$U_A = 0, \; U_B = 2$
くじ II	$U_A = 1, \; U_B = 1$	$U_A = 1, \; U_B = 1$

ダイアモンドが II よりも I を選好する理由とほぼ同じ根拠（「公正な扱い」）に基づいて，今度は I より II を選ぶための議論を簡単に構築できるだろう．そしてこれは，ひとりの個人の厚生関数の原点を変化させるだけで引き起こされるが，これによって集計的厚生の順序はまったく変わらない．明らかに，ハルサニーが必要とするタイプの比較可能性は，この点においてダイアモンドがハルサニーを批判するために必要なものよりも要求が弱い．ハルサニーもダイアモンドも個人間比較可能性に関する仮定を明示していないので，この論争を評価するのは容易ではない．我々の用語（第 7 章と第 7* 章）を用いると，ハルサニーは集計の実行のために「単位比較可能性」を必要とするのに対して，ダイアモンドは彼の主張を行うために「完全比較可能性」を必要とする．

　完全比較可能性が仮定されたとしても，強独立性の仮定が本当に問題を引き起こすのかと問うこともできる．くじを引いた後，それぞれのくじにおける最終的な帰結は，ひとりが 1 単位の効用を得て，もうひとりがなにも得ないということになる，と論じることもできよう．そうすると，予想される効用の分布ではなく実際の効用の分布の点では，くじ I はくじ II より平等主義的というわけではない（よって，実際のところより魅力的というわけでもないだろう）．最終的な帰結はいずれにせよ 1—0 の分布なのだから，いったいなぜくじのプロセスが重要なのか．これは十分にとりうる立場である．もっとも，ランダム化という中間的な段階があることに公正を見出すような人びともいるが[21]．

　強独立性の仮定を受け入れるかどうかにかかわらず，期待効用最大化の魅力は疑わしい．224 頁の表の例は期待効用最大化一般に当てはまる．そして，(1,

---

[21] 1968 年の秋にアローとロールズと私が共同で行ったハーヴァードでのセミナーでは，参加者たち（全部で 30 人ほど）は，これに関して意見がほぼ半分に分かれた．

0) ではなく $\left(\dfrac{1}{2}, \dfrac{1}{2}\right)$ を選ぶことを支持する論拠は，完全比較可能性を仮定するのであれば，かなり強いように思える．功利主義一般や特にハルサニーの基準はこれら2つに関して無差別であるが，マキシミンルールは平等主義的な分配を支持するであろう[22]．決定的な問いは比較可能性である．なぜなら単位比較可能性は，功利主義やハルサニーの基準に影響を与えずに，効用の分配における平等へのいかなる考慮をも排除することになるからである．

また第7章と第7*章で導入した**単位**の「部分比較可能性」と同様に，個人間における効用の原点の（より一般的には，基数的かどうかにかかわらず，厚生の**絶対水準**の）部分比較可能性を用いることも可能である．その形式的な枠組みは，単位の部分比較可能性の枠組みと同様であり，ここで議論を全面展開することは控える．興味のある読者は試してみるとよい．

マキシミン基準の形式的な要請を功利主義原理のそれと対比するのは興味深い．前者は厚生水準の比較可能性を要請するのに対し，後者は要請しない．他方，後者がすべての可能なケースにおいて社会的順序を導く絶対確実な原理だとみなせるのは，基数性と単位比較可能性が仮定された場合に限られるのに対して，マキシミン基準は序数性や，さらには数値表現が可能でない順序のもとでさえ完璧に機能する．もちろん，これらの技術的な考察は倫理的な決め手となるものではないが，関連があることは確かだ．もし異なる個人について，厚生水準ではなく，厚生の差を比較することができるなら，功利主義は熱狂とともに受け入れられるかもしれない．他方，もし単位を比較できないとしたら，あるいは，もし水準を比較できるのだとしたら，その熱狂は限定的なものとなるであろう．我々自身の社会的判断のためにこれらの原理を評価する際には，よく行われる個人間比較のタイプを考慮するほうがよいだろう．

9.4.　正義の評価原理

マキシミン原理も効用原理もともに，それぞれの測定可能性と比較可能性の仮定が満たされれば完備な社会的順序を生成するが，スッピス（Suppes 1966）

22　これは2個人の例なので，前節で議論したロールズのかなり極端な基準に伴う難点のいくつかは，ここでは起こらない．

の「評価原理」のモデルは部分順序しか生成しない．この評価原理に基づいて，スッピスは 2 人ゲームにおける行動のシンプルな倫理的ルールを考え出した．自然の状態と，2 人が選べる意思決定または行動が与えられると，各人にとっての帰結の集合を特定できる．S を自然の状態の集合，D_1 と D_2 を 2 人のそれぞれが選べる意思決定または行動の集合，そして C_1 と C_2 を各人にもたらされる帰結の集合とする．スッピスの「社会的決定関数」[23] は，S, D_1 及び D_2 の各組み合わせに対して，C_1 と C_2 の値を特定する．その目的は，2 人にとっての帰結のペアの部分順序を見出すことである．

　$(x, 1)$ と $(x, 2)$ をある 2 個人の意思決定状況における個人 1 と 2 それぞれにとっての帰結とし，これを 2 人にとっての帰結がそれぞれ $(y, 1)$ と $(y, 2)$ となる別の状況と比べなくてはならない．重要なのは，x と y を「拡張された共感」の観点から比較することである．既知の通り，x が y に対してパレート優位となるのは，個人 1 が $(x, 1)$ を $(y, 1)$ と少なくとも同程度に善いとみなし，個人 2 も $(x, 2)$ を $(y, 2)$ と少なくとも同程度に善いと評価し，そして彼らのうち少なくともひとりが x における自身の帰結を y におけるそれより強く選好するときである．しかし，**より正義に適う**かどうかという順序づけは，各個人について，それぞれ自分自身の好みに基づいて行われる．このアプローチの要点は，x, y などの社会状態の集合上で求められる正義の関係を得るために，$(x, 1)$, $(x, 2)$, $(y, 1)$, $(y, 2)$ などの個人的帰結の集合上で定義される個人的順序を用いることにある．もし個人 1 が $(x, 1)$ を $(y, 1)$ より選好し，$(x, 2)$ を $(y, 2)$ と少なくとも同程度に善いとみなすと考えるならば，彼は x を y よりも正義に適うと判断する．彼が $(x, 2)$ を $(y, 2)$ よりも選好し，$(x, 1)$ を $(y, 1)$ と少なくとも同程度に善いと思う場合も，彼は同じ判断をする．

　これまでのところ，これは単にパレート基準に類似した判断であり，その個人自身の選好に基づいてなされる．しかしここで，彼は帰結に関する個人間の実際の分配を反転させてもよいだろう．彼が，上記の要件は満たされないが，次の組み合わせは満たされると気づいたとする．それは，$(x, 1)$ を $(y, 2)$ よりも強く選好し，$(x, 2)$ を $(y, 1)$ と少なくとも同程度に善いと評価しているとい

23　本書で定義された SDF と混同してはならない（定義 4*1 を参照せよ）．

うことである．つまり，彼は状態 x において彼自身であることを状態 y で個人2の立場にあることよりも選好し，状態 x において個人2の立場にあることを状態 y において彼自身であることと少なくとも同程度に好ましいと思っている．彼は再び，x は y よりも正義に適うと判断するだろう．まったく同様に，もし彼が $(x, 2)$ を $(y, 1)$ よりも強く選好し，$(x, 1)$ を $(y, 2)$ と少なくとも同程度に善いとみなすならば，彼はやはり x を y より正義に適うと判断するだろう．

前の2つの段落で概略を述べた諸条件は，帰結のペア上の狭義の部分順序を定義し，各個人に関する「スッピスの正義の評価原理」の基礎を示している．この比較の原理は若干難解で，耳慣れず新奇に思えるかもしれない（これはスッピスの独創性への賛辞である）ので，この条件を（いくらか弱めて）少し違う形で表現し，両方の比較に関して強い選好を求めることにしよう．スッピスのルールによると，ある個人 i にとって x が y よりも正義に適うのは，(a) 彼が y よりも x において彼自身であることを選好し，かつ y よりも x においてもうひとりの個人であることをも選好するとき，**または** (b) 彼が x において彼自身であることを y においてもうひとりの個人であることより選好し，かつ x においてもうひとりの個人であることを y において自分自身であることより選好するときである．どちらの場合にも，そのままの立場を保つか，または立場を入れ替えるかすると，彼自身の選好順序に基づいて，x が y に対して優位するなんらかの関係がある．

スッピスは，「より正義に適う」という順序関係が，帰結のペアの集合上に狭義の部分順序をたしかに定義すること，すなわち，その関係が「非対称的」で「推移的」であることを示した．スッピスは次に，正義の評価原理に基づく3つの定義を用いて倫理的行動の2つのルールを描く．ある個人 i にとって**正義許容的な要素**（admissible element）[24] とは，その個人の選好順序に照らして，どの実行可能な帰結のペアよりも正義の観点で劣ってはいない帰結のペアである．**正義点**（point of justice）とは，正義許容的な要素に到達するような，各プレーヤーにひとつずつの戦略の集合である．あるプレーヤーにとって**正義充**

---

24 スッピスはこれを「(J_i) 許容的な要素」と呼んでいる．

足的な（justice-saturated）**戦略**とは，2 人ゲームにおいて他のプレーヤーがどのような戦略を選ぼうと，結果が正義点となるような戦略のことである．

　これらの定義に基づいて，スッピスは正義志向的な行動の 2 つのルールを提示する．

> I　もし 2 個人の正義の評価原理が同じ厳密な部分順序を生成するのであれば，かつもし正義点がただひとつ存在するのであれば，正義点に属する戦略が選ばれなくてはならない．
>
> II　もし任意のプレーヤーについて正義充足的な戦略の集合が非空であるならば，そのプレーヤーはそこから戦略を選ばなくてはならない．

　これらの行動ルールが道理に適うのは，スッピスによって定義された正義の**評価原理**が意味をなすときに限られる．ただし，その逆は必ずしも正しくない．なぜなら，この行動ルールがいくらか恣意的だからである[25]．以下において，我々は評価原理それ自体の長所に的を絞る．そちらのほうが集団的選択ルールへの我々の関心により近いからである．

　スッピスの正義の評価原理のひとつの長所は，ある解釈によれば[26]，個人間置換可能性の文脈でもヘア（Hare 1952, 1963）が提示したような「普遍化可能性」の要請を満たすように見えることである．この比較のルールは人びとの立場の間で対称的なので，個人は，もし彼が x は y よりも正義に適うと主張するならば，彼は自分の立場にあるか相手の立場にあるかに**関わりなく**そう主張する，と率直に断言することができる．1 つ目の状況が $[(x,1),(x,2)]$ であるか $[(x,2),(x,1)]$ であるか，そして 2 つ目の状況が $[(y,1),(y,2)]$ であるか $[(y,2),(y,1)]$ であるかということは，これら 2 つの状況の間の正義に関する順序づけになんら違いをもたらさない．よって，スッピスの評価原理はこの厳しい思考テストに合格する．

25　スッピス（Suppes 1966）自身が pp. 304-5 で与えている例を参照せよ．そこで彼は，正義充足的な戦略が均衡点分析よりも「衡平で正義に適って」**いない**ように見える状態を生み出すケースを示している．

26　しかし，これが成り立たなくなるような，別の，そしてより適切なヘアの解釈がある．本章の脚注 28 を参照せよ．

　2つ目の利点は，スッピスのアプローチが，ハルサニーやロールズのものと異なり，厚生の個人間比較を要求しないことである．異なる個人の厚生水準を比較する必要はなく，すべての比較は自身の趣向や選好を持つ個人の順序に基づいて行われる．さらに，ハルサニーのアプローチとは異なり，個人の厚生指標の基数化は必要とされない．

　しかし，基数化と個人間比較の回避を達成するためには，いくらかの代償が払われる．ロールズの基準やハルサニーの基準によって生み出される順序とは異なり，スッピスの評価原理から生み出されるランキングは**不完備**である．これは必ずしも非常に深刻な批判というわけではない．なぜならその順序は，不完備ではあるが，それでも正義に関する考慮を必要とする一連の重要な諸問題を解決するための助けとなるかもしれないからである．

　しかし，評価原理それ自体に関しては非常に重要なただし書きがつけられる可能性がある．すべての比較を同じ個人の好みに基づいて行う結果，個人間の選好の違いがこの原理にほとんど反映されない．次の例を考えよう．2つの帰結のペアは2個人によって享受される財で表現され，外部性はないとしよう．選好の違いに意味を与えるために，個人1を敬虔なイスラム教徒，個人2を信仰深いヒンドゥー教徒とし，問題となる財は豚肉と牛肉であるとしよう．イスラム教徒は牛肉が好きだが，豚肉を嫌悪している．他方，ヒンドゥー教徒は豚肉が好きだが，牛肉を食べるなどと考えるのも耐えられないとしよう．財は無償で処分できると仮定すると，イスラム教徒は異なる量の豚肉に関しては無差別で，ヒンドゥー教徒は異なる量の牛肉に関して無差別である．2つの代替的な結果は x と y で与えられる．

	イスラム教徒	ヒンドゥー教徒
状態 x	豚肉 2，牛肉 0	豚肉 0，牛肉 2
状態 y	豚肉 0，牛肉 1	豚肉 1，牛肉 0

　y が x に対してパレート優位なのは明らかである．なぜなら，イスラム教徒は1単位の牛肉を2単位の豚肉よりも選好し，ヒンドゥー教徒は1単位の豚肉を2単位の牛肉よりも選好しているからである．スッピスによって考案された正義の評価原理はどうであろうか．残念ながら，2人とも x のほうが y よりも正義に適うとみなす．イスラム教徒は $(x, 2)$ を $(y, 1)$ よりも選好し，つまり，

231

牛肉を 2 単位食べることを 1 単位食べることより選好している．また，彼は $(x, 1)$ と $(y, 2)$ に関して，つまり豚肉を 1 単位得ることと 2 単位得ることに関して，無差別である．同様に，ヒンドゥー教徒は $(x, 1)$ を $(y, 2)$ よりも選好し，$(x, 2)$ と $(y, 1)$ に関して無差別である．したがって正義の評価原理により，両者とも x が y よりも好ましいとみなす．しかし，y は x に対してパレート優位である．

　x と y との間で選択を行う場合，x は正義許容的であるが y はそうではない．x が唯一の正義点に対応するゲームを構築し，x が結果となるような戦略を選ぶことについて，スッピスのモデルの観点から倫理的承認を得ることは容易である．この結果はきわめてねじ曲がったものに思える．問題の源は，各個人が自分の立場に加えて他人の立場についても，自分自身の選好に基づいて比較を行うことができるという手続きにある[27]．ハルサニーやロールズのモデルとは異なり，スッピスのモデルでは，ある個人が他者の立場に身を置く場合に，その他者の主観的な特徴（特に好み）を持たなくてはいけないという要請はない．これが困難の源である[28]．

　しかし，この問題は簡単に取り除かれる．他者の立場に身を置くということは，単にその人の客観的境遇を受け入れるだけでなく，自分自身をその他者の主観的特徴に同一化させなくてはいけないだろう．第 9* 章において我々はこれを同一性公理と呼び，それが上記の困難をすっかり取り除くが，それにはいくらかの代償が伴う．この解釈に基づけば，$(x, 1)$ と $(y, 2)$ の比較，あるいは $(x, 2)$ と $(y, 1)$ の比較は，個人間比較にほかならない．しかし，これは実際には重大な損失ではない．これまでの議論から，なんらかの個人間比較を持ち込まなければ正義に関して興味深いことはなにも語れないというのはかなり明らかだからである．スッピスの評価原理に求められた再定式化は，ただこの点を再び思い出させるだけである．

27　George Bernard Shaw, *Man and Superman*, London, 1903 の中の「革命主義者のための格言（Maxims for Revolutionist）」にある「黄金律（The Golden Rule）」，「あなたが他人にしてほしいと思うことを，他人に対してなすべきではない．彼らの好みは同じではないかもしれない」と比較せよ．

28　ヘアのモデルにおいて自分を他人の立場に置くことは，他者の**主観的な特徴**を持つことを含むと想定されているので，スッピスの基準は実は，「普遍化可能性」のテストに合格しない．

9.5.　評価原理，マキシミン，功利主義

　スッピスの評価原理は，彼が考えた 2 個人の世界から n 人の社会へ拡張できる．これは第 9* 章で示される．このように拡張されると（そして同一性公理と組み合わされると），スッピス関係はマキシミン関係と功利主義のどちらにとっても不可欠な要素であるとみなせる．もし（同一性公理が課されたうえで）x が y よりもスッピスの意味で正義に適うならば，x は y よりも厚生の総計が大きくなくてはならないし（功利主義関係），また，x において最も恵まれない個人は y におけるどの個人と比較しても少なくとも同程度に恵まれた状態になければならない（マキシミン関係）（定理 9*5 と 9*7 を参照されたい）．

　これはきわめて重要な性質である．先に言及したように，マキシミン基準と功利主義基準の主張の対立は解決が困難である．それぞれになんらかの魅力的な特徴と魅力的でない特徴を持つ．評価原理は，適切に制限されれば，これら 2 つの最も魅力的な共通要素を捉えるであろう．

　しかし，評価原理は狭義の部分順序を生み出すに過ぎないので，不完備な基準である．この原理が本質的になし得ているのは，個人をまたぐ選択のなかで比較的異論の少ない部分を識別することなのである．この原理はパレート基準を大幅に超えた判断を行う．このことはスッピス関係を n 人の状況に拡張した場合に特に顕著である．可能な個人間置換の数は $n!$，つまり，$n(n-1)(n-2) \cdots 1$ で与えられる．2 個人の場合には個人間置換は 2 通りしかないが，10 人の世界であれば 3,628,800 通りもの異なる個人間置換がある．パレート関係はたったひとつの特定の一対一対応に基づく．これと対照的に，拡張された評価原理を用いれば，10 人の社会では 3,628,800 通りもの**異なる方法**で x が y よりも正義に適うと判定できる可能性があるのである．

　かくて，拡張された評価原理は有用性に富んでいる．この原理は完備な社会的順序を生み出さないとはいえ，マキシミン基準，功利主義，そして個人間比較可能性を伴う他の多くの集団的選択手続きに共通した要素である「支配関係」（つまりベクトルとしての大小関係）を用いることから得られる限りの成果を引き出しているのである．

第 9* 章
非個人性と集団的準順序

9*1.　正義の評価原理

　正義の概念は，第 9 章で見たように，自分を他者の立場に置くという形の「拡張された共感」と深く関係している．

定義 9*1.　(x, i) は社会状態 x のもとで個人 i の立場にあることを表す.

　これまでの議論では，つねに (x, i), (y, i) などの選択肢上の選好 R_i を考えてきた.　ここでは，R_i は，$i \neq j$ であるときにも，(x, i), (y, j) などの選択肢上で定義される.　そのような R_i を**拡張された**個人的順序と呼び，$\tilde{R}_i$ で表そう.

定義 9*2.　$\tilde{R}_i$ は，X と H の直積上で定義される i 番目の個人の選好順序である.　ただし，X は社会状態の集合であり，H は個人の集合である.

補題 9*a.　各個人 i に関する $\tilde{R}_i$ の部分関係は R_i によって定義される.

　証明は，xR_iy がここでは $(x, i)\tilde{R}_i(y, i)$ として定義されることから明らかである.　$\tilde{R}_i$ に対応して $\tilde{R}_i$ と $\tilde{I}_i$ を定義する.

　x が y に対してパレート優位である，つまり $x\bar{P}y$ であるのは，$\forall i: [(x, i)\tilde{R}_i(y, i)]$ & $\exists i: [(x, i)\tilde{P}_i(y, i)]$ であるとき，かつそのときに限られることに注意しよう.

　スッピス（Suppes 1966）は，2 個人のケースにおいて，拡張された共感を用いて，正義の重要な基準を定義した.　ここでは，スッピスのモデルの n 人のケースへの拡張を提示する.　この拡張は，個人 j を個人 k に対応させる $k = \rho(j)$ のような，個人の集合 H から H 自体への一対一対応を含む.　そのような

H と H との間のすべての一対一対応の集合を T としよう．このとき，以下の通り xJ_iy が定義され，「個人 i にとって，x は y よりも正義に適う」と解釈される．

定義 9*3.　X に属するすべてのペア x, y に対して，

$$xJ_iy \leftrightarrow \exists\rho \in T:$$
$$[(\forall j: (x,j)\widetilde{R}_i(y,\rho(j))) \,\&\, (\exists j: (x,j)\widetilde{P}_i(y,\rho(j)))]$$

　個人 i にとって x が y よりも正義に適うのは，以下のような個人の集合からそれ自体への一対一変換が存在するときである．すなわち，その変換のもとで，個人 i が x においてある個人の立場にいることを，y において対応する個人の立場にいることよりも好み，かつ，x において**それぞれの個人の立場にいること**を，y において対応する個人の立場にいることよりも好むか無差別であるときである．

　スッピスは（彼の定理 2 において），彼が考察する 2 個人のケースにおいて，J_i は可能な社会状態上の狭義の部分順序であることを示した．この結果は以下で n 人のケースに一般化される[1]．

定理 9*1.　各 J_i は X 上の狭義の部分順序である．つまり，すべての論理的に可能な拡張された個人的順序の組 $(\widetilde{R}_i)$ に対して，J_i は非対称的かつ推移的である．

証明　任意の $x, y, z \in X$ と，任意の $i \in H$ に対して，

$$xJ_iy \,\&\, yJ_iz$$
$$\rightarrow \exists\rho, \mu \in T:$$
$$[(\forall j: (x,j)\widetilde{R}_i(y,\rho(j))) \,\&\, (\exists j: (x,j)\widetilde{P}_i(y,\rho(j))) \,\&$$
$$(\forall k: (y,k)\widetilde{R}_i(z,\mu(k)))]$$

1　しかし，我々はスッピスの証明方法を用いることはできない．なぜなら，彼はすべてのありうる場合を完全に調べることによってこの結果を示したが，この方法は，彼が考えた 2 個人の状況ではうまくいくものの，一般的な n 人の状況ではまったくうまくいかないからである．

$$\to [(\forall j : (x, j) \widetilde{R}_i(z, \pi(j))] \,\&\, [\exists j : (x, j) \widetilde{P}_i(z, \pi(j))]$$

ただし，$\pi(j) = \mu(\rho(j))$ とする．π も H と H との間の一対一対応であること，つまり $\pi \in T$ であることから，$x J_i z$ となり，これで推移性が証明された．

　非対称性は背理法で証明される．ある $x, y \in X$ について $x J_i y \,\&\, y J_i x$ であると仮定しよう．このとき，T の中に以下のような ρ と μ が存在する．

$$\forall j : (x, j) \widetilde{R}_i(y, \rho(j)) \tag{1}$$
$$\&\, \forall k : (y, k) \widetilde{R}_i(x, \mu(k)) \tag{2}$$
$$\&\, (\exists j : (x, j) \widetilde{P}_i(y, \rho(j)) \tag{3}$$

一般性を失うことなく，(3) が成り立つ特定の個人 j を個人 1 と呼ぶことにしよう．(2) と (3) より，$\pi(j) = \mu(\rho(j))$ について，

$$(x, 1) \widetilde{P}_i(x, \pi(1)) \tag{4}$$

となる．明らかに $\pi(1) = 1$ は不可能である．一般性を失うことなく，$\pi(1)$ を個人 2 と呼ぶことにしよう．(1) と (2) より，

$$(x, 2) \widetilde{R}_i(x, \pi(2)) \tag{5}$$

となる．$\pi(1) = 2$ であり，π は一対一対応であるから，明らかに $\pi(2) = 2$ となるのは不可能である．また，$\pi(2) = 1$ も不可能である．なぜなら，そのときには (4) と (5) が矛盾するからである．$\pi(2) = 3$ としよう．

　この手順を異なる個人 $3, 4, 5, \ldots, n$ に対して進めていくと，

$$(x, 3) \widetilde{R}_i(x, 4)$$

$\cdot$

$\cdot$

$\cdot$

$$(x, n-1)\widetilde{R}_i(x, n) \tag{6}$$

を得る。（4），（5），（6）から，

$$(x, 1)\widetilde{P}_i(x, n) \tag{7}$$

となる。（1）と（2）より，

$$(x, n)\widetilde{R}_i(x, \pi(n)) \tag{8}$$

となることがわかる。しかし，π は一対一対応であり，$\pi(n)$ は $2, 3, \ldots, n$ ではあり得ないので，$\pi(n) = 1$ でなくてなはならない。（7）と（8）は矛盾するので，我々の当初の仮定は支持されず，よって J_i は非対称的である。これで証明は完結する。

よって，スッピスの正義の関係 J_i は，狭義の部分順序，すなわち，スッピスが定義した（非対称的で推移的な）「評価原理」である。しかしながら，これは第 2* 章で定義された集団的選択ルールではない。なぜなら，J_i は R_i の集合だけではなく $\widetilde{R}_i$ にも依存しており，各 R_i は $\widetilde{R}_i$ の部分関係に過ぎないからである。我々は次節において，より一般的に集団的選択ルールを定義し直す。

9*2. スッピスとパレート

定義 9*4. 一般集団的選択ルール（General Collective Choice Rule, 以下 GCCR）とは，任意の n 個の個人的順序の組 $(\widetilde{R}_i, \ldots, \widetilde{R}_n)$ に対して，社会状態の集合 X 上の社会的選好関係 R を 1 つ，そしてただ 1 つ特定する関数関係である。ただし，各 $\widetilde{R}_i$ は X と H の直積上の順序である。

ここで n 人のケースに一般化されたスッピスの評価原理は，GCCR のある集合となる。実際それは，1 つの，そしてただ 1 つの $\widetilde{R}_i$ に基づいて $R = J_i$ を決定するという特別な形をとり，それゆえに n 人の個人がいる場合には n 個の

代替的な原理が存在する.

　しかし，次の結果は憂慮すべきものに思える.

定理 9*2. 　個人の数が 2 以上のとき，ある論理的に可能な個人的選好の集合 $(\widetilde{R}_i, ..., \widetilde{R}_n)$ に対して，弱パレート原理における強関係（the weak Pareto strict relation）$\overline{\overline{P}}$ は，$i = 1, ..., n$ に対する各 J_i と両立不可能となる［訳注：本書第2*章によれば，$\overline{\overline{P}}$ の定義は，$\forall x, y \in X, xPy \leftrightarrow \forall i: (x, i)\widetilde{P}_i(y, i)$ である．これは「弱パレート原理」の定義に含まれる強関係である］.

証明 　個人は $1, ..., n$ と番号づけされているとしよう．$j < n$ について $\mu(j) = j + 1$ であり，$\mu(n) = 1$ となるような $\mu \in T$ を考える.

　あるペア $x, y \in X$ について，各個人 i の次のような選好ランキングを考えよう．すべての j に対して，

$$(x, \mu(j))\widetilde{P}_i(y, j) \tag{9}$$
$$(y, i)\widetilde{P}_i(x, i) \tag{10}$$

とする．μ の逆関数を μ^{-1} と表すと，(9) と (10) よりすべての i に対して以下が得られる.

$$[(x, \mu(i))\widetilde{P}_i(y, i)] \& [(y, i)\widetilde{P}_i(x, i)] \& [(x, i)\widetilde{P}_i(y, \mu^{-1}(i))] \tag{11}$$

2 人以上の個人がいる，すなわち $n > 1$ の社会において，上で定義された $\mu(i)$ は i と同じではなく，また i も $\mu^{-1}(i)$ と同じではない．したがって，(9) と (10) において矛盾はない．各 $\widetilde{R}_i$ に対して，(9) は共通な要素のない n 個の順序づけられたペアを定義し，さらに (10) と合わせると，4 つの要素に関する 1 つの強順序，すなわち (11) で与えられる順序を得る.

　(9) 及び (10) と整合的な任意の $(\widetilde{R}_i)$ の組を考える．(9) より，各 i に対して $xJ_i y$ であることは直ちに明らかである．また，(10) より $y\overline{\overline{P}}x$ も明らかである．これで定理が証明された[2].

239

集団的選択と社会厚生（1970 年）

次の系が直ちに得られる.

系 9*2.1. 個人の数が 2 以上のとき，ある論理的に可能な個人的選好の組 $(\tilde{R}_1, ..., \tilde{R}_n)$ に対して，強パレート関係 $\overline{P}$ は，$i = 1, ..., n$ に対する各 J_i と両立不可能となる.

これは $\forall x, y \in X: x\overline{P}y \to x\overline{P}y$ から導かれる. 評価原理は弱パレート原理と矛盾することがあるのだから，強パレート原理と矛盾することがあるのは確かである.

9*3. 同一性公理と評価原理

パレート準順序が正義の狭義の部分順序と矛盾する問題は，人びとの拡張された選好 $\tilde{R}_i$ にある制限を課すことによって除去することができる. 第 9 章で議論した同一性公理は，拡張された共感の実践の重要な一部として倫理的根拠に基づいて正当化できるが，この目的にも役立つ.

公理 9*1. 同一性：$\forall x, y \in X:$

$$[\forall i: ((x, i)\tilde{R}_i(y, i) \leftrightarrow \forall j: (x, i)\tilde{R}_j(y, i))]$$

各個人 j は自分自身を個人 i の立場に置く際に，i の嗜好や選好を受け入れる.

定理 9*3. 同一性の公理のもとでは，各個人 i に対して，$\overline{P}$ は J_i と両立可能であり，さらに $\forall x, y \in X: [x\overline{P}y \to xJ_i y]$ となる.

2　2 人の場合における簡単な例は次のように与えられる.
　$[(x, 2)\tilde{P}_1(y, 1)] \& [(x, 1)\tilde{P}_1(x, 1)] \& [(x, 1)\tilde{P}_1(y, 2)]$ かつ
　$[(x, 1)\tilde{P}_2(y, 2)] \& [(y, 2)\tilde{P}_2(x, 2)] \& [(x, 2)\tilde{P}_1(y, 1)]$ のとき，$i = 1, 2$ について $xJ_i y$ であるが，$y\overline{P}x$ である.

証明　任意の $x, y \in X$ に対して，

$$x\overline{P}y \rightarrow [(\forall i: (x, i)\widetilde{R}_i(y, i)) \& (\exists i: (x, i)\widetilde{P}_i(y, i))]$$
$$\rightarrow \forall i: [(\forall j: (x, j)\widetilde{R}_i(y, i)) \& (\exists j: (x, j)\widetilde{P}_i(y, j))]$$
$$\rightarrow \forall i: xJ_i y$$

より強い仮定が次の完全同一性公理によって与えられる．

公理 9*2.　完全同一性：$\forall i, j: \widetilde{R}_i = \widetilde{R}_j$.

完全同一性の公理のもとでは，すべての個人 i, j に対して $J_i = J_j$ となるのは自明である．完全同一性公理のもとでは下付きの文字はなにも違いを生まないので，下付きの文字なしで $\widetilde{R}$ や J と表すことができる．

9*4.　正義のマキシミン関係

いまや，ロールズ（Rawls 1958, 1963a, 1967）によって提唱された正義の基準を定式化することができる．ロールズは厚生測度について論じ，マキシミン値を見出しているが（第 9 章を参照），彼の基準は順序のみによって表現できるほど一般的である．我々は $\widetilde{R}$ と表記するが，これはある個人 i の拡張された順序 $\widetilde{R}_i$ の下付きの文字を落としたものとしても解釈できるし，または完全同一性公理のもとですべての個人 i にとっての $\widetilde{R}$ と解釈することもできる．前者の解釈では，ロールズ関係（the Rawls relation）はある特定の個人による正義についての判断を反映し，後者の解釈においてはすべての個人の正義についての判断を反映する．正義のマキシミン関係は M で表される．

定義 9*5.　X に属するすべてのペア x, y に対して，

$$xMy \leftrightarrow [\exists k: (\forall i: (x, i)\widetilde{R}(y, k))]$$

もし社会状態 x において誰になろうとも，状態 y において，ある個人 k になるより悪くないのであれば，x は y と少なくとも同程度に正義に適う．

定理 9*4. もし $\tilde{R}$ が X と H の直積全体の上に定義されるならば，正義のマキシミン関係 M は社会状態の集合 X 上の順序を定義する．

証明 M が反射的であるのは明らかである．推移性は，次のように証明される．

$$\forall x, y, z \in X: xMy \,\&\, yMz$$
$$\to [\exists k: (\forall i: (x, i)\tilde{R}(y, k))] \,\&\, [\exists j: (\forall i: (y, i)\tilde{R}(z, j))]$$
$$\to [\exists j: (\forall i: (x, i)\tilde{R}(z, j))]$$
$$\to xMz$$

最後に，M の完備性が背理法で証明される．ある $x, y \in X$ について $\sim(xMy)$ & $\sim(yMx)$ と仮定しよう．明らかに，

$$\sim[\exists k: (\forall i: (x, i)\tilde{R}(y, k))] \,\&\, \sim[\exists j: (\forall i: (y, i)\tilde{R}(z, j))]$$

これは，$i = 1, ..., n$ 及び $j = 1, ..., n$ とするときの集合 $\{(x, i) \cup (y, j)\}$ が $\tilde{R}$ に関して最小（「最悪」）の要素を持たないことを意味している．しかし，この集合は有限で $\tilde{R}$ は順序なので，これは不可能である[3]．

任意に与えられた $\tilde{R}$ に対して，スッピスの正義の関係 J はロールズの正義の関係を含意するが，逆は成り立たない．

定理 9*5. 任意に与えられた $\tilde{R}$ と X のすべての要素 x, y に対して，$xJy \to xMy$ である．しかし，逆は成立しない．

---

3 補題 1*j を参照せよ．最小要素の存在は，最善要素の存在とまさに同じ方法で示される．

証明

$$xJy \to \exists \rho \in T: [\forall j: (x, j)\widetilde{R}(y, \rho(j))]$$
$$\to \exists k: [\forall j: (x, j)\widetilde{R}(y, k)]$$
$$\to xMy$$

逆を確かめるために，2 個人かつ 2 つの状態からなる世界で，次のような順序 $\widetilde{R}$ を考えよう．$(y, 1)\widetilde{P}(x, 1)$, $(x, 1)\widetilde{P}(x, 2)$ かつ $(x, 2)\widetilde{P}(y, 2)$．明らかに，$xMy$ であるが，$\sim(xJy)$ である．

しかし，完全同一性の公理のもとであっても，パレート関係 $\overline{P}$（及びスッピス関係 J）はロールズの強選好関係を含意しないことに注意せよ[4].

補題 9*b.　完全同一性の公理のもとでも，$\exists \widetilde{R}: [x\overline{P}y \,\&\, yMx]$ である．

証明　以下のような X に属するペア x, y と 2 個人 1, 2 を考える．すなわち，$(x, 1)\widetilde{P}(y, 1)$, $(y, 1)\widetilde{R}(x, 2)$, かつ $(x, 2)\widetilde{I}(y, 2)$ である．$i = 1, 2$ に対して $(y, 1)$ $\widetilde{R}(x, 2)$ なので，yMx である．しかし，$x\overline{P}y$ である．この例が任意の数の個人のケースに拡張できるのは自明である．

しかし，強パレート選好 $\overline{\overline{P}}$ は，強ロールズ関係をまさしく含意する．そしてもちろん，弱パレート選好は，弱ロールズ関係を含意する．

定理 9*6.　完全同一性の公理のもとでは，X のすべての要素 x, y に対して，

　（1）　$x\overline{R}y \to xMy$, かつ
　（2）　$x\overline{\overline{P}}y \to [xMy \,\&\, \sim(yMx)]$

4　しかしながら，パレート関係 $\overline{P}$ は第 9 章の脚注 12 で定義した辞書式マキシミンルールのもとでの強い選好を含意する．

証明　X のすべての要素 x, y に対して：

$$x\overline{R}y \rightarrow \forall i: (x, i)\widetilde{R}_i(y, i)$$
$$\rightarrow \exists k: [\forall i: (x, i)\widetilde{R}(y, k)]$$
$$\rightarrow xMy$$

よって（1）が成り立つ.

$$yMx \rightarrow \exists k: [\forall i: (y, i)\widetilde{R}(x, k)]$$
$$\rightarrow \exists k: (y, k)\widetilde{R}_k(x, k)$$
$$\rightarrow \sim(x\overline{\overline{P}}y)$$

この結果と，$x\overline{\overline{P}}y \rightarrow x\overline{R}y$ かつ，（1）より $x\overline{R}y \rightarrow xMy$ であることを合わせると，（2）が成り立つ.

9*5.　正義と集計

　正義の諸関係を第 7* 章で論じた集計的関係と比較するのは興味深い．このために，スッピス関係 J のより弱い形を考えると便利である.

定義 9*6.　X のすべての要素 x, y に対して,

$$xO_i y \leftrightarrow \exists \rho \in T: [\forall j: (x, j)\widetilde{R}_i(y, \rho(j))]$$

$xJ_i y$ は $xO_i y \,\&\, \sim(yO_i x)$ と同値であることが確かめられる.

　xMy であるためには xOy で十分であり，xJy は必要ないことに気づけば，定理 9*5 を強めることができる.

系 9*5. 1.　任意に与えられた $\widetilde{R}$ と，X のすべての要素 x, y に対して，$xOy \rightarrow xMy$ である．しかし，逆は成り立たない.

証明は定理 9*5 と同じである.

証明はしないが, 次の結果に注意せよ.

補題 9*c. 各 O_i は X 上の準順序である. すなわち, 拡張された個人的順序の論理的に可能なすべての組 $(\tilde{R}_i)$ に対して, O_i は反射的かつ推移的である.

すべての i 及び X のすべての要素 x に対して定義される任意の実数値厚生関数 $U(x, i)$ を考えよう.

定義 9*7. X のすべての要素 x, y に対して, xAy, すなわち, x が y と少なくとも同じ大きさの厚生総計を持つのは,

$$\sum_i [U(x, i) - U(y, i)] \geqq 0$$

のとき, かつそのときのみである.

任意の U に対して, A は明らかに順序である.

次に, 任意の特定の $\tilde{R}$ に対する A と O の関係に目を向けよう.

定理 9*7. U が $\tilde{R}$ の実数値表現であるならば, O は A の部分関係である.

証明 xOy を仮定し, ある ρ に対して, すべての j について $(x, j)\tilde{R}(y, \rho(j))$ であるとする. このとき, $\Sigma_i[U(x, i) - U(y, i)] = \Sigma_j[U(x, j) - U(y, \rho(j))] \geqq 0$ である. よって, xAy となる. さらに, もし xJy ならば, ある j について (x, j) $\tilde{P}(y, \rho(j))$ となり, したがって xAy & $\sim(yAx)$ である.

ここで, 第 7* 章のモデルで表せば, どの U もある特定の $W \in L$ に対応し, $W_i(x) = U(x, i)$ となる.

系 9*7.1. 個人的厚生の測定可能性と個人間比較可能性に関するどの仮定のもとでも, 各 $W \in \bar{L}$ が $\tilde{R}$ の実数値表現であるならば, O は R^a の部分関係である.

証明は定理 9*7 より直ちに得られる．

基数性の仮定は必要ないことに注意しなくてはならない（7*4 節を参照）．厳密な序数性のもとで，与えられた $\tilde{R}$ は序数的な個人的厚生水準の完備な個人間比較を表す．しかし，厳密な基数性のもとでも，ある特定の $\tilde{R}$ は完全比較可能性より弱い比較可能性を表す $\bar{L}$ と共存できる．なぜなら，U のもとにある順序を変えないような個人間の原点や単位の変化は認められるからである．

第10章
多数決とそれに関連するシステム

10.1.　多数決による決定方法

　すべての集団的選択ルールのうち，多数決による決定方法はおそらくどんな方法より研究されてきた．すでに1770年にはボルダが投票手続きに関して洗練された研究をしており，1785年までにはコンドルセが多数決の分析的な問題を数多く検討していた．19世紀には多数決投票への関心が広まり，その研究はラプラス（Laplace 1814）やルイス・キャロル（すなわちC. L. Dodgson (1876)）など，多様な研究者を惹き付けていた[1].

　［個人的意思の社会的集計の］システムとして，多数決ルールは様々な類型の集団的選択において用いられる．その幅広い魅力を理解することは容易である．集団的選択ルール（CCR）として，多数決ルールはパレート原理（条件 P と P^*），定義域の非制約性（条件 U），非独裁性（条件 D），無関係な選択肢からの独立性（条件 I），中立性（条件 N），匿名性（条件 A），正の反応性（条件 S），その他の多くの魅力的な条件を満たしている．実際，定理 5*1. が示しているように，多数決による決定方法（MMD）は決定力を持つCCRのうちで，これらの性質を満たす（実際，条件 U, N, A, S を満たす唯一の）ルールなのである．

　MMDの欠陥もまた重要である．第一に，第3章と第4章で指摘したように，MMDは非推移性，さらには非循環性につながる可能性がある．第3章で論じた有名な「投票のパラドックス」の状況は，その簡潔な例である．社会厚生関数（SWF）として，または社会的決定関数（SDF）としてすら，個人的選好次第ではMMDがうまく機能しない状況があるのである．

　第二に，MMDは条件 L や L^* に反しており，個人の自由が発揮される機会

1　多数決の研究の歴史については，Black (1958) 及び Riker (1961) を参照せよ.

をほとんど与えない．もし過半数の人びとが私に毎朝2時間逆立ちしてほしがっているのであれば，私がこの過酷な期待についてどう思っているかとは無関係に，MMDはこれを社会的に望ましい状態とするだろう．多数決ルールの熱烈な支持者たちでさえMMDを適切な社会的決定手続きとして推薦するのをためらうような選択領域があるだろう．しかし，もしMMDがある選択には用いられるが他の選択には用いられないことになれば，第6章で起こったような非整合性の問題が発生しうる[2]．あるひとつの選択においてはある選択手続きを用いるが，他の選択においては別の手続きを用いることにすれば，深刻な整合性の問題を引き起こすことになる．もちろん，MMD自体が非推移的であって，非循環性さえ満たさないのだが，MMDを他のルールと組み合わせることは，問題に新たな一面を加えるように思われる．それにもかかわらず，混合的な選択手続きは，社会的選択のあらゆる領域において断固としてMMDに固執するよりも，多くの人びとに好まれるかもしれない．

　第三に，MMDは選好の強度をまったく考慮しないが，問題となるのは単にxをyよりも選好する**人数**やyをxより選好する**人数**だけではなく，各個人がある選択肢をどの**程度**他の選択肢よりも好んでいるのかということだ，と論じる余地はある．第8章で言及したように，個人間比較可能性なしに基数性を持ち込むことはそれほど有効ではないが，（必ずしもそれほど強くなくても）なんらかの比較可能性があれば，多くのことを達成することができる．第7章は，功利主義がひとつの特殊例となる集計手続きを，かなり弱い仮定のもとで検討した．その集計手続きはMMDの重要なライバルになりうるかもしれない．

　最後に，選好の相対的な強度を無視すること以外にも，MMDは異なる個人の絶対的厚生水準のいかなる比較をも無視している．MMDはそのような判断を「私は状態xにあることを状態yにあることより選好するだろう」という形式で考慮するが，「私は状態xにおいてA氏でいることを状態yにおいてB氏でいることより選好するだろう」という形式では考慮していない．これは，ある観点から考えれば利点でもある．特に，後者の種類の選好は集計するのが難しく，集団的選択の実践においてうまく機能しにくい．他方，MMD（そし

2　実際，これは定理6*1～6*3より明らかである．なぜならば，MMDはパレート原理を前提としているからである．

て実際には $\tilde{R}$ ではなく個人的順序 R_i に基づくすべての CCR）のこの特徴によって
その魅力から我々の注意が逸らされる．第 9 章で論じた公正と正義の概念を考
慮した基準は，MMD と相容れないだろう．

　制度的手続きとして，MMD は不完全なコミュニケーションの世界でも効果
的に個人的順序を利用できる長所を持っている．選好の強度とか厚生の相対的
な測定は個人間の文脈では取り扱いが難しい．我々の価値判断は，これらの概
念を用いるかもしれないが，これらを組み合わせて操作的に利用することは容
易ではない．また，どの選択が本当に私的なものであり，どの選択が他者に関
係しているのか，ということを決定することにも，実践的な困難がある．
MMD は実用的な手続きであり，これらの複雑さをすべて無視している．無関
係な選択肢からの独立性，中立性，そして匿名性がもたらす利点を活かして，
MMD は簡便な制度の形式をとっているのである．その粗暴さはやや気になる
とはいえ，その単純さ，対称性，そして素朴な論理が，多くの人びとにとって
魅力となるのだろう．

10.2.　循環的な多数決の確率

　多数決の非整合性の問題はどのくらい深刻だろうか．「多数決の勝者」が存
在しない確率，つまり他のどの選択肢と比較しても過半数を獲得できる選択肢
が存在しない確率は，どのようなものだろうか．答えるのが難しいこれらの疑
問に取り組む試みは数々なされてきた[3]．そのなかでも，ギルボー（Guilbard
1952），ライカー（Riker 1961），キャンベルとタロック（Cambell and Tullock
1965, 1966），クラール（Klahr 1966），ウィリアムソンとサージェント
（Williamson and Sargent 1967），ガーマンとカミエン（Garman and Kamien
1968），ニエミとワイスバーグ（Niemi and Weisberg 1968），ド・メイヤーとプ
ロット（De Meyer and Plott 1969）らが，広範囲にわたる研究を行ってきた．
　これらの確率計算のすべてにおいて，異なる個人的順序の確率分布に関して
各個人ごとになんらかの仮定を置く必要がある．なかでも単純で多くの研究者

3　多数決の非整合性の問題に関する非常に優れた概観として，Riker（1961）を参照されたい．

表 10.1. 3 つの選択肢において多数決
勝者がいない確率

個人の数	確率	個人の数	確率
1	0.0000	17	0.0827
3	0.0556	19	0.0832
5	0.0694	21	0.0836
7	0.0750	23	0.0840
9	0.0780	25	0.0843
11	0.0798	…	
13	0.0811	∞	0.0877
15	0.0820		

を惹き付けてきた仮定は，各個人がすべての選好を等しい確率で持つというものである[4]．強順序のみに分析を限定して，ギルボー（Guilbaud 1952）は［この仮定のもとで］循環的多数決の確率はわずかに 8.77% だという計算結果を示している．ガーマンとカミエン（Garman and Kamien 1968），及びニエミとワイスバーグ（Niemi and Weisberg 1968）は，表 10.1 が示すように，投票者の数の変化に対応して，多数決勝者がいない状況の確率の正確なパターンを導いた．この表では選択肢が 3 つのみ，個人の選好は厳密な順序，各選好は等しい確率で起こりうることが仮定されている．

　ここで注意を喚起したい点として，袋小路に陥る確率はそもそも顕著な高さではないが，個人の数の増加につれてその数値は増加する．その増加率は最初のうちこそ急速に高まるが，まもなく感応度は鈍くなって，投票者の数が 9 を超えると，どの数への増加に対しても，袋小路の可能性は 1% も増えることはなくなるのである．総括的にいえば，ギルボーが指摘したように，多数決勝者が存在しない可能性は 11 回に 1 回よりも小さいのである．

　だが，この機能不全に陥る確率は，選択肢の数には大きく反応する．表10.2 には，個人の数が非常に大きい場合に，異なる選択肢の数に応じた多数

4　ガーマンとカミエン（Garman and Kamien 1968）は，この仮定を「不偏的文化」と名付けた．これは事実としては疑わしい仮定に対する，多分に不適切な名称であるように思われる．この「不偏的文化」において，私が明け方に断首されることと，生き続けることとの間で選択できるとすると，私がどちらかを他方よりも選好する確率は，ちょうど1/2となる．私にはこれは承服できない．

表 10.2.　多数決勝者が存在しない確率の極
限値

選択肢の数	確率	選択肢の数	確率
1	0.0000	20	0.6811
2	0.0000	25	0.7297
3	0.0877	30	0.7648
4	0.1755	35	0.7914
5	0.2513	40	0.8123
10	0.4887	45	0.8292
15	0.6087		

決の勝者が存在しなくなる確率が示されている．その出典はニエミとワイスバー
グ（Niemi and Weisberg 1968）である．

　選択肢の数が増加するにつれて，循環的多数決の確率は 1 に向かって急速に
上昇していくように思われる．

　これはいささか意気消沈させる結果に思えるかもしれないが，実際にはそう
でもない．なぜなら，等確率の仮定はかなり特殊なものであって，重要な意味
において社会の存在を否定することを意味するからである．人びとの評価や彼
らの個人的・集団的関心に対応して，個人的選好の間にはかなりの相互作用が
あるだろう．個人的選好は，すべての実行可能な選択肢上でルーレットを回し
て決まるものではなく，特定の社会的，経済的，政治的，文化的な影響力によ
って決まるものである．このことは，個人的選好の組においてなんらかのパタ
ーンを容易に生み出す可能性がある．ちなみに，このパターンは必ずしも合意
されたパターンではないことも指摘したい．鋭い意見の対立の存在が，整合的
で推移的な多数決を生み出すかもしれないのである．例えば，ある 2 つの階級
が存在する社会において，1 つの階級（例えば資本家階級）のすべての人びとが，
別の階級（例えば労働者階級）のすべての人びとと正反対の選好を持つ形で
「階級闘争」が起こっている場合，各階級の人びとの数には関係なく，多数決
は推移的になる[5]．そのような鋭い対立がない場合でさえ，選択の非整合性を

5　循環的多数決の発生確率が等確率（「不偏的文化」）の場合より大きくなる文化は，ガーマンとカ
　　ミエン（Garman and Kamien 1968, p. 314）によって「敵対的」文化と呼ばれている．これは誤
　　解を招く表現である．なぜなら，2 つの階級間の敵対は，多数決ルールの整合性を強固なものに

回避できる個人的な選好のパターンは存在する[6].

　生じうる順序に関する（必ずしも等確率ではない）任意の確率分布を前提に，ガーマンとカミエン（Garman and Kamien 1968），及びニエミとワイスバーグ（Niemi and Weisberg 1968）は，多数決勝者がいない確率に関する一般的な公式を得た[7]が，これらの結果の解釈は容易ではない．この確率分布は，すべての個人に対して差別なく当てはまると仮定されている．しかし，社会的選択肢の性質や，異なる個人の嗜好，階級的背景などの差異に対応して，人びとが持つ選好順序の確率分布は，本質的に異なるかもしれない．これらの確率的モデルでは，適切な仮定の選択に関するこれらの疑問に答えることは容易ではないのである[8].

　また，研究の動機や解釈に関する根本的な疑問もある．個人的順序の確率分布とはなにを表現しているのかは，必ずしも自明ではない．これらの確率分布は，どのような社会状態と，どのような個人が存在するのかは知っていても，彼らが持つ順序は知らない外部観察者が持つ**主観確率**なのだろうか．または，同じ社会ないし異なる社会に異なる時点に登場する異なるタイプの順序の**頻度確率**なのだろうか．後者の解釈を採用するのであれば，利用可能な選択肢の集合は同一にとどまりつつ，選択肢上の選好順序だけは変化するというのは，どのような状況を意味するものだろうか．実際には，選択可能な選択肢の集合は時代や社会で変化するものではなかろうか．前者の解釈を採用する場合には，考察される主観確率は，観察者が依拠する情報源及び彼が無知や不確実性に対してとる態度（例えば「不十分理由」の原理（principle of 'insufficient reason'）を

する可能性があるからである．

6　これらの点については次節で考察する．確率的アプローチの文脈では，ウィリアムソンとサージェント（Williamson and Sargent 1967）のアプローチが重要であって，彼らは異なる個人の選好のわずかな結合でさえ，推移性の確率を高めることを示している．しかし，彼らによる「わずか」の定義には，問題が残されている．

7　ある個人が順序 t を選ぶ確率を S_t とし，順序 t を選んだ個人の数を表す確率変数を r_t とすると，m 人の個人と n 個の選択肢が存在する社会において，多数決勝者が存在しない確率 P は，以下のように与えられる．

$$P = \sum_{r \in R} \binom{m}{r_1, r_2, \ldots, r_{n!}} \prod_{t=1}^{n!} S_t^{r_t}.$$

8　Niemi and Weisberg（1968, p. 318）を参照せよ．また，Klahr（1966, pp. 385-6）も参照せよ．

受け入れるか拒絶するか）に，大きく依存することになるだろう．

　もっときちんと定義されて，的確な重要性を持つ疑問は，以下のようなものである．実行可能な選択肢の集合 X，個人の集合 H，そして各 $i \in H$ が X 上で持つ個人的順序 (R_i) の（現在から T 期の間の）時間上の変化を所与として，現在から T 期までのそれぞれの期において，どの程度の割合で MMD の多数決勝者が現れず，どの程度の割合で多数決勝者が現れるだろうか．このような社会で MMD を推奨（または却下）する以前に，この疑問への答えを得ることに関心を持つのは当然とはいえ，これは所与の個人の集合や，所与の選択肢の集合上の確率的な定式化に基づいて答えられる疑問ではない．しかし，これらの研究を，異時点（や異なる社会）における個人や選択肢，そして順序のパターンの変化を含めた形で拡張することは容易ではない．この拡張のためには，近い将来にこの分野で見通されるよりも，はるかに多くの実証研究が要求されることになると思われる．

　だが，先に報告した確率の計算は，循環的多数決に関する観察者の主観確率を得るという，はるかに限定された問題に関わるものである．この限定的な研究は軽率に棄却されるべきではない．なぜならば，この確率はたしかに CCR に関する合理的思考を促進するからである．とはいえ，この研究が持つ相対的に限定的な性質は，考慮にとどめられるべきである．

10.3.　制約された選好

　循環的多数決の問題に対するもうひとつのアプローチは，ブラック（Black 1948a）とアロー（Arrow 1951）によって嚆矢を放たれた．彼らは個人的選好順序の集合が「単峰型選好（single-peaked preference）」と呼ばれるひとつの峰を持つ分布を形成する限り，個人の総数が奇数であれば，多数決が推移的になることを証明した．このアプローチは，（確率的アプローチとは異なって）数の分布ではなくて，選好の定性的なパターンを利用している．

　単峰性はある程度の政治的な合理性を持つ性質である．もし個人が選択肢をなんらかの 1 次元の視点（例えばその選択肢がどのくらい「左翼的」か）で分類して，どの選択肢のペアから選択する際にも，自分が最善とする立場に近い順

に候補者に投票するときには，その選好パターンは単峰型であるという．例えば，極左（EL），穏健左派（ML），中道左派（JL），中道派（DC），中道右派（JR），穏健右派（MR），極右（ER）の立場をとる候補者に対する投票を考える．極左支持者はこれらの候補者を（逓降順に）EL，ML，JL，DC，JR，MR，ER の順に並べるだろう．極右支持者はこれらの候補者を ER，MR，JR，DC，JL，ML，EL の順に並べるだろう．中道派の支持者は2つの鎖状順序——DC，JR，MR，ER が構成する（逓降順の）鎖状順序と，DC，JL，ML，EL が構成する（逓降順の）鎖状順序——から形成される順序を持つ．同様に，中道左派の支持者は2つの鎖状順序——JL，DC，JR，MR，ER が構成する（逓降順の）鎖状順序と，JL，ML，EL が構成する（逓降順の）鎖状順序——から形成される順序を持つ状況である．投票者の数が奇数ならば，投票者の総数や彼らの選好の分布とは無関係に，この場合に多数決は推移的となる．

　単峰型選好という表現は，選択肢を左右に伸びる水平線上に配置して，人びとの厚生水準または効用を縦軸に表示することによって，図形的に理解することができる．こうすれば，すべての効用曲線はひとつの峰を持つグラフになる．

　このちょっとした図示は有用ではあるが，いくつかの注意が必要である．第一に，個人的選好の効用表現が不可能な選好であっても，単峰型選好であることは依然として可能である．なぜならば，単峰性は順序の組に関する性質であり，効用関数の組に関する性質ではないからである．第二に，選択肢を横軸に配置する際に，単峰性は任意の並べ方に対して効用曲線の集合が単峰型になることを要求してはいない．この条件が，効用曲線が単峰性を示すような選択肢の配置方法が，少なくともひとつ**存在する**ことを要求するものであることは，明らかである[9]．第三に，厳密にいえばすべての選択肢が単峰的な形で配置可能である必要はない．必要なことは，3つの選択肢が構成する集合（「3つの選択肢集合」）の各々は，単峰型に配置可能でなくてはならないということである．後者は前者より弱い条件だが，所望の結果のためにはそれで十分なのであ

9　実際，単峰性は方向とは独立であるので，適切な配置方法がひとつ存在すれば，反対方向の配置も同様に機能するので，2つの適切な配置可能性が存在することになる．「展開法理論（unfolding theory）」に基づく単峰性の分析については，Coombs（1964, Chaps. 9 and 19）を参照せよ．

る．最後に，アロー（Arrow 1951）は，ある条件のもとでは効用曲線に水平部分があることまで許容する．こうしてみると，単峰型選好の図形的な表現は，思いのほか複雑なのである．

　単峰型選好の条件の実相はこうである．x, y, z が，3つの選択肢を正しく配置する方法であれば，x を y との比較で少なくとも同程度に望ましいと判断するどの個人も，y を z よりも厳密に選好しなければならない．同様に，z を y と比較して少なくとも同程度に望ましいと判断するどの個人も，y を x より厳密に選好しなければならない．当然このことは，どの個人の判断によっても y は最悪の選択肢ではないこと，すなわち，どの個人も y を他の選択肢のいずれかよりも選好することを意味している．他の配置方法，すなわち (y, z, x)，(z, x, y) のいずれかに基づけば，単峰型選好の条件は，それぞれ z が最悪ではないこと，x が最悪ではないことに帰着する[10]．このように，単峰性は部分的な合意という特徴——ある特定の選択肢は3つの選択肢集合のなかで最悪ではないという点に，全員が一致しているという特徴——と同値なのである．

　この事実から，次の問題——全個人の選好順序が，ある選択肢が最善ではないとか，ある選択肢が中間ではないという点で一致する場合はどうなのかという問題——が直ちに提起される．実のところ「評価制約」[11] と呼ばれるこれらの一般化された条件のもとにおいても，多数決はうまくいくのである．評価制約（Value Restriction，以下 VR）と呼ばれるこの条件が任意の3選択肢集合で満たされるなら，投票者の数が奇数である限り，多数決ルールは推移的となるのである．VR の同じサブ・クラスの条件がどの3選択肢集合でも［一様に］満たされる必要はない．ひとつの3選択肢集合に対してはある選択肢が最善ではないが，別の3選択肢集合に対してはある選択肢が最悪ではなく，さらに別の3選択肢集合に対してはある選択肢が中庸ではないという場合にも，多数決の推移性は依然として成立する．実際には，推移性の条件はさらに弱めることが可能である．3つの選択肢集合のなかの3つの選択肢全体について無差別な

10　(z, y, x), (x, z, y), (y, x, z) という配列方法に基づく単峰性は，上掲した3つの配列方法に基づく単峰性とそれぞれ正確に同値なので，本文中の考察はすべての可能性を網羅しているわけである．

11　Sen（1966a）を参照されたい．また，Vickrey（1960），Inada（1964b），Ward（1965），Majurndar（1969b）も参照のこと．

個人は，VR を侵犯するが，彼らは推移性に対する深刻な問題を引き起こすことはないのである．3 つの選択肢集合の全体について無差別な個人——以下では「無関心な」個人——の存在を許容しても，「関心を持つ」個人の数が奇数である限り，多数決の推移性を保証するうえで，差し障りはないのである．

だが，個人の数の奇数性という要請は心を乱される条件であり，魅力的な条件でもない．投票者の数が偶数であれば，ある投票者を投票権のない議長の地位に推挙すれば，投票者の数は奇数になるので，個人の数の奇数性という要請は重大な問題ではないと思われるかもしれない．だがこれは，個人の数の偶数性の問題を払拭する賢明な方法ではない．なぜならば，社会的選好はまさに誰を投票権がない空虚な栄光の地位に祭り上げるかに依存することになるからである．この奇数性の制約はまさしく**深刻**であり，簡単に払拭することはできないのである．

幸いなことに，社会的順序ではなくて社会的選択関数を生み出すことに関心があるならば，すなわち MMD が SWF ではなく SDF であることに関心を寄せるのであれば，奇数性の要請は必要ではないことを示せる[12]．あらゆる 3 選択肢集合が VR を満たすならば，個人の総数がなんであれ多数決は推移性を満たすため，選択肢のあらゆる部分集合には最善の選択肢が存在することになる．実のところ，個人の選好順序が強い——反対称性を持つ——選好順序であれば，評価制約が各々の 3 選択肢集合で満たされることは，MMD が SDF になるための必要十分条件であることを示すことも可能である（定理 10*8 を参照せよ．この論脈における「必要性」の意味に関しては，定義 10*9 を参照のこと）．

だが，個人の選好順序が必ずしも強選好順序でない場合には，我々の役に立つ評価制約以外の条件が存在する．そのような条件のひとつは「限定的合意」条件である[13]．これは，各々の 3 選択肢集合のなかで，ある選択肢（例えば x）がある選択肢（例えば y）と少なくとも同程度に望ましいことに，全員が合意しているという条件である．第三の条件は「極値制約」条件（センとパタナイ

12　Sen (1969) の定理 VIII を参照のこと．この結果はパタナイック（Pattanaik 1968a）の定理 I の証明からも得られる．フィッシュバーン（Fishburn 1970）はこの結果を個人的選好が準推移的な場合に一般化している．

13　これは稲田（Inada 1969）の「タブー選好」条件の弱い形式である．Sen and Patttanaik (1969) を参照のこと．

ック（Sen and Pattanaik 1969））である．これは，もしある個人が x を y，y を z より選好すれば，別の誰かの選好順序が z を単独で最善と評価するのは，x が彼の選好順序において単独で最悪となる場合，そしてその場合のみだという条件である．

　限定的合意（Limited Agreement，以下 LA）は理解しやすい条件であるが，極値制約（Extremal Restriction，以下 ER）に関しては，説明が必要であろう．極値制約は，様々な興味深い状況を含んでいる．第一に，これは稲田（Inada 1969）が「共鳴的選好」と呼んだ条件を含んでおり，もし誰かが x を y よりも強く選好して，y を z よりも強く選好するのであれば，誰も z を x より強く選好しないことを要請している．ER は稲田の「敵対的選好」も含んでいて，もし誰かが x を y より選好して，y を z より選好するのであれば，他の各個人はこれと同じ順序を持つか，これと反対の順序（つまり，z を y よりも選好して，y を x よりも選好する順序）を持つか，x と z を同程度に望ましいとみなすか，のいずれかとなることを要請している．最後に ER は稲田の「二分的選好」を含んでいる．後者は，各々の 3 選択肢集合において，どの個人も少なくともひとつの選択肢のペアに関して無差別である（必ずしもすべての個人が同じペア上で無差別でなくともよい）ような選好である．

　もし各々の 3 選択肢集合が ER を満たすなら，MMD から生み出される社会的選好はその 3 選択肢集合上で推移的となると示すことができる．もし仮に，各々の 3 選択肢集合が LA を満たすなら，多数派の選好関係は準推移的となる．事実，各々の 3 選択肢集合において VR，LA，ER のいずれかが満たされることは，多数決が SDF となるための十分条件であると示すことができる（定理 10*6 を参照せよ．センとパタナイック（Sen and Patttanaik 1969）も参照のこと）．そして SWF，すなわち社会的選択関数ではなく，社会的順序を構成するという課題に関しては，各々の 3 選択肢集合が ER を満たすことが必要十分条件となる（定理 10*7 を参照せよ．また，稲田（Inada　1969）及びセンとパタナイック（Sen and Patttanaik 1969）も参照のこと）．

　これらの結果は，個人的選好の**数値的**な分布とは対照的に，その**定性的**な類型が，多数決関係の推移性や選択肢の部分集合における多数決勝者の存在を保証する程度を明確化している[14]．これらの定性的条件が成立するならば，個人

的選好の数値的分布とは無関係に，多数決を通じた合理的な社会的選択が可能
となる．選択肢の各部分集合における最善な選択肢の存在によって合理的選択
を定義する（性質 α）ものとすれば，ER，VR，LA のいずれも合理的選択を保
証する条件となる．しかし，もし性質 β も要求するのであれば，我々は社会的
順序の存在を要求しなければならず，条件 ER を必要とすることになる．この
性質 β については，第 4 章でアローの一般不可能性定理に対する重要性を確
認済みであるが，性質 β の必要性の問題は，MMD による合理的選択にとって，
決定的に重要となるのである．

　非推移性や循環性を避けるために十分な個人的選好のパターンは，いかなる
精密な意味においても選好の［個人間の］一様性を要求していないことは強調
に値する．様々な選好のタイプが対立することは許容されている．愉快なこと
に，あるタイプ間の対立は，VR や ER を満たすことにつながっている．限定
的合意の条件はある程度の一様性を要求することは事実だが，3 つの選択肢集
合の各々について，必要とされる一様性はひとつのペアに対してのみである．
評価制約の条件は選択肢の相対的な順位に関する合意を要求するが，必要な合
意は非常に弱い意味におけるものである．人びとは，x が最善か最悪かに関す
る意見は一致しないかもしれないが，それが中間ではないという合意さえあれ
ば，それで十分なのである．同様に，人びとはある選択肢が最善ではない（ま
たは最悪ではない）と合意するかもしれないが，それ以上の合意はないかもし
れない．極値制約性の条件は，豊富な種類の関係を認めている．すなわち，
「共鳴的」（部分的な合意），「敵対的」（正面衝突），または「二分的」（各々の 3
選択肢集合において，すべての個人がひとつのペアに関してのみ無差別であること
を要求するが，必ずしも全員同じ選択肢のペアに関して無差別でなくともよい）選
好はすべて許容されている．

14　これは，ガーマンとカミエン（Garman and Kamien 1968）及びニエミとワイスバーグ（Niemi
and Weisberg 1968）の研究にあるように，全体集合のみにおける多数決勝者の存在より，やや
強い要請である．パタナイック（Pattanaik 1968a）は，もしパレート**最適な選択肢のみ**からな
る 3 つの選択肢集合のすべてが評価制約的であれば，多数決勝者が存在することを示した．セン
とパタナイック（Sen and Pattanaik 1969）はこの結果を拡張して，もしパレート最適な選択肢
からなる 3 選択肢集合のすべてが VR か ER の**どちらか**を満足すれば，多数決勝者が存在するこ
とを証明した．

それにもかかわらず，これらの条件はかなり制約的であると認識されるべきであって，対象とされる社会次第では満たされるかもしれないが，満たされないかもしれないことは銘記される必要がある．これは実証研究に委ねられるべき問題である．分配や配分に関する多くの経済問題において，どの条件も外部性を伴わない場合には機能しないように思われる[15]．例えば，均質なケーキを 3 人の個人の間で分配する場合に，各個人は自分のケーキ分配分のみに関心を持つとすれば，これらの条件のいずれも満たさずに，多数決は循環することになる．多数決ルールによる合理的選択のための必要十分条件を得る目的のひとつは，実際の選好パターンに関して目的が明確な研究を動機づけることなのである．

10.4.　集団的選択ルールに関する条件と制約された選好

第 5 章では，MMD は定義域に制約を課さずに，条件 I, N, A, S を満たす唯一の決定力を持つ CCR であることが示された．MMD のもとで合理的な選択を行うための個人的選好に関する十分条件，例えば VR，ER または LA は，上記の条件のすべてではないまでも，そのうちいくつかを満たす集団的選択ルールにとっても十分条件であるかどうかを尋ねることは，興味ある問題である．このようにして，より広範な CCR のクラスに結果を一般化することができる．

第 10* 章では，3 つの選択肢を持つ各々の集合で，個人的選好が評価制約を満たせば，無関係な選択肢からの独立性（I），中立性（N）及び非負反応性（R）を満たして決定力を持つ CCR は，準推移的な社会的選好関係を生むことが証明される．よって条件 VR は 2/3 多数決ルール[16]，多段階多数決ルール[17]，

15　だがこれはそれほど大きな悲劇ではない．なぜなら，MMD は選好の強度を無視していて，個人間比較を避けているため，いずれにせよ分配的決定の基礎としては不十分だからである（第 7 章と第 7* 章を参照）．MMD の主要な魅力が発揮されるのは様々な問題と不可分な分配的問題を含む，いくつかの一括案（例えば各政党の綱領）を巡って政治的選択を行う場合である．

16　この CCR は，広範に使用されている．完備順序を生み出すためには，x が y と少なくとも同程度に望ましいのは y が 2/3 の多数派によって x より好まれてはいないとき，かつそのときのみであると定義すればよい．

17　もし選ばれた代議士が，彼の選挙区の多数派意見を代表するならば，このルールは代表制民主主義制度を含んでいる．

強多数決ルール[18]，半強順序の多数決ルール[19]など，広いクラスの集団的選択ルールに対してうまく機能する．同様に，条件 LA は無関係な選択肢から独立で中立的（N），非負反応的（R），パレート内包的（P^*）で決定力を持ついかなる CCR に対してもうまく機能する．これも多くの CCR に適用できるが，その適用範囲は VR の場合ほどに広範なわけではない．

他方，条件 ER を，他の集団的選択ルールに拡張することは，容易ではない．ある CCR が，中立性（N），匿名性（A），非負反応性（R），パレート内包性（P^*）を満たすにせよ，ER を満たす個人的選好において準推移性に反するかもしれないのである．ここで非負反応性（R）を正の反応性（S）に強めるならば，単に MMD に戻ってしまうことになる．

我々は，ある意味で中間的な見解をとることができる．実際，半強多数決ルールは限りなく MMD に接近することができるが，CCR が厳密に MMD そのものでない限り，極値制約性 ER は準推移性ですら，保証できない（定理 10*5）のである．だがいったん MMD を採用すれば，ER は完全な推移性の十分条件となる．極値制約条件はまさしく多数決に適合していると思われる．この点では，極値制約条件は，評価制約条件や限定的合意条件とはまったく異なるのである．

18　これは，x が y よりも選好されるのは（無差別でない個人のみならず）全個人の少なくとも 50% が y を x より選好するという事態が起こっていない場合，そしてその場合のみであるとして定義されるルールである．

19　これは，多数決ルールと強多数決ルールを混合したルールである．定義 10*7 を参照されたい．

第 10* 章
制約された選好と合理的選択

10*1.　制約された定義域

　ブラック（Black 1948a）とアロー（Arrow 1951）は，人びとの選好があるパターンの「類似性」を持つならば，多数決による決定（MMD）は推移的な結果を生むことを示した．これは集団的選択ルール（CCR）に適用される条件 U を緩めることになる．この章では，人びとの順序のパターンに関する制約を考え，定義域の非制約性の条件を弱めることの帰結について検討する．この問題は 3 つの点において，ブラック（Black 1948a）やアロー（Arrow 1951）によって考えられた問題よりも広く解釈される[1]．第一に，我々の関心の対象は，社会的選好の推移性だけでなく，社会的選択関数の導出でもある．つまり，社会厚生関数（SWF）としての MMD だけではなく，社会的決定関数（SDF）としての MMD に関心を持つのである．第二に，第 5* 章で示されたように，MMD はいくつかの性質，例えば中立性を有する．実際，多数決のための十分条件のいくつかは，MMD の性質のすべてではないがいくつかを満たすような，より広いクラスの集団的選択ルールの十分条件である．我々は，このより一般的な設定において，これらの十分条件を研究する．第三に，あるクラスの制約に対して，我々は MMD のもとでの選択が合理性を満たすための必要十分条件を特定する．

　いくつかの制約を記述する前に，すべての選択肢について無差別である人びとを分離しておくと都合が良いであろう．というのも，このような人びとは特有の論理的問題をもたらすからである．

---

1 この章は Sen（1966a, 1969）及び Sen and Pattanaik（1969）に大きく依拠している．

定義 10*1. ある選択肢の集合に対して関心のある個人とは，その集合に属する要素のすべてのペアに関して無差別である，ということのない個人である［訳注：すなわち，少なくとも1つのペアに関して無差別ではない個人である］.

　ここで，3つの具体的な制約を定義しよう.

定義 10*2. **評価制約（VR）**[2]：3つの選択肢の組 (x, y, z) のなかで，ある選択肢（x としておこう）について，関心のあるすべての個人が，その選択肢は最悪ではないことに合意しているか，最善ではないことに合意しているか，または中間ではないことに合意している．つまり，すべての関心のある i に対して，

$$[\forall i: xP_i y \veebar xP_i z] \veebar [\forall i: yP_i x \veebar zP_i x]$$
$$\veebar [\forall i: (xP_i y \& xP_i z) \veebar (yP_i x \& zP_i x)]$$

定義 10*3. **極値制約（ER）**[3]：もしある順序づけられた3つの選択肢の組 (x, y, z) に対して，x を y よりも好み，y を z よりも好む個人が存在するならば，どの個人についても，その個人が z を唯一最善とみなすのは，x を唯一最悪とみなすとき，かつそのときのみである．すなわち，

$$(\exists i: xP_i y \& yP_i z) \rightarrow (\forall j: zP_j x \rightarrow zP_j y \& yP_j x)$$

ある3つの選択肢の組が ER を満たすのは，その組から得られるすべての順序づけられた3つの選択肢の組に対して，上記の条件が成り立つとき，かつそのときのみである.

定義 10*4. **限定的合意（LA）**[4]：ある3つの選択肢の組において，すべての個

人が x を y と少なくとも同程度に望ましいとみなすような，つまり $\forall i: xR_i y$ となるような順序づけられたペア (x, y) が存在する．

　$xP_i y$ である個人の数を $N(xPy)$，$xR_i y$ である個人の数を $N(xRy)$，$xP_i y$ & $yR_i z$ である個人の数を $N(xPyRz)$ と表す．他も同様である．

　次に，いくつかの予備的な結果を記す．

補題 10*a.　ER, VR, 及び LA は互いに完全に独立である．すなわち，これら 3 つのうちのどのペアについても，その 2 つの条件が満たされても，3 つ目の条件は満たされないことがある．また，3 つのうちのどの 1 つについても，その条件が満たされても，残りの条件のペアが満たされないことがある．

証明　証明は以下の 6 つの例より導かれる．

$$(1)\quad xP_1 yP_1 z$$
$$zP_2 yP_2 x$$
$$yP_3 xI_3 z$$
$$xI_4 zP_4 y$$

　この個人的選好パターンの組では，ER は満たされるが，VR と LA は満たされない．

$$(2)\quad xP_1 yP_1 z$$
$$zP_2 xP_2 y$$

ER は満たされないが，VR と LA はともに満たされる．

$$(3)\quad xP_1 yP_1 z$$

4　これは稲田（Inada 1969）の「タブー選好」を弱めた条件である．Sen and Pattanaik（1969）を参照せよ．

集団的選択と社会厚生（1970年）

$$zP_2yP_2x$$
$$yP_3zP_3x$$

VR は満たされるが，ER と LA は満たされない.

(4)　xP_1yP_1z
　　　yP_2zI_2x
　　　zI_3xP_3y

VR は満たされないが，ER と LA は満たされる.

(5)　xP_1yP_1z
　　　yP_2zP_2x
　　　xP_3yI_3z
　　　xI_4yP_4z
　　　yI_5zP_5x

LA は満たされるが，ER と VR は満たされない.

(6)　xP_1yP_1z
　　　zP_2yP_2x

LA は満たされないが，ER と VR はともに満たされる.
　次の結果は，VR, ER, LA のどれも満たさない場合に関するものである.

補題 10*b.　ある 3 つの選択肢の組に対する順序の集合が VR, ER 及び LA に反するならば，その集合における 3 つの順序からなる部分集合で，それ自体が VR, ER, 及び LA に反するものが存在する.

証明　3 つの選択肢の組 x, y, z に対して論理的に可能な順序が 13 個あり，こ

264

れら 13 個の順序の集合には 8192(= 2^{13}) 個の異なる部分集合が存在し，その
うちのひとつは空集合である．これらの順序には便宜上，特別な方法で番号づ
けをし，便宜上と見た目の理由から，選好関係における下付きの文字 i を落と
す．例えば，P_i の代わりに P と表記する．

(1.1) $xPyPz$　　(1.2) $xPyIz$　　(1.3) $xIyPz$

(2.1) $yPzPx$　　(2.2) $yPzIx$　　(2.3) $yIzPx$

(3.1) $zPxPy$　　(3.2) $zPxIy$　　(3.3) $zIxPy$

(4) $xPzPy$　　　(5) $zPyPx$　　　(6) $yPxPz$

(7) $xIyIz$

　もし ER が満たされないなら，少なくともこれらの順序のうちのひとつは鎖
状順序，つまり反対称性を満たす選好順序でなければならない．一般性を失う
ことなく，順序 1.1 を選ぼう．つまり，$xPyPz$ である．まず，1.1 と組み合わ
せたときに，VR と LA に反するペアを形成するような他の順序は存在しない
ことに注意しよう．よって，VR, ER 及び LA に反する順序の最小の集合は，
少なくとも 3 つの要素を持たなければならない．

　容易に確認できるように，VR に反する 3 つの順序の集合で 1.1 を含むもの
は [1.1, 2.1 または 2.2 または 2.3, 3.1 または 3.2 または 3.3] のみである．
そのような集合は 9 つ存在する．これらのそれぞれが ER を満たさず，ただ 1
つ，すなわち [1.1, 2.2, 3.3] のみが LA を満たす．このとき，すべての i に
対して xR_iz となるからである．したがって，3 つの順序からなる集合で，VR,
ER, LA のどれも満たさないものは 8 つ存在する．この 8 つの集合のクラスを
Ω と呼ぶ．

　次に，1.1 を含み，VR, ER, LA のいずれも満たさない 4 つ以上の順序から
なる集合を考えよう．もしこれらの集合が Ω の要素のいずれかを含むのであ
れば，結果は直ちに導かれる．容易に確認できるように，Ω のいずれの要素も
含まずに VR に反するためには，1.1 を含む順序の集合は，以下の 4 つの順序
の集合の少なくともひとつを含まなくてはならない[5].

（Ⅰ）1.1, 1.2, 1.3, 2.3　　（Ⅲ）1.1, 1.2, 2.2, 2.3

（Ⅱ）1.1, 1.2, 1.3, 3.2　　（Ⅳ）1.1, 1.3, 3.2, 3.3

これらの4つの順序の集合のいずれも，LA に反していないことがわかるだろう．例えば，yRz はⅠのすべての順序で成り立つ．zPy となる順序を含むためには，(a) 3.1, 3.2, 3.3 のどれかを含み，よってその集合が Ω の要素のいずれかを含むか，(b) 順序4または5を含み，よってこの場合においても，y と z，及び x と z それぞれの形式的な入れ替えを除いて，その集合が Ω の要素のいずれかを含むかの，どちらかが成り立たなければならない．同様に，Ⅱには yPx がなく，Ⅲには zPy がなく，Ⅳには yPx がない．そしてそれぞれの場合で，この欠落を補う順序を加えると，Ω の要素のいずれかを含むことになる．これで補題が証明された．

10*2.　評価制約と限定的合意

はじめに，評価制約に関して，簡単ではあるが有用な補題を示そう．

補題 10*c.　ある個人的選好の集合が3つの選択肢の組 (x, y, z) 上で評価制約を満たすならば，以下の式 (1), (2), (3) のうち少なくともひとつが成り立ち，かつ式 (4), (5), (6) のうち少なくともひとつが成立する．

(1)　$N(xIyIz) = N(xRyRz)$　　(4)　$N(xIyIz) = N(yRxRz)$

(2)　$N(xIyIz) = N(yRzRx)$　　(5)　$N(xIyIz) = N(xRzRy)$

(3)　$N(xIyIz) = N(zRxRy)$　　(6)　$N(xIyIz) = N(zRyRx)$

証明　x が最善ではない［ということに，関心のある個人の全員が合意している］

5　このことは，もし順序4か5か6を含む場合，つまり［1.1, 4.5または3.2または2.3, 6または は2.2または1.3］の場合は，成り立たないように見えるかもしれない．しかし，これらの可能性のそれぞれにおける最後の3つの要素は，x と y，または y と z，または z と x の入れ替えを除けば，Ω の要素を構成する．

と仮定しよう．このとき，$(xR_iy \,\&\, yR_iz)$，または $(xR_iz \,\&\, zR_iy)$ である個人は，関心のある個人であってはならない．よって，（1）と（5）が成り立つ．同様に，y が最善でなければ（2）と（4）が成り立ち，z が最善でなければ（3）と（6）が成り立つ．同様に，もしこれらの選択肢のひとつが最悪でなければ，または中間でなければ，条件（1）～（6）のうち少なくとも 2 つ，（1）～（3）の 1 つと，（4）～（6）の 1 つが成り立つことが確認される．

定理 10*1. ある決定力のある集団的選択ルールが無関係な選択肢からの独立性，中立性（N），非負の反応性（R）を満たし，かつ人びとの選好がある 3 つの選択肢の組に対して評価制約を満たすならば，そのルールはその 3 つの選択肢の組に対してすべて準推移的な社会的選好関係を生成する．

証明　もし 3 つの選択肢の組 (x, y, z) に対して準推移性が成り立たないならば，ある (x, y, z) と (u, v, w) との間の一対一対応のもとで，uPv, vPw，かつ wRu が成り立たなければならない．ここで，もし補題 10*c の式（1）～（3）のうちのひとつと，（4）～（6）のうちのひとつが成り立つならば，この状況は不可能であることを示す．

はじめに（1）を考えよう．次のことを確認できる．

$$(1) \quad \rightarrow \forall i: \{\sim(xI_iyI_iz) \rightarrow \sim(xR_iy \,\&\, yR_iz)\}$$
$$\rightarrow \forall i: \{\sim(xI_iyI_iz) \rightarrow [(xR_iy \rightarrow zP_iy) \,\&\, (yR_iz \rightarrow yP_ix)]\}$$
$$\rightarrow \forall i: \{[(xP_iy \rightarrow zP_iy) \,\&\, (xI_iy \rightarrow zR_iy)] \,\&\, [(yP_iz \rightarrow yP_ix) \,\&\, (yI_iz \rightarrow yR_ix)]\}$$

中立性と非負の反応性より，

$$\rightarrow [(xRy \rightarrow zRy) \,\&\, (yRz \rightarrow yRx)]^6$$
$$\rightarrow [(xRy \,\&\, yRz \,\&\, zRx) \rightarrow (xIy \,\&\, yIz)]$$

6　これは簡単に確認できる．もし $(xP_iy \leftrightarrow zP_iy) \,\&\, (xI_iy \leftrightarrow zI_iy)$ であるならば，中立性より，$(xPy \rightarrow zPy) \,\&\, (xIy \rightarrow zIy)$ となる．よって，もし $(xP_iy \rightarrow zP_iy) \,\&\, (xI_iy \rightarrow zR_iy)$ ならば，非負の反応性より，$(xPy \rightarrow zPy) \,\&\, (xIy \rightarrow zRy)$ となるので，$xRy \rightarrow zRy$ となる．同様に，$yRz \rightarrow yRx$ である．

同様に,

$$(2) \quad \to [(xRy \,\&\, yRz \,\&\, zRx) \to (yIz \,\&\, zIx)]$$
$$(3) \quad \to [(xRy \,\&\, yRz \,\&\, zRx) \to (zIx \,\&\, xIy)]$$

よって，もしも 3 つの含意 (1), (2), (3) のうち少なくともひとつが成り立つならば，(u, v, w) を (x, y, z), (y, z, x) または (z, x, y) のどれに対応させたとしても，uPv, vPw, wRu を得ることは不可能である．同様に，もし (4), (5), (6) のうちのひとつが成り立つならば，(u, v, w) を (y, x, z), (x, z, y), または (z, y, x) のどれに対応させたとしても，uPv, vPw, wRu を得ることは不可能である．しかし，他に可能な対応のさせ方は存在しない．よって，もし評価制約がすべての 3 つの選択肢の組上の個人的選好によって満たされるのであれば，社会的選好はすべての 3 つの選択肢の組に対して準推移的でなくてはならない．

定理 10*2. ある決定力のある集団的選択ルールが，無関係な選択肢からの独立性，中立性 (N)，非負の反応性 (R)，及び強パレート基準 (P^*) を満たすとする．このとき，人びとの選好がある 3 つの選択肢の組に対して限定的合意を満たすならば，そのルールはこの 3 つの選択肢の組に対して準推移的な選好関係を生成する．

証明 x, y, z を任意の 3 つの選択肢の組とする．一般性を失うことなく，$\forall i$: xR_iy としよう．よって，$\forall i: (yP_iz \to xP_iz) \,\&\, (yI_iz \to xR_iz)$ となるので，中立性と非負の反応性より[7]，$yRz \to xRz$ を得る．同様に，$zRx \to zRy$ となる．これにより，$(xRy \,\&\, yRz \,\&\, zRx) \to (xRy \,\&\, yIz \,\&\, xIz)$ となる．次に yRx という仮説を考えよう．$\forall i: xR_iy$ なので，明らかに強パレート基準により，$\forall i: xI_iy$ である．よって，

$$yRx \to \forall i: \{[(xP_iz \to yP_iz) \,\&\, (xI_iz \to yI_iz)]\}$$

---

7 この推論は，本章の脚注 6 で与えられている．

$$\& \, \forall i: \{[(zP_i y \rightarrow zP_i x) \, \& \, (zI_i y \rightarrow zI_i x)]\}$$
$$\rightarrow [(xRz \rightarrow yRz) \, \& \, (zRy \rightarrow zRx)]$$

よって，

$$(yRx \, \& \, xRz \, \& \, zRy) \rightarrow (yRx \, \& \, xIz \, \& \, zIy)$$

となる．関係 R は，2 つの「循環」($xRy \, \& \, yRz \, \& \, zRx$) または ($yRx \, \& \, xRz \, \&$ zRy) の少なくともひとつが成り立たない限り，準推移性に反することはあり得ない．そして，これらのうちのどちらが成り立ったとしても，少なくとも 2 つの無差別が，この 3 つの関係の集合に含まれなければならない．これは準推移性に反することが不可能であることを意味する．これで定理が証明された．

　単純多数決法に対して VR や LA が十分条件であることについては，特別な証明はもちろん必要ない．

定理 10*3.　人びとの選好が，3 つの選択肢の各組に対して VR または LA を満たすならば，多数決の方式は，すべての可能な個人的選好の組み合わせに対して，選択肢の有限集合上の SDF となる．

証明　定理 5*1 より，MMD は選択肢のペアごとに決定力のある集団的選択ルールで，中立性と正の反応性を満たす．そして，補題 5*d より，これは MMD が強パレート原理と非負の反応性も満たすことを意味する．したがって，定理 10*1 と 10*2 より，3 つの選択肢の各組に対して人びとの選好が VR か LA を満たすならば，MMD によって生成される社会的選好は準推移的でなくてはならない．しかしこのとき，補題 1*k より，MMD によって生成される社会的選好関係のそれぞれが選択関数を生み出す．よって MMD は，個人的選好のすべての可能な組に対する社会的決定関数である．

10*3.　極値制約

　ここで，極値制約（ER）は多数決選好関係 R が推移性を満たすための十分条件であることを示す.

定理 10*4.　任意の 3 つの選択肢の組に対して，極値制約を満たす個人的選好からなる論理的に可能な集合のすべてが，その 3 つの選択肢の組に対する多数決 SWF の定義域に属する.

証明　もしすべての個人がある 3 つの選択肢の組のなかの少なくとも 2 つの間で無差別であるなら，ER がその 3 つの選択肢の組に対して満たされることは自明である. この場合，推移性は簡単に示される. 3 つの選択肢の組 (x, y, z) に対して，補題 10*b の証明で記された 13 の可能な順序のうち，少なくともひとつの無差別を含むのは，(1.2), (1.3), (2.2), (2.3), (3.2), (3.3)，及び (7) の 7 つだけである. これらそれぞれの選好順序を持つ個人の数を $N(1.2)$, $N(1.3)$，などと表すと，以下のことが明らかに成り立つ.

$$(xRy \,\&\, yRz) \rightarrow [\{N(1.2) + N(3.3) - N(2.2) - N(2.3)\} \geq 0$$
$$\&\, \{N(1.3) + N(2.2) - N(3.2) - N(3.3)\} \geq 0]$$
$$\rightarrow \{N(1.2) + N(1.3) - N(2.3) - N(3.2)\} \geq 0$$
$$\rightarrow xRz$$

同様に，(x, y, z) と (u, v, w) との任意の一対一対応に対して，$uRv \,\&\, vRw \rightarrow uRw$ となる.

　ここから，ER を満たすことが自明ではない場合を考える. ある個人が (1.1) を持つとしよう. 定理に反して，ER はこの 3 つの選択肢の組に対して成り立つが，多数決は非推移的であると仮定する. このとき，次のうちのひとつだけが真であることがわかる.「前向きの循環」$[xRy, yRz, zRx]$，及び「後ろ向きの循環」$[yRx, xRz, zRy]$ である. 前者が成り立つと仮定しよう.

xP_iyP_iz である個人が存在するので，以下を得る．

$$zRy \rightarrow [N(zPx) \geq N(xPz)]$$
$$\rightarrow [N(zPx) \geq 1]$$
$$\rightarrow [\exists i: zP_iy \& yP_ix], (\text{ER より})$$

　最後の選好はこの 3 つの選択肢の組に対する強順序である．ER を再度適用すると，ER を満たす 4 つの順序からなる集合だけが残る．それは，(1) xP_iyP_iz; (2) zP_iyP_ix; (3) yP_izI_ix; (4) xI_izP_iy である．これらの順序の各々を持つ個人の数をそれぞれ N_1, N_2, N_3, N_4 で表すと，以下を得る．

$$(xRy \& yRz \& zRx) \rightarrow [\{N_1 + N_4 \geq N_2 + N_3\} \& \{N_1 + N_3 \geq N_2 + N_4\} \& \{N_2 \geq N_1\}]$$
$$\rightarrow [\{N_1 = N_2\} \& \{N_3 = N_4\}]$$
$$\rightarrow (yRx \& xRz \& zRy)$$

よって，前向きの循環は後ろ向きの循環を含意し，非推移性は不可能である．
　残された唯一の可能性は，後ろ向きの循環だけが成立することである．

$$(zRy \& yRx) \rightarrow [N(zPy) - N(xPy)] + [N(yPx) - N(yPz)] \geq 0$$
$$\rightarrow [N(zPyRx) - N(xPyRz)] + [N(zRyPx) - N(xRyPz)] \geq 0$$
$$\rightarrow [N(zPyRx) + N(zRyPx)] > 0$$

となる．なぜならば，仮定より xP_iyP_iz を持つ個人が存在するので，$N(xPyRz) > 0$ となるからである．
　さらに ER より，以下が成立する．

$$N(zPyIx) = N(zIyPx) = 0$$

このことから明らかに $N(zPyPx) > 0$ が成り立つ．
　ここで，xP_iyP_iz を持つ個人に加えて，zP_iyP_ix を持つ個人がいることがわ

かっているので，許容される個人的選好順序は，上記において (1)，(2)，(3)，(4) と番号づけられたものだけである．証明の残りは，これらの条件下において後ろ向きの循環が前向きの循環を含意することを示すことであるが，これは上記における逆の証明とまったく同様なので，ここでは省略する．よって，ER が満たされれば，非推移性は不可能である．

ER は多数決の推移性の十分条件であるが，他のルールに関しては MMD に限りなく近くてもこの結果は成り立たない．条件 U, N, A 及び R を満たす決定力のある集団的選択ルールを考えよう．定理 5*1 からわかるように，R（非負の反応性）と S（正の反応性）の違いがあるために，このルールは MMD にはならない．条件 P^* も課すことで，MMD にさらに近づくことさえできる．MMD に行き着くことなく，まだこれ以上 MMD に近づくことは可能だろうか．

中立性，匿名性，及び非負の反応性を満たす意思決定ルールの一例は以下のものである．

定義 10*5. 強多数決ルール：

$$\forall x, y \in X: [N(xPy)/N] > \frac{1}{2} \leftrightarrow xPy$$

ただし，N は個人の総数である．さらに，$xRy \leftrightarrow \sim(yPx)$ と定義する．

次の補題は自明である．

補題 10*d. もし強多数決ルールによって xPy ならば，多数決による決定方法によって xPy である．

実際，N^* を x と y の関係において無差別でない個人の数とすると，多数決のもとで xPy であるためには $N(xPy)$ が $\frac{1}{2}N^*$ より大きいことが必要である点に注意しよう．よって補題 10*d は，$N^* \leq N$ という事実から簡単に導かれる．

補題 5*d より，中立性のもとでは強パレート基準は正の反応性から導かれることがわかっているが，逆は成り立たない．他の条件も所与とすれば，正の反

応性は多数決も導くので，多数決に行き着くことなくそこに向かうひとつの方法は強パレート基準も組み込むことである．パレート内包型の強多数決ルールを考えよう．

定義 10*6.　パレート内包の強多数決ルール：$\forall x, y \in X, xPy$ であるのは，$\left[\{N(xPy)/N\} > \dfrac{1}{2}\right] \veebar [\forall i: xR_i y \,\&\, \exists i: xP_i y]$ のとき，かつそのときのみである．さらに，$xRy \leftrightarrow \sim(yPx)$ と定義する．

　ここで（パレート内包型か否かを問わず）強多数決ルールと多数決法の中間にある集団的決定ルールの連続体を定義できる．$N(xPy)$ が N と N^* の凸結合の $\dfrac{1}{2}$ より大きいことを要請できる．

定義 10*7.　半強多数決ルール：開区間 $]0, 1[$ から選ばれたある所与の p に対して，

$$\forall x, y \in X: N(xPy)/[pN + (1-p)N^*] > \frac{1}{2} \leftrightarrow xPy$$

さらに，$xRy \leftrightarrow \sim(yPx)$ と定義する．

明らかに，$p = 0$ ならば，これは多数決ルールであり，また $p = 1$ であれば，強多数決ルールである．しかし，p は**開区間 $]0, 1[$** に限定されているので，これらの可能性は排除される．ただし，多数決ルールか，または強多数決ルールに限りなく近づけることはできる．

　半強多数決ルールのクラスのなかで多数決による決定方法に限りなく近づくことができるので，極値制約は半強多数決ルールのなんらかのケースに対して十分条件になるかどうかという問いが生じる．ここで，多数決による決定方法にどれだけ近かったとしても，ER は半強多数決ルールのための十分条件ではないことを示す．

定理 10*5.　どのような p を選ぼうとも，極値制約は，その p のもとでの半強

多数決ルールが任意の3選択肢の組に対して準推移性を満たすための十分条件にはならない.

証明　我々は強パレート基準にも関心があるので, 追加的にパレート内包性を課したとしても問題のない論証法でこの定理を証明する. ある3つの選択肢の組 x, y, z と, 以下の ER を満たす4つの選好順序からなる集合を考えよう.

(1)　$xP_i yP_i z$　　(3)　$yP_i zI_i x$

(2)　$zP_i yP_i x$　　(4)　$xI_i zP_i y$

$j = 1, 2, 3, 4$ に対して, N_j を順序 j を持つ個人の数としよう. $N_1 = 2, N_2 = 1$, $N_3 = N_4 = q$ とする. ただし, q は $0 < 1/q < p$ となるような正の整数とする. $p > 0$ がどれだけ小さくても, このような q がつねに存在することは容易に確認できる. 仮定より, xPy, yPz, xIz となり, 準推移性に反する. これで証明が完結する.

　よって, p を限りなく0に近づけることで, 多数決に好きなだけ近づくことができるが, それでも ER は十分条件にならないままである.（弱または強）パレート基準が違いをもたらさないことも明らかである. なぜなら両方とも上記の集団的決定によって（自明に）満たされるからである.

　しかし, p が0に近づくのではなく0になると, すなわち多数決法に至ると, 直ちに ER は準推移性だけでなく, 定理10*4で示された通り, 完全な推移性の十分条件にさえもなるのである.

10*4.　合理的選択のための必要十分条件

　ここでは, 選択肢の有限集合に対する多数決法を通じた社会的選択関数, または社会的順序を導くための必要十分条件が導出される. まず, 十分性と必要性の定義を述べる. これらの定義は SWF と SDF の両方に適用されるので, f の定義域について述べ, それぞれのケースで適切に解釈することにしよう.

定義 10*8.　ある条件を満たす個人的選好のすべての集合が f の定義域に属するならば，個人的選好の集合に関するその条件は十分条件であるという．

定義 10*9.　個人的選好の集合に関するある条件が以下を満たすならば，必要条件であるという．すなわち，その条件に反する場合はつねにある個人的順序のリストが存在して，ある数の人びと[8]にそれらの順序を割り当てることで，その個人的選好のパターンが f の定義域の外に出る．

　この十分性の定義はアロー（Arrow 1951）によって用いられ，必要性の定義は稲田（Inada 1969）によって初めて提案された．これらだけが必要条件や十分条件の唯一可能な定義というわけではない．しかし，もし制約が許容可能な個人的順序のリストについてのものであり，可能な順序上の個人数の分布についてのものではないならば，これらの定義はたしかに理に適っている．もし 50% より多くの関心ある有権者が同じ鎖状順序を共有しているならば，その他の人びとがどのような選好を持っていようとも，多数決は社会的順序を生成するだろう．しかし，我々が考える制約は許容可能な選好順序のタイプにのみ適用されるものであり，それらの選好を持つ個人の数には適用されない．

定理 10*6.　選択肢の有限集合上の個人的選好の集合が多数決 SDF の定義域に属するための必要十分条件は，3 つの選択肢からなるすべての組が条件 VR，ER，及び LA の少なくともひとつを満たすことである．

証明　VR, LA, ER の十分性は，定理 10*1, 10*2, 10*4 から直ちに導かれる．ここでは必要性のみに関心を払えばよい．

　補題 10*b より，もしある個人的選好順序の集合が VR, ER, 及び LA に反するのであれば，その集合は 3 つの順序からなる部分集合でこれら 3 つの制約に反するものを必ず含むということがわかっている．さらに，その証明から，3 つの順序からなる部分集合[9]で VR, ER, LA に反するものは本質的に 8 つ存在

8　各個人はひとつ，そしてただひとつの順序を持つが，もちろんいかなる所与の順序も好きなだけ多くの個人に割り当てることができるし，誰にも割り当てないこともできる．

することもわかっている．すなわち，[1.1，2.1 または 2.2 または 2.3，3.1 または 3.2 または 3.3] で，[1.1，2.2，3.3] 以外のものである．ただし，

(1.1) $xPyPz$

(2.1) $yPzPx$　　(2.2) $yPzIx$　　(2.3) $yIzPx$

(3.1) $zPxPy$　　(3.2) $zPxIy$　　(3.3) $zIxPy$

これら 8 つのケースのそれぞれにおいて，これらの順序をある人数の個人に割り当てると，選択関数を生み出さない多数決選好関係が生じることを示さなければならない．

はじめに，[1.1，2.1 または 2.3，3.1 または 3.2] で表されるケースを考えよう．N_1 は 1.1 を持つ個人の数とし，N_2 は 2.1 を持つ個人の数または 2.3 を持つ個人の数とし，N_3 は 3.1 を持つ個人の数または 3.2 を持つ個人の数とする．$N_1 > N_2$，$N_1 > N_3$，かつ $(N_2 + N_3) > N_1$ を仮定すると，xPy, yPz，かつ zPx が成立しなければならない．簡単な一例は $N_1 = 3, N_2 = N_3 = 2$ である．

これで 4 つのケースが残る．次に以下の 2 つの集合，すなわち [1.1，2.1 または 2.3，3.3] を考えよう．同じ番号のつけ方を用いると，$N_2 > N_1 > N_3$ かつ $N_1 + N_3 > N_2$ であるならば，再び xPy, yPz，かつ zPx となる．簡単な一例は $N_1 = 3, N_2 = 4, N_3 = 2$ である．最後に，[1.1，2.2，3.1 または 3.2] で与えられるケースを考えよう．$N_3 > N_1 > N_2$ かつ $N_1 + N_2 > N_3$ とすると，xPy, yPz, zPx を得る．例えば $N_1 = 3, N_2 = 2, N_3 = 4$ とすればよい．これで必要性の証明が完結し，定理が証明された．

次に，多数決の完全な推移性のための必要十分条件が得られる．

定理 10*7. 個人的選好の集合が多数決 SWF の定義域に属するための必要十分条件は，3 つの選択肢の組のすべてが極値制約を満たすことである．

9　実際には，もし x, y 及び z を一定として扱えば，このような部分集合は 48 個存在する．しかし，残りのケースは，x と y の置き換え及び y と z の置き換えを除けば，以下で示すものとまったく同様である．

証明　ER の必要性を考えよう．ER が満たされないと仮定する．これは，$xP_i yP_i z$ であるような個人（例えば）i が存在し，他方で選好が次のパターンのどちらかを満たす別の個人が存在することを意味する．すなわち，(1) $zP_j x, zP_j y, xR_j y$，または (2) $zP_j x, yP_j x, yR_j z$．ひとりの個人 i とひとりの個人 j が存在するとしよう．もし j が (1) を持つならば，多数決は xPy, yIz，かつ xIx を生み出す．これは選択関数であることを含意するが順序ではない．同様に，j が (2) を持つならば，xIy, yPz，かつ xIz となり，これもまた順序ではない．よって ER の必要性が示された．ER の十分性は定理 10*4 ですでに証明されているので，これで定理の証明が完結したことになる．

10*5.　反対称的選好という特殊ケース

　ここで，個人的選好が鎖状順序である，つまり順序が反対称的であるという特殊ケースを考えよう．

補題 10*e.　個人的選好が反対称的であるならば，ER → VR かつ LA → VR である．

証明　ある 3 つの選択肢の組において ER が満たされると仮定する．無差別はあり得ないので，ER が自明に満たされるケースは起こらない．ある i に対して $xP_i yP_i z$ と仮定しよう．ER より，$\forall i: zP_i x \to zP_i y \,\&\, yP_i x$ であることがわかる．もし $zP_i x$ である個人が存在しないならば，反対称的な順序の場合には $\sim(zP_i x) \to xP_i z$ であるから，z はどの個人の順序においても最善ではない．この場合，VR が成り立つ．他方，もし $zP_i x$ を持つ個人が存在し，それゆえ $zP_i yP_i x$ であるならば，ER より，$xP_i z$ を持つどの個人も $xP_i yP_i z$ を持たなくてはならない．$\forall i: xP_i z \veebar zP_i x$ であるから，この場合 $\forall i: \{xP_i yP_i z\} \veebar \{zP_i yP_i x\}$ となる．y は誰の順序においても最善ではない（最悪でもない）ので，ここでも VR は満たされる．よって，ER → VR である．

　ある 3 つの選択肢の組において LA が満たされると仮定する．一般性を失うことなく，すべての i に対して $xR_i y$ が成り立つとすると，それはこのケース

においては $\forall i: x P_i y$ を含意する．よって，誰の順序においても x は最悪ではない（また y は最善ではない）．よって VR は成り立つ．これで証明は完結した．

逆は成り立たないことに注意しよう．VR は ER も LA も含意しない．これは次の選好の組み合わせを見ればすぐに確認できる．$x P_1 y P_1 z$, $z P_2 y P_2 x$，及び $y P_3 z P_3 x$ の組み合わせである．ER と LA の両方に反するが，y は誰の順序においても最悪ではなく，したがって VR は成立している．

ここで，この特殊ケースにおいて，SDF や SWF としての MMD について，それぞれに関連した定理を導出することができる．

定理 10*8.　選択肢の有限集合上に定義される個人的鎖状順序の集合が多数決 SDF の定義域に属するための必要十分条件は，すべての 3 つの選択肢の組が評価制約を満たすことである[10].

証明　ER, VR, LA は，強順序であるかどうかにかかわらず，すべての個人的順序に対して十分条件であるので，VR は明らかに強順序の場合において十分条件である．定理 10*6 より，社会的選択関数が存在するための必要条件として，すべての 3 つの選択肢の組に対して，VR, ER，または LA のいずれかが成立しなくてはならない．また補題 10*e より，もし ER または LA が成り立つのであれば，個人的順序が鎖状の場合には VR も成り立たなければならない．よって，VR は十分条件**かつ**必要条件である．

定理 10*9.　個人的鎖状順序の集合が多数決 SWF の定義域に属するための必要条件は，3 つの選択肢の組すべてが評価制約を満たすことである．しかし，これは十分条件ではない．

必要性の証明は定理 10*7 と補題 10*e より明らかである．以下の例は VR が十分ではないことを示す．$x P_1 y P_1 z$ と $z P_2 x P_2 y$ であるような 2 人の個人が存在するとする．このことから $x P y$, $y I z$，かつ $x I z$ が得られる．評価制約は満たされ

10　この定理は，上記の評価制約の修正された定義に対してだけではなく，セン（Sen 1966a）における最初の定義でも成立する．

るが，多数決選好は非推移的である[11]．ちなみに，必要十分条件はこの特殊ケースでも定理 10*7 で与えられる．

11　個人の数が奇数であるならば，これは十分条件にもなる．Sen（1966a）を参照せよ．

第 11 章
理論と実践

11.1. 集団的選択のシステム

　社会的選好を社会の構成員の選好に基づかせる方法には，根本的に異なるたくさんの方法があることは明らかである．これらのものは，その精密な手続きの面だけではなく，一般的なアプローチの面においても異なっている．

　ある特定のアプローチは，他のアプローチより多くの既存研究において定式化されており，これこそがアロー（Arrow 1951）のいう意味での「社会厚生関数（SWF）」のケースである．社会厚生関数では，個人の順序の組 (R_i) 各々に対してひとつの社会的順序 R を特定化する．もう少し選択指向のカテゴリーは，我々が「社会的決定関数（SDF）」と呼ぶものである．社会的決定関数では，個人の順序の組 (R_i) によって決まる社会的選好関係 R が選択関数を生成する．一般に，SWF は SDF の特殊なカテゴリーだが，例外もある[1]．いずれにせよ選択が目的なのであれば，SDF が適切な出発点だと思われる．

　SDF の整合性の要求は SWF のものよりも弱くなることがあり，これは有名なアローの「不可能性」定理を含む様々な結果に影響を及ぼす（第 3, 4 章）．しかしながら，SDF に対してさえも，異なる選択の原理を組み合わせることで同様の問題が起こってしまう（第 4, 5, 6 章）．社会的選好が必ずしも推移性ではなく，単に準推移性や非循環性を満たせばよい場合であっても，集団的選択に関する一連の妥当に見える条件を組み込むうえで SDF は依然として困難に直面する．あいにくこれらの条件の一部はそれほど妥当なものではない．これらの条件の正確な性質を引き出す様々なタイプの SDF を考えることで根底にある対立を明確にすることができる（第 5, 6 章）．

1　第 4 章を参照のこと．これ以降の参照に際しては，星印なしの章への参照は星印付きの章への参照も含んでいる．だがその逆は意図していない．

　もうひとつのアプローチは，SDF さえも要求しない．つまり，社会的選好
関係が必ず選択関数を生成することを求めない．準順序は完備性を満たさない
が，多くの状況において集団的選択の指針を与えてくれており，往々にして有
用である．というのも，集団的選択のより弱い，より普遍的に受容される原則
を組み込むことで，準順序は気を狂わせるほどのジレンマのいくつかから我々
を解放してくれるからである．［我々を窮状から救い出す］代替案は，決して全
か無かといった極端なものではなく，その中間に数多くの妥当な代替案の選択
肢が存在するのである（第 7，9 章）．

　個人の選好もまた異なる形態をとるかもしれない．実際，様々な集団的選択
のシステムは，順序のみで伝達される情報だけではなく，社会的選択肢に対す
る個人の態度に関するより完全な情報に基づいている．順序に代わり，序数型
の効用関数や基数型の効用関数，あるいは（第 7 章で）序数的タイプの効用関
数として区分された中間型の効用関数が用いられることもある．効用ないし厚
生のこれらの測度は，個人間比較がない場合（第 8 章），個人間比較がある場
合（第 7，9 章）のいずれの場合でも活用することが可能である．さらに，効用
の個人間比較可能性は様々なタイプのものでありうる．いくつかの仮定のもと
で，厚生単位の比較不可能性から完全比較可能性に至るまで，厚生単位の部分
比較可能性に関する連続体を定義することができるのである（第 7 章）．

　また，我々の関心の焦点は，厚生単位の比較可能性ではなく，厚生水準の比
較可能性にあるのかもしれない．社会状態の集合上で定義される個人の選好順
序 R_i（「私は状態 x を状態 y よりも選好する」）に替わって，任意の社会状態にお
ける任意の個人の境遇の集合上で定義される個人の選好順序（「私は状態 x にお
いて A 氏であることを状態 y において B 氏であることよりも選好する」）を利用す
ることもできる．この方法によって，公正や正義に関する様々な基準を利用す
ることが可能になる（第 9 章）．

　図 11.1 は，個人の選好に関する異なるタイプの情報に基づいた集団的選択
の様々な形態を図示している[2]．先端が二重の矢印は［矢印の先の型態が矢印の
根元の型態の］特殊例であるという関係を指し示し，点線は両形態がほぼ等価

　2　この図に登場する用語法はすでに定義されている．すなわち，R 及び R_i は第 2* 章で，L 及び $\bar{L}$
　は第 7* 章で，$\tilde{R}$ 及び $\tilde{R}_i$ は第 9* 章で定義されている．

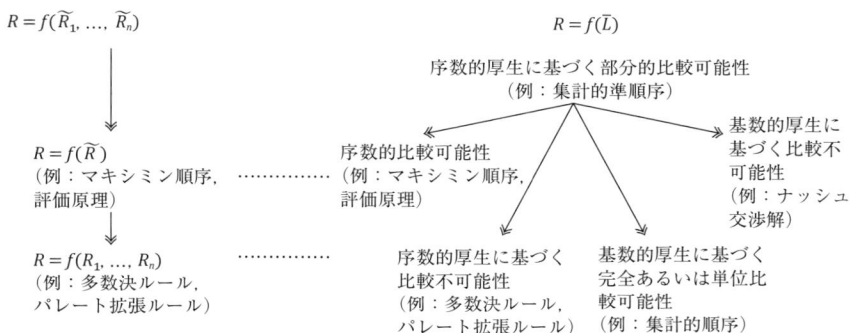

図 11.1.　集合的選択システムの成分

であることを示している．ほぼ等価であるとは，これまでに考えられてきた集団的選択のシステムで，あるカテゴリーに属するもののすべてがもうひとつのカテゴリーにも属しているという意味である[3]．各アプローチの具体例として，集団的選択のシステムにおける知名度の高いものが，カッコ内に記載されている．

　この図の意味はこれまでの分析から明らかなはずだが，2点ほどの注釈を与えることは有益だろう．第一に，一見すると自明ではないのだが，社会的選好 R を個人の順序の組 $(R_1, ..., R_n)$ の関数とすることは，社会的選好を拡張された順序 $\tilde{R}$ に基づかせることの特殊例になっている．$(R_1, ..., R_n)$ は，m 個の選択肢に対する n 人の個人的順序が示されていて，各個人 i に対して，個人の順序 R_i を $\{(x_1, i), ..., (x_m, i)\}$ 上で定義している．それに対して，$\tilde{R}$ は mn 個の要素すべての上で定義される順序になっていて（第9*章），$\tilde{R}$ は前述の n 人の順序 $(R_1, ..., R_n)$ を含んでいる．前者のタイプの情報は後者の情報を含んでいるため，社会的選好を $(R_1, ..., R_n)$ に基づかせることは，社会的選好を $\tilde{R}$ に基づかせることの特殊ケースとなっているのである[4]．

　第二に，社会的選好を個人の順序の組に基づかせることは，社会的選好を個

3　だがこのことは，必ずしも考えうるすべての集団的選択システムについて言えるとは限らない．

4　さらに，同一性公理が仮定される場合には，各個人の $\tilde{R}$ は全体の組 $R_1, ..., R_n$ を組み込んでいることになる（第9*章）．

人の比較不可能な序数的効用関数の組に基づかせることと正確には同じことで
はない．すべての順序が序数的効用によって表現可能であるとは限らないから
である．とはいえ，我々は比較不可能な個人の選好の序数的表現を本質的に用
いるどのような集団的選択のシステムをも考慮してこなかったため，我々の目
的にとっては，多かれ少なかれどちら［の情報的な基礎づけ］も似たようなも
のである．社会的選好を $\bar{R}$ に基礎づけることと社会的選好を序数的に比較可
能な個人の効用関数に基礎づけることとの類似性についても，同様な注釈が妥
当する[5]．

11.2. 制度と枠組み

　集団的選択へのアプローチはじつに多種多様だが，その多様性の一部は，集
団的選択の問題が生じる様々な領域や文脈を素直に反映したものである．ひと
つの問題は，意思決定のための制度的メカニズム（例えば，多数決ルールや順位
得点評価方式などに基づく選挙方式）を選択することかもしれない．個人や集団
や政党が，個人の選好に基づいて社会的選択のために提言する際に直面する問
題の可能性もある．純粋な制度的メカニズムを選択する論脈では，拡張された
個人の順序 $\tilde{R}_i$ の組に関する分析を進めることは難しく，個人の順序 R_i の組に
関心を集中するほうが楽であるかもしれない．だが，政策提言を行う場合に $\tilde{R}_i$
を持ち込むことは，きわめて適切な場合もあるだろう．

　同様に，純粋に制度化された選択システムにおいて，個人の基数的厚生の測
度を反映する方法を見つけることは困難であるかもしれないが，国民全体の集
計された利益と損失に関する自らの評価に基づき，計画策定者が政策提言を行
うことは，十分に可能である．このことは「部分比較可能性」（第7章）のよ
うに集計に相当の自由度を認めるシステムの場合には特にそうである．計画策
定者は，覚悟を決めて L の部分集合 $\bar{L}$ を特定化することの有効性に気づくか

5　これは厳密には正しくない．というのは，序数的な個人間比較可能性が個人の基数的測度を伴う
　　ことがあり，このとき基数性のなんらかの形での利用が可能になるためである．その例としては，
　　ナッシュ（Nash 1950）の交渉解，ライファ（Raiffa 1953），ブレイスウェイト（Braithwaite
　　1955）の解などを参照せよ．

もしれないが，純粋に制度化された選択のために部分集合 $\overline{L}$ を特定化する満足のいく機械的な手続きを考案することは，不可能であるかもしれない.

　だから，きわめて多様な集団的選択手続きが存在するというのは，おそらく錯覚に近いというべきである．異なるタイプの集団的選択の実践に際して，この事実は重要であるかもしれない．集団的選択の問題分野はあまりに広大であるため，集団的選択の理論という広範な区分にすべて含まれてはいても，相互間に本質的な異質性を含む少数のタイプの問題を一覧表にすることは，かなり有用であるだろう.

(1)　社会的選択の**制度的メカニズム**は，集団的選択のなんらかの理論に基づいている．例えば，多数決ルールを使用することは，匿名性，中立性，正の反応性の原理を，暗黙裡に支持することを意味している（第 5 章）[6]．同様に，外部性が邪魔をしない場合に，自由な市場システムに全面的に固執する社会的な選択はパレート効率性を根拠に正当化されるかもしれないし，パレート効率性をもっぱら要求することは，パレート拡張ルール及びそれを含意する諸原理を暗黙裡に遵守することを意味するかもしれない（第 5 章）．同様にして，社会制度は条件 L に沿った特定の選択に対する個人的自由を保証するために，［人びとに遵守を求める］規定を含んでいるかもしれない（第 6 章）.

(2)　**計画の策定**は典型的にはある政治機関（例えば国会）に責任を負う委員会によってなされるものであって，そこでは個人の選好と計画の目的を関連づける理論が必要とされる．集計的ルール（第 7 章）とかマキシミンルール（第 9 章）などの基準が，明示的にせよ暗黙裡にせよ，活用されるかもしれない．このような実践が非常に体系立って行われることはないにしても，「集計された厚生」や「最も不遇な集団の厚生」への関心は，公共政策においてはごく日常的なありふれたものである.

(3)　**社会批判**を行うとか，**社会政策に関する論争**に携わる際には，集団的選択

6　推移性の問題及び選択関数を生成する問題もある（第 10 章）.

のシステムを評価する必要がある．この論脈では，集団的選択システムに課される**条件**（例えば，第 3 章〜第 9 章で論じた条件）が特に重要になる．現存する政府への助言から，革命による政府転覆の画策に至るまで，この問題が持つ幅はきわめて広範にわたっている．集団的選択の理論の主要な進歩の多くは，このような非常に実践的な問題——とりわけ後者——の追求にその起源を持っているように思われる[7]．社会批判や抗議は，既存の集団的選択メカニズムが満たさない集団的選択の原理を要求するという形式をとることが通例なのである．

(4) **委員会の決定**の問題は，集団的選択の問題の特殊例である．委員会は大規模なものかもしれないし，小規模なものかもしれない．公式のものかもしれないし，非公式のものかもしれない．制度は多様である．相対的に小規模の集団のもとでは，大規模の集団のもとでは適用不可能な様々な制度的手続きが可能である．例えば，選好強度を考慮に入れた非公式システムの採用（典型的には多くの委員会）とか，投票を取引する非公式な仕組みの利用（典型的には立法機関）などである．委員会の決定では，推移性の問題は特に隠しようもない重要性を持っている（第 10 章）．

(5) **公共的な協力**の問題は，集団的選択の手続きと，人びとによるその手続きの評価に依存している．多くの問題にとって，単に正義がなされるだけではなく，正義がなされていることが目に見えるということも重要である．経済開発計画は人びとに犠牲を強いることもあるし，重荷（課税など）の分担は公正や正義，相対的な損得の測定に関する配慮に関わることがある（第 7，9 章）．ここで重要なのは，単に公正や正義を**達成**するという問題のみならず，なされた選択が公正や正義の特性を備えていることを，国民全体の観点から**可視化する**という問題なのである．計画の成否は，公共的な情熱と協力に，しばしば密接に関連している．いわゆる「現実主義者」は，公正や正義のような「曖昧な規範的配慮」を軽視することが珍しくないようだが，これらへの配慮は最も粗雑な指標から見ても，ことの成否にとって明白に重要であるように思われる．

7　Gramsci（1957, pp. 140–42）を参照せよ．

11.3.　個人の選好の表明

　集団的選択のために個人の選好を表明するシステムを考案する試みには，いくつかの難問が立ち塞がる可能性がある．第一に，ゲーム理論的な駆け引きを考慮して，選好の表明過程で歪曲が行われる可能性がある．「正直な投票」は，しばしば個人の最善の利益にはつながらないのである[8].

　この難問は完全に一般的な問題であるが，その深刻さは，集団的選択のシステムによって大きく異なるだろう．村上が論じているように，個人の選好に非負に反応する集団的選択のシステムでは，投票者が選好を歪めることで達成できる利得の範囲は非常に限定的である[9]. このことは多数決による決定方法（MMD）に対して特に妥当する．個人が自分の選好を歪曲することによって，自分が最も好む選択肢の重みを増すことはできない．なぜならば，［この集団的選択のルールのもとで］個人がその選択肢の重みを最大化するには，正直な投票をするほかはないからである．

　MMD の例は，この問題を浮き彫りにするうえで有益である．3 人の個人 1，2，3 を考えて，個人 1 は x を y より，y を z よりも選好して，個人 2 は y を x より，x を z よりも選好するが，個人 3 は z を x より，x を y よりも選好しているものとする．多数決が決定する順序では，x は y と z よりも社会的に選好され，y は z よりも社会的に選好される．この順序を攪乱するために，個人 2 は y を z より，z を x よりも選好しているかのように振る舞うことができ，［この戦略的な選好表明によって，］x が y より，y が z より，z が x より上位にくる循環的な多数決を生み出すことができる．しかし，個人 2 が y を選択集合に入れるためにできることは，せいぜいのところ正直に投票することだけなので，この方法で y を選択集合に持ち込むことはできない．不正直に投票することによって，x を選択集合から追い出せるにしても，y を選択集合に加えることはできないのである．

8　Arrow（1951, pp. 80–81），Majumdar（1956），Luce and Raiffa（1957, Chapter 4, Section 8）を参照せよ．

9　Murakami（1968, Chapter 4, Section 10）を参照せよ．

しかし，この例をもって非負の反応性を満たすメカニズムのもとでは個人や集団が戦略的な虚偽表明によって，社会的な結果を自分たちに好都合に変えることは決してできないと結論すべきではない．MMD のもとでも，不正直な投票がより望ましい選択肢を選ぶことに役立つことは可能である．この事実は以下の例で確認できる[10]．3 個の選択肢があり，4 人の個人がいるものとする．個人 1 は x を y と z よりも選好して，y と z は無差別である．個人 2 は x と y を無差別として，その両者をともに z よりも選好する．個人 3 は z を x よりも，x を y よりも選好する．個人 4 は y を z より，z を x より上位に順位づけている．正直な投票のもとで，MMD は x を y より，y を z より選好して，x と z は無差別にする．そこで x が社会的な選択集合の単独の要素になる．個人 4 の最も選好する選択肢が z ではない場合でも，個人 3 も個人 4 もともに z を x より選好している．いま，個人 3 と個人 4 がともに z を y よりも，y を x よりも選好するかのように振る舞う場合には，MMD は z を y より，y を x よりも選好して，x と z を無差別にする．いまや z が社会的な選択集合の単独の要素になる．抜け目のない行動によって，個人 3 と個人 4 はいずれも望ましい状態をもたらすことになるのである[11]．こうして，非負の反応性や正の反応性でさえ，不正直な投票が効率的な戦略にはならないことを，なんら保証できないのである．

ちなみに，ある環境のもとでは，ゲーム理論的な考察や票の交換が個人の選好強度の測度を定義するのに役立つかもしれない．また，票の交換における均衡は，対立する利害の妥協を反映している[12]．これらの解を倫理的に最適で公平なものとして受け入れることには（第 2，8 章で論じたように）問題があるの

---

10 この点を，私はベングト・ハンソンからの助言に負っている．この事例では 2 人の個人が手を組むことが求められている．ひとりの個人が不正直に行動するだけで十分な事例は以下のものである．いま，個人 1 と個人 2 が x を y より，y を z より選好して，個人 3 は z を x より，x を y より選好するが，個人 4 は y を z より，z を x より選好している．MMD は正直な投票に対しては x を唯一の最善要素にする．もし仮に，個人 4 が z を y より，y を x より選好しているかのように振る舞えば z が多数決の勝者となり，個人 4 にとりいっそう望ましい結果になるのである．

11 社会的選好関係が順序でなければならない場合には，この可能性はより狭められることになる．Murakami (1968) を参照のこと．そのため，村上は投票が「総当たり」方式（round-robin manner）で行われることを推奨している．この方式ではすべての選択肢を他の任意の選択肢とペアごとに比較する．総当たり方式のもとでは，仮に非推移性が存在すれば，それは必ず明るみに引き出されることになる．

だが，これらのモデルは社会的選択の妥当な表明として推奨に値するうえに，選択の倫理的な基礎を明確化することにも役立っている．

　個人の投票行動を精査することによって，個人の選好の基数的強度の測度を得ようとする試みもまた存在する．コールマン（Coleman 1966b）が指摘したように，投票者は自己の投票行動が社会的選択の結果に与える蓋然的な影響に基づいて投票行動を考える場合があること，そして社会的選択肢の集合の上で彼の選好が与えられたとき，彼の行動は他人の投票行動の確率分布に関する彼の評価と［投票の結果が袋小路に迷い込んだ場合に］隘路から脱出する工夫として選択システムが採用する偶然性を伴う仕組みの帰結に関する確率分布に依存することは，確かな事実である．そのため，個人の投票行動はくじの選択とみなすことができ，個人の選好強度の表明を含むことになる．しかし，実際にはこのくじの種類は非常に限定されているので，この基礎に立って効用関数を構築するという考え方を受け入れる余地はどうもありそうにない．さらにまた，効用測度の計算を可能にするためには，他者の投票行動に関する各人の主観的な確率分布も知らなければならない．したがって，現実の投票行動を観察するだけでは，現実的な社会的選択のための基数的な測度を構築することは不可能であるかもしれない．それにもかかわらず，このアプローチは啓発的である[13]．

　もちろん，個人が想定された方法に従って現実に行動する（すなわち実際の社会的選択に及ぼす確率的影響を考慮したうえで，投票行動の期待効用を最大化する）かどうかというもっと根本的な疑問が残される．この疑問に答えるにはさらなる実証的な探求が必要になるが，現段階における予備的な疑問に言及することには意義があろう．膨大な数の投票者が関わっている場合（例えば国政選挙など）では，個人の投票が結果に影響する確率は微小になり，ほんのわずかな投票にかかる費用（例えば移動の費用など）でさえ，容易にその利得を上回

12　Buchanan and Tullock（1962），Coleman（1966a, 1966b），Wilson（1968a, 1968c）を参照せよ．

13　集計された効用を最大化するためには，個人の基数的効用の測度に加えて，個人間比較可能性を保証するなんらかのシステムが必要とされる．コールマンはこれを恣意的な要素であると指摘する．記述的なモデルでは，コールマン（Coleman 1966a, 1966b）のように，個人間比較可能性を保証するシステムを，パラメーターの集合として扱うことができる．これに対して，規範的なモデルでは，個人間比較可能性に関する体系的な判断がなされる必要がある．第 7, 8, 9 章を参照のこと．

ってしまう．それにもかかわらず，このような選挙における投票率はかなり高い場合がある[14]．この事実は，個人が期待効用の最大化というよりは，もっと単純な誘因，例えば単に自分の真の選好を記録しておきたいという欲求に駆られていることを示唆しているのかもしれない[15]．

　もちろん人びとは，単に投票することを楽しんでいるだけかもしれない．このことは人びとが大規模な選挙で投票する理由を説明しうるものだが，いったんこの種の考慮が持ち込まれると，投票と選好の序数的な対応関係でさえ損なわれることになる．個人が投票行動に喜びを見出す場合，選択肢の間では無差別であっても，あえてどちらかの選択肢に投票することが起こりうるかもしれない．その一方では，投票にいくらかの費用がかかる場合には，たとえ個人が一方の選択肢をもう一方の選択肢よりも選好していても，十分に強く選好していない限りは，投票を控えることがあるかもしれない．実のところ，投票が費用や喜びの原因にならない場合でさえ，この問題は存在する．2つの選択肢の間で無差別な個人は，棄権するのと同じくらい容易にいずれかの候補者に投票するかもしれない．それゆえに，投票の費用が負，正，ゼロのいずれであっても，(a) x に投票する，(b) y に投票する，(c) 棄権する，という3つの状況と，(a*) x を選好する，(b*) y を選好する，(c*) 無差別である，という3つの状況の間には一対一の対応関係が存在しないことになるだろう[16]．分析的には妥当な話だが，これはそれほど深刻な問題ではない．もし投票の費用がゼロであれば，投票者の**大規模**な集団にとって，全体の結果は一対一の対応関係のもとで起こることと非常に近くなるだろう．真の問題が発生するのは，投票が費用や喜びを伴い，その費用や喜びの程度が相対的に大きい場合である．そのような場合であってさえ，この問題は選択理論のなかでも問題だらけのこの部

14　人びとはまた誰が（あるいはなにが）勝つかという点だけではなく，自己の投票でつねに変化する得票差という点においても，選挙結果に関心を持つことがありうる．これは効用表示のモデルをかなり複雑にすることが多いだろう．さらに，追加の1票が勝者（ないし敗者）の得票差に及ぼす影響は小さいため，期待効用の枠組みに固執しなければならないとすれば，投票者が票を投じる誘因について依然としてなんらかの説明が必要であるように思われる．

15　Robinson（1964, p. 10）を参照せよ．

16　セン（Sen 1964）は，この一対一対応の欠如は，すべての連続的な効用の最大化の事例において一般に成立することを示している．個人の選好の正直な表明は連続的な効用関数の最大化とは対立するのであり，このことはいささか残念なことのように思われる．

門に蔓延する多くの問題のうちの，ひとつの例に過ぎないのである．

11.4.　効率性とパレート最適性

　基数的測度の情報伝達（とその利用）に伴う問題は，順序の問題よりも深刻である．このことは，集団的選択を行う際に通常順序だけに集中することの部分的な理由となってきた[17]．少なくとも経済学において最も広く利用されてきたアプローチは，パレート最適性と「経済的な効率性」（第2章）に基礎を据えたアプローチである．

　第5，6章の分析に基づけば，パレート最適性に専心するアプローチの根底にある仮定は明白である．パレート最適性を唯一の目的とみなして，その目的さえ達成される限り，ことさらなにも思い患う必要がないと考えるのであれば（このアプローチは多くの現代厚生経済学の研究で暗黙裡に採用されているが，それが明示的に仮定されることはめったにない），準推移性を満たす社会的選好を生成し，条件 U（定義域の非制約性），条件 I（無関係な選択肢からの独立性），条件 P^*（強パレート原理），条件 A（匿名性）を満たす集団的選択ルール（CCR）をまさしく要求していることになる．これらの条件が合わさると，定理5*3で示されているように，すべてのパレート最適な点が無差別であると宣言しなければならないということが含意される．この結果は，暗黙裡に現代厚生経済学のかなりの部分で使われているアプローチを公理化したものにほかならない．

17　もちろん，計画を目的とするような集計作業では，個人の効用関数がとりうる形にある程度の変化の幅を認めつつ，第7章で開拓したアプローチと同様にして準順序を形成することができる．これより過酷な要求を課す代替案は，ラーナー（Lerner 1944）によって純粋な分配問題の文脈で提唱されたように，確率分布で政策担当者の無知を補完しようとする方法である．ラーナーは，各個人が持ちうる（凹の）効用関数が同一の確率分布に従うことを仮定する．この仮定に基づいて，一定の均質な所得の分割問題に直面する政策担当者は，期待効用の最大化を根拠に均等分割を必ず推奨することになる．［この結論が要求する］確率分布の同一性の仮定は非常に強いものだが（Friedman（1947）及び Samuelson（1967）を参照せよ），確率分布の任意の組み合わせを用いることによって，ラーナーのアプローチを一般化することができる．また，マキシミン戦略など，確率を用いない意思決定の基準を利用することもできる．セン（Sen 1966c）が示したように，この場合においても，非常に一般的な仮定のもとで，平等性に関するラーナーの結論は成立する．とはいえ，無知や不確実性に関する解釈の問題と，数多くの意思決定の基準のなかでひとつの基準を選ぶという問題が，依然として残されている．

いくつかの点において，定理 5*3 は非常に悩ましいものである．この定理が課す条件はすべて表面上は魅力的であるにもかかわらず，それから得られる結論は分配に対する配慮を無視して，すべてのパレート最適な点を無差別とするものであって，到底魅力的であるとはいえそうにない．実際，現代厚生経済学が持つこの側面こそ，最も頻繁に攻撃の的となってきたものなのである．

この結果が（本書の他の結果と同様に）明るみに出している問題点は，集団的選択ルールに課される一般的な条件に含まれる重大な困難――これらの条件は，本質的に不透明であること――である．これらの条件が内包する含意のすべてを了承するより，条件それ自体を了承するほうが容易である．アロー（Arrow 1951）の一般可能性定理も，同じ観点から解釈できるかもしれない[18]．

我々は，パレート最適性の非常に限定的な利用――すなわち，パレート最適性を全体の最適性のための十分条件ではなく，必要条件として利用すること――でさえ困難を伴うことを理解した．この論脈においては，パレート最適性は通常圧倒的な魅力を持つ条件であると考えられている[19]．だが，弱い形式のパレート関係でさえ，個人にある種の私的な事柄をなす自由（例えば，読みたい本を自ら選択すること）を付与する非常に弱い形式の個人の自由の条件と対立すること（定理 6*3）がわかっている．ただ 2 人の個人に，各々ひとつのペアの上でこの意味の自由を付与すれば，パレート関係は推移性より弱い条件である非循環性を満たさない状況が発生するのである．個人の自由と弱パレート関係との間の対立は，もちろん，ペアの上の選択では生じないが，3 個以上の選択肢が関わる場合にはいつでも発生しうるのである．したがって，パレート最適性は［全体最適のための］十分条件ではなく必要条件としてさえも疑問が残る．外部性が存在する場合，パレート最適性を容易には達成できないことは

18　同様の困難は，特定の意思決定ルールを確立する公理的な試みにおいても生じるように思われる．例えば，意思決定における特定の公理を前提として，クープマンス（Koopmans 1960）は合理的な蓄積計画における「短気（impatience）」が発生する必然性を，鮮やかに示した．Koopmans, Diamond and Williamson（1964）も参照せよ．用いられた公理は一見魅力的なものであるが，このアプローチは前述の困難に従うことになる．

19　ゼックハウザー（Zeckhauser 1968）やライファ（Raiffa 1968）は行動の**結果**に関する確率的な期待が個人間で違うことを用いて，**行動**の選択に関するパレート最適性の概念を否定的に論じた．しかし，これらの批判は，結果の集合や完全に記述される社会状態の集合上のパレート関係を否定する議論ではない．我々が関心を寄せるのは，この後者の問題である．

広く知られている（Koopmans（1957）を参照のこと）が，第 6 章の分析が明らかにすることは，あるタイプの外部性が存在するもとで，目的としてのパレート最適性それ自体の**価値**に深刻な疑いの余地があるということなのである.

11.5. 結語的な見解

　集団的選択に課される様々な条件のうちで，パレート原理は無難と思われる条件のうちでも，とりわけ最も無難な条件だと考えられている. そのパレート・ルールでさえ，普遍的に用いると諸々の困難に遭遇するのだから，あらゆる状況で妥当すべき集団的選択の絶対的原理を仮定するという問題の難しさは察するに余りある. 通常推奨される単純な原理は，本質的に「非基本的（non-basic)」になる傾向がある（第 5 章）. 事実の適切な選択（例えば，個人的選好の特定の組を選ぶことや，個人の順序の背後にある特定の動機を選ぶこと）により，通常は普遍的な適用が推奨される一般的な原理のほぼ全部が，大混乱を引き起こす可能性を秘めているように思われる.

　この立場は，カント以降の倫理学説[20]において強調されて，第 9 章においても論じられた「一般化」と「普遍化」の必要性とは異なる立場をとるように見えるかもしれない. しかし，この矛盾は表面的なものに過ぎない. ここで主張していることは，個人による全面的な支持を保証するような一般的原理が存在しないということではなく，通常推奨される単純な原理はそのようなタイプの原理ではないということである.「匿名性」や「中立性」の類の条件は，個人と選択肢の性質の間の関係に関する情報（第 5, 6 章）や，選好強度に関する情報（第 7 章）を特に除外したものであり，「重要な点での類似性」の非常に限定された見解に基づくものである. より制約の少ない「無関係な選択肢からの独立性」も，狭い意味での類似性，すなわち関連するペア上での個人の順位づけだけに依拠している. 選好の強度は考慮に含められていない（第 7 章）うえに，他の（しかし関連性を持つ）選択肢の順位の観察から得られる個人の動機

20　「自分の行為の信条が自分の意志によって普遍的自然法則になるべきであるかのように，行為しなさい」（Kant 1785）. アボット訳は Kant（1907, p. 66）［訳注：訳文は平田俊博訳「人倫の形而上学の基礎づけ」『カント全集 第 7 巻』岩波書店，2000 年，54 頁より］.

についてなにかを示唆する可能性のあるいかなる間接情報も考慮に入れられることはない（第6章）．この最後の点は，選好強度のいかなる考慮にも増して，パレート原理の適用を差し控える決断に際して重要であるように思われる（第6.5節）．ここで論争の的になるのは，「類似の状況では類似の判断がなされるべきだ」とするアプローチではなくて，**状況が類似していると決定する基準の**ほうなのである．「重要な点での類似性」について完全に一般的な主張をしようとすれば，途方もなく複雑な基準に踏み込まなければならないかもしれない．だが，すべての事例ではないにせよ，多くの事例において本質的な部分を捉える単純な原理を考案することは可能だろう．これらの諸原理（条件 I, N, A, P など）は，表面的には普遍的な原理の形をとるが，実際にはほとんどの価値体系において，非基本的なものなのである．

　非基本的な原理であっても，十分広く適用可能な原理であれば，集団的選択の手続きを理解して評価することに貢献できる．ありとあらゆる選択状況の重箱の隅をつつくことに喜びを覚えるのは，ただマゾヒストだけである．単純な原理は便利な近道を教えてくれる．これらの原理を最後の最後まで忠実に従うべき主人ではなくて，有用な指針として認識するかぎりにおいて，原理の利用にはなんの問題もない．アローの一般可能性定理（定理 3*1）と，本書で述べたその他の不可能性定理（定理 4*3, 4*5, 5*1.1, 5*2, 6*1〜6*3, 8*1.1, 8*2, 9*2, 9*2.1, 10*5）は，ニヒリズムのための議論ではなくて，集団的選択のシステムにおける諸原理の役割を明らかにするための積極的な貢献と考えるべきである．選択メカニズムに関する肯定的な結果を述べた諸定理（定理 4*1, 4*2, 4*4, 5*1, 5*3, 7*1〜7*9, 8*1, 9*1, 9*3〜9*7, 9*5.1, 9*7.1, 10*1〜10*4, 10*6-10*9）に対しても，同じ判定が妥当する．

　集団的選択理論に登場する通常の原理が持つ非基本的な性質がひとたび認識されれば，原理の間の硬直的な区別の一部は，捨て去られるべきである．例えば，否定しがたいとされるパレート的な判断と，「恣意的」とされる非パレート的な判断を，伝統的な厚生経済学では区別するしきたりがある．パレート原理もまた部分的には恣意的であり（第6章），多くの状況においては他の原理もまた否定しがたいもの（第5〜7，9章）なので，この明白な二分法は正当化できないものに思われる．パレート的な配慮へのほとんど排他的なまでの執着

は，一方では伝統的な厚生経済学を非常に小さな箱に閉じ込めつつ，他方では
この原理は倫理的に論駁不可能であるという，厳密な精査には耐えられそうに
もない感覚を与えてきたのである．

　これと密接に関連する点として，異なる集団的選択のシステムの間の相対的
な受け入れやすさの問題がある．異なるシステムが満たす単純な原理は本質的
に非基本的であると考えられるために，異なるシステムの相対的な望ましさの
評価が社会の性質に依存するのは明白である．様々な「不可能性」の結果を解
釈するひとつの方法は，あらゆる社会，あらゆる個人の選好の組に対して，う
まく機能する（この要請は，ほとんどすべての不可能性定理で採用されている「定
義域の非制約性」という条件を用いて提案されている）集団的選択の「理想的」
なシステムは存在しないというものである．いくつかの選択の手続きは，ある
種の選択とある個人的選好の組に対しては非常によく機能するとはいえ，他の
場合にはそうでもない（第5～7，9，10章）．そのために，これらの手続きの評
価は，考察する手続きが想定する社会のタイプに依存せざるを得ない．この控
えめな認識には，なにも突出した敗北主義は含まれていないのである．

　最後に強調すべき点として，集団的選択の「純粋」なシステムは，社会的意
思決定の理論研究にとって［「不純」なシステムと比較して］より魅力的に見え
る傾向があるとはいえ，それはしばしば研究に値する最も有用なシステムであ
るとはいえない．この点の認識を念頭に置いて，本書は様々な「不純なもの」
に強い関心を寄せてきた．個人間の**部分**比較可能性（第7，9章），**部分的な基
数性**（第7章），**制約された定義域**（第6，10章），**非推移的な**社会的無差別関
係（第4，10章），**不完備な**社会的選好関係（第7，9章）などはその数例である．
純粋な手続きはより広く知られているが，不純さを伴うこれらのシステムの限
定的な事例であるように思われる．

　制度的な観点と，思考の枠組みの観点の両側面から見て，不純なシステムに
は重要性があるように思われる．本書の紙幅の相当な分量は，我々が擁護して
きたひとつの信念を反映している．すなわち，純粋さはオリーブ・オイルや海
辺の空気，おとぎ話のヒロインにとっては文句なしの美徳だが，集団的選択の
システムにとっては，そうでもないのである．

集団的選択と社会厚生（2017 年）

第 A1 章
啓蒙と不可能性

　民主主義がその多様な形態において長い歴史を有しているとしても，現代的な民主制の出現はヨーロッパの啓蒙時代を彩る理念や出来事と密接に関わっている．民主的な社会の仕組みの発展は，世界中に古い源流と着想を見ることができるものの，それがヨーロッパにおいて決定的な素描と揺るぎない支持を得たのはフランス革命と，イギリスのアメリカ大陸植民地の独立宣言があった18世紀後半のことである．社会状態の集合上で定義される個人の選好に依拠して（どのひとりの選好をも考慮しつつ）社会的決定を導出するという社会的選択の基本的な枠組みは，現代の社会的選択理論の中心を占めるが，そこには民主主義へのコミットメント（democratic commitment）が共有されているのである．

　ケネス・アローによって創始された現代の社会的選択理論において絶対的な中核をなしているものが民主主義の諸価値であり，社会的選択理論という学問分野はこの基本的な前提に忠実であり続けている．例えば，妥当に見える諸公理を伴う一定の公理構造が，（個別にはもっともらしい）諸公理を組み合わせて選んだ含意として独裁者の存在をもたらすなら，その公理の組のほうが非常にやっかいなものであると直ちに理解される．承認・支持されてきた諸公理の論理的帰結が独裁的ルールであるからといって，独裁を支持する結論を容認することにはならない．そもそもアローの不可能性定理が伴う知的な挑戦を理解するためには，社会的意思決定の過程にすべての人を包摂する必要に真剣に取り組まなくてはならない．これは民主主義へのコミットメントに沿うものであり，この暗黙の誓約は，独裁的な結果を容認すれば（たとえそれが個別には十分妥当に見える諸公理の要求の結果として含意されるときでさえ），著しく傷つけられるであろう．この意味において，いかなる公理の体系も，暫定的には受け入れられるとしても，それらが実際にもたらす帰結の精査を待たなければならない．というのも，個別の公理を評価する試みだけではなく，組み合わされたひとつ

のシステムとして，異なる複数の公理を同時に使用することの結果を見極める試みも可能なためである．独裁的な結果に直面する場合，より独裁的ではない結果にするためには，どの前提を取り下げるべきか，もしくは修正するべきなのかを検討しなければならない．

　なにを個人の「選好」と呼ぶかについては，もちろん，異なる民主主義の実践に応じて多様な解釈がありうる．その解釈の違いを明示化するには，(1) ボルダやコンドルセの古典的な研究で開拓された，投票に焦点を当てたもの，(2) ディヴィッド・ヒューム，ジェレミー・ベンサム，ジョン・スチュワート・ミルの先駆的な研究で異なる形で探求された，個人の利益に関心を寄せたもの，(3) アダム・スミスやイマニュエル・カントなどの多くの人びとによって探求された，社会や集団に関する個人の多様な価値判断や道徳感情に基づくもの，を比較すればよい．目的によっては選好についての解釈の違いが非常に重要になるであろう．しかしながら，本書の目的では，社会的選択理論の標準的な方法に従って，「選好」という一般的な用語を使用し，個人的関心について想起されうるこれらすべての異なる解釈を含むものとする．これらは公共的意思決定や社会的な価値判断の情報的基礎として，明確に区別されながら用いられることになる．

　ここに我々がとりわけ気をつけるべき混乱の可能性がある．現代経済学には，異なる対象を同じものとみなす暗黙の想定がかなり広範にわたって見られる．明確に区別された**代替的な**解釈を，「選好」という同じ言葉で表すとしても，それは経済学のそのような前提とはいっさい関係ないということを理解するのは特に重要である．我々が回避すべきことは，「選好」という同じ言葉でいくつかの異なるもの（例えば，個人の利益や，なにがなされるべきかに関する個人の見解，なにが社会にとって最善であるかに関する個人の優先順位など）を**同時に**表現した結果，異なるはずの対象を定義上同じものにしてしまうことである[1]．例えば，自分自身の利益に関する私の理解と，なにが社会にとって最善であるのかという私の判断が同じものであるはずだという仮定は，深刻な認識上の混

1　個人の選好に関する非常に異なる諸概念を暗に同一視することは，セン（Sen 1977a）が論じた「合理的な愚か者」の領域に属するものであり，我々はこの問題を十全に回避しなければならない．

乱をもたらすだろう．「選好」という用語が代替的な使用法を含むことは避けがたいとしても，これらの異なる使用法をまったく同じものと理解するような怠惰な誘惑に従ってはならない．

挑　　戦

アローがこの分野で仕事を始める前のこと，エイブラム・バーグソンとポール・サミュエルソンの主導により「社会厚生関数」の必要性を巡る議論が巻き起こった．社会厚生関数は，社会的に見た望ましさの観点から，あるいは，バーグソン（Bergson 1938）やサミュエルソン（Samuelson 1947）が人びとに追い求められる対象として呼称した「社会厚生」の観点から，社会状態の順位づけを可能にしてくれる．アローが大学院生であった 1948 年に，（偉大な論理学者アルフレド・タルスキーを通じて知己を得ていた）ランド・コーポレーションの哲学者オラフ・ヘルマーは，ゲーム理論を国際関係に応用することの正当性に疑問を呈した．「プレーヤー」が国であって個人ではないことを憂慮したのである．ヘルマーは博士課程の院生であった若いアローに「どのような意味において，集団が効用関数を持っていると言えるのか」と尋ねた．アローは（おそらく自分の分野に対するいくばくかの誇りを持って）次のように答えた．

> 経済学者はその問題については経済政策の選択に関連して考えており，1938 年の論文においてエイブラム・バーグソンによって適切な定式化がなされたと考えられる．それは彼が社会厚生関数と呼んだもので，個人の効用のベクトルを［集団的な］効用に対応させる関数である[2].

ヘルマーのために腰を据えて，社会的選択の公理の組に関する詳細な解説を書こうとすると，アローはすぐさま，人びとの選好順序の組を一貫したひとつの順序にまとめる望ましい方法は存在しないと確信するようになった．

不可能性定理とそれに関連する結果や証明は「3 週間ほど」で完成した．こ

2　Maskin and Sen (2014) に収録している Kenneth J. Arrow, 'The Origins of the Impossibility Theorem', pp. 147-8.

の新たに究明された結果に対して学界は多大なる関心を寄せた．アロー自身はというと，自分の結果が合理的な社会的意思決定に突き付けた難題に魅了されて博士論文のテーマを変更し，すでに進めていた数理統計学に関する先端研究を放棄して，この新しい知見を発表し，論じることにした．彼はまた，編集者の求めに応じて，この結果の簡潔な解説（A Difficulty in the Concept of Social Welfare）を *Journal of Political Economy* 誌に送り，その論文は迅速に公刊される運びとなった（Arrow 1950）．

アローの不可能性の結果はしばしば古典的な投票のパラドックスの一般化だとみなされている．アロー自身もこの見解を支持しており，（私もイントロダクションでそうしたように，）投票のパラドックスに言及することで彼の不可能性定理の説明の一助としている．個人 1 が x を y よりも，y を z よりも選好し，個人 2 は y を z よりも，z を x よりも選好し，個人 3 は z を x よりも，x を y よりも選好する．多数決投票による結果は x が y に勝ち，y が z に勝ち，z が x に勝つことになる．この結果は多数決投票が整合的な順序をもたらさない場合があるというだけではなく，多数決の勝者がまったく存在しないこともあるという確かな説得力のある例になっている．投票のパラドックスがアローの思考過程において一役買ったということもまた疑いようのないことである．社会厚生関数に関するノートを求めたオラフ・ヘルマーへの応答のなかで，アローは「多数決投票という，選好を集計するうえでもっともらしく思われる方法が実は不満足なものであることはすでに知っていたが，少しばかりの思考実験を経て他のいかなる方法も順序を定めるという意味では機能しないことが示唆された」と言及している[3]．

アローの不可能性定理にとって，社会的判断が推移的な順序の形式をとるという要請はどれくらい重要なものなのだろうか．ほんのわずかばかりこの条件を緩和して，例えば，推移性を強選好関係にのみ要求すること（形式的には「準推移性」と呼ばれるもの）だけでアローの結果が無効化されることを容易に示せる（Sen（1969）を参照せよ）．私はむしろ知的好奇心をかき立てるものとしてこの結果を示したのであって，すでに説明したように，これがアローの深

---

3 アロー（Arrow 1983）の *Collected Papers*, Vol. 1, pp. 3-4 に再録された Arrow (1950).
4 鈴村興太郎（Suzumura 2016）は，社会的ランキングにわずかばかりの不完備性を許容すること

遠な問題に対する大きな解決策には到底なり得ない[4]．折りしも，当時ハーヴァードの大学院生であったアラン・ギバードは，推移性の条件を弱めることに伴い，新たな問題が生じることを直ちに示した．というのも，準推移性は寡頭支配制をもたらしてしまうのである（人びとの集団が共同で決定力を持ち，その特権集団の各構成員は拒否権を持つことになる．この点については第 A1* 章を参照せよ）．その後の 10 年間は膨大な数の論文が相次いで発表され，整合性の条件を弱めても依然として新たな問題が生じる傾向にあることが示された．好ましからざるものの除去（寡頭支配制や拒否権を持つ個人の存在などを取り除くこと）を公理として求めることですべての問題が不可能性定理に転換されたのである．本章では膨大な量の数学的な先行研究についてこれ以上掘り下げることはしないが，第 A1* 章において再びこの問題に立ち戻ることにする．

アロー流の不可能性はコンドルセのパラドックスの一般化なのか

　アローの不可能性定理を「投票のパラドックス」の一般化とみなすことが最善の解釈であるという見立ては果たして正しいのだろうか．投票のパラドックスをアナロジーに用いることは不可能性定理への良き橋渡しにはなるものの，両者の間には途方もなく大きな隔たりもある．アローの定理における基本的な公理が社会状態の集合上の選好に焦点を当てているにしても，選択肢の性質（「社会状態」とでも呼べる，社会の「有り様」の実際の性質）に注意を払うことが許されないだとか，選択肢の性質に関する具体的な記述がないなかで，社会状態の評価を選択肢上で定義される人びとの選好の観点からのみ行わなければならないといったことを，いかなる公理も直接的に仮定しているわけではない．投票の理論では，我々が前もって特定の社会状態を（例えば，経済格差がより少ないという理由で）好むように仮定することはできないし，社会状態の判断は誰がなにを好むかいう事実のみ（実際には，有権者がどちらのほうを好むのかと

で完全な推移性の要求を弱める代替的な方法を開拓し，アローの不可能性の結果を回避することを可能にした．この弱い整合性の要求はウォルター・ボッサール（Bossert 2008）の提案に従って「鈴村整合性」と名付けられ，アローの不可能性の結果が成立するために彼の整合性の要求をどの程度まで弱めることができるのかを示している（Bossert and Suzumura（2010）も参照）．正確な専門的条件については第 A1* 章で論じる．

いう投票数の集計のみ）に基づいて行われることが要請される．これが投票システムの出発点になっているのだ．しかし，厚生経済学において異なる社会状態の相対的な望ましさを評価するときには，このことが適切な出発点となることはほとんどない．

アローは最初から社会状態を説明のないブラックボックスとしたわけではなかった．彼をこの領域に至らせたのはいくつかの公理の組み合わせである．それでは，これらの公理とはなにか．その十分かつ厳密な議論は第 A1* 章で行うが，当面の間は厳密ではない大まかな形で述べることができるだろう．アローの社会厚生関数は，個人の選好の組から社会的順序を導出するものである（社会的ランキングは，個人の選好に関する仮定と同様に，完備かつ推移的であるとされる）．

定義域の普遍性（U）［訳注：「定義域の非制約性」と同義である］と呼ばれる公理は，個人の選好の組から社会的順序を導出する社会厚生関数が，個人の選好の論理的に可能ないかなる組に対しても機能することを要求する．パレート原理（P）は，社会に属するすべての人が社会状態 x をもうひとつの社会状態 y よりも選好する場合，社会的順序においても x が y よりも高い順位に置かれなければならないことを要請する．非独裁性（D）の公理は，社会的順序に対する独裁的な権力を持つ個人が存在しないことを要請する．すなわち，任意の x と y に対して，社会の他の人びとが x と y をどう位置づけているかにかかわらず，その個人が x を y よりも選好するときには必ず，社会も x を y の上位に置くという意味での独裁者がいないことを要請する．無関係な選択肢からの独立性（I）の条件は，社会状態のどのペア $\{x, y\}$ を社会的に順位づける際にも，x と y に関する人びとの選好だけを考慮に入れることを要求する（例えば，「無関係」な選択肢である z や w を人びとがどう位置づけようとも，結果に影響は及ぼさない）．

選択肢の性質に関するすべての情報が（選択肢に関する人びとの選好を除いて）いっさい用いられなくなることは，これらの公理のうち，定義域の非制約性（U），無関係な選択肢からの独立性（I），パレート原理（P）という 3 つの組み合わせの結果である．これらの公理がともに課されると，社会状態はあたかも「ブラックボックス化」してしまうのである．実際，第 A1* 章で証明し，

議論する「決定力の拡張」の結果は以下のことを示している．すなわち，もし個人の集団（ないし，個人）が社会状態のあるひとつのペア $\{x, y\}$ のどちらを選択するかについて，自分たちの望むように決定する力を持つならば，その集団ないし個人は社会状態の集合における選択肢のすべてのペア $\{a, b\}$ に対しても同様の決定力を持つ．この結果によって，選択に関わっている社会状態の性質や，異なる状況における様々な人びとの境遇の比較も，関連なきものとして排除されることになる．ある社会状態や別の社会状態でどれほどの不平等や貧困があるのか，あるいは，ある状況では（人身保護令状のような）人びとの権利に対してどれほどの侵害が生じ，別の状況では生じないのか，といったことは問題とはされない．社会状態がどのようであるのかという情報のすべては（いかなる理由があれ，どれほど重要なものであっても），それらの社会状態に対する人びとの選好のみが決定に効力を持つことによってかき消されてしまうのである．

　U, P, I を満たす社会厚生関数が投票ルールとまったく同様に機能しなければならなくなることをアローが示したのは，この不可能性定理に至る中途の結果を通じてなのである．したがって，この意味において，アローの結果をコンドルセのパラドックスをすべての投票ルールに拡張しただけのものとして解釈することは間違いである．彼が最初に示したことは（不可能性定理の証明の大部分がまさにこの問題に関係しているのだが），許容可能な社会厚生関数が投票ルールにならなければならないということなのである．この中途の結果は重要であり，**これによって，また，実際にこれによってのみ**，我々は投票の領域とコンドルセのパラドックスの属する範疇に入ることになる．そのときにはアローの証明の半分以上が完了することになる．

厚生経済学と政治ルール

　アローの不可能性定理をコンドルセの投票のパラドックスの単なる一般化とみなすべきではない第二の——そして，より研究の動機に関連する——理由がある．アローはとりわけ（バーグソンとサミュエルソンが牽引した）厚生経済学の文脈のなかで「社会厚生」を評価する方法を求めていた．たとえ多数決によ

る決定方法に非推移性や非整合性がまったくない場合であっても，それが社会厚生を評価する方法になりうるのか尋ねることには意味がある．実際，国内ないし国際関係の文脈において政治的対立を解消するために多数決に訴えることは不自然ではない．後者の国際関係の文脈は，ヘルマーがアローに尋ねた質問の背景にある基本的な問題意識であった[5]．

　しかしながら，政治的対立の問題にとって投票による解決がどんなに満足のいくものであろうとも，厚生経済学における選好の集計に投票ルールを用いようとすることにはあまり意味がない．仮にアローの不可能性の結果が存在せず，多数決による投票方法が推移的なものであったとしても（第A4及びA4*章で論じるように，非常に多くの状況で多数決は推移的になりうる），厚生経済学において多数決ルールが「選好を集計する妥当な方法」なのだと論じることは困難であろう．アローが「集団的な意思決定の文脈では，投票は個人の選好を社会的選択に集計する最も明白な方法を提供してくれる」（Arrow 1983, p. 125）と述べ，さらに，「選択肢が2個の場合，多数決による投票は満足のいく社会的選択のメカニズムではある」ものの，「それは必ずしも推移的ではない」（Arrow 1983, pp. 168-9）と述べた際に，彼は投票そのものに対する肯定的見解にいくばくかの共感を持っていたように思える．しかし，「厚生経済学」の文脈において，多数決投票の抱える最も深刻な問題が果たして推移性の欠如にあるのだろうか．ヘルマーの政治的疑問に対してバーグソン流の厚生経済学的な回答を与えたアローは，飛躍し過ぎていたのではないだろうか．

　厚生経済学の問題において投票による解決が熱望されるということは信じがたい．異なる文脈におけるアロー自身の次の分析も，厚生経済学の意思決定に多数決ルールを用いることの困難さを示唆する．「完全に利己的な選好を持つ多数の個人の間で，総量が一定のひとつの財を分け合うために多数決による決

5　政治的問題においてでさえも，議論を続けず，関連する問題に必要とされる内容の理解や明晰化の必要性も無視したうえで投票による解決に頼ってしまうことにはなんらかの不満が残るだろう．手っとり早い解決を求めて，選択肢の説明が不十分な状態，時には不正確な状態で投票を行うことは，十分な情報に基づくより賢明な社会的選択に反する可能性がある．投票を求める前に自制しなければならない十分な理由があるのだ．専門的な意思決定を行うために多くの委員会が存在するが，そこでは得票数に基づいた手っとり早い意思決定よりも議論に基づく合意形成のほうが，当然のこととして，はるかに好まれているのである．この問題は第A6章（推論と社会的決定）で再度取り上げよう．

定方法を用いる」問題を論じる際に，アロー（Arrow 1983, p. 87）は（多数決勝者が存在しないことを示す過程で）以下のように説明した．「ある個人，例えば個人 1 に正の量の財を与えるどの配分に対しても，個人 1 にはなにも与えず，彼の当初の取り分を残りの全員で分け合うという別の配分を作ることができる．このようにして作った第二の配分は当初の配分に比べてひとりの個人を除けば全員に選好される」．これはケーキの分割問題に対する優れた厚生経済学的な評価だと考えられるだろうか．

　非推移性の問題と多数決勝者の不在は忘れることにして，いま，実現可能な選択肢の集合がちょうど 2 個の選択肢（アローの引用文で言及したものではあるものの，以下でより詳細に特定化する）から構成されるとしよう．

　　x：ケーキが個人 1, 2, 3 の間で平等に分割されている状況，
　　y：個人 1 はなにも得られず，個人 2 と 3 でケーキ全体を等分した状況．

　この例では（異なる社会状態が 2 個しかないため），非推移性の問題は生じないうえに，多数決の勝者も存在する（2 対 1 の多数決の結果により y が x に勝つ）．しかし，どのような意味において，y がこの選択問題における「満足のいく」厚生経済学的な結果だと言えるのだろうか．個人 1 は完全に窮地に追い込まれて，個人 2 と 3 は以前よりも肥大化している．多数決ルールをこうした厚生経済学的な判断に対する「選好を集計する妥当な方法」だと主張することは到底できない．推移性の問題以前に，たった 2 個の選択肢の場合すら問題が生じてしまうのである．

　多数決による決定は，ある種の問題ではきわめて妥当なものになるが，所得分配を巡る選択の問題はこれに該当しない．このことは多数決の方法が「社会厚生」や，もっと言えば「社会正義」に至る道筋になりうるという主張を損なうことになるだろう．アロー（Arrow 1983, p. 87）は，「おそらくは，少なくとも経済学者にとって，社会的選択理論を研究する最大の動機は，所得分配の評価に関してなにか有用なことが言いたいという願望にある」と述べている．もしそうであるのならば，非推移性の問題（すなわち，投票のサイクル）が決して生じないとしても，社会的選択の手続きとしての多数決ルールの前途は絶望的

なものでしかない.

　厚生経済学と所得分配，及び異なる個人における福祉水準の個人間比較の重要性に関するさらなる考察は第 A3 章及び第 A3* 章までひとまず置いておこう. 政治的な意思決定が主題となる限りは，多数決ルールに相当な妥当性があることは容易に主張できる（この問題については第 A4 章及び第 A4* 章で立ち戻る）. アローの不可能性定理は，（個人間比較不在のもとでは）妥当な社会的意思決定ルールは存在しないこと，したがって政治的な意思決定には非常に深刻な困難があることを示す. この問題にはコンドルセのパラドックスの一般化が直ちに関わってくる（幸運なことに，特に多数決ルールの場合，その実像は見かけほどには悲惨なものではない. これについては第 A4* 章を参照せよ）.

　投票は，選挙の実施や，住民投票の企画，政治的委任の要求を通じて，人びとの間の社会的な意見の相違を解消するじつに自然な方法である. 異なる形態の投票システムが世界中のいたるところで用いられていることはなんら不思議なことではない. というのも，反対者と支持者の人数を数え上げることを通じて，政治的問題に関する意見の相違を解消しようとする考えには，甚大にして明白かつ直接的な魅力があるためである. もし多数決投票が実践として存在しなければ，それは（厚生経済学のためではなく）政治的解決のために必ずや発明されることになるであろう.

社会的選択を巡る推論

　人びとが社会のなかで一緒に暮らしており，なにかの事柄について意見の相違があり，この相違は議論を尽くしても解消されないとしよう. このとき，社会的合意に至るためにはなんらかの方法が見出される必要がある. 実際に，格差や貧困のような問題でさえも，少なくとも相当程度は投票のような社会的選択のメカニズムを通じて処理できる. 人びとに自分自身の利益に最も合う選択肢がなんであるのか問うのではなく，なにが実現されるべきか尋ねるのである. 単なる私的な利益を超えた人びとの価値観がここでは決定的に重要な役割を果たす.

　我々は社会的意思決定における推論の要求をどのように捉えるべきなのだろ

うか．選択は「ある目的に向けられた欲求と推論」によって統制されるべきだとするアリストテレスの一般的な推奨から我々はどれほど教訓を得られるのだろうか．ここにはいくつかの深刻な問題が存在する．

第一の問題は，「誰の欲求で，誰の目的なのか」という疑問と関わっている．異なる人びとは異なる目的と利益を持っている．これはアローの不可能性定理が不可能性定理たる所以である[6]．多様な個人の選好から統合された社会的選好を得ようとしても，妥当性のある基本的な要求を反映しているように見える緩やかな条件でさえも一般には満たすことができない（本書 1970 年版部分の第3章を参照せよ）．アローの条件の一部を用いずとも，個人の自由の優先といったような他の基本的な基準を伴うことで，異なる不可能性の結果も生じている（第6章を参照せよ）．これらの問題がなぜ生じるのか，どのようにそれに対処するのか，我々は議論しなければならない．これらの問題から一部の論者が引き出した悲観的な結論は正当化されるだろうか．結局のところ，経済的格差や社会的格差の問題に対処するために，集計的社会厚生を賢明に判断できるのかという後回しにしてきた問題に再度取り組まなければならない．個人の価値と選好を適切に尊重するような社会的意思決定の手続きは存在するのだろうか．

第二の問題は，ジェームズ・ブキャナン（Buchanan 1954a, 1954b）の提示した疑問と関わっている．それは部分的にはアローの結果への応答であったが，それ自体で重要な問題となる．ブキャナンは「社会的合理性という観念」に含

---

6 アローは自身の不可能性定理を「一般可能性定理」と呼んだが，不可能性の結果にしては風変わりなまでに楽観的な名称である．コロンビア大学における私のアロー記念講義では，アローは不可能性定理に対して「彼の陽気な性分から非常に前向きな名前をなんとかして見出したのだ」との見解をとらせてもらった（Maskin and Sen 2014）．いつも通り親切に私の講義にコメントするなかで，アローは断じて「陽気な性分」の持ち主ではなく，自分自身を「むしろ陰気な現実主義者」とつねにみなしていると反論した．続いて，アローはこの名称の背後にある秘密を打ち明けてくれた．若き日のアローに明らかに影響力を持っていた偉大な経済学者チャリング・クープマンスは「**不可能性**という言葉に動転し」，彼は「なにもできず，なにも変えられないという考えを好まず」，「**可能性**という言葉を用いる」ように主張したのである（Arrow 2014, p. 58）．私もクープマンスの願望と楽観主義を共有するが，半世紀以上にわたってアローを知る者として，私は彼自身もきっと共有するであろうと大胆にも推測する．しかしながら，この特定の定理はまごうことなく不可能性の結果なのであり，名前を付け直すことでこの事実をなかったことにはできない．クープマンスはおそらく弁証法的に考えていたのだと思う．本書の主要なアプローチは一種の構成主義であるので，私はクープマンスの楽観主義には励まされつつ，定理の名称と主題の名称の間にある違いについて詭弁を弄してごまかすことはしない．

まれる「哲学上の根本的な問題」と指摘したうえで，「社会的集団の属性として合理性や不合理性を考えるということは，その集団を個別の構成要素とは切り離されたひとつの有機的存在とみなすことにほかならない」と論じた[7]．ブキャナンはおそらく「厚生最大化の論理を集団的選択の手続きに課すという誤った試みの結果としてアローの不可能性定理を解釈した最初の解説者」であった（このことはロバート・サグデンが正しく指摘している[8]）．

　しかしながら，それに加えて，ブキャナンは不可能性定理だけではなくアローと彼の追随者が用いる枠組み全体についても「アローの分析に見られる混乱」の深さを論じている．その混乱の源は，社会的順序によって示される結果を生み出すという意味での「社会的ないし集団的な合理性」という誤った考えにある[9]．ブキャナンの批判がアローの不可能性の結果を否定するものであるかはたしかに精査しなければならないが（否定することにはならない理由は第A2*章で明らかになる），ブキャナンが取り上げたより一般的な社会の問題についても検討しなければならない．それらはじつに重要で，実際，奥の深い問題である．この問題は第 A2 章及び第 A2* 章で議論されることになる．

　第三に，「社会的選好」という観念に対するブキャナンの熟考に基づく疑問は，少なくとも，社会的選択に強い「整合性の性質」を課すことには注意する必要があると示唆している．しかし，手続き的判断に対して彼が強調することははるかに野心的で，我々は社会的な出来事の帰結に基づく評価をすべてやめ，その代わりに手続き的なアプローチをとるべきだという．その純粋な形態において，手続き的なアプローチは「望ましい」結果よりも「正しい」制度を求めるものであり，手続きに従った結果を受け入れることを含めて適切な手続きの優先性を要求するものになる．このアプローチは，古典的な功利主義に基づく厚生経済学の伝統とは対極をなす．伝統的な厚生経済学は様々な社会状況の順序に基づいてすべての決定を下す（手続きは望ましい状態を生み出すための単なる道具とみなす）．ブキャナン自身は手続き的なアプローチを完全に支持することはなかったが，彼の考えに影響を受けた公共選択理論やその他の研究では，

7　Buchanan（1954a, p. 116）．

8　Sugden（1993, p. 1948）．

9　Buchanan（1960, pp. 88-9）．

この方向での重要な仕事がなされることになった[10].

　この手続きと帰結の対比は権利全般，特に自由を特徴づける際にはとりわけ重要になる．社会的選択の研究では，こうした特徴づけは典型的には社会状況の観点でなされており，自由が問題となっている個人が望んだこととの関係で社会になにが起こるかに注目する．対照的に，ロバート・ノージック（Nozick 1974）の先駆的研究に刺激を受けたリバタリアニズムの研究や，「ゲーム形式」の定式化を用いる関連研究の貢献（最も顕著な貢献はゲルトナー，パタナイック，鈴村（Gaertner, Pattanaik and Suzumura 1992）によるもの）では，権利は手続きの観点から特徴づけられ，生じてくる結果や社会状態に言及されることはない．この異なる権利の定式化の間にある差がどれほど大きいものであるのか検討しなければならないし，各々の定式化の適切さも精査しなければならないだろう．さらに，どのようにすれば実際の帰結と手続きの両方に同時に注意を払うことが可能かつ必要になるのか理解しなければならない．これらの問題は第 A5 章及び第 A5* 章で取り上げることになる．

　第四に，社会的意思決定における合理性の見通しは，根本的には**個人**の合理性の性質に依存しなければならない．個人の合理的行動には多くの異なる理解が存在する．例えば，抜け目ない自己利益の最大化としての合理性という見方もある（公共選択理論において頻繁に用いられてきた，人間を「**合理的経済人**」の一例とみなす仮定は，この枠組みに該当する）．アロー（Arrow 1951a）の定式化はより柔軟なものであり，人びとの選択に社会的な配慮が影響を与えることをも許容する．この解釈においては，個人の選好は，自己中心的な「嗜好」（アローによる呼称，Arrow 1951a, p. 23）だけに基づくものではなく，社会的配慮も考慮に入れた一般的な「評価」を反映したものになる．個人的合理性のそれぞれの特徴づけはどれほど適切なものだろうか．また，（多くの経済モデルで共有されているような）合理的行動の限定的な理解に基づく仮定を置くことによって，実際の行為と選択をどれくらい適切に記述できるだろうか．

　個人の行動と合理性に関連するもうひとつの問題として，価値観の形成における社会的相互作用の役割や，価値観の形成と意思決定のプロセスとの関係性

10　例えば，Sugden（1981, 1986）の重要な貢献を参照せよ.

がある．アロー自身が議論を控えたことに倣って，社会的選択理論はこの問題を回避する傾向がある．「本研究においては，個人の評価はデータとして与件とされ，決定プロセス自体の性質によって評価が変容することはないものと仮定する」(Arrow 1951a, p. 7)．ブキャナンはこの問題についてより柔軟な立場をとっており，実際にその点を強調している．「民主主義を『議論による統治』とする定義は，決定プロセスのもとで個人の評価が変わりうるし，変わるのだということを意味している」(Buchanan 1954a, p. 120)．この立場の違いの重要性についてもまた精査しなければならない．

第 A1* 章
社会的選好

　本章で述べるアローの定理の証明はすっきりと短く，かなりたやすく理解できるものになっている．もちろん，この証明はアロー自身の証明の影響を受けているし，そこから着想も得ているが，証明の戦略上いくつかの修正を加え，著しく簡潔なものになった[1]．また，アロー自身の証明と同様に，この証明は基本的な論理だけを用いており，完全に初等的なものになっている[2]．

　アローが関心を寄せた社会的選択の基本となる枠組みは，実現可能な社会状態の集合からの選択と評価に関わっており，ここでいう各々の社会状態 x とはその状態において個人や社会に起こっていることを記述するものである．アローは，潜在的に実現可能な社会状態 x や y などの集合上で定義される集計された「社会的ランキング」R を得ることに関心を寄せていた．彼の民主主義へのコミットメントにより，社会的ランキング R は個人のランキングの組 $\{R_i\}$ に基づくものとされた．ここで，各 R_i は社会的選択で実現可能な社会状態の集合上に定義される個人 i の選好ランキングを表す．アローが「社会厚生関数」と呼ぶものはこの関数関係にほかならない．社会厚生関数は，任意の個人の選好の組を与件として，特定の集計された社会的順序 R を決定する．

　前述したように，多数決投票において整合性の問題が生じうるという事実は 18 世紀にコンドルセ侯爵によって示された．いわゆるコンドルセのパラドックスがどのように生じるのか再考することは有用である．

　3 個の選択肢 x, y, z 上で以下のような選好を持つ 3 人の個人 1，2，3 を考えよう．

1　この証明の初期のバージョンは，私のアメリカ経済学会の会長講演（Sen 1995c）における脚注 9 及び 10 で発表された．コロンビア大学での私のアロー記念講義において，この証明は検証され，精緻化された（Maskin and Sen (2014) に収録）．

2　アローの定理に短い証明を与えることは，社会的選択理論では何度も繰り返される一種の練習問題になっている．しかしながら，他の数学的な結果を援用することで人為的に短くすることがないように注意しなければならない．

	1	2	3
	x	y	z
	y	z	x
	z	x	y

　多数決では，x は y に勝ち，y は z に勝ち，z は x に勝つ．多数決ルールによって生成される R は明らかに推移性を満たさない．しかし，この推移性の侵害ばかりではなく，R は「非循環性」のようなずっと弱い整合性の条件をも満たさない．非循環性は，ここで見た xPy, yPz, zPx となるような厳密な選好のサイクルが存在しないことを要求しているに過ぎない[3]．例えば，xPy, yPz, xIz である場合，推移性はたしかに満たされないが，非循環性は満たされる．たとえ推移性が満たされなくとも，非循環的で完備な社会的ランキングにおいては多数決の勝者が存在するのである（すなわち，xPy, yPz, xIz の場合，x が勝者である）．対照的に，コンドルセによる厳密な選好のサイクルの例では，社会的な推移性が満たされないだけではなく，多数決の勝者の存在も許されない．

アローの公理と不可能性の結果

　アロー（Arrow 1951a）は，任意の n 組の個人的順序 $\{R_i\}$（各個人に対してひとつの順序がある）に対して，ひとつの社会的順序 R を特定化する関数関係を社会厚生関数（social welfare function，これ以降 SWF）として定義した．

$$R = f(\{R_i\}).$$

　バーグソン–サミュエルソン SWF が社会的順序 R として定義される場合には，R を「社会厚生」の二項関係として解釈することにより，アロー SWF はその値がバーグソン–サミュエルソン SWF となる関数であることに注意されたい．この意味において，アローの行ったことはバーグソン–サミュエルソン SWF に至る方法に関わる．

3　推移性よりも弱い正則性の他の要求については，1970 年版部分の第 1* 章を参照のこと．

B O O k r e v i e w

JANUARY 2025

1月の新刊

〒112-0005 東京都文京区水道 2-1-1
営業部 03-3814-6861　FAX 03-3814-6854
ホームページでも情報発信中。ぜひご覧ください。
https://www.keisoshobo.co.jp

勁草書房

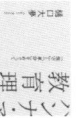

増補改訂版 言語哲学大全 IV

真理と意味

飯田隆

言語哲学の〈大河入門書〉、増補改訂版の
全4巻が速に完結！ 第IV巻では意味論に
おけるデイヴィドソンのプログラムをたど
ってとなる。

A5判並製 440 頁　定価 4730 円
ISBN978-4-326-10347-8

ハンナ・アレントの教育理論

「保守」と「革命」をめぐって

樋口大夢

アレントの政治理論はいかに教育理論と
して解釈できるのか。アレントの教育
理論とそれから導かれる「政治」教育の
構想を検討する。

A5判上製 248 頁　定価 5170 円
ISBN978-4-326-25179-7

測りすぎの時代の学習評価論

投票の倫理学 上

ちゃんと投票するってどういうこと？

ジェイソン・ブレナン 著

1月の新刊

開発経済学の挑戦Ⅷ

歴史、文化、慣習から考える 開発経済学

山田浩之

「歴史、文化、慣習」といった要素に着目し社会経済学や人々の行動にどのような影響を及ぼすのかを綿密な実証分析を用いて解き明かす。

A5判上製 256頁 定価5720円
ISBN978-4-326-56607-7

渡辺利夫精選著作集第3巻

韓国経済研究

渡辺利夫

開発経済学・アジア研究において顕著な業績を残した渡辺利夫の著作集。主として開発経済学・現代アジア経済論に焦点を絞って構成。

A5判上製 368頁 定価13200円
ISBN978-4-326-54615-2

1月の書

メタ倫理学入門

道徳のそもそもを考える

佐藤岳詩

社会科学の哲学入門

吉田敬

アカデミックナビ

ケアリング・デモクラシー 国際関係論

多湖淳

ジョアン・C・トロント 著
市場 平安、正義
岡野八代 監訳
相馬直子・池田直子・冨岡薫・對馬果莉 訳

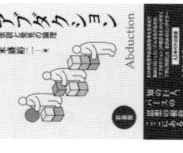

投票の倫理学 下
ちゃんと投票するってどういうこと?

ジェイソン・ブレナン 著
王手慎太郎・見崎史拓・
柴田龍人・榊原清玄 訳

みなさん選挙にいってますか、というもので
はない? 何となくの常識にとらわれず、
私たちが投票すべき理由についてこらわれず、
ら問い直す。

四六判上製 248 頁　定価 3300 円
ISBN978-4-326-35195-4

勁草法律実務シリーズ
実務解説 下請法
シリーズ 実務解説 独占禁止法・景品表示法・下請法　第3巻

内田清人・大月雅博 編

競争法における手続・法執行を重点的に
解説する本格的実務書。第3巻、令和6年
運用基準改正、フリーランス新法対応の
〔下請法編〕。

A5判並製 320 頁　定価 3960 円
ISBN978-4-326-40444-5

ISBN978-4-326-25180-3

ISBN978-4-326-35194-7

A5判並製 212 頁　定価 3300 円

基礎法学翻訳叢書 第8巻
実践的理由と規範

ジョセフ・ラズ 著
森村 進 訳

法哲学・規範理論における主著、待望の
邦訳。「排除理由」概念を中心的モチーフ
として、規範の性質と役割の統一的説明
への道を開く。

四六判上製 352 頁　定価 4950 円
ISBN978-4-326-15142-5

アメリカ民事法入門 第3版

樋 博行

アメリカ契約法とそ不法行為法の基礎がわ
かる入門書。アメリカのビジネスここと日常
生活に密着した法律問題をわかりやすく
解説。

四六判並製 296 頁　定価 3080 円
ISBN978-4-326-45143-2

アローは，次に，妥当な SWF ならば満たすことが求められる多様な諸条件を課した．それらの条件のひとつである無関係な選択肢からの独立性は，個人的選好の組が複数属する集合上で定義される関数であるという SWF の特徴的な側面を扱うものである．この条件を述べるために，アローは社会的選択関数 $C(S)$ の概念を用いた．選択関数 $C(S)$ は，集合 S （パラメーター）から選ばれるもの（もしくは選択可能なもの）を表している．

条件 I^A（アローの無関係な選択肢からの独立性）

f の定義域に属する任意の2つの n 組 $\{R_i\}$ 及び $\{R'_i\}$，任意の $S \subseteq X$ に対して，

$$[\forall i: (\forall x, y \in S: xR_i y \Leftrightarrow xR'_i y)] \Rightarrow C(S) = C'(S).$$

ただし，選択関数 $C(\cdot)$ 及び $C'(\cdot)$ は各々 $\{R_i\}$ 及び $\{R'_i\}$ に対応する．

この条件は，個人の選好が社会状態の部分集合 S 上で変わらない限り，その特定の部分集合からの社会的選択もまた変わるべきではないことを求めている．
この条件は――選択関数に対する条件であり――第 A1 章で用いたもっぱら二項関係に対する独立性の条件とは異なることに注意されたい．より正式に，二項関係 R の部分集合 S 上への限定を $R|^S$ と定義し，条件 I と呼んできたペア関係に対する独立性の条件を以下のように再定義しよう．

条件 I（二項関係形式の独立性）
任意の選択肢のペア $\{x, y\}$ に対して，社会的選好関係の $\{x, y\}$ 上への限定は，n 組の個人的選好の $\{x, y\}$ 上への限定の関数である．

$$R|^{\{x, y\}} = f^{\{x, y\}} (\{R_i|^{\{x, y\}}\}).$$

2つの独立性の条件は互いにどのように関連するのか．アローは，あるものは二項関係の形式，あるものは選択関数の形式という複合的な形で公理を表現

する．しかしながら，アローが純粋に二項関係に基づいて選択関数を定義した
ことを思い起こせば，このふぞろいな形を取り除くことができる．選択集合
$C(S)$ はまさに，関連する選好の二項関係（この場合は社会的選択）R における**最
善要素**なのである．すなわち，彼は X のすべての部分集合 S に対して，以下
のように選択集合を定義した．

$$C(S) = \{x \mid x \in S \,\&\, \forall y \in S: xRy\}.$$

　社会的選択関数を二項関係によって特定化すれば，アローが明言したように，
二項関係に対する独立性の条件 I がアローの選択関数に対する独立性の条件
I^A と同値になることは容易に示せる．本節で示される証明では，二項関係に
対する条件 I を用いることにする．それにより，本質的な内容はいささかも失
うことなく，問題を単純化し，アローの定理を完全に二項関係の理論とするこ
とができるからである．

　しかしながら，条件 I と条件 I^A が一般には同値にならないことを忘れては
ならない．社会的選択関数が（アロー自身の場合とは異なって）二項関係によっ
て表現できない場合，条件 I は条件 I^A を含意することなく用いることができ
るし，逆もまた同様である．実際のところ，条件 I を用いる純粋な二項関係理
論の枠組みにおいては，社会的選択関数の存在を仮定する必要すらないのであ
る．この意味において，本章で示される結果は，二項関係と選択関数による表
現の混合したアローの枠組みの一般化といえる．

　さて，以下の一連の公理を考えよう．これらの公理はアローのオリジナルな
公理に動機づけられているが，実のところ，いくらかより単純で，かついくら
かより弱いものともなっている．とはいえ，これらの公理が一緒になれば不可
能性定理には十分なものとなる．

U（定義域の非制約性）：任意の論理的に可能な個人的選好の組に対して，ある
社会的順序[4]R が存在する．

　4　順序は反射的，推移的，完備なランキングである．これに関する議論は，1970 年版部分の第 1*
　　章を参照せよ．

I^2（無関係な選択肢からの独立性）：任意の選択肢のペア $\{x, y\}$ に対して，x と y の社会的ランキングは，x と y に関する個人のランキングのみに依存する.

P（パレート原理）：任意の選択肢 x と y に対して，もしすべての個人が x を y よりも選好するならば，x は y よりも社会的に選好される.

D（非独裁性）：任意の選択肢 x と y に対して，他の個人の選好にかかわらず，個人 i が x を y よりも選好するときには必ず x が y よりも社会的に選好されるような個人 i は存在しない.

　独立性の条件 I^2 は二項関係に対する独立性の条件 I と本質的に変わらないことに注意すべきである.
　以下では，少なくとも 3 個の相異なる社会状態と 2 人以上の有限数の個人が存在すると仮定する.

(T. A1*. 1) アローの不可能性定理：条件 U, I^2, D 及び P を同時に満たす社会厚生関数は存在しない.

　この結果をよくある方法で言い換えれば，定義域の非制約性，独立性及びパレート原理の条件を満たす社会厚生関数は独裁的にならざるを得ないということである. これは，妥当に見える公理の組み合わせから生じる——民主主義へのコミットメントとは真っ向から対立する——いとわしい結論である.
　独裁者は，あらゆる選択肢のペアに関する選択も含むすべての社会的選択について決定力を持つ. すなわち，どの $\{x, y\}$ に対しても，独裁者が x を y よりも選好するならば，社会的順序 R において社会は x を y よりも上位に順位づける. 同様にして，個人の「決定力を持つ集合」G——（有限数であると仮定した）すべての個人の集合の（全体集合も含めた）部分集合——という概念を定義できる. この概念はある特定の選択肢のペア $\{x, y\}$ に対して適用されるという意味でペアごとの「局所的」なものにもなりうる. すなわち，（他の個人がなにを選好するにせよ）G に属するすべての個人が x を y よりも選好するときに

は必ず x が y よりも社会的に選好されなければならない場合，G は $\{x, y\}$ に対して局所的に決定力を持つという．G がすべてのペアに対して局所的に決定力を持つ場合，G は「決定力を持つ」（もしくは，大域的に決定力を持つ）という．

アローの定理の証明

アローの定理の証明において，最初に2つの中間的な結果——すなわち，「補題」を示す．

(T. A1*. 2) 決定力の拡大：任意のペア $\{x, y\}$ に対して，もし G が $\{x, y\}$ に対して決定力を持つならば，G は（大域的に）決定力を持つ．

証明 $\{x, y\}$ とは異なる任意のペア $\{a, b\}$ を考えよう．G の全員が a を x よりも選好し，x を y よりも y を b よりも選好すると仮定する．（G に属さない）他のすべての個人は a を x よりも，y を b よりも選好する（彼らの選好の残りの部分についてはいかなる条件も課さない）．パレート原理によって，a は x よりも社会的に選好され，y は b よりも社会的に選好される．$\{x, y\}$ に対する G の決定力によって，x は y よりも社会的に選好される．これらを合わせると（すなわち，a は x よりも，x は y よりも，y は b よりも選好される），強選好関係の推移性によって a は b よりも社会的に選好されるという結果が得られる．無関係な選択肢からの独立性の条件 I によって，このことは $\{a, b\}$ 上の個人の選好のみに関連づけられなければならない．しかし，部分集合 G の個人の選好が特定化されているだけであり，残りの個人は制約なしに a と b をいかようにも順位づけることができる．したがって，G は $\{a, b\}$ に対して決定力を持つといえる．同様にして，G は他のすべてのペアに対して決定力を持つといえる．ゆえに，G は実際に（大域的に）決定力を持つことになる[5]．実のところ，この定理——決定力の拡大——はいわゆる「中立性」を誘導する結果になることに注

---

5 ここでは，a, b, x, y のすべてが相異なる社会状態であると仮定することで，多少手間を省いている．これらの社会状態のうち2つが同じ選択肢であった場合でも，推論の過程はまさに類似したものになる．

意されたい．すなわち，どの集団（ないし個人）であれ，決定力を持つかぎり，
x, y, a, b といった選択肢の間の記述的な違いはなんら問題にならないことが判
明する．

　社会状態に対する決定力の拡大を証明することに加えて，決定力を持つどの
集合であれ，2 人以上の個人が属するならば，その決定力を持つ個人の集合は
縮約可能であると示すことができる．

(T. A1*. 3) 決定力を持つ集合の縮約：個人の集合 G が決定力を持つならば
（かつ G が 2 人以上の個人を含むならば），G のある「真部分集合」もまた決定力
を持つ．

証明　G を 2 つの部分集合 G^1 及び G^2 に分割する．G^1 の全員が x を y よりも，
x を z よりも選好するとし，y と z の順位は特定しないことにする．また，G^2
の全員は x を y よりも，z を y よりも選好するとし，x と z の順位は特定しな
いことにする．G に属さない個人はどのような選好を持っても構わない．G の
決定力によって，x は y よりも社会的に選好されなければならない．いま，
$\{z, x\}$ 上の個人の選好のある組に対して，z が x と少なくとも同程度に社会的
に望ましいとするならば，（その選好の組に対しても，x は y よりも社会的に
選好されるため，推移性により），z は y よりも社会的に選好されなければな
らない．G^2 に属する個人を除けば $\{z, y\}$ 上の誰の選好も特定されておらず[6]，
G^2 の個人は z を y よりも選好するため，G^2 は $\{z, y\}$ に対して決定力を持つ．
したがって，決定力の拡大の補題から，G^2 は（大域的に）決定力を持たなけれ
ばならない．これは G の分割した部分に決定力を持たせることになるため，
示したい結果を得られたことになる．この可能性を回避するためには，z が x
と少なくとも同程度に社会的に望ましいという当初の想定を控えることを仮定
しなければならない．このとき，x は z よりも社会的に選好されなければなら
なくなる．しかしながら，G^1 の個人を除けば $\{x, z\}$ 上の誰の選好も特定されて
おらず，G^1 の個人は x を z よりも選好するため，G^1 が $\{x, z\}$ に対して決定力

6　$\{z, y\}$ 上の個人的選好を特定しないことは，$\{z, x\}$ 上の個人的選好について仮定されたことと整合
　　的であることに注意せよ．

を持つことは明らかである．したがって，決定力の拡大の補題から，G^1 は（大域的に）決定力を持つ．ゆえに，G^1 ないし G^2 のいずれかは決定力を持たなければならず，決定力を持つ集合の縮約の補題が示されたことになる[7]．

アローの不可能性の結果の証明はこれに直ちに従う．

（T. A1*. 1）の証明

パレート原理によって，すべての個人から成る集合は決定力を持つ．決定力を持つ集合の縮約の補題によって，すべての個人の集合のある真部分集合もまた決定力を持たなければならない．そのより小さな決定力を持つ集合を選べば，その小さな集合のある真部分集合もまた決定力を持たなければならない．この手続きが同様に続いていく．個人の集合は有限であるため，遅かれ早かれ，ひとりの個人が決定力を持つところにまで至る．すなわち，この個人が独裁者であり，非独裁性の条件が満たされない．これでアローの不可能性定理は証明された．

この証明はまた，個人（ないし投票者）の集合が無限であった場合との違いを明らかにする．無限の場合，決定力を持つ個人の集合をどんどん小さくしても，独裁者になる個人にまでたどり着くことができない．重要な論文において，カーマンとゾンダーマン（Kirman and Sondermann 1972）は，決定力を持つ個人の集合を無限に縮約し続けられることから，この可能性に基づいて「見えざる独裁者」という概念を探求した．この可能性がきわめてやっかいなものであるか否かは議論になるだろう．というのも，決定力を持つ個人の集合は——どれほど小さくなろうとも——つねに無限の個人を含んでおり，一方で社会全体に占める割合はどんどん小さくなるためである（したがって，決定力を持つ集合の誰も無限の個人の支持なくして独裁的にはなれないが，ほとんどの人びとは——そしてこのことがやっかいに思われるのだが——実質的な参政権を持たない）[8]．

---

7 この証明は，補題 T. A1*. 3 において形式的に述べられたものよりも強い結果を示していることに注意されたい．決定力を持つ集合が任意の 2 つの部分集合に分割されるとき，その部分集合のうちの 1 つは必ず決定力を持つ．したがって，位相の用語では，決定力を持つ集合のクラスは「超フィルター」になる．この概念については，まもなくさらなる説明を加えることになるだろう．

8 Fishburn（1970b），Hansson（1972, 1976），Brown（1974），Schmitz（1977），Armstrong（1980）

準推移性と鈴村整合性

アローの定理が広く議論されるようになってから，集団的合理性の要求を弱めることで，アローが開拓したタイプの不可能性の結果を回避できるのではないかという推測がなされるようになった．この問題に対するアプローチには大きく分けると 2 つのものがある．ひとつの方法は，社会的選好関係に焦点を絞るアロー流の方法を保ちつつも，完全な推移性の要請からより弱い要請へと整合性の要求を弱めるものである．もうひとつの方法は，社会的選好の概念そのものを放棄し，選択関数によって問題を定式化するものである．本章では，「二項関係の形式における不可能性の結果」に的を絞り，第一のアプローチを検証することとし，第二のアプローチについては次の技術的な章（第 A2* 章）に残しておく．

準推移性の場合から始めよう．準推移性は強選好が推移的であること，すなわち，すべての x, y, z に対して，$(xPy \& yPz)$ ならば xPz であることだけを求める．しかし，完全な推移性がカバーする他のケースは必ずしも成り立つ必要はない．無差別関係は推移的ではないかもしれないし，無差別関係と強選好関係が並存した場合でも強選好が導かれないことがある．例えば，xPy かつ yIz であるのに xPz ではない場合がある．

アローの定理の証明において，前節では 2 つの補題が用いられた．容易に確認できるように，決定力の拡大の補題が社会的選好の準推移性しか必要としない（証明では強選好の推移性のみが用いられた）一方で，決定力を持つ集合の縮約の補題は準推移性だけでは導出することができず，実際に，社会的選好の完全な推移性を用いることで証明された．後者の結果はアローの条件 U, P, I（もしくは I^1）から独裁制を導出するのに不可欠であり，社会的選好の整合性の要求を準推移性に緩和するだけでこの結果が無効になるのならば，アローの不可能性の結果は維持できなくなるだろう．

鈴村興太郎（Suzumura 2016）は，ランキングの不完備性を少々許容するこ

らも，特定の変種を伴う決定力の性質に関心を寄せている．

とで完全な推移性の条件を弱める別の方法を詳細に論じている．不完備性を許
容すること——したがって，極大と最適の間の区別を許すこと——は，研究が
進められるべき非常に重要な方向性である（このことは「新しい序文」でも述べ
た通りであり，本書の最終章である第 A6 章においてさらなる分析を行う）．「鈴村
整合性」は完全な最適性ではなく，極大性を志向する．この条件は推移的な順
序を持つことよりも弱い要請であるが，ランキングが完備な場合には違いは消
滅する（もちろん，かなり自明な要求である反射性——各 x はそれ自体と同程度に
望ましいとみなされる——はすべての場合において想定されている）．いま，$x_1 R x_2,$
$x_2 R x_3, ..., x_{t-1} R x_t$ である弱選好の列を考えよう．このもとで，鈴村整合性は
$x_t P x_1$ とならないことを主張する．

$\{x_1, x_t\}$ が順位づけられない場合，そのランキングは不完備になるが，鈴村
整合性の要求は満たされる．しかしながら，ランキングが完備な場合，$x_t P x_1$
ではないという要請は $x_1 R x_t$ であることになるので，そのランキング（ないし
順序）の鈴村整合性と推移性の間の差はなくなる[9]．しかし，この小さな変化
は，鈴村整合的な社会的選好と社会的順序から導かれる事柄の間にいくつもの
重要な差をもたらすことになる．鈴村整合的なランキングは，アロー流の他の
要請を伴う場合でさえも，完備な社会的順序ではそうはいかない多様な社会的
選択の可能性を許容する．とりわけ，これはアローの不可能性定理を回避する
もうひとつの方法を示しているのである．

パレート拡張ルール

準推移性の話に戻ろう．準推移性は，有限集合上の反射的かつ完備な社会的
選好関係から完備な選択関数が生成されるための十分条件以上のものであるこ
とに注意されたい．したがって，社会的選好関係の完全な推移性の要請を準推
移性に緩和するだけで，アローの不可能性の結果が崩れることを示せる（セン
（Sen 1969）を参照せよ．ポラック（Pollak 1979），鈴村（Suzumura 1983, 2016）も
また参照せよ）．そのような手続きの単純な例は，いわゆる「パレート拡張ルー

---

9 「鈴村整合性」については，Bossert（2008），Bossert and Suzumura（2010），Suzumura（2016）
を参照せよ．

ル」をもたらす社会的決定関数である．このルールのもとでは，x が y よりも
社会的に選好されるのは，全員が x を y よりも選好するとき，かつそのとき
のみである．しかしながら，もし x と y がパレート無差別であるか，あるい
は——ここが問題なのだが——パレート比較不可能であるならば，両者は社会
的に無差別になる．パレート拡張ルールの魅力のなさは（それがアローの不可
能性から脱出する形式的な道筋を与えているにもかかわらず），アローの条件が重
要な意味において強すぎるというよりは弱すぎるのではないかという疑問を引
き起こす．

　パレート拡張ルールは全員に拒否権を与える．すなわち，誰かが x を y よ
りも厳密に選好する場合には，y が x よりも社会的に選好される可能性がなく
なり，実際，x は y と少なくとも同程度に社会的に望ましいことが保証される．
アローとロールズと私が共同で教えた 1969 年のハーヴァード大学春期講義の
期末レポートをもとにした論文において，アラン・ギバード（Gibbard 1969）
は，社会的選好の完全な推移性を準推移性に置き換えると，ある人びとに「拒
否権」がもたらされることを証明した（実のところ，パレート拡張ルールは全員
に拒否権を与えているため，論理的に可能なクラスのなかでは最も「民主的」なも
のである）[10]．拒否権の存在は，社会的選好の推移性を準推移性に弱めてアロー
の問題を解消することの必然的な結果なのである．

　ある順序対 (x, y) について，$xP_i y$ ならば xRy となるとき，個人 i は (x, y) に
対して半決定力を持つと定義しよう．ある個人が拒否権を持つのは，彼・彼女
がすべての順序対に対して半決定力を持つとき，かつそのときのみである．
1970 年版部分の第 4 章及び第 4* 章で用いた言葉を思い出そう．「社会的決定
関数（SDF）」とは，社会的選好 R が順序でなければならないという主張は取
り下げるものの，R は反射的かつ完備な選好関係であり，その選好関係は選択
関数を生成する，すなわち，あらゆる非空な社会状態の集合 S に対して，非空
な選択集合 $C(S, R)$ を生成するというより弱い条件を求めることによって，ア

10　ギバード（Gibbard 1969）の結果は本書の 1970 年版部分でもあるセン（Sen 1970a）において引
　　用・議論したが，彼の卓越した期末レポートは何十年にもわたって未公刊のままであった．第 4
　　章及び第 4* 章を参照せよ．幸運なことに，この論文はジョン・ウェイマークの編集コメント
　　（Weymark 2014）とともに，いまや公刊されている（Gibbard 2014）．Schwartz（1972）及び
　　Deb（1977）もまた参照されたい．

ローの社会厚生関数から得られるものである．選択関数を生成するというこの結果にとって，社会的選好の準推移性は十分すぎるものである．SDF が「寡頭支配的」であるとは（ギバード（Gibbard 1969）によって定義されたように），個人の集団 G が一意に存在して，集団全体としての G は完全に決定力を持ち，かつ G の各構成員は拒否権を持つとき，かつそのときのみである．

（T. A1*. 4）準推移性のもとでの寡頭支配制定理：個人全体の集合 H が有限かつ $\#X \geqq 3$ ならば，準推移的な社会的選好関係を生成し，条件 U, P, I^2 を満たす SDF は寡頭支配的でなければならない．

準推移的な社会的選好関係のもとでも決定力の拡大の補題は引き続き成立するが，その補題と同じように，中立性を志向するもうひとつの結果，すなわち，拒否権拡大の補題を証明することができる．その補題とは，ある順序対に対して半決定力を持つ個人はすべての順序対に対して半決定力を持たなければならない，すなわち，拒否権を持たなければならないというものである．定理の証明は，G の各構成員が拒否権を持つため，G を含む集団以外はいかなる集団も決定力を持つことができないことを述べて完了する[11].

寡頭支配制を排除する公理を加えれば，新たな不可能性の結果が直ちに生じる．推移性を準推移性に置き換えることは，独裁制の可能性を（各構成員が拒否権を持つ）寡頭支配制に移し替えることなのだ．拒否権者の存在は独裁者に比べればましかもしれないが，この置き換えは，アローの問題の大きな解決策として納得のいくものを提示できないという点でまったく魅力のないものである．

11　ギバードの定理は Schwartz（1972），Mas-Colell and Sonnenschein（1972），Guha（1972），Blair et al.（1976），Blau and Deb（1977），Blair and Pollack（1982），Kelsey（1983, 1984a, 1984b），Suzumura（1983, 2016），Matsumoto（1985）らによる重要な貢献において，多様な形で拡張された．

非循環性と拒否権

　準推移性も強すぎる条件のように思われるかもしれない. とりわけ, 準推移性よりも弱い要求である非循環性 (1970 年版部分の第 1* 章を参照されたい) で, 社会的選好の二項関係に基づいた有限かつ完備な選択関数の生成, すなわち, (1970 年版の用語である) 社会的決定関数 SDF の生成には十分であるためである.　重要な後継研究において, マス・コレルとゾネンシャイン (Mas-Colell and Sonnenschein 1972) は, 準推移性を要求せずに, 非循環性による拒否権の結果を発表した. この結果はより弱い条件である三項非循環性 (すなわち, どの選択肢の部分集合上でも循環が起こらないというのではなく, 三項集合上で循環が起こらないこと) を要求する場合にもたやすく拡張できる (ブレア他 (Blair et al. 1976) を参照されたい)[12].

　「集団的合理性」のより弱い条件による結果のクラスの例として, ジュリアン・ブラウとラジャット・デブ (Blau and Deb 1977) によって示された優美な結果を考えよう. この結果は, 二項関係理論の形式で記述される NIM (中立性 (neutrality), 独立性 (independence), 単調性 (monotonicity) の組み合わせ) という条件を課すことによって, 非循環性のみで拒否権の結果をもたらす別の方法となっている. 中立性の要請——社会状態の記述的内容はいっさい考慮しない (個人的選好順序における社会状態の位置にのみ注目する) という要請——についてはイントロダクションで論じた (また, 本章の最初のほうでも言及した). この文脈における単調性とは, 個人の選好と社会的選好を同じ方向に整合的に関連づけるものである (すなわち, その他の事柄を一定として, どの個人であれその人の選好順序において選択肢 x の順位が上がるならば, 社会的ランキングにおいて x の順位が下がることがあってはならない). 条件 NIM は, 社会的選択におけ

12　「集団的合理性」と呼ばれるもの (そのなかでも, 推移的な社会的順序は非常に強い要請である) の弱い条件を用いることによって, これらの結果の各々はなんらかの補足的な仮定 (「正の反応性」やその他の要請など) を必要とすることになる. これらの文献は 1970 年代と 1980 年代に爆発的に増えた. それらは, *Handbook of Mathematical Economics* (edited by Kenneth Arrow and Michael Intriligator) に収録されている私の担当した章 'Social Choice Theory' (Sen 1986b) で精査・論評されている.

る中立性と単調性の効力を，二項関係に対する独立性の枠組みのなかに組み入れるものである．

　形式的に条件を述べるために，個人の選好の 2 つのプロファイル $\{R_i\}$ 及び $\{R_i'\}$ を任意にとろう．

条件 *NIM* （単調性を伴う中立性，独立性）：どの $x, y, a, b \in X$ に対しても，もしすべての i に対して，$xP_iy \Longrightarrow aP_i'b$ かつ $xI_iy \Longrightarrow aR_i'b$ ならば，$xPy \Longrightarrow aP'b$ である．

　ブラウとデブ（Blau and Deb 1977）が提示した定理は以下の通りである．

（T. A1*. 5）非循環性かつ中立性・単調性のもとでの拒否権者定理：有限な H において $\#X \geqq \#H$ ならば，条件 U と NIM を満たす SDF は誰かに拒否権をもたらさなければならない[13]．

この定理を証明するために，拒否権者が存在しないと——逆に——仮定しよう．したがって，すべてのペアに対して半決定力を持つ個人は存在しない．***NIM*** の中立性と単調性の性質によって，どの選択肢のペアであれ，そのペアに対して「ほとんど半決定力を持つ」個人は存在しない（ほとんど半決定力を持つ個人とは，他のすべての個人が反対する場合であっても負けない個人であり，反対者の一部が反対をやめた場合にも，単調性の性質のおかげでその個人が負けることはあり得ない）．もし誰かがそのペアに対してほとんど半決定力を持つならば，その個人は単調性によって実際に半決定力を持ち，さらに中立性によってあらゆる選択肢のペアに対して半決定力を持つ，すなわち，拒否権を持つことになるだろう．したがって，どんな個人であれ，どの選択肢のペアであれ，他の人びとが全員一致で反対する場合には負けることになる．このことを心にとどめておき，n 人の個人 $1, \ldots, n$ に対して，X の部分集合 $\{x_1, x_2, \ldots, x_n\}$ 上の以下の n 組の選好順序（選好は下降する順で表記する）を考えよう．

13　Schwartz（1974, 1976, 1986）も参照せよ．この証明に関わっている循環は $(n-1)$ - 多数決ルールのものである．

1: $x_1, x_2, ..., x_{n-1}, x_n$

2: $x_2, x_3, ..., x_n, x_1$

.

.

.

n: $x_n, x_1, ..., x_{n-2}, x_{n-1}$

NIM によって，明らかに $x_1Px_2, x_2Px_3, ..., x_{n-1}Px_n$ かつ x_nPx_1 でなければならない．この非循環性の侵害によって，誰も拒否権を持たないという逆の仮説が偽であることが示された．

　したがって，非循環性でさえもアローの問題から我々を救い出すにはたいして役に立たない．一般に，弱い整合性の条件が他の性質と組み合わさると，独裁性の結果を——消し去るというよりも——拒否権者の存在といった形に弱めることになる．また，非循環性はコンドルセの条件を用いる二項的選択の必要条件である[14]．

　1970 年代における初期の一群の結果に続いて，ブレアとポラック（Blair and Pollak 1982, 1983），ケルゼイ（Kelsey 1982, 1983a, 1983b），松本（Matsumoto 1985）は，社会的選好の推移性よりもはるかに弱い条件を用いて，不可能性の結果の様々な拡張を示した．ブレアとポラックは特に，中立性がなくとも，ある個人が $(m-n+1)(m-1)$ 組の社会状態のペアに対して半決定力を持つという形で，拒否権の傷が残ることを示した．ここで，m と n は各々社会状態と個人の数である．個人の数を与件として，社会状態の集合を——際限なく——どんどん大きくするならば，個人が半決定力を持つペアが全体に占める割合は 1 に近づいていく（ブレアとポラック（Blair and Pollack 1982）を参照せよ）．ケルゼイ（Kelsey 1982, 1983a, 1983b）は，中立性を要請せず，パレート原理さえも用いずに，専制的な権力分布が生じるという同様の結果を示した．すなわち，

14　関連する問題については，Dummett and Farquharsen (1961)，Murakami (1968)，Craven (1971)，Pattanaik (1971)，Fishburn (1973)，Ferejohn and Grether (1974)，Deb (1976)，Blau and Brown (1978)，Nakamura (1978)，Peleg (1978a)，Peleg et al. (1979)，Suzumura (1983) を参照されたい．

誰かが社会状態のペアの大きな割合に対して半決定力を持つ（もしくは反半決定力を持つ）ことになり，その割合は社会状態の数がどんどん大きくなると1/2 に近づいていく．

半順序に伴うアロー型の不可能性

アローの集団的合理性の条件を弱めるなかでも，半順序の場合は特に興味深い．というのも，社会だけでなく個人も半推移的な選好を持つことに対する根拠は，18 世紀の J. C. ボルダにまで遡るほど長い間議論されてきたからである．様々な考察のなかでも特に，ボルダは，選好の強度が「それと気づく」ほどには大きくないとき，見かけ上の無差別が実際にはいずれかの方向の弱い選好関係でありうることを示した．半順序は，準推移性だけを仮定すること（ほかはなにも仮定しない）と完全な推移性の間にある．我々はこう問いたくなる．アローの不可能性の結果はそのような中間の条件（いわば「準推移性プラス・アルファ」）のもとでも十分な威力を持ち続けるのかと．異なる社会状態の数が十分に大きければ，その答えはイエスである．

半順序は（準推移性に加えて）以下の 2 つの性質を満たすものとして定義される（準推移性は，特にこれらの条件の各々から導かれる）[15]．

半推移性：任意の $x, y, z, a \in X$ に対して，xPy かつ yPz ならば，xPa または aPz である．

有間隔順序の性質：任意の $x, y, a, b \in X$ に対して，xPy かつ aPb ならば，xPb または aPy である．

これらの性質の各々が完備な R に対して満たされるならば，準推移性も満たされる．アローの不可能性の結果は，ブラウ，シュバルツ，ブラウンや他の

15　半順序の性質に関する議論については，Luce (1956)，Scott and Suppes (1958)，Fishburn (1970a, 1975)，Chipman et al. (1971)，Jamison and Lau (1973, 1977)，Sjoberg (1975)，Schwartz (1976) を参照されたい．

人びとが示したように，これらのより弱い要求のいずれかを用いて，いっそう弱い構造のもとでも成立する[16].

(T. A1*. 6)　半推移性のもとでのアローの不可能性：H が有限かつ $\#X \geqq 4$ ならば，条件 U, I, P, D を満たし，かつ半推移的な社会的選好をもたらす SDF は存在しない．

この定理を証明するにあたって，最初に，半推移性が満たされるならば準推移性も満たされるため，「決定力の拡大」の補題（T. A1*. 2）がここでも成立することに注意されたい．残りの証明は，本章のはじめにアローの不可能性定理を示すのに用いた初等的で短い証明の戦略に従う．すなわち，半推移性（完全な推移性よりも弱い要請）に対して，「決定力を持つ集合の縮約」（T. A1*. 3）の補題を再度示すことができる．G を決定力を持つ集合として，2 つの非空な部分集合 G_1 と G_2 に分割する．ハッセ図に示される以下のような選好順序を仮定する．この選好順序では，G_1 と G_2 の全員（すなわち，G の全員）が x を y よりも，y を z よりも選好する．しかし，G_1 の構成員は x を a よりも選好し（G_2 の構成員はそう選好するかもしれないしそうでないかもしれない），G_2 の人びとは a を z よりも選好するが，G_1 の構成員はそう選好するかもしれないしそうでないかもしれない．G に属さない（すなわち，G_1 にも G_2 にも属さない）人びとは，これらの選択肢に対していかなる選好を持っていても構わない．

G_1 の構成員のペア $\{a, z\}$ 上の選好についても，G_2 に属する人びととの $\{x, a\}$ 上

G_1 　　　　　　　　　　　　　　　　　　　G_2

16　Blau (1959, 1979), Schwartz (1974), Brown (1975b), Wilson (1975), Blair and Pollak (1979) を参照せよ.

の選好についても，$(H-G)$ の人びとのあらゆる選択肢上の選好についてもなにも言っていないことに注意されたい．G が決定力を持つことから，xPy かつ yPz である．R の半推移性の条件より，xPa ないし aPz である．第一の場合には（すなわち，xPa ならば），G_1 は (x, a) に対して決定力を持つことになり，決定力の拡大の補題によって G_1 は完全に決定力を持つことになる．第二の場合には（すなわち，aPz ならば），G_2 が (a, z) に対して決定力を持つことになり，決定力の拡大の補題によって G_2 が完全に決定力を持つことになる．したがって，G_1 か G_2 のいずれかが決定力を持つ．これは，G が決定力を持つならば，G のある真部分集合もそうであることを示すのに十分である．

　「決定力を持つ集合の縮約」に関する結果（T. A1*. 3）が再度成立したならば，アローの不可能性定理の残りの証明は同じままである．

（T. A1*. 7）有間隔順序の性質のもとでのアローの不可能性： H が有限かつ $\#X \geqq 4$ ならば，条件 U, I, P, D を満たし，かつ有間隔順序の性質を持つ社会的選好をもたらす SDF は存在しない．

　この場合には，以下の選好順序を考えよう．

$$G_1 \qquad\qquad\qquad\qquad G_2$$

G_1 の構成員のペア $\{a, y\}$ 上のランキングも，G_2 の構成員の $\{x, b\}$ 上のランキングも特定化されていないことに注意されたい．$(H-G)$ の人びとは論理的に可能などのような方法で選択肢を順位づけても構わない．

　G が決定力を持つことから，xPy かつ aPb である．有間隔順序の性質により，xPb ないし aPy である．第一の場合には G_1 が決定力を持つことになり，第二の場合には G_2 が決定力を持つことになる．残りの証明は変わらない．

　半順序は半推移的であり，かつ有間隔順序の性質を満たすので，アローの不可能性の結果を完全に保持するのに，**いっそう強い理由**で十分なのは明らかである．順序においては，たったひとつの強選好関係であってもひとつの無差別関係を通して強選好関係が生じ，$PI \Rightarrow P$ かつ $IP \Rightarrow P$，すなわち，$(xPy \,\&\, yIz) \Rightarrow xPz$ かつ $(xIy \,\&\, yPz) \Rightarrow xPz$ となる．一方，半順序においては，**2つの強選好関係**の効力が組み合わされて初めてひとつの無差別関係を通して強選好関係が生じることが保証される．すなわち，$P^2I \Rightarrow P$，$IP^2 \Rightarrow P$，$PIP \Rightarrow P$ となる．一般化すると，$s\text{-}t\text{-}$ 順序とは，無差別関係 I に先行する s 個の強選好関係と，無差別関係に後続する t 個の強選好関係のもとで，$P^sIP^t \Rightarrow P$ が保証されるに過ぎないとしよう．$s\text{-}t\text{-}$ 順序を用いられるほどに十分に社会状態の数があれば，すなわち，$\#X \geqq s+t+2$ であれば，アローの不可能性定理はそっくりそのままこの場合に一般的に置き換えられる．$s\text{-}t\text{-}$ 順序は必ずしも準推移的ではないため，条件 U, I, P を満たし，かつ $s\text{-}t\text{-}$ 順序をもたらす SDF が社会的選好の準推移性を導くことが最初に示される．ついで，$s\text{-}t\text{-}$ 順序における決定力を持つ集合の縮約の補題の一種が（半推移性及び有間隔順序における証明と同様の方法で）証明できる．さらに，証明に求められる選好プロファイルが可能となるように異なる社会状態の数が十分にあるという追加的な要請のうえで，最終的な結果はアロー型の不可能性になる．

　オリジナルの「アロー・ケース」である順序の場合には，社会的ランキングが完全に推移的な順序になることの結果として $s+t$ は 1 であり，$\#X \geqq 3$ に対して不可能性が成立する．半順序の場合には $s+t$ が 2 であり，$\#X \geqq 4$ に対して不可能性が成り立つ．一般の有限個の場合には，s と t が任意の非負の整数となり，$\#X \geqq s+t+2$ に対して不可能性が成立する．無限集合 X に対しては，SDF の値域をすべての $s\text{-}t\text{-}$ 順序の集合の両側無限和集合に限ることができる．

決定力を持つ集合の位相

　モリエールの『町人貴族』のなかでムッシュー・ジュルダンが驚いたように，散文と韻文の違いを知らずして散文について語ることができるのと同様に，我々を取り囲むいかなる位相をも感知することなくして位相について語ること

ができる．決定力を持つ集合の縮約の補題は，決定力を持つ集合の位相に関する正確な記述であった．ここまで来たからには，決定力を持つ集合の位相を明示的に考察する理由がある．実際，そうすることで，これまで話してきた結果のいくつかを位相的な結果の観点から眺めることが可能となり，モンジャーデット（Monjardet 1967, 1983），ハンソン（Hansson 1972, 1976），ブラウン（Brown 1973, 1974, 1975a），その他の研究の洞察から恩恵を受けることができるようになる．これらの研究は，社会的選択理論と決定力を持つ集合の位相との間にある分析的な関係を用いる——そして体系化する——可能性と接続方法について正しく指摘している．

Ω を決定力を持つ個人の集合の族——H のべき集合の部分集合——としよう．ここでの決定力とは，特定のペアに対して局所的に決定力を持つことではなく（この局所的な決定力から「決定力の拡大」の性質が生じる．アローのケースでは，彼の公理 U, P, I が合わさることで導出される），すべての社会状態のペアに対して大域的に持つものとして考えられている．以下の性質を考えよう[17]．

(1) $H \in \Omega$,

(2) $[G \in \Omega \,\&\, G \subseteq J] \Rightarrow J \in \Omega$,

(3) [有限の k に対して，$G_1, G_2, ..., G_k \in \Omega$] $\Rightarrow$ これら G_i の共通部分は非空である．

(4) $[G, J \in \Omega] \Rightarrow G \cap J \in \Omega$,

(5) $[G \notin \Omega] \Rightarrow H\text{-}G \in \Omega$.

Ω が**前フィルター**であるとは，Ω が (1)，(2)，(3) を満たすとき，かつそのときのみである．Ω が**フィルター**であるとは，Ω が追加的に (4) も満たすとき[18]，かつそのときのみである．Ω が**超フィルター**であるとは，Ω がこれらの条件のすべて，すなわち (1) から (5) までを満たすとき，かつそのときの

---

17 これらの関係を単純ゲームの特徴として見ることができる．von Neumann and Morgenstern (1947)，Guilbaud (1952)，Monjardet (1967, 1979, 1983)，Bloomfield (1971, 1976)，Wilson (1971, 1972)，Nakamura (1975, 1978, 1979)，Salles (1976)，Peleg (1978a, 1983, 1984) を参照されたい．

18 実際には，その他の条件が成立するならば，(3) は自動的に満たされる．

みである.

　決定力を持つ集団の族の性質について，個人的及び社会的選好の正則性を含む一連の決定変数の関数として考察する数多くの興味深い重要な研究がある[19]. 変換関数 $f: \{R_i\} \to R$ を考えよう. 各 R_i 及び各 R は反射的かつ完備であり，加えてなんらかの整合性に関する正則性の条件を満たすことが求められる（R_i 同様に R にも適用される）. 条件 U, P, I を満たす $f(\cdot)$ に対して以下のことが示される.

1. 非循環性を要求すれば，Ω は前フィルターになる.
2. 準推移性を要求すれば，Ω はフィルターになる.
3. 半順序の性質を要求すれば，Ω は超フィルターになる.
4. 推移性を要求すれば，Ω は超フィルターになる.

　これらの結果は前節で検討した様々な独裁制や拒否権の結果を導出するのに用いることができる. とりわけ，アローによる完全な推移性の場合，Ω は超フィルターであるため，決定力を持つ集合の部分集合がそれ自体で決定力を持たないならば，その補集合が決定力を持つことになる（もちろん，このことは決定力を持つ集合の縮約の性質を特にもたらすことになる）. 非独裁性が保持されるのであれば，ただひとりから成る集合の各々はどれも決定力を持つことはない. したがって，n 人が構成する共同体では，（5）より $n-1$ 人から成るすべての集合が決定力を持つことになる. しかし，この決定力を持つ集合の族の共通部分は空集合になるため，（3）にも（4）にも矛盾する. ゆえに，不可能性の結果が得られた. この証明は半順序の場合に容易に拡張できる.

　非循環性の場合には Ω は前フィルターであり，（3）によって，その構成員の誰もが決定力を持つ集合のすべてに属するような個人の集団——ブラウンはこの集団を「コレギウム」と呼んでいる——が存在する[20]. 準推移性のもとで

19　Brown（1973, 1974, 1975a），Hansson（1972, 1976），Ferejohn（1977），Blair and Pollack（1979）は，この分野における先駆的な貢献をなしてきた. 社会的選択理論における他の多くの興味深い位相問題は，Chichilnisky（1982a, 1982b），Chichilnsky and Heal（1983），Monjardet（1983）らによって追究され，解明されてきた. Baigent（2011）の役に立つ展望論文及び Menon（2016）によるこの位相的な研究に関するコメントも参照されたい.

は Ω はフィルターであり，（4）よりコレギウムが決定力を持つことになるため，寡頭支配制になる．

社会的選好の概念に課される様々な条件に応じて，膨大な数の他の興味深い結果もまた社会的選択理論では得られている．それらの結果をここに収めはしないが，ここまでで，読者がどのような研究が行われているのか，いくらかでも理解してくれればと思う．続く2つの章では，——社会的選好のいかなる考えも前提とせずに——社会的選択関数に課される整合性の条件を取り上げる．

20　フェレジョン（Ferejohn 1977）は，このこと自体から，必ずしもコレギウムの各構成員が拒否権を持つことになるわけではないことを指摘している．というのも，コレギウムの構成員の一部が無差別である場合，前フィルターによって引き出される社会的決定は他の手続きによって補われなければならないためである．

第 A2 章
合理性と整合性

主流派の経済学理論では，選択の合理性はいくつかの異なる方法で解釈されているが，以下の3つのものが最も有力である．

(1) 選択の内部整合性
(2) 自己利益の最大化
(3) 一般的な最大化

これらの異なる概念は相互に関連性を持っている．自己利益の最大化は明らかに一般的な最大化の特殊例であり，特に後者を求める場合には，自己利益の最大化ではない形の最大化をとる合理性の可能性を許容しなければならない．同様に，選択行動の内部整合性に関する諸条件は，すべての選択肢上で定義されるなんらかの比較の関係に照らして，可能な限り優位なものを得る最大化の問題として選択の全体をとらえる構図を許容することになるだろう．その二項関係が選好関係とみなせるのか，自己利益の関係とみなせるのかはさらなる問題である．たとえ行動の合理性に関するこれらの異なる概念が完全に異質なものではないにしても，これらの概念は異なる方向から合理性の考えに到達しようとしているため，行動の合理性が要求するものについて大きく異なる理解をもたらしうる．

「選択の内部整合性」のアプローチは，様々な「メニュー」（すなわち，そこから選ぶ実現可能な選択肢の種々の集合）からどの選択肢が選ばれるかを比較することによって，様々な状況における選択の間の対応関係を評価する．内部整合性のアプローチは，合理性の要請を純粋に選択そのものの点から解釈するのであって，その他のことはなにも引き合いに出されない（すなわち，ある選択は他の選択と比較されるのであって，目的や評価，選好，その他選択以外の変数との比較は**なされない**）．検証されることは，異なるメニューからの選択が相互に

整合的であるかどうかである（そのような整合性の概念に意味があるならばの話であるが，これについては後でさらに取り上げる）.

　たとえ合理性を内部整合性として見ることに表面的な魅力があるとしても，この見方は実はそれほど広がりのあるものではない．例えば，人は自分の選択において一貫して愚かでありうる．例を挙げれば，自身が最も価値がないと考え，最も嫌っているものをつねに選択するような人の行動は大いに整合的であるが，これをもって合理性のモデルと考えることは到底できない．したがって，内部整合性は合理性の十分条件にはまったくならない．それでも，内部整合性は合理性の**必要**条件として意味をなすのだろうか.

　この主張にもあまり説得力がない．実際，先行研究で提案された内部整合性と言われる標準的な公理は，非常にもっともな理由で明らかに満たされないことがある（第 A2* 章を参照されたい）．さらに言えば，実のところ，このアプローチは根本的なところで思い違いをしている．「整合性」とみなされるものは，選択を行う人の動機——その人が行おうとしている，もしくは達成しようとしていること——を考えることなくしては，基本的に決めることができない．しかし，そのような選択と動機の関係性を引き合いに出すならば，（選択行為それ自体の外に）外部の参照基準があるということになり，かくて整合性の条件は選択の純粋に**内的な**整合性の条件ではあり得ないことになる．この問題（純粋な内部整合性というようなものが奇妙な考えであるかという概念上の問題も含む）については後で立ち戻ることにしよう．その後，第 A2* 章において，この問題とその含意をより形式を整えて論じることになる.

　内部整合性の追求とは対照的に，合理性を自己利益の適切な最大化とみなす第二のアプローチは，明らかに（その人自身の利益を増進させるという）外部の参照基準を用いている．一般的な最大化という第三のアプローチも同様である．というのも，最大化されるものがなんであれ，（目標や目的，価値のような）選択行為の外にあるものを引き合いに出さなければならないからである.

　社会的選択理論という形式の整えられた学問領域では内部整合性の条件が広く用いられてきたが，主流派の経済学で好まれてきた合理性へのアプローチは自己利益説であった．自己利益説は「合理的選択理論」という名で呼ばれるものの不可欠な要素である．そう名付けることによって，**定義により**自己利益最

大化が合理的とされる．これは，学術的な命名による合理性概念のある種の占有である．特定の行動に「合理的選択」という名前を与えることによって，その種の行動が本当に合理的とみなせるのかという議論を暗に回避しようとしている．このことは，長年用いられてきた「合理性」という用語には，それ以前からの意味——もしくは，少なくとも確立された関連事項——があるという事実を踏みにじるものである．これまでの意味をただ新たな定義によって消し去ることはできない．

　自己利益アプローチの起源はアダム・スミスの著作にあるとされることが多い．「現代経済学の父」は人間を，本人の特定の利益をたゆまず増進する存在とのみみなしていたとしばしば主張される．思想史としては，この診断結果は控えめに言っても，きわめて疑わしいと言わざるを得ない（この点については，ワーヘイン（Werhane 1991），ロスチャイルド（Rothschild 2001），セン（Sen 1987a, 2009a）を参照せよ）．アダム・スミスはたしかに一部の活動領域，例えば，取引や交換においては自己利益が動機として妥当であると論じている．よく引用される一節において，彼は自己利益さえあれば，肉やパンや酒の造り手には取引するインセンティブが生じ，同様に，これらの財の買い手には購入するインセンティブが生じることについて論じている．しかしながら，彼は他の経済活動における人間行動には，自己利益以外の多様な動機が関わると論じている．実際，スミスの道徳感情及び慎慮的配慮（prudential concerns）に関する著作（とりわけ彼の最初の著書であり，1759 年に初版が出版された『道徳感情論』）は，イマニュエル・カントやコンドルセを含む他の「啓蒙思想家」らが取り組んだ関連する考察に多大な影響を及ぼした．スミスは，彼の信奉者と言われる人びとの一部によって押し付けられた矮小化によって，少なからず自身の価値を毀損されてきたのである．

　合理性を自己利益の最大化と見る見解は恣意的であるばかりではなく，（「行動経済学」の最新の研究が解明に貢献しているように）深刻な記述上及び予測上の問題を経済学にもたらしかねない．我々の行為の多くにおいて，我々は利他性や社会的献身などの他の価値観の要請や，協力の必要性にたしかに関心を払っている．相互に依存しあう状況で人びとがしばしばともに働くのはなぜか．（通りを散らかさないことから，他者に対する親切心や配慮を示すことまで）公共心

に富む行動がしばしば観察されるのはなぜか．規則に基づいた行動が非常に多くの文脈において狭い意味での自己利益追求行為を通例制約するのはなぜか．これらの理由を説明しようとする挑戦が進んでいる．そのような理論と現実の行動との不一致が観察されたことから，これらの問題を扱うことができるように自己利益のモデルをうまく拡張する，驚くほど膨大な文献が生まれるに至った．そうした拡張は，例えば，良い評判を獲得することの将来的な有用性や，予想される他者の反応の影響（他者は協力することを喜ぶものであり，それ相応に対応するだろうという想定を含む）を考慮するものである．

　自己利益追求との関連性を否定せずに，追加的な構造を加えた興味深く工夫に富むモデルが作られてきた．これらのハイブリッドモデルは，自己利益最大化の及ぶ範囲を拡張するためだけではなく，それ自体しばしば大いに興味深いものである（リチャード・タック（Tuck 2008）を参照せよ）．進化ゲーム理論は，評判や行動規範のような関心事の関わりを人間の選択の研究における重要な構成要素と見る確かな理由を与えてくれる（この点については，ワイブル（Weibull 1995），アルガーとワイブル（Alger and Weibull 2016a, 2016b）を参照されたい）．ここで認識すべき重要な点は，進化的な推論——それはたしかに重要なものであるが——は，人びとが自己利益や手段としての利点を巧妙に追求することを超えて，実際に心配りする可能性があるという事実を排除しないことである（例えば，善く振る舞うことは，道徳的配慮と有用な評判をはぐくみたいという欲求の両方から影響を受けているのかもしれない）．間接的に捉え帰結と関係づける推論の力で説明できるからといって，経済学やその他の領域で実際に起こっているあらゆる種類の行動事例の説明に，自己利益アプローチが適していると再確認されるわけではないのである．

　経済学の主流派において合理性の自己利益説が地位を維持するのとは対照的に，社会的選択理論では，この極端に限定された仮定を制約的な条件として広く用いることはしなかった．しかしながら，第三の合理性に対するアプローチは，合理性を——関連する制約のもとで——個人がなんであれ最大にしたいと望むものを最大化しようとする理性的な選択とみなすものであり，ケネス・アローを含む多くの社会的選択理論の研究者がこのアプローチを支持してきた．アロー型の社会厚生関数において社会的選択の基礎となる個人の評価は，個人

が各々追求したいと思うなにがしかの順序であり，関係する人びとの自己利益だけを反映しなければならないといった追加的な要求は課されていない．個人の選好を考える際にアロー（Arrow 1951a）が（「嗜好」とは対照的に）「評価」に焦点を当てたことは，そうした要求を控えさせる傾向をもたらしている．

社会的選好の役割

　社会厚生（もしくは社会状態の一般的な望ましさ）に関する整然とした総合的判断の必要性はエイブラム・バーグソン（Bergson 1938, 1966）によって明確に提示され，ポール・サミュエルソン（Samuelson 1947）によって広範に探求された．その新たな一歩に続いて，アロー（Arrow 1951a）は「社会厚生関数」を，個人の選好順序の各組に対して，すべての社会状態上の社会的順序 R を特定化する関数関係として定義した．アローの定理は，かなり穏当に見える要請をなす，妥当と思われるいくつかの公理を課したときに，個人の選好や評価に基づいた社会厚生の順序にたどり着くことが不可能であることを示している．

　第 A1 章でも言及したように，アローの定理の発表後まもなく公刊された重要な論文において，ジェームズ・ブキャナン（Buchanan 1954a）は，社会は個人と異なって熟慮された選好を持ち得ないため，社会の選好について語ることに意味があるのかと問うた．アローが社会的選好という概念を用いたことには疑惑の目が向けられるべきなのであろうか．もしそうである場合，アローの偉大な結果に残るものはなんであるのか問われなければならない．

　これらの問題に取り組む際，「社会的選好」という概念の 2 つのまったく異なる用法，すなわち，**意思決定メカニズムの働き**に関わるものと**社会厚生の判断**の形成に関わるものとを区別しなければならない．社会的選好の第一の概念は，「あたかも存在するかのような（as if）」想像上の選好であって，その選好に基づいて実際になされた選択を説明することができるというものである．社会的選好を派生的にとらえるこの見方を形式的に表せば，意思決定メカニズムから生じる選択の二項関係による表現（relational representation）となる．

　社会的選好の第二の概念——社会厚生の判断——は，社会的善（the social good）についての見解を反映する．すなわち，社会的選好は社会にとってより

善い（better）ものやより悪い（worse）ものについてのランキングである．そのような判断は，もちろん個人や他の主体によってもなされうる．社会厚生や異なる社会状態の相対的な望ましさについて判断を行う個人は，様々な人びとの多様な利害や選好をどうにかして組み合わせなければならないため，ここでも集計の問題が関わっている．

　ブキャナンの基本的な異議は（意思決定メカニズムに関わる）第一の解釈に対してはたしかに説得的である．とりわけその理由として，用いられるメカニズムが二項関係による表現のための要件——「あたかも存在する」社会的選好とみなせる社会的二項関係を生み出すための前提条件——を満たすような選択を**必ずもたらさなければならない**——あるいは，**もたらすべきである**——という**先験的な**想定は存在しないからである．その一方で，第二の解釈はこの問題を含まない．実際，社会厚生について見解を述べる人は誰であれ，社会的選好と呼びうるようななんらかのものを含むこの種の概念をいずれかの形で必要としている．したがって，個人や他の主体による社会厚生の判断の形成に適用されるときには，想像上の有機的な実体が社会に埋め込まれているといったいわれのない根拠に基づいて，アローの不可能性定理に異を唱えることはできないのである．たとえブキャナンによるアローの定理の批判が（投票の手続きのような）社会的意思決定の**メカニズム**に対しては引き続き当てはまるとしても，厚生経済学にとって中心的である社会厚生の判断に対しては，特に関連性はないであろう．

　それゆえ，ブキャナンの批判は厚生経済学という学問領域と直接的には関係がない．しかしながら，この批判が社会的意思決定のメカニズムに対するアロー流の不可能性定理を無効にするかどうかは問われなければならない．ブキャナンはアローが社会に対して二項的な選好関係（実際には，それ以上のものである順序関係）を要請していると指摘する．この指摘は，たしかにアローの定理を直ちに社会的選択のメカニズムに当てはめることはできない点を示唆する．果たして，社会的選好関係という概念を放棄した場合であっても，そして，二項関係による表現を可能にする社会的選択の内部整合性の要請を控えた後であっても，アローの結果はなんらかの形で再現しうるのだろうか．

内部整合性を伴わないアローの不可能性

　社会的選択を二項関係に基づかせるという要請をやめること（したがって，基盤となる社会的二項関係といういかなる潜在的概念も——あるいは，内部整合性のいかなる条件もなくして，意思決定メカニズムだけに関心を絞ること）で，アローが特定した不可能性の問題を否定できるのかと問うことはたしかに重要である．第 A1* 章で論じた多くの文献が，ある種の正則性（ランキングにおいて強選好のサイクルが存在しないことなど）を求めるかぎり，たとえ推移性を放棄した場合であっても，権力の専横——アローの独裁制はその極端な事例である——がより弱い，しかし悩ましい形で生き延びることを証明している．しかしながら，まさにブキャナンが示した理由により，さらに進んで社会的選好の推移性だけではなく社会的選好という概念自体を放棄することには根拠がある．ブキャナンが正しく指摘したように，選択するという観点から必要とされるものは，意思決定メカニズムが社会に対して「選択関数」を決めること——すなわち，各々の代替的な「メニュー」（もしくは，各機会集合）から選ばれるべきものを特定化すること——だけである．

　（第 A2* 章で取り上げることになる）社会的選択理論の文献では，選択関数の内部整合性に関するいくつかの条件（あるメニューにおける意思決定が他の——連関する——メニューにおける意思決定と整合的に関係づけられること）が課されるならば，権力のなんらかの専横が依然として生き残ることが証明されている．しかし，ジェームズ・ブキャナンによる方法論的な批判は，以下のように再定式化されて，なお説得力をもって当てはまる．すなわち，そもそも社会のための選択関数に対して，**なんであれ制約を先験的に課すべきなのはなぜか**．合意された社会的メカニズムから生じる意思決定であるのに，様々な状況で——様々なメニューから——なされた選択が相互にどのように関連づけられるべきか，あらかじめ考え出された内部整合性の概念に照らして確かめることなくしては，受け入れられるべきではないのはなぜか．

　社会の選択関数のいわゆる内部整合性に**いかなる制約も**課されないならば，アローの不可能性の問題になにが起こるだろうか．このとき，個人の選好を社

会的選択に関連づける諸条件（すなわち，パレート原理，非独裁性，独立性）は整合的になるのだろうか．実のところ，その答えは否であり，これらの条件は相互に矛盾する．これらすべての条件を二項関係ではなく選択に基づく形で再定式化したとしても，不可能性の結果が**再現される**ことを免れない（この結果はセン（Sen 1993a）で証明されている）．すなわち，パレート原理の条件及び非独裁性と独立性の条件が，**社会的選好**のいかなる先験的な概念とも関係づけられることなく，ただ，**社会的選択**と関係づけられる点に十分留意して，これらの条件を再定義すると，非常によく似た不可能性の結果が再び生じる．このことは第 A2* 章で示される．

　この「選択関数形式による一般不可能性定理」はどのように機能するのだろうか．基本となる直観は以下の通りである．個人の選好を社会的意思決定に関連づける条件のそれぞれが——それひとつで，もしくは他の条件があるもとで——一部の選択肢が選ばれる可能性を排除する．さらに，これらの条件を組み合わせると空の選択集合を導くことができ，なにかを選ぶことが「不可能」になる．これらの外的な——個人の選好と社会的選択の間の——対応関係の条件が与えられると，社会的選択のいかなる**内部整合性**の要求も考慮する前に，結果的になにも選ぶものがなくなってしまう．このこと（非空なメニューに対して選択集合が空集合になること）は，いかなる選択関数の存在も無効にする．

　例えば，パレート原理はまさにそのような条件である．選択の文脈におけるこの条件の目的はもちろん，パレート劣位にある選択肢を回避することである．それゆえ，パレート原理の条件を選択関数形式においてもうまく再定義できて，全員が x を y よりも選好するならば，社会的意思決定のメカニズムは x が選択可能なときには y を選ばないことを要求する．実際，ただひとつの与えられた**メニュー**（もしくは機会集合）S に対してすべての条件を定義することにより，社会的選択におけるメニュー間の整合性の条件を暗黙にないし間接的に用いる可能性を完全に排除することができる．すなわち，社会状態のひとつの集合を所与とし，そこだけの選択の問題を考えるのだ．このとき，そのひとつの集合 S に対するパレート原理は，全員が集合 S に属する x を y よりも選好するならば，y が集合 S から選ばれてはならないと要求するに過ぎない．

　同様に，非独裁性は，以下のような個人が存在しないことを要請する．すな

わち，その集合 S に属するどの 2 個の選択肢 x と y に対しても，その人が x を y よりも選好するならば，y が集合 S から選ばれることはないという個人である．独立性についてはどうであろうか．この与えられた集合 S における選択の文脈においては，集団の決定力という概念を修正しなければならない．この集合 S に属する任意の 2 個の選択肢 x と y に対して，ある集団が x に照らして y を棄却する決定力を持つとは，その集団のすべての構成員が x を y よりも選好する場合はいつでも，y が S から選ばれることはないとき，かつそのときのみである．

　選択関数に動機づけられた独立性の条件は，選択肢のペア $\{x,y\}$ に関するいかなる集団の決定力も，$\{x,y\}$ 以外のペアに関する個人の選好とは完全に独立していることを求める．すなわち，ある集団が，選択肢 y が存在するもとで x を社会的に棄却できるのであれば，無関係な選択肢に関する個人の選好が変わろうとも，この「棄却決定力」は維持される．

　個人の選好と社会的選択の間の外的な対応関係に関するこれらの条件があれば，社会的選好を持ち出さずとも，また集団的合理性や社会的選択におけるメニュー間の整合性のいかなる条件を課さずとも，独立性，パレート原理，非独裁性，及び定義域の非制約性を満たすような，個人の選好から社会的選択にたどり着く方法が存在しないことを証明できる．

　ブキャナンが社会的選好に疑義を呈したことに関するこれまでのことから引き出される教訓は以下のように思われる．アローによって特定の形で与えられた不可能性の結果は，たとえ社会的選好という概念を完全に放棄したとしても，また社会的選択の内部整合性についてなんら条件を課さずとも（したがって，アローが「集団的合理性」と呼んだものを控えようとも），拡張され，成立することが示される．それゆえ，アローが突きとめた不可能性の問題は，社会的選好関係を放棄して社会的選択関数を採択するという方式では回避することができない．しかしながら，このことが（社会厚生の概念からではなく，社会の**意思決定メカニズム**から生じる選択の文脈における）社会的選好という考え方そのものに対するブキャナンの批判の重要性を失わせるわけではない．その批判はそれ自体として妥当な意見であるからだ．

選択の内部整合性という概念

　アローの不可能性定理を証明するために，いかなる選択の内部整合性を仮定する必要がないという事実は分析的に興味深く重要である．しかし，それは，内部整合性という観念が実際に筋の通った個人の行動や理に適った社会的選択を考える妥当な方法であるのかについては多くを教えてくれない．理に適った選択に対するこの提唱されたアプローチは，それ自体で真剣な検討に値するものである．

　選択の内部整合性という概念は，経済学の需要理論の文脈において，ポール・サミュエルソン（Samuelson 1938）によって力強く導入された．当然ながら有名となり，ひとつの礎を築いた論文は，「顕示選好理論」と呼ばれる大きな研究分野を創始した．このアプローチはいくつかの異なる方法で解釈することができる．後継研究で大きな関心を集めた（そして主流派経済学の研究の方向性に深い影響を与えた）ひとつの解釈は，「効用概念のあらゆる痕跡からも解放された」（Samuelson 1938, p. 71）行動理論を開発するというプログラムである．この解釈は，サミュエルソン以前の最も強力な需要理論の理論家たちの研究の系譜に沿うものではなかったが，その熱心な支持者たちもまもなくサミュエルソンは基本的に正しいと確信させられるようになった．ミクロ経済理論の古典である『価値と資本』（Hicks 1939b）の著者であり，当初は選好や効用という概念の優位性を説いていたジョン・ヒックスでさえ，この新しいアプローチの優位性といわれるものを納得させられるに至った．そして，「あるパターンに従って市場で行動する実体としてだけの，つまりは頭のなかを見ることができるという主張もそぶりもしない」[1] 人間の研究を温かく支持したのである．

　同じ精神に基づいて，イアン・リトル（Little 1949a）はこの分析方法に賛意を示し，お墨付きを与えた．「新しい［サミュエルソンによる顕示選好の］定式化は科学的により尊重することができる．というのも，もし個人の行動が整合的であるならば，行動以外のなにものにも言及せずに，その行動を説明すること

1　Hicks（1956, p. 6）.

が可能でなければならないからだ」[2]. **これは本当だろうか**. しかし, なぜそう言えるのだろう. ひとつの行動は多種多様な動機の結果でありうるし, 選択の本質を理解しようとするのであれば, いかなる行動であれ, その背後にある動機について考える必要性をどうやって避けて通ることができるのかはまったく明らかではない.

　選択の内部整合性に関する諸条件の概念とその使用に伴う問題は, 2つのかなり異なるレベル (**基礎的レベル**と**実践的レベル**) で理解することができる. 基礎的レベルでは, このアプローチの根底にある暗黙の想定から基本的な困難が生じることになる. その想定とは, 選択という**行為**はそれ自体, 相互に矛盾することもあれば, 相互に矛盾がないこともある諸々の**命題**のようなものだというものである. この診断結果は深刻な問題をはらむ.

　命題 A と命題 A の否定は矛盾するが, $\{x, y\}$ から x だけが選ばれ, かつ $\{x, y, z\}$ から y だけが選ばれることは矛盾しない. もし選択行為のペアが, (1) x は y よりも善い選択肢である, 及び (2) y は x よりも善い選択肢である, の各々の命題を必然的に伴うのであれば, もちろん, そこには矛盾が存在する (というのも, 「○○よりも善い」は, 非対称的な関係になるためである). しかし, これらの選択は (なんらかの動機に関する想定がなされないかぎり) **それ自体では**いかなる命題も含意しない. その個人が行おうとすることに関するなんらかの概念 (これは外的な対応関係である) が与えられれば, これらの行動をそれが含意する命題として解釈することができるかもしれない. しかし, そのような外部の参照基準を引き合いに出すことなくして, 行動を命題として解釈することはできない. 選択の**純粋な**内部整合性というようなものが存在しうると考えることは困難なのである.

　「A であると言う」と「A ではないと言う」といった一見矛盾する行動でさえ, 必ずしも整合性を欠くわけではないことにも注意しよう. これは, 「A である」と「A ではない」という2つの命題自体が当然矛盾することとは異なる. 実際, 状況に応じて, 「A であると言う」と「A ではないと言う」という二重の選択が抜け目のない行動パターンにうまく合致することも十分にありう

2　Little (1949a, p. 90).

る．例えば，二重の命題を言っているその個人は，刑事責任を減じるために，もしくは，裁判を受けるのに不適格とみなされるために，精神的健康を害していると見られたがっているのかもしれない．あるいは，単に観察者を困惑させたい（そうすればちょっとした面白さが得られる）だけなのかもしれない．あるいは，どう見ても矛盾する命題に対して人びとがどう反応するのか，自分の好奇心を満たしたいだけなのかもしれない．命題 A と命題 A の否定とが矛盾するペアであることは確かだが，それらを口にするという行為は必ずしもそうではない．実際，矛盾するか否かといった問題は，解釈なくして──選択自体を超えたところにある文脈に関する想定なくして──選択関数に生じるような類のものではない．

　実践的レベルでは，個人が行おうとしていることについてなにも考えずに，どのようにして選択の適切さや一貫性さえも判断することができるだろうか．選択理論のいくつかの公理が宣言するように，ある場合には x を選択して y を拒み，別の場合には x ではなく y を選ぶ個人は整合性に欠けるとされるのももっともなのかもしれない．しかし，そうではなくて，この個人は多様な経験を選ぼうとしたのかもしれないし（昼食に鮭を，夕食に鴨を食べることは必ずしも整合性に欠けるわけではない），様々な理由で職場からの帰宅にある日はバスを使い，また別の日は車を使うということもありうる．行動以外のなにものにも言及せずに行動を説明しようとすることは，世界を理解するための非常に賢明な認識論でもなければ分析方法でもないだろう．多様な理由が生じて，個人の選択にまったく異なるパターンや規則性をもたらすかもしれないのである．

　しかし，社会の意思決定手続きを経てなされた社会的選択が，単純な内部整合性や，基盤にある「社会的選好」による検査を受ける必要はないというブキャナンの主張は正しい．手続きに基づいた選択は，たとえそれが非常に系統だったものであっても，「基盤となる」「社会的選好」の特定化を必ずしももたらすわけではない．さらに言えば，社会的選好ばかりではなく，人びとの行動一般に対しても「内部整合性の条件」というあらかじめ考え出された条件を課そうとすることが賢明であるのか疑問を呈することができる．いかなる選択行為も動機次第で異なる種類の理由に基づいたものになりうるため，その動機に対する想定──あるいは理解──なくして整合性の概念を実際に適用することは

できない．そして，この必要性があるため——動機の参照を含む——整合性の条件は，選択関数の純粋な**内部**整合性の要求とは非常に異なるものになりうるのだ．

第 A2* 章
社会的選択の問題

　社会的選好の概念を避けることが可能かどうかは，近年の社会的選択理論の文献において多くの関心を集めてきた．様々なメニューから選択されるものを特定化するのに社会的ランキングの二項関係を持ち込む必要はない．社会の選択関数を直接用いることで，社会的選択の「非二項的な」定式化を機能させることができる．その選択関数は，特定のメニュー S のそれぞれに対して，どれも選ばれうるような選択肢の集合 $C(S)$ を特定化する．代替的なメニュー S の集合とそれに対応する「選択集合」$C(S)$ の間の関数関係は社会的選択関数と呼ばれ，この関数関係には少なくとも明示的にはいかなる社会的選好の二項関係も引き合いに出す必要はない．「関数形式の集団的選択ルール（a functional collective choice rule, 以下，FCCR）」は，n 個の個人の選好関係の組を社会的選択関数に写す．

$$C(\cdot) = f(\{R_i\}).$$

　この再定式化はアローの不可能性の結果をどのように変えるだろうか．明らかな——かつかなり自明な——意味において，社会的選好ではなく社会的選択関数を用いることによって不可能性定理は消え去ってしまう．というのも，無関係な選択肢からの独立性を除けば，アローの条件は二項関係形式による要請だからである．しかし，この社会的選択の定式化の変更にあわせて，当然，アローの公理を「対応する」選択関数形式に変えなければならない．それは，どのようなものになるだろうか．

　長きにわたる一連の研究の貢献がこの種の再定式化の問題を探求しており，異なるメニューからの選択に対するなんらかの整合性の条件を追加することによって，不可能性の結果（アローの結果や彼の定理に触発された諸結果）を再現してきた．しかし，これらの選択の内部整合性に関する追加的な要求は，アロ

一型の不可能性を選択関数形式に変換するために本当に必要なものなのだろうか.

　本章では，（他にあるなかでも特に）以下の問題を取り上げるべきであろう.

(1) それ自体になんらかの根拠があり，利用できるメニューから「最も選好される」選択肢を選ぶという二項的な枠組みに（たとえ暗黙のうちであっても）支配されることのない社会的選択関数を特徴づけることはできるのか.

(2) アローの公理をどのように FCCR に適した選択関数の形式に変換できるのか. そして，メニュー間の整合性に関する追加的な条件（選択関数の「内部整合性」の条件とみなされるもの）を行使することで，どのようにアロー型の不可能性の結果に至るのか. これらの内部整合性の条件は，たとえ暗黙のうちであれ，我々を選好最大化の選択に連れ戻すのか.

(3) 内部整合性の条件は，合理性の要求ないし理に適った選択の要求とみなすべきなのか. より根本的には，（いかなる外部の参照基準もなくして）選択関数の「内部整合性」を保持することにいったいいかなる意味があるのか.

(4) いかなる内部整合性の条件を行使せずとも，アローの公理をすべて非二項的な選択関数の形式に適切に変換するだけで，アロー型の不可能性が生じうるのか. とりわけ，アローが「集団的合理性」と呼んだものをいっさい用いずに，不可能性の結果にたどり着けるのか.

閉包と極大性

　数学上の一般的な概念である二項関係の「推移的閉包」を援用することから始めて，次に推移的閉包に関する「極大」集合を調べることにしよう. 二項関係 B を考えよう. 直観的な理解のために，B を選好関係と考えてよいが，推移的閉包の概念は他の解釈にも同様に当てはめることができる. B の推移的閉包は，B の二項関係の列をつなぎ合わせることで得られるすべての二項関係を含む. 推移的閉包 B^* とは，もととなる二項関係 B から以下の方法によって得られるものである. すなわち，xB^*y であるのは，ある列 $z_1Bz_2, z_2Bz_3, ..., z_{k-1}Bz_k$ が存在して $z_1=x$ かつ $z_k=y$ が成立するとき，かつそのときのみである. 任

意の二項関係 B に対して，集合 S の極大部分集合 M(S, B) とは，B の非対称成分 B^A（xB^Ay は，xBy かつ not yBx と定義される）に関する S の優越されることのない部分集合のことである[1].

$$M(S, B) = \{x| \; x \in S \; \& \; \text{not} \; \exists y \in S: yB^Ax\}.$$

弱選好関係 R から，(1) 弱関係 R の推移的閉包 R* に関する極大集合，(2) R の非対称成分 P の推移的閉包 P* に関する極大集合，の各々を考えることによって，2 種類の極大集合を生成することができる．これらは各々「弱閉包極大」，「強閉包極大」と呼ばれる．投票のパラドックスという特定のケースでは，どちらの方法も 3 個の選択肢すべてから成る極大集合を生成することが容易に確認できる．しかし，他のケースでは，2 つの方法は異なる結果をもたらしうる[2].

FCCR におけるアローの公理と不可能性からの脱出

これらの閉包による方法は，非二項的な選択手順によってアローのジレンマを解決しようとするいくつかの貢献において直接的に用いられるか，間接的に含まれていた[3]. これらの解決方法は，どのような意味においてアローのパラドックスを解消するのだろうか．それらは社会厚生関数を求めるのではなく，社会的選択関数 g(S, {R_i}) を求める[4]. 社会的選択関数は，各々の非空かつ有限

1　B* はしばしば B の系譜と呼ばれる（Quine (1940) 及び Herzberger (1973) を参照）.「系譜」という用語は A. N. ホワイトヘッドとバートランド・ラッセルまで遡り，その概念は少なくとも 19 世紀のゴットロープ・フレーゲまで遡ることができる.

2　これらの課題や関連する形式的な結果（「弱閉包極大」,「強閉包極大」, その他多くの形式的な特性やその結果）は，*Handbook of Mathematical Economics* のなかで私の執筆した社会的選択理論に関する章（Sen 1986b）において批判的に概説されている.

3　Schwartz (1970, 1972), Bloomfield (1971), Campbell (1972, 1976, 1980), Bordes (1976), Deb (1977) を参照されたい．シュヴァルツのルールは，すべての社会的選択に対して強閉包極大を一様に用いることに相当するものとして理解できる．対照的に，Bloomfield (1971), Campbell (1972, 1976), Bordes (1976) は，社会的選択に対して弱閉包極大を用いた．Deb (1977) はこれらの 2 つの閉包を用いた方法の間の関係性を懇切丁寧に分析している.

4　Fishburn (1973) を参照せよ.

な $S \subseteq X$ に対して，非空な部分集合 $g(S, \{R_i\}) \subseteq S$ を特定する．このことは，関数 $f(\{R_i\})$ の値を——社会厚生関数や社会的決定関数のように——社会的選好関係 R にするのではなく，社会のための有限かつ完備な選択関数 $C(\cdot)$ にすることに本質的に等しい［訳注：「完備」は「非空」の意味であると解釈される］．

そのような FCCR $f(\cdot)$ に対して，アローの諸条件はいくつかの異なる方法で容易に変換することができる．しばしば用いられる変換（その限界は後で論じる）は，ペアのみに対する制約という形をとる．

条件 $\hat{U}$（定義域の非制約性）：$f(\cdot)$ の定義域は，X 上のすべての論理的に可能な n 組の個人の順序を含む．

条件 $\hat{P}$（ペア上の選択におけるパレート原理）：すべての $x, y \in X$ に対して，$(\forall i: xP_i y) \Longrightarrow \{x\} = C(\{x, y\})$.

条件 $\hat{D}$（ペア上の選択における非独裁性）：$f(\cdot)$ の定義域に属するすべての n 組の選好プロファイル $\{R_i\}$，及びすべての順序対 $x, y \in X$ に対して，$xP_i y \Longrightarrow \{x\} = C(\{x, y\})$ となるような個人 i は存在しない．

実際には，非独裁性の条件を拒否権者の非存在条件にまで強めることができ，さらには，完全な匿名性の条件にまで拡張することができる．

条件 $\hat{A}$（匿名性）：$\{R_i\}$ が $\{R'_i\}$ の置換ならば，$f(\{R_i\}) = f(\{R'_i\})$ である．

これらの条件は，（第 A1* 章で論じた）アローによって選択関数の用語で定義された無関連な選択肢からの独立性（条件 I^A）と組み合わせることができる．

(T.A2*.1) 選択関数形式による肯定的な可能性定理：$\#H \geq 2$ に対して，条件 $\hat{U}, I^A, \hat{P}, \hat{D}, \hat{A}$ を満たす FCCR が存在する．

この定理の背後にある推論は，特定の例を考えれば理解することができる．

例えば，多数決ルールの関係 R に弱閉包極大ないし強閉包極大を適用することによって生成される選択手順を考えよう．同様の操作はその他のパレート内包的，非独裁的，非循環的な二項関係にも適用することができる．その例は枚挙にいとまがない．

　有名な投票のパラドックスの例を考えよう．個人1は x を y よりも，y を z よりも選好し，個人2は y を z よりも，z を x よりも選好し，個人3は3個の選択肢を z, x, y の順に順位づけている．この例では強選好の循環が存在し，どの選択肢も多数決投票によって別の選択肢に打ち負かされる．しかしながら，選好の最大化から離れて，選好関係の推移的閉包に関する極大を考えよう．強閉包極大にせよ弱閉包極大にせよ，その選択手順は以下の選択を特定する．

$$C(\{x, y\}) = \{x\}, C(\{y, z\}) = \{y\}, C(\{z, x\}) = \{z\}, C(\{x, y, z\}) = \{x, y, z\}.$$

　もちろん，この選択関数はどう抗っても非二項的なものではあるが，上で定義した選択関数形式によるアローの公理のすべてを満たしている．

整合性，二項性，順序

　さらに先に進む前に，選択関数と選択行動を通じて生成すると理解することのできる二項関係の間の関係を考えなければならない．有限集合 X 上の選択関数を考えよう．X の任意の非空な有限部分集合 S から選ぶことが可能になるためには，$C(S)$ は非空でなければならない．これは選択関数の存在という基本的な要件である．それに加えて，各部分集合からなにを選ぶのが理に適っていると言えるのかを考えるべき理由があるだろう．制約つき目的関数最大化に基づく標準的な選択の定式化では，選択は目的関数の性質によって決定づけられる．様々な部分集合からなにが選ばれるかということと目的関数の関係は，「外的な対応関係」と呼ぶことができる．というのも，目的関数は選択関数自体から得られる情報の一部ではなく——選択の「外部」にあるものだからである．対照的に，——第 A2 章で論じた——選択の内部整合性の条件は，あるメニューからの選択をもうひとつのメニューからの選択に関連づけるものであり，

353

そのような整合性の条件は明らかに選択行動の「内部」のもの，――より形式的には――選択関数の「内部」にあるものなのである[5].

選択の整合性の諸条件は，異なるメニューからの選択が互いに「整合的に」関連づけられることを要請する――問題は，整合的であるということの考え方である．ほとんどの研究において，整合性の諸条件は 2 つの本質的に異なるカテゴリー（ただし，それらのカテゴリーは時おり結合される），すなわち，**縮小整合性**と**拡大整合性**に分類される．前者は，ある集合で選ばれたものは――特定のある条件のもとで――その提示されたメニューが**縮小した**場合に選ばれ続けなければならないことを要請するという類の諸要件を含む．一方，後者は，ある集合で選ばれたものは――特定のある状況のもとで――その提示されたメニューが**拡大した**場合に，最初の集合で選ばれたものは――ある特定の環境のもとでは――選ばれ続けなければならないことを要求する．

最も用いられている縮小整合性の条件は性質 α と呼ばれ（チャーノフの公理とも呼ばれる），一方，この条件の自然な補完物である拡大整合性の要件は性質 γ と呼ばれる[6]．一連の定義を以下で特定化しよう．すべての $x, y \in X$，すべての $S, T \subseteq X$ に対して，

性質 α（基本的な縮小整合性）：$[x \in C(S) \ \& \ x \in T \subseteq S] \Longrightarrow x \in C(T)$.

性質 γ（基本的な拡大整合性）：$[X$ の部分集合の任意のクラスに属するすべての S_j に対して，$x \in C(S_j)] \Longrightarrow x \in C(\bigcup_j S_j)$.

これら 2 つの性質を合わせると，選択関数の情報の中身が X 上で定義される二項関係 R によって正確に捉えられるという意味において，選択関数は本質的に二項的なものになる．選択関数は二項関係**から**構築可能であるということに注意されたい――この二項関係を選好関係と考えると好適だと気づかれる

---

5 選択の内部整合性の諸条件は，Samuelson（1938），Houthakker（1950），Chernoff（1954），Arrow（1959），Hansson（1968），Sen（1971），Herzberger（1973），Suzumura（1976a, 1976b, 1983, 2016），Deb（1977），Aizerman（1985），Aizerman and Aleskerov（1986），Moulin and Thomson（1997），その他多くの研究で用いられ，分析されてきた．

6 性質 α（基本的な縮小整合性）は本書 1970 年版部分の第 1* 章で定義した．

かもしれない．他方，選択関数を使って――（選択から二項関係へと）「逆の」
方向にいって――基盤となる二項関係を特定化することもできる．これによっ
て生成される二項関係は時おり「顕示選好」と呼ばれる．

　選択と二項関係の間の双方向の対応関係を考えよう．まず，二項関係 R か
ら，それによって生成される選択関数 $\hat{C}(S, R)$ に至る．

$$\hat{C}(S, R) = \{x\mid x \in S \,\&\, \forall\, y \in S: xRy\}.$$

　今度は，選択関数から選好の二項関係を構築する逆の問題を考えよう．この
役割に対しては少なくとも 2 つの異なる自然な候補が存在する．すなわち，順
位づけの対象となっているペアを含む X のすべての部分集合上の選択によっ
て与えられる顕示選好関係 R_c と，ペア上だけの選択，つまり，ペア $\{x, y\}$ か
ら選ばれるものによって与えられる基底関係 $\overline{R_c}$ の 2 つである．

顕示選好関係：$xR_c\, y$ であるのは，$\exists S: [x \in C(S) \,\&\, y \in S]$ であるとき，かつそ
のときのみである．

基底関係：$x\overline{R_c}\, y$ であるのは，$x \in C(\{x, y\})$ であるとき，かつそのときのみで
ある．

　$x\overline{R_c}\, y \Rightarrow xR_c\, y$ であることは明らかだが，逆は一般には成立しない．
　さて，先に特定化した性質 α と呼ばれる基本的な内部整合性の条件を考え
よう．この簡潔な条件が満たされれば，上記の逆も成り立つ．すなわち，
$xR_c\, y \Rightarrow x\overline{R_c}\, y$ を保証する．というのも，ペア $\{x, y\}$ は x, y 及びその他の選択
肢を含む任意の集合の部分集合であるため，性質 α を用いることで，逆が成
立するのである．それゆえ，α を与件とすれば，$R_c = \overline{R_c}$ でなければならない．
　選択関数 $C(S)$ が「二項的」である（時おり「合理化可能」とも呼ばれる）と定
義されるのは，$C(S)$ によって生成される顕示選好関係 R_c が同じ選択関数 $C(S)$
を生成し，それ自身に戻るとき，かつそのときのみである．選択関数 $C(S)$ が
「基底二項的」であるとは，$C(S)$ によって生成される基底関係 $\overline{R_c}$ が選択関数

を生成し $C(S)$ に戻れるとき，かつそのときのみである．

選択関数の二項性：すべての $S \subseteq X$ に対して，$C(S) = \hat{C}(S, R_C)$.

選択関数の基底二項性：すべての $S \subseteq X$ に対して，$C(S) = \hat{C}(S, \overline{R_C})$.

二項性の補題：有限かつ完備な選択関数が二項的であるのは，選択関数が基底二項的であるとき，かつそのときのみである．また，選択関数が二項的であるのは，選択関数が性質 α と γ を満たすとき，かつそのときのみである[7].

　拡大整合性にはいくつかの代替的な条件がある．ここではそのいくつかを考えよう．そのうちのひとつである性質 β は先に本書 1970 年版部分の第 1* 章で論じたものである．

性質 β：$[x, y \in C(T) \ \& \ T \subseteq S] \Longrightarrow [y \in C(S) \Longleftrightarrow x \in C(S)]$.

　x と y の両方が S の部分集合である T において選ばれるのであれば，そのうちの一方（例えば，y）は，もう片方（すなわち，x）がより大きい集合 S でも選ばれることなくして，S で選ばれることはない．
　性質 β は，x が S の選択された要素であるか否かにかかわらず，y が S において**排他的に**選ばれることはないことのみ求める形に帰結部分を置き換えることで**弱める**ことができる．

性質 δ：$[x, y \in C(T) \ \& \ T \subseteq S] \Longrightarrow \{y\} \neq C(S)$.

7　Sen (1971)，Herzberger (1973)，Suzumura (1983) を参照せよ．スティグ・カンガー (Kanger 1975) が指摘したように，この意味での二項性は「選好に基づいた選択」の非常に限定された解釈である．より一般的には，集合 A から選択された要素は，背後にある集合 V の特定化によって決まる二項関係 P_V に依存するようにできる．ここで定義された二項性は $V = A$ とすることに相当している．Kanger (1975) は，選好に基づいた選択のより一般的なケースに関する豊かな分析を提供している．

　証明のために立ち止まることはせずに，2 つの結果を手早く記すことにしよう（証明はセン（Sen 1971）に見出せる）．

推移性の補題：有限かつ完備な選択関数が二項的で，推移的な二項関係による表現を持つのは，選択関数が性質 α 及び β を満たすとき，かつそのときのみである．

　完備性と反射性が満たされるのはここでは疑いようもないため，それらの仮定を与件としよう．この結果が意味することは，性質 α と β は，順序関係（反射的，推移的かつ完備的二項関係）によって選択関数が表現可能であるための必要十分条件であるということだ．

準推移性の補題：有限かつ完備な選択関数が性質 α, γ, δ を満たすならば，その関数は二項的で，準推移的な二項関係による表現を持つ．

推移性の補題は，性質 α 及び β の形での内部整合性の条件を課すことによって，直ちにアローの不可能性定理を社会的選択関数の形式に拡張することに役立つ．

(T.A2*. 2) 整合性の性質 α と β を伴う選択関数形式による不可能性定理：H が有限で #$X \geqq 3$ ならば，条件 $\hat{U}, \hat{P}, I^A, \hat{D}$ を満たし，かつ性質 α 及び β を満たす選択関数を生成するような FCCR は存在しない．

性質 α 及び β を課すと，選択関数が推移的なランキング，実際には順序に関して二項的になる．また，FCCR の形式に変換されたアローの公理は，基底関係 $\overline{R_c}$ に適用されるパレート原理や非独裁性の条件を要求することも容易に確認できる．さらに，アローの独立性の条件 I^A は，とりわけすべてのペアの集合に対して同様に適用されなければならない．残りの証明は，二項関係形式によるアローの不可能性定理をペア上の選択に焦点を絞った選択関数の形式に単純に変換するだけである．

同様に，アラン・ギバードの寡頭支配制定理も含めて，第 A1* 章（及びここで引用した文献）において論じた他のすべての二項関係形式による不可能性の結果は，選択関数形式に変換することができる.

（T.A2*. 3）整合性の性質 α と δ を伴う選択関数形式による寡頭支配制定理： H が有限で #$X \geqq 3$ ならば，条件 $\hat{U}, \hat{P}, I^A$ を満たし，かつ性質 α 及び δ を満たす選択関数を生成する FCCR は必ず寡頭支配制になる[8].

この議論を終えるにあたって，4 点指摘しておこう．第一に，ここで用いられた条件の組み合わせは選択関数の二項性をもたらすものの，そこまでせずとも，第 A1* 章で提示した二項関係形式による不可能性の結果をそれに対応する選択関数の形式に変換することができる．実際，各々の定理の証明において，二項性の性質はまったく行使する必要はなく，全体の議論はペア上の選択の観点から行うことが可能なのであって，そうすれば二項関係形式による条件は基底関係 $\overline{R_c}$ への要請として解釈することができる．これらの証明において重要なことは，それぞれ，選択関数の基底関係 $\overline{R_c}$ の推移性及び準推移性なのであって，その関係が二項的な選択関数に埋め込まれているか否かには関わらないのである[9].

第二に，ここでは二項関係形式による不可能性の結果の選択関数形式への変換を 2 通りしか紹介していないが，社会的選択の内部整合性の適切な条件を用いることによって，これらの不可能性の結果のすべてを選択関数形式に変換することができる（Sen 1986a）.

---

8 実は（Sen（1986b）で論じたように），性質 α をいくぶん弱い要求の条件，弱 α に弱めることによって，この定理を少しだけ強めることができる．弱 α は以下のことのみを要請する．すなわち，任意の集合 S に対して，S から選ばれ，かつ S の部分集合 T に属する状態 x は，T を除く S のいかなる部分集合上での選択においても棄却されないならば，T からも選ばれなければならない．すなわち，[$x \in T \subseteq S \, \& \, Y \neq T$ であるすべての $Y \subseteq S$ に対して，$x \in C(Y)$] $\Longrightarrow x \in C(T)$ である．この結果を維持するのに十分な別のより明白な条件の弱め方があって，とりわけアローの独立性の条件 I^A をペア上の選択のみに適用する弱め方がそうである．これらのものはかなり自明な拡張であり，ここで議論を掘り下げるほどの価値はない．

9 この問題に関するかなり広範な議論は，*Handbook of Mathematical Economics* の私の展望論文 Sen（1986b）の特に 4.2 節（'The Unimportance of Binariness in Arrow's Impossibility', pp. 1094-7）にある.

　第三に，ここでは顕示選好の完全な推移性の条件を弱める方法はどれも完備なランキングに対して考えられてきたのであって，完備性の要件を緩和することによって可能となる推移性の弱め方は許容してこなかった．第 A1* 章で論じたように，鈴村やボッサールらは，完備性を課さないことで，異なる種類の弱め方を考え，探求してきた．特に，「鈴村整合性」と呼ばれるようになった条件は，推移性とは実質的に異なるが，完備（かつ反射的）なランキングに対しては推移性と一致する．鈴村整合性は（第 A1* 章において二項関係による表現で論じたものに並行した形で）選択関数による表現でも定義可能である．それは，鈴村（Suzumura 2016）による合理的選択に関する基礎研究の系譜に連なる社会的選択の探求の重要な道を開いているのである．

　第四に，アロー型の不可能性の結果を選択関数形式に拡張するすべての試みは，社会的選択関数に内部整合性の条件を課すことに決定的に依存している．それゆえ，これらの選択関数形式への拡張のすべては，社会的意思決定のメカニズムによってもたらされる選択の場合に，そもそもそのような条件を課すことの合理的根拠に対するブキャナン（Buchanan 1954a）のもっともな懐疑にさらされることになる．

　すでに第 A2 章において概説したように，内部整合性のアプローチ全体が十分な知的根拠に欠けるために，それ自体がもろいものであるか否かを検討することによって，考察をさらに拡張できる．本章の残りの部分では，内部整合性への疑問に関する一般的な考察をさらに進めて，大きな問いを提示する形で締め括りたい．すなわち，すべての内部整合性の条件を保留した場合に，アローの不可能性定理に残るものはあるのだろうか．この問いに対する肯定的な回答——まもなく示すことになる——は，ある程度の重要性を持つ．ただしそれは，ブキャナンの批判の説得力がアローの根本的な定理によってもたらされる不可能性の基本的問題を消し去るわけではない，ということを認識させるだけかもしれない．

選択の内部整合性への批判

　まずはじめに選択の「内部整合性」の条件という概念に疑問を提示し，これ

らの条件を満たさないとしても理に適った行為であると言えるような状況が考えられるか否かを問うことができる．第A2章では，内部整合性のおそらく最も基本的な条件である性質αが満たされないケースを考えた．ここではより形式的に書かれた同一の例を特に考えよう．

$$\{x\} = C(\{x, y\}),$$
$$\{y\} = C(\{x, y, z\}).$$

　この選択の組は多くの標準的な内部整合性の条件を——性質αだけではなく，顕示選好の公理や選択の二項性の要求も（性質αに反することに関連して）——満たさない．xとyの間の選択ではxを選択する（yを棄却する）個人が，メニューにzが加えられると，思慮のうえでyを選択する（xを棄却する）ことがありうるというのはたしかに奇妙に——そして「理に反している」ように——見えるかもしれない．

　この無難に見える直観は本当に妥当であろうか．いくつかの場合には十分にもっともなことかもしれないが，多くの場合，文脈に応じて——その人がなにをしようとしているのかもう少し知れば——非整合性の推定にたやすく異を唱えることができる（Sen (1997a) を参照せよ）．その人は，夕食の席で，果物かごに最後に残っているリンゴを食べること（y）と，そうせずに美味しそうなリンゴを遠慮してなにも食べないこと（x）の間の選択に直面しているとしよう．彼女は行儀よく振る舞ってなにも食べないこと（x）に決め，他の人の楽しみのために1個のリンゴを残すことにする．上記の状況の代わりに，果物かごに2個のリンゴが入っていて，なにも食べない（x），1個の美味しいリンゴを食べる（y），もう1個の美味しいリンゴを食べる（z）という選択に直面していたなら，彼女はいかなる行儀作法も破ることなく，十分に分別をもってリンゴを選ぶこと（y）ができるだろう．もう1個のリンゴの存在（z）が，2個のリンゴのうちの1個を選んでも社交上の礼儀に適うようにしているのだ．しかし，（個人の価値観やためらいを考えれば）この選択の組には取り立てて「非整合的」なところがまったくないにもかかわらず，この選択の組み合わせは性質αを含む標準的な整合性の条件に反している．

　同系統にあるもうひとつの例（Sen (1997a) を参照せよ）を取り上げよう．その人は，差し出されたいくつかのカットケーキから選んでいて，上記の例のように，$\{x, y\}$ からは x を，$\{x, y, z\}$ からは y を選ぶとしよう．彼ができるだけ大きな1カットを単純に得ようとしているならば（外的な対応関係），**そのときには**，——ケーキ1カットの大きさはすべて線形に順序づけられ，容易にわかることを考えると——彼は実際になんらかの間違いを犯していることになる．しかし，そうではなくて，欲張りには思われたくない，もしくは，世間のしきたりか，母の膝で学んだ教え，「一番大きなものは決して選んではいけない」に従いたいがために，最も大きなカットは選ばないとしたうえで，できるだけ大きなカットをとろうとしているとしよう．ケーキの3カットが大きい順に z, y, x であったとすると，——つねに2番目に大きいものを選ぶという——教えに忠実に従って彼は行動していることになる．その人がなにをしようとしているのかを知ることなくして，すなわち，選択自体の外部にあるものを知ることなくして，その人がいかなる形であれ間違いを犯しているのか否かは決められないのである[10]．

　別のリンゴがあるときにはひとつのリンゴを選ぶ（けれども，もしそれが**最後のリンゴならば選ばない**）個人や，（そのケーキのカットが**最大のものではない**限りにおいて）できるだけ大きなカットを得ようとする個人は，ある基本的な意味において，**最大化を行う個人**であることにも注意されたい．彼・彼女が最大化している基盤となる選択肢の順序はメニューに応じて変化するが，このことは**それぞれのメニューに対して**——最大化による意思決定の基盤である——明白で説得力のある順序が存在することを否定するものではない．この意思決定の原理は，最大ではなく最善のものを選択するということであり，そして，最善のものは（ケーキ1カットの大きさやリンゴの有無に関するメニューから独立したランキングではなく），メニューの中身に決定的に依存する．それゆえ，彼・彼女が反している条件は，最大化の必要条件として標準的に想定されるものではあるが，より広い意味での最大化の必要条件であると考える必要はない．

　性質 α や「内部整合性」の他の一般的な条件が満たされない事例は，様々

10　この点については，Gaertner and Xu (1997, 1999) も参照されたい．

なタイプの理由と関連づけることが可能で，それらの理由は，外部の文脈が描写されると容易に理解できるものである．

(1) **立ち位置に配慮した選択**：これは最後のリンゴやケーキの最大のカットをとりたくないという事例で示されたものである．同様に，できればそうしたいと思いつつも，仕事を辞めたり，スト破りをしたり，暗黙の約束を反故にしたりする最初の人物にはなりたくないという思いもあるだろう．

(2) **メニューの認識的な価値**：選択に提示されるものはその背景にある状況の情報を与えてくれるがゆえに，**それらの選択肢を見た際に**，選択肢上の選好に影響を及ぼすことがありうる．例えば，選択する側の個人は，提示されたものに基づいて，その選択を提示する側の個人についてなにかを知ることがあるだろう．一例として，あまり親しくない知人の家でお茶を飲むこと（x）とその知人の家には行かないこと（y）の間の選択ならば，お茶を飲むこと（x）を選ぶという個人がいる．それにもかかわらず，もし——その知人から——お茶を飲むこと（x）とコカインを吸引すること（z）の選択を示された場合には，この個人は知人の家には近寄らないこと（y）を選ぶかもしれない．提示されたメニューは状況に関する情報を与えることがあり——この事例では，あまり親しくない知人に関するなにかを伝えている——，このことが選択肢xとyのランキングにごく当然の作用を及ぼし，ここで精察している選択の組をもたらすことになるであろう．もちろん，その知人が選択者とコカインを吸引するという選択を与えるときには，選択者はx（すなわち，その知人とお茶を飲むこと）についてさえ異なる情報を持つということは真実であり，（「外延的」の対義語である）「内包的」な意味において，選択肢xはもはや同じものではないと論じることはたしかにできる．しかし，とりわけ（この事例のように），選択可能な選択肢，すなわち，提示されたメニューに応じて内包的属性が細部にわたって変化してしまう場合，一般に，メニュー間整合性を行使するうえで，選択肢を「内包的」に定義することはまったく不可能になるだろう．

(3) **拒否する自由**：選択のなかには，卓越した選択肢を支持して特定の行動や結果を——自由なやり方で——拒否することと連動するものもある．例えば，断食は単なる飢えではなく，十分に食べる自由が存在する場合における故意の

絶食である．十分に食べること（z）が可能であるうえで，食べない（y）とい
う形をとる断食の主旨は，他の唯一の選択肢が部分的に飢えていること（x）
である場合にはさほど明らかではなくなってしまうだろう．これもまた，ここ
で論じている形の選択をもたらすことがある．

　一般に，この種の考察（そして，自由に訴える他の論点）からは，我々が選ば
れた選択肢 x を単なる x としてではなく，x/S，すなわち，集合 S から選ばれ
た x（どの選択肢が拒否されたのかを特定化すること）として認識していること
が示唆される．メニュー S の変化に応じて，選択 x/S における入手可能な選択
肢も変化してしまうのであるから，内部整合性をここで行使することが（意味
のない形で条件を満たすことを除けば）困難であるのは明らかである．

　検討中のこの選択の状況に意味を持たせる他の解釈も可能である．観察者を
混乱させたい（「彼は口をあんぐり開けた！」）とか，実験経済学者を困惑させた
いといった奇妙な動機によって，整合的な行動に関する標準的な条件をわざと
破りたいという欲求すら働くことがありうる．楽しみは思いもつかないありと
あらゆる方法で人びとにやってくる．これらの軽薄に見える例はいつもそれほ
ど軽薄というわけではない――シャーロック・ホームズはモリアーティ教授を
かわすための洞察を持ち合わせていたではないか．

　ドナルド・ディヴィドソンが異なる文脈で述べたように，ある行為に対する
「肯定的態度」には，「欲求，欲望，衝動，人からの促し，じつに多様な道徳観，
美的基準，経済的偏見，社会的慣習，公共的及び私的な目標と価値」が含まれ
るだろう（Davidson 1980, pp. 3-4）．ひとたび外的な対応関係が重要だとみなさ
れるならば，そのような対応関係が複数あること，そして多様な形をとりうる
ことを，それらが含意する内的な対応関係の条件を調べる際には考慮しなけれ
ばならない．この複数性を考えれば，つねに「機能」するような1組の「内部
整合性」の条件を得る可能性は極端に限定される．様々な「肯定的態度」によ
っていつも変わらず正当化されるような「内的対応関係」の「標準的な」条件
を得ることが実際には困難であることによって，選択の「内部整合性」に意味
を持たせることの方法論上の問題はさらに強められる．

個人と社会の選好

　さて，社会的選択理論の主題に戻ることにしよう．この主題には，社会的選択の概念だけでなく個人的選好の概念も含まれる．整合性の条件は一般的にはどちらに対しても適用されるが，両者の間にはいくらかの非対称性がある．ひとつには，「個人的選好」については単純な記述的説明が可能であるが，「社会的選好」の場合にはそう簡単にはいかない．個人が明白な選好順序を持つ場合，個人の選択関数に対する内的な対応関係は，あまり大きな問題を伴わずに，論理的帰結の関係として得られる．その一方で，社会が選好しているとみなされるものが曖昧であるために，社会の選択関数に対する内的な対応関係を導出することは，個人の選択関数の場合よりもかなり難しくなる．

　実際，個人的選好と社会的選好（及び選択）の間のこの非対称性をより十分に反映すべきであるという主張は，先に言及したように，ジェームズ・ブキャナン（Buchanan 1954a）の洞察に満ちた批判によって力強く論じられている．ブキャナンは「社会的合理性という観念」に含まれる「哲学上の根本的な問題」を指摘した[11]．これはここでは十分に論じることのできない大きな論題ではある（しかしながら，Sen（2002a）を参照されたい）．それでも，アローの不可能性定理のような結果が「社会的合理性という観念」に頼ることなく成立しうるのかを検証することは重要である．

　実際のところ，（アローの定理のような）不可能性定理の証明を扱うにあたって，そのような非対称性を持つことのより直接的な（しかし，さほど深遠ではない）理由もある．社会的選択の手続きの存在に関する不可能性定理は，基本的に以下の場合により一般的なものになる（そして，より証明が困難にもなる）．すなわち，(1) **より狭い定義域**（すなわち，n 組の個人的選好順序のうち，その手続きが機能しなければならないと認められるものの集合がより限定される場合），

11　ブキャナンは続けて以下のように論じている．「社会的集団の属性として合理性や不合理性を考えるということは，その集団を個別の構成要素とは切り離されたひとつの有機的存在とみなすことにほかならない」（Buchanan 1954a, p. 116）．関連する問題については，Kemp（1953），Bergson（1954），Buchanan（1954b），Graaff（1957），Little（1957），Buchanan and Tullock（1962），Baumol（1965），Elster and Hylland（1986）も参照されたい．

及び，（2）**より広い値域**（すなわち，社会の選択関数のうち，その手続きが用いることができると許容されるものの集合がより大きい場合）の２つである．以下では，（アローがそうしたように）個人の選好はすべて完備な順序であるとして，定義域を狭くとるが，社会的選好の概念だけではなく社会の選択関数における内部整合性の要求もすべて除くことによって，値域は広くとることにする．個人の選好自体が必ずしも順序ではない可能性を許すならば，同じ不可能性の結果が**よりいっそう強い理由をもって**成立することになるだろう．というのも，**より広い定義域**——個人的選好の他の組み合わせも許すような——をとっても，より限定された定義域で成立する不可能性の結果を無効にはできないからである．

選択に基づく枠組みにおけるアローの公理の再検討

アロー（Arrow 1951a, 1952, 1963）の「一般可能性定理」は，二項関係の形式で**社会厚生関数**に対して述べられた．ただし，生成される社会的ランキング R は順序（完備かつ反射的であるだけでなく完全に推移的な二項関係）でなければならない．この枠組みでは，社会的選択は順序による二項比較によって決められるため，あらゆる種類の「内部整合性」の条件を満たす．しかし，これらの条件は，（順序関係に基づく最大化から導出される）**論理的帰結**の条件であって，ここでは内部整合性が課されているわけではない．

しかし，アロー（Arrow 1951a）は社会的に評価することを社会的に選択することに関連づけ，（「集団的合理性」を満たす）「社会的選好」の二項関係をそれに対応する選択関数に結びつけた．「合理性の仮定の帰結のひとつは，任意の選択肢の集合からなされる選択は，選択肢のペアの間でなされる選択によって決められるということである」（pp. 19-20）と彼は述べている．完全に推移的な社会的順序に基づく選択が求める厳格な性質は，社会的選択理論において大いに関心を集めてきたし，第 A1* 章では，——一連の不可能性の結果を生じさせるという観点から——社会的選好関係の様々な特性（推移性，準推移性，非循環性など）を課すことの帰結を精細に調べた．

選択関数に課されるこれらの選択の内部整合性の条件と，生成される二項関係との間の相互関係は本章の前のほうの節で検討した．これらの課された整合

性の条件は，選択関数の特性を，あたかも**存在するかのような**社会的選好の「集団的合理性」に結びつける．いま検討されるべき問題は，アロー型の不可能性の結果を否定することなく，内部整合性の条件をすっかり取り除くことができるのかということである．

　社会的選択に対する要請になにか追加することなくこれを成し遂げるにはどうすればよいだろうか．その答えは，アローの公理の背後にある動機を十分に活用しつつ，個人の選好と社会的選択の間の外的な対応関係を特徴づけることにある．特に，パレート原理はペア上の個人の選好をペア上の社会的選択に単純に関連づけており，非独裁性の条件も同様である．先に与えた定義を思い出そう．

条件 $\hat{P}$（ペア上の選択におけるパレート原理）：すべての $x, y \in X$ に対して，$(\forall i: xP_i y) \Longrightarrow \{x\} = C(\{x, y\})$.

条件 $\hat{D}$（ペア上の選択における非独裁性）：$f(\cdot)$ の定義域に属するすべての n 個の選好順序の組，及びすべての選択肢のペア $x, y \in X$ に対して，$xP_i y \Longrightarrow \{x\} = C(\{x, y\})$ となるような個人 i は存在しない．

　定義域の非制約性の条件は，アローの定式化とほとんど同様に述べられる．
　ここで証明するアローの不可能性定理の変形では，アロー型の顕示選好関係 P^c の背後にある考え方がとりわけ用いられる．しかしながら，たとえ P^c が（ある集合から x が選択され，y は棄却されるときの）強顕示選好として解釈可能であっても，「内部整合性」の条件がない場合には必ずしも非対称にならないことに注意されたい．メニュー間整合性がない場合には，ある集合 S からは x が選択されて y は棄却され，別の集合 T からは y が選択されて x は棄却されるということを排除できない．この問題は，あるひとつの**所与**の集合上での選択を考える際には生じない．すなわち，ありうる個人的選好の様々な n 組に対して，その所与の集合において許容できる社会的選択を関連づける場合である．これがここで進めていく方法であり，選択肢のひとつの集合だけを考えて，その集合上での社会的選択を特徴づけることにしよう．

　それゆえ，我々が必要とするアロー型の顕示選好 P^C の概念は，特定の集合 S において選好されることのない選択肢は棄却されるという観点に基づくことになる．

特定の集合に対する（set-specific）アロー型顕示選好：x と y の両方を含む特定の集合 S に対して，x が選ばれ，y が棄却されるならば，集合 S に対して x は y よりも顕示選好されるという．この関係を $xP_S^C y$ で示す．

　アローの不可能性の結果の修正版は，任意の**社会状態の任意の固定された集合** S に対してここでは証明されることになり，メニュー間整合性の問題は提起されることすらない．しかし，この結果は，それぞれはひとつだけのものとして取り上げられるような集合（3 個以上の異なる状態を含む集合）の**すべて**に対して当てはまること——そして，ここで考案ないし検討されている選択肢の集合の定義域にはなんの制限もないこと——を認識しなければならない．

集団的合理性を伴わないアローの不可能性

　$C(S) = f(\{R_i\})$ として定義される関数形式の集団的選択ルール（FCCR）を考えよう．アローに従って，個人の有限集合 H（個人は n 人いる）が存在して，代替的な社会状態の集合 S は少なくとも 3 個の異なる要素を持つと仮定する．
　二項関係形式による枠組みでは，個人の集合がペア $\{x, y\}$ 上で決定力を持つのは，その集合の全員が x を y よりも厳密に選好するときには必ず全体としての社会において xPy となるとき，かつそのときのみである．この決定力の概念を選択関数の形式に変換するにあたっては，選好されない選択肢を**棄却する**集団の力に的を絞ることができる．

棄却決定力：x と y の両方を含む集合 S に対して，個人の部分集合 G が順序対 (x, y) 上で棄却決定力を持つとは，個人の順序の論理的に可能な各 n 組に対して，G に属するすべての i について $xP_i y$ ならば，y が S から決して選択されることがないとき，かつそのときのみである．これを記号 $D_S^G(x, y)$ で表す．G

が S のすべての順序対上で棄却決定力を持つならば，G は S 上で棄却決定力を持つといい，記号 D_S^G で表す．

　二項関係形式版のアローの定理における 4 つの条件のうち，定義域の非制約性の要求を変換することにはなんの問題もない（この文脈においては，条件 U^* と呼ぶことにしよう）．また，棄却決定力の観点からパレート原理を理解することにもなんの問題もない——すべての個人から成る集合 H は棄却決定力を持つ，すなわち，D_S^H である．これは厳密にパレート劣位にある選択肢が選ばれてはならないことを述べているに過ぎない．

　さらに，非独裁性の条件 D^* は，棄却決定力の概念によって，すなわち，ここでも特定の集合 S に対する棄却の権力の観点から，再度特徴づけることができる．ここでの証明は特定の集合 S に焦点を絞った，より弱い要請で行えるのではあるが，そのような特定化される集合の各々に対して非独裁性は定義される．

条件 D^*（棄却非独裁性）：任意の社会状態の集合 S に対して，S 上で棄却決定力を持つ個人 i は存在しない．

　残りの条件は無関係な選択肢からの独立性の条件である．アローは選択関数の形式で直接的に定義しており，第 A1 章及び第 A1* 章ではそれを条件 I^A と呼んだ．この条件は，社会状態の集合 S 上での個人の選好が同じであれば，S の選択集合 $C(S)$ もまた同じでなければならないことを要求する（Arrow 1951a, 1963, p. 27）．無関係な選択肢に対する個人の選好の変化は，S 上での選択に影響を及ぼしてはならない．目下の目的にとって，この厳格な独立性の条件の全効力までは必要としないが，無関係な選択肢に対する選好の変化によって，個人の集合の棄却決定力が損なわれないことを特に保証する必要がある．そのためには，（独立性の条件を適用できる定義域を縮小することによる一般的緩和とならんで）この特定の意味で条件を強化しなければならない．

　個人の部分集合 G をとり，G の全員が x を y よりも選好するとしよう．この特定のペア $\{x, y\}$ におけるその他全員（G に属さない人びと）の**論理的に可能**

などのランキングに対しても，S から x が選択され，y が棄却されるような n 人の個人の完備な順序（無関係な選択肢のランキングも含む）の組が存在するならば，G は集合 S に対して順序対 (x, y) 上で棄却決定力を持たなければならない．すなわち，S から y が棄却されるという結果は，無関係な選択肢（すなわち，x と y 以外の選択肢）の個人的ランキングにおける変化の影響によって曲げられるべきではない．個人的選好の別の筋書きにおいて，ある無関係な選択肢，例えば，z が x と比較して個々人によって十分に高く順位づけられることになれば，もちろん，そのプロファイルのもとで S から x を選ぶことを主張しない根拠があるだろう．しかし，そのことが（もうひとつの個人的選好のプロファイルに対して z が x を打ち負かすか否かにかかわらず）x を含む S から y を棄却し続ける根拠を変えることはない．この要請（すなわち，棄却の力は無関係な選択肢上の選好からは独立でなければならない）は，独立性条件の修正形 I^* になり，ここで用いられることになる．

条件 I^*（棄却決定力の独立性）：任意の社会状態の集合 S に対して，以下の条件が成立する**ならば**，個人の集合 G は順序対 (x, y) 上で棄却決定力を持つ，すなわち，$D_S^G(x, y)$ である．その条件とは，G に属するすべての i に対して xP_iy であるときには必ず，G に属さない個人の x と y の論理的に可能などのランキングの組み合わせに対しても，xP_S^Gy となるようなすべての個人（n 人）の完備な順序の組 $\{R_i\}$ が存在することである．

　この要求を他の方法でも説明しよう．いま，集団 G の全員が x を y よりも選好するときに，S に x があるなかで y の棄却が実現したとする．この G の構成員の力が x と y **以外の**選択肢の個人的ランキングにおける変更によって変わってしまうとすると，棄却決定力は無関係な選択肢から独立ではなくなる．棄却決定力の独立性（I^*）はそれが起こらないことを要求しているのである．

（T.A2*. 4）（**選択関数形式によるアローの不可能性定理**）：条件 U^*, P^*, D^*, I^* を満たす FCCR は存在しない．

この定理は 2 つの補題を通して証明される．中間の段階を書き上げるにあたって，条件 U^*, P^*, I^* が仮定されていることは繰り返さない（条件 D^* はこの段階では必要ではない）．

棄却決定力拡大の補題：すべての G に対して，もし S に属するある社会状態のペア $\{x, y\}$ に対して $D_S^G(x, y)$ が成立するならば，D_S^G である，すなわち，G は S 上で棄却決定力を持つ

証明 すべての $\{a, b\}$ に対して，$D_S^G(x, y) \Rightarrow D_S^G(a, b)$ を示さなければならない．最初に，$x = a$ である場合を取り上げよう．すなわち，$D_S^G(x, b)$ が示されなければならない．G の全構成員が $xP_i y$ かつ $yP_i b$ であるとしよう．G に属さない個人も $yP_i b$ であるが，x と b についてはどのような選好でも構わない．また，（G に属するか否かに関わりなく）誰もが x を S に属する（x, y, b 以外の）その他すべての選択肢よりも選好しているとしよう．

条件 P^*（パレート劣位の状態の棄却）のもとでは，x, y, b 以外の選択肢が S から選ばれることはない．同様の理由によって，b もまた選ばれることはない．G の (x, y) 上での棄却決定力によって，y が選ばれることもない．したがって，選択可能な唯一の選択肢として，x が S から選ばれなければならない．ゆえに，$x P_S^c b$ である．G に属さない個人は x と b についてはどんなランキングでも持つことができるため，条件 I^*（棄却決定力の独立性）によって，G は集合 S に対して (x, b) 上で棄却決定力を持つことが結論づけられる．したがって，$D_S^G(x, y) \Rightarrow D_S^G(x, b)$ である．

まさに同様の推論によって，$D_S^G(x, y) \Rightarrow D_S^G(a, y)$ でなければならないことが示される．

これら 2 つの場合を組み合わせることで，他のすべての場合における演繹が可能となる．x, y, a, b のすべてが相異なるならば，$D_S^G(x, y) \Rightarrow D_S^G(a, y) \Rightarrow D_S^G(a, b)$ である．$x = b$ かつ $y = a$ の場合，ある異なる z に対して，$D_S^G(x, y) \Rightarrow D_S^G(x, z) \Rightarrow D_S^G(y, z) \Rightarrow D_S^G(y, x)$ となり，$D_S^G(a, b)$ と同じ結果が得られる．残りの場合である $D_S^G(a, x)$ 及び $D_S^G(y, b)$ についてもまさに同じ方法で扱うことができる．これでこの補題の証明は完了する．

　したがって，個人の集合 G が集合 S に属するある順序対上で棄却決定力を持つことがわかれば，G はその集合 S の全体に属するすべての順序対上で棄却決定力を持つことになる．

　次の補題は，棄却決定力を持つ集合の縮約に目を向ける．

棄却決定力を持つ集合の縮約：2 人以上の個人を含む集合 G が社会状態の集合 S 上で棄却決定力を持つならば，G のある真部分集合もまたそうである．

証明　そうではないと仮定しよう．G を 2 つの真部分集合 G^1 と G^2 に分割する．集合 S に対して G^1 もしくは G^2 のいずれかが必ず棄却決定力を持つことを示せば十分である．S に属する選択肢 x, y, z をとろう．G^1 の全員が x を y よりも，x を z よりも選好する（y と z の順位づけはどのようなものでもよい）一方で，G^2 の全員は x を y よりも，z を y よりも選好する（x と z の順位づけはどのようなものでもよい）としよう．（G に属する人もそうではない人も）誰もが x, y, z 以外の（もしあれば）すべての選択肢よりも x を選好していることを除けば，G に属さない人びとの選好順序はどのようなものでも構わない．パレート棄却原理 P^* によって，集合 S から x, y, z 以外の選択肢が選ばれることはあり得ない．

　G に属するすべての個人が x を y よりも上位に順位づけているため，（D_G^S より）y は S から選ばれてはならない．G^2 に属するすべての個人が z を y よりも選好し，かつ他の個人（G^2 に属さない個人）はこれらのペアを任意の方法で順位づけられることに注意されたい．もし，$\{z, y\}$ の論理的に可能な**各々**の個人的ランキングに対して，これらのランキングと適合する n 人の個人の選好順序の組のなかで z が選ばれなければならない（したがって，$z P_S^G y$ である）ものがあるならば，棄却決定力の独立性 I^* より，G^2 は集合 S に対して (z, y) 上で棄却決定力を持つ．棄却決定力拡大の補題によって，このことは G^2 に全体にわたる棄却決定力を持たせることになるが——G^2 はもちろん G の真部分集合である．仮定により，この可能性は排除される．したがって，$\{z, y\}$ の個人的ランキングの**ある**組み合わせのもとで，それらのランキングと整合的な**どの** n 人の個人の選好の組に対しても，z は選ばれない．

　z が選ばれないならば，x が選ばれなければならない．その他の選択肢のい

ずれも選択されることがないからである．したがって，その場合には $xP_S^C z$ となる．前述の議論によって，$\{z, y\}$ の個人的ランキングの**ある**組み合わせと整合的な，n 人の個人の完備な選好順序の**すべて**の論理的に可能な組に対して，このことが成り立たなければならない．G^1 に属さ**ない**どの個人に対しても，$\{x, z\}$ 上のランキングは制限されておらず，どのようなものでも構わないため，このことからすべてのそうした $\{x, z\}$ のランキングの組に対して，$xP_S^C z$ が成立するような n 人の個人の選好の組が必ず存在することになる．それゆえ，棄却決定力の独立性 I^* により，G^1 は集合 S に対して (x, z) 上での棄却決定力を持ち，棄却決定力拡大の補題によって，G^1 は S 上で全体にわたる棄却決定力を持つと結論づけなければならない．したがって，G の 2 つの真部分集合 G^1 と G^2 のいずれかが必ず棄却決定力を持つ．この矛盾をもって補題は証明される．

　さて，選択関数形式によるアローの不可能性定理の証明は以下の通りである．

（T.A2*. 4）の証明　任意の選択肢の集合 S をとる．パレート棄却原理 P^* によって，すべての個人の集合は S に対して棄却決定力を持つ．棄却決定力を持つ集合の縮約の補題によって，この集合のある真部分集合もまた棄却決定力を持つ．この縮約の補題を再度適用して，**その集合**の真部分集合も棄却決定力を持つ．この方法を続けていくことによって，すべての個人の集合は有限であるから，ある個人が棄却決定力を持つことが示される．したがって，その個人は棄却における独裁者であり，よって棄却非独裁性の条件 D^* を侵害する．これで証明は完結する．

選択の内部整合性を伴わないアローの不可能性

　さて，この結果に関する簡潔な考察結果を 4 点，述べよう．第一に，この縮約の補題の証明は実はより強い結果を示しており，（T.A2*. 4）はその結果から含意される．証明した強い結果とは，棄却決定力を持つ集合の任意の二分割において，一方もしくはその補集合のどちらかが棄却決定力を持たなければならないということである[12]．

　第二に，この証明は社会状態のただひとつの集合 S を対象としていて，メニュー間整合性は考えていない．このことは我々の目的に対しては適切であったが，ひとつの重要な点において，非独裁性の条件 D^* がアローのものよりも結果的に強くなることには注意しなければならない．それは，所与の集合 S に属するどの社会状態であれ，他の個人の選好がどうであろうとも，その棄却を独裁的に決められる個人が存在しないことを求める．この条件は任意の集合 S に対して定義できるものであるが，メニュー間の独裁者の概念はここでは用いられていない．

　第三に，社会状態のただひとつの集合 S が証明に用いられるため，それに対応してパレート原理の適用範囲を 3 個以上の選択肢から成る**所与の集合 S のみ**に限定することによって，パレート原理をより弱くすることができる．形式的に P^* もしくは P^*_S を課すかはあまり問題ではなく，どちらの場合であっても**所与の集合 S に対してのみ**パレート原理を適用する[13]．

　第四に，アローの不可能性定理のこの拡張は，社会的選択の「内部整合性」をいかなる形においても条件として課しておらず，構造化された社会的選好関係の形式における「集団的合理性」のいかなる要求（アローの定式化にあるような，推移的な社会的選好順序など）をも完全に回避している．

結　　語

　本章では社会的選択一般及び特にアローの不可能性定理の選択関数形式による表現というアプローチを論じてきた．いわゆる選択の「内部整合性」の公理を課すことを回避する理由が論じられ，これがいかにして可能となるのかを示した．「内部整合性」の要求とされるものは，選択関数の異なる部分の間，す

12　これは，第 A*1 章で論じた，決定力を持つ集合の位相における「超フィルター」の性質である．

13　たとえパレート原理や独立性の条件の適用が所与の集合に制約されなくとも，このことが社会的選択の「内部整合性」を**課す**ことを回避するというプログラムを毀損しないことには注意されたい．どのようなメニュー間の対応がこれらの条件によって含意されようとも，それは外的関係の含意であり，社会的選択の「内部整合性」の条件ではない．しかし，それらの**含意される**メニュー間対応のいずれも，実際のところ，証明においてどのような形であれ**用いられる**ことはない．関連する問題については，Sen (1984)，Matsumoto (1985)，Denicolo (1985, 1987)，Baigent (1999a, 1999b) を参照せよ

なわち，選択肢の集合から選ばれる異なるメニュー上でなされる様々な選択の間に特定の内的対応関係が成立することを求める条件なのである．

　そのような条件に伴う根本的な難点は，選択はそれ自体で相互に整合的ないし非整合的といえるような言明ではないという事実と関係がある．話すという行為でさえも話のなかに含まれる言明の中身と同等ではない．いわゆる「内部整合性」の条件の妥当性は，なんらかの「外的な対応関係」，すなわち，選択関数自体の外部に由来するある種の要請（例えば，ある目的関数に従う最適化）の文脈のなかで，それらの条件を理解することなくして評価できない．

　仮にアローの不可能性定理の選択関数形式による拡張が，選択の内部整合性の条件を行使することに依存していたのであれば，集団的合理性をなんらかの形で暗黙のうちに用いなければならなかっただろう．定理（T.A2*. 4）はそのような依存関係がないことを示している．実際，社会的選択の内部整合性にせよ，いわゆる「集団的合理性」が伴ういかなる類の「社会的選好」という暗黙の概念にせよ，アローが突き止めた不可能性の問題の基本的な原因ではないことが明らかになった．

第 A3 章
正義と衡平

　アロー（Arrow 1951a）の社会厚生関数を社会厚生の判断や厚生経済学全般の基礎として考えると，即座に２つの疑問が浮かぶ．第一に，不平等や格差や貧困は，アローの他の著作からわかるように，彼の経済学者としての主要な関心事であったが，彼が提示した諸公理において顧みられていないのはなぜだろうか．なぜ彼は，まるで両手を後ろで縛られたような状態で，厚生経済学を探求したのだろうか．第二に，なぜ我々はいともたやすく，アローの不可能性定理という袋小路にはまり込んでしまうのだろうか．この行き詰まりは，アローの公理的要請の多くを弱めても，（第 A1* 章と第 A2* 章で述べられた結果が示す通り）とてつもなくやっかいな力を持つ行き詰まりである．なにか抜本的な方法で，社会的選択の行使を再定式化する論拠はあるだろうか．

　第一の疑問には，第二の疑問を考えれば簡単に答えられる．アローは，諸個人の選好に基礎づけられた社会厚生の性質を調べる過程で，定義域の非限定性，独立性，パレート原理，非独裁性の諸条件で表される弱い正則性の要請すら同時に満たすことが不可能であることを発見した．この時点で，行き詰まった正則性の諸条件に加えて，衡平性や貧困回避などのさらなる諸要請が満たされることも要求することはほぼできなくなった．すでに導入された諸条件――弱い正則性の諸要請――が同時に満たされないとわかった時点で，さらに要請を追加することは好手ではなかったであろう．

　アローの不可能性定理や関連する研究結果，そしてこの数学的発展に続く議論や精査から我々が学んだことのひとつは，社会的選択問題の定式化を，おそらく情報的基礎の拡大を通じて，変える必要があることだと言えるだろうか．この問いへの端的な答えは「イエス」であろう．イントロダクションで論じた通り，アロー型の社会厚生関数が使用を認める情報投入量は極端に限られている．個人の選好はある序数的な形で用いられるが，人びとの福祉の個人間比較や，様々な人びとのそれぞれの優位性に関する他のいかなる比較データも，個

人的選好に基づいて社会的選好に行きつく際には利用不可能なのである（もちろん，人びとは自分の評価を形成する際に，いかなる類の個人間比較も望む通り自由に用いることができるのではあるが）．

アローは個人間比較の社会的使用を排除した．（彼が述べた通り）「効用の個人間比較には意味がない」（Arrow 1951a, p. 9）という，1940 年代に生まれた一般的合意を踏襲したためである．アローが用いた公理の組み合わせの総体は，社会的選択の手続きを広い意味での投票型のルールに限定する効果を持っていた．そしてこれは，社会厚生判断を行うためにはひどく貧弱な情報的基礎なのである．

もしも社会厚生判断を下す情報的基礎に，福祉の個人間比較が含まれることが許容されたら，なにが起こるだろうか．もし異なる人びとに関する個人間比較が可能な情報に基づいて社会状態を比較することができるなら，体系的な社会厚生判断の実践について多くの可能性が開ける．個人間の損益の比較ではなく，個人間の水準の比較のみを認める「序数的」個人間比較ですら，我々を前進させてくれる．例えば，ロールズ（Rawls 1971）が「格差原理」で論じる最も恵まれない者の優先性から，我々はたしかに，最も恵まれない者にとってなにがより善いのかという観点から社会状態を比較するという，簡素な社会厚生判断の方法を得るのである．そして，より完全な，またはより明確な個人間比較を許容するならば，功利主義の古典的なアプローチを含めて，ほかにも多くのタイプの社会厚生評価を用いることができる[1]．この章では，情報の枠組みをさらに広げて，厚生の比較だけでなく，人の潜在能力や人格的自由の程度など，ほかにも関連する個人間比較を許容することについて考えてみよう．

イントロダクションで論じたように，実現可能性が多数ある（「正しい」解が特定できない）という一般的な不運と，実行可能な解がなにもなく（不可能性の帰結），アローが「不運の極み」と呼んだものとの間には，きっかりひとつの実現可能な解を得るという素晴らしい可能性があり，それによって我々は求めるべきものを特定できるのである．ひとたび社会厚生判断の情報的基礎に個人間比較が導入されれば，我々は大概，アローの正則性の要請——そしてさらに

---

1 アローの不可能性定理を回避するために，社会的判断を行う際に異なる個人の福祉や優位性の個人間比較を用いることは，本書 1970 年版部分における主要な提言のひとつであった．

他の要請——を満たすいくつかの可能性を得る．我々は，アローの正則性の特性をはるかに超える価値に応じて，様々な実現可能な解のなかから選択しなければならい．ここでこそ，衡平や，剝奪の除去や，人びとの自由（freedom）の促進といった我々の倫理的関心が議論に登場し，批判的検討において役割を果たしうるのである．評価に関する意思決定には，なにを最も重んじるべきかに関して，意識的な——かつ議論可能な——論拠が必要となる．

規範的判断の情報的基礎

正義の理論を含む様々な規範的体系について，それぞれの情報的基礎の観点から検討することは有益である．それぞれのアプローチは，関係する人びとの状態や達成度や機会に関するなんらかの情報を，その社会における正義や不正義を評価するために**中心的**なものとして強調する．また，それぞれの理論は，他の多くのタイプの情報をそれほど——あるいはまったく——**利用しない**．例えば，功利主義的な正義論は，関係する個人の効用に——そしてそれのみに——固有の重要性があるとし，権利や自由（liberties）の充足や侵害といった問題についての情報や，人びとが享受する所得や富裕の水準に関する情報には，（たとえ，個人の効用に影響があるために，権利や自由，そして所得に**間接的**——そして手段的——な功利主義的関心があるかもしれないとしても）直接的にはなんら関心を持たない．対照的に，ほとんどの形態のリバタリアニズムは，様々な種類の権利や自由，そして正しい手続きの充足や侵害に——実際多くの場合はそれらのみに——関心を集中させ，効用や所得の水準，それどころか人びとが現実に持つ機会の大きさには，直接的な重要性はないと考える[2]．

この文脈では，上記の諸理論の情報的基礎について，異質だが互いに関連する2つの側面を検討するのが特に重要である．私はこれら2つを，それぞれ**基底空間**（basal space）と**集計システム**と呼ぶことにする．ある正義の理論の基底空間とは，その理論における正義の評価が影響を受ける変数の全体集合のことである．（同じくらい重要なことに）他の変数は，たとえその基底空間に対す

2　効用の概念は，異なる功利主義理論の間で一様ではないが，こうした理論はすべて，**特定の効用**の解釈の一部分とみなされないいかなる変数に関しても，直接的な関連性を否定している．

る因果的影響を通じて，または観察されない基底変数の代理情報として，間接的な重要性を持ちうるとしても，排除される．例えば，功利主義的な正義の諸理論の基底空間は様々な個人の効用の組み合わせから成り，他のもの——権利，自由，機会，平等な処遇——は，手段的な理由でしか，または代用物としてしか評価されない．

　2 つ目の側面は，それぞれの正義論において，基底的情報を識別可能な形で利用する方法に関係している．例えば，功利主義理論では，人びとの効用が単純に足し合わされて，ある効用の合計値となり，これが社会状態の全体的な評価の基礎となる．この合計値のみに依拠することを「総和主義」と呼ぶ．総和主義を通じた集計システムは，例えば，人びとの効用の合計値に注意を払うだけでなく，分散や不平等のなんらかの尺度にも注目することと対照的である[3].

功利主義と厚生主義的正義

　1 世紀を優に超える期間，厚生経済学はあるひとつのアプローチに支配されてきた．功利主義である．それは，近代的な形では，ジェレミー・ベンサム（Bentham 1789）によって創始され，ミル（Mill 1861），シジウィック（Sidgwick 1874），エッジワース（Edgeworth 1881），マーシャル（Marshall 1890），そしてピグー（Pigou 1920）のような経済学者たちによって支持された．功利主義は多くの点において，伝統的厚生経済学の「公式」理論であり，主流の厚生経済分析における「デフォルトのプログラム」の役割を果たす傾向がある．他の理論が明示的に言及されていない場合は，暗黙のうちに前提とされる理論なのである．

　功利主義は，我々が「帰結主義」，「厚生主義」及び「総和主義」と呼んでい

3　ジェームズ・ミード（Meade 1976）は，たとえ我々の注意を効用のみに限定する妥当な理由があるかもしれないとしても，（分配への考慮が無視されていることから）功利主義理論の総和公式に抵抗するきわめて説得的な理由があると強く主張している（そのため，総和主義の集計定式を否定する一方で，功利主義の基底空間については承認している）．その他の貢献のうち，Kolm（1969, 1972），Atkinson（1970, 1983），Sen（1973a, 1992a），Hammond（1976, 1977），Foster（1985），Temkin（1986, 1993），Le Grand（1991），Tungodden（2003, 2009），Cowell（2011）を参照のこと．

るものを組み合わせる．功利主義は結果志向的（その意味で帰結主義的）理論であり，（厚生主義が特定する情報的基礎である）効用の帰結のみに関心を集中し，とりわけ，（総和主義の要請である）効用の総和に焦点を絞る．功利主義的評価の基底空間は諸個人の効用から成る．効用というのは実際にはひとつの総称である．なぜなら，その空間の厳密な内容は，どのように効用を定義するか（例えば，快楽か，充足された欲望か，選択の表現か）によって異なりうるからである．

　厚生主義は，正義の判断の一般的基礎として，どれだけ受容可能であろうか．このアプローチの深刻な限界のひとつは，諸個人の厚生の組が同じであっても，それに関連づけられる社会的編成や，機会，自由，そして帰結は非常に異なるかもしれないということにある．例えば，ある場合には個人の権利の重大な侵害を伴い，他の場合にはそうでない，ということが起こりうる．効用の尺度は，特にベンサムの形においては，拷問による苦しみと課税される苦しみを区別できないが，これらを同一視することは，主流の倫理的推論だけでなく，広く共有される価値観にも反している（たとえ，強い「保守的」信念を持つ人びとは，課税は実際拷問であるという考えに惹かれそうではあっても）．生み出された効用が（どのような過程を通じたかにかかわらず）同じである限り，功利主義はその2つの選択肢を同等として扱うことを（そして，異なるシナリオの間の根本的な違いに，内在的な重要性を付与しないことを）要請する．これは，（唯一重要な効用を足し合わせる場合にも，または他の方法で組み合わせる場合にも）すべての厚生主義的アプローチに共通する情報の軽視である．功利主義は，効用の大きさを単純に足し合わせるという，厚生主義の特殊な一例なのである．

　上記のような非効用情報の無視は，他者や国家に対する要求（例えば，無償の初等教育や，失業保険，あるいは基本的医療への権利）を伴う（時に「積極的」自由と呼ばれるものも含めた）自由全般の無視と，他者からの不介入を要請する（例えば，人格的自由や自律の要求のような）「消極的」自由の無視の，両方に当てはまる．厚生主義の（リバタリアン的な免責のような）消極的自由の無視はまったく明白であるが，積極的——あるいは総合的——自由も，個人の厚生達成度とはかなり異なることがあるため，無視されてしまう[4]．

　この情報的制約は，単純に快楽や欲望，あるいは選択の表現の観点から個人

の厚生を考えるという特定の功利主義的な解釈によって，よりいっそう強められる．最後の観点——選択の実数値表現としての効用——は，それ自体では，個人間比較を行う明白な方法をなにも生み出さない．人びとはどの個人になるかという選択をすることがないからである．**仮説的な**選択を考えることによってこのギャップを埋めようとする優れた試みはこれまでにもあった．ヴィックリー（Vickrey 1945, 1960）やハルサニー（Harsanyi 1953, 1955）によって創始されたアプローチである．しかし，結果として得られた構造は，たとえ概念的な仕掛けとしてはかなり有用ではあっても，実践的に適用するのは容易ではない．実際に，個人間比較の効力は功利主義や他の標準的な厚生主義的アプローチでは必要であり，それは——しばしば暗黙のうちに——快楽や充足された欲望のような，効用のより古典的な解釈において探求されている．

これらのアプローチはどちらも，結局のところ心理的な尺度——快楽の程度や欲望の強度の指標——に頼っている．ライオネル・ロビンズ（Robbins 1938）やその他の論者たちがこの点について表した類の懐疑論は，ある種の問題を提起する．しかし，これは必ずしも克服できない反論ではない．なぜなら，これらを比較する実践的な方法は数多く存在し，必ずしもすべてか無かという形をとらないからである[5]．さらに，近年カーネマン（Kahneman 1999, 2000）や他の研究者たちは，彼ら自身の観点からは認識論的にかなり妥当と思われる心理的尺度で個人間比較をする方法を考案した．

正義の理論の文脈や不平等の評価において，効用の比較にもっぱら，あるいは主として依拠することの難点は，このタイプの情報を入手し統括する問題というより，むしろそのような心理的な統計量が，当事者の厚生とまともに呼べるものを公正に反映しているのかという信頼性の問題である．ある重大な問題が心理的適応によって生じて，快楽の大きさや欲望の強さが現実の剥奪（deprivation）の非常に頼りない指標になってしまう．我々の欲望や期待は環境に適応し，特に逆境において生活を耐えられるものにするのである．希望を

---

4 政治哲学に関する文献は，そのほかにも**積極的**自由と**消極的**自由について区別を用いるいくつかの方法を含むが，本書ではこれ以上この問題に立ち入らない（この問題については Sen (2002a, 2009a) で言及している）．

5 これらの問題については，特に Little (1957), Sen (1970a, 1973a), Davidson (1986), Gibbard (1986) で議論されている．

持てない社会的弱者は，実現不可能だと思うことを絶えず願ったり，達成できない快楽を追い求めたりするような生活は送らない．むしろ，欲望を手の届く範囲に抑え，より小さな成功から喜びを得ることに集中する．慢性的に剥奪された状況にある人びとは，いくらかの達成可能な快楽を得て，控えめな欲望を満たすことができる限り，たとえ現実の機会の欠如が続く場合でも，彼らの剥奪された状況は快楽や欲望の心理的尺度ではそれほど酷くないように見えるかもしれない．

　よって，功利主義的な計算は，抑圧されたマイノリティや，社会から見放された人びと，搾取される労働者，服従を強いられる専業主婦，重度の障害者，あるいは長期失業者のような，長期間にわたって困窮している人たちに対して，非反応的であり不公正である．実際，功利主義的な計算への影響以外にも，効用に基づく個人間比較の概念はそれ自体，社会的正義の情報的基礎として深刻な問題を抱えている．

　「厚生主義」の多様な解釈——そして効用の比較への依存——に関連するこれらの一般的な難点に加え，効用の集計手続きを単純に足し算で行う「総和主義」の特殊な限界から生じる功利主義理論の他の問題がある．純粋な功利主義者は，効用の合計が等しい2つの分配を区別することができない．例えば，功利主義的評価では，ひとりが10単位の効用でもうひとりが2単位の効用の場合と，2人の個人がそれぞれ6単位の効用を得ている場合では，なんら違いがない．厚生の分配に対するこのような関心の欠如は，実際，功利主義の様々な限界のひとつと考えられる．

　たしかに，総和主義をとったとしても，（効用ではなく）**所得**の分配の不平等をより小さくしようとする傾向がまったくなくなるわけではない．人びとの効用関数が同一で，所得の限界効用が逓減する（技術的に言えば，所得に関して「凹」である効用関数）ならば，分配される所得の合計が一定の場合には，一般に，より平等な所得分配が支持されるだろう．しかし，この枠組みのなかですら，所得の不平等を退ける以下の2つの理由のうち，功利主義アプローチでは1つしか認められていないといえる．この種の——所得の増加に伴って限界効用が逓減する——効用関数が共有されているならば，所得の不平等は効用の合計値を高めるうえでは**非効率的**である．これについては，功利主義は十分な注

意を払っている．しかし，所得の不平等は，効用の基底空間において格差を生み出すという点で**不正なもの**とみなすこともできる．そしてこのことに関しては，総和主義により，功利主義はなんら特別な関心を持たない．重いハンディキャップを持つ人びとや，他の大きく不利な立場に置かれている人びとの場合には，この問題は非常に重大になりうる．こうして見ると，人びとを衡平に扱うためには，厚生主義だけでなく総和主義も，ともに功利主義を構成する要素の特徴ではあるが，どちらも退けるような枠組みが求められる．

手続き的アプローチとリバタリアン正義論

　功利主義理論の情報的基礎に対しては，その公理的基礎，すなわち帰結主義，厚生主義及び総和主義に関係する様々な理由で反論できる．手続き的正義の諸理論の部類は，とりわけ帰結主義に異を唱える．例えば，正義の要請をルールの実行の観点からのみ考える（それらのルールの帰結がどうであろうと問題にしない）理論は，手続き的理論の一例であろう．法のもとの平等や政治的権利の配分における平等な処遇のようなきわめて一般的なルールが選択される場合，そのような手続き的正義の理論は非常に多様な状況と両立するだろう．しかし，そのような理論，現実の状況における様々な差異は正義の問題ではない主張する．ひとつのよい例は，結果のいかなる「パターン化」も正義の課題ではないというロバート・ノージックの有名な議論であろう．

　結果として起こる事態，特に人びとが得ることになる快楽や苦痛に対するこの無関心こそが，到底受け入れられないことであるとジェレミー・ベンサム（Bentham 1789）が論じたことであった．そしてこの問題が彼を帰結主義的な正義論へと向かう研究に突き動かす正当な理由となったのである．彼はとりわけ功利主義を選択し，厚生主義と総和主義を純粋な形での帰結主義に付け加えた．反対に，帰結をまったく無視した完全に純粋な形の手続き的な正義論は，今日では比較的まれである（ノージックのリバタリアン理論はいわば例外である）．しかし，おおまかに手続き的な枠組みの範囲内で，関連するルールが多かれ少なかれ帰結的な事柄に対して反応することはありうる．

　例えば，「機会の平等」は手続き的要請と帰結的要請の両方を含むことがで

きるが，その内実の多くは「機会」をどのように定義するかに依存するであろう．例として，対価を支払えるものの購入からは誰も排除されないこと（例えば，人種，ジェンダー，あるいは肌の色を理由に，市場の利用から排除されないこと）が要求されるだけならば，ここには明確な手続き的要請が存在し，それは我々に強く訴えかけるとともに多くの文脈において大変重要でありうる．しかし，非常に貧しいためにどのみちその財を買う余裕のない人にとっては，あまり実際的関心を引くものではないかもしれない．同様に，職は適性に基づく自由な競争を通じてすべての人びとに開かれているべきであるという要請は，ある種の重要な非差別を保証するが，必要な適性を身につけさせてくれる適切な学校教育を受ける機会がなかった人にとってはあまり役に立たない．

　この種の非対称性を取り除くには，機会の平等に関する要請に，学校教育の機会の均等性または対称性を保証することを含めればよい．これによりまたひとつ不運の源は取り除かれるが，それすら，生活が経済的に圧迫されるために，学校教育の機会——あるいはそこで習得した技術——を活用するための経済的手段を持たない人の助けにはならないであろう．これらの問題には，機会の平等の要請のさらなる拡大が求められる（これについては，厚生経済学の射程を大幅に拡大した一連の有力な研究——フローベイ（Fleurbaey 1995a, 1995b, 2008），フローベイとマニクエ（Fleurbaey and Maniquet 2011a, 2011b, 2012），そしてフローベイとペラジン（Fleurbaey and Peragine 2013）を参照）．

　おそらく，最も明確に定義される種類の手続き的正義論は，リバタリアニズム理論である．長年にわたり，功利主義や平等主義に反対する様々な自由至上主義的な議論が提示されてきた（最も精細な議論のいくつかは 1859 年にジョン・スチュアート・ミルによって提起された）が，十分に考え抜かれたリバタリアン理論が専門文献において提示されたのは近年になってからであり，とりわけロバート・ノージック（Nozick 1973, 1974）によってだった．そうした理論はそれ以前の——より一般的な——（例えばハイエク（Hayek 1960）によって分析された）問題を引き合いに出しつつ，さらに進んで自由や権利を排他的な基底空間の構成要素にした．

　ノージック（Nozick 1974）が選択した定式化における権利の基底空間は，様々な権利の充足または侵害から成る．これらの判断は，この理論で定式化さ

れた通り，「多いか少ないか」という類のものではなく，「0 か 1 か」（ある権利が侵害されているか，それとも侵害されていないか）という種類のものなので，その空間の測定基準は完全に圧縮されている．その集計システムは，特定化された権利がすべて充足されることを求め，もしそのような権利のいずれかでも侵害されることがあれば，正義は成り立たない．このアプローチのなかでは，トレードオフの余地はない．

ひとたびこの基本システムが尊重され，拡張された自由の要請が解釈された通り満たされれば，リバタリアニズムは，より低次の意思決定において（よく知られていることだが，ノージックが述べたように）「もしまだ選ぶことが残されているならば」，他の，効用さえ含む関心事を導入することを許容する[6]．よって，空間の階層構造が存在しうるが，このアプローチにおいて最も強力な基底空間は多様な種類の自由や権利である．したがって，この正義の理論で問題となるのは，**権利と自由の極端な優先**である．

純粋なリバタリアン理論においては，ある広範な部類の諸権利が必ず充足されなくてはならない緩和不可能な制約として扱われており，したがってそれらは政治的行為を制限する[7]．これらの諸権利は，他の目標に覆されることはなく，そうした目標には，他の目的をよりよく達成すること，それどころか他の権利をより充足させることも含まれるのである[8]．人びとがリバタリアン的権利に関連して持つ権原は，その結果の性質によって覆されることはない——たとえその結果が明らかに酷いものであろうとも．よって，この種のリバタリアニズムは，これらの制約や要請から実際に生じる社会的帰結に対して，まったく無反応である．この無反応性は特に問題である．なぜなら，リバタリアン的権原の実際の帰結は，きわめて過酷とみなすべき結果となる可能性を含むからである．例えば，私が他の著書（Sen 1981）で論じたように，大規模な飢饉ですら，誰のリバタリアン的権利も侵害されることなく起こりうる．極貧で職の

6　Nozick（1973, pp. 60-61）及び Nozick（1974, pp. 165-6）を参照.

7　関連する問題については，Buchanan（1954a, 1954b），Buchanan and Tullock（1962），Sugden（1981, 1986）も参照のこと.

8　これらの厳しい要件は，ノージック（Nozick 1974）により「壊滅的な道徳的恐怖」の場合には多少制限され，それ以降，より多くの留保がノージック（Nozick 1989）において取り入れられている.

ない人びとは，権原があっても十分な食料を得られるわけではなく，まさにその理由で飢えに苦しむかもしれない（これについては，セン（Sen 1981）やドレーズとセン（Drèze and Sen 1989）を参照）．

　リバタリアン理論は，極端に狭い情報に焦点を絞り，人の厚生や惨状を無視するので，一般に適切な正義論を提示したり，とりわけ不平等や不衡平を分析するのに十分な理論を提示したりできるとは主張しがたい．もちろん，ノージックのリバタリアニズムには，ある種の「平等主義」が暗黙裡に含まれている．すなわち，すべての個人の自由は重要である――しかも等しく重要であるということだ．しかし，リバタリアンの基底空間の性質を前提とすれば，この基本的平等は非常に特別な範囲に限定される．平等の要請は，誰もが他者の行為への制約という形で自由に対する等しい権利を持つということに限られ，その域を超えるものではない．この理論は，「自由はかなり特別であり，他の種類の個人的優位性によって代替可能とされることがあってはならない」という，多くの人びとが持っている理性的直観に立脚している．例えば，我々は，宗教過激派や，人種差別主義者の群衆，あるいは抑圧的な国家によって殺害された人について聞く際，事故や自然災害で亡くなった人について聞く際に比べて，たとえ究極的な意味においては結論（つまり犠牲者の死）が同じであるとしても，前者の場合により動揺するはずである．

　しかし，この非対称性を認めることは，自由が他のすべての関連事項（例えば，悲惨な貧困をなくすこと）を圧倒するほどの力を得る根拠として十分ではない，と論じることもできる．またそれは，経済的手段の機能（例えば，市場メカニズムが機能するための，交換や遺贈を含む所有権の役割）に重要な関係を持つような，想定される他の権利全体に同等の優先順位を要求する根拠も与えない．しかし，所有権に人格的自由と同じ地位を与えることは，多くの型のリバタリアンに見られる傾向であるが，それは，ジョン・スチュアート・ミルが『自由論』（1859）で論じたような人格的自由という伝統的要請を，自由の本来の領域をはるかに超えて拡張することだと考えられる．

ロールズの公正としての正義

正義の要請の基礎として公正が必要になるというジョン・ロールズの考え──彼は自らの理論を「公正としての正義」と呼んだ──は，ロールズの正義の分析のきわめて重要な側面である（これについては 1970 年版部分の第 9 章で論じた）．公正に関する要請がとりうるひとつの形は，社会的編成は，原初的に平等な仮説的状態（ロールズはこれを「原初状態」と呼ぶ）において到達する意思決定を反映すべきだ，というものである．その仮説的状態では，各人は自分がその社会で，事実，誰になるかを正確には知らずに，社会の基本構造の性質について合意することができる．

合意されるに至る正義の構造を明確に示すうえで，ロールズは 2 つの原理を提起する．第一の原理は，各人が最も広範な自由を享受し，それが他者の同様な自由と両立することを要請する．これは次の第二原理に優先する．第二原理は，まず，職や機会がすべての人に開かれていることを要求し，次に（格差原理──第二原理の一構成要素──のもと），不平等は最も恵まれない人の利益とならない限りは不正義とみなされることを要求する．

ロールズの「公正としての正義」の理論における基底空間はかなり複雑である．階層構造が存在し，（「リバタリアニズム」におけるように）自由が優先される．しかし，自由の位置づけは強力ではあるが狭く（所有権や交換，遺贈の権利は含まない），本質的には基本的な人格的自由や政治的自由に関するものである．この第一段階の関心事項を超えて，またすべての人びとに対する手続き的公正を超えたところに，人びとの経済的・社会的優位性に関する基底空間の部分が存在する．ロールズは個人の優位性を，各人が保有する「基本財」の観点から考えた．基本財とは，一般的な目的のための**資源**であって，個人が持ちうる多様な目的を追求するのに有用であり，「市民が自由で平等な人間であるために必要なものであって，基本財に対する権利は適切な権利とみなされる」(Rawls 1988, p. 257)[9]．基本財は，「合理的な人間の誰もが欲すると想定される

---

9 **資源**の範囲はその他の**手段**を含めるように拡張することができる．ロナルド・ドウォーキン (Dworkin 1981a, 1981b) は，彼の倫理的会計のシステムをこの方向で拡張し，生じうるハンデ

もの」であり，「所得や富」，「基本的自由」，「移動や職業選択の自由」，「職や責任ある地位に関する権力や特権」，そして「自尊の社会的基礎」を含む[10]．

　基本財の基底空間において，ロールズの格差原理は，基本財保有に関する総合的指標に照らして，最も恵まれない人びとの状態を可能な限り改善することを要請する．この優先方法には，（セン（Sen 1970a）が提唱し，ロールズ（Rawls 1971）によって認められたように）辞書的形式を与えることができて，ペアの比較において，最も恵まれない集団が同等な水準にあるときは，それについで恵まれない集団に注目する，という形で手順が進む．この集計システムは明らかに平等主義的特徴を持つが，最も不利な立場にある人びとの生活に影響を与える不平等に特に関心を集中している．

　ロールズの体系における「自由の優先」は，リバタリアン理論と比べればずっと範囲が狭く制約が緩い．ロールズが優先する権利は，リバタリアンの提案よりもはるかに少なく，また控えめである（そして特に，所有権全般を含まない）．しかし，（人格的自由や基本的な政治的自由に関する）これらの限定された権利は，我々の最も基本的なニーズや理に適った欲望の充足を含めた他の社会的関心事項より完全に優先される．

　この完全な優先性の主張は，かなり限定された範囲の権利に適用されるが，ニーズを含めた他の考慮すべき要素の重要性を認めることによって異を唱えることができる．これらのニーズは，どれだけ死活的である——どれだけ切迫している——としても，辞書的に低い優先度に置かれる．ハーバート・ハート（Hart 1973）は，ロールズ（Rawls 1971）に対する初期の批判でこの疑問を強く投げかけた．ロールズ（Rawls 1993）自身もこの反論の説得力を認め，いくらか譲歩したように見える．

　実際，対立がある場合には自由が圧倒的に優先されるべきだというロールズの厳格な提案と，人格的自由を他のタイプの優位性から分離して特に強調するという彼の一般的な手続きとを区別することは可能である．これらの人格的自由への権利の特別な重要性を認めることは，「自由の優先」の主張が求めると思われるような際立った極端な形をとる——対立する可能性のあるすべてのも

　ィキャップに対して仮説的保険を掛ける可能性を考えた．

10　Rawls（1971, pp. 60-65）及び Rawls（1988, pp. 256-7）を参照．

のに優越する——必要はない．重要な論点は，人格的自由の持つ重要性が他の
タイプの個人的優位性（所得や効用など）とまったく同じ種類である（に過ぎな
い）と判断されるべきかであり，特に，社会にとっての自由の意義が，個人が
自らの優位性**全般**を判断する際に自由に対して付与しようとするであろうウエ
イトに，問題なく反映されるかどうかである．自由や政治的権利の優越に関す
る主張は，その対称性の否定であると考えられる．

　したがって，根本的な論点は，自由や基本的な政治的権利の社会的重要性が，
自らの個人的優位性全般を判断する諸個人によってそれらに付与される価値を
大きく超えうるかどうか，ということである．誤解を防ぐために，次のことを
説明しなくてはならない．ここで自由の社会的重要性と対比される価値は，人
びとが自由から得る個人的優位性であって，市民が**政治的**判断において自由や
権利に付与する価値ではない．後者ではまったくない．というのも，自由の擁
護は，究極的には自由の重要性が一般に**政治的に**受容されるかに依存するから
である．自由の社会的重要性との対比は，むしろ，より多くの自由や権利を持
つことが個人自身の優位性を高める度合いとの間でなされる．自由や他の権利
の重要性に関する市民の判断は，彼ら自らがこれらの権利から得ると期待する
利益の大きさのみに基づくとはかぎらない．だから，権利の政治的な意義は，
権利を持つことによって権利の保有者らの個人的優位性が高められる度合いを
凌駕する，という主張がなされる．これより，個人的優位性の他の源泉，例え
ば所得との非対称性が生まれる．これら他の源泉は，主に各人の個人的優位性
にどれだけ貢献するかに基づいて評価されるであろう．基本的な政治的権利の
擁護は，この非対称的な卓越の結果として政策において優先されることになる
であろう．ここではこれ以上この論点を追求しないが，この区別は重要性が付
与されてしかるべき事柄であると私は信ずる[11]．

　格差原理についてはどうだろうか．ロールズの枠組みに関する初期の議論
（特に経済学者の間で行われたもの——エドムンド・フェルプス（Phelps 1973a）が
編集した優れた論文集を参照）の多くは，格差原理体系による集計方式に関する
ものであった．マキシミンの形は（たとえ辞書式の拡張で修正された場合でも），

---

[11]　この問いについては，私がスタンフォード大学で行ったアロー記念講義においてより詳しく議
　　論している．Sen（2002a, essays 21-23）を参照．

最も恵まれない者の利得を（それがどんなに小さくても）より恵まれた者の損失よりも（それがどれだけ大きくても）完全に優先する「過激主義」になることがあり，総効率の考慮を無視することがある．しかしこれは制限や修正を加えることが可能であり，それによって最も恵まれない市民への関心の集中——ロールズが説得力ある議論で擁護した点——を排除することにはならない[12]．

　別のタイプの批判は，ロールズ理論の基底空間の選択に関するものである．しかしそれを議論する前に，基本財空間の優れた点を理解することは重要である．基本財空間にはリバタリアニズムにあるような，焦点が狭隘であることによる弊害はない．（第一原理のもとで自由に与えられる役割に加えて）自由や権利は基本財としてこの空間に含まれるが，ほかにも人びとにそれぞれの目標を追求する機会を与えるような一般的目的のための手段も含まれる．基本財の計算においては，効用という心理的尺度のように，絶えず窮乏状態にある人びとが（適応的態度という現象のために）不利に扱われてしまうといったバイアスが組み込まれることもない．

　しかし，基本財は**手段**であって，人びとが達成しようとする**目的**ではない．また，基本財は人びとが自らの目的を追求するために実際に有する諸**自由**を反映しているわけでもない．むしろ，これらの自由を生み出す際に関連のある手段に——しかもたったいくつかの手段に——関心が集中する．我々は次のように問うことができる．もし自由に関心があるとしたら，個人が実際に持つ自由の**程度**ではなく，自由のための手段に関心を集中するだけで十分であろうか．基本財や資源を様々な生き方や目的の達成に関する選択の自由へと変換する過程は，人によって異なるであろうから，基本財や資源の保有量が平等であっても，様々な人びとが実際に享受する自由には深刻な不平等が存在することもありうる．例えば，ある基本財の組を持つ障害者は，同一の組を持つ健常者と比べて，多くの重要な点において，より少ない自由しか享受できないであろう．特別な困難を抱えた高齢者も同様の問題に直面するであろう．不利な疫学的環

12　様々な妥協が可能であり，そのなかには衡平性を意識した方法で様々な個人の財を社会的評価へとつなげる分配反応的な集計手続きを用いることも含まれる．これは評価の経済学におけるアトキンソン（Atkinson 1970, 1983, 2015）の強力な新展開の背後にある基本的な考えのひとつであったと思われる．Kolm（1969, 1972）も参照のこと．

境に生まれた人も同様であるし，生まれつき遺伝的になんらかの病気にかかり
やすい人にとってのハンディキャップもあるだろう．

　したがって，ロールズの先駆的研究によって正義論において成された大いな
る前進にもかかわらず（近年の理論はほとんどが，たとえ最終的に行き着く先は異
なっていても，なんらかの形でロールズによって探求された道筋に沿っている），も
っぱらロールズの原理やそれが基底空間と集計システムに対して持つ意味の観
点から正義を見ることには難点が残るのである．所得分配を評価するという問
題設定において，ロールズの分析から学ぶべき重要な点は，判断の背景を拡張
したことに関係する．自由や権利が関連することはすでに論じた通りだが，所
得は人びとが自分の目的を追求し，自由に生きる助けとなる手段のひとつ——
基本財のひとつ——に過ぎないということを理解する必要もある．たとえ我々
が（いま執筆している当人がたしかにそう望むように）さらに先に進みたいとし
ても，この拡張が深い洞察に満ちていることに変わりはない．

公平性と選好に基づく評価

　これまで概説した研究が，かなり包括的な観点で社会的選択の問題を扱って
いるのに対して，すべての実行可能な社会状態の集合のある部分集合を特別な
推奨対象として分離すること以上は目指さないアプローチがいくつかある．こ
の特定された部分集合は「善い」ものとみなされるが，それらが「最善」の選
択肢を表すという主張はなされていない．社会的選択の全般的な問題に対して
答えを与えようとする試みはなく，なされるのは（社会厚生関数や社会的選択関
数のように）社会状態の集合上の社会的選好を特定することとはまったく異な
る．この一般的なアプローチは，「良質アプローチ」と呼んでよいが，パレー
ト効率性，コア，衡平性や公平性のような概念の文脈で広く用いられてきた．

　これはなんらかの意味でより優れたアプローチだろうか．衡平性と効率性に
基づく公平性の分析において，ハル・ヴァリアンは標準的な社会的選択理論に
ついて次のような批判的な見解を述べている．

　　社会的決定理論は，社会厚生関数を特定することを人びとの選好を集計す

る問題として捉える．その主要な結果は次のようなものである．人びとの
選好を集計する理に適った方法は存在しない……社会的決定理論は，様々
な社会状態（この場合は資源配分）に関する全体の**順序**を求めるという点
で，そのプロセスからあまりに多くを求めすぎている．もともとの問いは
「良い」資源配分のみを求めることであって，すべての配分を順位づける
ことは要求していなかった．実際，公平性の基準はそれ自体を，このもと
もとの問いに答えることに限定している．それは 2 つの不公平な配分に関
する評価についてはなにも示唆を与えないという意味で限定されているが，
このような限定をすることによって，もともとの問題に対する理に適った
解を可能にする[13]．

　技術的効率性は資源配分の文献で一般的な概念だが，厚生経済学においてよ
り一般的な効率性概念は「パレート最適性」と呼ばれるものであり，これは
──よりわかりやすく──「パレート効率性」や「経済的効率性」として言及
されることがある[14]．
　多くの議論がなされてきた（ダンカン・フォーリー（Foley 1967）によって先駆
的に開発された）公平性の概念では，別の個人のよりよい状況を「羨望する」
というアイデアが，社会状態が受け入れがたいものとみなされるに至るような
明白な不平等の基準として用いられてきた[15]．この興味深い公平性の概念は近
年，広く探究されてきた[16]．もし誰も他人の財バンドルを自分のものよりも選

13　Varian（1974, pp. 64-5）を参照.
14　これはまた非常に曖昧に（そして読み手には容赦なく）単純に**最適性**または**効率性**と呼ばれる
　　ことがある（例として Debreu（1959）を参照．ここではより明確化したほうがよい.
15　これらのモデルで用いられる羨望の概念は，他人の状況を選好しているということであり，羨
　　望の別の解釈にあるような，他人の優越的な状況に悩まされているわけではないことに注意され
　　たい．前者の意味においてのみ，羨望はそれ自体の明確な外部性なしに存在しうる.
16　特に，近年の研究として Kolm（1969, 1972），Schmeidler and Yaari（1970），Schmeidler and
　　Vind（1972），Pazner and Schmeidler（1972, 1974, 1978a），Feldman and Kirman（1974），
　　Varian（1974, 1975, 1976a, 1976b），Daniel（1975），Gärdenfors（1975），Allingham（1977），
　　Crawford（1977, 1979），Pazner（1977），Svensson（1977, 1980），Goldman and Sussangkam
　　（1978），Archibald and Donaldson（1979），Crawford and Heller（1979），Feldman and
　　Weiman（1979），Sobel（1979），Champsaur and Laroque（1981），Suzumura（1983），
　　Thomson（1995, 2011）を参照のこと.

好しないのであれば，その配分は**衡平**であると言う．もしある配分がパレート
最適かつ衡平ならば，その配分は**公平**であると言う．

　この「公平」アプローチが，探究する価値のある分野を開拓したことには疑
いがない．社会的順序あるいは有限で完備な選択関数（有限な選択肢集合上で
の各選択において，最適な部分集合を特定する関数）を求めるような，伝統的な
社会的選択を定式化するという大いなる志は（アローの不可能性定理やそれに関
連する結果が明らかにするように）少なからぬ問題を引き起こすので，ここでは
公平アプローチが潜在的にいくらか有利である．他方，ある特定の性質を（他
の性質にかかわらず）圧倒的に望ましいものとみなし，これらの様々な性質の
たったひとつに基づいて，可能な選択肢の集合を良い部分集合と悪い部分集合
に分けることについて合意するのは難しい．ヴァリアン（Varian 1974）は，す
べての配分を順位づける必要はないと主張して，伝統的な社会的選択アプロー
チを批判した点では正しかったかもしれないが，一方で，2 つの不公平な配分
に関する比較評価についてなにも示唆を与えないアプローチでは，公平配分が
存在しない場合や，その要求条件があまりに厳しくて近い将来には現実的に達
成できそうにない場合には，あまり多くのことを知ることはできないかもしれ
ない．対照的に，伝統的な社会的選択アプローチは，より細かく——悪い選択
肢とそれよりさらに悪い選択肢の間でも——識別するので，より多くを提示で
きるのである．

　公平に関する文献の主要な貢献は別の点にあったのかもしれない．第一に，
伝統的な社会的選択アプローチが社会全体の状態に関する人びとの選好のみに
関心を集中させた結果，無視しがちであった情報パラメーターの関連性を明ら
かにしたことである．ひとつの社会状態内にある異なる個人の状況の比較評価
が考慮されるようになり，社会的判断の情報的基礎が拡張された．

　第二に，社会状態の様々な側面について具体的な問題を提起するなかで，公
平に関する文献は社会的選択理論をより豊かな構造を持つ方向に促した．定義
域の非限定性や，独立性や，非独裁性のような基準は，望ましい社会的選択の
手続きに関する非常に一般的な要件であるのに対して，公平や衡平に関する要
請は条件をより具体的にしている．この拡張には明らかな利点がある[17]．

　最近の公平アプローチの拡張で，フローベイとマニクエ（Fleurbaey and

Maniquet 2011b）は効率性だけでなく衡平性の問題に特別な注意を払う公平の概念を用いるアプローチについて概説している．このアプローチはいかなる比較においても，より恵まれない者の選好を特に重視する．伝統的な公平に関する文献にある種の衡平性の側面を付け加えたことや，社会的判断を行うために様々な人びとの選好を用いる分析を導入したことはともに大きな進歩であり，社会的選択理論に大いに必要とされてきた建設的な推進力をもたらしている．しかし，選好が考慮される選択肢は，様々な人びとがそれぞれ持つ資源である．この点において，このアプローチは――ロールズが基本財に関心を集中するのと同様に――目的を追求するための自由ではなくむしろ手段に焦点を当てることの諸々の限界には従わねばならないだろう（この問題については，以前にロールズの正義論を評価する文脈で論じた）．ただし，フローベイとマニクエは，この問題を扱うために情報的焦点を拡張する方法と手段を考えている[18].

機能と潜在能力

　近年，人びとが自ら価値を認める理由があるような生活を送る潜在能力――彼らがなしうること，またはなりうるもの――に注目する正義へのアプローチについて，かなりの議論がなされてきた．このアプローチの淵源はアリストテレス，そしてある程度はアダム・スミスの思想にまで遡ることができる．それは人びとが価値のある，かつ尊重される生活を送るために有する様々な機会に焦点を絞る（セン（Sen（1980, 1985a, 1985b），及びヌスバウム（Nussbaum 1988, 2006, 2011）を参照）．アリストテレスは「人の栄えある生」の観点からこの達成度を考えた．とりわけ，『ニコマコス倫理学』において，富は「明らかに我々が求める善ではない」――「なぜなら，それは単に有用なだけであり，なにか他の目的のためのものに過ぎないからである」と指摘した[19].

17　Svensson（1977），Fleurbaey and Maniquet（2011a, 2011b）を参照のこと.

18　フローベイとマニクエは，彼らのアプローチがどのようにして，個人的な資源に関する研究から人が達成できる機能の組み合わせを扱うように拡張されるかについて議論している（Fleurbaey and Maniquet（2011b, Chapter 7）を参照のこと）．このようなアプローチからは多くのことが学べる.

19　潜在能力アプローチは，ロールズ（Rawls 1958, 1971, 1993）が先導した現代の正義の諸理論や，

このアプローチは，近年多くの関心を集めるテーマである生活の質（quality of life）に関する研究を体系化させるのに役立つ．豊かな情報に基づく評価の枠組みへの広範な関心，特に経済発展の研究におけるそうした関心は，この方向へ進むための優れた動機づけを与えている．正義の理論は生活の質の構成要素を基底空間として用いることができる[20]．

生活の質の概念は，非形式的な方法でしばしば用いられ，時には指標が恣意的に選ばれる．これは，関連するデータの欠落と根底にある概念の曖昧さとを考えれば，実際上ある程度避けられないことである．しかし，仮に関連データが入手可能だったならば，また不十分な分析の結果として生じる不要な曖昧さから，対象の性質上不可避な曖昧さを分離する機会があったならば，形式的な分析が原理的にどのように進められるかを明らかにすることは重要である．情報の欠落や概念の複雑性は，回避可能な概念上の不明瞭さを許す言いわけには必ずしもならない．効用を観察することの難しさは，概念的なレベルでは効用理論の発展を妨げなかった（ついには，例えばカーネマン（Kahneman 1999）の研究にあるような，より実践的な利用法も備えるに至っている）のであり，たとえ実践的な応用可能性が場合によって限定される場合であっても，明確さを追求することはここでも同様に重要である．

ある個人の達成する生は，「機能」（すなわち，行うことや状態）の組み合わせとして見ることができ，それらをまとめてその個人の生活の質を評価するための基礎とすることができる[21]．充実した人生の基礎となる機能には，活発であ

社会政策に関する現代の論争からも強く影響を受けている．出発点として，Sen（1980, 1985a, 1985b, 2009a），Nussbaum（1988, 1992, 2006, 2011），Nussbaum and Sen（1993），Nussbaum and Glover（1995），Chiappero-Martinetti（1996, 2000），Gotoh（2001, 2009b），Alkire（2002, 2005），Robeyns（2003, 2005, 2006），Qizilbash（2006, 2007），Ruger（2006, 2010），Anderson（2010a, 2010b），Alkire and Foster（2011b），Basu and Lopez-Calva（2011），その他の研究を参照のこと．

20　ジョン・ローマー（Roemer 1996）は，競合する正義の理論について，それぞれの長所と短所に関する彼の評価とともに豊かな分析を行っており，とりわけ，人間の厚生と機会の性質及び能力への報酬の役割と限界について，より多くの情報を含む構造の可能性を探究している（Roemer（1985）も参照のこと）．リチャード・アーヌソン（Arneson 1989, 1990）や G. A. コーエン（Cohen 1989, 1990a）もまた，別の部類の情報上の関連事によって正義の理論を豊かにしている．彼らのそれぞれの貢献は，検証され，正義の情報的基礎の拡張と，進むことを選択した方向に対して彼らが与えている根拠という観点から検討し評価することができる．

21　潜在能力アプローチの異なる側面については，急速に増大しつつある文献のなかで，

ること，栄養状態が良く健康であること，自由に動き回ること，などの基礎的なものが含まれる．ほかにも，自尊や他者の尊重，アダム・スミスが『国富論』において卓抜した洞察に満ちた分析を行った（「恥ずかしい思いをすることなく人前に出られること」を含む）共同体での生活への参加など，より複雑な機能も含む[22]．

　異なるタイプの機能の組み合わせは，個人の生活の焦点となる特徴を表し，その各構成要素は特定の機能の達成度を反映している．ある個人の「潜在能力」は，その人が選択できるようないずれかの機能の組み合わせの集合によって表される．したがって「潜在能力集合」は，送ることのできる生活に関して個人が有する実際の選択の自由を表している．機能や潜在能力の特定や分析には多くの技術的な問題があるが，その中心的な考えは，人びとが所有する手段や資源ではなく，むしろ人びとがどういう状態になれるのか，なにをできるのかという観点から基底空間を考えるということである．この考え方では，個々の権利要求は，単に人びとがそれぞれ持つ所得，資源あるいは基本財のみによってではなく，また彼らが享受する快楽や効用に関してだけでもなく，彼らが価値を認める理由のある様々な生き方から選択を行うために有している自由の観点から評価されることになる．

　この問題については膨大な──そして急速に成長している──文献があり，これまで探究されてきた複雑な評価の問題についてはここでは立ち入らない[23]．

Nussbaum and Sen (1993) にある論文集や，Comin, Qizilbash and Alkire (2008)，Kakwani and Silber (2008)，Anand, Pattanaik and Puppe (2009)，Basu and Kanbur (2009)，Gotoh and Dumouchel (2009a)，Brighouse and Robeyns (2010)，Comin and Nussbaum (2014) を参照のこと．

22　Smith (1776)──ペンギン・クラシックス版では Smith (2009 pp. 351-2) を参照．

23　潜在能力の文献は非常に急速に拡大しているため，このテーマについて適切な参考文献一覧のようなものをつくることは困難である．しかしながら，このアプローチの基礎について理解するためには，特に下記の文献が有益であろう．Sen (1980, 1985a, 1985b, 2009a)，Nussbaum (1988, 1992, 2006, 2011)，Drèze and Sen (1989, 2013)，Arneson (1989)，Cohen (1989)，Griffin and Knight (1990)，Schokkaert and Van Ootegem (1990)，Crocker (1992, 2008)，Anand and Ravallion (1993)，Sugden (1993)，Atkinson (1995)，Chiappero-Martinetti (1996, 2009)，Gotoh (2001)，Pogge (2001)，Alkire (2002, 2005)，Dutta (2002)，Fleurbaey (2002)，Chatterjee (2004, 2008)，Ruger (2004, 2006, 2010)，Kuklys (2005)，Olsaretti (2005)，Kaufman (2006)，Heckman (2007, 2012)，Qizilbash (2006, 2007, 2009)，Burchardt and Vizard (2009)，Kakwani and Silber (2008)，Crocker (2008)，Bourguignon and Chakravarty (2009)，

潜在能力の考え方を，まさしく同じではなくとも共通要素を持つような他のアプローチと関連づけることも重要である．実際，潜在能力アプローチが正義への道標としてそれのみで自立していると考えるのは誤解を招く．なぜなら，このアプローチは厚生や自由に関するいくつかの特定の側面にのみ焦点を当てているからである．「潜在能力アプローチ」だけで得られるよりも十分な正義の理解を得るためには，ほかにも——例えば，プロセスや行為主体の重要性など——取り上げるべき他の要素がある．私は『正義のアイデア』（Sen 2009a）で，より広いアプローチが必要であるという議論を試みた[24]．

　また，狭義の「潜在能力アプローチ」の周縁部——またはすぐ外側すら——にも，潜在能力に関連した研究への重要なアプローチがあり（例えば，ジェームズ・ヘックマン（Heckman 2007, 2012）の子どもの発達に関する先駆的な研究——カンハとヘックマン（Cunha and Heckman 2009）も参照），潜在能力という考えの有用性は純粋主義が許容するものよりもはるかに広範なのである．例えば，フローベイとマニクエ（Fleurbaey and Maniquet 2011b）が用いたような選好に基づく分析は様々な種類の資源に適用され——さらに機能に拡張され——，これもまた人びとが異なる選好だけでなく多様な資産を持つ社会において，潜在能力の考え方を活用する規範的評価のための非常に有望な基礎を提供している．潜在能力アプローチを排他的な領域に限定することなく，上記のようなより広い分野で行うべき研究がまだまだたくさんある．

評価と重みづけの必要性

　基底空間の構成要素（例えば様々な機能）の異質性によって，必然的にこれらを互いに重みづける必要に迫られる．このことは，ロールズが焦点を当てた基本財や，アリストテレスが注目した機能や潜在能力を含めて，なんらかの形で複数性を尊重するすべてのアプローチに当てはまる（この問題は，生活の質

Gotoh and Dumouchel（2009a），Schokkaert（2009），Robeyns（2009, 2016），Anderson（2010a, 2010b），Brighouse and Robeyns（2010），Schokkaert et al.（2009），Alkire and Foster（2011a, 2011b），Basu and Lopez-Calva（2011），Venkatapuram（2011），Suzumura（2016）．

24　分配反応的な実質所得の評価や，位置考慮的評価の公理を用いた所得に基づく集計的貧困の評価において社会的判断を行う例は，Sen（1976b, 1976c）に見られる．

の様々な側面に着目する他の理論にもある）.

　この重みづけの要請はしばしば，これらのアプローチに伴う「難点」とみなされる. しかし，我々の価値体系における異質性——受け入れる理由のある関心対象の複数性——によって，複数性とその結果として生じる諸問題に向き合うか，それともなんらかの恣意的な方法でその複数性を無視して，はっきりした問題を解決するというよりもむしろ回避するか，どちらかの必要に迫られる. 我々は，「所得」と呼ばれるなにか同質的なものがあり，それによって各個人の全体としての優位性を判断したり個人間で比較することができると**仮定し**，この問題に目をつぶることもできる（そして，それに対応してニーズや個人の環境などについての多様性もないものと仮定できるが）. だが，これは問題を解決するのではなく，ただ回避するに過ぎない.

　実質所得の比較には異なる財の集計が必要であるうえ，個人の比較優位を判断する際にはさらに個人間比較の問題があり，個人の状態や環境の多様性に注意する必要がある. もちろん，これらの多様性を適切に定義できる「調整された所得」の値に反映することは可能であるが，これは同じ問題を違う形で述べるに過ぎず，等価所得という「間接的な」空間で表現されるものの，異質な要素の評価に注意を払うことが求められる. 直接的な空間（例えば，生活の質や，潜在能力指標）における計測と，間接的な空間（例えば，等価所得）における計測には，規範的評価の基礎となる根本的な価値に関連づけられた，互いに緊密な対応関係がある[25]. いずれにせよ，評価と重みづけの問題には向き合わなくてはならない.

　この種のいかなる評価行為においても，どのように加重が選ばれるのかを問うことは決定的に重要である. これは判断の行使であり，理性的な評価を通じてのみ解決できる. **個人的な**判断においては，加重の選択は個人が自分で合理的と考える方法によってなされる. しかし，**社会的評価**に関して（例えば貧困の社会的研究において）ある合意された範囲にたどり着くには，加重に関してある種の理性的な合意が（たとえ非形式的だとしても）なくてはならない[26]. 加

25　この二元的な空間上の作動に関する洞察に富む分析として，特に Deaton and Muellbauer (1980b) と Deaton (1995) を参照のこと.

26　この問題については，Foster and Sen (1977, pp. 203-9) も参照のこと.

重の唯一の組み合わせにたどり着くことはありそうにもないが，一意性は多くの状況で合意に基づく判断を下すうえで実際には必要ではなく，有用な部分順序を構築するのにも——そして時には，完備順序にたどり着くためにさえ——実のところ必要ではないかもしれない[27]．

民主的状況では，そこに含まれる人びとによる十分な情報に基づく判断との対応を通じて，様々な価値が基礎づけられる．社会的評価の分野は公共選択理論だけでなく社会的選択理論に関する現代の文献でも広範に探究されてきた．実際，これらの分野の間には多くの補完性があり，社会的判断を公共的受容によって基礎づけるより完全な特徴づけは，これら2つの分野を組み合わせることで得られる．私は別のところで（Sen 1995c, 2009a），なぜ，そしてどのように，この組み合わせが必要なのかという議論を試みた．公共選択理論は合意に至るまでの議論や交渉の役割についてより多くの探究を提供し，これに対して，社会的選択理論は意見の相違が残る領域における受け入れ可能な妥協についてより広範な貢献をしてきた．この種の組み合わせは，正義論の基盤を成す情報的基礎や集計システムのためだけではなく，ほかにも公共政策や社会的活動の分野においても必要である．実際，（一方で意見の一致した規範と合意を，他方で受け入れ可能な妥協を含む）同様の組み合わせは「貧困線」の設定や，「環境面で調整された国民所得」の評価や，国民統計における「不平等指数」の利用にすら必要となる（例えば，アトキンソン尺度（Atkinson 1970）はパラメーター ε の特定化を通じて選択される不平等回避度に対して定められるが，その選択はおそらく様々な提案の賛否についての公共的討議を通じてなされるだろう）[28]．

所得と価値

実質所得統計という確固とした基礎から，その他の価値や関係事項という曖昧な領域に移るのは誤りであろう，という主張が時折なされる．この主張は，個人的優位性について比較判断を行う際に，機能やその他の生活の質に関する

---

27 「部分比較可能性」による順位づけに関するいくつかの方法論的問題については，第7章及び第7*章を参照のこと．あわせて Sen（1993a, 1997a, 2016）も参照されたい．

28 Samuelson（1947, p. 205）を参照．

特徴についての情報を用いるよりも，むしろ財空間や市場評価から離れないもっともな論拠となるであろうか．財に対しては市場価格が存在し，機能にはそれが存在しないというのは確かである．しかし，評価のために重要な加重——財についてであろうと，機能についてであろうと——を，この行為（個人の優位性の比較）における価値の問題に取り組むこともなく，他のなんらかの行為（ここでは財の交換）から単純に「読み取る」ことがどうやってできるのか．実践において重要な2つの別個の問題がある．第一は，市場価格が社会評価の良い指標ではなく，社会的利用のためには調整されなければならないことを示す外部性や不平等，その他の事項の存在から生じる問題である．我々はそのような調整をすべきかどうか決定し，そしてもし調整すべきならば，どのように行うのかを決定しなければならない．これを行うには，評価行為は実のところ避けられないのである．

　第二の——そしてより根本的な——問題は，市場価格がたとえ有用な「交換価値」の集まりに見えたとしても，厚生や優位性の個人間比較に関する指針を提供できないということである．この問題については，効用を単に個人の選択の数値表現として捉えるという賢明な——その文脈においては賢明な——伝統を誤って解釈することから，ある混乱が起こってきた．それは個別に扱われる各個人の消費行動を分析するために効用を定義する有用な方法ではあるが，実質的な個人間比較の手続きをなにも提供しない．サミュエルソン（Samuelson 1947）の「交換を説明する際には効用の個人間比較を行う必要はない」という基本的な論点は，次のことの裏返しである．交換や「交換価値の尺度」を観察しても，効用の個人間比較についてなにもわかることはない．

　このことは，単に実践的な興味をほとんど引かない理論的な困難に過ぎないわけではなく，実践においても非常に大きな違いをもたらしうる[29]．例えば，障害を負っていたり，病気であったり，あるいは鬱に苦しんでいる個人が，このような不利な立場にない別の個人とたまたま同じ需要関数を持っているとしても，その不利な立場の個人が与えられた財バンドルから，他方の個人が同じものから得るのと同様の厚生や自由を享受できると仮定するのはまったくばか

29　金銭的評価と社会的評価の混同が誤解を招くような結果をもたらすことを，わかりやすく明快に議論したものとして，Marquand（2014）を参照されたい．

げているであろう．実践的なレベルでは，優位性の個人間比較を実質所得の比較に基づいて行うことの最も大きな難点は，おそらく人間の多様性とその生活や機会に影響を与える環境の変わりやすさにある．人びとの生活を左右する年齢，ジェンダー，才能，障害の重さ，病気のかかりやすさ，疫学的環境などの違いにより，2人の異なる個人が，たとえまったく同じ財バンドルを持っていたとしても，まったく異なる実質的機会を持ちうるのである．個人間比較についてほとんど知ることができない市場における選択を単に観察する以上のことをしなければならないならば，我々は古き良き「交換価値の尺度」を単純に用いるのではなく，**追加的**な情報を利用しなければならない．

市場メカニズムは評価に用いるためのなんらかの社会的評価尺度をあらかじめ選んだりはしない．それは我々自身が選ばなくてはならない．一般の人びとによる十分な情報に基づく精査のためには，暗黙の価値をより明示しなくてはならず，それらが「すでに利用可能な」評価尺度の一部であるという誤った理由で精査から隠してはならない．評価のための重みづけに関する批判的議論に対して開かれていることが真に必要であり，ある別の目的のために構築された既存の指標を恣意的に再解釈してもこの必要性から逃れることはできない．集団的決定を行うためには，公共的討議だけでなく社会的評価が，そしてそのような評価に関する推論に基づく精査が必要である．

正義の理論に関する注記

正義の観念は何世紀にもわたって世界中で議論されてきたのではあるが，この学問分野は18世紀及び19世紀のヨーロッパ啓蒙運動の間に力強く発展した．しかし，啓蒙主義の信奉者たちの主張はひとつにまとまっていたわけではない．この時代の急進的思想を担った指導的な哲学者たちの間でなされた正義に関する熟考については，2つの別個の潮流間にある相違点を考えることが有用である．

ひとつのアプローチは「社会契約」の伝統と呼んでよく，トマス・ホッブズによって17世紀に創始された．それは，人びとがどのような社会を理想的には持ちたいと思うかについて，個人的なバイアスなしに熟考したならば，全員

一致で承認されると予想できるような，完全に正義に適う社会編成を特定することにもっぱら取り組んだ．このアプローチは 2 つの異なる，また分けることのできる特徴を持つ．第一に，それは相対的な正義や不正義の観点から様々な社会における正義の間の比較を行うというよりもむしろ，完全に正義に適う社会の性質を明かすことに専念する．このように完全性に焦点を絞るアプローチは，正義の観点から「これに勝るものはあり得ない」正義に適う社会にのみ関心を集中している．「より正義に適う」とか「より正義に適わない」といったことに関する比較判断に関心を払うのではなく，「正義」と「不正義」の線引きに関心がある．

　第二に，社会契約アプローチは制度を正しいものにすることに専ら関心を持つという意味で制度に焦点を絞っている．他方，これらの制度や社会編成が，実際の人びとの行動や社会的相互作用などの社会の他の特徴からも影響を受けつつ，どのような帰結を生み出すのかには焦点を当てない．したがって，全体として注目しているのは制度の卓越性と行動に関するルールであって，実際に出現する様々な社会の長所を比較することではない．

　社会契約アプローチは，ジャン゠ジャック・ルソー，ジョン・ロック，そしてある程度はイマニュエル・カント（ただし，彼の分析は契約論的関心をはるかに超えて広げられているが）を含む多くの啓蒙主義哲学者たちによって，相互に異なる方法ではあるが，強力に研究が進められた．対照的に，他の多くの啓蒙主義理論家たちは，比較の観点から実際の社会の実現を直接の目的とする様々なアプローチをとった．彼らの議論の多くは，特にこの世界における明白な不正義の事例の数々を取り除くことを目指した．このような比較の観点からの多様な考察は，18 世紀及び 19 世紀における数多くの革新的な思想の主導者たちのなかでも，例えば，コンドルセ侯爵，アダム・スミス，ジェレミー・ベンサム，メアリ・ウルストンクラフト，ジョン・スチュアート・ミル，そしてカール・マルクスの著作に見出すことができる．たとえ彼らは社会比較を行う非常に異なる方法を提唱したとはいえ，皆，いずれにしろ，一定の明白な不正義を取り除くことを通じてどのように社会を改善できるかを明らかにしうる社会比較に携わった．この後者のアプローチこそが，正義への「社会的選択」アプローチと呼んでよいものの基礎と考えることができる．

　この本では全般に，そしてこの章では特に，社会的選択の観点から衡平や正義への様々な規範的アプローチを論じてきた．私は別のところで（特にセン（Sen 2009a）において），社会的選択アプローチが——帰結が生じるプロセスだけでなく帰結そのものを含めた——「社会実現」に焦点を絞ることで，社会的正義の評価において社会契約アプローチが同じように提供することはできないものを与えていると信ずる理由を論じた．同様のことは厚生経済学についても言える．社会的選択アプローチは（超越論的判断ではなく）比較判断に焦点を当て，（制度の完全性ではなく）包括的結果に関わることによって，社会的正義の評価においてひとつの識別する力を提供することができるのである．次章では，これらのつながりと，そこから導かれる広範な意味をさらに探求する．

第 A3* 章
社会厚生の評価

　人生において重要なものの多くは測定不可能であり，また定量化できるものではないとよく言われる．そこからさらに進んで，社会的な推論を行う場合には，数学的な推論を組み入れようとするいかなる試みもできる限り避けるべきだと警告する人びともいる．こうした人びとを，しかるべき敬意を込めて古典主義者と呼ぶならば，これら古典主義者たちには（もうひとつの造語を用いれば）近代主義者たちが立ち向かうことになる．近代主義者は，曖昧でぼんやりとした概念とみなすものの使用を信用せず，真剣な社会分析から測定不可能なものをきっぱりと排除することを明示的にあるいは暗黙のうちに提唱する．

　実のところ，近代主義者は厚生経済学の分野において，非常に強い影響力を持ってきた．国や世界の多くの機関が実施する経済的・社会的な評価の場においても同様である．実際，我々が検討し，追求し続けるべき十分な理由のある多くの重要な試みを取り止めるべきだと主張する抑圧的な批判論があるが，そうした批判論においてかなり大きな役割を果たしうるのが，評価対象は測定できないという主張である．時としてこの測定不可能性により，GDP（国内総生産）や物的資産の価値のような，はるかに興味に欠けるものの，より測定可能だと言われる変数に集中すべきだと主張する人びとも現れうる．

　古典主義者と近代主義者の双方が，測定と評価の分析的要請を見誤っているということがありうるだろうか．測定可能性とはどのような性質であろうか．異なる選択肢を評価する場合，我々は，少なくとも順位づけられる事柄に関しては，それらを相互に順位づけることに関心がないなどということはほとんどあり得ない．ここで問うべきことは，測定可能性は順位づけにどれだけ近いものなのかという点である．私は両者のつながりはきわめて密接であり，実際，測定と定量化は順位づける関係（raking relations）の拡張とみなすことができると論じよう．

403

測定可能性とはなにか

　一定の正則性を持つ順位づけを考えよう．ただし，この順位づけは完備である必要はない．社会的選択理論において我々がよく「準順序」と呼ぶ（そしてブルバキなどのフランスの数学者たちは「前順序」と呼ぶ）ものは推移性を持つ順位づけであり，完備性を満たす場合もあれば，満たさない場合もある．これは，多くの選択肢が相互に順位づけられる一方で，いくつかのペアは順位づけされないまま残される可能性のある「部分順序」と考えるとよいだろう．

　我々が少しでも評価に携わるならば，それがどれだけ形式張らないものであろうとも，部分的な順位づけを避けることは難しい．我々がある問題について，例えばある人が他の人に比べて明らかにより剥奪されている——またはより悲惨な状況にある（我々がその概念を理解している通り）——という意見を持つならば，部分的な順序づけを，たとえただ暗黙のうちにであっても，なんらかの形で用いることは避けがたい．そして，部分的な順序はすでにそれ自体がある種の測定なのである．もし我々が実数の虜であるならば，数値システムを考えることもできる．このシステムでは，より良い選択肢には，より高い数値が付される（とはいえこの逆は必ずしも必要ではない．というのも，そこまで要求すると実数はすべて完全に順位づけされているので，順位づけが完備順序でなければならなくなるからである）．この一方向の定量化は，多くの非常に有益な性質を持ちうる（部分順序の表現の問題についてはマジュンダーとセン（Majumdar and Sen 1976）を参照）．

　この最小限の測定を基礎として，より多くの測定可能性の特性を有するいっそう厳しい要請を考えることで，さらに精度を高めた測定へと上っていくことが可能である．すなわち，

- 部分順序から完備順序へ，
- 完備順序から，数値表現可能な完備順序へ，
- 数値表現可能な完備順序から，正のアフィン変換に関して不変な数値表現可能性を持つ完備順序へ（経済学用語でいうところの「基数的測定可能性」），

- アフィン変換不変性から正の乗数変換のみに関する不変性（これは「比率尺度測定可能性」として知られている）へ，

といった具合である．他方で，私が最小限と呼んだもののさらに下には，いわゆる「ファジーな」測度も考えることができる（バレットとサール（Barrett and Salles 2011）は，この前途有望だがいまだ十分に探究されていない「ファジーな正則性」の分野への良い導入である）．

　これらの変形版はいずれも，ある関心事が「測定可能かどうか」という粗雑で曖昧な問いではなく，測定可能性の**度合い**に関するものである．ある人が「文化は社会において非常に重要なものであるが，測定することはできない」と言うとき，そこにはすでに少し問題がある．文化を顧みないと社会はより悪くなるという見解を表明したくて，その話者がこのような発言をしているのであれば，まさにそこには部分的な順位づけが存在しているのである．文化やその他の要素を考慮して社会の全体的な評価を行うことは難しいかもしれないが，そこでの難しさは，文化的側面を含めた社会状態は本来，順位づけが不可能（そして，その基本的な意味で測定不可能）だということではなく，文化と同様に重要な相異なる物事に相対的な重みをつけて，文化を含む多面的な判断を形成することの実践的な難しさにある．

　これらの差異を程度の違いではなく，種類の違いであるとみなすことは難しい[1]．測定可能性が推論の分析的厳密さを失うことなく，いかに多くの異なる形態をとることができるかを理解することが重要である．「測定不可能」であることへの恐れはかなり未熟な懸念（理解の助けになるというよりは論争を引き起こすもの）であり，そのような診断は推論（議論となる対象が実際に持ちうるよりも高い度合いの測定可能性を要請することなく，我々が賢明に用いることのできる推論）からの反動的転換として機能してしまうであろう．そう考えれば，なぜ集合論（そしてそれを基礎とした位相的概念）が，物理学者が自然科学において求める傾向がある類の測定可能性を求めることなく，実践的な経済や社会

1　しかしながら，私はこの差異の複雑さを重要だとみなしている．著名な数学者であるジョン・リトルウッド（Littlewood 1967）は「程度の差と種類の差の間にある差異は，程度の差なのであろうか，それとも種類の差なのであろうか」と問いかけている．

の評価において非常に有用になりうるのかもわかる.

福祉，潜在能力及び効用

　第A3章では，人びとの福祉に関する多くの異なる考え方を検討した.（人間の福祉と機会の分析において，2つの競合する情報的基礎を検討するために）効用や潜在能力の指標を得ることには，様々な種類の情報上の課題が伴う. 効用は様々な方法で定義可能であるが，標準的な解釈の大半では，快楽や欲望のような心理的な大きさで定義することが多い. 心理的な大きさにはそれ自体よく知られた測定上の問題があるが，そうした問題は例えばダニエル・カーネマンやアラン・クルーガーがうまく行ったように，もっともらしく扱うことができる[2]. 潜在能力は，人びとが価値を置くべき理由のあることを行う自由の様々な側面に関わる. 多くの潜在能力——あるいはそれらが関連する諸機能——は容易に特定できるが，その他のものは査定しづらい. そして，様々な機能，及びそれらを保障する潜在能力には，相対的な重要性について決定的に重要な議論が求められるだろう[3]. これらの複雑さにはしっかりと向き合わなければならないが，それでも安易な方法をとらずに潜在能力に関するもっともらしい測度を賢明に利用することは可能である[4].

　潜在能力が関わる機能は多様であるから，その重みづけの問題のために潜在能力アプローチは実践的に使用することができないという指摘が時としてなされる. しかし実際は，要素の多様性は相対的な価値や重みの問題に取り組むことへの招待に過ぎず，それを断念して帰れという訓戒ではない. 実際，異なる商品の市場価格を利用してGDPを測定するように，不可避的に多様なものの評価が暗黙のうちになされるとき，我々は評価する責任を単に保留しているのであって，その代わりに規範的な評価とはまったく関係なく決められたかもしれないなんらかの相対的な価値を機械的に使おうとしているのである（外部性

2　Kahneman（1999, 2000）及びKrueger（2009, 2014）を参照せよ.

3　Schokkaert（2009）及びBasu and Lopez-Calva（2011）を参照せよ.

4　ジェームズ・ヘックマン（Heckman 2007, 2012, 2015）による一連の力強い研究には，子どもたちの福祉と発達を扱う際に，潜在能力の視点が啓蒙的かつ明快に用いられているのを見出すことができる.

や情報の非対称性，所得分配における大きな不平等があるとき，市場価格は倫理的な評価には非常に不適切である）．

　社会的評価における潜在能力の選択と重みづけと，公共的推論（public reasoning）との関係を強調することは重要である．それはまた，時に提示される次のような議論が不合理であることを示す．すなわち，潜在能力アプローチは，関係のある潜在能力のある固定されたリストにおいて，様々な機能に所与の重みの組が付されている場合にのみ使用可能——かつ「操作可能」——だという主張である．あらかじめ決定された所与の重みを探すことは，概念的に根拠がないだけでなく，用いられる評価と重みが人びとの継続的な精査と公共的討議に当然影響を受けるであろうという事実を見落としている．このように理解すると，ある事前に決定された重みを無条件な形で硬直的に用いることには応じがたい．

　もちろん，用いられる重みについて実現する合意は完全なものからは程遠い場合もあり，そのときには一定の合意が得られる範囲の重みを利用することが理に適っている．潜在能力のランキングはおそらく部分順序にならざるを得ないであろう．しかし，このことは必ずしも公共政策の評価を頓挫させるものではないし，厚生経済学の評価を無力にするものでもない．潜在能力アプローチは，部分ランキングや限定的な合意への依存とまったく矛盾しない．なすべき主要なことは，比較判断のために適切な重み——あるいは重みの範囲——を得ることであり，それは推論を通じて得られるのである．そして，もしその結果が部分ランキングであるならば，我々はまさに部分ランキングが与えるところの判断を行うことができる．提示されうるあらゆる比較評価について，判断を示さざるを得ないと感ずる義務はないのである．

個人間比較と規範的測定

　すでに論じてきた通り，福祉の個人間比較や，——自由や機会に関するいくつかの指標を用いるなどの方法で評価された——個人的優位性の比較なしに，真摯な厚生経済学を実行することは難しい．多くの厚生経済学的評価は，部分比較可能性だけで——及び場合によっては部分的基数性も伴って——行いうる

という考えは，本書 1970 年版部分の第 7 章及び第 7* 章で議論している．部分比較可能性のもとで功利主義的評価を用いる可能性は，この文脈で特に研究された．部分比較可能性は，ロールズ流のマキシミン（あるいは辞書式マキシミン）のような他の厚生経済学的基準を適用する際にも同様に用いることができる．また，潜在能力の考え方を応用するときにも，同様の使用が可能である．

　福祉や自由に関する正確な情報が欠如している場合は，異なる人びとの優位性の比較について，ある明示的な仮定を置いて定型化された個人間比較を利用することも可能である．貧困の評価——あるいは測定——の問題を考えよう．貧困の指標として最もよく使われているものが，人数カウント尺度 H であり，これはある選定された「貧困線」より低い所得水準の人びとの割合によって貧困を特定する．しかし，適切な「貧困線」所得の特定には恣意性が伴うことに加えて，人数カウント尺度では，人びとの所得が貧困線に**どれだけ**足りないかということには注意が払われない．また，総不足額が貧困線より下の人びとの間でどう分布しているのかについてもなんら関心が向けられることはない．

　このことから，分布反応的な貧困尺度を探究するようになった．貧困の計測に関する文献では，異なる人びとの間の所得の不足分の違いに注目しつつ探究を進める傾向にある．すなわち，考慮する所得水準が低ければ低いほど，不足分により大きな重みを与え，相対的により貧しい個人の不足分の各単位をより重視する．「貧困——計測への序数的アプローチ」（Sen 1976b）において，部分的には情報の経済性への要求を動機として，私が当初提示した貧困の尺度は所得データにのみ基づいている．この尺度は貧困層のなかにおける各貧困者のランクに沿って所得の不足額に対する重みを大きくする（とりわけ，ランク順の重みを用いている）．このアプローチは「序数的な」情報にのみ基づいているにもかかわらず，人数カウント尺度 H に加えて，貧困層の所得不足分の平均的度合い I 及び貧困層における所得分布のジニ係数 G を同時に用いることによって，驚くほど巧みな貧困尺度を生み出す．いくつかの妥当な公理のもと，その貧困尺度 P は下記の式で与えられることになる．

$$P = H[I + (1-I)G]$$

　多様な公理を用いた分布反応的な貧困指標については膨大な文献がある（フォスターとセン（Foster and Sen 1997）は既存文献を概観している）．評価の手法については——このような問題で予期されるように——多くの意見の相違があるものの，なんらかの方法で個人間比較を持ち込むことの必要性は全文献において認識されている．

　総実質所得の，また流動性の分配反応的な尺度についても同じことが言える[5]．私が用いたランク順序の重みづけでは，個人 i に分配される商品 j の価値を，商品の価格とともに，所得分布における個人の相対的な位置も考慮して評価しており，これにより，かなり簡単に使用可能な尺度が生み出されている（これは私の論文「実質国民所得」（Sen 1976c）のなかで提示されている）．しかし，分配の不平等に注意を払いつつ，国（またはコミュニティ）の総所得を評価するという課題に立ち向かう方法はほかにもある．ある定型化された仮定を通じて個人間比較を行う手法の各々が批判を受けやすいことは容易にわかるが，それでもやはり我々はなんらかの方法で個人間比較を持ち込まなくてはならない（そして多くの経済学者と哲学者は，そこにたどり着く様々な道筋に貢献している）[6]．個人間比較を行うことの難しさを理由に，不平等の問題に取り組むことを避けようとする現実逃避的な誘惑は，我々を厚生経済学の目的からはるか遠くにそらしかねない．

　幸いなことに，多次元的な貧困評価に関する文献は急速に増加しており，厚生理論を実証的情報につなぐために，近年重要な貢献をしている．この分野におけるいくつかの新しい発展のなかに貧困や不平等の多次元的な尺度が含まれており，それはアトキンソンとブルギニオン（Atkinson and Bourguignon 1982），マースミ（Maasoumi 1986），アルカイアとフォスター（Alkire and Foster 2011a, 2011b）やその他の研究者たちによって様々な形で力強く追求されている[7]．貧

5　社会的流動性の測定は，かなり異なる規範的関心を反映した知的注目を集めてきた．例えば，Shorrocks（1978a, 1978b），Atkinson（1983），Chakravarty, Dutta and Weymark（1985），Fields and Ok（1996），Mitra and Ok（1998）を特に参照せよ．

6　個人間比較の様々な解釈については，特に，Vickrey（1945），Little（1950），Harsanyi（1955），Arrow（1963），Suppes（1966），Sen（1970a, 1973a, 1979a），Jeffrey（1971），Rawls（1971），Waldner（1972），Hammond（1977），Borglin（1982），Kahneman and Krueger（2006）を参照せよ．

7　不平等と貧困の測定の文脈における多次元的集計についての豊富な文献への貢献のなかでも特に，

困や不平等を理解するうえでは，剥奪に対する精神的な反応だけでなく，実際の剥奪に目を向けるべきという強い主張もある．この点は，ジェンダーの不平等に関する最近の研究で特に明確に示されており，これらの研究は単に幸福か不幸かにだけでなく，栄養不足，臨床診断された罹病率，観察された非識字率，さらには（生理学的に妥当な予測と比較して）予想外に高い死亡率や，妊娠段階での女性の胎児に特化した中絶という観点から，女性の剥奪に焦点を当てている．多次元の個人間比較は，伝統的な厚生経済学において明示的に行使されるか暗黙のうちに課せられてきた情報的制約を取り除くことによって改善された，厚生経済学と社会的選択理論の広い枠組みのなかに，理に適った形で――そして難なく――適合させることができる．

情報的基礎の拡張は，近年の社会的選択理論において大きな関心を集めている．これはアローの不可能性の結果に立ち向かうことにも当てはまる．それは厚生経済学において不平等反応的であるために重要である．それは政治学や法学，そして人権の追求において自由を意識することに関連する．そしてそれは，当然のことながら，よりよい情報に基づいて人びとの福祉の規範的測定を行うためにとりわけ重要である．本書で提示した分析がはっきりと示すように，適切な情報の理に適った利用は認識論と倫理学の両方に関係する．それぞれにさらに取り組むことは，社会的選択と厚生経済学のさらなる発展のためにきわめて重要である．

数値表現と不変性

規範的測定に関する実証研究において進んでいる発展を称賛しつつも，評価のための社会的選択の分析的基礎に関するさらなる研究が必要であることを認識しなければならない．後者も，ここ数十年注目を集めている．個人の福祉――あるいは，もちろん定義は様々でありうるが「効用」――の測定と個人間比較の問題に対する理論的に確かな枠組みが不可欠であることは疑いない．簡略化のために（また，しかるべき警告を与えた後で），「効用」という用語を個人

Alkire et al. (2015)，Maasoumi and Racine (2016) を参照せよ．

の優位性に関する任意の指標として使用するという確立された慣例を採用しよう．したがって，ここで示される数学的表現は，「効用」という用語がどのように定義されるかによって，異なった解釈がありうることを銘記しておくことが重要である．

　個人の選好順序のプロファイル (R_i) の内容を n 個の個人的効用関数の組 $(U_i(x))$ へと豊かにすることによって，伝統的な社会的選択アプローチの情報的基礎を拡張しなければならない．ここでの狙いは新しいものではなく，実際，伝統的な功利主義においては，個人に関する投入情報の特徴は（エッジワースやマーシャル，ピグー，ラムゼーなどの研究にあるように）n 個の効用の組という形をとった．しかし，効用は自然な単位で定義できないということから問題が生じ，同じ効用関数でも異なる数値表現で表すことが可能となる．例えば，もし3つの選択肢に対して数値 $(1, 2, 3)$ を選んでも，あるいは $(2, 4, 6)$ と表現してもなんら違いはないだろう．この例は，完全測定可能性のケースだと考えられるが，個人の効用の測定可能性に関する仮定や，さらには異なる人びとの効用の間に存在すると想定される比較可能性の程度も，様々に変えることもできる．これらの問題は，1970 年版部分の第 7* 章でかなり広範に論じた．

　個人の効用の測定可能性と比較可能性に関する仮定が与えられているとき，それらの効用関数はある特定の n 個の個人的効用だけで表現されるのではなく，（与えられた測定可能性と比較可能性の仮定のもとで）情報的に同一な n 個の個人的効用関数の組の集合によって表現されなければならない．この問題は，（1970 年版部分の第 7* 及び第 8* 章で用いられているように）**社会厚生汎関数**アプローチにおいて，情報的に同一な n 個の個人的効用関数の複数の組を情報的に同一とする**不変性の諸条件**を課すことを通じて検討されている．

　社会厚生汎関数（SWFL）は，すべての与えられた n 個の個人的効用関数の組 $(U_i(\cdot))$ に対して，社会状態の集合 X 上にただひとつの社会的順序 R を特定する．すなわち，$R = F((U_i))$（ただし，個人の効用関数は，それぞれの個人 i に対して X 上に定義される）．不変性の条件は，以下の要件を規定するという一般的な形をとる．すなわち，個人的効用の測定可能性と個人間比較可能性に関する仮定を反映して，n 個の効用関数の組の比較可能性集合が定められ，その同一の比較可能性集合 $\bar{L}$ に属する任意の2つの組に対して，生成される社会的順

411

序は同じでなければならない，という要件である．

不変性の条件

　同一の比較可能性集合 $\overline{L}$ に属する任意の2つの n 個の組 (U_i) と (U_i^*) に対して，

$$F((U_i)) = F((U_i^*))$$

測定可能性 – 比較可能性に関する仮定を特定すると，$\overline{L}$ を特徴づけるという形になる．測定可能性に関する仮定によって，各個人 i は（本質的に同等な）効用関数の族 L_i を持つ．

- 序数性の場合，それぞれがその族に属する他のどの効用関数に対しても，その正の単調変換，
- 基数性の場合，それぞれがその族に属する他のどの効用関数に対しても，その正のアフィン変換，
- 比率尺度測定の場合，それぞれがその族に属する他のどの効用関数に対しても，その正の線形同次変換，
- 等々．

　n 個の効用関数族の組 (L_i) のデカルト積は，測定可能性集合 $L = \prod_{i=1}^{n} L_i$ であり，各個人の効用に対する測定可能性の仮定と整合的な n 個の個人的効用関数の組すべてを特定する．個人間比較可能性の性質と度合いについて我々が設定する仮定によって，測定可能性集合 L の部分集合 $\overline{L}$（「比較可能性集合」）が定義される．

　もし個人間比較可能性がまったくなければ，さらなる制約はなく $\overline{L} = L$ となる．この場合，測定可能性集合 (L) の全体が比較可能性集合 $(\overline{L})$ でもある．しかし，もしどの類型であれ，個人間比較可能性が許容されるならば，ひとりの効用表現を他の人の効用表現を変えることなく変える自由度は下がることとなり，それによって $\overline{L}$ は制約される．したがって，一般には $\overline{L} \subseteq L$ となる．例え

ば完全比較可能性のもとで，ある n 個の効用の組 (U_i) と別の組 (U_i^*) が同一の比較可能性集合 $\overline{L}$ に属するための必要十分条件は，次の通りである．すなわち，(U_i) から (U_i^*) へと移るに際し，測定可能性の仮定よって許容されているある変換 $\psi(\cdot)$ が，ひとりの個人の効用関数に適用されるとしたら，その同一の変換 $\psi(\cdot)$ はすべての個人の効用関数に適用されなくてはならない．測定可能性 – 比較可能性に関する仮定のいくつかの重要な例は以下で検討されるが，本書 1970 年版部分でも議論されている（セン（Sen 1974, 1979）も参照のこと）[8].

代替的な測定可能性 – 比較可能性の枠組み

$\overline{L}$ は次の条件を満たすようなすべての n 個の効用の組 (U_i) から，かつそれのみから構成されなければならない．すなわち，$\overline{L}$ に属する任意の n 個の効用の組 (U_i^*) に対して，以下の代替的な制約を満たす n 個の変換の組 (ψ_i) が存在し，すべての i に対して，$U_i = \psi_i(U_i^*)$ となること．

- **序数的比較不可能性**（ordinal non-comparability，ONC）：各 ψ_i は正の単調変換，
- **基数的比較不可能性**（cardinal non-comparability，CNC）：すべての i に対して，各 ψ_i は正のアフィン変換，つまり $b_i > 0$ のもとで $\psi_i(\cdot) = a_i + b_i \cdot (\cdot)$,
- **比率尺度比較不可能性**（ratio-scale non-comparability，RNC）：すべての i に対して，各 $\psi_i(\cdot)$ は正の線形同次変換，つまり $b_i > 0$ のもとで $\psi_i(\cdot) = b_i \cdot (\cdot)$,
- **序数的水準比較可能性**（ordinal level comparability，OLC）：すべての i に対して，$\psi_i(\cdot) = \psi(\cdot)$ は正の単調変換，
- **基数的完全比較可能性**（cardinal full comparability，CFC）：すべての i に対して，$\psi_i(\cdot) = \psi(\cdot)$ は正のアフィン変換，つまり $b > 0$ のもとで $\psi_i(\cdot) = a + b \cdot (\cdot)$,
- **比率尺度完全比較可能性**（ratio-scale full comparability，RFC）：すべての

8　Hammond（1976, 1977），Maskin（1978, 1979），Arrow（1977），d'Aspremont and Gevers（1977, 2002），Deschamps and Gevers（1978），Blackorby and Donaldson（1977, 1978, 1980），Blackorby, Donaldson and Weymark（1980, 1984），Roberts（1980a, 1980b），d'Aspremont（1985），d'Aspremont and Mongin（1997）等を参照せよ．

i に対して，$\psi_i(\cdot) = \psi(\cdot)$ は正の線形同次変換，つまり $b > 0$ のもとで $\psi(\cdot) = b\cdot(\cdot)$.

- **基数的単位比較可能性**（cardinal unit comparability, CUC）：すべての i に対して，各 ψ_i は正のアフィン変換，つまり $b > 0$ のもとで，$\psi_i(\cdot) = a_i + b\cdot(\cdot)$,

- **基数的水準比較可能性**（cardinal level comparability, CLC）：すべての i に対して，各 ψ_i は正のアフィン変換，つまり $b_i > 0$ のもとで $\psi_i(\cdot) = a_i + b_i\cdot(\cdot)$ であり，かつ正の単調変換 $\phi(\cdot)$ が存在して，すべての $x \in X$ について $U_i(x) = \phi(U_i^*(x))$,

- **基数的単位及び水準比較可能性**（cardinal unit and level comparability, CULC）[9]：すべての i に対して，各 ψ_i は正のアフィン変換，つまり全員同一の $b > 0$ のもとで $\psi_i(\cdot) = a_i + b\cdot(\cdot)$，かつ正の単調変換 $\phi(\cdot)$ が存在して，すべての $x \in X$ に対して $U_i(x) = \phi(U_i^*(x))$[10].

　これらの各場合に適用される不変性の制約は，それぞれ ON，CN，RN，OL，CF，RF，CU，CL，CUL と表される（いずれも最後の C を省略する）．例えば，ON は序数的比較不可能性 ONC の場合の不変性の制約である．情報の正確さが低いほど，集合 $\bar{L}$ は大きくなり，（より広い定義域のため）不変性の制約はより厳しくなることにも注意されたい．より少ない情報では，より多くのシグナルが区別できなくなる．

　完全には特定されない比較可能性の場合を検討すると後で都合がよい．例えば，ほかはどうあれ，水準が比較可能な場合である．

　$\bar{L}(L)$ と $\bar{L}(U)$ を，それぞれ，序数的水準比較可能性と基数的単位比較可能性のもとでの比較可能性集合とする．

9　これは，基数的完全比較可能性におけるよりも多少大きな $\bar{L}$ のクラスとなるため，より厳しい不変性の制限を導出し，使用可能な情報がより少なくなる．この違いは，X と実際の効用の形状に依存する．ゲヴァーズ（Gevers 1979）のほぼ共基数的（ACC*）な場合は，共通の単調関数 $\phi(\cdot)$ が必ずしも X 全体に適用されるのではなく，効用ベクトルの各ペアに別々に適用されるということを除けば，CULC に対応する．この意味で，ACC* は CULC よりもなおいっそう要求が厳しく，より広いクラス上で不変であることを求め，より少ない情報の利用可能性を表す．

10　この場合，反転を防ぐために効用値は非負に限定されなければならないが，これは厳しい要請ではない．

　各ケースにおいて，強水準比較可能性 (L^+C) は $\overline{L} \subseteq \overline{L}(L)$ として，強単位比較可能性 (U^+C) は $\overline{L} \subseteq \overline{L}(U)$ として，それぞれ定義される．これらの測定可能性－比較可能性の枠組みに適用される不変性の制約は，それぞれ L^+ と C^+ で表される．

　社会厚生汎関数 (SWFL) に対して，アローの条件は容易に再定義可能である．

条件 $\tilde{U}$

$F(\cdot)$ の定義域は，X 上に定義される効用関数の論理的に可能なすべての n 個の組 (U_i) を含む．

条件 $\tilde{I}$

任意の社会状態のペア $x, y \in X$ に対して，$R|^{(x, y)} = F^{(x, y)}((U_i(x), U_i(y)))$ が成立する．それゆえ，すべての i と $a = x, y$ に対して，$U_i(a) = U_i^*(a)$[11] であるならば，$xF((U_i^*))y$ のとき，かつそのときに限り $xF((U_i))y$ である．

条件 $\tilde{P}$

任意のペア $x, y \in X$ に対して，$[\forall i: U_i(x) > U_i(y)] \Longrightarrow xPy.$

条件 $\tilde{D}$

すべての $x, y \in X$ と，$F(\cdot)$ の定義域に属するすべての (U_i) に対して，$U_i(x) > U_i(y) \Longrightarrow xPy$ となるような個人は存在しない．

　アローの不可能性定理は序数的比較不可能性の場合に関するものであるため，社会厚生汎関数に移し変えられた一般可能性定理は以下のようになる．

（T.A3*.1）社会厚生汎関数 (SWFL) に対するアローの不可能性定理

　有限な H に対して，$\#X \geq 3$ のとき，条件 $\tilde{U}, \tilde{I}, \tilde{P}, \tilde{D}$ と，不変性制約 ON を

11　比較可能性と測定可能性の組み合わせに関する他の場合は，対応する形で規定可能である．

満たす SWFL は存在しない.

ON のもとでは SWFL は実際には SWF となることに注意し，この場合，条件 $\tilde{U}, \tilde{I}, \tilde{P}$ 及び $\tilde{D}$ は，SWFL が還元される SWF に適用される条件 U, I, P 及び D を含意することに気づけば，この定理は証明される.

アローの不可能性の基数的効用への拡張

個人間比較を伴う社会的選択と厚生経済学の文献には，これまで探究され，確立されてきた結果の莫大なリストがある. ここですべてを網羅することは到底，望めないだろうが，いくつか特に選んだ結果を紹介すれば，読者は，福祉と優位性の個人間比較に関するより多くの情報をどのように利用することができるのか，ということについてなんらかの考えを得られるだろう.

アローの不可能性の結果は，**基数的比較不可能性の場合に容易に拡張される**（本書 1970 年版部分の第 8* 章も参照のこと）.

（T.A3*. 2）基数的比較不可能効用に拡張されたアローの不可能の結果

有限な H に対して，$\#X \geq 3$ のとき，条件 $\tilde{U}, \tilde{I}, \tilde{P}, \tilde{D}$ と不変性制約 CN を満たす SWFL は存在しない.

思い出してほしいのだが，この結果は，各個人が同じように集合 X の要素を順位づけるような任意の 2 つの効用関数の組 (U_i) と (U_i^*) をとることによって証明される. すべてのペア $x, y \in X$ について，アフィン変換における自由度が 2 であることを利用することによって，n 個の組の正のアフィン変換 (ψ_i) を (U_i^*) に適用し，$z = x, y$ と，すべての i に対して $U_i'(z) = \psi_i(U_i^*(z)) = U_i(z)$ とすることができる. 独立性の条件 $\tilde{I}$ により，$xF((U_i'))y$ のとき，かつそのときに限り $xF((U_i))y$ が成立する. そして CN により，$xF((U_i^*))y$ のとき，かつそのときに限り $xF((U_i'))y$ が成立する. これがペアごとに成り立つため，明らかに $F((U_i)) = F((U_i^*))$ であり，それゆえ，SWFL は実際，SWF となる. 証明の残りの部分は（T.A3*. 1）と同様である.

さらなる可能性の結果

　アローの不可能性の結果に関する限り，個人間比較可能性のない基数性では結果は変わらないが[12]，基数性のない個人間比較可能性は実質的に異なる結果を生む．急速に増加する文献において，非常に多くの建設的な可能性の結果が現れてきている．ここでは，そのほんの一部を手短に紹介しよう．

　序数的な水準比較可能性を伴うとき，条件 $\tilde{U}, \tilde{I}, \tilde{P}$ 及び $\tilde{D}$ は完全に整合的であり，不変性制約 OL とともにこれらの条件を満たす例は，いわゆる（個人的効用の観点で解釈される）ロールズ型マキシミン基準によって与えられる．しかし，**より強いパレート原理** $\tilde{P}^*$ はどうだろうか．

条件 $\tilde{P}^*$

任意のペア $x, y \in X$ に対して，$[\forall i: U_i(x) \geq U_i(y)]$ かつ $[\exists i: U_i(x) > U_i(y)]$ であるならば，xPy であり，かつ，$[\forall i: xI_iy]$ であるならば，xIy である［訳注：脚注 13 の通りに本文の定義を補った］．

　強パレート原理は，マキシミンによっては満たされないが，しばしばレキシミンと呼ばれる辞書式マキシミンルール（ロールズ（Rawls 1971, p. 83）を参照）を用いるならば満たされる[13]．$r(x)$ を状態 x において r 番目に不遇な個人とし，同じ効用水準の個人が 2 人以上いる場合は，任意に厳密な順序で並べる．

レキシミン

任意の $x, y \in X$ に対して，もしある $k, 1 \leq k \leq n$ が存在し，$U_{k(x)}(x) > U_{k(y)}(y)$ かつすべての $r < k$ に対して，$U_{r(x)}(x) = U_{r(y)}(y)$ であるならば，xPy である．他方，

12　しかしながら，もし独立性の条件が課されなければ，様々な可能性，特にナッシュ交渉解が存在する（1970 年版部分の第 8* 章参照）．ナッシュ社会厚生関数については，その他の貢献のなかでも特に，Nash (1950)，Luce and Raiffa (1957)，Sen (1970a)，Kalai and Smordinsky (1975)，Harsanyi (1977)，Kaneko and Nakamura (1979)，Kaneko (1980)，Kim and Roush (1980)，Coughlin and Nitzan (1981)，Binmore (1981) を参照せよ．

13　強パレート原理 ($\tilde{P}^*$): $\forall x, y \in X$, $[\forall i: xR_iy \& \exists i: xP_iy] \Longrightarrow xPy$, かつ $[\forall i: xI_iy] \Longrightarrow xIy$.

もしすべての $r(1 \leq r \leq n)$ に対して，$U_{r(x)}(x) = U_{r(y)}(y)$ であるならば，xIy である．

($\mathbf{T.A3^*.3}$) SWFL におけるレキシミンは条件 $\tilde{U}, \tilde{I}, \tilde{P}, \tilde{D}$ 及び OL を満たす．これは明らかに，「強水準」不変性制約や，CL，CUL，CF，RF 等のような OL よりも豊かなすべての比較可能情報に対しても成立する．

これはまた，これまでの文献で提示されてきた匿名性，中立性，分離可能性，スッピスの「正義の評価原理」(Suppes 1966)，そしてハモンド (Hammond 1976) の強い要請の公理 E を含むいくつかの「衡平性」基準など，他の条件も満たす．

条件 $\tilde{A}$ （匿名性）
(U_i) が (U_i^*) の置換であるならば，$F((U_i)) = F((U_i^*))$ である．

条件 $\tilde{N}$ （中立性）
$\mu(\cdot)$ を X に適用される置換関数とし，$\mu[R]$ が同じ置換関数 $\mu(\cdot)$ で変換された順序 R とする．もしすべての i とすべての $x \in X$ に対して，$U_i(x) = U_i^*(\mu(x))$ であるならば，$F((U_i^*)) = \mu[F((U_i))]$ である．

条件 SE （分離可能性）
個人の集合 H を 2 つの真部分集合 H_1 と H_2 に分割するとする．もし，H_1 に属するすべての i とすべての $x \in X$ に対して，$U_i(x) = U_i^*(x)$ が成り立ち，H_2 に属するすべての i とすべての $x, y \in X$ に対して，$U_i(x) = U_i(y)$，$U_i^*(x) = U_i^*(y)$ が成り立つならば，$F((U_i)) = F((U_i^*))$ である．

条件 S （スッピス原理）
$\rho(\cdot)$ を個人の集合 H に適用される置換関数であるとする．任意の $x, y \in X$ に対して，もしすべての i に対して，$U_i(x) \geq U_{\rho(i)}(y)$ であるならば，xRy である．これに加えて，もしある i に対して $U_i(x) > U_{\rho(i)}(y)$ であるならば，xPy である．

条件 *HE*（ハモンドの衡平性公理）

任意の $x, y \in X$ に対して，もし，あるペア $g, h \in H$ に対して $U_g(y) > U_g(x) > U_h(x) > U_h(y)$ であり，かつすべての $i \neq g, h$ に対して，$U_i(x) = U_i(y)$ であるならば，xRy である．

　匿名性は，人びとの間で効用関数を並べ替えても，社会的順序には影響を与えないと述べる．中立性は，個人的順序において社会状態を並べ替えると，社会的順序における社会状態もそれとまったく同じように並べ替えられると主張する．分離可能性は，**無差別ではない**個人全員に対して，すべての社会状態の効用値に変化がなければ，社会的順序も変化すべきでないと言う．スッピス原理は，**匿名的**な形での優越関係を用いることによってパレート原理を拡張する．まず弱いランキングを考えると，x における各個人が，y における対応する個人と少なくとも同程度に望ましい状態であるならば，xRy である．これに加えて，x におけるある個人が，y における対応する個人よりも厳密に望ましい状態であるならば，xPy である．ハモンドの衡平性公理は，もし個人 h が，x と y の両方において個人 g よりも不遇であり，かつ h は y よりも x を好む一方，g は x よりも y を好み，他のすべての個人は x と y の間で無差別であるならば，xRy であることを要請する．

　マキシミンもレキシミンも，ある特定のランク，すなわち最も不遇な立場の独裁を組み込んでいると見ることができる．序数的水準比較可能性は，アローの不可能性定理を免れるための適切な情報的基礎を与えるのだが，その免れる道は，**いずれかのランク**（例：最も不遇な，最も恵まれた，k 番目に不遇な立場など）の独裁を組み込んだルールの形をとらなければならないのかを問うことは興味深い．たしかに，序数的水準比較可能性に対する不変性を満たす SWFL に課されるアローの諸条件は，我々をその方向へ推し進める．また，他のすべての可能なルールは——概してかなり奇妙なものだが——非独裁性の条件を匿名性に強めることによって排除される（ゲヴァース（Gevers 1979）とロバーツ（Roberts 1980a）を参照せよ）．

　どのようにして，そして，なぜこうなるのか．匿名性のもとでも，その他の条件があるところで，ランクは不変で利用可能なシグナルのままであり（個人

のアイデンティティはこの限りではない），さらに基数性と単位比較可能性がないときには，ランクは実質的に唯一の不変なシグナルとなる．これにより，個人の決定力に関するアロー型の推論が，対応するランクの決定力に関する推論に変換され，（弱パレート原理で保証される）すべて合わせたランクの決定力から（T.A1*. 3：決定力を持つ集合の縮約に関する補題のもとにおけるのと同様にして）ある特定のランクの決定力へと至るのである．

　これに関する重要な結論は，ケヴィン・ロバーツ（Roberts 1980a, 1980b）とルイ・ゲヴァース（Gevers 1979）の研究に依る[14]．

T.A3*. 4　ランク独裁性定理

有限な H に対して，$\#X \geq 3$ のとき，条件 $\tilde{U}, \tilde{I}, \tilde{P}, \tilde{A}$ と不変性制約 OL を満たす SWFL はランク独裁的である．すなわち，すべての $x, y \in X$ に対して，$U_{k(x)}(x) > U_{k(y)}(y) \Longrightarrow xPy$ であるランク k が存在する．

　レキシミンは，最も不遇なランクの独裁を意味するだけでなく，各ランクはそれより低いランクがすべて無差別のとき独裁力を持つという，独裁力の全体的な階層構造も含意する．レキシマックスは，その反対の階層構造を規定し，最も恵まれたランクは無条件に独裁的であり，その他のランクは，より高いランクが無差別であるという条件のもとで独裁力を享受する．レキシマックスの定義は，その条件が $r < K$ の代わりに $r > K$ に適用されるという変更以外は，レキシミンの定義と同じである．ランク独裁性の結果は，分離可能性を要求し，弱パレート公理を強パレート公理 $\tilde{P}^*$（$\tilde{P}$ が P に対応するように，$\tilde{P}^*$ は P^* に対応する）に置き換えることによって，レキシミンかレキシマックスのどちらかが生じるように変えることができる（ダスプリモンとゲヴァース（d'Aspremont and Gevers 1977）を参照せよ）．

（T.A3*. 5）　レキシミン－レキシマックス定理

有限な H に対して，$\#X \geq 3$ のとき，条件 $\tilde{U}, \tilde{I}, \tilde{P}^*, \tilde{A}, SE$ と不変性制約 OL を

14　Deschamps and Gevers（1979），d'Aspremont（1985），d'Aspremont and Gevers（2002）も参照せよ．

満たす SWFL はレキシミンかレキシマックスのどちらかである.

レキシミンの公理的導出

　スッピス原理の要請の2つの変形版（実際は弱める形）を検討することは有用だろう. スッピス原理は, パレート原理と同様に効用の優越関係に基づく（しかし, 匿名的に適用されるので, パレート原理よりもはるかに広く当てはまる）. 条件を弱めるひとつの方法は, 匿名の比較を, ちょうど2個人の間の並べ替えだけに制限することである. もうひとつは, （パレート無差別ルールに対応して）無差別関係だけに着目することである.

条件 S_2（2個人のスッピス原理）
任意の $x, y \in X$ と, 任意の2個人 $g, h \in H$ に対して, もし, $U_j(x) \geq U_j(y)$ が $j = g, h$ に対して成り立つか, あるいは $U_g(x) \geq U_h(y)$ かつ $U_h(x) \geq U_g(y)$ であり, 一方, すべての $i \neq g, h$ について, $U_i(x) \geq U_i(y)$ であるならば, xRy である. さらに, 2つの不等号 $\geq$ のうち少なくとも1つが強い不等号 $>$ で成立するならば, xPy である.

条件 S^0（スッピス無差別ルール）
任意の $x, y \in X$ に対して, もしある置換関数 $\rho(\cdot)$ が個人の集合 H に適用され, すべての i に対して, $U_i(x) = U_{\rho(i)}(y)$ であるならば, xIy である.

条件 S_2^0（2個人のスッピス無差別ルール）
任意の $x, y \in X$ と, 任意の2個人 $g, h \in H$ に対して, もし, $U_g(x) = U_h(y)$ かつ $U_h(x) = U_g(y)$ であり, 一方, すべての $i \neq g, h$ に対して, $U_i(x) = U_i(y)$ であるならば, xIy である.

　パレート無差別ルールは引き続き保持される.

　レキシミンを公理的に導出するためには, ハモンド衡平性条件もダスプリモ

ンとゲヴァース（d'Aspremont and Gevers 1977）が「最小限の衡平性」と呼んだ条件に弱めることができる.

条件 *ME*（最小限の衡平性）
SWFL はレキシマックス原理ではない.

最後に，一般的な関係形式の独立性を考える.

条件 $\tilde{I}$（関係形式の独立性）
　任意の部分集合 $S \subseteq X$ に対して，もしすべての i とすべての $x \in S$ に対して $U_i(x) = U_i^*(x)$ であるならば，$F((U_i))|^S = F((U_i^*))|^S$ である.

　レキシミンは，ハモンド（Hammond 1976, 1979b），ストラスニック（Strasnick 1976, 1978），ダスプリモンとゲヴァース（d'Aspremont and Gevers 1977, 2002），マスキン（Maskin 1979），デシャンとゲヴァース（Deschamps and Gevers 1978, 1979），ロバーツ（Roberts 1977, 1980a, 1980b），アロー（Arrow 1977），セン（Sen 1977c），ウルフ（Ulph 1978），ゲヴァース（Gevers 1979），鈴村（Suzumura 1983, 2016），ダスプリモン（d'Aspremont 1985），ブラッコビーとボッサールとドナルドソン（Blackorby, Bossert and Donaldson 2002），その他の論文で異なる方法で公理化されている.　主要な結果は，かなり包括的な定理の形で表すことができる.　この定理では——そして実際この後に続く議論でも——#$X \geq 3$ であり，H は有限であると仮定する（セン（Sen 1986b）を参照せよ）.

（T.A3*. 6）レキシミンの導出定理
　定義域の非制約性 $\tilde{U}$ と無関係な選択肢からの独立性 $\tilde{I}$ を満たす SWFL が，強水準比較可能性に対する不変性 L^+ と以下の条件の組の 1 つを満たすならば，必ずレキシミンとなる.

　　(1)　$\tilde{P}^*$，$\tilde{A}$，*SE*，*ME*，及び *OL*.
　　(2)　*S*，*SE*，*ME*，及び *OL*.

(3)　$\tilde{P}^*$, $\tilde{A}$, 及び *HE*,

(4)　$\tilde{P}^*$, S^0, 及び *HE*,

(5)　$\tilde{P}$, S_2^0, 及び *HE*,

(6)　S と *HE*,

(7)　S_2 と *HE*.

　もうひとつの結果を示すため，レキシミン-kを，ちょうどk人が無差別ではない状態の任意のペアを順位づけることに適用されるレキシミン原理として定義しよう．レキシミンの魅力的ではない特徴のひとつは，（相対的に不遇である）一個人の利益が，その他の非常に多くの人びと，場合によっては数十億人の利益に優先することを許容してしまう点である．この可能性は，無差別ではない人びとが少数の場合にレキシミンの適用を制限することによって排除することができる．しかしながら，レキシミンを制約するこのような企ては，定義域の非制約性と独立性を満たす SWFL に対してはまったく見込みのないことが，次の結果により示される（このやや憂慮すべき結果の証明については，セン (Sen 1977c) を参照のこと）．

(T.A3*. 7) レキシミン -2 から一般的なレキシミンへ
条件 $\tilde{U}$ と $\tilde{I}$ を満たす任意の SWFL に対して，レキシミン-2 は一般的なレキシミンを含意する．

　この結果を考慮すると，レキシミンの導出は，最初にレキシミン-2（2個人の対立では，より恵まれない状況にある個人の利益が優先される）を得て，そこから一般のレキシミンに至るということに簡略化できる．

強中立性と強匿名性

　先に述べたように，レキシミンは中立性と匿名性の条件を満たす．実際，それぞれのより強い条件をも満たす．功利主義やその他の多くの手続きも同様である．さらに先に進む前に，これらの中立性と匿名性をより強めた条件を検討

することは有益である．

条件 SN（強中立性）

任意の 2 つの社会状態のペア (x, y), (a, b) と，n 個の効用関数の任意の 2 組 (U_i), (U_i^*) に対して，もしすべての i に対して，$U_i(x) = U_i^*(a)$ かつ $U_i(y) = U_i^*(b)$ であるならば，$aF((U_i^*))b$ のとき，かつそのときに限り $xF((U_i))y$ である．

条件 SA（強匿名性）

n 組の効用関数の任意のペア (U_i), (U_i^*) に対して，もし集合 H 上のある置換関数 $\rho(\cdot)$ で，ある x とすべての i に対して，$U_i(x) = U_{\rho(i)}^*(x)$ であるものが存在し，かつ，すべての $y \neq x$ とすべての i に対して，$U_i(y) = U_i^*(y)$ であるならば，$F((U_i)) = F((U_i^*))$ である．

強中立性は中立性 $\tilde{N}$ と独立性 $\tilde{I}$ を含意し，実際この 2 つの組み合わせと同値である．強中立性は中立性をペアごとに適用することを許容し，任意の 2 つの社会状態に関する効用情報が，そのペアを順位づけるために必要なもののすべてであると主張する．強匿名性は，効用関数が人びとの間で置換されるときだけでなく，任意の特定の状態 x に対する効用値が人びとの間で置換され，他の状態に対する効用値にはなにも変わりがない場合においても，不変性を要求する．明らかにこのような並び替えは，n 組の効用関数に組み込まれた選好順序のリストを変化させることがある．したがって，多数決法のような順序に基づくルールは，匿名性（及び強中立性）を満たす一方で，一般には強匿名性を満たさない．

強中立性が与えられるとき，社会厚生 W は個人的効用のベクトル u の関数と見ることができ，我々はバーグソン - サミュエルソン社会厚生関数の古典的定式化に引き戻される[15]：

---

15 Samuelson (1947, pp. 228-9, 246)，Bergson (1948, p. 418)，Graaff (1957, pp. 48-54) を参照せよ．

$$W = W(\pmb{u})$$

　定義域の非制約性と無関係な選択肢からの独立性を満たす SWFL に対して，パレート無差別ルール P^0 は強中立性を含意し，スッピス無差別ルール S^0 は強中立性と強匿名性の両方を含意する．

強中立性定理

　条件 U と I を満たす任意の SWFL に対して，$P^0 \Leftrightarrow SN$.

強匿名性定理

　条件 U と I を満たす任意の SWFL に対して，$S^0 \Leftrightarrow (SN \& SA)$.

　証明はセン（Sen 1977c）を参照せよ．

功利主義に関するハルサニーの定理

　功利主義に関するハルサニー（Harsanyi 1955）の公理的研究は，アローの社会厚生関数とそれに関連する構造における順序を基礎とした社会厚生判断と，初期の——そして古典的な——対照をなした．より豊かな効用情報の基礎により，ハルサニーは個人的効用の加重和のクラスを検討することができるようになった——このクラスはアローの社会厚生関数の枠組みにも，またこの点に関しては，序数的水準比較可能性のみを許容する SWFL の枠組みにも収めることができなかったものである．

　ハルサニー（Harsanyi 1955）は功利主義について，2つの——本質的に独立した——結果を確立した．1つ目を私はハルサニーの非個人的選択功利主義（Impersonal Choice Utilitarianism）と呼ぼう．これはいかなる個人の——倫理的判断を反映している——社会厚生関数も，「その個人が等確率で社会のどの人の境遇にもなりうるならば，社会状態に関するその個人の選好はどのようなものであったか」ということに基づくべきだとする[16]．選択の整合性については，フォン・ノイマンとモルゲンシュテルン（von Neumann and Morgenstern

1947）の公理が満たされると仮定する．このとき，ある状態からの社会厚生は，その状態においてどの人になる確率も $1/n$ とした，**あたかもくじの効用として考えることができる．** もし $W_i(x)$ をフォン・ノイマン–モルゲンシュテルンの尺度で，状態 x における賞品 i（すなわち，個人 i になること）の効用であるとすると，明らかに

$$\text{すべての } x \in X \text{ に対して,} \quad W(x) = \frac{1}{n}\sum_{i=1}^{n} W_i(x) \tag{H-1}$$

私がハルサニーの効用総和定理と呼ぶもうひとつの結果は，道徳的基礎はより弱いが，分析的にはより強い主張である．もしある所与の状態において，(1) 各個人 i の効用関数の族が基数的で，正のアフィン変換のクラスで与えられ，(2) 社会厚生関数も基数的で，正のアフィン変換のクラスで与えられ，かつ (3) パレート無差別ルールが仮定されるならば，すなわち，すべての i に対して $U_i(x) = U_i(y)$ であるとき $W(x) = W(y)$ が成り立つならば，社会厚生は人びとの効用の線形加重和となる．

$$\text{すべての } x \in X \text{ に対して,} \quad W(x) = \sum_{i=1}^{n} a_i U_i(x) \tag{H-2}$$

この後に続いた功利主義に関する議論で，多くの注目を集めてきたのは（H-1）で示されるような非個人的選択功利主義である（例えばアロー（Arrow 1973）を参照せよ）．これは，フォン・ノイマン–モルゲンシュテルンの基数的効用尺度が W_i と W の両方をひとつの統合された数値づけのシステムのなかでカバーし，個人の効用の数値 W_i はくじ上の選択を予測する際に各賞品に付与

16　どの人になる確率も等しい場合の選択に依拠する衡平性アプローチについては，1970年版部分の第9章で議論されている．社会厚生を特徴づけるこの方法に関しては，Vickrey（1945）も参照せよ．このアプローチの道徳的許容可能性に関する批判については，Diamond（1967）及び Harsanyi（1977, 1979）の見解を参照せよ．他のタイプの批判については，McClennen（1978）及び Blackorby, Donaldson and Waymark（1980）を参照．非個人的選択を道徳的判断の基礎とすることに関する——功利主義の形式をはるかに超えた——より広範な倫理的問題は，Harsanyi（1958）により，仮言命法の観点から彼の倫理モデルにおいて啓発的に議論されている．Harsanyi（1977, 1979）も参照せよ．

される価値という以外にはなんら独立の意味を持たないという点で，かなり限定的な意味での功利主義に関する定理である．社会厚生がその総和で表される個人の効用について**独立**した概念は存在せず，かくてこの結果が主張していることは古典的な功利主義よりもずっと少ない．

　例えば，ある個人の倫理的判断，そして非個人的選択も，独立に測定された比率尺度完全比較可能（RF）な（一様に非負の）個人的効用を t 乗（t は一定）し，その総和の最大化に基づく場合を考えよう[17]．

$$\text{すべての } x \text{ に対して, } \quad W(x) = \frac{1}{t}\sum_{i=1}^{n}(U_i(x))^t \tag{H-3}$$

　$t < 1$ のとき，社会厚生は独立に計測された効用 U_i について厳密に凹である（したがって U_i に関しては非功利主義的である）．しかしながら，これは，フォン・ノイマン – モルゲンシュテルンの尺度システムのなかでは，功利主義であるように見えるだろう．個人 i に帰属する W_i の唯一の役割は，不確実性のもとでの個人の選択を予測することであるため，これはかなり表面的な形の功利主義である．実のところ，（H-3）は，（$t=1$ 以外のすべての場合に対して）非功利主義的ルールのクラス全体を許容しており[18]，t をマイナス無限大に発散させることにより，独立に計測された効用に対して，ロールズ流マキシミンあるいはレキシミンもカバーすることができる[19]．

　しかし，ハルサニーの効用総和定理はこの問題を抱えておらず，この意味ではずっと強い主張である．しかしながら，これは基本的には表現定理である．これは単一プロファイルに関してのみの考察であり，個人の効用関数が変化するとき（すなわち，正のアフィン変換の族 L_i が変わるとき），（H-2）の定数項 a_i

---

17　マーリーズ（Mirrlees 1971）は，社会厚生のこの定式化を用いている（Mirrlees（1982）も参照せよ）．この定式化はロバーツ（Roberts 1977, 1980b），ブラッコビーとドナルドソン（Blackorby and Donaldson 1977）によって公理的に分析され，議論されている．Blackorby, Donaldson and Weymark（1984）も参照せよ．

18　$U_i(\cdot)$ と $(U_i(\cdot))^t$ は，当然ながら $t=1$ のとき以外，同じ正のアフィン変換のクラスに属することはあり得ないことに注意されたい．

19　これらの導出については，Atkinson（1970），Arrow（1973），Hammond（1975）を参照せよ．

が一定であることを求めない．したがって，功利主義の公式のようにすべての a_i が個人間で等しくなるとは示さないだけでなく（実際，特定の公理に対しては負にもなりうる），a_i の集合が個人の効用の特性における変化に関して不変であることも求めない（これは，与えられた正アフィン変換の族の**なかにおける**表現の変化とは対照的である）．

　この議論の結論は，ハルサニーの定理にもかかわらず，功利主義の公理的導出が必要であるということである．必要とされていることは，(1) 個人の効用に関する独立した定式化を許し，(2) 集計される効用関数から独立であるという不変性を有する公理化である．このような公理化の結果が最近発表されており，次節ではこれを取り上げる．しかし，ハルサニーの枠組みに関する議論を終える前に，功利主義の完全な公理的導出を与えることには失敗したとしても，それでハルサニーの定理が無用になるわけではないということは明確に主張するに値する．実際，それどころではない．表現定理はそれ自体が大変興味深いものであり，ハルサニーの非個人的選択の枠組みが，社会倫理において広く着想を喚起する貢献をしてきたことは明らかである．

功利主義——他の公理的導出

　功利主義的社会厚生汎関数（SWFL）を，任意の n 個の効用関数の組と，任意の $x, y \in X$ に対して，$\sum_{i=1}^{n} U_i(x) \geq \sum_{i=1}^{n} U_i(y)$ のとき，かつそのときのみ xRy であるという SWFL として定義する[20]．ダスプリモンとゲヴァース（d'Aspremont and Gevers 1977, Theorem 3）が証明した次の定理は，功利主義に対抗するルールを除去するために，基数的単位比較可能性 CU に対する不変性の要件を，その他の条件に加えて用いる．再び，H は有限かつ $\#X \geq 3$ と仮定する．

20　ヤーリ（Yaari 1978）は，外生的な重みづけによる加重総和式を用いて，功利主義の形をより弱く定義している．ある 1 組の仮定のもとでは，ロールズ型と功利主義の SWFL が同値になることが示される．したがって，ヤーリは通常の功利主義よりも広いクラスのルールについて公理的な（そしてまた直観的な）分析を行っている．

（T.A3*. 8）基数的単位比較可能性により導出される功利主義
条件 $\tilde{U}, \tilde{I}, \tilde{P}^*, \tilde{A}$ 及び CU を満たす SWFL は必ず功利主義的となる.

　功利主義的 SWFL が実際これらの条件を満たすことを最初に確認する. こ
れは, $\tilde{U}, \tilde{I}, \tilde{P}^*$ 及び $\tilde{A}$ については明らかである. CU に関しては, どの個人の
効用関数も, それに（正あるいは負の）定数を加えることによる変換が, すべ
ての差分 $[U_i(x) - U_i(y)]$ に影響を与えないことに留意するだけでよい. また,
各 U_i に同じ定数をかけても, **相対的な**差は変化しない. したがって, 我々は,
これらの条件が合わさると, その他のどの種類の SWFL も許容されないとい
うことを証明しさえすればよい.
　強中立性定理から, 問題となっている SWFL は強中立性を満たさなければ
ならない. 定義域の非制約性, 独立性及び匿名性が与えられたもとでは, パレ
ート無差別ルールならばスッピス無差別ルールでもあるから, 強匿名性定理に
よりこの SWFL は強匿名性も満たさなければならない. したがって, 任意の
ペア $x, y \in X$ を順位づける際には, x と y に対する効用ベクトルのみを考えれ
ばよく, 社会的ランキングを変えることなくどの状態の効用値も個人間で並べ
替えることができる.
　最初に, x と y に対する個人の効用の和が等しい場合を考える. このとき,
xIy であることを示さなければならない. 状態ごとに, 効用の順序が個人の番
号に沿うように効用の数値を並べ替える. すなわち, $a = x, y$ に対して $U_n(a) \geq$
$U_{n-1}(a) \geq ... \geq U_2(a) \geq U_1(a)$ とする. 次に, 各 $U_i(a)$ から, 2 つの値 $\{U_i(x), U_i(y)\}$
のうちの小さいほうを差し引く（これは CU のもとで許容された変換であり, 各
個人に関する原点の変換は自由に行うことができる）. この引き算の後, 各状態に
おいて効用の順序が個人の番号に沿うように再び効用の数値を並べ替え,
$U_n^1(a) \geq U_{n-1}^1(a) \geq ... \geq U_2^1(a) \geq U_1^1(a)$ とする. このようにして (U_i^1) を生成する.
このプロセスを繰り返すことによって, ある r に対して, すべての i と $a = x$,
y に対して, $U_i^r(a) = 0$ を得る. パレートの原理により, この n 個の効用の組
(U_i^r) に対して xIy となり, CU によりこれは $\bar{L}$ に属するすべての (U_i) に対して
成立する. したがって, xIy である.
　この代わりに, 人びとの効用の総和が y よりも x において大きい場合から

始めると，すべての i に対して $U_i^r(x) \geq 0$，かつ，ある i に対して $U_i^r(x) > 0$ である状況にたどり着く．したがって，強パレート原理により xPy である．そして，これで SWFL が実際に功利主義的であることが証明された．

そのほかにも様々な功利主義の公理化が発表されている[21]．エリック・マスキン（Maskin 1978）の明快な公理化は，分離可能性の条件（条件 *SE*）と連続性の要件を用いている．

（T.A3*. 9） 分離可能性と連続性により導出される功利主義

［訳注：#H≥3 と仮定する］条件 $\tilde{U}, \tilde{I}, \tilde{P}^*, \tilde{A}, SE$，連続性，及び基数的完全比較可能性 CF に対する不変性要件を満たす SWFL は，必ず功利主義的である．

加法的分離可能性に関するデブリュー（Debreu 1960）の定理を適用すると，$\tilde{U}, \tilde{I}, \tilde{P}^*$，及び SE により，$\sum_{i=1}^{n} v_i(U_i(x)) \geq \sum_{i=1}^{n} v_i(U_i(y))$ のとき，かつそのときに限り xRy であるような連続関数 $v_i(\cdot)$ が存在する．匿名性により，すべての i に対して $v_i(\cdot) = v(\cdot)$ である．マスキンは，（$\tilde{U}, \tilde{I}, \tilde{P}^*$ に加えて，不変性の要件 CF と連続性を用いて）$v(\cdot)$ が正のアフィン変換でなければならないことを示し，証明を完成させている．これで SWFL が功利主義的であることが証明される．

（T.A3*. 10） 合同特徴づけ定理

［訳注：#H≥3 と仮定する］条件 $\tilde{U}, \tilde{I}, \tilde{P}^*, \tilde{A}, SE, ME$ と不変性の条件 CF を満たす SWFL は，必ずレキシミンか功利主義型のどちらかである．

レキシミンの導出定理より，これらの条件に序数的水準比較可能性 OL に対する不変性要件を追加すると，レキシミンが導かれることがわかる．効用情報の枠組みを基数的完全比較可能性へ広げると，唯一認められる追加的なルールは功利主義型だけである．もし，なんらかの公理によりレキシミンが除外され

---

21 Deschamps and Gevers（1978, 1979），Maskin（1978），Blackorby and Donaldson（1977, 1979），Roberts（1980b），Myerson（1983），Blackorby, Donaldson and Weymark（1984）を参照せよ．これらの研究は，ダスプリモンとゲヴァース（d'Aspremont and Gevers 1977）の手法にあるように，水準を比較不可能としていない．功利主義の公理化への非常に異なる方法については，Ng（1975）を参照せよ．あわせて，Danielson（1973）及び Mirrlees（1982）も参照せよ．

ると，功利主義ルールのクラスが公理化されるであろう．実際多くの弱い公理
でレキシミンが除外される．この方法の利点は，連続性も必要としないし，重
要なパラメーター（すなわち比較可能な効用水準）を使用不可能にする CU によ
る情報の制限も必要としないことにある[22]．一方で，合同特徴づけ定理は，か
なり控えめな結果しか生み出さない．すなわち，功利主義ルールそのものでは
なく，功利主義型の諸ルールを公理化するのである．さらに，功利主義型ルー
ルとレキシミンをあわせて特徴づけるのではなく，とりわけ功利主義を得るた
めには，この方法では特にレキシミンを追い出すための，なんらかの追加的な
手続きを必要とする．

ボルダと順位加点ルール

　社会的選択理論の開拓者のひとり（そしてコンドルセの同時代人）である J. C.
ボルダが最初に提唱した「順位加点ルール」について手短に考察して，この章
を終えたい[23]．投票結果を決定するいわゆるボルダ・ルールは，ランキングに
おける各選択肢の他の選択肢と比較した順位に着目し，そのランク順序におけ
る順位によってそれぞれの選択肢に重みを付ける．ボルダ・ルールは，任意の
選択肢に対して，各個人の選好順序におけるランクの総和と等しい評価値を付
与することに基礎を置くと考えられる（例えば，3 人の個人と，3 つの状態がある
とき，ひとりの順序では x が第 1 位，他の 2 人のランキングでは x が第 3 位である
ならば，x に対するボルダ数は $1 + 3 + 3 = 7$ である）．ボルダ・ルールは選択肢を
これらの数とは逆の順番で順位づける．このルールは社会的選択の文献におい
て，前提となる様々な公理によって特徴づけられてきた[24]．

22　マイヤーソン（Myerson 1981）はパレート最適性と線形条件から功利主義を導出しているが，
　　より重要なことに，パレート最適性，独立性，及び凹性の条件をあわせて課すと，社会厚生ルー
　　ルが功利主義か平等主義の**どちらか**になることを示している．

23　プラサンタ・パタナイック（Pattanaik 2011）は，その利点と限界についての評価を含めた順位
　　加点ルールの非常に明快な説明を与えている．

24　順位加点ルールについては，特に Young（1974a, 1974b, 1975）を参照せよ．Gärdenfors（1973），
　　Smith（1973），Fine and Fine（1974），Fishburn and Gehrlein（1976），Hansson and Sahlquist
　　（1976），Gardner（1977），Farkas and Nitzan（1979），及び Nitzan and Rubinstein（1981）も参
　　照せよ．

ゲルデンフォルス（Gärdenfors 1973）とファインとファイン（Fine and Fine 1974）は，順位加点ルールの詳細な検討を行っている．これらのルールは有限ランキングルールを含んでおり，それは各個人の順序において選択肢が占める順位に応じた重みづけに基づく．その加点はランクの非減少関数であり，誰の順序に対しても同じように（つまり匿名的に）適用される．その社会的ランキングは，異なる状態に付与された加点の総和のランキングを反映するように構築される．その特殊例がボルダの手法である．その他には，順位を反映した効用による功利主義の変形版がある．すべての有限ランキングルールの**共通部分**は，ランク優越 R^D を正確に反映した準順序を導出する．ここで，xR^Dy であるのは，ある個人間の並べ替えに対して，x が各個人の順序において，対応する個人の順序における y と比べて少なくとも同程度に高い順位を占めるとき，かつそのときに限る[25]．最近の貢献のなかで分析されている様々な順位加点ルールの公理的構造は，これらの重要な決定手続きのクラスの性質や働きに関する我々の理解を高めてくれている（パタナイック（Pattanaik 2002）を参照せよ）．

順位の区別はまた，序数的な水準比較可能な効用と組み合わせて用いることも可能である．そのときの加点は，X と H のデカルト積全体に関する個人間順序における境遇 (x, i) のランク，すなわち状態 x において個人 i になることのランクに基づいて行うことができる．一般的な方式は，その状態に関わるすべての境遇に対する加点の総和に応じて社会状態を順位づけることであるが，個人間ランク順序ルール（Interpersonal rank-order rule, IROR）は，各境遇への加点をランクの数と等しくするという点で，まさしくボルダ・ルールに対応している[26]．

3つの状態と3人の個人に関する，9つの異なる境遇を用いた例を考えよう．

$(x, 1)$

$(y, 2)$

---

25 フィッシュバーン（Fishburn 1973）は，強順序に対するそのような並べ替えによる優越関係について議論している．ファインとファイン（Fine and Fine 1974）は，このタイプのルールについて広範な分析——そして公理的な導出——を行っている．

26 Sen（1977c, Chapter 5），Mizutani（1978），Gaertner（1983）を参照せよ．

$(z, 3)$

$(x, 2)$

$(y, 3)$

$(z, 1)$

$(x, 3)$

$(y, 1)$

$(z, 2)$

多数決ルールは，ここでは選好の循環をもたらす．すなわち，yPx, zPy, xPz となる．ボルダ・ルールでは，すべて無差別となる．つまり，xIy, yIz, zIx である．対照的に，IROR は強順序を生み出し，xPy 及び yPz となる．この例では，効用で定義されたロールズ型マキシミン（またはレキシミン）ルールも同じである．しかし，この一致はつねには——実のところたいていは——成り立たない．実際，両者の不一致は $(x, 3)$ と $(z, 2)$ の順位を入れ替えた場合に起こる．このとき，IROR のランキングが変化しない（xPy と yPz）のに対し，ロールズ型順序は反転して zPy 及び yPx となる．これらはすべて明確に異なるルールであり，それぞれ固有の理論的根拠を持っている．

　最後の場合，すなわち個人間順位加点ルールでは，順位情報は，いうなれば，序数的水準比較可能性を，$X \times H$ に関する拡張された順序におけるランクに基づく，ある種の巧妙な基数的完全比較可能性に変換するために用いられている．ボルダ・ルールを含む通常の順位加点ルールの場合には，比較不可能な序数的効用情報を，各個人の順序における個人別に設定されたランクに基づいて，想定上の基数的完全比較可能性へと変換するために順位情報が使われる．ランクの値を数値による重みに変換するその恣意性こそが，これらのルールの両クラスの最も弱い点であると概して考えられている．実際，アロー（Arrow 1951a）の独立性条件の擁護は，（彼が議論しているように）そのような恣意性は避ける必要があるということに一部は依拠している．

　ボルダ・ルールには，ボルダ数が全体集合 X におけるランクに基づくのか，あるいは選択 $C(S)$ がなされる集合 $S \subseteq X$ におけるランクに基づくのかによって，定義の仕方が2つある．「広義ボルダ・ルール」と呼んでよい前者は，独立性

を満たさないが推移的な社会的順序をもたらすのに対し，「狭義ボルダ・ルール」と呼んでよい後者は独立性の条件を満たすが非二項的な選択関数を導くことを，容易に確認できる．狭義ボルダ・ルールは，アローの条件のすべて，すなわち P, I, D，そして定義域の非制約性 U の大部分，つまりアローが要請 U の一部として含めていた集団的合理性を除いた部分を満たしうる社会的選択関数を生み出すという利点を持っている（このルールは，集団的合理性の要求は満たさないが，非二項的であるものの完備な選択関数をもたらす）．この点において，狭義ボルダ・ルールは，シュヴァルツ（Schwartz 1970, 1972），ブルームフィールド（Bloomfield 1971），キャンベル（Campbell 1972, 1976），ボルドゥ（Bordes 1976），デブ（Deb 1977）等によって研究された，多数決ルールの推移的閉包を基礎とした社会的選択関数の強力なライバルである．

　順位加点ルールのアプローチにはこれ以上広くは立ち入らないことにする．これらのなかで最も有名なボルダ・ルールは，簡易な数量化を提示している．この利便性を持ち込むには，すべての個人とすべての選択肢のペアについて，任意の 2 つの近接する選択肢間の差をまったく同じものとみなすという恣意性の代償がいくらか伴う．ボルダ・ルールへの高い評価は，多数決ルールによって発生する循環（あるいは，ある部分集合において多数決勝者が存在しないこと）への人びとの不満がもとになっていることが多い．その恣意性にもかかわらず，一種の次善の選択として人びとを惹き付けがちである．この選択は見直されなければならないかもしれない．マスキン（Maskin 1995, 2014）が多数決の汎用性を示したため，整序的多数決の結果についてより楽観的になる理由が生まれてきているからである．

　個人間比較を無視するために人びとの間の不平等を軽視する問題は，多数決ルールにも通常のボルダ・ルールにも（ボルダ・ルールの個人間版，すなわち IROR では，多少この問題に取り組んでいるが），当然残る．競合する社会的選択アプローチのそれぞれから，我々はどのような建設的な事柄を得るのか，そしてまた，これらのアプローチがそれぞれなにを達成できないのかを知ることは重要である．繰り返しになるが，社会的選択に至る様々な道筋の相対的な長所について，十分な情報に基づく公共的推論を尽くすことには強い論拠がある．実際それは，選挙や政治的決定において重要であるのと同程度に，厚生経済学

と社会厚生評価においても重要である.

第 A4 章
民主主義と公共的参加

　近代民主主義の出現に際して，啓蒙時代以降のヨーロッパやアメリカの経験が決定的な役割を果たしたことは明らかであり，そのため，民主主義は西洋に特有の考えと思われがちである．事実，現代の政治的議論で民主主義はまさにそのようにみなされることが多い．しかし，アメリカの民主主義を鋭く論評したアレクシ・ド・トクヴィルが，19 世紀初頭に記したように，当時ヨーロッパとアメリカで起こりつつあった「偉大な民主主義革命」は「新しいもの」だったが，それは同時に，「歴史上最も連続的で古くからある，永続的な傾向」[1]の表出でもあった．民主主義の背後にある考えを理解するには，長期にわたって世界の様々な地域で繰り返し現れた参加型統治の魅力を適切に認識する必要がある．

民主主義の要請

　民主主義とは正確にいうとなんであろうか．少なくとも 2 つの考え方があり，その解釈の相違は民主主義の基礎に対する我々の理解に多大な影響を及ぼす（このことは『正義のアイデア』（Sen 2009a）で論じた）．第一に，民主主義の制度的な見方があり，それは民主主義を主に選挙と投票の観点で描き出す．この見方は「公共的投票の視点」と呼べるだろうが，民主主義をほぼ完全に投票（主に多数決ルール）の観点で解釈する．多くの組織理論家が民主主義はそのようなものであると力説してきた．例えば，サミュエル・ハンティントンは，著書『第三の波──20 世紀後半の民主化（*The Third Wave: Democratization in the Late Twentieth Century*）』で次のように述べている．「開かれた自由で公正な選挙は，民主主義の本質であり，必須の要件である」（Huntington 1991, p. 9）.

1　Tocqueville（1840）を参照せよ．英訳では Tocqueville（1990）, p. 1.

ただし，これが代議制民主主義のなすべきことに関する決定的な見解であるとはとても言えない．というのも，この種の意思決定の統轄権は議会に属さなければならないからである．しかし，公共的投票の視点では投票結果がすべてであって，投票に至るまでの公共的討議がいかに不十分で，またどれほど誤解を生む（ときには人種差別感情を煽ることすらある）宣伝やポスターによって議論が損なわれている可能性があろうとも，関係がないのである．

　第二の，はるかに広い解釈は，民主主義を公共的推論に基づく意思決定の観点で捉える．それは参加型討議を公共的意思決定と組み合わせる．選挙と投票は，民主主義をこのようにより広く理解すれば，はるかに大きな話の（重要ではあるが）ほんの一部に過ぎないことになる．十分な情報に基づく開かれた議論を支え，掘り起こし，公共の決定がそうした相互作用の過程に反応しやすいように支援する必要がある．この視点からすると，民主主義の義務には，公共的推論を**活用**するとともに**保護**することへの責任が含まれなければならない（公衆の理解とコミュニケーションを促進するための事実確認や他の便宜も含まれる）．民主主義のこのような見方は決して新しいものではないが，近年，ジョン・ロールズやユルゲン・ハーバーマスが主導する政治哲学者たちや，公共選択の理論家たち，とりわけジェームズ・ブキャナンによって特に検討が加えられてきた．今日では――ロールズが述べるように――「熟議に基づく民主主義の決定的な理念は熟議という理念それ自体である」というかなり広範な理解がある[2]．民主主義のこのような理解の仕方は，ジョン・スチュアート・ミルのおかげでかなり明確になり，ミル的な考え方に沿って「討議による統治」（ウォルター・バジョットによる言い回しと考えられている）と表されてきた．

　民主主義を巡るこれら2つの視点は，いずれも「西洋」だけが先取りしたものではなかった．実際どちらにも，はるか昔に遡る，西洋だけでなく非西洋の先例がある．とはいえ，西洋が現在の形の民主主義の実践において世界を主導してきたことを否定するわけではない．ここで私が主に念頭に置いているのは，古代ギリシア，特にアテネが，政府の決定のために投票するという実践の始まりに果たした役割ではない．それは世界にとってじつに巨大な成果ではあった

2　Rawls（1999, pp. 579-80）．Habermas（1989）も参照せよ．

が，紀元前 6 世紀に古代ギリシアが典型的なヨーロッパの国であったと見るのは困難である．それどころか，地理的な相関で世界を別々の文明に分割して，古代ギリシアを確固たる「ヨーロッパ」の不可欠な一部とみなすことは，文化的な混同である．このいささか混乱した見方は，例えばゴート族，西ゴート族，ヴァイキングたちの子孫をギリシアの伝統の継承者と当然視する（「彼らはみな人種的にはヨーロッパ人だ」）一方で，古代ギリシア人の古代エジプト人，イラン人，インド人たちとの知的なつながりに目をとめようとしない．だが，古代ギリシア人たち自身は，同時代の記録にあるように，古代西ゴート族との雑談を希求するよりも，これら非ヨーロッパ人たちとの対話にはるかに大きな関心を寄せていたのである．

　初期ギリシアの革新に続いて，投票の手続きは他国でも用いられたが，それは主にギリシアの東側にあたるアジア（イラン，バクトリア，インド）であった．ギリシアが選挙による統治を経験したことが，ギリシアやローマの西側や北側の国々，例えばイギリスやフランスやドイツに**直接**の影響を与えたことを示唆するものはなにもない．それは，はるか後になってからであった．古代アジアの民主的な投票の実験は，残念ながら長くは続かなかった．しかし，ヨーロッパでは千年以上後に，紀元 2 千年紀を通じて，特に繁栄を謳歌したいくつかのイタリアの都市国家で，統治術が急速に進歩した．

　しかし，現在我々が理解するような民主主義は，さらに長い時間を待たなくてはならなかった．古代アテネの民主的な選挙から 2 千年以上が経って，ようやく，ヨーロッパは民主的な投票へ向かう決定的な動きを見せ始めた．それは特に 18 世紀，19 世紀であった．その頃，コンドルセ，ミル，トクヴィルといったヨーロッパの理論家たちが，民主的な統治の基本的――かつ妥当――な擁護論を提供し，ヨーロッパの国々は，スピードの違いはあれ，民主的な実践が進展する代表例となった．

　同様な地域的多様性を，「議論による統治」としての民主主義の実践にも見出すことができる．アテネはたしかに公共の議論において素晴らしい記録を有したが，開かれた熟議は他のいくつかの古代文明でも開花し，ときにそれは目を見張るほどであった．例えば，宗教問題とともに社会問題についても，異なる視点間の紛争の解決を明確に目指す公開の一般会合としては最古の部類にあ

たるものが，インドのいわゆる仏教「会議（councils）」で行われた．そこでは，紀元前 5 世紀以来，異なる視点の支持者たちが一堂に会して，互いの相違点を議論し尽くしたのである．こうした会議の初回は，ゴータマ（ブッダ）の死後まもなくラージャグリハ（現在のラージギル）で行われ，第 2 回は，約百年後にヴァイシャーリで開かれた．

　インド皇帝のアショーカは，3 回目——かつ最大規模——の仏教会議を，紀元前 3 世紀にインド帝国の首都パトナ（当時の呼称はパータリプトラ）で開催した．彼はまた，公共の議論のためのルールの定式化として最古の部類に入る（19 世紀の『ロバート議事規則』の先駆けのような）ものを成文化して広めようとした．歴史上の別の例を考えてみると，7 世紀初めの日本では，仏教徒であった聖徳太子が 604 年にいわゆる「十七条の憲法」を定めた．この憲法は，（6 世紀後の 1215 年に署名された）マグナカルタと軌を一にしており，「大事な事柄をひとりだけで決めてはならない．必ず多数の者で議論すべきである」と主張した[3]．事実，公共の議論の重要性は，非西洋世界の多くの国の歴史において，繰り返し現れたテーマであり，民主主義に対する理解は，投票と選挙という見方をはるかに超えるものであった．

　しかし，グローバルな歴史の重要性を認識するからといって，過去と決別して抜本的な政治的新機軸に着手することは不可能だと仮定してしまってはならない．事実，新たな政治的展開がつねに様々な形で世界各地で求められてきた．民主主義の歴史的伝統を持つ国に生まれずとも，現在それを選ぶことはできる．この点で，歴史の重要性は，むしろ次のような，より一般的な理解にある．すなわち，確立された伝統は，人びとの考え方や想像力に一定の影響を与え続け，鼓舞や抑止の源泉になりうるのであり，我々が心を動かされようが，抵抗や克服を望もうが，いずれにしても考慮しなくてはならないのである．

　したがって，先見の明のある恐れ知らずの世界各地の政治指導者たち（例えば，サン・ヤトセン，ジャワハルラール・ネルー，ネルソン・マンデラ，マーティン・ルーサー・キング，アウン・サン・スー・チー）が率いた民主主義のための闘いにおいて，世界史のみならず地方史に対する意識が重要で建設的な役割を

3　これらの伝統のより詳細な議論については *The Argumentative Indian*（Sen 2005）及び *Identity and Violence*（Sen 2006）を参照せよ．

果たしたことは——今日もっとはっきりと認められてしかるべきであるが——驚くには当たらない. 自伝『自由への長い道（*Long Walk to Freedom*）』で, ネルソン・マンデラは, 少年時代にムケケズウェニの摂政の家で開かれた地元の会議の議事進行の民主的な性質を見て, いかに感銘と影響を受けたかを描いている.

　　発言したい者は誰もが発言した. 民主主義の最も純粋な形態であった. 発言者の間に重要さの序列はあったかもしれないが, 誰の話にも耳が傾けられた. 首長も臣民も, 兵士も呪医も, 商人も農民も, 地主も労働者も, 分け隔てなく[4].

　マンデラがアパルトヘイト時代の南アフリカで間近に目にした政治的実践は, 彼の民主主義に対する理解の助けにはほとんどならなかった. 当時の南アフリカを支配していたのは, ヨーロッパ起源の人びとで, 彼らは自分たちを, 単に「白人」ではなく, 文化を指す言葉で「ヨーロッパ人」と呼んでいたことが思い出されるであろう. 事実, プレトリアの「ヨーロッパ」文化は, マンデラの民主主義の把握の仕方にほとんど貢献しなかった. 彼の民主主義に対する認識の源泉は, 自伝から十分に明らかなように, 地元アフリカの実践に加えて, グローバルなアイデアの知識と理解だったのである.

民主主義の評価について

　すでに論じたように, 社会的選択理論は民主的参加へのコミットメントから大きな影響を受けてきた. このことは, 18 世紀初頭の革命期フランスにおける社会的選択の考え方（例えばコンドルセの著述）に明らかであるとともに, 現代の社会的選択理論を定式化したケネス・アローの先駆的研究にも明らかである. コンドルセとアローはともに先述のいわゆる「公共的投票の視点」の必要性に影響を受けていたが, それぞれ選挙や投票のルールを正式に利用するため

4　Nelson Mandela, *Long Walk to Freedom*（Mandela 1994, p. 21）を参照せよ.

の背景的条件となる公共的推論の要請にもかなりの関心を示していた．事実，多数決ルールが整合性を欠く決定をもたらす可能性，特に一般投票で多数決勝者が不在となる可能性（いわゆるコンドルセのパラドックス）こそ，初期の社会的選択理論が直面した主要な課題であった．投票手続きに不備があるという認識は，もともとコンドルセのパラドックスが生み出したものだが，アローの不可能性定理はそれを大幅に強めたのである．社会的選択に課されるべき公理の要請をいかに評価（そしておそらくは改変）するかということ自体が，公共的推論の対象であり，その真髄をなす．本書のこれまでの章の議論のかなりの部分が，直接この課題と関係している．

本書の旧版（1970 年）部分では，多数決による整合的な意思決定を保証し，多数決の明白な勝者の存在を保証する条件を詳しく検討した（第 10 章，第 10* 章を参照）．これは主にいわゆる「定義域の制約」という形をとり，集計されている個人的選好の組み合わせがある種のパターンに従うことを要求する．多数決による整合的な意思決定を実現する様々な方法をいかに識別するかということが，その後の研究文献で広範に検討された[5]．

曖昧でない首尾一貫した社会的選択を生成することは，多数決ルールが直面する課題のひとつである．とはいえ，多数決による意思決定が賢明で規範的に容認できるかどうかを吟味することも，もちろんもうひとつの課題である．通常の倫理的評価に照らせば明らかに不公正に見えるような変化から多数派が得をする状況を見つけ出すことは容易である．例えば，人口のうち最も貧しい 2 割の人びとが懸命に稼いだ所得の半分が取り上げられて，より豊かな 8 割の人びとの間で分配されるなら，圧倒的多数にとって得になるだろう．もし人びとがつねに狭義の自己利益に従って投票するならば，このようなひどい再分配（最も貧しい 5 分の 1 の人びとを犠牲にしてより豊かな 8 割の人びとを利するもの）は，多数決投票で楽に勝つはずである．このような例を考慮すれば，多数決ルールが整合性を欠くと，社会的決定を混乱させるが，整合性のある一部の多数決決定よりも倫理的魅力に欠けるとは限らないだろうと考えたくなる．後者では，きわめて逆進的な変化が明らかな多数の支持を集める場合があるのだ．整

---

5 多数決で一貫した意思決定を実現する様々な方法の議論については，Gaertner（1979, 2011, 2012）を参照せよ．

合性の欠如は多数決ルールの最悪の産物ではないだろう．

　それでも，人びとはつねに狭義の自己利益に従って投票しなくてはならないという考え方は，（経済学の一部ではかなり一般的であるものの）人間の行動の非常に限定的な理解を反映しており，（第 A2 章で議論したように）人びとに影響を与える価値やコミットメントの役割を無視している．実際，もし人びとは狭義の自己利益だけに従って投票していると仮定しなければならないとすると，そもそも人びとがわざわざ投票し，そのために多少の費用や不便をすらいとわない理由の説明が本当に難しくなるだろう．事実，一個人の票が結果に違いをもたらす確率は，しばしば絶対的に微小であるにもかかわらず人びとは投票するのである[6]．社会的選択メカニズムとしての多数決の役割は，人びとが持つすべての価値に留意して，人びとの現実の優先順位に照らして評価されるべきで，仮に人びとが狭義の自己利益にがんじがらめだったとした場合の投票行動だけで評価されてはならない．

　ここでこそ，民主主義をより広い意味で理解することが特に重要になる．公共的推論は当然，投票に関する意思決定にすら影響を及ぼすのみならず，民主的な構造に含まれ，促進される少数派の権利や人格的自由の正当性を擁護することができる．このとき問題は，人びとが狭義の自己利益に基づいて行動する純粋多数決ルールの世界でなにが起こるかということよりも，多様な制度的環境にあって様々な価値観を持つ現実の人びとがなにを望みそうかということになる．民主主義システムは，その正当性に加えて，機能する範囲や予想される遂行性能のおかげで，社会的選択メカニズムとしてふさわしいものになるのである．ハーバーマスが主張したように，公共的推論の役割と影響は，「権力と強制の手段的問題」に加えて「正義の道徳的問題」をも包含する[7]．

6　この点については Chamberlain and Rothschild (1981)，また Brazel and Silverberg (1973)，Ferejohn and Fiorina (1974)，Beck (1975) を参照せよ．
7　民主主義に対するさらに包括的なアプローチは，制度，価値，社会的対話の広範な構造を利用して，多数決を投票と選挙の一部として位置づけることができる．Joshua Cohen (1989)，Cohen and Rogers (1983) を参照せよ．また，Ackerman (1980)，Benhabib (1996, 2006)，Waldron (1999)，Dworkin (2008)，より最近の Peter (2011) 及び Landemore (2013) を参照せよ．

容易な成功とより困難な闘い

　ここで，実践的ともいえる問題に目を向けよう．多数決ルールと公共的推論を伴う民主主義は，その主唱者たち（ジョン・ロールズ，ユルゲン・ハーバーマス，ジョシュア・コーエン他を含む）がしばしば仮定するように実際に機能するのだろうか．私の数十年にわたる主張は（Sen 1982c, 1983c, 1999を参照），うまく機能している民主主義国では飢饉のようなある種の惨事の予防に容易に成功するということである．飢饉は明らかに予防できるし，実際に予防されない場合は，責任の追及が直ちに可能になる．インドを考えてみると，イギリス統治による植民地支配の全期間を通じて，広域的な飢饉がかなりの頻度で起きていたが，1947年に民主的な統治システムを伴って独立すると飢饉は瞬く間に止まった（インドで最後に起こった飢饉は，1943年のいわゆるベンガル飢饉で，200万から300万の人が亡くなった）．概して自由な報道と定期的な選挙があれば，飢饉を防げなかった政治的帰結を免れて生き延びる政府は存在しない．そしてこのことが，脅威となる飢饉を止めるための迅速な政府介入を促す十分な誘因となるのである．世界中で飢饉が依然として起きているのは，報道の自由を伴う民主主義システムが機能していない国に限られる．

　このことはもちろん重要な成功である．とはいえ，階級，カースト，ジェンダーに関係する途方もなく根深い不平等が，高度に階層化されたインド社会を特徴づけており，それはほとんど手付かずのままである．また，インドは植民地後の歴史において飢饉を経験していないが，たちの悪い栄養不良の蔓延には驚くほど寛容であった．それは餓死者を出すことにはならないかもしれないが，病気の発生率を大いに高めるとともに，子どもが犠牲者の場合には，身体のみならず知的な能力の発育不良につながる可能性がある．

　民主主義が機能している国による対応が，飢饉と，極端ではないが蔓延する栄養不良とで，ここまで異なるのはなぜだろうか．ひとつの理由は，飢饉と飢餓や関連疾病による膨大な死者数が政治問題化されやすいのに対して，永続的な飢えを含む，より観察されにくい社会的失敗は人びとに理解されにくいからである．インドで蔓延するあらゆる種類の剥奪が公共の議論の場でほとんど注

目を浴びないことは驚異である（最近のレイプに関する報道と議論は例外と言ってよく，2012 年 12 月のデリーにおける耳目を集めたレイプ事件に続く人びとの動揺からもたらされたと言える）．広範な剝奪に目が届かないと，民主的な組織が広く存在していても，悲惨な貧困と剝奪の容認（と継続）を助長しかねない．

　この文脈で公共的熟議の認識に関わる役割が生じるのは，正確に言うとどこになるか．まずは次のように問うてみよう．飢饉の予防が統治政府を迅速な行動に駆り立てるような圧倒的な力を持つのはなぜだろうか．多数決システムにおける飢饉の犠牲者の票だけでは違いを説明できない．飢饉の犠牲者の数は，全人口に占める割合としてはつねにきわめて少なく，通常は全人口のせいぜい 5% で，10% を超えることはごくまれである．もし影響や脅威を受ける人だけが飢饉予防の重要性や緊急性に心を動かされるとしたら，多数決に基づく選挙結果は，この課題に対してはそれほど効果を発揮できない．公共的討議と意識の変化を通じてこそ，（飢饉の脅威にさらされる少数の人びとのみならず）一般の人びとが飢饉の犠牲者の苦しみを理解し，そうした災害を予防することの緊急性を理解するようになるのである．また，公共的討議のおかげで，人びとは迅速な公的介入によって飢饉は容易に阻止できるという（かつては否定されていた）事実をよりよく知ることができる．（これについては，セン（Sen 1981），ドレーズとセン（Drèze and Sen 1989）を参照）[8]．こうして，民主主義が機能している国では，公共的推論が，定期的かつ自由な選挙と組み合わされて，飢饉を防ぐ手段として働くのである．

　飢饉という目に見える災害とは対照的に，極端ではないが蔓延する飢餓の継続，識字率の低迷，良質な学校教育や基礎的な保健医療の欠如は，すべて長期的に重大な犠牲をもたらすが，目に見えて残酷な飢饉がしばしば起こすような騒ぎを生み出すことは難しい．進行中だが劇的とはいえない剝奪の解消を選挙で掲げ，人口の大半を結集して政治的に駆り立てる強い大義とするためには，メディアにおける情報の流布と怒りが必要であり，それは政治的な論争と運動に参加する人たちのコミットメントと手腕に先導されなくてはならない．インドの 2014 年の総選挙では，（国民の過半数の支持を得なかった政党が議席の過半

8　Ravallion（1987），Osmani（1995），Bose（2009）も参照せよ．

数を獲得したとはいえ）決定的な結果が出たが，非識字（無学），保健医療の不在，社会経済的剥奪といった論点は選挙戦でほとんど問題にならず，メディアは選挙での選択肢をこうした問題に結びつけることにほとんど関心を示さなかった．

メディアの報道に偏りがあることは確かで，それは敏腕編集者エヌ・ラム（Ram 1989）が数十年前にはっきりと描き出していた．問題は決してインドに新聞が不足していることではない．インドでは毎日 9 万 6000 紙を超える新聞が発行されており，これは実際，世界で突出して最大の発行紙数である．音響・映像メディアの影響力も最高の部類に入る．やっかいな点はむしろインドのメディアの性質と作用にあり，それは主に比較的恵まれた人たちの関心と利害に応じがちで，追加的な特徴として（映画やポピュラー音楽など）一般的な娯楽が伴っている．ジャン・ドレーズと私が共著『不確かな栄光――インドのその矛盾』（Drèze and Sen (2013) で論じたように，メディアのニュース報道と社会分析の範囲を調べると，インドにおけるニュースと調査の範囲の偏りが鮮明になる．それが選挙の結果と政策立案における優先順位の選択を左右するのである．貧困層の生活の基本的な問題点は，非識字，保健医療の不在，予防接種の不足，ひどい衛生状況，そして適切に断熱されていない家に住む人びとを特に苦しめる環境上の危険などであるが，これらは，起こっていること，そして特に起こっていないことの報道で，大きく取り上げられるどころか，ほとんど注目されない．

飢饉の予防などの成功は，民主主義になにができるかを示し，それはたしかに重要である．ただし，民主主義の公共的投票という特色だけに頼るのは不適切であるし，報道の自由と公正な選挙があれば，公共的推論が民主的参加の過程を容易に完結させると仮定することもできない．公共的参加を積極的に促して，放置されてきた問題に対処するのは，難しい課題である．民主主義の潜在的な果実が自動的に享受されるということはまったくあり得ない．民主主義は，人間の介入なしに流れ出てくる施し物の自動販売機ではなく，しっかりつかみとって利用すべき機会なのである．

経験的証拠と一般的議論

　民主主義を一連の既定の結論ではなく機会とみなすところで考察を終えたくなる．しかし，民主主義を理性的な公共行動への呼びかけと見て満足するのではなく，我々が予測の観点で民主主義からなにを期待できるかということについて興味深い議論が行われてきた[9]．民主主義に関わる社会的選択理論の働きに関連する基本的な懐疑論を取り上げておく必要がある．

　多数決ルールの「失敗」とされることが民主主義を擁護する根拠を揺るがすというのは往々にして誇張であると述べておくべきだろう．頻繁に繰り返される例を挙げると，例えばヒトラーは民主主義を抑圧した暴君であったかもしれないが，多数決投票に勝って公職に就いたと主張されてきた．これは民主的統治につねに存在する矛盾を示すとされている．この主張のために持ち出される歴史解釈は，実際には完全な誤りである．ヒトラーは 1921 年にナチ党（国家社会主義ドイツ労働者党）の党首になった．彼が統治権力を握ろうとした初めての試みは 1923 年のクーデターだったが，それは無残に失敗した（その後ヒトラーはしばらく刑務所に送られた）．1932 年の 7 月と 11 月の両方の選挙でヒトラーのナチ党は第二党であった．実際，連立政権で首相を務めるヒトラーが，政敵に対するプロパガンダ戦を巧妙に組織して大衆のヒステリーを巻き起こすために，1933 年 2 月に国会議事堂で起きた火事の非常に歪んだ解釈をでっちあげた後ですら，彼の党は 1933 年 3 月の選挙で過半数を獲得しなかったのである（一般投票に占める割合は 44％ を下回った）．ヒトラーが勝ち取ったのは相対多数（他のどの政党よりも高い得票率）であって，これは，次章で論じるように，多数決とは非常に異なるルールである．もちろん，アロー，稲田，鈴村，パタナイック，マスキンが研究したような，民主主義に関わる社会的選択理論の体系は，仮に仕組まれた選挙でヒトラーが相対多数ではなく過半数の票を実際に得ていたとしても，根本的に変わることはなかっただろう．しかし，ヒトラーの優勢と最終的な支配をもたらしたのは過半数の投票だという，しばしば

9　イアン・シャピロがうまく名づけた「民主主義理論の現実世界」（Shapiro 2011）の明快な議論を参照せよ．

耳にする話は歴史的な空想である.

　もちろん，容易に診断できる多数決ルールの歴史的失敗例は実際に存在する．例えば，人種差別的宣伝活動を伴う政治を通じて，少数派に対して多数派が組織されていく例を見出すことは難しくない．ただ，清濁併せ呑むとして，民主主義になにを期待できるのかという経験的な問題はやはり残り，例外のない一般化は得がたいだろう．また，なにが民主主義と多数決ルールの代わりになりうるのか，特に（一部の論者が主張するように）エリートによる少数支配が結果的に多数決民主主義よりも不公正でない可能性はあるのかという問題もある．一方で，なんらかの類の権威主義的体制が，例えばシンガポールや中国のような多くの経済的・社会的成果を伴う可能性はある（欠点は存在するが利点は認めなくてはならない）が，他の権威主義的支配は，例えば現在の北朝鮮や過去のアルゼンチン軍政に見るように，人間にとてつもない悲劇をもたらした．ここで立ち止まるべき理由があることは間違いない．

　近年，システムとしての民主主義を，公共的投票の視点をはるかに超えて，力強く擁護する議論が見られる．特に強調されるのは，言論及び調査の自由を伴う民主主義システムや参加型選挙への情報提供が可能にする認識上の貢献であり，私はこの強調は妥当であると考える．ファビアンヌ・ピーター（Fabienne Peter 2011）が民主主義の正当性に関する広範な分析で論じたところによると，手続きと認識上の機能を組み合わせることにより，民主主義システムは実現可能な他の選択肢よりもうまくいき，特により高い正当性を持つということを十分に期待できる．同様に，エレーヌ・ランドモア（Hélène Landemore 2013）は著書『民主的理性——政治，集団的知性，多数のルール』で，「民主主義の持続的・認識論的擁護論」を展開した[10]．情報は聡明な社会的選択にとって中心的役割を果たし，この点で民主主義はきわめて有用であるが，すでに論じたように，民主主義的な制度が提供する機会を適切に利用するという条件がつく．

　平等主義的な参加ということに加えて，民主主義システムの認識上の可能性はなかなか捉えにくい傾向があり，もっと広く認められる必要がある．私は本

10　Linos（2014）も参照せよ．民主主義が健康，家族，雇用に関する賢明な法律の国際的な普及に果たした役割を詳細に研究している．

書の拡大版の執筆をヨーロッパで終えつつあるとき，緊縮政策による甚大な経済的・社会的被害を目の当たりにしている．そうした政策は（今日，非常に大きな力を持つ）ヨーロッパの金融機関のリーダーたちによって専横的に選択されたもので，選択がなされる**前**に行われた公共の議論は皆無に近かった．もっと一般の人びとが関与して認識を深める機会があれば事態はよくなっていただろうと考えざるを得ない（これは多数の経済学者についても言えるが，彼らの異論はしばしば金融のリーダーたちに一蹴された）．まもなく選ばれる政策の危険性について，もっと透明性があってもよかった．そうした政策は，経済的推論や社会的帰結を巡る開かれた公共の議論がほとんどまったくないまま，金融官僚が受け入れてしまったのである[11]．

　「議論による統治」というミル流の考え方の無視が，近年，イギリスの EU 離脱を巡る国民投票のような出来事に関連して混乱を生じさせ，大損害をもたらしている．それはまた，ヨーロッパでは巨大金融機関の支配を通じて，経済成長を阻害し，若年失業者の技能と将来を損なうことによって，何年にもわたり懲罰を強いてきた．もちろん，このような権威主義的政策にあっさりとお墨付きを与えたヨーロッパ中の政府のほとんどが，後の選挙で敗北を喫したので，壊滅的な権威主義的決定に対する民主主義的な譴責は免れなかったといえる．しかし，「議論による統治」が求めるのは，議論が決定に**先行**することであって，議論が不十分のまま政策を実施した**後**に首のすげ替えを行うことではない．

　はるかに盛んな公共の議論を伴う選挙戦を経て，2016 年にドナルド・トランプがアメリカの次期大統領の座を勝ち取ったが，討論は（アメリカの通常の選挙よりもさらに）怒りに満ち，長期にわたるものだった．それでも，論戦の知的な質は途方もなく低いことが多く，候補者の少なくとも一方は，メキシコとアメリカを隔てる頑丈な壁を作るといった，様々な劇的な変革を曖昧に約束し，そうした変革がどのように実現されるかについて，完全に誤解を与えるような声明を発した．多くの「フェイク・ニュース」が飛び交った．さらには，

11　欧州理事会の前議長ヘルマン・ファン＝ロンパイによる力強い序文を含む論文集 *After the Storm: How to Save Democracy in Europe*（Middelaar and Van Parijs 2015）を参照せよ．私自身の見解は，この本所収の小論と Sen（2012）に収められている．Skidelsky（2012, 2014）の明快な分析も参照せよ．

公式な声明が当てこすりの形をとって，新たな事実の発見と装われ，FBI 長官から発せらた（彼のアプローチはあまり中立的には見えなかった）．次期大統領がたまたま勝利したのは「選挙人団（Electoral College）」というアメリカの特殊なシステムのおかげであり，投票者の過半数の支持を得たものではなかった．実際，敗北した候補のヒラリー・クリントンは，勝利したトランプよりも多くの票を獲得していた．このことを含む多くの点で，アメリカ大統領選挙の選挙人制度には欠陥があるように見える（この論点には次章で戻ってくる）．しかし，正確な情報と事実の精査に基づく公共の議論が不十分であったことは，やはり2016 年大統領選挙の顕著な特徴である．これは断じて「議論による統治」の基礎を築くやり方ではなかった．

　そこで，本章を締めくくるに際して（第 A4* 章で多数決ルールと他の投票制度に関する専門的な論点を扱う前に），基本的なことを 2 点述べておきたい．まず，民主的な意思決定はきわめて大きな可能性を持つが，それは十分に実現されないことが多く，公共的参加が求められる．多数決ルールの要請を公共的投票の視点で形式的に理解することはそれ自体，重要だが（第 A4* 章を参照），それは公共的推論の範囲，射程，帰結の改善によって補完される必要がある．

　第二に，多数決民主主義から実際に得られる結果のばらつきを考えると，その擁護そのものも大切ではあるが，限界と条件の徹底した精査によって相当に補完される必要がある．提供される機会を適切につかみとるならば，民主主義は結果を約束し，実際にもたらしてくれる．しかし，民主主義は安心と自己満足という偽りの感覚を生み出すこともある．ディヴィッド・ランシマン（Runciman 2013）が見事に論じた著書で述べた「自信の罠」の理解と並行する形で，民主主義は促進されなければならない．

第 A4* 章
投票と多数派

　多数決ルールは幅広い魅力を持ち，その理由を見出すのは難しくない[1]．しかし，くだけた政治談議でいう「多数決投票の結果」は，多数決ルールではなく相対多数決の結果であることがかなり多い．実際，例えばアメリカの選挙には多数決投票を行っているのだという雰囲気があるものの，最も多くの有権者が第一位にした候補者が勝利する「相対多数決ルール」こそ，実際に最も広範に利用される方法であろう．しかし，相対多数決の勝者はペアごとの多数決投票で他の複数の候補者に敗れてもおかしくない．同じことは，他の多くの民主主義国（例えばイギリスやインド）に当てはまる．現在，BJP（インド人民党）はインドの国会（下院）で過半数を優に超える議席を有するが，複数政党の国政選挙での支持は半数以下であった（BJP の得票は総投票数の 31% に過ぎなかった）．

　相対多数決ルールと多数決投票の結果はかなり異なる可能性がある（これについては，マスキン（Maskin 2014）及びマスキンとセン（Maskin and Sen 2016, 2017）も参照）．仮に 3 人の候補者がいて，3 つの有権者集団の選好順位が以下のように分布しているとする．

有権者のシェア	40%	35%	25%
1 位の選択	x	y	z
2 位の選択	z	z	y
3 位の選択	y	x	x

相対多数決は（40% の支持という圧倒的なリードで）x を明らかな勝者に選ぶ．それでも，多数決投票では x は y に 60 対 40 の差で負ける．x は z にも同じ差

1　多数決による意思決定方法の明晰な公理化については May (1952, 1953) を参照せよ．

で負ける．実際，これらの選好のもとでは，明らかな多数決勝者 z が存在し，x を 60 対 40 で負かすのみならず，y を 65 対 35 の差で打ち破る．コンドルセが主張したように，多数決勝者とは，他の各候補者にペアごとの対決で勝つ候補のことである．z は，人びとが最上位に選ぶかどうかという点では他の候補者に劣るものの（x は 40%，y は 35% の最上位票を獲得するのに対して z はわずか 25% である），真の多数決勝者として選び出されることになる．

多数決ルールの必要性がしばしば引き合いに出されるが，実際に様々な民主主義国（アメリカ，イギリスからインド，日本まで）で用いられるのは，なんらかの形の相対多数決ルールである．相対多数決勝者の魅力はしばしば「多数決勝者」という誤記によって高められる．例えば先ほど言及したように，インドの与党 BJP はわずか 31% の得票であったが，議席の過半数を占め，しばしば「多数決勝者」と言われてきた．

相対多数決ルールが魅力を持つ理由の一端は，単純な投票ですぐに使える答えを生み出すという事実にある．真の多数決勝者は，一連のペアごとの比較で決定できるが，これはもちろん，上記の例のように，有権者がすべての候補者に順位をつけるならば容易である．すべての有権者が**すべての候補者**に順位をつけるなら，多数決勝者がいるかどうか，またどの候補者がその勝者であるかを容易に確認できる．

選挙での勝利がより説得力を持つのは，勝者が単なる相対多数ではなく過半数の票を有する場合である．これは重要な区別であるが，同様に重要なのは，多数決の場合とは異なり，相対多数決システムでは，妥当な候補者が，類似の候補者に投じられる票が「割れる」ことを恐れ，選挙への出馬を控える可能性があることである．例えばバーニー・サンダースや，マイケル・ブルームバーグも，独立系候補として大統領選に出馬することができたが，そうしなかった．これは，反トランプ票を割ること（でトランプを助けること）を恐れたためかもしれない．しかし，仮にシステムが真の多数決であったなら，ブルームバーグやサンダースは，いかなる票割れを起こすこともなく，容易に出馬することができた．なぜなら，各候補者は他の候補者とペアごとの比較で比べられたはずだからである（有権者はクリントンとサンダースの両者をトランプよりも上位にすることが可能で，それぞれが**単独で**トランプと比較されることになる）．その場合，

順位をつける対象リストにサンダースやブルームバーグが入っていても，トランプを助けることにはならなかった．3 人ともトランプには批判的だったのである．しかし，一部の有権者はサンダース（またはブルームバーグ）をクリントンとトランプの両者よりも好んでいたので，有権者にはより多くの選択肢が与えられたはずである．

定義域の制約と多数決勝者

　本書旧版部分の第 10 章と第 10* 章が多大な関心を寄せたのは，明らかな多数決勝者の存在と，多数決による決定の推移性であった．検討を加えた様々な定義域の制約は，有権者のプロファイルの型や，すべての有権者の個人的順位として認めてよい組み合わせを限定する．多数決ルールの推移性（及びより弱い要請）のための十分条件が確認された．それは，評価制約（VR），極値制約（ER），限定的合意（LA）を含む．

　センとパタナイック（Sen and Pattanaik 1969）及び本書の第 10* 章で示されたように，多数決ルールが選択肢のあらゆる部分集合に対して確定的な結果を生み出すための必要十分条件は，個人の選好プロファイルが，選択肢のあらゆる 3 個の組に対して，VR，ER，LA のいずれかを満たすことである（定理 10*6）．多数決による決定の完全な推移性については，ER のみが必要かつ十分な条件であると判明する（定理 10*7）[2]．

　この複雑な構図を問題なく単純化できるのは，個人の選好が「厳密な」（すなわち反対称的な）ものとされる場合，つまり，異なる選択肢の間に無差別関係が存在しない場合である．**このとき，ER は VR を含意し，LA も VR を含意する．**こう単純化し，かつ有権者の数を奇数とすると，多数決による決定が完全な推移性を持ち，したがってそれがアローの社会厚生関数となるためには，評価制約が必要かつ十分であるという結果に達する（定理 10*9 を参照せよ）．驚

2　Sen (1966a)，Inada (1969, 1970)，Majumdar (1986b)，Sen and Pattanaik (1969)，Pattanaik (1971)，Fishburn (1973)，Ferejohn and Grether (1974)，Kelly (1974a, 1974b)，Kaneko (1975)，Salles (1975)，Nakamura (1978)，Monjardet (1979) も参照せよ．この分野にはほかにも多くの貢献がある．

くべき定理でエリック・マスキン（Maskin 1995）が示したように，変化する定義域から推移性を持つ社会厚生関数を生み出す多数決の力は，投票ルールの基礎的な要請を満たす他のいかなる競合相手にも負けないものである．

（TA4*. 1）マスキンの定理：
Ω が個人の厳密な選好順序のプロファイルの定義域であり（有権者数は奇数），匿名性，中立性，パレート原理及び無関係な選択肢からの独立性を満たすなんらかの集団的選択ルール F が社会厚生関数である（つまり推移的な社会的順序をつねに生み出す）ならば，多数決による決定方法 MMD もまた必ず，その定義域 Ω 上の社会厚生関数（推移的な多数決順序を伴う）となる．そのうえ，MMD ではない任意の F に対して，MMD は社会厚生関数であるが F はそうでないような，ある定義域 Ω^* が存在する．

　マスキンの定理の証明については，マスキン（Maskin, 1995, pp. 106-7）を参照せよ．この結果とその拡張（特にダスグプタとマスキン（Dasgupta and Maskin, 2008a, 2008b）及びマスキン（Maskin, 2014）を参照）は，多数決による決定方法が，他の投票ルールにはないような，利用可能な定義域の点での「頑健性」を持つということを示す[3]．

定義域の数 – 特定的制約条件

　これまでに考察した（評価制約のような）定義域の条件は，許容できる選好の様々なタイプ上の有権者の数的分布についてなにも要求を課すものではなかったことに注意しよう．しかし，選好プロファイルの定義域に対する数 – 特定的制約条件を考察することは可能で，それは異なる方向性の探究を生み出している．先鞭をつけたのはマイケル・ニコルソン（Nicholson 1965）とゴードン・タロック（Tullock 1967）で，ジャン＝ミシェル・グランモン（Jean-Michel Grandmont 1978）が強力な一般化を行った．

3　関連する研究として，Maskin（1976a, 1979），Kalai and Muller（1977），Dasgupta, Hammond and Maskin（1979），Kalai and Ritz（1980）も参照せよ．

　以下の議論に利用する私の説明は，*Handbook of Mathematical Economics* に収められており（Sen 1986b），そこでも関係する諸結果がはるかに詳細に述べられている．推移性を持つ多数決ルールのためのタロックの十分条件を考えよう（これは後に一般化されている）．実数平面 E^2 を考える．任意の有権者 i に対して，E^2 上の点 a_i は本人にとって最善の選択肢を表すとする．すべての選択肢は，a_i からの距離のみに基づいて i が順位をつける．よって，各人の無差別曲線は a_i を中心とする円状であるが，異なる個人間で必ずしも同じではない．タロックが考える要請は，a_i の集合，つまり中心点の集合（様々な個人にとっての最善の点の集合）が，a^* を中心とする長方形上に対称的に分布しているとする．このとき，多数決関係は必ず推移的となることが示される．

　タロックの諸条件は，多くの異なる方法による一般化に適している．第一に，長方形上の一様分布は，同様な効果がある他の分布に替えられる．例えば，a^* を中心とする長方形の**境界**上，あるいは a^* を中心とする円盤（またはその境界）上の一様分布などである．第二に，平面の代わりに m 次元の特徴づけを選び，それに対応して結果を一般化することができる（デイヴィスとデグルートとハイニック（Davis, DeGroot and Hinich 1972）を参照せよ）．タロックの例の重要な点は，a^* を通過するあらゆる直線が有権者の（すなわち a_i の）分布を等しい測度の 2 つの部分に分割し，かつそのような均等分割をするすべての直線が a^* を通過する，ということである．

　これらの性質はグランモン（Grandmont 1978）によって一般化された．グランモンの諸条件と，それらが推移的な多数決を生み出す仕組みの解説的議論はセン（Sen 1986b）に見ることができる．こうした研究（及び関連する探究）は，多数決ルールの整合性という問題に対する我々の理解をかなり豊かにした．

　ただし，定義域の制約に対する数 − 特定的アプローチについては，ここで 2 つの一般的注意を述べておくべきだろう．第一に，一部の選好を排除するという形で定義域を制約する条件でさえも，数 − 特定的な解釈を与えることができるので，2 つのアプローチの間の線引きは，一見するほど鮮明ではないかもしれない[4]．第二に，この研究を価値あるものにするためには，数 − 特定的制約

4　Fishburn（1972），Denzau and Parks（1975），Saposnik（1975），Hinich（1977），Slutsky（1977），Gaertner and Heinecke（1978）も参照せよ．

条件がなんらかの直観的な意味を持ち，それが選好の組み合わせの性質の解釈を助ける必要がある．そうでなければ，多数決関係の推移性（や非循環性）という形式的要請をより精緻に述べた（しかし同等な）数 – 特定的形式に翻訳するだけに終わる危険がある．x を y よりも選好する人の数を $N(x, y)$ とするとき，すべての x, y, z に対して，$[N(x, y) \geq N(y, z) \& N(y, z) \geq N(z, x)] \Longrightarrow [N(x, z) \geq N(z, x)]$ を主張する条件は，明らかに推移性に対する数 – 特定的要請である．これは否応もなく必要かつ十分な条件であり，他のいかなる条件に劣らず一般性が高いことは明白である．提案される条件と提示される特徴づけの長所は，それらが**独立した興味深さ**と解釈上の価値を持つパターンを捉えることができるかにかかっている．

多数決勝者がいないときは？

　定義域の条件により，許容される組み合わせから推移性を持つ多数決関係か，少なくとも多数決勝者が生み出されるおかげで，我々は多数決について前向きに考えることができる．社会厚生関数の定義域の諸条件（定義域の要請の点で多数決による決定がどれほど相対的に頑健であるかを含む）に関するエリック・マスキンの論文（Maskin 2014）にコメントを寄せたケネス・アロー（Arrow 2014）は，一見やっかいな疑問を呈している．

　　まだ必ずしも理解できないのは，エリックの結果が，彼の条件が満たされないときに，どのように我々の助けとなるのかである．多数決投票が非推移的な場合，言い換えると，選好の集合の制約では不可能性定理の克服に十分でない場合には，なにかが必要になる．これはかなり重要な論点だ．

　まさにそうである．事実，多数決ルールのより広い射程に関するマスキンの定理を楽観視する見方と並んで，悲観的な含意も存在する．すなわち，マスキンの条件が満たされず，多数決による決定が非推移的であると，他の投票ルールもすべて失敗するのである．マスキンの定理は，実のところそうした状況で希望を分け与えてくれるものとみなすことはできない（し，そう意図されたも

のでもない）．実際には，まったく逆であり，非推移性を回避する可能性のある他の投票ルールを探し回るのは無駄であると教えてくれるのである．そのようなルールは存在しない．マスキンが突き止めたのは，我々の最善の望みであり，それが叶わないとなると，少なくとも投票ルールに関する限り，非常に困ったことになる．

　では，どうするか．多数決による決定では非推移性（または循環性）が避けられないとしたら，どうするか．このとき我々は，多数決ルールの優柔不断を乗り越えるなんらかの方法を見つける必要がある（この問題の存在は世界の特徴であって，分析者の創造ではない）．いくらか支持されてきたひとつの方法は，多数決勝者がいない状況では，最も有力な2人の候補者を対決させることである．相対多数決の勝者のファンは，「最多得票」の候補者2人（つまり，選好の最上位に挙げた人の数が最も多かった候補者と2番目に多かった候補者）で「決選投票」をすべきであるという提案を強く支持する傾向がある（世界中，多くの国の選挙で用いられている規定である）．しかし，多数決ルールの論理上，決選投票によりふさわしい2人は，ペアごとの多数決で打ち負かす他の候補者の数が最も多い候補者と2番目に多い候補者であろう（Maskin and Sen 2016）．

　ここで，以下のことに注意すべきである．多数決ルールを利用して勝者を確定する際に，ある特定の順番でペアごとの投票を行い，そこで生まれる敗者を消去していく（ただし，非推移性を生じる可能性のある他のペアごとの投票を行わない）と，その見かけの多数決勝者が，それまでに（少なくともまだ）対戦せずに済んでいた候補者とのペアごとの対決で負かされるだろうということがわからないかもしれない．ある特定の順番で消去していく投票の結果を受け入れるのは，愚者の楽園に住むようなものである．多数決勝者への道はもっと険しい．

　ここで，xがyに勝ち，yがzに勝ち，他方でzがxに勝つという多数決の循環に反応する人びとがしばしば示す推論の仕方を取り上げなくてはならない．頻繁に尋ねられることがある．例えばx, y, zを巡って多数決で循環が生じるなら，3つのすべてを共同の勝者とすれば，どの選択肢でも選べて，きまり悪い思いをしないのではないか．しかし，選好の循環を無差別クラスと解釈するこのアプローチはあまり満足できるものではない．ひとつには，いかなる2つ

の選択肢の順位も，この場合，第三の（ペアごとの文脈では「無関連な」）選択肢の存否に依存する可能性がある．さらには，この推論の仕方ではきわめて困惑させられることが生じてもおかしくない．なぜなら，想定される無差別クラスは，まったく受け入れられない選択肢を含む可能性があるからである．共同の敗者であるということは，共同の勝者であることに似ているとはいえず，それどころか，多数決の循環に対してさえ，行うべき本質的な区別が存在する．この論点は，少し詳細に述べるに値するだろう．

4つの選択肢 x, y, z, w と，以下の選好プロファイルを持つ3人の有権者を考える．

有権者1	有権者2	有権者3
x	y	z
y	z	w
z	w	x
w	x	y

この場合，完全な多数決循環が生じて，x が y に勝ち，y が z に勝つと同時に，z が w に勝ち，そして w が x に勝つ．それぞれが他のどの選択肢にも劣らない勝利の資格を主張できるように見えるかもしれない．

しかし，本当にそうであろうか．実際には，4つの選択肢のうちのひとつ（この場合 w）はパレート劣位である．全員がそれを利用可能な選択肢 z の下位に置いている．全員が残らず z を w より選好しているにもかかわらず，単に w は多数決循環の一部であるというだけの理由で，z が利用可能なときに w を選ぶ根拠が少しでもあると考えるのは難しいだろう．多数決循環にはまってしまった4つの選択肢から，少なくとも w を切り離す根拠がある[5]．

---

5 w はパレート劣位であるにもかかわらず，ある順番で多数決投票を行うと，各回で多数の支持を得て w が勝ち残る．次の順番でひとつずつ消去していく結果を考えよ．まず，多数決投票で y を z と対決させ（y が残る），次に勝者（y）を x と対決させ（x が残る），最後にその勝者（x）を w と対決させると，w がペアごとの多数決投票で勝つ．したがって，パレート劣位である w（全員が z のほうを選好して w を拒否する）が，この特定の順番の多数決投票では一見すると候補者集団の先頭に立てるのである．

　では，なにが可能だろうか．我々は多数決ルールを補完（または代替）する他の社会的選択手続きを探すことができる．ひとつの可能性は，多数決比較の手続きを補完して，他の最も多く（または最多と2番目に多く）の選択肢に多数決で勝利を収める2つの選択肢の間で決選投票を行うことである（これはすでに言及した）．これで取り上げられる y と z はいずれも2回はペアごとの対決に勝つ（y は z と w に勝ち，z は x と w に勝つ）が，x と w はそれぞれ1回のみペアごとの対戦に勝つ．y と z の決選投票では，仮に全員が y と z のもともとの順位を維持するなら，最終的な勝者は y になる．しかし，決選投票の目的のひとつは，有権者に対して，候補者が2人に変わった最終決戦であらゆる事項を考慮したうえで，2人の最終候補者の順位について再考する機会を与えることである．

　さらに別のアプローチは，多数決ルールを完全に放棄し，ボルダ・ルールのような順位加点投票システムに移ることであり，これは世界中で頻繁に利用されている．このルールは，第 A3* 章で議論し，最初にジャン＝シャルル・ボルダが提唱したものであるが，明らかな多数決勝者が出てこないとき，利用するにふさわしいといえる．

　ボルダ・ルールは，第 A3* 章で説明したように，各選択肢に対して，各人の選好順序における順位の合計に等しい数を付与することに基づく．この手続きによる社会的な状態の順位は，これらの合計数の逆順になっている（得点の合計が小さいほど，その特定の候補への支持理由が強まる）．多数決に続く決選投票の文脈で先に議論した，4つの選択肢の例では，4つの選択肢のボルダ得点 $B(\cdot)$ は，$B(x) = 8$，$B(y) = 7$，$B(z) = 6$，$B(w) = 9$ である．ここからは，高い順に，z, y, x, w という厳密な順位が生じて，結果的に z が競争に勝つ．これは確定的な結果であり，ペアごとの多数決の対決で最多勝利を上げる2つの選択肢（または2人の候補者）による決選投票のような，多数決の手続きの調整とは大きく異なることもある．しかし，第 A3* 章で論じたように，2種類のボルダ・ルール（広義と狭義）は，それぞれ，集団的合理性の要請と無関係な選択肢からの独立性の条件を満たさない．

　ボルダ・ルールは，順位加点ルールの特殊例であり，順位加点ルールは，選択肢が各人の順序に占める順位に応じて重みを付与するというルールである．

重みは，順位の非減少関数で，最低から増やしていき，全員の順序に同じように（匿名で）適用される．ボルダ・ルールは，ある選択肢とその隣にある選択肢の間の距離のそれぞれが 1 に正規化された特殊ケースである[6]．そこには明らかに恣意性がある．

異なる方法と公共的参加

　順位加点ルール（ボルダの方法を含む）は，多数決ルールとは異なる形で社会的選択の問題にアプローチする方法である．しかし，それらには共通の特徴があり，人の厚生あるいは人の優位性の個人間比較を特定の尺度で判断して持ち込むことはない（個人間比較を用いる様々な種類の方法は第 A3 章と第 A3* 章で議論した）．

　もし有権者がすべての選択肢に順位をつけるならば，全領域にわたるペアごとの対決で他のすべての選択肢に勝てる多数決勝者 x の存否を確かめるための十分な素材があることになる．コンドルセはこれを主張した．さらに，ボルダ・ルールが候補者をどのように順序づけるかを確かめることも可能で，あらゆる順位加点ルールにおいて他の全候補者を凌駕する勝者がいるかさえ調べることができる（優越の条件をうまく利用すれば，これを調べることができる）．よって，ここで個人間比較を持ち込まずに前進するには，2 つの異なる方法があることになる．

　効用の増分と水準における個人間の違いを考慮する比較（第 A3* 章で広範に論じた）は，社会的選択を行うためのまったく異なる方法を提供する．しかし，それらは情報の点で要求がより厳しいため，（厚生経済的な評価ではなく）一般的な公的投票には不向きかもしれない．しかし，アロー（Arrow 2014）が述べたように，福祉の個人間比較が，候補者（や代替案）の順位を左右する各個人

6　対照的に，ブラムスとフィッシュバーン（Brams and Fishburn 1978, 1983）による「是認投票」の探究の決定版を参照せよ．それは順位データの利用を伴わない柔軟な投票手続きであり，特に当選者の数が「当選資格」支持という足切り要件によって内生的に決まるときには，いくらかの利点がある．しかし，是認投票はアローの条件のすべてと整合的であるという，時おり見かける主張は，実際には正しくない．例えば，是認投票はアローの無関係な選択肢からの独立性の条件に反する可能性がある．

の社会的価値を反映して，個人的選好の形成に影響を与えてもおかしくない．
公共の議論と社会参加の活用が，本書を通じて強調される（第 A6 章でさらに
議論される）が，それがここで重要になる．

　社会的ランキングについて当初は合意がないときでさえ，受け入れ可能な
（かつ実際に受け入れられる）意見の一致に近いものが出現するかもしれない．
その基礎には，なにが本当に事実であるのか，またはどの価値が優先されるべ
きなのか，ということについての真剣な公共の議論がある．もちろん，そうし
た意見の一致が出現する保証はないが，公的参加の目的のひとつは，そうした
合意を（部分的なものでしかなくとも）追求することでなければならない．この
問題には本書の最終章（第 A6 章）で戻ってくる．

第 A5 章
権利のアイデア

　権利のアイデアは道徳的・政治的な議論で広く用いられている．権利の概念と使用が社会的選択理論の一角を占めると予想することは自然である．しかし，コンドルセは権利のアイデアにかなり興味を抱いていたものの，社会的選択に関する彼の公式の著作に権利の倫理的アイデアはまったく見当たらない．ケネス・アローが先導した社会的選択理論の現代的な定式化にも，それは現れなかった．私は本書の旧版（1970 年）でこの欠落を埋め，社会的選択の評価構造の内部に自由と権利を取り込むささやかな試みを行った．しかし，その議論（第 6 章，第 6* 章）はあまりに短く，寄せ集めであった．この主題はもっと十分な形で取り上げて，社会的選択の評価の役割と道徳・政治哲学における権利のアイデアを結びつける必要がある．

　1970 年における私の研究発表の一部であった，「パレート派リベラルの不可能性（Impossibility of the Paretian Liberal: IPL）」を巡る定理が目を引くことになった．それは「権利に基づく」評価と「効用中心の」評価枠組みの緊張関係をあぶりだした．そこで示されたのは，効用に基づく推論の最も緩やかな要求（効用指向のパレート原理という形式で，全員一致の効用のランキングに社会的決定力を持たせる）でさえ，個人的自由の最小限の要求と衝突しがちであるということだった．この分析結果は，同年に *Journal of Political Economy* に掲載された短い論文（Sen 1970c）でも提示・議論された．

　私は 1966〜68 年にデリー・スクール・オブ・エコノミクスで社会的選択理論を教えていたとき，この結果に言及し，1968 年の夏に東京で開催されたエコノメトリック・ソサイエティ極東大会では，パレート原理を一般的に批判するなかで報告した．しかし実を言うと，この不可能性定理の重要性について，（分析的には興味深かったものの）多少懐疑的であった．ひとつには，ジョン・スチュアート・ミル（Mill 1859）が，総効用の最大化と個人的自由の保証の基本的衝突について百年前に論じていたからである．個人的自由の優先をわずか

463

に主張すると，総効用の最大化一般のみならず，最も控えめなパレート原理の要求をも妨げる，ということをミルが述べたわけではない（衝突の存在は，IPLを生じさせる社会的選択の推論を通じて立証される）とはいえ，IPL定理は，実際のところ，ミルの基本的洞察の拡張とみなせる.

不可能性定理は，私が1968〜69年に客員教授としてハーヴァード大学を訪れたとき，（前年の夏の東京に続いて）同僚たちの間で関心を持たれたようで，私は結局，著作で追究することに決めた. この定理は，社会的選択一般に権利のアイデアを含める分析ともうまくなじんだ. この拡大版の本章と短い（より専門的な）次章（第A5*章）では，社会的選択における権利と自由の役割を理解するという文脈で，IPLに注目する. 偶然にも，IPLを提示した*Journal of Political Economy*の1970年の論文は，驚くほど多くの研究文献を生み出した[1].

のちほど本章で，パレート派リベラルの不可能性に立ち戻る. しかし，まず，法的権利（これはもちろん法律分析という，よく知られた範疇を構成する）をはるかに超えて，倫理的文脈における権利のアイデア一般について，より広範に論じる. さらに，論争を呼ぶものの頻繁に議論される人権という観念についても吟味しなくてはならない[2]. 社会的選択理論は，適切に記述された状況を自由も含めて評価する必要性を明確にすることによって，権利や権原を巡るこうした古くからの論争に対して，かなり貢献することができる. だが，その際には最小限認められる権利の承認と行使に対応しなくてはならない.

倫理的権利と法的権利

法的な枠組みのなかに（少なくともまだ）法制化されていない権利のアイデアに訴えることについては，長い歴史が存在する. アメリカ独立宣言は，すべ

1　IPLを提示した私の論文を評したデニス・ミュラー（Denis Mueller 1996）は，「憲法上の権利とリベラルな権利」という批判的小論で次のように述べた.「センも他の誰も，この『6ページの研究ノート』が生み出すことになる論文と書籍の量をおそらく予想しなかっただろう」（Mueller 1996, p. 114）. これは私にとってじつに驚きであった（が，嫌な気はしなかった）.
2　リン・ハント（Hunt 2007）は，人権というアイデアの進化について明快な歴史的分析を加えている.

ての人間が「造物主によって一定の不可譲の権利を与えられている」ことを「自明」とし，それから 13 年後の 1789 年には，フランスの「人権」宣言が，「人は，自由で権利において平等なものとして生まれ，生き続ける」と断言した．しかし，ジェレミー・ベンサムは，その後まもなく 1791 年から 92 年にかけて（フランスの「人権」への反論を目的として）執筆された『無政府主義的誤謬』で，そうしたあらゆる主張を完全に退けることを提案した．ベンサムは，「自然権とは単なるナンセンスでしかない．自然で消滅することのない権利（アメリカ流の言い回し）など，意味のない修辞，おおげさなナンセンスである」と言い切った（Bentham 1792）．この 2 つの立場の対立は今日もまったく変わらずに残っていて，世界の重要な問題において人権のアイデアが繰り返し用いられているにもかかわらず，人権のアイデアを（ベンサムの別の嘲笑フレーズを使うなら）「大言壮語」に過ぎないと見る人が数多く存在する．

　しかし，我々の倫理はそれほど法律に依存すべきだろうか．実は，人権（human rights）を非法律的な（または前法律的な）倫理的主張として明瞭に表現することを認めるならば，いわゆる「人間の権利（'rights of man'）」と結びついた社会的要求は，ベンサム自身の功利主義的倫理に基づく道徳的言明と同様にナンセンスではなくなる．実際，功利主義的主張の地位と人権の表明の地位の類似性はかなりの力を持つ．ただし，ベンサムは，自然権一般及び特に「人権」に対する第一級の酷評のなかで，この結びつきを完全に見過ごしてしまった．奇妙なことに，ベンサムが適切な比較の対象とみなしたのは，特に，一方が人権の宣言の**法的重要性**であり，他方が現実に法制化された権利の**法的重要性**であった．前者（すなわち，人権の主張）は後者（法制化された権利）が明らかに有するような法的地位を欠いていると彼が考えたことは驚くに当たらない．ベンサムが人権を退ける際の推論は，かくて，驚くほど単純なものであった．「**権利**，つまり実のある**権利**は法の産物である．**現実の法律からこそ現実の権利**がもたらされる．しかし，**想像上の法**，つまり「自然法」からは**想像上の権利**（しかもたらされない）」[3].

　ベンサムが自然な「人間の権利」というアイデアを拒絶したのは，「権利」

3　Jeremy Bentham, *The Works of Jeremy Bentham*, vol. II (1843), p. 523.

という言葉を特権的に使用し，特定の法的解釈に限定したからである．しかし，人権が重要な倫理的権利であるとされるかぎり，人権は必ずしも（少なくともまだ）法的・制度的な力を持たないというベンサムの主張は，的外れであると同時に自明である．もちろん，正しい比較として，一方に（ベンサム自身が擁護する）効用に基づく倫理があり，根源的な倫理的重要性を効用に与え，権利のアイデアにはまったく与えないのに対して，他方に（「人間の権利」の支持者たちのように）人権の規範的重要性を認める余地を残す倫理がある．後者は人間の自由（と，関連して，対応する社会的責任）の基本的重要性と結びついている．

　功利主義的倫理の推論は，なすべきことを決める際には関係者の効用を考慮しなくてはならないと主張する形式をとる．同様に，人権アプローチは，人権という形式に体現された自由を規範的に認めなくてはならないと要求する．実際，ベンサムは 1791〜92 年にかけて「人間の権利」を退けるための執筆に忙しかったが，同時期に，権利の倫理的解釈の射程と範囲に対する力強い探究が進んでいた．トマス・ペインの『人間の権利』（1791 年）と，メアリ・ウルストンクラフトの『女性の権利の擁護』（1792 年）である．いずれもベンサムの関心を引かなかったようである．

法制化と社会運動

　しかるべく名高い小論「自然権は存在するか」において，現代の法理学を主導する専門家であるハーバート・ハート（Hart 1955）は次のように主張した．人びとが「道徳的権利のことを語るのは，主にそれを法体系に組み込むことを推奨するときである」．ベンサムは権利を「法の子」とみなしたが，ハートの見解では道徳的権利（人権はそのうちのひとつの範疇とみなせる）は法の**親**である．それは特定の法制化に動機や刺激を与える．

　クリスタベル・パンクハーストは 1911 年にロンドンで演説し，次のように主張している．「我々がここにいるのは，自由であるだけでなく，自由のために闘う，女性としての権利を主張するためであり」，くわえて，それは「我々の権利であると同時に義務である」．このとき彼女はイギリス法にまだ法制化

されていなかった強力な規範的主張を伝えたのである．1911 年のイギリスで
は女性に投票権はなく，その権利が男性並みに完全に実現したのは，パンクハー
ストの演説から 17 年後の 1928 年であった．女性がその一般的権利を行使し
始めたのは，翌年の 1929 年からに過ぎない．クリスタベル・パンクハースト
を主要な指導者としていた参政権拡張論者の宣伝活動や，それに伴う，女性の
投票の規範的「権利」を巡る公共的討議は，イギリスで男性がすでに持ってい
たのと同じ投票権を女性に与える立法措置につながる過程を大いに後押しした．

　こうして見ると，人権は道徳的な議論と密接に関わっており，それはイギリ
スで男性が持つ投票権を女性が持たないといった，（例えばある国における）具
体的な状況に依存するような議論を含んでいる．「人権の道徳的現実」という
啓発的な小論でジョン・タシウラス（Tasioulas 2007, p. 76）が力強く主張した
ように，「人権が享有するのは時間的に制約された形での普遍性であるため，
いかなる人権が存在するのかという問題に答えることは特定の歴史的文脈にお
いてのみ可能である」．このように，人権を認める要求は，なんらかの想像上
の「自然状態」における法制化の呼びかけと関係する必要は必ずしもなく，こ
の意味で，「自然権」と「人権」のアイデアには重要な違いがある．例えば，
他の住民が既存の制度体系においてすでに有している社会保障の受給資格（ま
たは公的医療保険への加入資格）などから一部の住民が排除されているとしたら，
その社会にある制度編成という特定の文脈で道徳的・政治的要求の論争を理解
しなければならない．そうすれば，この要求は，例えばジェンダー，カースト，
階級，共同体や性的指向に関する恣意的な差別を解消する必要性によって具体
化されるだろう．これは，そうした差別を許さない社会状態と比べて差別を許
す社会状態を規範的に批判することで形作られる．

　社会的選択の領域全般が，人権を含めて道徳的権利として主張されるものを
体系的に推論し評価するための枠組みを与える．それは，アメリカ独立宣言が
不可譲の権利に訴えていることに容易に見てとれるうえ，その後のアメリカの
立法（憲法修正を含む）に反映されている．これは，世界の多くの国の法制史
においてよく踏み固められてきた道である．それはまた，法制化の努力を鼓舞
し，新憲法の制定に駆り立てるために用いられてきた．なかでもおそらく最も
有名なのは，（エレノア・ルーズヴェルトの知的先導による）1948 年の国際連合

「世界人権宣言」で擁護された，新しい法制化への招待である．法制化を促すことは，まぎれもなく，人権の倫理的な力が建設的な形で展開されるためのひとつの方法であった．

　しかし，人権の倫理と法制化の動機の間に強い結びつきが存在することを認めるからといって，人権の重要性は実際の法制化を促したり正当化したりする役割を果たすことのみにあるということにはならない．重要なのは，人権のアイデアが他のいくつかの方法でも実際に利用できるし，利用されていることである．容易に理解できるように，もしも人権が強力な道徳的主張（ハートの言葉を使えば「道徳的権利」）とみなされるならば，たしかに，そうした主張を後押しするための様々な方途を考えることに一定の普遍性があるといえる．よって，人権の倫理を前進させるための方法と手段は，必ずしも新法の制定だけに限られる必要はない．

　例えば，人びとがふつう人権と考えるものの著しい侵害の監視や他の活動家による支援が，ヒューマン・ライツ・ウォッチ，アムネスティ・インターナショナル，オックスファム，国境なき医師団，セーブ・ザ・チルドレン，国際赤十字，アクション・エイドなどの組織（多くの様々なタイプのNGO）によって提供されており，それら自体，承認された人権が実質的に及ぶ範囲を広げる助けになることができる．多くの状況で，法制化は事実上まったく無関係かもしれない．要は，法制化の道が人権の社会倫理の実効性を高められるか否かではない．それが多くの場合に可能なのは確かである．大事な点は，むしろ，人権の倫理の影響力と実効性の向上を助ける他の方法が存在するということである．公共的討議，非難，摘発，糾弾などは，広く認められている他者の道徳的権利の侵害を防ぐ大きな役割を担える．こうした例に見る実際の社会的選択は，社会的選択の推論の射程と応用可能性に大いに関係するのである[4]．

人権は法制化するのが理想か

　これまで私は，人権を適切な法制化の帰結ないしは法制化への動機づけでし

4　拙著 *The Idea of Justice* (Sen 2009a) ではこれらの関連を検討し，また人権のアイデアを取り入れた社会的選択に基づく正義の理論を提示した．

かないとみなすことに反論してきた．しかし，人権は法制化の**理想**とみなすのが最も適切であるという，ときおり耳にする見解はどうであろうか．これは法制化の道の適切な到達範囲を巡る興味深い問題を提起する．もし人権が重要であると考えられるならば，それは明確に特定された法的権利に法制化することが理想であるに違いないという主張は理に適うだろうか．

この見解も，魅力はあるが支持しがたい．一部の権利については，理想の道はおそらく法制化ではなく，なにか他のこと，例えば公共的討議や教育，そしてもちろん世論喚起などであり，これらによって人権侵害への加担者の行動を変えうることが期待される．例えば，伝統的に女性が差別されている社会ですら，家族の決定に際して妻が相談を受ける道徳的権利を認め，守ることは，きわめて重要であろう．それでも，妻の意見を無視する夫を威圧的な法制化で投獄したり，罰金を科したりすることは，家族の決定に際して夫が確実に妻に相談するようにさせる方法としてはあまりに乱暴だと考えてまったくかまわないだろう．重要なのは，意思疎通，擁護（advocacy），摘発，そして情報に基づく公共的討議であり，人権は必ずしも強制的な法的規則に頼らずとも影響を及ぼせる．例えば，メアリ・ウルストンクラフト（Wollstonecraft 1792）が調査して明らかにしたように，公共的討議を通じた変革を含む多種多様な社会変革によって，「女性の権利の擁護」が推し進められたのである．社会変革の様々な方法と手段に関するこの 18 世紀の洞察は，現在でも重要性を失っていない．

権利と義務

ある主張を人権という形で認め，さらにそのグローバルな重要性の理解に努めることのありうる含意についても手短に述べておくべきだろう（これらの論点については拙著『正義のアイデア』（Sen 2009a）でより詳しく論じた）．人権の表明は，対応する自由（問題となる権利の定式化において確認され，特権を与えられる自由）の重要性の主張である[5]．例えば，拷問されないという人権は，あらゆ

5　ジョセフ・ラズ（Raz 1986）が「自由の道徳性」と呼ぶ啓発的な研究を参照せよ．この大きな主題に対する異なるアプローチのさらなる例として，特に O'Neill（1986, 1996），Scanlon（1988, 2003），Van Parijs（1995, 2000），Pettit（1997, 2001），Skinner（1998），Kamm（2007），Goodin,

る人が拷問から自由であることの重要性に由来する．これに伴って，あらゆる人に拷問からの自由を保障するために他者が無理のない範囲でできることを考える必要性が肯定される．拷問をしたい者にとって，この要求は明らかに単純明快であり，思いとどまれということである．この要求は，イマヌエル・カントが『実践理性批判』（Kant 1788）で「完全義務」と呼んだものを明快な形で表している．

しかし，他者（つまり拷問したい者以外の人びと）にも，より不特定ながら責任はあり，それは（カントの別の概念を使えば）「不完全義務」という一般的な形をとる．不完全義務とは，誰であれ関連する状況で助ける立場にある人は，無理のない範囲でなにができるかを考えるという一般的責務である．誰も拷問してはならないという，完全に特定された要求を補完するものとして，より一般的な（より不特定な）要請がある．それは拷問を防ぐ方法と手段を考えたうえで，具体的な事例において，無理のない範囲で（できるとしたら）なにをすべきかを決めるように求めるのである．

重要なことは，人権の承認といっても，誰もが，どこにいても，あらゆる人権の侵害に対して，それがどこで起きていようとも，防止のために立ち上がらなければならないと主張しているわけではないことである．それはむしろ，そうした権利侵害の防止のためになにか有効なことができそうな立場にあるなら，まさにその実行を考える義務があるということの確認である．それでも，他の義務や，義務ではない道徳的・実際的な懸念が，そのような行動をとる根拠を圧倒し，凌駕するかもしれない．しかし，権利に基づく推論は，「私には無関係」だからという理由で簡単に払いのけることはできない．不完全義務をまったく義務がないことと混同してはならない．

人権の理論は，さらなる議論，論争，主張の余地を残してよい．開かれた公共的推論というアプローチは，（ここで特徴づけた）人権の理解の中心となり，範囲と内容に関するいくつかの論争に決着をつけることができるが，他の可能性については完全な解決には至らないままにせざるを得ないかもしれない．論争が続く領域の存在を認めることは，人権の理論にとって当惑すべきことでは

Pettit, and Pogge（2007），Sen（2009a），Tasioulas（2012, 2013a），Temkin（2012）を参照せよ．

ない．それは取り組んでいる主題の持つ性質にほかならないからである．

人権を実際に適用する際には，そうした討論は当然，特に人権活動家たちの間ではかなりよくあることで，すっかり習慣になっている．ここで主張しているのは，人権の重要性とグローバルな地位の基本的認識を見失わずにそうした討論を行う可能性は，いわゆる「人権の**実践**」の特徴であるのみならず，人権という一般的**分野**の固有の部分なのであって，分野の限界ではない，ということである．人権という規範的分野の内部におけるこの種の可変性は，当惑の種ではないだけでなく，実質的な倫理のあらゆる一般理論に標準的に見られる他の曖昧さとほとんど変わらない[6].

道徳的権利の規範性と公共的参加

しかしながら，ここで以下のことが問われなければならない．あるものが人権であるという推定的主張の是非の判断基準はなんだろうか．我々は人権の規範的基礎をいかに評価するのか．そうした主張を真摯に受けとめるべきか否か，そしてその理由をどのように判断すべきなのか．

すでに論じたことに沿う形で，以下のように主張できる．特定の倫理的主張（またはその否定）の一般的妥当性は，十分に広範な情報が利用可能なもとでの妨げられることのない議論と精査に耐えて強固になることに関連づけられなければならない．公共的推論と人権の定式化及び利用の結びつきを理解することはきわめて重要である．人権の主張は，開かれた公共的精査に耐えられない可能性が示されるとしたら，その規範としての健全さはひどく損なわれることになるだろう．

この結びつきを述べるにあたっては，以下の説明が必要である．人権の規範性は，現にその主張が公共的推論に耐えることの結果であるとは必ずしも仮定されていない．それは（ある見方によれば）**結果**であるかもしれないが，また（別の見方によれば）当該の主張には認知的重要性があるということの強力な証

---

6 実際，似たような多様性を効用中心の倫理学の内部に見出すことができる（例えば本書の第7章，第7*章を参照）が，通常この広大な規範的分野のこうした特徴はほとんど注目されない．ジェレミー・ベンサム自身がほとんど論じなかったことは確実である．

拠（ひょっとすると求めうる最強の証拠）でもありうる[7]．本書では，メタ倫理学に対するこれら2つのアプローチの実質的な哲学的相違に立ち入るつもりはない．私自身の理解は多くの点で認知主義の立場に近いが，その哲学的議論を推し進めることは別の機会に譲ろう．権利と自由を社会的選択の文脈に位置づけるうえで，この基礎的な相違を解消する必要はない．いずれの見方においても，開かれた幅広い議論に耐えることが決定的に重要である．

　公共的推論というこのアプローチの内部では，以下のことを認めることが重要である．政治的・社会的に抑圧的な体制では，開かれた公共の議論が許されず，人権の多くがまったく真剣に取り上げられていないが，議論がなされていないからといって人権を擁護する根拠を退けてはならない．いかなる主張であれ，制約や検閲のある環境で局所的な公共的支持を得ていないからといってその土台を崩すことはできない（しばしばその誘惑はあるが）．開かれた批判的精査は，現実のものであれ想像上のものであれ，規範的主張を擁護するときのみならず，推論に基づいて棄却するときにも欠かせないものである．

　ジョン・ロールズ（Rawls 1971, 1993）らの力強い主張によると，倫理的・政治的主張の客観性の最終的な判断基準は，妨げられることのない議論に耐える可能性でなくてはならない．これは，ここで推し進めている立場によく合致する．しかし，私はなにが正義に適うかを評価する際に，そうした公共的な論争を特定の各国（またはロールズがそうした地域集団を呼ぶところの各「人民」）の境界内に限定する，ロールズの特に後期の研究（Rawls 1999b）における傾向には抵抗したい．ロールズは，国境を越える倫理的対応に対しては異なるアプローチを提示し，特に正義の理論の領域外にある人びとへの対応においては，人道主義（humanitarianism）や他のより幅広い考慮に依拠している．ロールズが公共的推論を国内での邂逅という政治空間に限定していることは，ハーバーマスのアプローチともおおむね一致する．

　対照的な視点を見出せるのが，アダム・スミスの『道徳感情論』である．そこでは，ある主張が規範として生き続けるためには，「ある程度の距離」からも吟味されなければならないと論じられている．人権の理解と承認における，

7　認知的立場を支持する様々な議論は，とりわけ Railton (2003), Parfit (2011), Scanlon (2014) に見出せる．

（グローバルに用いることを許容する）開かれた公共的推論の役割は，法学に対するアダム・スミスのアプローチと密接に結びついている．ほかにも類似点が見られるのは，フーゴー・グロティウスが，なんら正式な法的合意が制度化されていないときにさえ，国際法の役割を引き合いに出したことである．『自由海論』（出版は 1609 年）を出発点とし，グロティウスは，少なくとも基本的な要請としては，国家の地域的な境界を超越しうる推論を追求したのである[8]．

　スミスが非常に気にかけていたのは，国内であれ国境を越える場合であれ，近視眼的な倫理のバイアスを避けることであった．スミスは，いかなる国であれ統治集団の支配的見解だけに応じようとするのではなく，国の意思決定では見解が無視されがちな他の集団及び他の階級の視点を取り入れる必要性を見てとった．これは彼にとって，様々な障壁のなかでも特に階級に基づく思考の限界を乗り越えるための主要な方法であった（スミスはこの主題について，少なくとも後のマルクスと同じくらい断固としていた）．さらにスミスは，より視野の広い評価の必要性を持ち出して，規範的主張の妥当性を確かめるためには（現実のものであれ想像上のものであれ）グローバルな対話を求めなければならないと主張した．

　距離を置いた視点が，局所的でともすれば偏狭な議論よりも優れた推論を必ず提供するというわけではない（ただし，実際に提供することはある）．しかし，様々な型の推論を検討しなければ，十分な情報に基づき，適切な精査を経た判断に至ることはできない．そして，距離を置いた視点を取り入れると，局所的に人気のある主張の検討だけでは不可能なやり方でそれが可能になるのである．外からの視点を効果的に突きつけることができたかもしれない偏狭な価値の一例としてスミスが挙げたのは，洗練されたアテナイ人も含めて，古代ギリシアのすべての政治評論家たちが，幼児殺し（間引き）を完全に許される社会的行為とみなしがちだったことである．スミスの指摘によると，プラトンやアリストテレスでさえ，この異常な慣行の是認表明に反対することはなく，それは，

8　この論点についてはグロティウス記念講義（Sen 2011a）で議論し，今日の法制化されていない人権の研究文献とグロティウスによる法制化されていない海洋「法」の古典的分析とを結びつけた．他に，Sen（1982b, 2009a），Raz（1986），Chatterjee（2008），Sengupta（2004, 2011），Kamm（2007），Tasioulas（2012, 2013a）も参照せよ．

古代ギリシアの地域文化において「途絶えたことのない慣習によって，すでに……完全に認められていた」のである.

　距離を置いた視点は，不快であると広く認められている行為（例えばアフガニスタンのタリバン支配下で密通を非難された女性を石打ちにすること等）の批判的評価のみならず，死刑の受容可能性のような，より論争的な主題に対しても，明らかに重要である. ある慣行が局所的で偏狭な評価においてのみ受け入れられるように見えるのか，それともより広範に擁護できるのかということを吟味する欲求には，ある種の一般的重要性が存在する. これは，スミスの死後に出版された『法学講義』における，「人類の他の人びとの眼差し」にかからなければ「ある罰が衡平に見える」かどうかは理解できない，という主張につながった[9]. スミスによると，この必要性が生じるのは，個人や部門・党派の利害ないしは局所的な偏狭さに結びついたバイアスを避けるためである.

> 我々は，言わば自分の生来の拠り所から自らを切り離して，一定の距離を置いて見るように努めない限り，自分の感情や動機を概観することはできないし，それらに関する判断を形成することもできない. しかし，これを可能にする唯一の方法は，他の人びととの目でもって，つまり他の人びとが見るであろうように，自らを見る努力をすることである[10].

　スミスによると，互いの立場のグローバルな検討は，人びとが人種的・民族的・国家的優越感ではなく純粋な好奇心をもって取り組むならば，十分に実行可能である. 意思疎通が妨げられる原因は，虐げられた人たちの知的・教育的限界ではなく，より強力な者たちの傲慢さにあることが多いであろう. （奴隷にふさわしいとされた）他の人間よりも自分は優れていると気どった 18 世紀欧米の奴隷所有者たちに激怒し，憤慨したスミスは，『道徳感情論』で次のように述べた. 「アフリカの海岸から来ている黒人の誰ひとりとして，この点で，

9　Adam Smith, *Lectures on Jurisprudence*, edited by R. L. Meek, D. D. Raphael and P. G. Stein (Oxford: Clarendon Press, 1978; repr. Indianapolis: Liberty Press, 1982), p. 104.

10　私は道徳的推論に対するスミス流の視点を論文 'Open and Closed Impartiality' (Sen 2002b) とスミスの *The Theory of Moral Sentiments* のペンギン・クラシックス版に寄せた 'Introduction' (Sen 2009c) でも論じた.

ある程度の度量を持たない者はいない．そのことを，彼のさもしい主人の魂で
は想像することすらほとんどできないのが常なのだ」[11]．スミスがおそらく気
づいていたように，文字通りにとれば，この一般化された声明は誇張の可能性
が高かった．しかし彼にとっては明らかに，正反対の視点を公にすることは，
特権階級の傲慢とうぬぼれに大きな影響を受けた人種差別的議論があふれる世
界には必要な気つけ薬であった．

社会的選択，最終的及び包括的結果

　社会的選択理論は社会状態のランキングと選択に密接に関係し，その基礎と
なる評価や選択の原理は特定の公理で与えられる．この枠組みでは特定化をい
くらか変化させることができる．社会状態は，「最終的結果」（例：「アンは社会
的に受給資格のあった医療補助を受けた」）と呼べるものによっても定義できるし，
あるいは「包括的結果」（例：「アンは社会的に認められている医療補助への権利を
行使し，慈善団体を通じて与えてもらうのではなく，自らそれを手にした」）として，
より完全に記述することもできる．包括的結果の表現は，最終的な結果に至る
プロセスを取り入れることにより，骨子だけの帰結の記述に肉付けすることが
できる[12]．「帰結」や「帰結主義」という言葉は，最終的結果のみへの集中を
連想させることがきわめて多いため，広く定義された包括的結果に対しては
「帰結」以外のなんらかの名前を与えるもっともな理由がある．私は，最終状
態だけでなく関連するプロセスの特定を含む，適切に記述された包括的結果を
表すために，社会的実現（social realization）という表現を用いてきた（これに
ついては Sen 2009a を参照せよ）．

　社会的選択の分析においては，最終的結果のみならず過程も重要であろうが，
権利は帰結の観点のみで形式的に定義されることがかなり多い．特にパレート
派リベラルの不可能性（IPL）の定理を精査するときに頻繁に出された疑問は，

11　この出典及び多くの同様な引用についてはエマ・ロスチャイルドとアマルティア・センの
'Adam Smith's Economics'（Rothschild and Sen 2006）を参照せよ．

12　最終的結果と包括的結果の区別の広範な含意については *The Idea of Justice*（Sen 2009a）の特
に第 10，14，17，18 章を参照せよ．

最終的帰結は自由の要請の特定に際して果たしてなんらかの重要性を持つのかどうか，ということである．最終的帰結の重要性を否定したのは往々にしてリバタリアンの理論家たちであった．それはしばしば，自由のアイデアを誤解している（とされた）社会的選択の理論家たちへの叱責としてであった．その点については，本章の後のほうで取り上げる．

パレート派リベラルの不可能性

　本書の1970年版部分の第6*章で提示したIPL定理は，非常に弱い形のほんの一種類の権利（個人的自由の権利）に訴えたに過ぎない．人びとが自分の好きな選好を持てるとき，個人の効用上で定義されるパレート最適性の形式的要請は，ある個人的自由の最小限の要請と対立する可能性が示されたのである．1970年に使った例を利用すると，状況を理解しやすいだろう．登場するのは，ある人が好み，別の人が嫌う文学書である[13]．「堅物」と呼ばれる人は，この本を嫌ってポルノとみなし，読みたいとは思わないが，堅物がもっと苦々しく思うのは，「好色」（さらに長々しい名前から変更してある）という，この本の愛好者が読むことである．堅物の心を特に煩わせるのは，好色がくすくす笑っているかもしれないことである．他方，好色はこの本を読みたいが，堅物が読むほうがさらに好ましいと考える．好色にとって，「心の狭い」堅物が自ら嫌悪する本を読むところを想像するのは非常に楽しいのである．

　ここでは，誰も読まないことが自由を根拠に擁護されることはない．好色は明らかに読みたいのであって，読むか否かに関する彼の意思決定は，堅物の関与すべきことではないと考えるのがもっともだからである．さらに，堅物が読むことが自由に基づいて支持されることもない．彼は明らかに読みたくないのであって，好色が直接関係しないその選択に好色が首を突っ込むべき理由はないからである．残る唯一の選択肢は，好色が読むことであり，もちろんこれこ

13　1960年代の初期，遺憾ながら，私はかなり純真にD. H. ロレンスの『チャタレー夫人の恋人』を例に選んだが，この小説は今日ではほとんど論争的とみなされないだろう．私に影響を与えていたのは，その直前にペンギン・ブックス社がイギリスでの法廷闘争に勝利し，この本は発禁処分のポルノとみなされるのではなく，文学作品としての出版が許されたことだった．

そ，両者が自由にどうするか（しないか）を決定できる場合に起こることである．しかし，彼らの効用は既述の通りであるため，堅物と好色の効用水準はいずれも，好色が読むよりも堅物が読む場合により高くなり，その結果，自己選択による選択肢はパレート原理に反するように見える．実際，いま述べたような，効用の観点からパレート最適性に固執すれば，好色が読むことは排除されるが，他の２つの選択肢のいずれを選んでも，自由の最小限の要請に背くことになる．よって，ここで課されている理性的な社会的選択の特定の要請を満たすような選択は不可能である．というのも，求めうる選択肢のどれをとっても，他のいずれかの選択肢に劣るからである．ゆえに，パレート原理と最小限の自由を同時に満たす可能性は否定されるのである．

　この不可能性という結果は，（すでに論じた）社会的選択理論における他の不可能性定理と同様に，選択の問題にいかに取り組むべきかを議論するための有益な**端緒**であって，ありうる議論の**終着点**ではない[14]．そしてたしかにその通りに進んだ[15]．一部の論者は不可能性定理を用いて次のように論じた．自由が有効であるためには，人びとは自身の選好において他の人びとの自由を尊重すべきであって，他人が自らは選ばないような生活を送らせるように試みるべきではない．クリスチャン・ザイドル（Seidl 1975）が初期の貢献で論じたように，リベラルな権利の実現可能性は結局のところリベラルな価値の涵養にかかっているのである．

　他の論者はこの数学的結果を利用して次のように主張した．伝統的な厚生経済学で神聖視されているパレート原理でさえ，ときには侵されなければならないのかもしれない．その根拠はというと，ここに出てくる個人的選好は他者の生き方を気にし過ぎており，その重要性は，ジョン・スチュアート・ミル（Mill 1859）が『自由論』で述べた次のことを認めると，危うくなるからであ

14　同じことがいわゆる「ギバードのパラドックス」にも言える．そこで生じる興味深い不可能性定理は，自由の要件の厳格化を通じて，（パレート原理に訴える必要なく）自由の要請のみで生じている．これについては Gibbard (1974)，Kelly (1976a, 1976b)，Sen (1976a)，Breyer and Gardner (1980) を参照せよ．

15　このテーマの研究文献は，先述したようにかなり膨大である．私の批判的展望論文（Sen 1992b）及び Wriglesworth (1985) を参照せよ．主要な論点の卓越した分析が Hammond (1982a, 1997a)，Suzumura (1996, 2011) に見られる．

る．「ある人が自分の意見について抱く感情と，その人がそうした意見を持つことで気分を害する別の人の感情は，同格ではない」．さらに他の論者は，個人の自由への権利を条件つきのものとし，当人が自らの個人的選好において他者の自由を尊重することを課すように主張した．

　他の方向性を持つ解決の提案も議論されてきた．一部の熱心な論者に明らかに人気を博したのは，「共謀による解決」と呼べる．この提案によると，問題は当事者たちがパレート改善契約を結ぶことで解決される．それによって，堅物が本を読むことで好色が読むのを防ぐことになる．これは本当に解決なのだろうか．

　とりわけ，ここにはなにか方法論的な問題がある．パレート改善契約はいかなるパレート**非効率**な状況においてもつねに理論的な可能性に過ぎない．パレート改善契約の可能性を指摘しても，個人の選択がパレート非効率な結果につながるような世界で直面する問題を掘り崩すのにはまったく役立たない．効用上で定義されるパレート効率的結果にぜひ到達したいなら（これが求めるべき理に適った結果ではないかもしれない理由をまもなく論じるが），その実装の問題にいかに対処できるかを論じなくてはならず，インセンティブ整合性を真剣に検討することなくパレート改善契約の可能性を指摘するだけでは不十分である[16]．

　実際，この「解決」を目指す際には（それが解決であったとしても），重大な実装問題がある（ブレイヤー（Breyer 1977），バスー（Basu 1984）他が論じている）ことに注意を要する[17]．パレート改善契約は，それを破るインセンティブが非常に強いことがあるため，実現可能ではないかもしれない．これは，共謀による問題の解決に対する反論の筆頭には挙がらないだろうが（主要な議論は，両当事者がそうした契約を提示し受諾する背後にある推論に関わる），この提案された解決に含まれている規範的に奇異な点を取り上げる前に考慮すべき議論である．我々はそのような契約の信憑性と，遵守を保証する困難（例えば，堅物

16　これらの実装におけるインセンティブ整合性の問題とその含意については Barnes (1980)，Bernholz (1980)，Gardner (1980)，Suzumura (1980)，Basu (1984)，Schwartz (1986) を参照せよ．

17　とりわけ Basu (1984)，Mueller (1996)，Pattanaik (1996)，Suzumura (1996)，Breyer and Zweifel (1997) 等を参照せよ．

がただ読むふりをするのではなく実際に読むことをどう保証するか）を考えなければならない．これはかなりの問題であるが，おそらくもっと重要なことは，そうした契約の履行を自由の名のもとに強制する試み（例えば堅物がただページをめくるだけでなく実際に本を読んでいることを警官が確認する）は，自由そのものをひどく（ぞっとするほど）危険にさらしかねない．個人の生活へのそうした侵入を要するようなリベラルな解決策を求める人は，リベラルな社会の要請についてかなり奇妙な考えを抱いているに違いない．

　もちろん，そうした強制は，人びとが自発的に合意に従うならば不要になるはずである．しかし，個人の効用のランキングが選択を決めるとしたら，この可能性は開かれていない．というのも，その選択では，堅物は（少なくとも立ち入りを伴う監視がない場合は）本を読まないだろうからである．そして，人びとが自己欲求の効用ランキングに反して行動し，契約を破ろうとしないのはもっともだと我々が考えるならば，その前の問題を問わなければならない．そもそも彼らは，自己欲求の効用ランキングだけに基づいてこの契約を求めるべきだったのだろうか．

　同一人物の自己欲求の効用ランキングと，（その人のあらゆる価値観を考慮したうえでの）より広い評価のランキングとの区別は，アロー（Arrow 1951a）による（すべてを考慮した）個人的「価値」と単なる「嗜好」との古典的区別に似ている[18]．効用のランキングは，各個人の嗜好，つまりなにが実現してほしいかを反映するかもしれない（リベラルな社会に生きたいという彼らの欲求に関する価値観への関心はさておき）．様々な関心を考慮すると，堅物と好色が特に「他者指向型」の社会契約を必ず目指す理由はまったく自明ではない．その契約によると，堅物は乗り気な好色が読むことを防ぐために，自分が嫌う本を読むことに同意する一方，好色は自分の代わりに乗り気でない堅物に読ませるために，自分が読みたい本の読書を諦めることに同意するのである．人びとが自分の直接的な，自己の好みを満たす欲求にただ従うのではなく，他人にお節介を焼かないことをいくらか大切に考えるならば，この奇妙な契約が実現する必然性はない（参考：「私はアンがジャックと別れないでほしい」からといって，必ず

18　アロー（Arrow 1951a）は，ある人の「**嗜好**」を「その個人の直接消費」に関連づけ，「**価値**」はその人の「衡平性の一般的基準」を含むとしている（p. 18）.

しも「私が間に入ってアンを止めさせます」ということを含意しない）．

　私には決して理解することができない理由を挙げて，一部の論者は次のように信じているようである．問題は，（人びとが自由に基づく権利を取引によって手放してかまわないという意味で）権利が「譲渡可能」なのか，そして，当事者たちはそのような契約の締結を**許される**のか，であると．さらに，そうした契約を「許す」ことに私が反対しているということさえ（例えばブライアン・バリー（Barry 1986）によって）示唆された．実際のところ，なぜこの種の権利が相互の同意を通じて契約や交換の対象になると一般には考えるべきでないのか，その真剣な議論を私はまったく目にしていない．人びとはそうした契約を結んだり，権利を取引したりするために，いかなる他人の（あるいは「社会」の）許可も必要としない（さらにあえて言えば，一般に，必要とすべきでない）．しかし，彼らにはそうした契約を結ぶ**理由**が必要であり，自分が持っているであろう重要な価値を無視して，ただ自らの嗜好のみに駆り立てられない理由が必要である．彼らには，自分が実際に持つことのできる権利を**行使する**ための議論も必要である．権利を行使する理由がないことは，その権利を手放すことと同じではない．そのような奇妙な契約に参加する理由として，一部の論者のように，それしかパレート効率的な結果を達成（そして維持）する方法がないことを挙げるのは，問題を巧みにかわすことである．というのも，不可能性定理について議論する理由のひとつは，効用のランキング上で定義されるパレート効率性の優先度を問い，評価することにほかならないからである．

　私に言わせれば，ここでの真の問題は，そもそもそうした契約を結ぶ理由が不適切なことである．もちろん，仮に（他人にお節介を焼かないという原則を無視して）快楽や欲望充足を生真面目に最大化することが推論に基づく行動の唯一の基礎であるとしたら（ある種のいわゆる「合理的選択理論」はそう仮定しているようである），そのような契約を求めたり受け入れたりする十分な理由があることになる．しかし，これでは堅物と好色のどちらに対しても，契約を（たとえ署名したとしても）破るもっともな理由を与えることになり，好色と堅物の両者がこの事実を考慮しなければならなくなる．さらに重要なのは，欲求に基づく選択に対してさえ，以下の区別をすべきことである．すなわち，誰かが特定の仕方で行為することへの欲求（例：堅物が本人の嫌悪する本を読むことへの

好色の欲求）と，その人にそのような行為を強制する契約への欲求（例：自発的には読まないような本を読ませる契約に署名させたいという好色の欲求）とである．結果を「包括的」観点で見るならば，欲求の2つの対象は決して同じではない．難なくわかるように，堅物が読むことへの好色の漠然とした欲求は，それを堅物に契約で強制するという選択（または欲求でさえ）を伴う必要はまったくない．契約の導入は倫理的問題も持ち込む．最終的結果の観点からはいかなる契約も伴わない，個人の行為に関する単純な欲求であると言及するだけで，実際に起こっていることの包括的な評価を無視したのでは，倫理的問題は避けられないのである．

　結論として，パレート派リベラルの不可能性は，より壮大なアローの不可能性定理と同じく，それなしでは提起されなかったかもしれない問題に焦点を当てることで，公共の議論に貢献しているとみなすのが最善である．一方で価値と嗜好を区別し，他方で最終的結果と包括的結果を区別することは，パレート派リベラルの不可能性の分析において決定的に重要なのである．

社会的選択とゲーム形式

　本章を終えるにあたって検討しておく基本的論点は，一般に権利（特に自由への権利）がどのように定式化されるべきか，また，社会的選択理論は権利の適切な定式化にふさわしい構造になっているかどうかである．しばしば問われてきたのは，社会的選択理論の枠組みの内部で権利を正しく理解できるかということである．実際，社会的選択理論はこの目的に適さないという主張が繰り返し流布されてきた．方向性のかなり異なる2つの批判が表明されており，明瞭な区別が必要である．

　ひとつの批判は，社会的選択理論におけるパレート派リベラルの不可能性が焦点を当てるような権利は，他の多くの種類の重要な権利を含んでいないと主張する．これは実際に正しいが，社会的選択理論における権利の範囲は，不可能性定理を示すために用いられた特殊例に限られると見るべきではない．特定の定理を確立する（例えばパレート派リベラルの不可能性を示す）のに必要な限りで，権利のアイデアを非常に限定的に用いたからといって，社会的選択理論

一般で考慮し，促進することのできるはるかに広範な権利を無視する理由には
ならない．

　事実，ここには動機の面で対照的なことがある．不可能性定理を示すとき，
公理への要請が小さいほど，結果はより興味深く（実はより強力に）なる．だ
からこそ，「最小限の」要請でさえ不可能性につながりうると示すことに集中
するのである．ただし，最小限の定式化だけに固執することは，ある一般的な
アイデアの全射程を理解する優れた方法にはほとんどなり得ない．「最小限の
自由」に訴えることは，IPL への到達には十分適しているものの，自由や権利
といったアイデアを取り入れるために社会的選択理論が一般になしうることを
評価する優れた方法にはなり得ないのである．2 つの問いの混同は避けなくて
はならない．このより大きな論点にはまもなく立ち戻る．

　2 つ目の批判は，より実質的かつ重要である．焦点は，社会的選択理論が関
心を寄せるのは，実際になにが起こるかを含む社会状態の評価であるという事
実にある．ここから示唆されるのは，社会的選択流の権利の定式化は最終的結
果に結びついていなくてはならず，過程とは完全に切り離されている（少なく
とも表面的にはそう見える）ということである．社会的選択流の権利の（このよ
うに診断された）定式化の適切さ（どころか必要性）に異議を唱える主張による
と，より優れた権利の定式化の方法は，権利を結果に関連づけることはまった
くせず，いかなる帰結を伴おうとも各個人が自由に選べることに関連づけるべ
きだとする．

　こうして社会的選択流の権利の定式化に異議を唱えた先駆者は，ロバート・
ノージック（Nozick 1973, 1974）であった．ノージックはパレート派リベラル
の不可能性を取り上げることで自らの議論を展開したが，彼の批判の力は，社
会的選択理論は IPL がもっぱら考察するような権利の射程を超えられないと
いう前提にはまったく依存しない．ノージックは，社会的選択理論では権利へ
の要求が過少なのではなく，はるかに過大なのだと主張していた．彼によれば，
権利は決してなんらかの**結果**に至る保証とみなされてはならず，個人が自由に
選べる行為や戦略を保証するのみである．社会的選択理論が誤るのは，ノージ
ックの判断では，権利を特定の結果に対する権原と特徴づけるときである．ノ
ージックは（IPL 定理にコメントする形で）この点を以下のように述べた．

問題の根源は，個人が複数の選択肢から選ぶ権利を，それらの選択肢が社会的順序のなかで占める相対的順序を決める権利として扱うことにある．……個人の権利のより適切な見方は次のようなものである．個人の権利は共存可能であって，各人は好きなように自らの権利を行使してよい．これらの権利の行使は，世界のある側面を定める．こうして定められた諸側面の制約内では，ある社会的順序に基づいて，ある社会的選択のメカニズムによって，ひとつの選択がなされてよい．ただし，選択の余地が残っていればの話である！　権利は社会的順序を決定するのではなく，社会的選択が行われる枠組みとなる制約を課すのであり，そのため，ある選択肢を排除したり，他のものを確定したりなどする……．なんらかの様式化が正当であるとしたら，それは社会的選択の領域の**内部**に限られ，したがって人びとの権利に制約される．そうでなければ，いかにしてセンの結果に対処できるのか[19]．

　この方向の批判は，出てくる結果に特定の影響を及ぼすよりも，人びとが自由に自分の望むことをするという観点で権利を定義しようとするものであり，かなりの精緻な議論に値する．私は別の場（Sen 1992b, 1996b）で議論を試みた．しかし，ここで手短に，直接関係する 2 つの点を注意しておきたい．

　第一に，我々の思考に影響を及ぼす，様々な種類の権利や評価上の関心事がある．難なく理解できるように，権利や自由は**過程**（例えば自らの行為を自由に選ぶ自由）と**帰結**（どう行うかのみならず，結果的になにを手にするかを含む）の双方に関わってもおかしくない．どちらにも我々が関心を持つ理由がある．

　過程に対する権利は多くの状況で重要になりうる．例として，たとえ私が最も選びたい物事を当局が正確無比に推測できるとしても，私自身が選ぶ権利を否定し，私がおそらく選んだと思われる物事を当局が私に授けるとしたら，私の自由が適切に尊重されたとはいえないだろう．なにをするか選ぶ自由を，個人的自由（personal liberty）の適切な理解から投げ捨ててはならない．他方で，個人の真の自由（freedom）は実際に結果とも結びついていることがある．例

19　Nozick（1974, pp. 165-6）.

えば，安全なフライト（及び飛行機での旅を生き延びる自由）を世論に訴える際には，操縦室で自分がなんでもしたいことをする選択の自由を手にすることよりは，安全に我々を飛行機で運ぶ腕のいい（自殺願望のない）パイロットの確保が焦点になるだろう．同様に，ある人がある種の肉（豚肉，牛肉，鴨肉ほかなんであれ）をどうしても避けたい場合，ビュッフェで料理を選ぶ自由があっても，どの料理になにが入っているかを知らせてもらえなければ，好きなように食べる自由が擁護されたとはみなせない．

　第二に，社会的選択理論は，最終的に至る物事だけに関心を集中しなくてはならないため，関連する実際の過程を必然的に無視せざるを得ないという推定上の根拠に基づいて批判されるが，この批判は，社会的選択理論において結果（または状況）は，「包括的結果」としてではなく「最終的結果」の形でしか見てはならないということを前提している．特定の事例では，過程を統合して結果の幅広い見方のなかに収めることは多少難しいかもしれないが，一般には，最終的な状態にとどまらずに，どんな過程及び行為が関わったのかを含めて，なにが「起こったのか」を見ることを禁じるものはなにもない．例えば，集会であえて発言することの最も即時的な帰結は，そのような発言行為が起こることであるのは間違いなく，発言のさらに先の「結果」だけに集中することによって発言行為という事実を消し去ってしまう必要はないのである．

ノージックの自由の構想とゲーム形式

　ノージックが好む描写の仕方によると，自由への権利は，個人に対してある種の個人的意思決定に対する支配力を与えるとみなされ，「各人は好きなように権利を行使してよい」（いかなる結果に対する保証もなく，それは行為選択への自由であるに過ぎない）．たとえノージックに従って，結果ではなく行為を選ぶことに焦点を当てたいとしても，整理すべき定式化の問題が存在する．ある人がある物事を行う権利は，ノージックの一般的な動機においてすら，周囲の状況に依存すると考えられるだろう．ある人が好みの聖歌を他の人びとに向かって歌う自由を考えよう．これは，我々が概して好ましいと考えがちな権利であると言えるかもしれない．しかし，その権利は，通常の解釈では，他の人びと

が他の歌，例えばフランス国歌，アメリカ国歌，あるいは他の聖歌を歌っているとき，その人に自分の聖歌を歌う自由を与えるものではない．

　ノージックが草分けとなったアプローチは，その結果，標準的なゲーム理論で「ゲーム形式」と呼ばれる，より複雑な定式化を通じて拡張されてきた．自由の要請がゲーム形式で定式化されるとき，各人には許容される行為や戦略の集合があり，各人はそこからひとつを選ぶことができる．結果は全員の行為や戦略の選択に依存する．自由の要件は，行為や戦略の許容される組み合わせへの制約として特定される．先述の聖歌を歌う人は，他の人びとが他の歌を歌っているときには自分の歌を歌う自由はないかもしれないが，他の人びとが静かで，誰かが行動を起こすのを待っているときなら，歌を歌う完全な自由があるといって差し支えない．このさらなる特定化はもちろん，ノージックが自由及び権利のアイデアに込めたかったものと衝突しない．

　多くの場合，最後の最後にどうなるかということよりも，（許容される組み合わせに制約されるとはいえ）各人の行為主体性（agency）の観点から自由を考えることには大変優れた点がある．この点でノージックの見方は啓発的である．しかし，他の多くの場合や異なる状況においては，自由（liberty and freedom）の関わる対象は，人が行ってよいとされる行為のみならず，そうした選択の総体からなにが出てくるかということにも及ぶ．行為主体性の重要性は，結果の重要性を消し去るわけではない．

　特に2つの問題を考えよう．まず，ある特定のゲーム形式が十分に自由の要請を実現するかということは，特定の状況があることによるので，それを確かめるためには，なんらかの帰結の分析が必要になる（包括的結果は特に最終的結果を含む）．人の実際の選択は，状況に左右される可能性があり，重要な意味で本人にその自由が本当にあったのかを判断する際には，そうした状況を考慮するのが適切であろう．社会的影響が原因で，人は自分が本当に望むような選択を避ける可能性があり，このことはゲーム形式が形式上はその選択肢を許容される戦略の範囲に含む場合にも言える．例えば，女性のあるべき身なりに関するルールに縛られた性差別の根深い社会では，女性は髪を隠したくないと思っていても，頭部を覆わずに表に出る勇気はないかもしれない．本人には必要な行為（頭部を覆わずに出かけること）を選ぶ自由が実際にあったといっても，

そうした場合に適切な権利を実現する保証にはならない．自由の理論が政治哲学，厚生経済学及び実践理性への有用な指針となるべきものならば，「選択抑制（choice inhibition）」という現象を仮定によって排除してはならないのである．

　別のタイプの権利として，貧困緩和への権利を考えよう．たとえ実際の援助申請が却下されない場合でも，受給希望者が（適法な給付を希望しているにもかかわらず）補助の申請を取り止めるとしたら，その権利は損なわれているとみなされるだろう．申請の取り止めにつながった要因は，自分の貧しさを宣言せざるを得ない社会的スティグマへの懸念，当局による不快な調査への恐れ，または単なる混乱や憂鬱といったものかもしれない．たとえ本人が申請を選んでいたならば，社会的支援を得られたはずだとしても，そのことだけを根拠として，環境的問題を無視し，選択の可能性が形式的にあれば，人が実際にその選択肢をとりうる可能性が現実にあるのは確かだということはできない．貧困緩和を依頼する権利を形式上は持っているが，例えば貧しいと見られるスティグマのせいでそうしないならば，貧困緩和への権利が実現しているとはみなせない．「補足給付」のような形の貧困緩和策がイギリスで導入されたとき，そうした支援を受ける資格のある人たちが，その支援を求め，受けることを自制しないように，政府は相当量の努力を費やさなくてはならなかった．

　第二に，別の原因による複雑さが相互依存の問題に結びついている．ある人がなにかをする能力は，なにか他の事柄が起きている（いない）ことを条件にしているとみなされるかもしれない．自由の実現における相互依存は，「侵害行為」とでも呼べるものの認識には特に重要である．場合によっては，ある個人の私的領域において重要となる行為主体性はその本人の行為主体性に限定されない．例えば，常識的な喫煙者から顔に煙を吹きかけられない自由や，隣家からの耳をつんざくような音楽を聴かされることなく夜穏やかに眠る自由は，他者の行為に大いに依存する．しかし，これらはたしかに**あなたの**個人的生活の事柄であり自由の問題である．このタイプの「侵害行為」は，他の人びとの行為が私的領域を侵害するため，いかに人びとの私的領域が他者の行為によって大きく左右されるかという帰結の分析を通じて評価されなくてはいけない．

　非喫煙者が顔に煙を吹きかけられない権利は，当然，結果に対する権利であ

り，自由をいかに理解しようとも，生じる結果からまったく切り離されたままの理解は適切とはいえない．ゲーム形式の定式化を選ぶ場合には，受容可能な結果から，それらの結果のひとつをもたらすような戦略の組み合わせへと，「後ろ向き」に考えなくてはならない．このように構成されたゲーム形式の定式化は，実効的かつこの問題に**間接的**に対処するものでなくてはならないだろう．実際に，歴史的には，非自発的二次喫煙を根絶するという社会が選んだ結果を実現するために，政策の追求は多様な形をとってきた．

- 他者が反対する場合は喫煙を禁止する．
- 他者が存在する場では喫煙を禁止する．
- 他者がいようがいまいが，公共の場では喫煙を禁止する（それによって皆が使えるべき場所を人びとが避ける必要がないようにする）．

　厳しさを欠く制約では受動喫煙を避ける自由の実現に必要な結果をもたらせないことが判明すると，多くの社会は実際，喫煙者に対してますます厳しい要求を課す方向に動いてきた．

　便宜上，特定される手続きは，具体的な実践において異なる「ゲーム形式」から選択する形をとるべきだということが示唆されるだろう．とはいえ，ゲーム形式は，人びとに望むような個人的生活を送る権利を与える社会的実現をもたらす実効性を基準に選択されるべきであるという事実を見失ってはならない．1859 年にジョン・スチュアート・ミルが『自由論』において，（他者を物理的に傷つけない前提で）宗教的実践を効果的に追求する個人の自由を擁護したとき，彼が反対していたのは，宗教的実践の国家による禁止だけではなく，社会の他者による妨害活動（例えば，他者が祈りや瞑想に没頭しているとき，鬱憤晴らしに大きな騒音を出すこと）であった．人びとに好きなように宗教的実践を選ばせるとしても，選ばれた自由が妨害されることなく実際に実現されることを保障するのでなければ不十分である．

　ゲーム形式の特徴づけに際して，相互依存に留意し，他者の侵害行為から人びとを守るようにできることに疑いの余地はない．戦略の許容可能性，すなわち，許容可能なゲーム形式の特徴づけを導き出すには，直接であれ間接であれ，

異なる人びとの戦略の組み合わせから出てくる結果を参照しなくてはならない．ゲーム形式の選択を後押しする原動力が，非自発的二次喫煙は許されないという判断や，「受動喫煙」を避けるために人びとが公共の場から離れる必要があってはならないという判断にあるとしたら，ゲーム形式の選択は，もたらされる社会的実現（包括的結果）の性質にまさに依存していることになる．行為の自由と帰結や結果の性質の両者を考慮しなければ，自由の適切な理解を得ることはできない．

　ゲーム形式の観点で考えることの手段的利便性を決して軽視することなく，我々は以下のことを確認できる．社会的選択理論は，より広範な定式化のもとでは，人びとの行為の自由と，自ら選んだ（かつ侵害されない）個人的生活を享受する自由の双方を取り扱うことができるのである．ゲーム形式による定式化は，先の分析においては，関係する社会的選択から独立に存在可能な代案ではなく，社会的選択の過程とあわせて見るべきものである．

第 A5* 章
権利と社会的選択

　「パレート派リベラルの不可能性 (IPL)」の定理は，本書の旧版 (1970 年) 部分で，社会的選好関係 R の非循環性の要件を含む，二項関係形式 (第 6* 章を参照) で証明された．しかし，この定理は社会的選好関係をまったく用いる必要なく再定式化できることも説明された (1970 年版部分の第 6 章 3 節を参照)．選択関数形式の IPL をまずここで提示する．

　関数形式の集団的選択ルール (FCCR) は，選択の定義域における任意の集合 S に対して，個人的順序の各 n 組に対する社会的決定のための選択関数 $C(S)$ を決定する．

$$C(S) = F(\{R_i\})$$

　次に，選択関数形式のパレート関係と最小限の自由の条件を定義する．ここでは xP^*y を，x が選択のためのメニューにあるならば，y が選ばれてはならないという選択関数形式の命題として定義する．

$$xP^*y \Longleftrightarrow [\text{すべての } T \text{ に対して，} x \in T \Longrightarrow y \notin C(T)]$$

条件 P^C (パレート劣位状態の棄却)：
社会状態の任意のペア $\{x, y\}$ に対し，すべての i に対して xP_iy ならば，xP^*y となる．

条件 ML^C (棄却に基づく最小限の自由)：
少なくとも 2 人の個人が存在し，各個人 i は次のような個人的領域を持つ．すなわち，$xP_iy \Longrightarrow xP^*y$ かつ $yP_ix \Longrightarrow yP^*x$ を満たす社会状態のペア $\{x, y\}$ が少なくともひとつ存在する．

詳述すると，条件 P^c は，パレート優位な選択肢があるときに，パレート劣位にある選択肢が選ばれてはならないことを要求する．条件 ML^c は，少なくとも 2 人の個人がそれぞれ非空の個人的領域を持たなくてはならないことを要求する．つまり，ある個人が，自分自身の個人的領域で選択肢 x を選択肢 y よりも厳密に選好しているとき，もし x が選択可能であるなら，y が社会的に選ばれてはならない．

条件 U^c は，関数形式の集団的選択ルール F に適用される点以外は，定義域の非制約性条件 U と同じである．

（定理 A5*.1）：U^c, P^c 及び ML^c を満たす F は存在しない．

証明 まず，2 個人の「個人的領域」にある状態のペアがいかなる状態も共有しない場合を考えよう．個人 i の領域が $\{a, b\}$ を，個人 j の領域が $\{c, d\}$ を含むとする．条件 U^c を援用して，次のような i と j それぞれの選好順序を考える．dP_ia, aP_ib, bP_ic，かつ bP_jc, cP_jd, dP_ja．他のすべての個人 k は dP_ka, bP_kc を満たすとする．選択関数形式のパレート原理 P^c により，a も c も集合 $\{a, b, c, d\}$ から選ぶことはできない．しかし選択関数形式の最小限の自由の条件により，b も d も $\{a, b, c, d\}$ から選ぶことはできない．つまり，この集合 $\{a, b, c, d\}$ から選べるものは**なにもない**のであり，したがって $C(S)$ は実は当該の定義域上の選択関数ではない．こうして結果が得られる．

この証明を形式的に完了するには，$\{a, b\}$ と $\{c, d\}$ の間で要素のひとつが共通である場合を考えればよく，証明の戦略はほぼ同じである．

選択関数形式の要件 P^c と ML^c は「外的対応」の要請であって，内部整合性の条件（第 A2* 章）ではないことに注意しよう．これらは，個人の選好が所与のときになにが選ばれてはならないかについて述べており，その動機は，パレート劣位の選択肢を棄却する必要や，ある個人が自分の個人的領域において厳密に嫌う選択肢を回避する必要性と関係する．内部整合性の条件は，それ自体としてはいっさい課されていない（ただし，外的対応の正則性は，異なる部分集合からの選択の間にある種の相互関係を含意する）．社会的選好の概念にはいっさ

い頼っておらず，これは完全に選択関数形式の不可能性定理であって，いわゆる「集団的合理性」を課すことも，選択関数に内部整合性の条件が課されることもない．

IPL と囚人のジレンマの同型性

数学的には IPL と囚人のジレンマ（Prisoner's Dilemma: PD）はそっくりの形式で，つまりは同型である．2 つの主な違いは，IPL の場合は 2 人の当事者（例えば堅物と好色）の自由に価値が付与されるのに対して，PD の場合はそうした固有の価値が付与されないことである．IPL では，個人的自由を評価するため，当事者たちが自身の各個人的領域において自らの選好の実現を認められるべきだと要求されるであろう．これは PD とは対照的で，PD ではそうした自由に基づく評価はまったく関係なく，焦点はパレート効率性の達成であり，特に，（自由に関する重要性を与えられているわけではない）孤立した選択の組み合わせよりもパレート優位な結果に到達することにある．よって，たとえ IPL と PD の間には数学的な同型性があるとしても，動機の解釈は異なり，社会的選択における優先順位も異なるのである．

同型性を確かめるため，まず PD を考え，C_i はそれぞれ 2 人の個人 1 と 2 による自白を，N_i は各個人 i による黙秘を表すとする．2 人の個人の順序はそれぞれ以下の通りである．

個人 1	個人 2
C_1, N_2	N_1, C_2
N_1, N_2	N_1, N_2
C_1, C_2	C_1, C_2
N_1, C_2	C_1, N_2

個人 1 の支配戦略は C_1，個人 2 のそれは C_2 である．しかし，(C_1, C_2) は (N_1, N_2) よりも厳密にパレート劣位である．ここが PD のやっかいなところである．

ここで，個人 1 を堅物と呼び，彼の自白 (C_1) と黙秘 (N_1) をそれぞれ，嫌悪

する本を読まない (F_1) と実際にそれを読む (R_1) とに取り換える．同様に，個人2を好色と呼び，彼の自白 (C_2) と黙秘 (N_2) をそれぞれ，自分が好む本を読む (R_2) と読むのを控える (F_2) とに取り換える．このとき，以下のような順序の集合を得る．

堅物	好色
F_1, F_2	R_1, R_2
R_1, F_2	R_1, F_2
F_1, R_2	F_1, R_2
R_1, R_2	F_1, F_2

　すぐにわかるように，これはそれぞれ堅物と好色の選好プロファイルとされ，不可能性を生み出したものである．堅物の支配戦略は，本を読まないこと (F_1) で，好色のそれは，読むこと (R_2) である．結果的な組み合わせは (F_1, R_2) で，好色が読みたい本を読み，堅物は忌避したい本を避けることになる．ここに，自由に基づく緊張関係はない．しかし，それぞれがお節介なために，両者とも，好色が読みたい本を読むよりもむしろ堅物だけが自ら嫌悪する本を読むほうが嬉しいのである．こうして，最小限の自由と効用で定義されたパレート原理の衝突が発生する．

　問題は，第 A5 章で論じたように，各個人のお節介な効用に基づくパレート的判断の規範的な力をどれほど真剣に受けとめ，個人の私生活に関する本人の感情と，他人の私生活に対する感情は「同格ではない」というミルの洞察を否定するのか，ということである．PD と IPL の数学はまったく同じであり，違いは解釈のみである．この2つの場合では，個人的な選択の自由に対する見方が非常に異なり，効用空間におけるパレート最適性の倫理的魅力に対する評価もかなり異質である．

効用と価値

　第 A5 章で論じたように，人びとが評価をする際の推論は，一方で感情や快

楽を，他方で自由の重要性を含む倫理的関心を考慮することができる．例えば，堅物が以下のように言うとしても矛盾はない．「私には自分自身がこのひどい本を読む場合の不快感よりも，好色が読むことのほうがいっそう，苦痛だろう．しかし，だからといって，それは好色が読むのを見送ることを条件に私自身が読む十分な理由にはならない．私は自分自身の生活を大切に送る一方で，誰もが私生活で好きなことをできるということに価値があると考え，よって好色が好きな本を読むことも尊重する」．

　ここには異なる順序が関係しており，（快楽や欲求という意味での）効用の順序と（すべてを考慮した結果，起こるべきだと私が考えることという意味での）価値の順序が含まれている．2つの異質な実践をひとつの順序（「選好」順序や（定義の曖昧な）「効用」の順序でさえ）で捉えようとすることは，一部の社会科学における長い伝統であるかもしれないが，この区別の欠如は分析を曇らせるひとつの原因となる．私はここで，それらは「必ず」異なると主張しているわけではなく，異なる可能性があり，それにはしばしばもっともな理由があると主張しているに過ぎない．

　堅物と好色の（すでに論じた）**効用ランキング**を思い出そう．それは快楽と苦痛のみを考慮する．以下に再現する．

堅物の効用ランキング	好色の効用ランキング
F_1, F_2	R_1, R_2
R_1, F_2	R_1, F_2
F_1, R_2	F_1, R_2
R_1, R_2	F_1, F_2

　もしも両者が自由を尊重し，それぞれが望む，ないしは重んじる生活を各人が送れることを評価するなら，この効用ランキングのペアは，自由を尊重する堅物と好色の以下の**評価ランキング**と容易に共存する．

堅物の評価ランキング	好色の評価ランキング
F_1, R_2	F_1, R_2

F_1, F_2		R_1, R_2
R_1, R_2		F_1, F_2
R_1, F_2		R_1, F_2

　ここで，快楽だけのランキングからの重要な離脱は，自由を評価して，F_1，R_2（堅物は読みたくないものを読む必要はなく，好色は読みたいものを読む）を最上位に置いていることである．ただ，最善でない選択肢の順位は，不完全な点がそれぞれどう評価されるかに応じて異なりうる．しかし，それらがどのように再配列されようとも，F_1，R_2（各自が自分の生活に決定力を持つ）が最上位に置かれているため，自由の条件と全員一致の要請に衝突がないことは明らかである．

　IPL がやっかいになるのは，全員一致の条件が（快楽や欲求で与えられる）効用空間で定義され，効用指標で定義されるパレート原理に至るとき，そして人びとの快楽と効用が他人の生活を気にし続けるときのみである．IPL の有用性はいろいろとあるが，とりわけ，重要な区別を認識しなければならないと気づかせてくれることにある．その区別は，各個人のただひとつのランキングがその人の多種多様な事柄を反映すると仮定し，特に個人の**快楽**と**価値**（第 A2 章でかなり広範に論じた区別）を混同すると見失われてしまうのである．人間を快楽と価値を見分けられない「合理的な愚か者」とみなすと見失われてしまう区別（こうした動機の区別の喪失が引き起こす問題についてはセン（Sen 1976a）を参照）がしっかりなされれば，我々が合理的とされる（が実際には困惑させられる）契約に進む必要はなくなる．例えば，堅物が自分の嫌悪する本を読むことによって，好色が読みたい本を読むことを妨げるような契約のことである．社会的推論はそれより善くなしうるはずである．

第 A6 章
推論と社会的決定

　社会的選択における推論の役割が本書の中心的主題である．社会的選択理論とは，集団を構成する人びとの生活を集計的に評価することを含め，集団による決定を扱う際の批判的推論（critical reasoning）の追求とみなすことができる．コンドルセ（18世紀における初期の社会的選択理論家）は，投票理論と陪審の決定における重要な数学的結論を発表しただけでなく，推論の追求が——単独で行われるものと他者と共同で行われるものの両方について——どのように社会的決定に影響を与えうるかを広範に議論した．我々は，社会倫理の探求において，また社会正義に関する主張の評価において，社会的選択の他の問題と同様に，規律ある推論を必要としている．

　「新しい序文」で議論したように，体系的推論が要求することと要求しないことを入念に検証する余地がある．選択における推論のための十分に確立されたルールでさえも，再検討する根拠がある．厳密な推論に基づく選択の基本的要件とされているものを考えよう．非常に一般的な仮定として，意思決定のための規律ある推論は，最適性の追求に基づくべきであり，すなわち，すべての選択肢のなかで明らかに最も善い選択肢を見つけなくてはならないとされる．広く用いられるこの解釈では，推論は，その他のすべての結論と少なくとも同程度に満足のいく結論にたどり着くまで終わることがない．

　これは果たして正しいのだろうか．（「理想的」——または「最良の」——選択肢の識別を必要とする）「最適」へのこだわりは，「極大」とは区別されなければならない．後者は，他のどの結論と比べても満足度が劣ることはない結論と定義される．この対比を例で説明しよう．2つの選択肢 x と y があり，どちらももう一方よりも良い（あるいはちょうど同じくらい良い）と判断されないとき，この選択肢のペア (x, y) においては，両方とも極大であるが，どちらも最適ではない．我々は，迷い続けるよりも，x か y のどちらかを理性的に選択することができる．最適と極大の違いは，不完備なランキングがありうるということ

から生じるが，それは，推論に基づく評価を行う際には非常に現実的な可能性である.

　この拡大版の「新しい序文」で登場した有名なビュリダンのロバは，目の前にある2つの干し草の山のどちらがより良いのかわからない状況で最適を求めたがために，悲しい結末を迎えてしまった．この悲劇の物語では，ロバは迷ったあげく飢えて死んでしまう．干し草の山の一方がもう一方よりも実際に大きかった——あるいは美味しかった——という可能性もあるだろう．しかし，それがどちらであるのかロバにわからない以上，餓死してしまうよりは，干し草の山のどちらかひとつを選ぶほうがましであったことは確かである．2つの干し草の山の順序づけがどうしても不完備である場合には，その両方が極大であり，（最適とはいえないにもかかわらず）どちらの干し草を選んでも餓死よりははるかに善い選択であっただろう．干し草の山を順序づけできず，最良の選択肢を特定できないとしても，ビュリダンのロバが選択するための推論アプローチは存在する．すなわち，**どちらでもよいから**干し草を選び，飢えて死んでしまうことを避けることである.

　もし推論によって真に劣った選択肢を識別できるのであれば，そうした選択肢の排除を可能にする点で，推論は大きな役割を果たすことになる．しかし，推論によってあらゆる選択肢を他のすべての選択肢と比較して順位づけできると考える根拠は，分析的にも実践的にも存在しない．極大を求めることは，実現可能な範囲を超える要求はしないという，推論の規律の一部である．推論に基づく選択は，しばしば（哲学で有名なロバの例のように）非常に悲しい結末を伴うひどく困難なもののように見えてしまうこともあるが，実はそれほど難しいことではない.

極大と最適

　厚生経済学や政治哲学の説明では，極大と最適の違いがしばしば見過ごされる．しかし，両者には大きな差異がある．より善いと識別できる選択肢のほうを選ばなかったならば，推論に基づく意思決定に失敗したと見ることができる．しかし，（最適な選択肢がないなかで極大の選択をする場合のように）もし明らか

により良い選択肢がなければ，この問題は生じない．最適であるならば極大で
あるが，その逆は成り立たない．2つの要請が一致するとは限らない．「新し
い序文」で述べた通り，このきわめて重要な違いについては，ブルバキの古典
的な数学の学術書『数学原論』（ブルバキ (Bourbaki 1939, 1966, 1968)）でしっか
りと識別されている．特別な仮定のもとで，特に，推移的なランキングにおい
て順位づけできないペアが存在しないという仮定のもとでは，極大値はまた最
適値であり，すでに述べた通り，両者の違いはなくなる．しかし，選択肢のラ
ンキングがこのような非常に制限的な形をとらなければならない分析的な理由
や実践的な必然性は存在しない．

　例を挙げて，この違いについて述べよう．現代の西アジアにいるアシュラフ
は，テロリズムを防ごうと固く誓っている．彼はテロリスト集団がどちらも実
行すると脅している2つの恐ろしい出来事の可能性を考えている．ひとつは
——これを x と呼ぶ——歴史的な都市ニネヴェの完全な破壊（しかしながら誰
も殺されない），もうひとつは——これを y と呼ぶ——別の地点における 100
人の人びとの殺害を伴う（しかし，ニネヴェの町に損傷はない）．どちらも悲惨
な出来事であり，アシュラフはこれを止めるためになにができるかを考えてい
る．もし，彼と彼のアンチテロリストの仲間たちが，2つのぞっとするような
出来事のひとつを防ぐことはできるが，両方を防ぐことはできないとわかった
ならば，彼の決断は，x と y のどちらを選択するかということにならざるを得
ない．

　これは難しい選択であり，両方の側に非常に強い論拠がある．一方は，多く
の人びとの殺害を防ぐことができ，もう一方は，それ自体に価値があると考え
られ，また将来の何世代にもわたって非常に大きな価値を認められる偉大な歴
史的遺跡を守ることができる．我々は，もっともな理由があるとして，一方か
他方かを優先する決断を下すかもしれないが，そのような最適な選択肢が必ず
現れると確信することはできない．我々は，ロールズの言う「反照的均衡」に
よって必ずしも消去されない複数の答えを考慮し続けることができるのである．
もし明確な答えが出てくるのであれば，当然それを受け入れることができる
（そしてほっとする）が，実際にそのような答えが出てくる必然性はない．ア
シュラフが2つの選択肢 x と y のどちらか一方を他方よりも上に（**必ず**）順位づ

けできなければならない——あるいは，両者が同じくらい良い（実際この場合は同じくらい悪い）ものであると判断できなければならない——ということは，規律ある推論の要件でもなければ，「反照的均衡」に必要なことでもない．

問題は同一単位計測不可能性ではない

　極大と最適の違いの広範な含意の議論に進む前に，論点を明確にするための注意点を手短に述べておきたい．順位づけできないという問題を，——過剰に取り上げられる——いわゆる同一単位計測不可能性（関係する異なる変数を同じ単位で測れないこと）の問題と同一視してはならない．同一単位計測可能性は選択を完全に自明なものとするかもしれないが（1オンスの金よりも，2オンスの金を選ぶように），これが理性に裏付けられたただひとつの種類の選択なのではない．実際，我々は非常に頻繁に，同一単位計測不可能な選択肢についても完全に理に適う選択を行っている．もし私が，バナナが大好きでリンゴが大嫌いだとしたら，バナナとリンゴは同じ単位で測ることができないという，同一単位計測可能性が関係するきわめて奇妙な心配から，バナナを選ぶことを控えたりはしないだろう．もしリンゴよりもバナナをたしかに好むのであれば，バナナを選ぶことを理由づけるために，リンゴとバナナを同じ単位で測る必要はない．同一単位計測不可能性は真の問題ではないだろう．

　順位づけできない本当の原因は，同一単位計測可能性の欠如にあるのではない．同一単位で測れないということは非常に一般的な，まったくありふれた出来事である．対照的に，アシュラフのジレンマの場合には，選択肢が（たいていの選択肢がそうであるように）はっきりと異なる要素を含むだけでなく，——そしてこれこそここできわめて重要な問題なのであるが——アシュラフが推論に最善を尽くしたにもかかわらず，推論に基づく評価によって選択肢に優劣をつけることはできないであろう．

部分順序と推論に基づく選択

　仮に，アシュラフの考えが均衡する状況において，彼は，ニネヴェの町を救

うことは 100 人の人びとを殺害から救うことと少なくとも同じぐらい良いとは言えず，また，100 人の人びとの殺害を止めることはニネヴェの町を破壊から救うことと少なくとも同じくらい良いとも言えない，としよう．このとき，彼は専門用語では不完備ランキングと呼ばれるものを持っていることになるが，その基礎にあるのは，彼が**完遂した**——そして潜在的には**完備な**——推論である．重要なことは，順位づけされていないペアがあるからといって，アシュラフが自身の行使できる限りの推論，さらに言えばおよそ人が行使できると考えられる限りの推論を用いていないことにはならない，という認識である．

　これと矛盾することなく，アシュラフがその他多くの選択肢のペアをかなり確定的に順位づけしうるという可能性に気づくことも重要である．例えば彼は，（ニネヴェ自体があるイラクは言うまでもなく）シリアのようなある国全体が破壊されるよりは，ニネヴェの町が破壊されることを許容する十分な理由を見出すことができるかもしれない．推論を可能な限り進めたとしても，推論に基づくランキングは価値的に順位づけされることのないペアと共存しうる．これは，順位づけされていないペアをすべて順序づけて，しばしば決定的な結果を得ようという推論の努力を怠ってもよいという議論ではない．ここでの主張は，評価について怠惰であれ——あるいは怠惰であってよい——というものとは無縁である．重要なことは，完備なランキングが**必ず**現れることを保証するような分析的必然性も実践的理由も存在しない点である．

　たとえアシュラフが不完備な順序を持っているとしても，必ずしも彼が決断の行き詰まりに陥るとは限らないことにも留意しよう．もし互いに順位づけされていない x と y が，（国全体が破壊されるといった，よりいっそうひどい多くの状況をも含む）選択肢の集合に属する他のすべての選択肢よりも良いならば，その集合から x と y のどちらかを選ぶ十分な理由があるだろう．どちらもが，ブルバキのいう「極大の」選択肢である．どちらの選択肢も「最適」ではないという事実によって，アシュラフが決断に行き詰まる必要はない．彼は良識にしたがって，他のどの選択肢でもなく，x か y のどちらかを選ぶことができるのである．

　また，評価の不完備性が必ずしも評価の行き詰まりを伴うわけではないということも記しておいてよいだろう．ここで関係していることの論理的構造につ

いて詳細に述べることで，問題をより明らかにしよう．x, y, z の 3 つの要素について，それぞれがどれだけ良いかという点から部分順序を考える．x は z より良く，y も z より良いが，x は y より（または同程度に）良いというわけではなく，y も x より（また同程度に）良いというわけではない．ここには多くの比較判断がある．例えば，「x は z より良い」は正しいのに対して，「x は y より良い」は正しくない．この例では，正しいか正しくないかの二分法は，**例外なくすべてのペアの比較に適用できる**ということに注意されたい．特にこの例では，「x は y より良いか，同程度に良い」という言明は正しくなく，「y は x より良いか，同程度に良い」という言明も同様である．ここで順位づけできないということは，なんら評価の失敗を示していない——この場合には，順位づけできないことが，評価を実行した結果がとりうる特定の形だと認める必要があるということを示しているだけである．

　順位づけされない選択肢のペアを含むことが二項関係と集合に関する数学の不可欠な部分であることは，もちろんよく知られている．ここで私が主張しているのは，順位づけされないペアの存在は，倫理的及び政治的な評価の推論に基づく分析の実際の——さらに言うならば，よくある——結果であると認める必要性である．もし，「x は y と少なくとも同程度に善いわけではない」という言明と，かつ「y は x と少なくとも同程度に善いわけではない」という言明の両方を含む状況には誤りがあるという主張がなされたとしても，その診断はいかなる分析的な必然性からも，また実践的推論の性質からも出てくることはない．この結論にたどり着くためには，正しい・正しくないの二分法が——まだ特定されていないなんらかの理由で——あるきわめて限定された形をとる「必要がある」と保証するさらなる制約を課さなければならないであろう．こうした特殊な要請は，もし x が y よりも善いわけではないならば，y は必ず——**絶対に**——x と少なくとも同程度に善くなければならない，という主張の形をとるであろう．しかし，もしこの特殊な制約が提案されるのであれば，我々はそれがなぜなのか問う十分な理由がある．

　実質的に，これは，ランキングの不完備性をもたらす規範的な評価は単に存在し得ないという仮定であり，ひどく制限的な要請である．これは分析的に必要ではなく，もしなんらかの実質的な理由でそのような要請を課すことが賢明

だというならば，我々はその理由がなんであるかを知らされなければならない．この制約が意思決定に有用であろうと述べることは，論点の回避となるのはもちろん，推論に基づく選択のためには極大性で十分だという認識の欠如を反映している．

　極大と最適の違いは難解な数学の問題のように思えるかもしれないが，この区別は道徳哲学・政治哲学全般だけでなく，実際の意思決定においても（ビュリダンのロバの生死が示すように）重要である．たしかに，この形式的な，あるいは方法論的な問題は，多くの実質的な倫理的議論のまさに中心にある[1]．それらの議論のなかには，様々な正義論の主張それぞれを評価することも含まれる．

　「社会的選択」に関する2世紀半にわたる研究は，「均衡化した不完備性」と呼べるものの多くの実践的な例を示してきた．一般的原理の観点からですら，規範的判断に関するすべての二項関係の「完備性」を要求する特に説得的な理由はない．最適ではなく極大により，体系的で推論に基づいた選択を行うことには，分析的あるいは実践的に大きな困難はない[2]．

断定的不完備性と暫定的不完備性

　ランキングの不完備性は，（私がニネヴェの例で示そうとした）判断において解決不能な場合だけでなく，情報の埋めることのできないギャップ（埋められていないというだけでなく，現実的に埋めることが不可能なギャップ）によっても生じる．実際，帰結が将来に生じるどのような意思決定においても（多くの意思決定はこのタイプのものである），我々はその帰結が現実にどのようなものになるのか，つねに自信があるわけではなく，予想しなければならない．多くの場合に将来の結果は容易に予想できるし，場合によっては，不確実性のもとで

1　私はこの対比についてイギリス王立哲学協会の2015年の年次講義で詳細に論じている．'Reasoning and Justice: The Maximal and the Optimal', *Philosophy*, 92, January 2017 (Sen 2017).

2　極大を基礎とした推論に基づく決定についてのさらなる議論は Sen (1993a, 1997a) を参照のこと．「鈴村整合性」も含めて，Bossert and Suzumura (2010), Suzumura (2016) も参照されたい．

もなんらかの受容可能な推論の手続きを通して，不確実性に対処することができる（例えば，信頼できる確率分布があり，**かつ**期待値評価の方法論を実行すべき妥当な方法とする基礎的な公理を受け入れるならば，確率加重による「期待値」に依拠して意思決定を行うことができるだろう）．しかし，情報と判断におけるギャップを埋め，精査された完備な順序にたどり着く根拠を見つけることが多くの場合にできなかったとしても，特段奇妙なことはなにもない．

　次に，「暫定的」不完備性に目を向けよう．均衡化した不完備性は取り除くことができないが，そのほかに我々は暫定的な不完備性にも対処しなければならない．推論は瞬間的に起こるものではなく，プロセスである．決断をしなければならないときにも，我々は依然として，より多くの情報や，相反する考慮事項のより完全な解決を求めている可能性があるだろう．部分的なランキング（あるいは部分的な分割）は「断定的」なタイプでありうるが，「暫定的」なタイプでもありうる——おそらくは長期間にわたる思考の，ある特定の段階における，推論に基づく条件つき断定であるのかもしれない[3]．

　では，暫定的不完備性に関わる論争的な問題について検討しよう．例えば，あるペアを順位づけできなかったとしても，もし我々が現在持っていない特定の種類の情報をより多く得られたならば，いずれかの方向で解決が可能なので，この順位づけの未決定は暫定的だとわかるだろう．これは断定的不完備性の事例ではないが，推論に基づく意思決定の問題が依然として立ちはだかる．それは，意思決定を行う時点で我々が置かれた不可避の状況において，なにが正しい選択であるかという問題である．不確実性を取り除くためにより多くの情報を迅速に見つけるべきだと言うのは，もちろん，問題の回避である．もし暫定的不完備性の原因が情報の欠如にあるのではなく，問題が複雑なために真実を見極めることが現実にはできないことにあるとしたら，もっとよく考えるべきだという助言も，やはり問題の回避にしかならないだろう．実際，情報理論でわりと頻繁に置かれる仮定のうちのひとつで，我々が既知のことから分析的に

3　未解決の対立と結果としての不完備性の事例は，アイザック・レヴィ（Levi 1986）が「困難な選択」と呼んだ種類の問題に属している．彼が適切に議論してきたように，ここには依然として我々が直面する大きな規範的な問題が存在する（これについてはレヴィが明快な分析を行っている）．すなわち，たとえ暫定的であったとしても不完備性が存在するときに，なすべき正しいことはなんであるのか，という問題である．Levi（2009）も参照のこと．

演繹可能なすべてのことを「知る」という仮定（例えば，いかなる数学の問題でも，与えられたとたんに答えを知ることができる，というような仮定）を放棄するもっともな理由があるであろう．

不完備性と推論に基づく社会的選択

　極大は，推論に基づく選択に至る適切な方法であり，社会的選択を行うための容認可能な基礎としても有用である．この種の問題は集団の意思決定においてかなり頻繁に起こりうる．例えば，まったく異なる選択肢があり，そのそれぞれがそれよりもはるかに悪い選択肢——大災害など——を回避するという点では合意があったとしても，それらの選択肢間のランキングについては大きな意見の不一致がある場合である．例えば，2つの環境保護主義団体は，なんらかの炭素削減政策 x（市場の機能を通じて，高い炭素価格を維持する）と，もうひとつの政策 y（ある種の炭素発生活動を禁止するような規制的介入）のどちらも，なにもせずに地球が温暖化していくにまかせること——この破滅的な結果を選択肢 z と呼ぼう——よりははるかに善い，ということには合意するだろう．それでも，一方の団体は y よりも x を強く望むのに対して，もう一方の団体は逆の選好を持つかもしれない．彼らの論争はどちらの政策を導入することも阻み，起こりうる最悪の結果，すなわち z を引き起こすかもしれない．ここでは，z を回避するために x か y のどちらかを選択する強い論拠があることは明らかだろうが，それは全員一致の選択にはならないだろう（そして，言い争いや議論が長引く場合には，x か y のどちらかが選ばれる可能性が高いとさえいえない）．しかしながら，もし全員一致の合意にだけ注目するならば，パレート・ランキングにおいては，x と y がどちらも z よりも社会的に高く位置づけられる一方で，x と y は順位づけされないままであることに気づくだろう．極大選択の方法論は，x と y のどちらかを選択するが，z を絶対に避ける妥当な理由を与え

4　キャス・サンステイン（Sunstein 1995）は，人びとの実際の信念や関心が異なる場合でさえも合意を形成するためには，**不完全ながら理論化された合意**が重要であると提唱した．極大を基礎とした社会的選択は，これを補完するため，**評価（valuation）**についての完全な合意がなくても，行為については推論に基づく合意が得られる可能性を示すことができる．

るだろう．ビュリタンのロバの問題とのアナロジーは容易にわかる[4]．

　これは，むしろ特殊事例に見えるかもしれないが（実際は必ずしもそうではないのだが），社会的選択において様々な種類の議論が起こることはかなり一般的である．導かれる結果が特に劣った結果であるときでさえも，そうした議論はよくあることなのである．第 A3 章及び第 A3* 章で議論した通り，不完備ランキングを推論に基づいて使用することで，厚生経済学や規範的評価において多くの魅力的な可能性が開ける．また，そこでも検証したように（より詳しくは私の著書『正義のアイデア』（Sen 2009a）を参照），一般的に社会的選択理論の利用は社会的正義の分析を大いに促進しうるが，推論に基づく（reasoned）選択の基準として極大に依拠しつつ，部分順序に基づいて社会的選択を進められれば，よりいっそう役立つであろう．

強制 vs. 推論（reasoning）

　理性（reason）は社会的選択にとって中心的とならざるを得ない．理性は個人がひとりで行う内省（ジョン・ロールズが反照的均衡と呼んだものの探求）を含みうるが，他者とともに行う公共的推論（public reasoning）をも含みうる．異なる人びととのアイデアや精査は相互に関係しており，相互作用を起こすこともある[5]．アプローチとしての規範的社会的選択理論の概念的基礎は，主に推論一般，とりわけ公共的推論に依存している．実際，一方で公共的推論と，他方で参加型社会的決定の要請との間の基本的なつながりは，民主主義をより効果的なものにするという実践的務めのためだけでなく（それ自体，重要であるが），社会的選択の要請についての適切な理解を得るためにも重要である．

　ここでヨーロッパの啓蒙運動期における卓越したアイデアに依拠しつつ，社会的選択理論が社会的意思決定への規範的アプローチとしてどのように発展してきたのかを評価する際には，歴史的背景が重要となる．一般的な教育や知性

5　アンソニー・アッピア（Appiah 2009）のなるほどと思わせる主張によれば，私は，人びとが互いの推論に信じがたいほど積極的に耳を傾ける姿勢を持つと仮定しがちだそうである．彼は正しいかもしれないが，そうした姿勢がいくらかあること，また互いに心を通わせる努力を通じてそうした姿勢を強める可能性があることを示す証拠が存在する．

の役割は，コンドルセの社会や社会的選択に関する考察の中心にあった．実例として，人口問題に対する彼の注意深い見解を考えてみよう．彼の見解はトマス・マルサスと対照的である．マルサスは人間の推論は失敗を免れないと一途に信じており，破滅的人口増加の流れが引き起こされ，それは，マルサスの見方では，人類を圧倒せざるを得ないものだった．実は（近年では，ほとんど思い出されることはないが），コンドルセはマルサスに先んじて，もし人口増加率が鈍化しなければ，世界は深刻な人口過剰状態に陥ると指摘していた．これは，マルサス自身が利用したと認めたように，人口惨事に関するマルサスの人騒がせな理論の導入となった指摘である．

しかし，コンドルセはそこにとどまらなかった．彼はさらに，『人間精神進歩の歴史的展望の素描』（Condorcet 1795）のなかで，より教育水準の高い社会では，女性教育の拡大を含めた社会的啓蒙や公共的討議とともに，人口増加率は劇的に下がり，反転さえしうると主張した．この一連の分析について，マルサス（Malthus 1798）はまったく信じがたいと考え，コンドルセの軽信を非難している[6]．

コンドルセは出生率の自発的な下落を予想し，「**理性の進歩**」に基づいたより小さな家族規模についての新しい規範の出現を予言した．彼は「まだ誕生していない者たちに対する義務があるとしたら，それは，存在ではなく，幸せを与える義務である」ということを人びとはいずれ知るであろうと予想した．このような推論は，教育の拡大（特に女性の教育であり，コンドルセはその最も初期の最も声高な提唱者のひとりであった）によって強化され，人びとを出生率低下と家族規模の縮小へと導くものであり，人びとはこれを「**愚かにも……無用で不幸な存在で世界を一杯にしないよう**」自発的に選択するであろう，とコンドルセは考えた（Condorcet 1795, 1955, pp. 188-9）．

マルサスは，推論にそのような力があるとするのは純粋な空想であり，関係する家族による推論に基づく決定を通じて社会問題が解決される可能性はほとんどないと考えた．人口増加の効果に関する限り，マルサスは人口の増加が食料供給の増加より速く進行することは不可避であると確信し，食料生産の上限

6　Condorcet（1785, 1795）及び Malthus（1798）を参照されたい．

は相対的に変えられないものであると考えていた．また，彼は自発的な家族計画に完全に懐疑的であった．彼は「道徳的自制」を，人口の増加を抑制する想像上の代替的方法（すなわち，苦難や高まりゆく死亡率に代わるもの）と呼び，そのような自制が実際に機能するという現実的展望は持っていなかった．

　長年の間に，なにを不可避なものとみなせるかについてのマルサスの見解は多少変化しており，時が経つにつれて，自らの初期の予想に対する確信が揺らいだことは明らかであった．現代のマルサス研究では，彼の立場の「変遷」の要素を強調する傾向があり，実際，初期のマルサスと後期のマルサスを区別する根拠が存在する．しかし，彼の思考において，人びとにより小さな家族を選択させるうえで，経済的強制力とは対照的な理性の力を基本的に信じていない点はほとんど変わっていないのを認識することは重要である．実際，1830 年に出版された彼の最後の著作のひとつ（『人口論綱要』）——マルサスは 1834 年に亡くなった——において，次のように持ち前の結論を主張し続けていた．

　　生活必需品を十分に調達することの難しさ以外にはなんであれ，多数の人びとに早く結婚する気をなくさせたり，健やかに大家族を作ることを不可能にすると仮定する理由はなにもない[7]．

　自発的なルートを信じていなかったからこそ，マルサスは人口増加率を**強制的に鈍化**させる必要性に着目したのであり，彼はこれが自然の強制により生じるだろうと考えていた．人口増加によって生活水準が低下すれば，死亡率が劇的に上昇するだけでなく（マルサスはこれを「積極的抑制」と呼んだ），経済的貧窮を通して人びとはより小さな家族を持たざるを得なくなるだろう．この議論に通底しているのは，「生活必需品を十分に調達することの難しさ以外にはなんであれ」人口増加率を効果的に引き下げることはできないというマルサスの信念である．マルサスが救貧法などの貧困緩和策に反対し，貧困層の公的支援に声高に反論したのは，貧困と低い人口成長率との間に因果関係があると確信していたからであった．社会的選択理論の創始者であるコンドルセが推論と教

7　Malthus（1830, p, 243）を参照されたい．

育（特に女性の教育）に焦点を当てた一方で，マルサスは厳格な強制のみが高い人口成長の流れを食い止めることに役立つという主張を決してやめなかった．この論争は我々の時代においても続いている．

中国の一人っ子政策──歴史的事例

　中国政府は最近──実際 2015 年のことに過ぎない──有名な一人っ子政策に制度化された厳しい規制を緩和した．一人っ子政策は，高い人口成長率を懸念する世界中の有識者の間で称賛されてきた．いま，この政策はなにを成し遂げたのか──または成し得なかったのか──について検証する良い機会が到来している[8]．中国は高い出生率という逆境に行き詰まっていたのであり，一人っ子政策がそれをすべて変えたという簡略化された歴史には疑問を抱かなければならない．

　一人っ子政策は 1978 年に導入された．しかし，この政策が導入される**前に**中国の出生率はすでに急速に低下していたのである．新たな政策が導入される**前の** 10 年間で，出生率は 1968 年の 5.87 から 1978 年の 2.98 にすでに下落していた（10 年間で桁外れの下落である）．新たな強制的政策の施行**後も**出生率は下がり続けたが，劇的な下落ではなく，制限政策に先行していた下落トレンドが緩やかに続いただけである．1978 年の 2.98 から下落して，現在の出生率は約 1.67 となっているが，（5.87 からの）大きな下落は，強制的な手段が導入される前に起こっていたのである．

　明らかに，一人っ子政策を超えたなにかが中国の人口を抑制してきている．様々な国々の比較統計や，インド国内の何百にも及ぶ地域のデータの実証分析も，出生率の低下につながる 2 つの最も有力な要因をはっきりと示している．すなわち，(1) 女性の就学，(2) 女性の有償雇用，の 2 つである[9]．これは不思議なことではない．過度に頻繁な出産と育児により最も負担を強いられるの

8　これについては，私のエッセイ 'Women's Progress Outdated China's One-Child Policy' *New York Times*, 2 November 2015 (Sen 2015) を参照されたい．

9　Drèze and Sen (2002, 2013) を参照．またそこで引用されている文献，特に Drèze and Murthi (2001) を参照されたい．

は若い母親の人生であり，より高い教育とより多くの収入を得られる雇用はともに，家族の意思決定における若い女性の発言力を高め，それが出産の頻度を減らす方向に働く（これについては，ドレーズとセン（Drèze and Sen 2002）とそこで引用している実証研究の文献を参照されたい）．中国で女性の教育を含む学校教育が急速に拡張し，若い女性の就業機会が拡大したことは，全期間にわたる現象で，それは一人っ子政策導入のかなり前に始まり，その後も堅調に続いたのである．中国における出生率の低下は，こうした社会的・経済的影響に基づいて予想される範囲内の出来事であった．

　中国はしばしば，厳格な介入の有効性とされるものについて評論家から過剰に称賛されているが，支援的な政策の積極的な役割についてはほとんど功績が認められていない（なかでも教育と医療への重点的な取り組みについては，他の多くの国が参考にできる）．中国では一人っ子政策の強制により多くの人びとの生活にもたらされた苦難について悲惨な報告が存在する一方で，この政策が総人口全体の出生率に大きな影響を与えたかどうかはまったく明らかではない．近年の一人っ子政策の廃止は，実はたやすい選択だったであろう．家族の意思決定において推論の役割が増大したこと，とりわけ中国人女性の社会的地位が向上したことにより，このような強制的政策を厳格に行う必要はほとんどなくなったのである．

推論の役割

　社会的選択理論の創始者であるコンドルセが強調した人間の推論の重要性を理解するために，コンドルセとマルサスの議論は思い出すに値する．これは，相互の対話を通じた人びとの推論に基づく評価に基礎を置く社会的選択の要求を考えるコンドルセの見方に影響を与えた．人間の推論の及ぶ範囲へのその信念は，18 世紀の社会的選択理論の古典的起源をケネス・アロー（Arrow 1951a）によって創始された現代の社会的選択理論の研究と結びつける．本書の旧い章（1970 年部分）と新しい章の両方で扱ったように，我々がアロー自身の枠組みから離れる場合でも，公共的推論を含めた人間の推論の役割との結びつきは強いままである．それは我々が社会的選択アプローチと呼ぶものの不可

欠な部分なのである.

　これとあわせて考えるべきことは, ジョン・スチュアート・ミルが議論による統治を擁護したことを予期させるような形で, コンドルセが公共的推論に焦点を当てたことの関連性である. また別の啓蒙理論家であるアダム・スミスが多くを語った (Smith 1759, 1776) ように, 社会的文脈における推論は, 公共の議論や, 意見・関心・信念の交換によって大いに豊かになる. 個人的評価, 公共的推論, そして他者との開かれた議論の間の結びつきは, 広義の社会的選択のわざの中核にほかならない. このことは, コンドルセ, スミス, アローからだけでなく, ジェームズ・ブキャナン (Buchanan 1954a, 1954b, 1986) が率いる現代の「公共選択」学派からも啓発的な説明が与えられてきた.

　実際, 偉大な経済学者であり, 公共選択の理論家たちに刺激を与えるうえで大きな役割を演じたフランク・ナイトは, この必然的な結びつきについて, きわめて明確に論じている. 「価値が確立され, 立証され, 承認されるのは, 議論を通じてであり, 議論は社会的, 知的, かつ創造的なものである」[10]. もし社会的選択理論の形式的な定理や数学的結果が, 世界中の公共的推論の体系的追求における方法論を切り開いてきたのならば, 社会的選択理論の分析的貢献は, 何世紀にもわたって人類の進歩が拠り所としてきた理性への信頼から引き離すことはできない.

<h2 style="text-align:center">結　　語</h2>

　社会的選択理論は明確に定義された集団 (例えば, 投票と集団意思決定の形式的理論の確立において, コンドルセとボルダが特に関心を持っていたフランス科学アカデミーなど) や国家 (アローの関心の主な焦点) の推論に基づく選択 (reasoned choice) に関する学問分野として歴史的に発展してきた. 本書で検討され展開された議論の多くは, 集団の意思決定の一般的な文脈で直ちに解釈し, 利用できるものでもある. この認識は重要である. しかし, それに劣らず重要なことは, 不完備なランキングの正当性, (最適化ではなく) 極大化による選択

10　Knight (1947) 及び Habermas (1989) も参照されたい.

の利用，（人権を含めた）権利の承認，（部分比較可能性を含めた）厚生の個人間比較の許容，人間の自由と潜在能力の重要性，公共的推論と事実確認のきわめて重要な役割を含めて，本書で提示したアイデアのいくつかが，社会的選択の枠組みをグローバルな問題にも適用する可能性とその実り豊かさを示唆しているということである．

　アメリカ最高裁判所判事のスティーヴン・ブライヤー（Breyer 2015）は，説得力のある著書『裁判所と世界』において，アメリカ法の解釈と執行の際に新しいグローバルな現実に注意を払う必要性を主張している．アメリカの最高裁判所では，外国における活動に対処しなければならないことが増えており，相互依存が強まる世界から生まれる新たな難題がある．ブライヤーは，「関連する政策を説明できる外国政府の代表，関連する外国法や実務を説明できる外国の弁護士や，海外で生活し働いているものの我々の決定に影響を受ける可能性の高い一般市民」を含めた「多くの声」に留意するように主張している（p. 7）．

　この結論の含意を補完できるのは，我々を同じ方向へ向かわせる別の議論，とりわけ，世界のどの国においても推論に基づく社会的選択を行ううえで「一定の距離」からの観点を持ち込むというアダム・スミスの主張を引き合いに出すことである．以前に論じたように，外からの視点を突きつける必要のあった偏狭な価値の一例としてスミスが挙げたのは，（あの）洗練されたアテナイ人を含めて，古代ギリシアのすべての政治評論家たちが，幼児殺しを完全に許される社会的行為とみなしがちだったことである．スミスは，プラトンやアリストテレスでさえ，地域文化で一般的に受け入れられているこの「野蛮」な慣行の是認表明に反対することはなかったと指摘している．スミスが喚起した不偏の（公平な）観察者のアイデア——人びとが見過ごしがちな道理をもたらす想像上の観察者の集合体——は多くの目的に適った．例えば，それはスミスの言う「自己愛」の魅惑的な効果に心を奪われている人びとに対する挑戦ともなった．しかし，数ある用い方のなかでも特に役立ったのは，スミスによると，局所的に閉ざされた推論のなかで偏狭の限界に囚われることを回避する手だてとしてであった．

　ある倫理的主張が規範的妥当性を持つためには，その主張が近い所からだけでなく，「一定の距離」からも検証されなければならない．スミスは，推論す

る人間には推論に基づく自省を行う能力が十分にあると考え，特に「不偏の観察者」という思考実験を自省のための道具として利用した．スミスは次のように述べている．

> 我々は，言わば自分の生来の拠り所から自らを切り離して，一定の距離を置いて見るように努めない限り，自分の感情や動機を概観することはできないし，それらに関する判断を形成することもできない．しかし，これを可能にする唯一の方法は，他の人びとの目でもって，つまり他の人びとが見るであろうように，自らを見る努力をすることである[11]．

　距離を置いた視点は，タリバン統治下で女性に課されている非道な行為や，中国からアメリカまで世界の一部の国々で大規模に用いられている死刑のような酷い行為に対するグローバルな観点からの精査にも明らかに重要である．ある行為が局所的で偏狭な評価においてのみ受け入れられるように見えるのかどうかを確かめることには強い論拠がある．これは，「人類の他の人びとの眼差し」にかからなければ「ある罰が衡平に見える」かどうかは理解できないという，スミスの主張につながった[12]．

　もしこの議論が正しければ，アメリカの最高裁判所を含めた裁判所の審議は，相互依存という新たな現実のためだけではなく，局所的な推論は偏狭になりがちだという古くからの現実のためにも，外国の議論や慣行を考慮しなければならない．他の場所でなにが起こり，外国でなにが議論されているかということに注意を払うべきだという主張は（ブライヤー判事が強調したように）近年ずっと強くなっているのであろうが，国の扉を閉ざしたままにしておくのが賢明であり得た時代は決してなかったのかもしれない．

　こうした新たな展開は，「グローバル正義」についての推論を可能かつ重要なものとする．このような推論は，世界経済危機や地球温暖化，飢餓と執拗な栄養不良の蔓延の撲滅，（エイズやエボラ出血熱，ジカ熱などの）世界的パンデ

11　Smith（1759, Ⅲ, 1, 2）; ペンギンブックス版では Smith（2009, p. 133）を参照されたい．
12　アダム・スミスの死後出版された，*Lectures on Jurisprudence*, 1978; repr. 1982, p. 104（Smith 1978）を参照されたい．

ミックの予防や管理のような社会的選択の国際的問題に取り組むためには不可欠となる．できる限りの公共的推論を行った後でも，我々の合意は部分的なものにとどまるかもしれない．実際これは，おそらく国家の境界を越える場合だけでなく，各国内でも同じことであろう．なぜなら，各国民のなかに（真面目な新聞を読む人なら誰でもわかるように）しばしば多様な見解があるものであり，意見の不一致は様々な国民的視点と呼びうるものの衝突に限られるわけではないからである．さらに，推論に基づく合意を実行する方法や手段にも，（すでに議論した地球温暖化に取り組むための代替的な戦略のように）かなり多くのアプローチが含まれる．メアリ・ウルストンクラフトは，国民国家の法律によるのみならず，国内及び国境を越えた活発な公共的討議と新しい情報や意見の交換を含めた多くの法律外の手段を通じて，女性——及び男性——の権利を追求する方法について，先駆的な貢献を行った（Wollstonecraft 1790, 1792）[13]．

　（ロールズ（Rawls 1971）が「原初状態」と呼んだものにおける）国民的合意というアイデアに立脚する先行理論とは異なる正義へのアプローチを探求する際には，完全な意見の一致や遵守的態度が支配する想像上の世界よりも，不完備性の範囲が不可避的に大きくなる可能性を受け入れなければならない．これを欠陥とみなすべきではない．なぜなら，すでに論じたように，暫定的不完備性と断定的不完備性の両方が，推論に基づく選択の領域の一環にほかならないからである．また，意思決定の正義に関わるすべての問題が価値を巡る合意された推論によって完全に解決されるわけではない．この点に留意することは重要であるとしても，そうした問題の非常に多くが，部分順序の合意につながる活発な公共的議論によって大いに改善される可能性があるのを認識することもきわめて重要である．これが，——一国内でも地球規模でも——問題の解決に向けて推論に基づくアプローチがとりうる形であろう．

　世界で最も喫緊の課題のなかには，制度についても，社会状態についても，合意された完備順序の出現を求めてはいないものがある．世界政府ができて地球規模の不正義を減らしたり，人間の安全保障を強化したり，世界各地の厚生や自由の悲惨な水準を克服したりすることを待つ必要もない．なんであれ大が

13　これについては，私の小論 'Mary, Mary, Quite Contrary'（Sen 2005b）を参照．

かりな制度的躍進が生じるはるか以前に，やるべきことはたくさんある．社会的選択理論の射程は，（志 や閃きの源泉としては結構な）素晴らしきグローバル・ガバナンスという希望を，さらには完璧な国政という希望をも，はるかに超えるものなのである．社会的選択の推論は，批評家としてはもちろん夢想家としても，そして究極的には精査と変革の主体として，世界中で多様な役割を果たす人びとに語りかけるのである．

参 照 文 献

Ackerman, Bruce A. (1980). *Social Justice in the Liberal State*. New Haven: Yale University Press.

Adelman, Irma (1975). 'Development Economics - A Reassessment of Goals'. *American Economic Review* 65 (2): 302-9.

Agarwal, Bina (1994). *A Field of One's Own: Gender and Land Rights in South Asia*. Cambridge: Cambridge University Press.

——— (2009). 'Engaging with Sen on Gender Relations: Cooperative Conflicts, False Perceptions and Relative Capabilities'. In Basu and Kanbur (2009), Vol. II: 157-77.

——— (2010). *Gender and Green Governance: The Political Economy of Women's Presence Within and Beyond Community Forestry*. Oxford: Oxford University Press.

Agarwal, Bina, Jane Humphries and Ingrid Robeyns, eds. (2006). *Capabilities, Freedom, and Equality: Amartya Sen's Work from a Gender Perspective*. Oxford: Oxford University Press.

Ahluwalia, Isher (2009). 'Challenges of Economic Development in Punjab'. In Basu and Kanbur (2009), Vol. II: 303-26.

Ahluwalia, Montek (2009). 'Growth, Distribution and Inclusiveness: Reflections on India's Experience'. In Basu and Kanbur (2009), Vol. II: 327-49.

Ahtisaari, Marko (1991). 'Amartya Sen's Capability Approach to the Standard of Living'. Prize Essay, Columbia University.

Aizerman, Mark A. (1985). 'New Problems in the General Choice Theory: Review of a Research Trend'. *Social Choice and Welfare* 2 (4): 235-82.

Aizerman, Mark A. and Fuad T. Aleskerov (1986). 'Voting Operators in the Space of Choice Functions'. *Mathematical Social Sciences* 11 (3): 201-42.

Akerlof, George (1984). *An Economic Theorist's Book of Tales*. Cambridge: Cambridge University Press. 幸村千佳良・井上桃子訳『ある理論経済学者のお話の本』ハーベスト社, 1995 年.

Alamgir, Mohiuddin (1980). *Famine in South Asia: Political Economy of Mass Starvation*. Cambridge, Mass: Oelgeschlager, Gunn & Hain Inc.

Aleskerov, Fuad T. (1997). 'Voting Models in the Arrovian Framework'. In Arrow, Sen and Suzumura (1997): 47-67.

——— (2002). 'Categories of Arrovian Voting Schemes'. In Arrow, Sen and Suzumura (2002): 95-129.

Alger, Ingela and Jörgen W. Weibull (2009). 'Family Ties, Incentives and Development: A Model of Coerced Altruism'. In Basu and Kanbur (2009), Vol. II: 178-201.

——— (2016a). 'Morality: Evolutionary Foundations and Economic Implications'. Paper prepared for conference 'The State of Economics, The State of the World'. World Bank, Washington, D. C., 8-9 June 2016.

——— (2016b). 'Evolution and Kantian Morality'. *Games and Economic Behavior* 98 (July): 56-67.

Alkire, Sabina (2002). *Valuing Freedoms: Sen's Capability Approach and Poverty Reduction*. New York: Oxford University Press.

——— (2005). 'Why the Capability Approach?' *Journal of Human Development* 6 (1): 115-35.

——— (2008). 'Choosing Dimensions: The Capability Approach and Multidimensional Poverty'. In *The Many Dimensions of Poverty*, edited by Nanak Kakwani and Jacques Silber. London: Palgrave Macmillan, 89-119.

——— (2009). 'Concepts and Measures of Agency'. In Basu and Kanbur (2009), Vol. I: 455-74.

Alkire, Sabina and James E. Foster (2011a). 'Counting and Multidimensional Poverty Measurement'. *Journal of Public Economics* 95 (7-8): 476-87.

——— (2011b). 'Understandings and Misunderstandings of Multidimensional Poverty Measurement'. *Journal of Economic Inequality* 9 (2): 289-314.

Alkire, Sabina, James E. Foster, Suman Seth, Maria Emma Santos, Jose Manuel Roche and Paola Ballon (2015). *Multidimensional Poverty Measurement and Analysis*. Oxford: Oxford University Press.

Allen, R. G. D. (1959). *Mathematical Economics*. London: Macmillan. 安井琢磨・木村健康訳『数理経済学』（上・下）紀伊國屋書店，1958-1959 年.

Allingham, Michael G. (1977). 'Fairness and Utility'. *Economie Appliquée* 29 (2): 257-66.

Allingham, Michael G. and M. L. Burstein, eds. (1976). *Resource Allocation and Economic Policy*. London: Macmillan.

Anand, Paul, Prasanta Pattanaik and Clemens Puppe, eds. (2009). *The Handbook of Rational and Social Choice*. Oxford and New York: Oxford University Press.

Anand, Paul, Cristina Santos and Ron Smith (2009). 'The Measurement of Capabilities'. In Basu and Kanbur (2009), Vol. I: 283-310.

Anand, Sudhir (1977). 'Aspects of Poverty in Malaysia'. *The Review of Income and Wealth* 23 (1): 1-16.

——— (1983). *Inequality and Poverty in Malaysia: Measurement and Decomposition*. Oxford: Oxford University Press.

Anand, Sudhir and Martin Ravallion (1993). 'Human Development in Poor Countries: On the Role of Private Incomes and Public Services'. *Journal of Economic Perspectives* 7 (1): 133-50.

Anand, Sudhir and Amartya K. Sen (1995). 'Gender Inequality in Human Development: Theories and Measurement'. *Background Papers – Human Development Report 1995*. UNDP, New York: United Nations, 1996 国連開発計画編『人間開発報告書：日本語版1995』国際協力出版会, 1996 年; reprinted in Fukuda-Parr and Shiva Kumar (2003).

——— (1997). 'Concepts of Human Development and Poverty: A Multidimensional Perspective'. In *Poverty and Human Development: Human Development Papers 1997*. UNDP, New York: United Nations.

Anand, Sudhir, Christopher Harris and Oliver Linton (2009). 'On Ultrapoverty'. In Basu and Kanbur (2009), Vol. I: 311-36.

Anderson, Elizabeth S. (1999). 'What Is the Point of Equality?' *Ethics* 109 (2): 287-337. 森悠一郎訳「平等の要点とは何か」（抄訳），広瀬巌編・監訳『平等主義基本論文集』勁草書房，2018 年.

——— (2010a). 'Equal Opportunity, Unequal Capability'. In Brighouse and Robeyns (2010): 61-80.

——— (2010b). 'Justifying the Capability Approach to Justice'. In Brighouse and Robeyns (2010): 81-100.

Appiah, Kwame Anthony. (2009). 'Sen's Identities'. In Basu and Kanbur (2009), Vol. I: 475-88.

Appiah, Kwame Anthony and Amy Gutman (1996). *The Political Economy of Race*. Princeton, N. J.: Princeton University Press.

Archibald, G. C. (1959). 'Welfare Economics, Ethics, and Essentialism'. *Economica* 26 (104): 316-27.

Aristotle (1953). *The Nicomachean Ethics*. Translated by J. A. K. Thomson. London: Allen & Unwin. 高田三郎訳『ニコマコス倫理学』（上・下）［岩波文庫］岩波書店, 1971 年.

―――(1998). *The Politics*. Translated by Ernest Barker. Oxford: Oxford University Press. 田中美知太郎・北嶋美雪・尼ケ崎徳一・松居正俊・津村寛二訳『政治学』［中公クラシックス］中央公論新社, 2009 年.

Armstrong, Thomas E. (1980). 'Arrow's Theorem with Restricted Coalition Algebras'. *Journal of Mathematical Economics* 7 (1): 55-75.

―――(1985). 'Precisely Dictatorial Social Welfare Functions'. *Journal of Mathematical Economics* 14 (1): 57-9.

Armstrong, W. E. (1950). 'A Note on the Theory of Consumer's Behaviour'. *Oxford Economic Papers* 2 (1): 119-22.

―――(1951). 'Utility and the Theory of Welfare'. *Oxford Economic Papers* 3 (3): 259-71.

Arneson, Richard J. (1989). 'Equality and Equal Opportunity for Welfare'. *Philosophical Studies* 56 (1): 77-93. 米村幸太郎訳「平等と厚生機会の平等」, 広瀬巌編・監訳『平等主義基本論文集』勁草書房, 2018 年.

―――(1990). 'Liberalism, Distributive Subjectivism, and Equal Opportunity for Welfare'. *Philosophy & Public Affairs* 19 (2): 158-94.

―――(2010). 'Two Cheers for Capabilities'. In Brighouse and Robeyns (2010): 101-27.

Arrow, Kenneth J. (1950). 'A Difficulty in the Concept of Social Welfare'. *Journal of Political Economy* 58 (4): 328-46.

―――(1951a). *Social Choice and Individual Values*. New York: Wiley.

―――(1951b). 'An Extension of the Basic Theorems of Classical Welfare Economics'. In *Proceedings of the Second Berkeley Symposium on Mathematical Statistics and Probability*, edited by Jerzy Neyman. Oakland: The Regents of the University of California, 507-32.

―――(1952). 'Le Principe de rationalité dans les décisions collectives: conférence'. *Economie Appliquée: Archives de l'Institut de Sciences Mathématiques et Economiques Appliquées ; International Journal of Economic Analysis* 5 (4): 469-84.

———(1959). 'Rational Choice Functions and Orderings'. *Economica* 26 (102): 121–7.

———(1963a). *Social Choice and Individual Values*. Republished 2nd edn. New Haven: Yale University Press. 長名寛明訳『社会的選択と個人的評価』日本経済新聞社, 1977 年.

———(1963b). 'Uncertainty and the Welfare Economics of Medical Care'. *American Economic Review* 53 (3): 941–73.

———(1965). *Aspects of the Theory of Risk-Bearing*. Helsinki: Yrjö Jahnssonin Säätiö.

———(1967a). 'Public and Private Values'. In Hook (1967): 3–21.

———(1967b). 'The Place of Moral Obligation in Preference Systems'. In Hook (1967): 117–9.

———(1967c). 'Values and Collective Decision-Making'. In *Philosophy, Politics, and Society*, edited by Peter Laslett and W. G. Runciman, 3rd series. Oxford: Blackwell, 215–32.

———(1973). 'Some Ordinalist-Utilitarian Notes on Rawls' Theory of Justice'. *Journal of Philosophy* 70 (9): 245–63.

———(1977). 'Extended Sympathy and the Possibility of Social Choice'. *American Economic Review* 67 (1): 219–25.

———(1983). *Collected Papers of Kenneth J. Arrow: Social Choice and Justice*. Vol. 1. Cambridge, Mass.: Harvard University Press.

———(1995). 'A Note on Freedom and Flexibility'. In Basu, Pattanaik and Suzumura (1995): 7–16.

———(2012). *Social Choice and Individual Values*. Republished, 3rd edn, with a Foreword by Eric Maskin. New Haven: Yale University Press. 長名寛明訳『社会的選択と個人的評価』勁草書房, 2013 年.

———(2014). 'Commentary'. In Maskin and Sen (2014): 57–64.

Arrow, Kenneth J., Samuel Karlin and Patrick Suppes, eds. (1960). *Mathematical Methods in the Social Sciences, 1959: Proceedings*. Stanford: Stanford University Press.

Arrow, Kenneth J., Amartya K. Sen and Kotaro Suzumura, eds. (1997). *Social Choice Re-Examined*. International Economic Association Series. London and New York: Palgrave Macmillan.

———(2002). *Handbook of Social Choice and Welfare*. Vol. 1, Amsterdam: Elsevier.

鈴村興太郎・須賀晃一・中村慎助・廣川みどり監訳『社会的選択と厚生経済学ハンドブック』丸善，2006 年.

——— (2011a). *Handbook of Social Choice and Welfare*. Vol. 2, Amsterdam: Elsevier.

——— (2011b). 'Kenneth Arrow on Social Choice Theory'. In Arrow, Sen and Suzumura (2011a): 3-27.

Asali, Muhammad, Sanjay G. Reddy and Sujata Visaria (2009). 'Inter-Country Comparisons of Income Poverty Based on a Capability Approach'. In Basu and Kanbur (2009), Vol. II: 7-30.

Atkinson, Anthony B. (1970). 'On the Measurement of Inequality'. *Journal of Economic Theory* 2 (3): 244-63.

——— (1983). *Social Justice and Public Policy*. Cambridge, Mass.: MIT Press.

——— (1987). 'On the Measurement of Poverty'. *Econometrica* 55: 749-64.

——— ed. (1989). *Poverty and Social Security*. New York and London: Harvester Wheatsheaf.

——— (1995). 'Capabilities, Exclusion, and the Supply of Goods'. In Basu, Pattanaik and Suzumura (1995), 17-31.

——— (2009). 'Welfare Economics and Giving for Development'. In Basu and Kanbur (2009), Vol. I: 489-500.

——— (2015). *Inequality: What Can Be Done?* Cambridge, Mass.: Harvard University Press. 山形浩生・森本正史訳『21 世紀の不平等』東洋経済新報社，2015 年.

Atkinson, Anthony B. and François Bourguignon (1982). 'The Comparison of Multi-Dimensioned Distributions of Economic Status'. *Review of Economic Studies* 49 (2): 183-201.

Atkinson, Anthony B., Thomas Piketty and Emmanuel Saez (2011). 'Top Incomes in the Long Run of History'. *Journal of Economic Literature* 49 (1): 3-71.

Aumann, Robert J. (1962). 'Utility Theory without the Completeness Axiom'. *Econometrica* 30 (3): 445-62.

——— (1964). 'Utility Theory without the Completeness Axiom: A Correction'. *Econometrica* 32 (1/2): 210-2.

Ayer, A. J. (1959). *Philosophical Essays*. London: Macmillan.

Bagchi, Amiya Kumar (2009). 'The Capability Approach and Political Economy of Human Development'. In Basu and Kanbur (2009), Vol. II: 31-47.

Baigent, Nicholas (1990). 'Transitivity and Consistency'. *Economics Letters* 33 (4): 315-7.

——— (1991a). 'A Comment on One of Sen's Impossibility Theorems'. Mimeographed, Murphy Institute, Tulane University.

——— (1991b). 'Impossibility without Consistency'. Mimeographed, Murphy Institute, Tulane University.

——— (1994). 'Norms, Choice, and Preferences'. Mimeographed, Institute of Public Economics, University of Graz, Austria, Research Memorandum No. 9306.

——— (2011). 'Topological Theories of Social Choice'. In Arrow, Sen and Suzumura (2011a): 301-34.

Baigent, Nicholas and Wulf Gaertner (1996). 'Never Choose the Uniquely Largest: A Characterization'. *Economic Theory* 8 (2): 239-49.

Balestrino, Alessandro (1994). 'Poverty and Functionings: Issues in Measurement and Public Action'. *Giornale degli Economisti e Annali di Economia* 53 (7/9): 389-406.

——— (1996). 'A Note on Functioning Poverty in Affluent Societies'. *Notizie di Politeia* 12: 97-105.

Balestrino, Alessandro and A. Petretto (1995). 'Optimal Taxation Rules for "Functioning"-Inputs'. *Economic Notes* 23: 216-32.

Bandyopadhyay, Taradas (1986). 'Rationality, Path Independence, and the Power Structure'. *Journal of Economic Theory* 40 (2): 338-48.

Banerjee, Abhijit V. (1992). 'A Simple Model of Herd Behavior'. *Quarterly Journal of Economics* 107 (3): 797-817.

Banerjee, Dipak (1964). 'Choice and Order: Or First Things First'. *Economica* 31 (122): 158-67.

Barberà, Salvador (1980). 'Pivotal Voters: A New Proof of Arrow's Theorem'. *Economics Letters* 6 (1): 13-6.

——— (1983). 'Pivotal Voters: A Simple Proof of Arrow's Theorem'. In Pattanaik and Salles (1983): 31-5.

——— (2011). 'Strategy Proof Social Choice'. In Arrow, Sen and Suzumura (2011a): 731-831.

Barberà, Salvador and Hugo Sonnenschein (1978). 'Preference Aggregation with Randomized Social Orderings'. *Journal of Economic Theory* 18 (2): 244-54.

Bardhan, Pranab K. (1974). 'On Life and Death Questions'. *Economic and Political*

Weekly 9 (32/34): 1293-304.

———(2009). 'Economic Reforms, Poverty and Inequality in China and India'. In Basu and Kanbur (2009), Vol. II: 350-64.

Barker, E. (1958). *The Politics of Aristotle*. London: Oxford University Press.

Barnes, Jonathan (1980). 'Freedom, Rationality, and Paradox'. *Canadian Journal of Philosophy* 10 (4): 545-65.

Barone, Enrico (1935). 'The Ministry of Production in the Collectivist State'. In *Collectivist Economic Planning; Critical Studies on the Possibilities of Socialism*, edited by Friedrich A. von Hayek, N. G. Pierson, Ludwig von Mises and George N. Halm. London: G. Routledge. 迫間真治郎訳『集産主義計畫經濟の理論：社會主義の可能性に關する批判的研究』実業之日本社，1950年.

Barrett, C. R., Prasanta K. Pattanaik and Maurice Salles (1986). 'On the Structure of Fuzzy Social Welfare Functions'. *Fuzzy Sets and Systems* 19: 1-10.

———(1990). 'On Choosing Rationally When Preferences Are Fuzzy'. *Fuzzy Sets and Systems* 34 (2): 197-212.

———(1992). 'Rationality and Aggregation of Preferences on Ordinally Fuzzy Framework'. *Fuzzy Sets and Systems* 49: 9-13.

Barrett, Richard and Maurice Salles (1998). 'On Three Classes of Differentiable Inequality Measures'. *International Economic Review* 39 (3): 611-21.

———(2011). 'Social Choice with Fuzzy Preferences'. In Arrow, Sen and Suzumura (2011a): 367-89.

Barry, Brian M. (1965). *Political Argument*. New York: Humanities Press.

———(1986). 'Lady Chatterley's Lover and Doctor Fisher's Bomb Party: Liberalism, Pareto Optimality, and the Problem of Objectionable Preferences'. In Elster and Hylland (1986): 11-43.

Barzel, Yoram and Eugene Silberberg (1973). 'Is the Act of Voting Rational?' *Public Choice* 16 (1): 51-8.

Basu, Kaushik (1980). *Revealed Preference of Government*. Cambridge: Cambridge University Press.

———(1984). 'The Right to Give up Rights'. *Economica* 51 (204): 413-22.

———(1987). 'Achievements, Capabilities and the Concept of Well-Being'. *Social Choice and Welfare* 4 (1): 69-76.

Basu, Kaushik and Ravi Kanbur, eds. (2009). *Arguments for a Better World: Essays in Honor of Amartya Sen*. 2 vols. Oxford: Oxford University Press.

Basu, Kaushik and Luis Lopez-Calva (2011). 'Functionings and Capabilities'. In Arrow, Sen and Suzumura (2011a): 153-87.

Basu, Kaushik, Rajat Deb and Prasanta K. Pattanaik (1992). 'Soft Sets: An Ordinal Formulation of Vagueness with Some Applications to the Theory of Choice'. *Fuzzy Sets and Systems* 45 (1): 45-58; reprinted in Prasanta K. Pattanaik, *Essays on Individual Decision-Making and Social Welfare*. Oxford: Oxford University Press, 2009, 51-70.

Basu, Kaushik, Prasanta K. Pattanaik and Kotaro Suzumura, eds. (1995). *Choice, Welfare, and Development: A Festschrift in Honour of Amartya K. Sen*. Oxford: Oxford University Press.

Bator, Francis M. (1958). 'The Anatomy of Market Failure'. *Quarterly Journal of Economics* 72 (3): 351-79.

Baumol, William J. (1946). 'Community Indifference'. *Review of Economic Studies* 14 (1): 44-8.

——— (1965). *Welfare Economics and the Theory of the State*. 2nd edn. Cambridge, Mass.: Harvard University Press.

Bavetta, S. (1996). 'Individual Liberty, Control, and the "Freedom of Choice" Literature'. *Notizie di Politeia* 12 (43-44): 23-9.

Beck, N. (1975). 'A Note on the Probability of a Tied Election'. *Public Choice* 23: 75-9.

Begon, Jessica (2016). 'Athletic Policy, Passive Well-Being: Defending Freedom in the Capability Approach'. *Economics and Philosophy* 32 (1): 51-73.

Beneria, Lourdes (2009). 'From "Harmony" to "Cooperative Conflicts": Amartya Sen's Contribution to Household Theory'. In Basu and Kanbur (2009), Vol. II: 202-18.

Benhabib, Seyla (1996). *Democracy and Difference: Contesting the Boundaries of the Political*. Princeton: Princeton University Press.

——— (2006). *Another Cosmopolitanism*. Oxford: Oxford University Press.

Benhabib, Seyla, Judith Butler, Drucilla Cornell and N. Fraser, eds. (1995). *Feminist Contentions: A Philosophical Exchange*. New York: Routledge.

Bentham, Jeremy (1789). *An Introduction to the Principles of Morals and Legislation*. London. 山下重一訳『道徳および立法の諸原理序説』[関嘉彦編『ベンサム；J. S. ミル』(『世界の名著』第38巻)] 中央公論社, 1967年.

——— (1792). *Anarchical Fallacies; Being an Examination of the Declaration of*

Rights Issued during the French Revolution. Republished 1843 in *The Works of Jeremy Bentham*, edited by John Bowring. Vol. 2. Edinburgh: William Tait.

——— (1907). *An Introduction to the Principles of Morals and Legislation.* Oxford: Oxford University Press.

Bergson, Abram (1938). 'A Reformulation of Certain Aspects of Welfare Economics'. *Quarterly Journal of Economics* 52 (2): 310–34.

——— (1948). 'Socialist Economics'. In *A Survey of Contemporary Economics*, edited by H. S. Ellis, Homewood, IL.: Irwin, Vol. 1: 412–48.

——— (1954). 'On the Concept of Social Welfare'. *Quarterly Journal of Economics* 68 (2): 233–52.

——— (1966). *Essays in Normative Economics.* Cambridge, Mass.: Harvard University Press; republished Cambridge, Mass.: Harvard University Press, 2013.

Bernholz, Peter (1975). 'Is a Paretian Liberal Really Impossible: A Rejoinder'. *Public Choice* 23: 69–73.

——— (1980). 'A General Social Dilemma: Profitable Exchange and Intransitive Group Preferences'. *Zeitschrift für Nationalökonomie / Journal of Economics*, 40: 1–23.

Bernoulli, Daniel (1954). 'Specimen Theoriae Novae de Mensura Sortis (Exposition of a New Theory of the Measurement of Risk)'. Translated by L. Sommer. *Econometrica* 22: 23–36.

Bezembinder, Thom and Peter van Acker (1980). 'Intransitivity in Individual and Group Choice'. In *Similarity and Choice: Essays in Honor of Clyde Coombs*, edited by Ernst Dieter Lantermann and Hubert Feger. New York: Wiley, 208–33.

Bhattacharyya, A., P. K. Pattanaik and Y. Xu (2011). 'Choice, Internal Consistency and Rationality'. *Economics and Philosophy* 27: 123–49.

Binmore, Ken (1975). 'An Example in Group Preference'. *Journal of Economic Theory* 10 (3): 377–85.

——— (1981). *Nash Bargaining and Incomplete Information.* Cambridge: Department of Applied Economics, Cambridge University.

——— (1994). *Game Theory and the Social Contract*, Vol. 1: *Playing Fair.* Cambridge, Mass.: MIT Press.

——— (1996). 'Right or Seemly?' *Analyse & Kritik* 18 (1): 67–80.

Birkhoff, Garrett (1940). *Lattice Theory.* Providence, R. I.: American Mathematical Society.

Bishop, Robert L. (1964). 'A Zeuthen-Hicks Theory of Bargaining'. *Econometrica* 32 (3): 410-7.

Black, Duncan (1948a). 'On the Rationale of Group Decision-Making'. *Journal of Political Economy* 56 (1): 23-34.

―――― (1948b). 'The Decisions of a Committee Using a Special Majority'. *Econometrica* 16 (3): 245-61.

―――― (1958). *The Theory of Committees and Elections*. Cambridge: Cambridge University Press.

Black, Max (1964). 'The Gap Between "Is" and "Should"'. *Philosophical Review* 73 (2): 165-81.

Blackorby, Charles (1975). 'Degrees of Cardinality and Aggregate Partial Orderings'. *Econometrica* 43 (5/6): 845-52.

Blackorby, Charles and David Donaldson (1977). 'Utility vs Equity: Some Plausible Quasi-Orderings'. *Journal of Public Economics* 7 (3): 365-81.

―――― (1978). 'Measures of Relative Equality and Their Meaning in Terms of Social Welfare'. *Journal of Economic Theory* 18 (1): 59-80.

―――― (1979). 'Interpersonal Comparability of Origin - or Scale-independent Utilities: Admissible Social Evaluation Functionals'. Discussion Paper No. 79-04. Department of Economics, University of British Columbia.

―――― (1980). 'Ethical Indices for the Measurement of Poverty'. *Econometrica* 48 (4): 1053-60.

Blackorby, Charles, Walter Bossert and David Donaldson (2002). 'Utilitarianism and the Theory of Justice'. In Arrow, Sen and Suzumura (2002): 543-96.

Blackorby, Charles, David Donaldson and John A. Weymark (1980). 'On John Harsanyi's Defences of Utilitarianism'. Discussion Paper No. 80-04, Department of Economics, University of British Columbia.

―――― (1984). 'Social Choice with Interpersonal Utility Comparisons: A Diagrammatic Introduction'. *International Economic Review* 25 (2): 327-56.

Blackwell, David and Meyer A. Girshick (1954). *Theory of Games and Statistical Decisions*. New York: Wiley.

Blair, Douglas H. and Robert A. Pollak (1979). 'Collective Rationality and Dictatorship: The Scope of the Arrow Theorem'. *Journal of Economic Theory* 21 (1): 186-94.

―――― (1982). 'Acyclic Collective Choice Rules'. *Econometrica* 50 (4): 931-43.

———(1983). 'Polychromatic Acyclic Tours in Colored Multigraphs'. *Mathematics of Operations Research* 8 (3): 471-6.

Blair, Douglas H., Georges Bordes, Jerry S. Kelly and Kotaro Suzumura (1976). 'Impossibility Theorems without Collective Rationality'. *Journal of Economic Theory* 13 (3): 361-79.

Blanche, Robert (1962). *Axiomatics*. Translated by G. B. Keene. New York: Free Press of Glencoe.

Blau, Julian H. (1957). 'The Existence of Social Welfare Functions'. *Econometrica* 25 (2): 302-13.

———(1959). 'Aggregation of Preferences'. *Econometrica* 27 (2): 283.

———(1972). 'A Direct Proof of Arrow's Theorem'. *Econometrica* 40 (1): 61-7.

———(1975). 'Liberal Values and Independence'. *Review of Economic Studies* 42 (3): 395-401.

———(1979). 'Semiorders and Collective Choice'. *Journal of Economic Theory* 21 (1): 195-206.

Blau, Julian H. and D. J. Brown (1978). 'The Structure of Neutral Monotonic Social Functions'. Cowles Foundation Discussion Paper No. 485.

———(1989). 'The Structure of Neutral Monotonic Social Functions'. *Social Choice and Welfare* 6 (1): 51-61.

Blau, Julian H. and Rajat Deb (1977). 'Social Decision Functions and the Veto'. *Econometrica* 45 (4): 871-9.

Bloomfield, Stefan D. (1971). 'An Axiomatic Formulation of Constitutional Games'. Technical Report No. 71-18, Operations Research House, Stanford University.

———(1976). 'A Social Choice Interpretation of the von Neumann-Morgenstern Game'. *Econometrica* 44: 105-14.

Borda, J. C. (1781/1953). '*Mémoire sur les élections au scrutin*'. *Mémoires de l'Académie Royale des Sciences*, 657-665. English translation by Alfred de Grazia, 'Mathematical Derivation of an Election System', *Isis* 44: 42-51.

Bordes, Georges (1976). 'Consistency, Rationality and Collective Choice'. *Review of Economic Studies* 43 (3): 451-7.

———(1979). 'Some More Results on Consistency, Rationality and Collective Choice'. In Laffont (1979): 175-97.

Borglin, Anders (1982). 'States and Persons -- On the Interpretation of Some Fundamental Concepts in the Theory of Justice as Fairness'. *Journal of Public Eco-*

nomics 18（1）: 85-104.

Bose, Sugata（2009）. 'Pondering Poverty, Fighting Famines: Towards a New History of Economic Ideas'. In Basu and Kanbur（2009）, Vol. II: 425-35.

Bossert, Walter（2008）. 'Suzumura Consistency'. In *Rational Choice and Social Welfare*, edited by Prasanta K. Pattanaik, Koichi Tadenuma, Yongsheng Xu and Naoki Yoshihara. *Studies in Choice and Welfare*. Berlin: Springer-Verlag, 159-79.

Bossert, Walter and Kotaro Suzumura（2009）. 'Rational Choice on General Domains'. In Basu and Kanbur（2009）, Vol. I: 103-35.

———（2010）. *Consistency, Choice, and Rationality*. Cambridge, Mass.: Harvard University Press.

Boulding, K. E.（1952）. 'Welfare Economics'. In *A Survey of Contemporary Economics*, Vol. II, ed. by B. F. Haley, Homewood, IL.: R. D. Irwin, 1-36.

Bourbaki, Nicolas（1939）. *Éléments de mathématique: théorie des ensembles*. Éditions Hermann.

———（1968）. *Éléments de Mathématique*. Éditions Hermann. 前原昭二ほか訳『ブルバキ数学原論』第 1-39 巻，東京図書，1968-1973 年.

Bourguignon, François（2015）. *The Globalization of Inequality*. Princeton: Princeton University Press.

Bourguignon, François and Satya R. Chakravarty（2009）. 'Multidimensional Poverty Orderings: Theory and Applications'. In Basu and Kanbur（2009）, Vol. I: 337-61.

Bourguignon, François and G. S. Fields（1990）. 'Poverty Measures and Anti-Poverty Policy'. DELTA Working Paper 90-04. DELTA（École normale supérieure）.

Bowen, Howard R.（1943）. 'The Interpretation of Voting in the Allocation of Economic Resources'. *Quarterly Journal of Economics* 58（1）: 27-48.

Braithwaite, R. B.（1955）. *Theory of Games as a Tool for the Moral Philosopher. An Inaugural Lecture Delivered in Cambridge on 2 December 1954*. Cambridge: Cambridge University Press.

Brams, Steven J.（1975）. *Game Theory and Politics*. New York: Free Press.

Brams, Steven J. and Peter C. Fishburn（1978）. 'Approval Voting'. *American Political Science Review* 72（3）: 831-47.

———（1983）. *Approval Voting*. Boston, Mass.: Birkhauser.

———（2002）. 'Voting Procedures'. In Arrow, Sen and Suzumura（2002）: 173-236.

Brandt, Richard B.（1959）. *Ethical Theory*. Englewood Cliffs, N. J.: Prentice Hall.

———ed. (1961). *Social Justice*. Englewood Cliffs, N. J.: Prentice Hall.

——— (1964). 'R. M. Hare: "Freedom and Reason" (Book Review)'. *Journal of Philosophy* 61 (4): 139.

Brennan, Geoffrey and Loren Lomasky (1993). *Democracy and Decision: The Pure Theory of Electoral Preference*. Cambridge: Cambridge University Press.

Breyer, Friedrich (1977). 'The Liberal Paradox, Decisiveness over Issues, and Domain Restrictions'. *Zeitschrift für Nationalökonomie ╱ Journal of Economics* 37 (1/2): 45-60.

——— (1996). 'Comment on the Papers by J. M. Buchanan and by A. de Jasay and H. Kliemt'. *Analyse & Kritik* 18 (1): 148-52.

Breyer, Friedrich and Roy Gardner (1980). 'Liberal Paradox, Game Equilibrium, and Gibbard Optimum'. *Pubilic Choice* 35 (4): 469-81.

Breyer, Friedrich and P. Zweifel (1997). *Health Economics*. Oxfold: Oxford University Press.

Breyer, Stephen (2015). *The Court and the World: American Law and the New Global Realities*. New York: Knopf.

Brighouse, Harry and Ingrid Robeyns, eds. (2010). *Measuring Justice: Primary Goods and Capabilities*. Cambridge: Cambridge University Press.

Broad, C. D. (1916). 'On the Function of False Hypotheses in Ethics'. *International Journal of Ethics* 26 (3): 377-97.

Broome, John (1991). *Weighing Goods: Equality, Uncertainty and Time*. Oxford: Blackwell.

——— (2009). 'Why Economics Needs Ethical Theory'. In Basu and Kanbur (2009), Vol. I: 7-14.

Brown, Donald (1973). 'Acyclic Choice'. Cowles Foundation Discussion Paper 360. Cowles Foundation for Research in Economics, Yale University.

——— (1974). 'An Approximate Solution to Arrow's Problem'. *Journal of Economic Theory* 9 (4): 375-83.

——— (1975a). 'Collective Rationality'. Cowles Foundation Discussion Paper 393. Cowles Foundation for Research in Economics, Yale University.

——— (1975b). 'Aggregation of Preferences'. *Quarterly Journal of Economics* 89 (3): 456-69.

Buchanan, Allen (1985). *Ethics, Efficiency, and the Market*. Totowa, N. J.: Rowman & Littlefield.

——— (2011). *Beyond Humanity*. Oxford: Oxford University Press.

Buchanan, Allen, Dan Brock, Norman Daniels and Daniel Wikler (2000). *From Chance to Choice: Genetics and Justice*. Cambridge: Cambridge University Press.

Buchanan, James M. (1954a). 'Social Choice, Democracy, and Free Markets'. *Journal of Political Economy* 62 (2): 114-23.

——— (1954b). 'Individual Choice in Voting and the Market'. *Journal of Political Economy* 62 (4): 334-43.

——— (1960). *Fiscal Theory and Political Economy: Selected Essays*. Chapel Hill, N. C.: University of North Carolina Press.

——— (1961). 'Simple Majority Voting, Game Theory, and Resource Use'. *Canadian Journal of Economics and Political Science / Revue canadienne d'économique et de science politique* 27 (3): 337-48.

——— (1986). *Liberty, Market and State: Political Economy and the 1980s*. New York: New York University Press.

——— (1996). 'An Ambiguity in Sen's Alleged Proof of the Impossibility of a Pareto Libertarian'. *Analyse & Kritik* 18 (1): 118-25.

Buchanan, James M. and Gordon Tullock (1962). *The Calculus of Consent: Logical Foundations of Constitutional Democracy*. Ann Arbor: University of Michigan Press. 宇田川璋仁・米原淳七郎・田中清和・黒川和美訳『公共選択の理論：合意の経済論理』東洋経済新報社，1979 年.

Burchardt, Tania and Polly Vizard (2007). *Definition of Equality and Framework of Measurement*. CASE /120, STICERD. London School of Economics.

Campbell, Colin D. and Gordon Tullock (1965). 'A Measure of the Importance of Cyclical Majorities'. *Economic Journal* 75 (300): 853-7.

——— (1966). 'The Paradox of Voting – A Possible Method of Calculation'. *American Political Science Review* 60 (3): 684-5.

Campbell, Donald E. (1972). 'A Collective Choice Rule Satisfying Arrow's Five Conditions in Practice'. In *Theory and Application of Collective Choice Rule*, Institute for Quantitative Analysis of Social and Economic Policy, Working Paper No. 7206, University of Toronto.

——— (1973). 'Social Choice and Intensity of Preference'. *Journal of Political Economy* 81 (1): 211-8.

——— (1976). 'Democratic Preference Functions'. *Journal of Economic Theory* 12

(2): 259-72.

———— (1980). 'Algorithms for Social Choice Functions'. *Review of Economic Studies* 47 (3): 617-27.

———— (1989). 'Equilibrium and Efficiency with Property Rights and Local Consumption Externalities'. *Social Choice and Welfare* 6: 189-203.

———— (1992). *Equity, Efficiency, and Social Choice*. Oxford: Oxford University Press.

———— (1995). 'Nonbinary Social Choice for Economic Environments'. *Social Choice and Welfare* 12: 245-54.

Campbell, Donald E. and Jerry S. Kelly (1997a). 'Sen's Theorem and Externalities'. *Economica* 64: 375-86.

———— (1997b). 'The Possibility-Impossibility Boundary in Social Choice'. In Arrow, Sen and Suzumura (1997): 179-204.

———— (2002). 'Impossibility Theorems in the Arrovian Framework'. In Arrow, Sen and Suzumura (2002): 35-94.

Caplin, Andrew S. and Barry J. Nalebuff (1988). 'On 64%-Majority Rule'. *Econometrica* 56 (4): 787-814.

———— (1991). 'Aggregation and Imperfect Competition: On the Existence of Equilibrium'. *Econometrica* 59 (1): 25-59.

Carnap, Rudolf (1958). *Introduction to Symbolic Logic and Its Applications*. New York: Dover Publications.

Carter, Ian (1995). 'Interpersonal Comparison of Freedom'. *Economics and Philosophy* 11 (1): 1-23; reprinted in Ian Carter, *A Measure of Freedom*. Oxford: Oxford University Press, 1999.

———— (1996). 'The Concept of Freedom in the Work of Amartya Sen: An Alternative Analysis Consistent with Freedom's Independent Value'. *Notizie di Politeia* 12 (43-44): 7-22.

———— (2014). 'Is the Capability Approach Paternalist?' *Economics and Philosophy* 30 (1): 75-98.

Casini, Leonardo and Iacapo Bernetti (1996). 'Public Project Evaluations, Environment, and Sen's Theorem'. *Notizie di Politeia* 12 (43-44): 55-78.

Cassen, R. (1967). 'Alternative Approaches to the Theory of Social Choice'. Mimeographed.

Chakraborty, Achin (1996). 'On the Possibility of a Weighting System for Functiongs'. *Indian Economic Review* 31 (2): 241-50.

Chakravarty, Satya R. (1967). 'Alternative Preference Functions in Problems of Investment Planning on the National Level'. In *Activity Analysis in the Theory of Growth and Planning*, edited by Edmond Malinvaud and M. O. L. Bacharach. Proceedings of a Conference held by the International Economic Association. London: Macmillan and New York: St. Martin's Press, 150-69.

Chakravarty, Satya R. (1990). *Ethical Social Index Numbers*. Berlin and New York: Springer-Verlag.

Chakravarty, Satya. R., B. Dutta and J. A. Weymark (1985). 'Ethical Indices of Income Mobility'. *Social Choice and Welfare* 2: 1-21.

Chamberlain, Gary and Michael Rothschild (1981). 'A Note on the Probability of Casting a Decisive Vote'. *Journal of Economic Theory* 25 (1): 152-62.

Champsaur, Paul and Guy Laroque (1981). 'Fair Allocations in Large Economies'. *Journal of Economic Theory* 25 (2): 269-82.

Chatterjee, Deen K., ed. (2004). *The Ethics of Assistance: Morality and the Distant Needy*. Cambridge: Cambridge University Press.

———ed. (2008). *Democracy in a Global World: Human Rights and Political Participation in the 21st Century*. Lanham, Md.: Rowman & Littlefield.

Chen, Lincoln C. (2009). 'India-China: "The Art of Prolonging Life"'. In Basu and Kanbur (2009), Vol. II: 48-60.

Chen, Lincoln C., Emdadul Huq and Stan D'Souza (1981). 'Sex Bias in the Family Allocation of Food and Health Care in Rural Bangladesh'. *Population and Development Review* 7 (1): 55-70.

Chen, Martha Alter (2009). 'Famine, Widowhood, and Paid Work: Seeking Gender Justice in South Asia'. In Basu and Kanbur (2009), Vol. II: 219-36.

Chernoff, Herman (1954). 'Rational Selection of Decision Functions'. *Econometrica* 22 (4): 422-43.

Chiappero-Martinetti, Enrica (1994). 'A New Approach to Evaluation of Well-Being and Poverty by Fuzzy Set Theory'. *Giornale degli Economisti e Annali di Economia* 53 (7/9): 367-88.

———(1996). 'Standard of Living Evaluation Based on Sen's Approach: Some Methodological Suggestions'. *Notizie di Politeia* 12 (43-44): 37-53.

———(2000). 'A Multidimensional Assessment of Well-Being Based on Sen's Functioning Theory'. *Rivista Internazionale di Scienze Sociali* 108 (2): 207-39.

───── (2009). 'Time and Income: Empirical Evidence on Gender Poverty and Inequalities from a Capability Perspective'. In Basu and Kanbur (2009), Vol. II: 237–58.

Chiappero-Martinetti, Enrica and Stefano Moroni (2007). 'An Analytical Framework for Conceptualizing Poverty and Re-Examining the Capability Approach'. *Journal of Behavioral and Experimental Economics* (formerly *Journal of Socio-Economics*) 36 (3): 360–75.

Chichilnisky, Graciela (1980). 'Basic Needs and Global Models: Resources, Trade and Distribution'. *Alternatives* 6: 453–72.

───── (1982a). 'Social Aggregation Rules and Continuity'. *Quarterly Journal of Economics* 97 (2): 337–52.

───── (1982b). 'The Topological Equivalence of the Pareto Condition and the Existence of a Dictator'. *Journal of Mathematical Economics* 9 (3): 223–33.

Chichilnisky, Graciela and Geoffrey Heal (1983). 'Necessary and Sufficient Conditions for a Resolution of the Social Choice Paradox'. *Journal of Economic Theory* 31 (1): 68–87.

Chipman, John S. (1960). 'The Foundations of Utility'. *Econometrica* 28 (2): 193–224.

───── (1971). 'The Lexicographic Representation of Preference Orderings'. In *Preference, Utility, and Demand: A Minnesota Symposium*, edited by John S. Chipman, Leonid Hurwicz, Marcel K. Richter and Hugo S. Sonnenschein. New York: Harcourt, 276–88.

Chipman, John S., Leonid Hurwicz, Marcel K. Richter and Hugo S. Sonnenschein, eds. (1971). *Preference, Utility, and Demand: A Minnesota Symposium*. New York: Harcourt.

Chopra, Kanchan (2009). 'Sustainable Human Well-Being: An Interpretation of Capability Enhancement from a "Stakeholders and Systems" Perspective'. In Basu and Kanbur (2009), Vol. II: 61–75.

Church, Alonzo (1956). *Introduction to Mathematical Logic*. Princeton, N. J.: Princeton University Press.

Cicero, Quintus Tullius (AD64). *How to Win an Election*. Translated by Philip Freeman. Princeton, N. J.: Priceton University Press, 2012.

Claassen, Rutger (2014). 'Capability Paternalism'. *Economics and Philosophy* 30 (1): 57–73.

Coale, Ansley J. (1991). 'Excess Female Mortality and the Balance of the Sexes in the Population: An Estimate of the Number of "Missing Females"'. *Population and Development Review* 17 (3): 517-23.

Cohen, G. A. (1989). 'On the Currency of Egalitarian Justice'. *Ethics* 99 (4): 906-44.

———(1990a). 'Equality of What? On Welfare, Goods and Capabilities'. *Recherches économiques de Louvain* 56 (3/4): 357-82; reprinted in Nussbaum and Sen (1993) : 9-29.

———(1990b). 'Marxism and Contemporary Political Philosophy, or Why Nozick Exercises some Marxists more than he does any Egalitarian Liberals'. *Canadian Journal of Philosophy* 20 (Supplement): 363-87.

Cohen, Joshua (1989). 'Deliberation and Democratic Legitimacy'. In *The Good Polity: Normative Analysis of the State*, edited by Philip Pettit and Alan Hamlin. Oxford: Blackwell, 17-34.

Cohen, Joshua and Joel Rogers (1983). *On Democracy: Toward a Transformation of American Society*. New York: Penguin.

Cohen, L. Jonathan (1982). *Logic, Methodology, and Philosophy of Science VI: Proceedings of the Sixth International Congress of Logic, Methodology, and Philosophy of Science, Hanover 1979*. Amsterdam: Elsevier North-Holland.

Coleman, J. S. (1966a). 'Foundations for a Theory of Collective Choice'. *American Journal of Sociology* 71: 615-27.

———(1966b). 'The Possibility of a Social Welfare Function'. *American Economic Review* 56 (5): 1105-22.

Coles, Jeffrey L. and Peter J. Hammond (1995). 'Walrasian Equilibrium without Survival: Existence, Efficiency, and Remedial Policy'. In Basu, Pattanaik and Suzumura (1995): 32-64.

Comin, Flavio and Martha C. Nussbaum, eds. (2004). *Capabilities, Gender, Equality: Towards Fundamental Entitlements*. Cambridge: Cambridge University Press.

Comin, Flavio, Mozaffar Qizilbash and Sabina Alkire, eds. (2008). *The Capability Approach: Concepts, Measures and Applications*. Cambridge: Cambridge University Press.

Condorcet, Nicolas de. (1785). *Essai sur l'application de l'analyse à la probabilité des décisions rendues à la pluralité des voix*. Paris: L'Imprimerie Royale.

———(1795). *Esquisse d'un tableau historique des progrès des l'esprit humain*. Agasse; reprinted in Condorcet (1847); republished Stuttgart: Friedrich Frommann Verlag, 1968.

———(1847). *Oeuvres de Condorcet, Tome Sixième*. Paris: Firmin Didot Frères; re-published Stuttgart: Friedrich Frommann Verlag, 1968.

———(1955). *Sketch for a Historical Picture of the Progress of the Human Mind*. Translated by June Barraclough. London: Weidenfeld and Nicolson. 前川貞次郎訳『人間精神進歩の歴史』角川書店, 1966 年.

Connor, Patrick E. and Stefan D. Bloomfield (1977). 'A Goal Approach to Organizational Design'. In *Prescriptive Models of Organizations*, edited by Paul C. Nystrom and William H. Starbuck. Amsterdam: North-Holland Publishing Company, 99–110.

Contini, Bruno (1966). 'A Note on Arrow's Postulates for a Social Welfare Function'. *Journal of Political Economy* 74 (3): 278-80.

Coombs, Clyde H. (1950). 'Psychological Scaling without a Unit of Measurement'. *Psychological Review* 57 (3): 145-58.

———(1964). *A Theory of Data*. New York: Wiley.

Cornell, Drucilla L. (1998). *At the Heart of Freedom*. Princeton, N. J.: Princeton University Press. 石岡良治・郷原佳以・佐藤朋子・仲正昌樹・久保田淳・南野佳代・沢敬子訳『自由のハートで』情況出版, 2001 年.

———(2004). *Between Women and Generations: Legacies of Dignity*. New York: Palgrave. 岡野八代・牟田和恵訳『女たちの絆』みすず書房, 2005 年.

———(2007). *Moral Images of Freedom: A Future for Critical Theory*. New York: Rowman & Littlefield. 吉良貴之・仲正昌樹監訳, 伊藤泰・小林史明・池田弘乃・関良徳・西迫大祐訳『自由の道徳的イメージ』御茶の水書房, 2015 年.

Cornia, Giovanni Andrea (1994). 'Poverty in Latin America in the Eighties: Extent, Causes, and Possible Remedies'. *Giornale degli Economisti e Annali di Economia* 53 (7/9): 407-34.

Coughlin, Peter (2011). 'Probabilistic and Spatial Models of Voting'. In Arrow, Sen and Suzumura (2011a): 833-96.

Coughlin, Peter and Shmuel Nitzan (1981). 'Directional and Local Electoral Equilibria with Probabilistic Voting'. *Journal of Economic Theory* 24 (2): 226-39.

Coulhon, T. and P. Mongin (1989). 'Social Choice Theory in the Case of von Neumann-Morgenstern Utilities'. *Social Choice and Welfare* 6 (3): 175-87.

Cowell, Frank A. (1980). 'On the Structure of Additive Inequality Measures'. *Review of Economic Studies* 47 (3): 521-31.

────(1995). *Measuring Inequality*. 2nd edn. New York: Prentice Hall.

────(2011). *Measuring Inequality*. 3rd edn. Oxford: Oxford University Press.

Craven, J. (1971). 'Majority Voting and Social Choice'. *Review of Economic Studies* 38 (2): 265-7.

Crawford, Vincent P. (1977). 'A Game of Fair Division'. *Review of Economic Studies* 44 (2): 235-47.

────(1979). 'A Procedure for Generating Pareto-Efficient Egalitarian-Equivalent Allocations'. *Econometrica* 47 (1): 49-60.

Crawford, Vincent P. and W. P. Heller (1979). 'Fair Division with Indivisible Commodities'. *Journal of Economic Theory* 21 (1): 10-27.

Criswell, Joan H., H. Solomon and Patrick Suppes, eds. (1962). *Mathematical Methods in Small Group Processes*. Stanford: Stanford University Press.

Crocker, David A. (1992). 'Functioning and Capability: The Foundations of Sen's and Nussbaum's Development Ethic'. *Political Theory* 20 (4): 584-612.

────(1995). 'Functioning and Capability: The Foundations of Sen's and Nussbaum's Development Ethic, Part II'. In Nussbaum and Glover (1995): 153-98.

────(2008). *Ethics of Global Development: Agency, Capability, and Deliberative Democracy*. Cambridge: Cambridge University Press.

Cunha, Flavio and James J. Heckman (2009). 'The Economics and Psychology of Inequality and Human Development'. *Journal of the European Economic Association* 7 (2/3): 320-64.

Curry, Haskell B. and Robert Feys (1958). *Combinatory Logic*. Amsterdam: North-Holland Publishing Company.

Dagum, Camilo, and Michele Zenga, eds. (1990). *Income and Wealth Distribution, Inequality and Poverty. Studies in Contemporary Economics*. Berlin: Springer Verlag.

Dahl, Robert A. (1956). *A Preface to Democratic Theory, Expanded Edition*. Chicago: University of Chicago Press. 内山秀夫訳『民主主義理論の基礎』未來社, 1970年.

Dahl, Robert A. and Charles Lindblom (1954). *Politics, Economics, and Welfare*. New York: Harper. 磯部浩一訳『政治・経済・厚生』東洋経済新報社, 1961年.

Daniel, T. E. (1975). 'A Revised Concept of Distributional Equity'. *Journal of Economic Theory* 11 (1): 94-109.

Daniels, Norman (2008). *Just Health: Meeting Health Needs Fairly*. Cambridge: Cambridge University Press.

Danielson, Peter (1973). 'Theories, Institutions and the Problem of World-Wide Distributive Justice'. *Philosophy of the Social Sciences* 3: 331-8.

Dasgupta, M. and R. Deb (1991). 'Fuzzy Choice Functions'. *Social Choice and Welfare* 8 (2): 171-82.

——— (1996). 'Transitivity and Fuzzy Preferences'. *Social Choice and Welfare* 13 (3): 305-18.

——— (1999). 'An Impossibility Theorem with Fuzzy Preferences'. In *Logic, Game Theory and Social Choice*, edited by H. de Swart. Tilburg, Netherlands: Tilburg University Press, 482-90.

——— (2001). 'Factoring Fuzzy Transitivity'. *Fuzzy Sets Systems* 118 (3): 489-502.

Dasgupta, Partha and Eric Maskin (2008a). 'On the Robustness of Majority Rule'. *Journal of the European Economic Association* 6 (5): 949-73.

——— (2008b). 'Ranking Candidates Is More Accurate Than Voting'. *Scientific American* 6 October 2008. https://www.scientificamerican.com/article/ranking-candidates-more-accurate/

Dasgupta, Partha, Peter J. Hammond and Eric Maskin (1979). 'The Implementation of Social Choice Rules: Some General Results on Incentive Compatibility'. *Review of Economic Studies* 46 (2): 185-216.

d'Aspremont, Claude (1985). 'Axioms for Social Welfare Orderings'. In Hurwicz, Schmeidler and Sonnenschein (1985): 19-75.

d'Aspremont, Claude and Louis Gevers (1977). 'Equity and the Informational Basis of Collective Choice'. *Review of Economic Studies* 44 (2): 199-209.

——— (2002). 'Social Welfare Functionals and Interpersonal Comparability'. In Arrow, Sen and Suzumura (2002): 459-541.

d'Aspremont, Claude and Philippe Mongin (1997). 'A Welfarist Version of Harsanyi's Aggregation Theorem'. CORE Discussion Paper 1997063. Université Catholique de Louvain, Center for Operations Research and Econometrics (CORE).

——— (1998). 'Utility Theory and Ethics'. In *Handbook of Utility Theory*, edited by S. Barberà, P. J. Hammond and C. Seidl. Dordrecht: Kluwer Academic, Vol. 1: 371-481.

Davidson, Donald. (1980). *Essays on Actions and Events*. Oxford: Oxford University

Press; 2nd edn, 2001. 服部裕幸・柴田正良訳『行為と出来事』勁草書房，1990 年.

———(1986). 'Judging Interpersonal Interests'. In Elster and Hylland (1986): 195-211.

Davidson, Donald and Patrick Suppes (1956). 'A Finitistic Axiomatization of Subjective Probability and Utility'. *Econometrica* 24 (3): 264-75.

Davis, Otto A., Morris H. DeGroot and Melvin Hinich (1972). 'Social Preference Orderings and Majority Rule'. *Econometrica* 40 (1): 147-57.

Davis, R. G. (1958). 'Comments on Arrow and the "New Welfare Economics"'. *Economic Journal* (272) 68: 834-5.

Deaton, Angus S. (1995). *Microeconomic Analysis for Development Policy: An Approach from Household Surveys*. Baltimore: Johns Hopkins Press (for the World Bank).

———(2013). *The Great Escape: Health, Wealth, and the Origins of Inequality*. Princeton N. J.: Princeton University Press. 松本裕訳『大脱出：健康、お金、格差の起原』みすず書房，2014 年.

Deaton, Angus S. and John Muellbauer (1980a). 'An Almost Ideal Demand System'. *American Economic Review* 70 (3): 312-26.

———(1980b). *Economics and Consumer Behaviour*. Cambridge: Cambridge University Press.

———(1986). 'On Measuring Child Costs: With Applications to Poor Countries'. *Journal of Political Economy* 94 (4): 720-44.

Deb, Rajat (1976). 'On Constructing Generalized Voting Paradoxes'. *Review of Economic Studies* 43 (2): 347-51.

———(1977). 'On Schwartz's Rule'. *Journal of Economic Theory* 16 (1): 103-10.

———(1994). 'Waiver, Effectivity and Rights as Game Forms'. *Econometrica* 61 (242): 167-78.

———(2011). 'Nonbinary Social Choice'. In Arrow, Sen and Suzumura (2011a): 335-66.

Deb, Rajat, Indranil K. Ghosh and Tae Kun Seo (2009). 'Justice, Equity and Sharing the Cost of a Public Project'. In Basu and Kanbur (2009), Vol. I: 501-22.

Debreu, Gerard (1954). 'Representation of a Preference Ordering by a Numerical Function'. In Thrall, Coombs and Davis (1954): 159-65.

———(1959). *Theory of Value: An Axiomatic Analysis of Economic Equilibrium*. New Haven: Yale University Press. 丸山徹訳『価値の理論：経済均衡の公理的分

析』東洋経済新報社, 1977 年.

——— (1960). 'Topological Methods in Cardinal Utility Theory'. In Arrow, Karlin and Suppes (1960): 16-26.

De Grazia, A. (1953). 'Mathematical Derivation of an Election System'. *Isis* 44: 42-51.

De Meyer, Frank and Charles R. Plott (1970). 'The Probability of a Cyclical Majority'. *Econometrica* 38 (2): 345-54.

Denicolò, Vincenzo (1985). 'Independent Social Choice Correspondences Are Dictatorial'. *Economics Letters* 19 (1): 9-12.

——— (1987). 'Some Further Results on Nonbinary Social Choice'. *Social Choice and Welfare* 4 (4): 277-85.

Denzau, A. T. and R. P. Parks (1975). 'The Continuity of Majority Rule Equilibrium'. *Econometrica* 43 (5/6): 853-66.

Desai, Meghnad. (1994). *Poverty, Famine, and Economic Development.* London: Edward Elgar Publishing.

——— (1995). 'Measuring Political Freedom'. In *On Freedom: A Centenary Anthology,* edited by E. Barker. London: LSE Books, 195-225.

Deschamps, Robert and Louis Gevers (1977). 'Separability, Risk-Bearing, and Social Welfare Judgements'. *European Economic Review* 10 (1): 77-94.

——— (1978). 'Leximin and Utilitarian Rules: A Joint Characterization'. *Journal of Economic Theory* 17 (2): 143-63.

——— (1979). 'Separability, Risk-Bearing, and Social Welfare Judgements'. In Laffont (1979): 145-60.

Diamond, Peter A. (1967). 'Cardinal Welfare, Individualistic Ethics, and Interpersonal Comparison of Utility: Comment'. *Journal of Political Economy* 75 (5): 765.

Dietz, Simon, Cameron Hepburn and Nicholas Stern (2009). 'Economics, Ethics and Climate Change'. In Basu and Kanbur (2009), Vol. II: 365-86.

Dobb, Maurice H. (1955). O*n Economic Theory & Socialism: Collected Papers.* New York: Routledge. 都留重人ほか訳『経済理論と社会主義』［全 2 冊］岩波書店, 1958-9 年.

——— (1956). 'A Note on Index-Numbers and Compensation Criteria'. *Oxford Economic Papers* 8 (1): 78-9.

——— (1963). 'A Further Comment on the Discussion of Welfare Criteria'. *Economic Journal* 73 (292): 765-71.

——— (1969). *Welfare Economics and the Economics of Socialism: Towards a Commonsense Critique*. Cambridge: Cambridge University Press. 中村達也訳『厚生経済学と社会主義経済学：常識的な批判』岩波書店，1973 年.

Dodgson, Charles (1876). *A Method of Taking Votes on More than Two Issues*. Oxford: Oxford University Press.

——— (1884). *The Principles of Parliamentary Representation*. London: Harrison and Sons.

Downs, Anthony (1957). *An Economic Theory of Democracy*. New York: Harper. 古田精司監訳『民主主義の経済理論』成文堂，1980 年.

——— (1961). 'Problems of Majority Voting: In Defense of Majority Voting'. *Journal of Political Economy* 69 (2): 192-9.

Drèze, Jean and Mamta Murthi (2001). 'Fertility, Education and Development: Evidence from India'. *Population and Development Review* 27 (1): 33-63.

Drèze, Jean and Amartya K. Sen (1989). *Hunger and Public Action*. Oxford: Oxford University Press.

———eds. (1990). *The Political Economy of Hunger*. New York and Oxford: Oxford University Press.

——— (1995). *Economic Development and Social Opportunity*. Delhi: Oxford University Press.

——— (1997). *Indian Development: Selected Regional Perspectives*. Delhi and New York: Oxford University Press.

——— (2002). *India: Development and Participation*. Delhi: Oxford University Press.

——— (2013). *An Uncertain Glory: India and Its Contradictions*. Delhi: Penguin and Princeton, N. J.: Princeton University Press. 湊一樹訳『開発なき成長の限界：現代インドの貧困・格差・社会的分断』明石書店，2015 年.

Dummett, Michael and Robin Farquharson (1961). 'Stability in Voting'. *Econometrica* 29 (1): 33-43.

Dutta, Bhaskar (1980). 'On the Possibility of Consistent Voting Procedures'. *Review of Economic Studies* 47 (3): 603-16.

——— (1987). 'Fuzzy Preferences and Social Choice'. *Mathematical Social Sciences* 13: 215-29.

——— (1997). 'Reasonable Mechanisms and Nash Implementation'. In Arrow, Sen and Suzumura (1997): 3-23.

———(2002). 'Inequality, Poverty and Welfare'. In Arrow, Sen and Suzumura (2002): 597-633.

———(2009). 'Some Remarks on the Ranking of Infinite Utility Streams'. In Basu and Kanbur (2009), Vol. I: 136-47.

Dutta, Bhaskar and Prasanta K. Pattanaik (1978). 'On Nicely Consistent Voting Systems'. *Econometrica* 46 (1): 163-70.

Dworkin, Ronald (1981a). 'What Is Equality? Part 1: Equality of Welfare'. *Philosophy & Public Affairs* 10 (3): 185-246. 小林公・大江洋・高橋秀治・高橋文彦訳『平等とは何か』木鐸社, 2002 年, 収録.

———(1981b). 'What Is Equality? Part 2: Equality of Resources'. *Philosophy & Public Affairs* 10 (4): 283-345. 小林公・大江洋・高橋秀治・高橋文彦訳『平等とは何か』木鐸社, 2002 年, 収録.

———(1995). 'Constitutionalism and Democracy'. *European Journal of Philosophy* 3 (1): 2-11.

———(2008). *Is Democracy Possible Here? Principles for a New Political Debate*. Princeton, N. J.: Princeton University Press. 水谷英夫訳『民主主義は可能か？：新しい政治的討議のための原則について』信山社, 2016 年.

Edgeworth, Francis Ysidro (1881). *Mathematical Psychics: An Essay on the Application of Mathematics to the Moral Sciences*. London: C. K. Paul.

Eilenberg, Samuel (1941). 'Ordered Topological Spaces'. *American Journal of Mathematics* 63 (1): 39-45.

Ellman, Michael J. (1966). 'Individual Preferences and the Market'. *Economics of Planning* 6 (3): 241-50.

Ellsberg, Daniel (1954). 'Classic and Current Notions of "Measurable Utility"'. *Economic Journal* 64 (255): 528-56.

———(1961). 'Risk, Ambiguity, and the Savage Axioms'. *Quarterly Journal of Economics* 75 (4): 643-69.

———(1963). 'Risk, Ambiguity, and the Savage Axioms: Reply'. *Quarterly Journal of Economics* 77 (2): 336-42.

Elster, Jon and Aanund Hylland, eds. (1986). *Foundations of Social Choice Theory*. Cambridge: Cambridge University Press.

Elster, Jon and John E. Roemer, eds. (1991). *Interpersonal Comparisons of Well-Being*. Cambridge: Cambridge University Press.

Fagen, Richard R. (1961). 'Some Contributions of Mathematical Reasoning to the Study of Politics'. *American Political Science Review* 55 (4): 888-900.

Farkas, Daniel and Shmuel Nitzan (1979). 'The Borda Rule and Pareto Stability: A Comment'. *Econometrica* 47 (5): 1305-6.

Farquharson, Robin (1957). 'An Approach to the Pure Theory of Voting Procedure'. Ph.D. Thesis, Oxford University.

Farrell, M. J. (1959). 'Mr. Lancaster on Welfare and Choice'. *Economic Journal* 69 (275): 588.

——— (1976). 'Liberalism in the Theory of Social Choice'. *Review of Economic Studies* 43 (1): 3-10.

Feldman, Allan M. (1980). *Welfare Economics and Social Choice Theory*. Boston, Mass.: Martinus Njihoff. 川島康男・佐藤隆三訳『厚生経済学と社会選択論』マグロウヒル出版, 1984 年.

Feldman, Allan M. and Alan P. Kirman (1974). 'Fairness and Envy'. *American Economic Review* 64 (6): 995-1005.

Feldman, Allan M. and David Weiman (1979). 'Envy, Wealth, and Class Hierarchies'. *Journal of Public Economics* 11 (1): 81-91.

Fenchel, W. (1953). 'Convex Cones, Sets, and Functions'. Mimeographed. Department of Mathematics, Princeton University.

Ferejohn, John A. (1977). 'Decisive Coalitions in the Theory of Social Choice'. *Journal of Economic Theory* 15 (2): 301-6.

Ferejohn, John A. and Morris P. Fiorina (1974). 'The Paradox of Not Voting: A Decision Theoretic Analysis'. *American Political Science Review* 68 (2): 525-36.

Ferejohn, John A. and David M. Grether (1974). 'On a Class of Rational Social Decision Procedures'. *Journal of Economic Theory* 8 (4): 471-82.

Ferejohn, John A., David M. Grether, Steven A. Matthews and Edward W. Packel (1980). 'Continuous-Valued Binary Decision Procedures'. *Review of Economic Studies* 47 (4): 787-96.

Fields, G. S. and E. A. Ok (1998). 'On the Evaluation of Economic Mobility'. Mimeographed, Boston College.

Fine, Ben (1975). 'A Note on "Interpersonal Aggregation and Partial Comparability"'. *Econometrica* 43 (1): 169-72.

Fine, Ben and Kit Fine (1974). 'Social Choice and Individual Rankings II'. *Review of*

Economic Studies 41 (4): 459–75.

Fishburn, Peter C. (1967). 'Interdependence and Additivity in Multivariate, Unidimensional Expected Utility Theory'. *International Economic Review* 8 (3): 335–42.

———(1970a). 'Arrow's Impossibility Theorem: Concise Proof and Infinite Voters'. *Journal of Economic Theory* 2 (1): 103–6.

———(1970b). 'Suborders on Commodity Spaces'. *Journal of Economic Theory* 2 (4): 321–8.

———(1970c). 'Intransitive Individual Indifference and Transitive Majorities'. *Econometrica* 38: 482–9.

———(1972). 'Lotteries and Social Choices'. *Journal of Economic Theory* 5 (2): 189–207.

———(1973). *The Theory of Social Choice*. Princeton, N. J.: Princeton University Press.

———(1974). 'On Collective Rationality and a Generalized Impossibility Theorem'. *Review of Economic Studies* 41 (4): 445–57.

———(1975). 'Semiorders and Choice Functions'. *Econometrica* 43 (5/6): 975–7.

Fishburn, Peter C. and William V. Gehrlein (1976). 'Borda's Rule, Positional Voting, and Condorcet's Simple Majority Principle'. *Public Choice* 28 (1): 79–88.

Fisher, Franklin M. (1956). 'Income Distribution, Value Judgments, and Welfare'. *Quarterly Journal of Economics* 70 (3): 380–424.

———(1987). 'Household Equivalence Scales and Interpersonal Comparisons'. *Review of Economic Studies* 54 (3): 519–24.

Fisher, Franklin M. and Jerome Rothenberg (1961). 'How Income Ought to Be Distributed: Paradox Lost'. *Journal of Political Economy* 69 (2): 162–80.

———(1962). 'How Income Ought to Be Distributed: Paradox Enow'. *Journal of Political Economy* 70 (1): 88–93.

Fleming, Marcus (1952). 'A Cardinal Concept of Welfare'. *Quarterly Journal of Economics* 66 (3): 366–84.

———(1957). 'Cardinal Welfare and Individualistic Ethics: A Comment'. *Journal of Political Economy* 65 (4): 355–7.

Fleurbaey, Marc (1995a). 'Equality and Responsibility'. *European Economic Review* 39 (3–4): 683–9.

———(1995b). 'Equal Opportunity or Equal Social Outcome?' *Economics and Phi-*

losophy 11 (1): 25-55.

——— (2002). 'Development, Capabilities, and Freedom'. *Studies in Comparative International Development* 37 (2): 71-7.

——— (2008). *Fairness, Responsibility, and Welfare*. Oxford: Oxford University Press.

Fleurbaey, Marc and Didier Blanchet (2013). *Beyond GDP: Measuring Welfare and Assessing Sustainability*. Oxford: Oxford University Press.

Fleurbaey, Marc and Wulf Gaertner (1996). 'Admissibility and Feasibility in Game Forms'. *Analyse & Kritik* 18 (1): 54-66.

Fleurbaey, Marc and François Maniquet (2011a). 'Compensation and Responsibility'. In Arrow, Sen and Suzumura (2011a): 507-604.

——— (2011b). *A Theory of Fairness and Social Welfare*. Cambridge: Cambridge University Press.

——— (2012). *Equality of Opportunity: The Economics of Responsibility*. Hackensack, N. J.: World Scientific.

Fleurbaey, Marc and Vito Peragine (2013). 'Ex Ante versus Ex Post Equality of Opportunity'. *Economica* 80 (317): 118-30.

Folbre, Nancy (1995). *Who Pays for the Kids? Gender and the Structures of Constraint*. London and New York: Routledge.

Foley, Duncan K. (1967). 'Resource Allocation and the Public Sector'. *Yale Economic Essays* 7 (1): 45-98.

Follesdal, Andreas and Thomas Pogge, eds. (2005). *Real World Justice: Grounds, Principles, Human Rights, and Social Institutions*. Berlin: Springer-Verlag.

Foster, James E. (1984). 'On Economic Poverty: A Survey of Aggregate Measures'. *Advances in Econometrics* 3: 215-51.

——— (1985). 'Inequality Measurement'. In Young (1986): 31-68.

——— (2011). 'Freedom, Opportunity, and Well-Being'. In Arrow, Sen and Suzumura (2011a): 687-728.

Foster, James E. and Christopher Handy (2009). 'External Capabilities'. In Basu and Kanbur (2009), Vol. I: 362-74.

Foster, James E. and Amartya K. Sen (1997). 'Addendum to Economic Inequality'. In Sen (1973a/1997): 107-220.

Foster James E. and Anthony F. Shorrocks (1988). 'Poverty Orderings'. *Econometrica* 56 (1): 173-7.

Foster, James E., Joel Greer and Erik Thorbecke (1984). 'A Class of Decomposable Poverty Measures'. *Econometrica* 52 (3): 761–6.

Friedman, Milton (1947). 'Lerner on the Economics of Control'. *Journal of Political Economy* 55 (5): 405–16.

――― (1953). *Essays in Positive Economics*. Chicago: University of Chicago Press.

Friedman, Milton and L. J. Savage (1948). 'The Utility Analysis of Choices Involving Risk'. *Journal of Political Economy* 56 (4): 279–304.

――― (1952). 'The Expected-Utility Hypothesis and the Measurability of Utility'. *Journal of Political Economy* 60 (6): 463–74.

Frisch, R. (1932). *New Methods of Measuring Marginal Utility*. Tübingen: Mohr.

――― (1966). *Maxima and Minima: Theory and Economic Applications*. New York: Rand McNally. 蔵田久作・佐藤總夫訳『近代経済学のための数学入門』ダイヤモンド社, 1970 年.

Fukuda-Parr, Sakiko (2009). 'Human Rights and Human Development'. In Basu and Kanbur (2009), Vol. II: 76–99.

Fukuda-Parr, Sakiko and A. K. Shiva Kumar, eds. (2003). *Readings in Human Development*. New Delhi: Oxford University Press.

Gaertner, Wulf (1979). 'An Analysis and Comparison of Several Necessary and Sufficient Conditions for Transitivity under the Majority Decision Rule'. In Laffont (1979): 91–112.

――― (1983). 'Equity- and Inequity-type Borda Rules'. *Mathematical Social Sciences* 4 (2): 137–54.

――― (1993). 'Amartya Sen: Capability and Well-Being'. In Nussbaum and Sen (1993): 62–6.

――― (2001). *Domain Conditions in Social Choice Theory*. Cambridge: Cambridge University Press.

――― (2002). 'Domain Restrictions'. In Arrow, Sen and Suzumura (2002): 131–70.

――― (2013). 'Social Choice Theory'. In *Encyclopedia of Philosophy and the Social Sciences*, edited by Byron Kaldis. Thousand Oaks, Calif.: Sage Publications, Inc., Vol. 2: 884–8.

Gaertner, Wulf and Achim Heinecke (1978). 'Cyclically Mixed Preferences – A Necessary and Sufficient Condition for Transitivity of the Social Preference Relation'. In *Decision Theory and Social Ethics*, edited by Hans. W. Gottinger and

Werner Leinfellner. Theory and Decision Library 17. Amsterdam: Springer Netherlands, 169–85.

Gaertner, Wulf and Lorenz Krüger (1981). 'Self-Supporting Preferences and Individual Rights: The Possibility of Paretian Libertarianism'. *Economica* 48 (189): 17–28.

——— (1983). 'Alternative Libertarian Claims and Sen's Paradox'. *Theory and Decision* 15 (3): 211–29.

Gaertner, Wulf and Eric Schokkaert (2012). *Empirical Social Choice: Questionnaire-Experimental Studies on Distributive Justice*. Cambridge: Cambridge University Press.

Gaertner, Wulf and Yongsheng Xu (1997). 'Optimization and External Reference; A Comparison of Three Axiomatic Systems'. *Economics Letters* 57 (1): 57–62.

——— (1999a). 'On Rationalizability of Choice Functions: A Characterization of the Median'. *Social Choice and Welfare* 16 (4): 629–38.

——— (1999b). 'On the Structure of Choice under Different External References'. *Economic Theory* 14 (3): 609–20.

——— (2009). 'Individual Choices in a Non-Consequentialist Framework: A Procedural Approach'. In Basu and Kanbur (2009), Vol. I: 148–66.

——— (2011). 'Reference-Dependent Rankings of Sets in Characteristics Space'. *Social Choice and Welfare* 37 (4): 717–28.

Gaertner, Wulf, Prasanta K. Pattanaik and Kotaro Suzumura (1992). 'Individual Rights Revisited'. *Economica* 59 (234): 161–77.

Gärdenfors, Peter (1973). 'Positionalist Voting Functions'. *Theory and Decision* 4 (1): 1–24.

——— (1975). 'Match Making: Assignments Based on Bilateral Preferences'. *Behavioral Science* 20 (3): 166–73.

——— (1981). 'Rights, Games and Social Choice'. *Noûs* 15 (3): 341–56.

Gardner, Roy (1977). 'The Borda Game'. *Public Choice* 30 (1): 43–50.

——— (1980). 'The Strategic Inconsistency of Paretian Liberalism'. *Public Choice* 35 (2): 241–52.

Garman, Mark B. and Morton I. Kamien (1968). 'The Paradox of Voting: Probability Calculations'. *Behavioral Science* 13 (4): 306–16.

Gauthier, David P. (1967). 'Morality and Advantage'. *Philosophical Review* 76 (4): 460–75.

———— (1968). 'Hare's Debtors'. *Mind* 77 (307): 400-5.

Geanakoplos, John. (1996). 'Three Brief Proofs of Arrow's Impossibility Theorem'. Cowles Foundation Discussion Paper No. 1128. Yale University. Subsequently published in *Economic Theory* 26 (1): 211-5.

Gehrlein, William (1983). 'Condorcet's Paradox'. *Theory and Decision* 15 (2): 161-97.

Georgescu-Roegen, Nicolas (1966). *Analytical Economics*. Cambridge, Mass.: Harvard University Press.

Gevers, Louis (1979). 'On Interpersonal Comparability and Social Welfare Orderings'. *Econometrica* 47 (1): 75-89.

Ghai, Dharam P., Azizur R. Khan, E. Lee and T. A. Alfthan (1977). *The Basic-Needs Approach to Development. Some Issues Regarding Concepts and Methodology*. Geneva: International Labour Organization.

Gibbard, Allan F. (1973). 'Manipulation of Voting Schemes: A General Result'. *Econometrica* 41 (4): 587-601.

———— (1974). 'A Pareto-Consistent Libertarian Claim'. *Journal of Economic Theory* 7 (4): 388-410.

———— (1986). 'Interpersonal Comparison: Preference, Good, and the Intrinsic Reward of Life'. In Elster and Hylland (1986): 165-93.

———— (2014). 'Social Choice and the Arrow Conditions'. *Economics and Philosophy* 30 (3): 269-84.

Glover, Jonathan (1977). *Causing Death and Saving Lives*. Harmondsworth: Penguin.

———— (2009). 'Identity, Violence and the Power of Illusion'. In Basu and Kanbur (2009), Vol. II: 436-51.

Goldin, Ian (2016). *The Pursuit of Development: Economic Growth, Social Change, and Ideas*. Oxford: Oxford University Press.

Goldman, Steven and Chal Sussangkarn (1978). 'On the Concept of Fairness'. *Journal of Economic Theory* 19 (1): 210-6.

Goodin, Robert E. (1988). *Reasons for Welfare: The Political Theory of the Welfare State*. Princeton, N. J.: Princeton University Press.

Goodin, Robert E., Philip Pettit and Thomas Pogge, eds. (2007). *A Companion to Contemporary Political Philosophy*. Oxford: Blackwell.

Goodman, Leo A. and Harry Markowitz (1952). 'Social Welfare Functions Based on

Individual Rankings'. *American Journal of Sociology* 58 (3): 257-62.

Gorman, W. M. (1953). 'Community Preference Fields'. *Econometrica* 21 (1): 63-80.

——— (1955). 'The Intransitivity of Certain Criteria Used in Welfare Economics'. *Oxford Economic Papers* VII (1): 25-34.

——— (1959). 'Are Social Indifference Curves Convex?' *Quarterly Journal of Economics* 73 (3): 485-96.

——— (1968). 'The Structure of Utility Functions'. *Review of Economic Studies* 35 (4): 367-90.

Gotoh, Reiko (2001). 'The Capability Theory and Welfare Reform'. *Pacific Economic Review* 6 (2): 211-22.

——— (2009). 'Justice and Public Reciprocity'. In Gotoh and Dumouchel (2009a): 140-60.

Gotoh, Reiko and Paul Dumouchel, eds. (2009a). *Against Injustice: The New Economics of Amartya Sen*. Cambridge: Cambridge University Press. 後藤玲子監訳『正義への挑戦：セン経済学の新地平』晃洋書房，2011 年.

——— (2009b). 'Introduction'. In Gotoh and Dumouchel (2009a): 1-36.

Graaff, Johannes de Villiers (1949). 'On Optimum Tariff Structures'. *Review of Economic Studies* 17 (1): 47-59.

——— (1957). *Theoretical Welfare Economics*. Cambridge: Cambridge University Press. 前原金一・南部鶴彦訳『現代厚生経済学』創文社，1973 年.

——— (1962). 'On Making a Recommendation in a Democracy'. *Economic Journal* 72 (286): 293-8.

Gráda, Cormac Ó. (2010). *Famine: A Short History*. Princeton, N. J.: Princeton University Press.

Gramsci, Antonio (1967). *The Modern Prince and Other Writings*. Translated by L. Marks. London: Lawrence and Wishart. 上村忠男編訳『現代の君主』[ちくま学芸文庫] 筑摩書房，2008 年.

——— (1971). *Selection from the Prison Notebooks*. London: Lawrence and Wishart. 獄中ノート翻訳委員会訳『グラムシ獄中ノート』（グラムシ研究所校訂版）大月書店，1981 年.

Granaglia, Elena (1994). 'Più o Meno Eguaglianza di Risorse? Un Falso Problema per Le Politiche Sociali'. *Giornale degli Economisti e Annali di Economia* 53 (7/9) : 349-66.

——— (1996). 'Two Questions to Amartya Sen'. *Politeia* 43/44: 31-6.

Grandmont, Jean-Michel (1978). 'Intermediate Preferences and the Majority Rule'. *Econometrica* 46 (2): 317-30.

Granger, G. G. (1956). *La Mathématique sociale du marquis de Condorcet*. Paris: Presses Universitaires de France.

Grant, James P. (1978). *Disparity Reduction Rates in Social Indicators*. Washington, D. C.: Overseas Development Council.

Green, Jerry R. and Jean-Jacques Laffont (1979). *Incentives in Public Decision-Making*. Amsterdam: Elsevier Science Ltd.

Grether, David M. and Charles R. Plott (1982). 'Nonbinary Social Choice: An Impossibility Theorem'. *Review of Economic Studies* 49 (1): 143-9.

Griffin, Keith B. and John B. Knight (1990). *Human Development and the International Development Strategy for the 1990s*. London: Macmillan.

Grotius, Hugo (1609). *Mare Liberum*. Lodewijk Elzevir.

Groves, Theodore and John O. Ledyard (1977). 'Optimal Allocation of Public Goods: A Solution to the "Free Rider" Problem'. *Econometrica* 45 (4): 783-809.

Guha, A. S. (1972). 'Neutrality, Monotonicity, and the Right of Veto'. *Econometrica* 40 (5): 821-6.

Guilbaud, Georges-Théodule (1952). 'Les théories de l'intérêt général et le problème logique de l'agrégation'. *Economie Appliquée* 5 (4) : 501-84.

——— (1966). 'Les théories de l'intérêt général et le problème logique de l'agrégation (English Translation)'. In *Readings in Mathematical Social Sciences*, edited by P. F. Lazarsfeld and N. W. Henry. Chicago: Science Research Associates, 262-307. [Guilbaud (1952) の英訳]

Guinier, Lani (1991). *The Tyranny of the Majority: Fundamental Fairness in Representative Democracy*. New York: Free Press. 森田成也訳『多数派の専制：黒人のエンパワーメントと小選挙区制』新評論, 1997 年.

Gutman, Amy and Dennis Thompson (2004). *Why Deliberative Democracy?* Princeton, N. J.: Princeton University Press.

Habermas, Jürgen (1989). *The Structural Transformation of the Public Sphere: An Inquiry Into a Category of Bourgeois Society*. Cambridge, Mass.: MIT Press. 細谷貞雄・山田正行訳『公共性の構造転換：市民社会の一カテゴリーについての探究』未來社, 1994 年.

——— (1990). *Moral Consciousness and Communicative Action*. Cambridge, Mass.:

MIT Press. 三島憲一・中野敏男・木前利秋訳『道徳意識とコミュニケーション行為』［岩波モダン・クラシックス］岩波書店，2000 年.

Haddad, Lawrence and Ravi Kanbur (1990). 'How Serious Is the Neglect of Intra-Household Inequality?' *Economic Journal* 100 (402): 866-81.

Halmos, Paul Richard (1962). *Algebraic Logic.* New York: Chelsea.

Hamlin, Alan P. and Philip Pettit (1989). *The Good Policy: Normative Analyses of the State.* Oxford: Blackwell.

Hammond, Peter J. (1975). 'A Note on Extreme Inequality Aversion'. *Journal of Economic Theory* 11 (3): 465-7.

——— (1976). 'Equity, Arrow's Conditions, and Rawls' Difference Principle'. *Econometrica* 44 (4): 793-804.

——— (1977). 'Dual Interpersonal Comparisons of Utility and the Welfare Economics of Income Distribution'. *Journal of Public Economics* 7 (1): 51-71.

——— (1979a). 'Equity, in Two Person Situations : Some Consequences'. *Econometrica* 47: 1127-36.

——— (1979b). 'Straightforward Individual Incentive Comparability in Large Economies'. *Review of Economic Studies* 46: 263-82.

——— (1982a). 'Liberalism, Independent Rights and the Pareto Principle'. In *Logic, Methodology, and Philosophy of Science VI: Proceedings of the Sixth International Congress of Logic, Methodology, and Philosophy of Science, Hanover 1979*, edited by L. Jonathan Cohen. Amsterdam: Elsevier North-Holland, 607-20.

——— (1982b). 'Utilitarianism, Uncertainty and Information'. In *Utilitarianism and Beyond*, edited by Amartya K. Sen and Bernard Williams. Cambridge: Cambridge University Press, 85-102.

——— (1985). 'Welfare Economics'. In *Issues in Contemporary Microeconomics and Welfare*, edited by G. Feiwel. Albany, N. Y.: SUNY Press, 405-34.

——— (1997a). 'Game Forms versus Social Choice Rules as Models of Rights'. In Arrow, Sen and Suzumura (1997): 82-95.

——— (1997b). 'Non-Archimedean Subjective Probabilities in Decision Theory and Games'. Working Paper 97038. Stanford University, Department of Economics.

——— (2009). 'Isolation, Assurance and Rules: Can Rational Folly Supplant Foolish Rationality?' In Basu and Kanbur (2009), Vol. I: 523-34.

——— (2011). 'Competitive Market Mechanisms as Social Choice Procedures'. In Arrow, Sen and Suzumura (2011a), 47-151.

Hansson, Bengt (1968). 'Choice Structures and Preference Relations'. *Synthese* 18 (4): 443-58.

———(1969a). 'On Group Preferences'. *Econometrica* 37 (1): 50-4.

———(1969b). 'Voting and Group Decision Functions'. *Synthese* 20 (4): 526-37.

———(1972). 'The Existence of Group Preferences'. Working Paper No. 3. Lund, Sweden: The Mattias Fremling Society.

———(1973). 'The Independence Condition in the Theory of Social Choice'. *Theory and Decision* 4 (1): 25-49.

———(1976). 'The Existence of Group Preference Functions'. *Public Choice* 28 (1): 89-98.

Hansson, Bengt and Henrik Sahlquist (1976). 'A Proof Technique for Social Choice with Variable Electorate'. *Journal of Economic Theory* 13 (2): 193-200.

Hare, R. M. (1952). *The Language of Morals*. Oxford: Oxford University Press. 小泉 仰・大久保正健訳『道徳の言語』勁草書房, 1982 年.

———(1963). *Freedom and Reason*. Oxford: Oxford University Press. 山内友三郎訳 『自由と理性』理想社, 1982 年.

Harriss, Barbara (1990). 'The Intrafamily Distribution of Hunger in South Asia'. In Drèze and Sen (1990): 351-424.

Harsanyi, John C. (1953). 'Cardinal Utility in Welfare Economics and in the Theory of Risk-Taking'. *Journal of Political Economy* 61: 434-5.

———(1955). 'Cardinal Welfare, Individualistic Ethics, and Interpersonal Comparisons of Utility'. *Journal of Political Economy* 63 (4): 309-21.

———(1956). 'Approaches to the Bargaining Problem Before and After the Theory of Games: A Critical Discussion of Zeuthen's, Hicks', and Nash's Theories'. *Econometrica* 24 (2): 144-57.

———(1958). 'Ethics in Terms of Hypothetical Imperatives'. *Mind* 67 (267): 305-16.

———(1966). 'A General Theory of Rational Behavior in Game Situations'. *Econometrica* 34 (3): 613-34.

———(1977). *Rational Behaviour and Bargaining Equilibrium in Games and Social Situations*. Cambridge: Cambridge University Press.

———(1979). 'Bayesian Decision Theory, Rule Utilitarianism, and Arrow's Impossibility Theorem'. *Theory and Decision* 11 (3): 289-317.

Hart, H. L. A. (1955). 'Are There Any Natural Rights?' *Philosophical Review* 64 (2)

: 175-91. 矢崎光圀・松浦好治訳「自由と優先性についてのロールズの考え方」『法学・哲学論集』みすず書房，1990 年.

———(1973). 'Rawls on Liberty and Its Priority'. *University of Chicago Law Review* 40 (3): 534-55.

Hayek, Friedrich August von (1960). *The Constitution of Liberty*. Chicago: University of Chicago Press. 気賀健三・古賀勝次郎訳『自由の価値―――自由の条件 I』『自由と法―――自由の条件 II』『福祉国家における自由―――自由の条件 III』［西山千明・矢島鈞次監修『［新版］ハイエク全集』第 1 期第 5-7 巻］春秋社，2007 年.

Heckman, James J. (2007). 'The Economics, Technology, and Neuroscience of Human Capacity Formation'. *Proceedings of the National Academy of Sciences* 104 (33): 13250-55.

———(2012). *Giving Kids a Fair Chance*. Cambridge, Mass.: MIT Press. 古草秀子訳『幼児教育の経済学』東洋経済新報社，2015 年.

Heckman, James J., Robert Nelson and Lee Cabatingan, eds. (2009). *Global Perspectives on the Rule of Law*. New York: Routledge.

Hees, Martin van (1996). 'Individual Rights and Legal Validity'. *Analyse & Kritik* 18 (1): 81-95.

———(1998). 'On the Analysis of Negative Freedom'. *Theory and Decision* 45 (2): 175-97.

Heller, Walter P., Ross M. Starr and David A. Starrett, eds. (1986). *Social Choice and Public Decision Making: Essays in Honor of Kenneth J. Arrow*. Vol. 1. Cambridge: Cambridge University Press.

Herrero, Carmen (1996). 'Capabilities and Utilities'. *Review of Economic Design* 2 (1): 69-88.

Herstein, I. N. and John Milnor (1953). 'An Axiomatic Approach to Measurable Utility'. *Econometrica* 21 (2): 291-7.

Herzberger, Hans G. (1973). 'Ordinal Preference and Rational Choice'. *Econometrica* 41 (2): 187-237.

Hicks, John R. (1939a). 'The Foundations of Welfare Economics'. *Economic Journal* 49 (196): 696-712.

———(1939b). *Value and Capital: An Inquiry Into Some Fundamental Principles of Economic Theory*. Oxford: Oxford University Press. 安井琢磨・熊谷尚夫訳『価値と資本：経済理論の基本原理に関する研究』岩波書店，1951 年.

————(1940). 'The Valuation of the Social Income'. *Economica* 7 (26): 105-24.

————(1941). 'The Rehabilitation of Consumers' Surplus'. *Review of Economic Studies* 8 (2): 108-16.

————(1942). 'Consumers' Surplus and Index-Numbers'. *Review of Economic Studies* 9 (2): 126-37.

————(1948). 'The Valuation of the Social Income – A Comment on Professor Kuznets' Reflections'. *Economica* 15 (59): 163-72.

————(1956). *A Revision of Demand Theory*. Oxford: Oxford University Press. 早坂忠・村上泰亮訳『需要理論』岩波書店, 1958 年.

Hilbert, David and Wilhelm Ackermann (1960). *Principles of Mathematical Logic*. New York: Chelsea. 石本新・竹尾治一郎訳『記号論理学の基礎』(改訂最新版) 大阪教育図書, 1974 年.

Hildreth, Clifford (1953). 'Alternative Conditions for Social Orderings'. *Econometrica* 21 (1): 81-94.

Hinich, Melvin J. (1977). 'Equilibrium in Spatial Voting: The Median Voter Result Is an Artifact'. *Journal of Economic Theory* 16 (2): 208-19.

Hobsbawm, E. J. (1955). 'Where Are British Historians Going?' *The Marxist Quarterly* 2: 14-26.

Holland, Breena (2014). *Allocating the Earth: A Distributional Framework for Protecting Capabilities in Environmental Law and Policy*. Oxford: Oxford University Press.

Hook, Sidney, ed. (1967). *Human Values and Economic Policy*. New York: New York University Press.

Hooker, C. A., J. J. Leach and E. F. McClennen, eds. (1978). *Foundations and Applications of Decision Theory*. Vol. 1: *Theoretical Foundations*. Dordrecht and Boston: D. Reidel Publishing Company.

Hossain, Iftekhar (1990). *Poverty as Capability Failure*. Helsinki: Swedish School of Economics and Business Administration.

Houthakker, H. S. (1950). 'Revealed Preference and the Utility Function'. *Economica* 17 (66): 159-74.

————(1965). 'On the Logic of Preference and Choice'. In *Contributions to Logic and Methodology in Honor of J. M. Bocheński*, edited by A.-T. Tymieniecka. Amsterdam: North-Holland Publishing Company, 193-207.

Humphries, Jane and Kirsty McNay (2009). 'Death and Gender in Victorian England'. In Basu and Kanbur (2009), Vol. II: 259-79.

Hunt, Lynn (2007). *Inventing Human Rights: A History*. New York: W. W. Norton & Company. 松浦義弘訳『人権を創造する』岩波書店，2011 年.

Huntington, Samuel P. (1991). *The Third Wave: Democratization in the Late Twentieth Century*. Norman: University of Oklahoma Press. 坪郷實・中道寿一・藪野祐三訳『第三の波：20 世紀後半の民主化』三嶺書房，1995 年.

Hurwicz, Leonid. (1951). 'Optimality Criteria for Decision Making under Ignorance'. Cowles Commission Discussion Paper, Statistics 370.

————. (1960). 'Optimality and Informational Efficiency in Resource Allocation Processes'. In Arrow, Karlin and Suppes (1960): 27-47.

Hurwicz, Leonid, David Schmeidler and Hugo Sonnenschein, eds. (1985). *Social Goals and Social Organization: Essays in Memory of Elisha Pazner*. Cambridge: Cambridge University Press.

Inada, Ken-Ichi (1955). 'Alternative Incompatible Conditions for a Social Welfare Function'. *Econometrica* 23 (4): 396-9.

———— (1964a). 'A Note on the Simple Majority Decision Rule'. *Econometrica* 32 (4): 525-31.

———— (1964b). 'On the Economic Welfare Function'. *Econometrica* 32 (3): 316-38.

———— (1969). 'On the Simple Majority Decision Rule'. *Econometrica* 37 (3): 490-506.

———— (1970). 'Majority Rule and Rationality'. *Journal of Economic Theory* 2 (1): 27-40.

Islam, Rizwanul (2009). 'Has Development and Employment through Labour Intensive Industrialization Become History?' In Basu and Kanbur (2009), Vol. II: 387-410.

Jain, Satish K. (2009). 'The Method of Majority Decision and Rationality Conditions'. In Basu and Kanbur (2009), Vol. I: 167-92.

Jalal, Ayesha (2009). 'Freedom and Equality: From Iqbal's Philosophy to Sen's Ethical Concerns'. In Basu and Kanbur (2009), Vol. II: 452-69.

Jamison, Dean T. and Lawrence J. Lau (1973). 'Semiorders and the Theory of Choice'. *Econometrica* 41 (5): 901-12.

———— (1977). 'The Nature of Equilibrium with Semiordered Preferences'. *Econo-*

metrica 45 (7): 1595-605.

Jasay, Anthony de and Hartmut Kliemt (1996). 'The Paretian Liberal, His Liberties and His Contracts'. *Analyse & Kritik* 18 (1): 126-47.

Jeffrey, Richard C. (1971). 'On Interpersonal Utility Theory'. *Journal of Philosophy* 68 (20): 647-56.

Jensen, Niels Erik (1967). 'An Introduction to Bernoullian Utility Theory: I. Utility Functions'. *Swedish Journal of Economics* 69 (3): 163-83.

Johansen, Leif (1965). *Public Economics*. Amsterdam: North-Holland Publishing Company. 宇田川璋仁訳『公共経済学』好学社, 1970 年.

Jorgenson, Dale W. (1990). 'Aggregate Consumer Behavior and the Measurement of Social Welfare'. *Econometrica* 58 (5): 1007-40.

Jorgenson, Dale W., J. Steven Landefeld and Paul Schreyer, eds. (2014). *Measuring Economic Sustainability and Progress*. Chicago: University of Chicago Press.

Jorgenson, Dale W., Lawrence J. Lau and Thomas M. Stoker (1980). 'Welfare Comparison under Exact Aggregation'. *American Economic Review* 70 (2): 268-72.

Kahn, R. F. (1935). 'Some Notes on Ideal Output'. *Economic Journal* 45 (177): 1-35.

Kahneman, Daniel (1999). 'Objective Happiness'. In *Well-Being: Foundations of Hedonic Psychology*, edited by Daniel Kahneman, Edward Diener and Norbert Schwarz. New York: Russell Sage Foundation, 3-25.

——— (2000). 'Evaluation by Moments: Past and Future'. In *Choices, Values, and Frames*, edited by Daniel Kahneman and Amos Tversky. Cambridge: Cambridge University Press, 693-708.

Kahneman, Daniel and Alan B. Krueger (2006). 'Developments in the Measurement of Subjective Well-Being'. *Journal of Economic Perspectives* 20 (1): 3-24.

Kahneman, Daniel and Amos Tversky, eds. (2000). *Choices, Values, and Frames*. Cambridge: Cambridge University Press.

Kahneman, Daniel, Jack L. Knetsch and Richard H. Thaler (1990). 'Experimental Tests of the Endowment Effect and the Coase Theorem'. *Journal of Political Economy* 98 (6): 1325-48.

Kakwani, Nanak (1981). 'Welfare Measures: An International Comparison'. *Journal of Development Economics* 8 (1): 21-45.

——— (1984). 'Issues in Measuring Poverty'. *Advances in Econometrics* 3: 253-82.

——— (1986). *Analyzing Redistribution Policies*. Cambridge: Cambridge University

Press.

Kakwani, Nanak and Jacques Silber, eds. (2008). *The Many Dimensions of Poverty.* London: Palgrave Macmillan.

Kalai, Ehud and Eitan Muller (1977). 'Characterization of Domains Admitting Non-dictatorial Social Welfare Functions and Nonmanipulable Voting Procedure'. Discussion Paper 234. Northwestern University, Center for Mathematical Studies in Economics and Management Science. Subsequently published in *Journal of Economic Theory* 16 (2): 457-67.

Kalai, Ehud and Zvi Ritz (1980). 'Characterization of the Private Alternatives Domains Admitting Arrow Social Welfare Functions'. *Journal of Economic Theory* 22 (1): 23-36.

Kalai, Ehud and Meir Smorodinsky (1975). 'Other Solutions to Nash's Bargaining Problem'. *Econometrica* 43 (3): 513-18.

Kalai, Gil (2002). 'Social Choice without Rationality'. Levine's Working Paper Archive. David K. Levine.

Kaldor, Mary (2009). 'Protective Security or Protection Rackets? War and Sovereignty'. In Basu and Kanbur (2009), Vol. II: 470-87.

Kaldor, Nicholas (1939). 'Welfare Propositions in Economics'. *Economic Journal* 49 (195): 549-52.

——— (1946). 'A Comment [on Baumol]'. *Review of Economic Studies* 14: 49.

Kamm, Frances M. (2007). *Intricate Ethics: Rights, Responsibilities, and Permissive Harm.* New York: Oxford University Press.

Kanbur, Ravi (1984). 'The Measurement and Decomposition of Inequality and Poverty'. In *Mathematical Methods in Economics*, edited by Frederick van der Ploeg. New York: Wiley, 403-432.

——— (1995). 'Children and Intra-Household Inequality: A Theoretical Analysis'. In Basu, Pattanaik and Suzumura (1995): 242-52.

Kaneko, Mamoru (1975). 'Necessary and Sufficient Conditions for Transitivity in Voting Theory'. *Journal of Economic Theory* 11 (3): 385-93.

——— (1980). 'An Extension of the Nash Bargaining Problem and the Nash Social Welfare Function'. *Theory and Decision* 12 (2): 135-48.

Kaneko, Mamoru and Kenjiro Nakamura (1979). 'The Nash Social Welfare Function'. *Econometrica* 47 (2): 423-35.

Kanger, Stig (1975). 'Choice Based on Preference'. Mimeographed. University of

Uppsala.

———(1985). 'On Realization of Human Rights'. *Acta Philosophica Fennica* 38: 71–8.

———(2001). 'Choice Based on Preference'. In *Collected Papers of Stig Kanger with Essays on His Life and Work*, edited by Ghita Holmström and Rysiek Sliwinski. Synthese Library 303. Amsterdam: Springer Netherlands, 214–30.

Kant, Immanuel (1785). *Grundlegung zur Metaphysik der Sitten*. English translation by T. K. Abbott, *Fundamental Principles of the Metaphysics of Ethics*, 3rd edn. London: Longmans, 1907. 熊野純彦訳『実践理性批判：倫理の形而上学の基礎づけ』作品社，2013 年.

———(1788). *Kritik der Praktischen Vernunft*. English translation by L. W. Beck, *Critique of Practical Reason*. New York: Liberal Arts Press, 1956. 中山元訳『実践理性批判』光文社，2013 年.

Kaufman, Alexander (2006). 'Capabilities and Freedom'. *Journal of Political Philosophy* 14 (3): 289–300.

Kelly, Jerry S. (1974a). 'Necessity Conditions in Voting Theory'. *Journal of Economic Theory* 8 (2): 149–60.

———(1974b). 'Voting Anomalies, the Number of Voters and the Number of Alternatives'. *Econometrica* 42: 239–52.

———(1976a). 'Rights Exercising and a Pareto-Consistent Libertarian Claim'. *Journal of Economic Theory* 13 (1): 138–53.

———(1976b). 'The Impossibility of a Just Liberal'. *Economica* 43 (169): 67–75.

———(1978). *Arrow Impossibility Theorems*. Cambridge, Mass.: Academic Press.

———(1987). *Social Choice Theory: An Introduction*. Berlin and Heidelberg: Springer-Verlag.

Kelsey, David (1983). 'Topics in Social Choice'. D. Phil. Thesis, Oxford University.

———(1984a). 'Acyclic Choice without the Pareto Principle'. *Review of Economic Studies* 51 (4): 693–9.

———(1984b). 'The Structure of Social Decision Functions'. *Mathematical Social Sciences* 8 (3): 241–52.

———(1985). 'The Liberal Paradox: A Generalization'. *Social Choice and Welfare* 1 (4): 245–50.

Kemp, Murray C. (1953). 'Arrow's General Possibility Theorem'. *Review of Economic Studies* 21 (3): 240–43.

Kemp, Murray C. and A. Asimakopulos (1952). 'A Note on "Social Welfare Functions" and Cardinal Utility'. *Canadian Journal of Economics and Political Science* 18 (2): 195–200.

Kenen, Peter B. and Franklin M. Fisher (1957). 'Income Distribution, Value Judgments, and Welfare: A Correction'. *Quarterly Journal of Economics* 71 (2): 322–4.

Kennedy, Charles (1950). 'The Common Sense of Indifference Curves'. *Oxford Economic Papers* 2 (1): 123–31.

——— (1952). 'The Economic Welfare Function and Dr. Littles's Criterion'. *Review of Economic Studies* 20 (2): 137–42.

——— (1963). 'Comments [on Little and Sen]'. *Economic Journal* 73 (292): 778–81.

Khilnani, Sunil (2009). 'Democracy and Its Indian Past'. In Basu and Kanbur (2009), Vol. II: 488–502.

Kim, Ki Hang and Fred W. Roush (1980). 'Special Domains and Nonmanipulability'. *Mathematical Social Sciences* 1 (1): 85–92.

Kirman, Alan P. and Dieter Sondermann (1972). 'Arrow's Theorem, Many Agents, and Invisible Dictators'. *Journal of Economic Theory* 5 (2): 267–77.

Klahr, David (1966). 'A Computer Simulation of the Paradox of Voting'. *American Political Science Review* 60 (2): 384–90.

Klasen, Stephan (1994). ' "Missing Women" Reconsidered'. *World Development* 22 (7): 1061–71.

——— (2008). 'Missing Women: Some Recent Controversies on Levels and Trends in Gender Bias in Mortality'. Ibero-America Institute for Economic Research (IAI) Discussion Paper 168.

——— (2009). 'Missing Women: Some Recent Controversies on Levels and Trends in Gender Bias in Mortality'. In Basu and Kanbur (2009), Vol. II: 280–98.

Klasen, Stephan and Francesca Lamanna (2009). 'The Impact of Gender Inequality in Education and Employment on Economic Growth: New Evidence for a Panel of Countries'. *Feminist Economics* 15 (3): 91–132.

Klasen, Stephan and Janneke Pieters (2015). 'What Explains the Stagnation of Female Labor Force Participation in Urban India?' *World Bank Economic Review* 53 (1): 44–62.

Klasen, Stephan and Dana Schüler (2011). 'Reforming the Gender-Related Development Index and the Gender Empowerment Measure: Implementing Some Specific Proposals'. *Feminist Economics* 17 (1): 1–30.

Klasen, Stephan and Sebastian Vollmer (2014). 'A Flow Measure of Missing Women by Age and Disease'. Working Paper 113, Program on the Global Demography of Aging, Harvard University.

Klasen, Stephan and Claudia Wink (2002). 'A Turning Point in Gender Bias in Mortality? An Update on the Number of Missing Women'. *Population and Development Review* 28 (2): 285-312.

Kliemt, Hartmut. (1996). 'Das Paradox des Liberalismus – Eine Einführung'. *Analyse & Kritik* 18 (1): 1-19.

Knight, Frank H. (1935). *The Ethics of Competition*. London: Allen & Unwin. 高 哲男・黒木亮訳『競争の倫理：フランク・ナイト論文選』ミネルヴァ書房，2009 年.

―――(1947). *Freedom and Reform: Essays in Economic and Social Philosophy*. New York: Harper; republished Indianapolis: Liberty, 1982.

Knight, John and Sai Ding (2002). *China's Remarkable Economic Growth*. Oxford: Oxford University Press.

Kolm, Serge-Christophe (1969). 'The Optimum Production of Social Justice'. In Margolis and Guitton (1969b): 145-200.

―――(1972/1998). *Justice et équité*. 2nd edn. Paris: Editions du Centre National de la Recherche Scientifique. English translation with new Foreword: *Justice and Equity*, Cambridge, Mass : MIT Press, 1998.

Koopmans, T. C. (1951). 'Efficient Allocation of Resources'. *Econometrica* 19 (4): 455-65.

―――(1957). *Three Essays on the State of Economic Science*. New York: McGraw-Hill.

―――(1960). 'Stationary Ordinal Utility and Impatience'. *Econometrica* 28 (2): 287-309.

―――(1964). 'On Flexibility of Future Preference'. In *Human Judgments and Optimality*, edited by Maynard Wolfe Shelly and Glenn L. Bryan. New York: Wiley, 243-54.

―――(1966). 'Structure of Preference Over Time'. Cowles Foundation Discussion Paper, 206.

Koopmans, T. C., P. A. Diamond and R. E. Williamson (1964). 'Stationary Utility and Time Perspective'. *Econometrica* 32: 82-100.

Krantz, D. H., R. D. Luce, Patrick Suppes and A. Tversky (1971). *Foundations of Measurement*. Vol. 1. New York: Academic Press.

Kreps, David M. (1979). 'A Representation Theorem for "Preference for Flexibility"'. *Econometrica* 47 (3): 565–77.

———(1988). *Notes on the Theory of Choice*. Boulder, Colo.: Westview Press.

Kreps, David M., Paul Milgrom, John Roberts and Robert Wilson (1982). 'Rational Cooperation in the Finitely Repeated Prisoners' Dilemma'. *Journal of Economic Theory* 27 (2): 245–52.

Krueger, Alan B., ed. (2009). *Measuring the Subjective Well-Being of Nations: National Accounts of Time Use and Well-Being*. Chicago: University of Chicago Press.

Krueger, Alan B. and Arthur A. Stone (2014). 'Progress in Measuring the Subjective Well-Being'. *Science* 346 (6205): 42–3.

Kuhn, H. W. and A. W. Tucker (1953). *Contributions to the Theory of Games*. Vol. 3. Princeton, N. J.: Princeton University Press.

Kuklys, Wiebke (2005). *Amartya Sen's Capability Approach: Theoretical Insights and Empirical Applications*. Berlin: Springer-Verlag.

Kuznets, Simon (1948a). 'On the Valuation of Social Income - Reflections on Professor Hicks' Article: Part I'. *Economica* 15 (57): 1–16.

———(1948b). 'On the Valuation of Social Income - Reflections on Professor Hicks' Article: Part II'. *Economica* 15 (58): 116–31.

Kynch, Jocelyn (2009). 'Entitlements and Capabilities: Young People in Post-Industrial Wales'. In Basu and Kanbur (2009), Vol. II: 100–18.

Kynch, Jocelyn and Amartya K. Sen (1983). 'Indian Women: Well-Being and Survival'. *Cambridge Journal of Economics* 7 (3-4): 363–80.

Laden, Anthony (2012). *Reasoning: A Social Analysis*. New York: Oxford University Press.

Laffont, Jean-Jacques (1979). *Aggregation and Revelation of Preferences*. Amsterdam: North-Holland Publishing Company.

Laffont, Jean-Jacques and Eric Maskin (1982). 'Nash and Dominant Strategy Implementation in Economic Environments'. *Journal of Mathematical Economics* 10 (1): 17–47.

Lancaster, Kelvin (1958). 'Welfare Propositions in Terms of Consistency and Extended Choice'. *Economic Journal* 68 (271): 464–70.

———. (1959). 'Welfare and Expanded Choice – Proof of the General Case'. *Eco-*

nomic Journal 69 (276): 805-7.

Lancaster, Kelvin and R. G. Lipsey (1956). 'The General Theory of Second Best'. *Review of Economic Studies* 24 (1): 11-32.

Landemore, Hélène (2013). *Democratic Reason: Politics, Collective Intelligence, and the Rule of the Many*. Princeton, N. J. and Oxford: Princeton University Press.

Lange, Oscar (1942). 'The Foundations of Welfare Economics'. *Econometrica* 10 (3-4): 215-28.

――― (1945). 'The Scope and Method of Economics'. *Review of Economic Studies* 13 (1): 19-32.

Lange, Oscar and Frederik M. Taylor (1938). *On the Economic Theory of Socialism*, ed. by B. E. Lippencott, Minneapolis: University of Minnesota Press. 土 屋 清 訳『計画経済理論:社会主義の経済理論』中央公論社,1942 年.

Laplace, P. S. (1814). *Théorie analytique des probabilités*. 2nd edn. Paris: Courcier. 伊藤清・樋口順四郎訳『確率論:確率の解析的理論』共立出版,1986 年.

Laslett, Peter and W. G. Runciman, eds. (1958). *Philosophy, Politics and Society: First Series*. Oxford: Blackwell.

――― eds. (1962). *Philosophy, Politics and Society: Second Series*. Oxford: Blackwell.

――― eds. (1967). *Philosophy, Politics and Society: Third Series*. Oxford: Blackwell.

Layard, Richard (2011a). *Happiness: Lessons from a New Science?* 2nd edn. London and New York : Penguin.

――― (2011b). 'Measuring Subjective Wellbeing for Public Policy: Recommendations on Measures' (with Paul Dolan and Robert Metcalfe). CEP Special Report, 23, March 2011.

Le Breton, Michel (1997). 'Arrovian Social Choice on Economic Domains'. In Arrow, Sen and Suzumura (1997): 72-96.

Le Breton, Michel and Alain Trannoy (1987). 'Measures of Inequality as an Aggregation of Individual Preferences about Income Distribution: The Arrovian Case'. *Journal of Economic Theory* 41 (2): 248-69.

Le Breton, Michel and John A. Weymark (1996). 'An Introduction to Arrovian Social Welfare Functions on Economic and Political Domains'. In Schofield (1996): 25-61.

――― (2011). 'Arrovian Social Choice Theory on Economic Domains'. In Arrow, Sen and Suzumura (2011a): 191-299.

Le Grand, Julian (1991). *Equity and Choice: An Essay in Economics and Applied Philosophy*. London: Harper Collins Academic.

Leibenstein, Harvey (1962). 'Notes on Welfare Economics and the Theory of Democracy'. *Economic Journal* 72 (286): 299-319.

―――(1965). 'Long-Run Welfare Criteria'. In *The Public Economy of Urban Communities*, edited by J. Margolis. Baltimore: Johns Hopkins University Press.

Lenin, V. I. (1966). *The State and Revolution*. Moscow: Foreign Languages Publishing House. 角田安正訳『国家と革命』講談社, 2011 年.

Lenti, Targetti R. (1994). 'Sul Contributo Alla Cultura dei Grandi Economisti: Liberta Diseguaglianza e Poverta nel Pensiero di Amartya Sen'. *Rivista Milanese di Economica* 50: 5-12.

Leontief, Wassily (1947a). 'Introduction to a Theory of the Internal Structure of Functional Relationships'. *Econometrica* 15 (4): 361-73.

―――(1947b). 'A Note on the Interrelation of Subsets of Independent Variables of a Continuous Function with Continuous First Derivatives'. *Bulletin of the American Mathematical Society* 53 (4): 343-50.

Lerner, A. P. (1944). *The Economics of Control*. New York: Macmillan. 桜井一郎訳『統制の経済学：厚生経済学原理』文雅堂書店, 1961 年.

Levi, Isaac (1986). *Hard Choices: Decision Making Under Unresolved Conflict*. Cambridge: Cambridge University Press.

―――(2009). 'Convexity and Separability in Representing Consensus'. In Basu and Kanbur (2009), Vol. I: 193-212.

Levin, Jonathan and Barry Nalebuff (1995). 'An Introduction to Vote-Counting Schemes'. *Journal of Economic Perspectives* 9 (1): 3-26.

Lieberman, B. (1967). 'Combining Individual Preferences into Social Choice'. In Research Memorandum SP-111.3. Pittsburgh: Department of Sociology, University of Pittsburgh.

Linos, Katerina (2013). *The Democratic Foundations of Policy Diffusion: How Health, Family and Employment Laws Spread Across Countries*. Oxford: Oxford University Press.

List, Christian and Philip Pettit (2005). 'On the Many as One'. *Philosophy & Public Affairs* 33 (4): 377-90.

―――(2011). *Group Agency*. Oxford: Oxford University Press.

Little, I. M. D. (1949a). 'A Reformulation of the Theory of Consumer's Behaviour'.

Oxford Economic Papers 1 (1): 90-9.

———(1949b). 'The Foundations of Welfare Economics'. *Oxford Economic Papers* 1 (2): 227-46.

———(1950). *A Critique of Welfare Economics*. Oxford: Oxford University Press; republished 1957.

———(1952). 'Social Choice and Individual Values'. *Journal of Political Economy* 60 (5): 422-32.

———(1962). 'Welfare Criteria: An Exchange of Notes'. *Economic Journal* 72 (285): 229-31.

———(1963). 'Comment [on Dobb and Sen]'. *Economic Journal* 73 (292): 778-81.

Littlewood, John E. (1967). 'The Mathematician's Art of Work', Rockefeller University Review 5: 1-7. Republished in *Littlewood's Miscellany*, ed. by Bela Bollobas. Cambridge: Cambridge University Press, 1986. 金光滋訳『リトルウッドの数学スクランブル』近代科学社, 1990 年.

Lorimer, Peter (1967). 'A Note on Orderings'. *Econometrica* 35 (3-4): 537-9.

Lucas, J. R. (1959). 'Moralists and Gamesmen'. *Philosophy* 34 (128): 1-11.

Luce, R. D. (1956). 'Semiorders and a Theory of Utility Discrimination'. *Econometrica* 24 (2): 178-91.

———(1966). 'Two Extensions of Conjoint Measurement'. *Journal of Mathematical Psychology* 3 (2): 348-70.

Luce, R. D. and Howard Raiffa (1957). *Games and Decisions*. New York: Wiley.

Luce, R. D. and J. W. Tukey (1964). 'Simultaneous Conjoint Measurement: A New Type of Fundamental Measurement'. *Journal of Mathematical Psychology* 1 (1): 1-27.

Maasoumi, Esfandiar (1986). 'The Measurement and Decomposition of Multi-Dimensional Inequality'. *Econometrica* 54 (4): 991-7.

Maasoumi, Esfandiar and J. S. Racine (2016). 'A Solution to Aggregation and an Application to Multidimensional "Well-Being" Frontiers'. *Journal of Econometrics* 191 (2): 374-83.

Machina, Mark J. (1981). ' "Rational" Decision Making versus "Rational" Decision Modeling?' *Journal of Mathematical Psychology* 24 (2): 163-75.

Madell, Geoffrey (1965). 'Hare's Prescriptivism'. *Analysis* 26 (2): 37-41.

Majumdar, Mukul and Amartya K. Sen (1976). 'A Note on Representing Partial

Orderings'. *Review of Economic Studies* 43 (3): 543-5.

Majumdar, Tapas. (1956). 'Choice and Revealed Preference'. *Econometrica* 24 (1): 71-3.

────(1957). 'Armstrong and the Utility Measurement Controversy'. *Oxford Economic Papers* 9 (1): 30-40.

────(1962). *The Measurement of Utility*. 2nd edn. New York: Macmillan.

────(1969a). 'A Note on Arrow's Postulates for a Social Welfare Function – A Comment'. *Journal of Political Economy* 77 (4): 528-31.

────(1969b). 'Sen's General Theorem on Transitivity of Majority Decisions: An Alternative Approach'. In *Growth and Choice: Essays in Honour of U. N. Ghosal*, edited by Tapas Majumdar. Oxford: Oxford University Press: 26-9.

────. (1973). 'Amartya Sen's Algebra of Collective Choice'. *Sankhyā* 35 (4): 533-42.

Malinvaud, E. (1952). 'Note on von Neumann-Morgenstern Strong Independence Axiom'. *Econometrica* 20 (4): 679.

────(1953). 'Capital Accumulation and Efficient Allocation of Resources'. *Econometrica* 21 (2): 233-68.

Malthus, Thomas Robert (1798). *An Essay on the Principle of Population, As It Affects the Future Improvement of Society with Remarks on the Speculation of Mr. Godwin, M. Condorcet, and Other Writers*. London: J. Johnson. 高野岩三郎・大内兵衛訳『初版人口の原理』岩波書店, 1962 年.

────(1830). *A Summary View on the Principle of Population*. 小林時三郎訳『マルサス人口論綱要』未來社, 1959 年.

────(1982). *An Essay on the Principle of Population*. Ed. by Anthony Flew. Harmondsworth: Penguin. 斎藤悦則訳『人口論』光文社, 2011 年.

Mandela, Nelson (1994). *Long Walk to Freedom: The Autobiography of Nelson Mandela*. New York: Little, Brown and Co. 東江一紀訳『自由への長い道：ネルソン・マンデラ自伝』NHK 出版, 1996 年.

Manne, Alan S. and A. Charnes (1952). 'The Strong Independence Assumption - Gasoline Blends and Probability Mixtures'. *Econometrica* 20 (4): 665-9.

Mansbridge, Jane, ed. (1990). *Beyond Self-Interest*. Chicago: University of Chicago Press.

Marglin, Stephen A. (1963). 'The Social Rate of Discount and the Optimal Rate of Investment'. *Quarterly Journal of Economics* 77 (1): 95-111.

Margolis, Julius, ed. (1965). *The Public Economy of Urban Communities*. Baltimore: Johns Hopkins University Press.

Margolis, Julius and H. Guitton eds. (1969). *Public Economics: An Analysis of Public Production and Consumption and Their Relations to the Private Sectors*. Proceedings of a Conference Held by the International Economic Association. London: Macmillan.

Marquand, David (2014). *Mammon's Kingdom: An Essay on Britain, Now*. London: Penguin.

Marschak, Jacob (1950). 'Rational Behavior, Uncertain Prospects, and Measurable Utility'. *Econometrica* 18 (2): 111–41.

Marshall, Alfred (1890). *Principles of Economics*. London: Macmillan. 馬場啓之助訳 『経済学原理』 [全4冊] 東洋経済新報社, 1965 年.

Marx, K. (1844/1959). *Economic and Philosophic Manuscripts of 1844*. Moscow: Foreign Languages Publishing House, 1959. 長谷川宏訳『経済学・哲学草稿』光文社, 2010 年.

———(1875/1962). *Critique of the Gotha Programme*. Moscow: Foreign Languages Publishing House. 望月清司訳『ゴータ綱領批判』岩波書店, 1975 年.

Marx, Karl and Friedrich Engels (1848/1969). *Manifesto of the Communist Party*, first published in German as *Manifest der Kommunistischen Partei* in 1848. English translation by Samuel Moore in cooperation with Friedrich Engels, *Marx/Engels Selected Works*, Vol. 1, Moscow: Progress Publishers, 1969. 大内兵衛・向坂逸郎訳『共産党宣言』岩波書店, 1951 年.

Mas-Colell, Andreu and Hugo Sonnenschein (1972). 'General Possibility Theorems for Group Decisions'. *Review of Economic Studies* 39 (2): 185–92.

Maskin, Eric (1976a). 'Social Welfare Functions on Restricted Domains'. Mimeographed. Harvard University.

———(1976b). 'On Strategyproofness and Social Welfare Funcitons when Preferences are Restricted'. Mimeographed. Darwin College and Harvard University.

———(1978). 'A Theorem on Utilitarianism'. *Review of Economic Studies* 45 (4): 93–6.

———(1979). 'Decision-Making under Ignorance with Implications for Social Choice'. *Theory and Decision* 11 (3): 319–37.

———(1985). 'The Theory of Implementation in Nash Equilibrium: A Survey'. In Hurwicz, Schmeidler and Sonnenschein (1985): 173-204.

―――(1995). 'Majority Rule, Social Welfare Functions, and Game Forms'. In Basu, Pattanaik and Suzumura (1995): 100-9.

―――(2014). 'The Arrow Impossibility Theorem: Where Do We Go From Here?' In Maskin and Sen (2014): 43-55.

Maskin, Eric and Jean-Jacques Laffont (1982). 'The Theory of Incentives: An Overview'. In *Advances in Economic Theory* (Invited Lectures from the 4th World Congress of the Econometric Society), ed. by W. Hildenbrand. Cambidge: Cambridge University Press, 31-94.

Maskin, Eric and Amartya K. Sen (2014). *The Arrow Impossibility Theorem*. New York: Columbia University Press.

―――(2016). 'How to Let the Majority Rule'. *New York Times*, 1 May 2016.

―――(2017). 'The Rules of the Game: A New Electoral System'. *New York Review of Books*, 19 January 2017.

Maskin, Eric and Tomas Sjöström (2002). 'Implementation Theory'. In Arrow, Sen and Suzumura (2002): 237-88.

Matsumoto, Yasumi (1982). 'Choice Functions: Preferences, Consistency, and Neutrality'. D. Phil. Thesis, Oxford University.

―――(1985). 'Non-Binary Social Choice: Revealed Preferential Interpretation'. *Economica* 52 (206): 185-94.

May, Kenneth O. (1952). 'A Set of Independent Necessary and Sufficient Conditions for Simple Majority Decision'. *Econometrica* 20 (4): 680-4.

―――(1953). 'A Note on Complete Independence of the Conditions for Simple Majority Decision'. *Econometrica* 21 (1): 172-3.

McClennen, Edward F. (1978). 'The Minimax Theory and Expectied-Utility Reasoning'. In Hooker, Leach and McClennen (1978), 337-67.

McGarvey, David C. (1953). 'A Theorem on the Construction of Voting Paradoxes'. *Econometrica* 21 (4): 608-10.

McKelvey, Richard D. (1979). 'General Conditions for Global Intransitivities in Formal Voting Models'. *Econometrica* 47 (5): 1085-112.

McLean, Ian (1990). 'The Borda and Condorcet Principles: Three Medieval Applications'. *Social Choice and Welfare* 7 (2): 99-108.

Meade, James Edward (1962). 'Welfare Criteria: An Exchange of Notes: A Reply'. *Economic Journal* 72 (285): 231-3.

―――(1976). *The Just Economy*. London: Allen & Unwin. 柴田裕・植松忠博訳『公

正な経済』ダイヤモンド社, 1980 年.

Middelaar, Luuk van and Philippe Van Parijs, eds. (2015). *After the Storm: How to Save Democracy in Europe*. Tielt, Belgium: Lannoo.

Mill, John Stuart (1859). *On Liberty*. New York: Gateway, 1959. 山岡洋一訳『自由論』日経 BP 社, 2011 年.

———(1861). 'Utilitarianism'. Fraser's Magazine. London: Dent, 1929. 川名雄一郎・山本圭一郎訳『J・S・ミル功利主義論集』京都大学学術出版会, 2010 年所収.

Mills, C. W. (1953). *The Power Elite*. New York: Oxford University Press. 鵜飼信成・綿貫譲治訳『パワー・エリート』東京大学出版会, 1969 年.

Minnesota Symposium (1969). 'Consumption Theory without Transitive Indifference'. Unpublished.

Mirrlees, J. A. (1971). 'An Exploration in the Theory of Optimum Income Taxation'. *Review of Economic Studies* 38 (2): 175-208.

———(1982). 'Migration and Optimal Income Taxes'. *Journal of Public Economics* 18 (3): 319-41.

Mishan, Ezra J. (1957). 'An Investigation into Some Alleged Contradictions in Welfare Economics'. *Economic Journal* 67 (267): 445-54.

———(1958). 'Arrow and the "New Welfare Economics": A Restatement'. *Economic Journal* 68 (271): 595-7.

———(1960). 'A Survey of Welfare Economics, 1939-59'. *Economic Journal* 70 (278): 197-265.

———(1962). 'Welfare Criteria: An Exchange of Notes: A Comment'. *Economic Journal* 72 (285): 234-44.

———(1964). 'The Welfare Criteria That Aren't'. *Economic Journal* 74 (296): 1014-7.

Mizutani, S. (1978). 'Collective Choice and Extended Orderings'. M. Phil. Dissertation. London University.

Monjardet, Bernard (1967). 'Remarques sur une classe de procédures de vote et les "Théorèmes de Possibilité"'. *La Décision: actes du colloque international sur la decision* 2 (2): 177-84.

———(1978). 'Une autre preuve du théorème d'Arrow'. *RAIRO –Recherche Opérationnelle* 12 (3): 291-6.

———(1979). 'Duality in the Theory of Social Choice'. In Laffont (1979): 131-43.

———(1983). 'On the Use of Ultrafilters in Social Choice Theory.' In Pattanaik and

Salles (1983), 73-8.

Montague, Roger (1965). 'Universalizability'. *Analysis* 25: 189-202.

Morris, Christopher W., ed. (2009). *Amartya Sen.* Cambridge: Cambridge University Press.

Morris, M. D. (1979). *Measuring the Condition of the World's Poor: The Physical Quality of Life Index.* Oxford: Pergamon Press.

Morris, W. E. (1966). 'Professor Sen and Hare's Rule'. *Philosophy* 41 (158). 357-8.

Moulin, Hervé (1983). *The Strategy of Social Choice.* Amsterdam: North-Holland Publishing Company.

―――(1995). *Cooperative Microeconomics: A Game-Theoretic Introduction.* Princeton, N. J.: Princeton University Press.

―――(2002). 'Axiomatic Cost and Surplus Sharing'. In Arrow, Sen and Suzumura (2002), 289-357.

Moulin, Hervé and William Thomson (1997). 'Axiomatic Analysis of Resource Allocation Problems'. In Arrow, Sen and Suzumura (1997): 15-37.

Mueller, Dennis C. (1989). *Public Choice II: A Revised Edition of Public Choice.* Cambridge: Cambridge University Press. 加藤寛監訳『公共選択論』有斐閣, 1993 年.

―――(1996). 'Constitutional and Liberal Rights'. *Analyse & Kritik* 18 (1): 98-117.

Murakami, Yasusuke (1961). 'A Note on the General Possibility Theorem of the Social Welfare Function'. *Econometrica* 29 (2): 244-6.

―――(1966). 'Formal Structure of Majority Decision'. *Econometrica* 34 (3): 709-18.

―――(1968). *Logic and Social Choice.* London: Macmillan and New York: Dover. [鈴村興太郎訳「論理と社会的選択」『村上泰亮著作集』第1巻, 中央公論社, 1997年に所収]

Myerson, Roger B. (1981). 'Utilitarianism, Egalitarianism, and the Timing Effect in Social Choice Problems'. *Econometrica* 49 (4): 883-97.

―――(1983). 'Mechanism Design by an Informed Principal'. *Econometrica* 51 (6): 1767-97.

Myint, U. Hla (1948). *Theories of Welfare Economics.* Cambridge, Mass.: Harvard University Press.

Myrdal, Gunnar (1954). *The Political Element in the Development of Economic Theory.* Cambridge, Mass.: Harvard University Press. 山田雄三・佐藤隆三訳『経

済学説と政治的要素』春秋社, 1967 年.

Myrdal, Gunnar (1958). *Value in Social Theory: A Selection of Essays on Methodology*. Paul Streeten, ed., Abingdon: Routledge & Kegan Paul.

Nagel, Thomas (1970). *The Possibility of Altruism*. New York: Oxford University Press. 蔵田伸雄監訳『利他主義の可能性』勁草書房, 2024 年.

―――(1986). *The View from Nowhere*. New York: Oxford University Press. 中 村 昇・山田雅大・岡山敬二・齋藤宣之・新海太郎・鈴木保早訳『どこでもないところからの眺め』春秋社, 2009 年.

―――(1998). *The Last Word*. Chicago: University of Chicago Press.

Nakamura, Kenjiro (1975). 'The Core of a Simple Game without Ordinal Preferences'. *International Journal of Game Theory* 4 (1): 95-104.

―――(1978). 'Necessary and Sufficient Conditions on the Existence of a Class of Social Choice Functions'. *Economic Studies Quarterly* 29 (3): 259-67.

―――(1979). 'The Vetoers in a Simple Game with Ordinal Preferences'. *International Journal of Game Theory* 8 (10): 55-61.

Nanson, E. J. (1882). 'Methods of Elections'. *Transactions and Proceedings of the Royal Society of Victoria* 18: 197-240.

Nash, John (1950). 'The Bargaining Problem'. *Econometrica* 18 (2): 155-62.

―――(1953). 'Two-Person Cooperative Games'. *Econometrica* 21 (1): 128-40.

Neumann, John von and Oskar Morgenstern (1947). *Theory of Games and Economic Behavior*. Princeton, N. J.: Princeton University Press. 武藤滋夫・中山幹夫訳『ゲーム理論と経済行動』[刊行 60 周年記念版] 勁草書房, 2014 年.

Newman, Peter (1959). 'Mr. Lancaster on Welfare and Choice'. *Economic Journal* 69 (275): 588-90.

Neyman, Jerzy, ed. (1951). *Proceedings of the Second Berkeley Symposium on Mathematical Statistics and Probability*. Berkeley: The Regents of the University of California. https://projecteuclid.org/euclid.bsonsp/1200511856.

―――ed. (1956). *Proceedings of the Third Berkeley Symposium on Mathematical Statistics and Probability*. Berkeley: The Regents of the University of California. http://projecteuclid.org/euclid.bsmsp/1200500251.

Ng, Y.-K. (1975). 'Bentham or Bergson? Finite Sensibility, Utility Functions and Social Welfare Functions'. *Review of Economic Studies* 42 (4): 545-69.

Nicholson, Michael (1965). 'Conditions for the "Voting Paradox" in Committee Decisions'. *Metroeconomica* 17 (1-2): 29-44.

Niemi, Richard G. (1969). 'Majority Decision-Making with Partial Unidimensionality'. *American Political Science Review* 63 (2): 488-97.

Niemi, Richard G. and Herbert F. Weisberg (1968). 'A Mathematical Solution to the Problem of the Paradox of Voting'. *Behavioral Science* 13 (4): 317-23.

Nitzan, Shmuel and Ariel Rubinstein (1981). 'A Further Characterization of Borda Ranking Method'. *Public Choice* 36 (1): 153-8.

Nowell-Smith, P. H. (1954). *Ethics*. Harmondsworth: Penguin.

Nozick, Robert (1973). 'Distributive Justice'. *Philosophy & Public Affairs* 3 (1): 45-126.

———(1974). *Anarchy, State, and Utopia*. New York: Basic Books. 嶋津格訳『アナーキー・国家・ユートピア：国家の正当性とその限界』木鐸社，1992 年.

———(1989). *The Examined Life: Philosophical Meditations*. New York: Simon & Schuster. 井上章子訳『生のなかの螺旋：自己と人生のダイアローグ』青土社，1993 年.

Nussbaum, Martha C. (1988). 'Nature, Function, and Capability: Aristotle on Political Distribution'. *Oxford Studies in Ancient Philosophy* 6 (Suppl. Vol.): 145-84.

———(1992). 'Human Functioning and Social Justice: In Defense of Aristotelian Essentialism'. *Political Theory* 20 (2): 202-46.

———(2001). 'Disabled Lives: Who Cares?' *New York Review of Books*, 11 January.

———(2006). *Frontiers of Justice: Disability, Nationality, Species Membership*. Cambridge, Mass.: Harvard University Press. 神島裕子訳『正義のフロンティア：障碍者・外国人・動物という境界を越えて』法政大学出版局，2012 年.

———(2009). 'The Clash Within: Democracy and the Hindu Right'. In Basu and Kanbur (2009), Vol. II: 503-21.

———(2011). *Creating Capabilities*. Cambridge, Mass.: Harvard University Press.

Nussbaum, Martha C. and Jonathan Glover, eds. (1995). *Women, Culture, and Development: A Study of Human Capabilities*. Oxford: Oxford University Press.

Nussbaum, Martha C. and Amartya K. Sen, eds. (1993). *The Quality of Life*. Oxford: Oxford University Press. 抄訳，竹友安彦監修，水谷めぐみ訳『クオリティー・オブ・ライフ：豊かさの本質とは』里文出版，2006 年.

Olafson, Frederick A., ed. (1961). *Justice and Social Policy*. Englewood Cliffs, N. J.: Prentice Hall.

Olsaretti, Serena (2005). 'Endorsement and Freedom in Amartya Sen's Capability Approach'. *Economics and Philosophy* 21 (1): 89-108.

Olson, Mancur (1964). *The Logic of Collective Action*. Cambridge, Mass.: Harvard University Press. 依田博・森脇敏雅訳『集合行為論：公共財と集団理論』ミネルヴァ書房, 1996 年.

O'Neill, Onora (1986). *Faces of Hunger: An Essay on Poverty, Justice, and Development*. London: Allen & Unwin.

――― (1996). *Towards Justice and Virtue*. Cambridge: Cambridge University Press.

――― (2000). *Bounds of Justice*. Cambridge: Cambridge University Press. 神島裕子訳『正義の境界』みすず書房, 2016 年.

Osmani, Siddiqur R. (1982). *Economic Inequality and Group Welfare: A Theory of Comparison with Applications to Bangladesh*. Oxford: Oxford University Press.

――― (1995). 'The Entitlement Approach to Famine: An Assessment'. In Basu, Pattanaik and Suzumura (1995): 253-94.

――― (2009). 'The Sen System of Social Evaluation'. In Basu and Kanbur (2009), Vol. I: 15-34.

Osmani, Siddiqur R. and Amartya K. Sen (2003). 'The Hidden Penalties of Gender Inequality: Fetal Origins of Ill-Health'. *Economics & Human Biology* 1 (1): 105-21.

Ostrom, Elinor (2009). 'Engaging Impossibilities and Possibilities'. In Basu and Kanbur (2009), Vol. II: 522-40.

Paine, Thomas (1776). *Common Sense; Addressed to the Inhabitants of America, on the Following Interesting Subjects*. Philadelphia: W. and T. Bradford; republished New York: Penguin, 1982. 小松春雄訳『コモン・センス：他三編』岩波書店, 1976 年.

――― (1791). *Rights of Man: Being an Answer to Mr. Burke's Attack on the French Revolution*; republished London: Dent, 1930. 西川正身訳『人間の権利』岩波書店, 1971 年.

Pareto, V. (1897). *Cours d'économie politique*. Lausanne: Rouge.

――― (1906). *Manuale di Economia Politica*. Milano: Società Editrice Libraria.

――― (1909). *Manuale di Economia Politica*. (French Translation, Revised). Paris: Giard.

Parfit, Derek (1984). *Reasons and Persons*. Oxford: Oxford University Press. 森村進訳『理由と人格：非人格性の倫理へ』勁草書房，1998 年.

―――(2011). *On What Matters*. 2 vols. Oxford: Oxford University Press.

Park, R. E. (1967). 'A Comment [on Coleman]'. *American Economic Review* 57 (5): 1300-4.

Parks, Robert P. (1976a). 'Further Results on Path Independence, Quasi-Transitivity and Social Choice'. *Public Choice* 26 (26): 75-87.

―――(1976b). 'An Impossibility Theorem for Fixed Preferences: A Dictatorial Bergson-Samuelson Welfare Function'. *Review of Economic Studies* 43 (3): 447-50.

Parsons, T. and E. Shils (1951). *Toward a General Theory of Act*. Cambridge, Mass.: Harvard University Press. 永井道雄・作田啓一・橋本真訳『行為の総合理論をめざして』日本評論新社，1960 年.

Pattanaik, Prasanta K. (1967a). 'A Note on Leibenstein's "Notes on Welfare Economics and the Theory of Democracy"'. *Economic Journal* 77 (308): 953-6.

―――(1967b). 'Aspects of Welfare Economics'. Ph.D. Thesis, Delhi University.

―――(1968a). 'A Note on Democratic Decision and the Existence of Choice Sets'. *Review of Economic Studies* 35 (1): 1-9.

―――(1968b). 'Risk, Impersonality, and the Social Welfare Function'. *Journal of Political Economy* 76 (6): 1152-69.

―――(1968c). 'Transitivity and Choice under Multi-Stage Majority Decisions'. Discussion Paper 52. Harvard Institute of Economic Research.

―――(1969). 'A Generalization of Some Theorems on the Transitivity of Social Decisions with Restricted Individual Preferences'. Mimeographed.

―――(1970). 'Sufficient Conditions for the Existence of a Choice Set under Majority Voting'. *Econometrica* 38 (1): 165-70.

―――(1971). *Voting and Collective Choice*. Cambridge: Cambridge University Press.

―――(1973). 'On the Stability of Sincere Voting Situations'. *Journal of Economic Theory* 6 (6): 558-74.

―――(1978). *Strategy and Group Choice*. Amsterdam: North-Holland Publishing Company.

―――(1996). 'The Liberal Paradox: Some Interpretations When Rights are Represented as Game Forms'. *Analyse & Kritik* 18 (1): 38-53.

————(1997a). 'On Modelling Individual Rights: Some Conceptual Issues'. In Arrow, Sen and Suzumura (1997): 100-28.

————(1997b). 'Some Paradoxes of Preference Aggregation'. In *Perspectives on Public Choice*, edited by Dennis Mueller. Cambridge: Cambridge University Press. 201-25. 関谷登・大岩雄次郎訳『公共選択の展望：ハンドブック』［全三冊］多賀出版, 2000 年.

————(2002). 'Positional Rules of Collective Decision-Making'. In Arrow, Sen and Suzumura (2002): 361-94.

————(2009). 'Rights, Individual Preferences, and Collective Rationality.' In Basu and Kanbur (2009), Vol. I: 213-30.

Pattanaik, Prasanta K. and Maurice Salles, eds. (1983). *Social Choice and Welfare*. Amsterdam: North-Holland Publishing Company.

Pattanaik, Prasanta K. and Manimay Sengupta (1974). 'Conditions for Transitive and Quasi-Transitive Majority Decisions'. *Economica* 41 (164): 414-23.

————(1980). 'Restricted Preferences and Strategy-Proofness of a Class of Group Decision Functions'. *Review of Economic Studies* 47 (5): 965-73.

Pattanaik, Prasanta K. and Yongsheng Xu (1990). 'On Ranking Opportunity Sets in Terms of Freedom of Choice'. *Recherches Économiques de Louvain* 56 (3/4): 383-90.

Pazner, Elisha A. (1977). 'Pitfalls in the Theory of Fairness'. *Journal of Economic Theory* 14 (2): 458-66.

Pazner, Elisha A. and David Schmeidler (1972). 'Decentralization, Income Distribution and the Role of Money in Socialist Economies.' Technical Report No. 8. Foerder Institute of Economic Research, Tel-Aviv University.

————(1974). 'A Difficulty in the Concept of Fairness'. *Review of Economic Studies* 41 (3): 441-3.

————(1978a). 'Egalitarian Equivalent Allocations: A New Concept of Economic Equity.' *Quarterly Journal of Economics* 92 (4): 671-87.

————(1978b). 'Decentralization and Income Distribution in Socialist Economies'. *Economic Inquiry* 16 (2): 257-64.

Peleg, Bezalel (1978a). 'Consistent Voting Systems'. *Econometrica* 46 (1): 153-61.

————(1978b). 'Representations of Simple Games by Social Choice Functions'. *International Journal of Game Theory* 7 (2): 81-94.

————(1983). 'On Simple Games and Social Choice Correspondences'. In Pattanaik and Salles (1983): 251-68.

―――(1984). *Game Theoretic Analysis of Voting in Committees*. Cambridge: Cambridge University Press.

―――(2002). 'Game-Theoretic Analysis of Voting in Committees'. In Arrow, Sen and Suzumura (2002): 395-423.

Peleg, Bezalel, O. Moeschlin and D. Pallaschke (1979). 'Game Theoretic Analysis of Voting Schemes'. In *Game Theory and Related Topics*, edited by O. Moeschlin and D. Pallaschke. Amsterdam: North-Holland Publishing Company: 83-9.

Peter, Fabienne (2011). *Democratic Legitimacy*. London: Routledge.

Pettit, Philip (1997). *Republicanism: A Theory of Freedom and Government*. Oxford: Oxford University Press.

―――(2001a). *A Theory of Freedom: From the Psychology to the Politics of Agency*. Oxford University Press.

―――(2001b). 'Deliberative Democracy and the Discursive Dilemma'. *Philosophical Issues* 11 (1): 268-99.

Phelps, Edmund S., ed. (1973a). *Economic Justice: Selected Readings*. Harmondsworth: Penguin.

―――(1973b). 'Taxation of Wage Income for Economic Justice'. *Quarterly Journal of Economics* 87 (3): 331-54.

―――(2009). 'The Good Life and the Good Economy: The Humanist Perspective of Aristotle, the Pragmatists and Vitalists, and the Economic Justice of John Rawls'. In Basu and Kanbur (2009), Vol. I: 35-49.

Piacentino, D. (1996). 'Functioning and Social Equity'. Mimeographed. University of Urbino. Presented at the *Politeia* meeting on 'Environment and Society in a Changing World: A Perspective from the Functioning Theory'.

Pigou, Arthur Cecil (1913). *Unemployment*. London: William and Norgate. 篠原泰三訳『失業の理論』實業之日本社，1951 年.

―――(1920). *The Economics of Welfare*. London: Macmillan. 気賀健三ほか訳『厚生経済学』改訂重版［全 4 冊］東洋経済新報社，1965 年.

Piketty, Thomas (2014). *Capital in the Twenty-First Century*. Cambridge, Mass.: Harvard University Press. 山形浩生・守岡桜・森本正史訳『21 世紀の資本』みすず書房，2014 年.

Plott, Charles R. (1967). 'A Notion of Equilibrium and Its Possibility under Majority Rule'. *American Economic Review* 57 (4): 787-806.

———(1973). 'Path Independence, Rationality and Social Choice'. *Econometrica* 41 (6): 1075-91.

———(1976). 'Transcript of a Five-Member Committee Experiment'. Working Paper 110. California Institute of Technology, Division of the Humanities and Social Sciences.

Pogge, Thomas (2001a). *Global Justice*. Oxford: Oxford University Press.

———(2001b). 'What We Can Reasonably Reject'. *Philosophical Issues* 1: 118-47.

Pollak, Robert A. (1979). 'Bergson-Samuelson Social Welfare Functions and the Theory of Social Choice'. *Quarterly Journal of Economics* 93 (1): 73-90.

———(1991). 'Welfare Comparisons and Situation Comparisons'. *Journal of Econometrics* 50 (1): 31-48.

Pratt, John Winsor, Howard Raiffa and Robert Schlaifer (1965). *Introduction to Statistical Decision Theory*. New York: McGraw-Hill.

Puppe, Clemens (1996). 'An Axiomatic Approach to "Preferences for Freedom of Choice"'. *Journal of Economic Theory* 68 (1): 174-99.

Putnam, Hilary (2002). *The Collapse of the Fact/Value Dichotomy and Other Essays*. Cambridge, Mass.: Harvard University Press. 藤田晋吾・中村正利訳『事実／価値二分法の崩壊』法政大学出版局，2011 年.

———(2004). *Ethics without Ontology*. Cambridge, Mass.: Harvard University Press. 関口浩喜・渡辺大地・岩沢宏和・入江さつき訳『存在論抜きの倫理』法政大学出版局，2007 年.

Qizilbash, Mozaffar (1996). 'Capabilities, Well-Being, and Human Development: A Survey'. *Journal of Development Studies* 33 (2): 143-62.

———(2006). 'Capability, Happiness and Adaptation in Sen and J. S. Mill'. *Utilitas* 18 (1): 20-32.

———(2007). 'Social Choice and Individual Capabilities'. *Politics, Philosophy & Economics* 6 (2): 169-92.

———(2009). 'The Adaptation Problem, Evolution and Normative Economics'. In Basu and Kanbur (2009), Vol. I: 68-79.

Quine, Willard V. O. (1940). *Mathematical Logic*. Cambridge, Mass.: Harvard University Press and New York: Harper.

Rader, T. (1963). 'The Existence of a Utility Function to Represent Preferences'. *Review of Economic Studies* 30 (3): 229-232.

Radner, R. and J. Marschak (1954). 'Note on Some Proposed Decision Criteria'. In Thrall, Coombs and Davis (1954): 61-8.

Rae, Douglas W. (1995). 'Using District Magnitude to Regulate Political Party Competition'. *Journal of Economic Perspectives* 9 (1): 65-75.

Raiffa, Howard (1953). 'Arbitration Schemes for Generalized Two Person Games'. In Kuhn and Tucker (1953), 361-87.

——— (1968). *Decision Analysis: Introductory Lectures on Choices under Uncertainty*. Reading, Mass. and London: Addison-Wesley. 宮沢光一・平館道子訳『決定分析入門：不確実性下の選択問題』東洋経済新報社，1972 年.

Railton, Peter (2003). *Facts, Values and Norms: Essays towards a Morality of Consequences*. Cambridge: Cambridge University Press.

Ramsey, Frank P. (1931). *The Foundations of Mathematics and Other Logical Essays*. London: Paul, Trench, Trubner.

Rangarajan, L. N., trans. (1987). *The Arthasastra of Kautilya*. Harmondsworth: Penguin. カウティリヤ著，上村勝彦訳『実利論：古代インドの帝王学』岩波書店，1984 年.

Ranis, Gustav, Emma Samman and Frances Stewart (2009). 'Country Patterns of Behavior on Broader Dimensions of Human Developement'. In Basu and Kanbur (2009), Vol. II: 119-38.

Rapoport, Anatol (1960). *Fights, Games, and Debates*. Minnesota: University of Michigan Press.

Ravallion, Martin (1987). *Markets and Famines*. Oxford and New York: Oxford University Press.

——— (1994a). *Poverty Comparisons*. Chur, Switzerland: Harwood Academic Press.

——— (1994b). 'Measuring Social Welfare With and Without Poverty Lines'. *American Economic Review* 84 (2): 359-64.

——— (1994c). 'Poverty Rankings using Noisy Data on Living Standards'. *Economics Letters* 45: 481-5.

——— (2009). 'On the Welfarist Rationale for Relative Poverty Lines'. In Basu and Kanbur (2009), Vol. I: 375-96.

Rawls, John (1951). 'Outline of a Decision Procedure for Ethics'. *Philosophical Review* 60 (2): 177-97.

——— (1955). 'Two Concepts of Rules'. *Philosophical Review* 64 (1): 3-32.

——— (1958). 'Justice as Fairness'. *Philosophical Review* 67 (2): 164-94. Republished in *Justice and Social Policy*, edited by Frederick A. Olafson. Englewood Cliffs, N. J.: Prentice Hall, 1961: 80–107, and also in *Philosophy, Politics and Society: Second Series*, edited by Peter Laslett and W. G. Runciman. Oxford: Blackwell, 1962: 132–57.

———(1963a). 'Constitutional Liberty and the Concept of Justice'. In *Justice: Nomos 8*, edited by C. J. Friedrich and J. Chapman. New York: Atherton Press: 98–125.

———(1963b). 'The Sense of Justice'. *Philosophical Review* 72 (3): 281–305.

———(1967). 'Distributive Justice'. In *Philosophy, Politics and Society: Third Series*, edited by Peter Laslett and W. G. Runciman. Oxford: Blackwell: 58–82.

———(1968). 'Chapters on Justice'. *Materials for Philosophy* 171 at Harvard University, unpublished.

———(1971). *A Theory of Justice*. Cambridge, Mass.: Harvard University Press. Revised 2nd edn., 1999. 川本隆史・福間聡・神島裕子訳『正義論』［改訂版］紀伊國屋書店, 2010 年.

———(1988). 'The Priority of Right and Ideas of the Good'. *Philosophy & Public Affairs* 17 (4): 251–76.

———(1993). *Political Liberalism*. New York: Columbia University Press.

———(1999a). *Collected Papers*. Edited by Samuel Richard Freeman. Cambridge, Mass.: Harvard University Press.

———(1999b). *The Law of Peoples: With 'The Idea of Public Reason Revisited'*. Cambridge, Mass.: Harvard University Press. 中山竜一訳『万民の法』岩波書店, 2006 年.

Raz, Joseph (1986). *The Morality of Freedom*. Oxford: Oxford University Press.

Razavi, Shahrashoub (1996). 'Excess Female Mortality: An Indicator of Female Subordination? A Note Drawing on Village-Level Evidence from Southeastern Iran'. *Notizie di Politeia* 12 (43–44): 79–95.

Reder, Melvin Warren (1947). *Studies in the Theory of Welfare Economics*. New York: Columbia University Press. 坂本彌三郎・田村泰夫訳『厚生経済学の理論的研究』東洋経済新報社, 1957 年.

———(1950). 'Theories of Welfare Economics'. *Journal of Political Economy* 58 (2): 158–61.

Rescher, Nicholas (1967). *The Logic of Decision and Action*. Pittsburgh: University of Pittsburgh Press.

Richardson, Henry S. (2006). 'Rawlsian Social-Contract Theory and the Severely Disabled'. *Journal of Ethics* 10 (4): 419-62.

Richter, Marcel K. (1966). 'Revealed Preference Theory'. *Econometrica* 34 (3): 635-45.

Riker, William H. (1961). 'Voting and the Summation of Preferences: An Interpretive Bibliographical Review of Selected Developments during the Last Decade'. *American Political Science Review* 55 (4): 900-11.

——— (1965). 'Arrow's Theorem and Some Examples of the Paradox of Voting'. In Ulmer (1965) : 41-60.

Riley, Jonathan (1987). *Liberal Utilitarianism: Social Choice Theory and J. S. Mill's Philosophy*. Cambridge: Cambridge University Press.

Robbins, Lionel (1932). *An Essay on the Nature and Significance of Economic Science*. London: Macmillan. 小峯敦・大槻忠史訳『経済学の本質と意義』京都大学学術出版会, 2016 年.

——— (1938). 'Interpersonal Comparisons of Utility: A Comment'. *Economic Journal* 48 (192): 635-41.

Roberts, Kevin W. S. (1977). 'Voting over Income Tax Schedules'. *Journal of Public Economics* 8 (3): 329-40.

——— (1980a). 'Interpersonal Comparability and Social Choice Theory'. *Review of Economic Studies* 47 (2): 421-39.

——— (1980b). 'Possibility Theorems with Interpersonally Comparable Welfare Levels'. *Review of Economic Studies* 47 (2): 409-20.

——— (1995). 'Valued Opinions or Opinionated Values: The Double Aggregation Problem'. In Basu, Pattanaik and Suzumura (1995): 141-65.

——— (2009). 'Irrelevant Alternatives'. In Basu and Kanbur (2009), Vol. I: 231-49.

Robertson, D. H. (1952). *Utility and All That: And Other Essays*. London: Macmillan.

——— (1954). 'Utility and All What?' *Economic Journal* 64 (256): 665-78.

Robeyns, Ingrid (2003). 'Sen's Capability Approach and Gender Inequality: Selecting Relevant Capabilities'. *Feminist Economics* 9 (2-3): 61-92.

——— (2005). 'The Capability Approach: A Theoretical Survey'. *Journal of Human Development* 6 (1): 93-117.

——— (2006). 'The Capability Approach in Practice'. *Journal of Political Philosophy* 14 (3): 351-76.

———(2009). 'Justice as Fairness and the Capability Approach'. In Basu and Kanbur (2009), Vol. I: 397-413.

———(2016). 'Capabilitarianism'. *Journal of Human Development and Capabilities* 17 (3): 351-76.

Robinson, Joan (1962). *Economic Philosophy*. Chicago: Aldine. 宮崎義一訳『経済学の考え方』岩波書店, 1966 年.

Roemer, John E. (1982). *A General Theory of Exploitation and Class*. Cambridge, Mass: Harvard University Press.

———(1985). 'Equality of Talent'. *Economics and Philosophy* 1 (2): 151-88.

———(1996). 'Equality versus Progress'. *Nordic Journal of Political Economy* 23: 47-54.

———(1998). *Theories of Distributive Justice*. Cambridge, Mass.: Harvard University Press. 木谷忍・川本隆史訳『分配的正義の理論：経済学と倫理学の対話』木鐸社, 2001 年.

Ross, William David (1930). *The Right and the Good*. Oxford: Oxford University Press.

Rosser, John Barkley and Atwell Rufus Turquette (1952). *Many-Valued Logics*. Amsterdam: North-Holland Publishing Company.

Rothenberg, Jerome (1953a). 'Marginal Preference and the Theory of Welfare'. *Oxford Economic Papers* 5 (3): 248-63.

———(1953b). 'Conditions for a Social Welfare Function'. *Journal of Political Economy* 61 (5): 389-405.

———(1960). 'Non-Convexity, Aggregation, and Pareto Optimality'. *Journal of Political Economy* 68 (5): 435-68.

———(1961). *The Measurement of Social Welfare*. Englewood Cliffs, N. J.: Prentice Hall.

Rothschild, Emma (2001). *Economic Sentiments: Adam Smith, Condorcet, and the Enlightenment*. Cambridge, Mass.: Harvard University Press.

———(2005). ' "Axiom, Theorem, Corollary & c.": Condorcet and Mathematical Economics'. *Social Choice and Welfare* 25 (2/3): 287-302.

Rothschild, Emma and Amartya K. Sen (2006). 'Adam Smith's Economics'. In *The Cambridge Companion to Adam Smith*, edited by Knud Haakonssen. Cambridge: Cambridge University Press: 340-49.

Rousseau, J. J. (1763). *Du contract social*. English translation with introduction by

M. Cranston: *The Social Contract*. Harmondsworth: Penguin, 1974. 桑原武夫・前川貞次郎訳『社会契約論』岩波書店，1954 年.

Rowley, Charles K. (1986). 'Review Article: James Enelow and Melvin J. Hinich, *The Spatial Theory of Voting*'. *Public Choice* 48 (1): 93-9.

———(1993). *Liberty and the State*. London: Edward Elgar Publishing.

Rubinstein, Ariel (2012). *Economic Fables*. Cambridge: Open Book Publishers. 松井彰彦監訳，村上愛・矢ヶ崎将之・松井彰彦・猿谷洋樹訳『ルービンシュタイン　ゲーム理論の力』東洋経済新聞社，2016 年.

Ruger, Jennifer Prah (2004). 'Health and Social Justice'. *Lancet* 364 (9439): 1075-80.

———(2006). 'Health, Capability, and Justice: Toward a New Paradigm of Health Ethics, Policy and Law'. *Cornell Journal of Law and Public Policy* 15 (2): 403-82.

———(2010). *Health and Social Justice*. Oxford: Oxford University Press.

Ruggles, Nancy (1949). 'The Welfare Basis of the Marginal Cost Pricing Principle'. *Review of Economic Studies* 17 (1): 29-46.

Runciman, David (2013). *The Confidence Trap: A History of Democracy in Crisis from World War I to the Present*. Princeton, N. J.: Princeton University Press.

Runciman, W. G. (1965). *Social Justice*. Cambridge: Cambridge University Press.

Runciman, W. G. and Amartya K. Sen (1965). 'Games, Justice and the General Will'. *Mind* 74 (296): 554-62.

Russell, Bertrand (1910). *Philosophical Essays*. London: Longmans; republished London: Allen and Unwin, 1966 and New York: Simon and Schuster, 1967. 中込本治郎訳『倫理学の根本問題』大村書店，1921 年.

———(1938). *The Principles of Mathematics*. 2nd edn. Cambridge: Cambridge University Press.

Saari, Donald G. (2011). 'Geometry of Voting'. In Arrow, Sen and Suzumura (2011a): 897-945.

Salles, Maurice (1975). 'A General Possibility Theorem for Group Decision Rules with Pareto-Transitivity'. *Journal of Economic Theory* 11 (1): 110-18.

———(1976). 'Characterization of Transitive Individual Preferences for Quasi-Transitive Collective Preference under Simple Games'. *International Economic Review* 17: 308-18.

———(1992). 'On Two Classes of Differential Inequality Measures'. Discussion Paper 92-16. Department of Economics, University of Birmingham.

———(1998). 'Fuzzy Utility'. In *Handbook of Utility Theory*, Vol. 1, edited by S.

Barberà, P. J. Hammond and C. Seidl. Dordrecht: Kluwer, 321–44.

――――(2009). 'Limited Rights and Social Choice Rules'. In Basu and Kanbur (2009), Vol. I: 250–61.

Samuelson, Paul A. (1938). 'A Note on the Pure Theory of Consumer's Behaviour'. *Economica* 5 (17): 61–71.

――――(1947). *Foundations of Economic Analysis*. Cambridge, Mass.: Harvard University Press. 佐藤隆三訳『経済分析の基礎』（増補版）勁草書房，1986年.

――――(1948). 'Consumption Theory in Terms of Revealed Preference'. *Economica* 15 (60): 243–53.

――――(1950a). 'The Problem of Integrability in Utility Theory'. *Economica* 17 (68): 355–85.

――――(1950b). 'Evaluation of Real National Income'. *Oxford Economic Papers* 2 (1): 1–29.

――――(1952). 'Probability, Utility, and the Independence Axiom'. *Econometrica* 20 (4): 670–78.

――――(1956). 'Social Indifference Curves'. *Quarterly Journal of Economics* 70 (1): 1–22.

――――(1957). 'Foreword'. In *Theoretical Welfare Economics*, by J. de Graaff. Cambridge: Cambridge University Press, vii–viii.

――――(1964). 'A. P. Lerner at Sixty'. *Review of Economic Studies* 31: 169–78.

――――(1966). *The Collected Scientific Papers of Paul A. Samuelson*. Edited by Joseph E. Stiglitz. 2 vols. Cambridge, Mass.: MIT Press.

Samuelson, P. A. (1967). 'Arrow's Mathematical Politics'. In Hook (1967): 41–52.

Saposnik, Rubin (1975). 'Social Choice with Continuous Expression of Individual Preferences'. *Econometrica* 43 (4): 683–90.

Satterthwaite, Mark Allen (1975). 'Strategy-Proofness and Arrow's Conditions: Existence and Correspondence Theorems for Voting Procedures and Social Welfare Functions'. *Journal of Economic Theory* 10 (2): 187–217.

Savage, L. J. (1952). 'Note on the Strong Independence Assumption'. *Econometrica* 20 (4): 663–4.

――――(1954). *The Foundations of Statistics*. New York: Wiley.

Scanlon, Thomas M. (1988). 'The Significance of Choice'. In *The Tanner Lectures on Human Values*, edited by Sterling M. McMurrin. Cambridge: Cambridge University Press and Salt Lake City: University of Utah Press, 149–216.

———(1998). *What We Owe to Each Other*. Cambridge, Mass.: Harvard University Press.

———(2003). *The Difficulty of Tolerance: Essays in Political Philosophy*. Cambridge: Cambridge University Press.

———(2009). 'Rights and Interests'. In Basu and Kanbur (2009), Vol. I: 68–79.

———(2014). *Being Realistic about Reasons*. Oxford: Oxford University Press.

Schelling, Thomas (1984). *Choice and Consequence*. Cambridge, Mass.: Harvard University Press.

Schmeidler, David and Hugo Sonnenschein (1978). 'Two Proofs of the Gibbard-Satterthwaite Theorem on the Possibility of a Strategy-Proof Social Choice Function'. In *Decision Theory and Social Ethics*, edited by Hans W. Gottinger and Werner Leinfellner. Theory and Decision Library 17. Amsterdam: Springer Netherlands, 227–34.

Schmeidler, David and Karl Vind (1972). 'Fair Net Trades'. *Econometrica* 40 (4): 637–42.

Schmeidler, David and Menahem E. Yaari (1970). 'Fair Allocations'. Oral Presentation C. O. R. E. 1969, Stanford.

Schmitz, Norbert (1977). 'A Further Note on Arrow's Impossibility Theorem'. *Journal of Mathematical Economics* 4 (2): 189–96.

Schofield, Norman (1983). 'Generic Instability of Majority Rule'. *Review of Economic Studies* 50 (4): 695–705.

———ed. (1996). *Collective Decision-Making: Social Choice and Political Economy*. Berlin and New York: Springer.

———(2002). 'Representative Democracy and Social Choice Theory'. In Arrow, Sen and Suzumura (2002): 425–55.

Schokkaert, Erik (2009). 'The Capabilities Approach'. In Anand, Pattanaik and Puppe (2009): 542–66.

Schokkaert, Erik and Luc Van Ootegm (1990). 'Sen's Concept of the Living Standard Applied to the Belgian Unemployed'. *Recherches Économiques de Louvain / Louvain Economic Review* 56 (3/4) : 429–50.

Schwartz, Thomas (1970). 'On the Possibility of Rational Policy Evaluation'. *Theory and Decision* 1 (1): 89–106.

———(1972). 'Rationality and the Myth of the Maximum'. *Noûs* 6 (2): 97–117.

———(1974). 'Notes on the Abstract Theory of Collective Choice'. Mimeographed.

Carnegie Mellon University.

——— (1976). 'Choice Functions, "Rationality" Conditions, and Variations on the Weak Axiom of Revealed Preference'. *Journal of Economic Theory* 13 (3): 414-27.

——— (1981). 'The Universal-Instability Theorem'. *Public Choice* 37 (3): 487-501.

——— (1986). *The Logic of Collective Choice.* New York: Columbia University Press.

Scitovsky, Tibor (1941). 'A Note on Welfare Propositions in Economics'. *Review of Economic Studies* 9 (1): 77-88.

——— (1942). 'A Reconsideration of the Theory of Tariffs'. *Review of Economic Studies* 9 (2): 89-110.

——— (1951). 'The State of Welfare Economics'. *American Economic Review* 41 (3): 303-15.

——— (1964). *Papers on Welfare and Growth.* Stanford: Stanford University Press.

——— (1976). *The Joyless Economy.* Oxford: Oxford University Press. 斎藤精一郎訳『人間の喜びと経済的価値：経済学と心理学の接点を求めて』日本経済新聞社, 1979 年.

Scott, Dana and Patrick Suppes (1958). 'Foundational Aspects of Theories of Measurement'. *Journal of Symbolic Logic* 23 (2): 113-28.

Searle, John R. (1964). 'How to Derive "Ought" From "Is"'. *Philosophical Review* 73 (1): 43-58.

——— (1969). *Speech Acts: An Essay in the Philosophy of Language.* Cambridge: Cambridge University Press. 坂本百大・土屋俊訳『言語行為：言語哲学への試論』勁草書房, 1986 年.

Seidl, Christian (1975). 'On Liberal Values'. *Zeitschrift für Nationalökonomie / Journal of Economics* 35 (3/4): 257-92.

——— (1988). 'Poverty Measurement: A Survey'. In *Welfare and Efficiency in Public Economics*, edited by D. Bos, M. Rose and C. Seidl. New York: Springer: 71-147.

——— (1997). 'Foundations and Implications of Rights'. In Arrow, Sen and Suzumura (1997) : 53-77.

Sen, Amartya K. (1960). *Choice of Techniques.* Oxford: Basil Blackwell.

——— (1963). 'Distribution, Transitivity and Little's Welfare Criteria'. *Economic Journal* 73 (292): 771-8.

———(1964). 'Preferences, Votes and the Transitivity of Majority Decisions'. *Review of Economic Studies* 31 (2): 163-5.

———(1965). 'Mishan, Little and Welfare: A Reply'. *Economic Journal* 75 (298): 442.

———(1966a). 'A Possibility Theorem on Majority Decision'. *Econometrica* 34 (2): 491-9.

———(1966b). 'Hume's Law and Hare's Rule'. *Philosophy* 41 (155): 75-9.

———(1966c). 'Planners' Preferences: Optimality, Distribution, and Social Welfare'. In International Economic Association, *Economics of the Public Sector*, papers presented at the Round-Table Conference at Biarritz, 1966; republished in Margolis and Guitton (1969) : 201-21.

———(1967a). 'Isolation, Assurance and the Social Rate of Discount'. *Quarterly Journal of Economics* 81 (1): 112-24.

———(1967b). 'The Nature and Classes of Prescriptive Judgements'. *Philosophical Quarterly* 17 (66): 46-62.

———(1969). 'Quasi-Transitivity, Rational Choice and Collective Decisions'. *Review of Economic Studies* 36 (3): 381-93.

———(1970a). *Collective Choice and Social Welfare*. San Francisco: Holden Day; republished Amsterdam: Elsevier North-Holland, 1979.

———(1970b). 'Interpersonal Aggregation and Partial Comparability'. *Econometrica* 38 (3): 393-409.

———(1970c). 'The Impossibility of a Paretian Liberal'. *Journal of Political Economy* 78 (1): 152-7.

———(1971). 'Choice Functions and Revealed Preference'. *Review of Economic Studies* 38 (3): 307-17 (reprinted in Sen 1982a).

———(1973a/1997). *On Economic Inequality*. Oxford: Oxford University Press; republished with Addendum by James Foster and Amartya Sen. Oxford: Oxford University Press, 1997. 鈴村興太郎・須賀晃一訳『不平等の経済学』[拡大版] 東洋経済新報社, 2000 年.

———(1973b). 'Behaviour and the Concept of Preference'. *Economica* 40 (159): 241-59.

———(1973c). 'On the Development of Basic Economic Indicators to Supplement GNP Measures'. *Economic Bulletin for Asia and the Far East* 24 (2): 1-11.

———(1974). 'Choice, Ordering, and Morality'. In *Practical Reason: Papers and*

Discussions, edited by Stephan Körner. New Haven: Yale University Press: 54-67.

———(1976a). 'Liberty, Unanimity and Rights'. *Economica* 43 (171): 217-45.

———(1976b). 'Poverty: An Ordinal Approach to Measurement'. *Econometrica* 44 (2): 219-31.

———(1976c). 'Real National Income'. *Review of Economic Studies* 43 (1): 19-39.

———(1977a). 'Rational Fools: A Critique of the Behavioral Foundations of Economic Theory'. *Philosophy & Public Affairs* 6 (4): 317-44.

———(1977b). 'On Weights and Measures: Informational Constraints in Social Welfare Analysis'. *Econometrica* 45 (7): 1539-72; reprinted in Sen (1982a).

———(1977c). 'Social Choice Theory: A Re-Examination'. *Econometrica* 45 (1): 53-89; reprinted in Sen (1982a).

———(1977d). 'Starvation and Exchange Entitlements: A General Approach and Its Application to the Great Bengal Famine'. *Cambridge Journal of Economics* 1 (1): 33-59.

———(1979a). 'Personal Utilities and Public Judgements: Or What's Wrong with Welfare Economics'. *Economic Journal* 89 (355): 537-58.

———(1979b). 'The Welfare Basis of Real Income Comparisons: A Survey'. *Journal of Economic Literature* 17 (1): 1-45.

———(1980). 'Equality of What?' In *The Tanner Lectures on Human Values*, I: 197-220. Cambridge: Cambridge University Press; reprinted in Sen (1982a): 353-69.

———(1981). *Poverty and Famines: An Essay on Entitlement and Deprivation*. Oxford: Oxford University Press. 黒崎卓・山崎幸治訳『貧困と飢饉』岩波書店，2017年.

———(1982a). *Choice, Welfare and Measurement*. Oxford: Blackwell; republished Cambridge, Mass.: Harvard University Press, 1997. 大庭健・川本隆史訳『合理的な愚か者：経済学＝倫理学的探究』勁草書房，1989年.

———(1982b). 'Rights and Agency'. *Philosophy & Public Affairs* 11 (1): 3-39.

———(1982c). 'How Is India Doing?' *New York Review of Books*, Vol. 29, Number 20.

———(1983a). 'Liberty and Social Choice'. *Journal of Philosophy* 80 (1): 5-28.

———(1983b). 'Poor, Relatively Speaking'. *Oxford Economic Papers* 35 (2): 153-69.

———(1983c). 'Development: Which Way Now?' *Economic Journal* 93 (372): 745-62.

————(1984). *Resources, Values, and Development*. Oxford: Basil Blackwell.

————(1985a). *Commodities and Capabilities*. Amsterdam: North-Holland Publishing Company; republished Delhi: Oxford University Press. 鈴村興太郎訳『福祉の経済学：財と潜在能力』岩波書店，1988 年.

————(1985b). 'Well-Being, Agency and Freedom: The Dewey Lectures 1984'. *Journal of Philosophy* 82（4）: 169-221.

————(1986a). 'Information and Invariance in Normative Choice'. In Heller, Starr and Starrett（1986），Vol. 1: 29-55.

————(1986b). 'Social Choice Theory'. In *Handbook of Mathematical Economics*, edited by Kenneth J. Arrow and Michael D. Intriligator. Vol. 3. Amsterdam: Elsevier, 1073-181.

————(1987a). *On Ethics and Economics*. Oxford: Blackwell. 徳永澄憲・松本保美・青山治城訳『アマルティア・セン講義：経済学と倫理学』筑摩書房，2016 年.

————(1987b). *The Standard of Living: Tanner Lectures by Amartya Sen, with Comments from Keith Hart, Ravi Kanbur, John Muellbauer, and Bernard Williams*. Edited by Geoffrey Hawthorn. Cambridge: Cambridge University Press. 玉手慎太郎・児島博紀訳『生活の豊かさをどう捉えるか：生活水準をめぐる経済学と哲学の対話』晃洋書房，2021 年.

————(1990a). 'Gender and Cooperative Conflicts'. In *Persistent Inequalities*, edited by Irene Tinker. New York: Oxford University Press, 123-49.

————(1990b). 'More Than 100 Million Women Are Missing'. *New York Review of Books*, 20 December.

————(1992a). *Inequality Reexamined*. Cambridge, Mass.: Harvard University Press. 池本幸生・野上裕生・佐藤仁訳『不平等の再検討：潜在能力と自由』岩波書店，1999 年.

————(1992b). 'Minimal Liberty'. *Economica* 59（234）: 139-59.

————(1992c). 'Missing Women'. *British Medical Journal* 304（6827）: 587-8.

————(1993a). 'Internal Consistency of Choice'. *Econometrica* 61（3）: 495-521.

————(1993b). 'Positional Objectivity'. *Philosophy & Public Affairs* 22（2）: 126-45.

————(1994). 'Well-Being, Capability, and Public Policy'. *Giornale degli Economisti e Annali di Economia* 53（7/9）: 333-47.

————(1995a). 'Environmental Evaluation and Social Choice: Contingent Valuation and the Market Analogy'. *Japanese Economic Review* 46（1）: 23-37.

————(1995b). 'How to Judge Voting Schemes'. *Journal of Economic Perspectives* 9

(1): 91-8.

———(1995c). 'Rationality and Social Choice'. *American Economic Review* 85 (1): 1-24.

———(1996a). 'Freedom, Capabilities and Public Action: A Response'. *Notizie di Politeia* 12 (43/44): 7-22.

———(1996b). 'Rights: Formulation and Consequences'. *Analyse & Kritik* 18 (1): 153-70.

———(1997a). 'Maximization and the Act of Choice'. *Econometrica* 65 (4): 745-79.

———(1997b). 'From Income Inequality to Economic Inequality'. *Southern Economic Journal* 64 (2): 384-401.

———(1997c). 'Individual Preference as the Basis of Social Choice'. In Arrow, Sen and Suzumura (1997): 15-37.

———(1999). *Development as Freedom*. Oxford: Oxford University Press. 石塚雅彦訳『自由と経済開発』日本経済新聞社, 2000 年.

———(2002a). *Rationality and Freedom*. Cambridge, Mass.: Harvard University Press. 若松良樹・須賀晃一・後藤玲子監訳『合理性と自由』[上・下] 勁草書房, 2014 年.

———(2002b). 'Open and Closed Impartiality'. *Journal of Philosophy* 99 (9): 445-69.

———(2002c). 'Processes, Liberty and Rights'. In Sen (2002a): 623-58.

———(2003). 'Missing Women - Revisited'. *British Medical Journal* 327 (7427): 1297-8.

———(2005a). *The Argumentative Indian: Writings on Indian History, Culture and Identity*. London: Allen Lane. 佐藤宏・粟屋利江訳『議論好きなインド人：対話と異端の歴史が紡ぐ多文化世界』明石書店, 2008 年.

———(2005b). 'Mary, Mary, Quite Contrary!' *Feminist Economics* 11 (1): 1-9.

———(2006). *Identity and Violence: The Illusion of Destiny (Issues of Our Time)*. New York: W. W. Norton & Company. 大門毅・東郷えりか訳『アイデンティティと暴力：運命は幻想である』勁草書房, 2011 年.

———(2009a). *The Idea of Justice*. Cambridge, Mass.: Harvard University Press. 池本幸生訳『正義のアイデア』明石書店, 2011 年.

———(2009b). 'Capability: Reach and Limit'. In *Debating Global Society: Reach and Limits of the Capability Approach*, edited by Enrica Chiappero-Martinetti. Rome: Fondazione Giangiacomo Feltrinelli, 15-28.

——— (2009c). 'Introduction'. In *The Theory of Moral Sentiments*, by Adam Smith. London: Penguin: 9-27.

——— (2011). 'The Informational Basis of Social Choice'. In Arrow, Sen and Suzumura (2011a): 29-46.

——— (2012a). 'The Global Status of Human Rights (Thirteenth Annual Grotius Lecture Series)'. *American University International Law Review* 27 (1): 1-15.

——— (2012b). 'What Happened to Europe? Democracy and the Decisions of Bankers'. *New Republic* Vol. 243, Issue 13: 27-30.

——— (2013). 'India's Women: The Mixed Truth'. *New York Review of Books*, 10 October.

——— (2015). 'Women's Progress Outdid China's One-Child Policy'. *New York Times*, 2 November.

——— (2017). 'Reason and Justice: The Optimal and the Maximal'. *Philosophy*, 92 (1): 5-19.

Sen, Amartya K. and Prasanta K. Pattanaik (1969). 'Necessary and Sufficient Conditions for Rational Choice under Majority Decision'. *Journal of Economic Theory* 1 (2): 178-202.

Sen, Amartya K. and Sunil Sengupta (1983). 'Malnutrition of Rural Children and the Sex Bias'. *Economic and Political Weekly* 18 (19/21): 855-64.

Sen, Amartya K. and Bernard Williams, eds. (1982). *Utilitarianism and Beyond*. Cambridge: Cambridge University Press. 後藤玲子監訳『功利主義をのりこえて：経済学と哲学の論理』ミネルヴァ書房，2019 年.

Sengupta, Arjun (2004). 'The Human Right to Development'. *Oxford Development Studies* 32 (2): 179-203.

——— (2009). 'Elements of a Theory of the Right to Development'. In Basu and Kanbur (2009), Vol. I: 80-100.

Sengupta, Manimay (1980a). 'Monotonicity, Independence of Irrelevant Alternatives and Strategy-Proofness of Social Decision Functions'. *Review of Economic Studies* 47 (2): 393-407.

——— (1980b). 'The Knowledge Assumption in the Theory of Strategic Voting'. *Econometrica* 48 (5): 1301-4.

Shapiro, Ian (2011). *The Real World of Democratic Theory*. Princeton, N. J.: Princeton University Press.

Shelah, Saharon (2005). 'On the Arrow Property'. *Advances in Applied Mathematics*

34 (2): 217-51.

Shorrocks, Anthony F. (1978a). 'The Measurement of Mobility'. *Econometrica* 46: 1013-24.

——— (1978b). 'Income Inequality and Income Mobility'. *Journal of Economic Theory* 19: 376-93.

——— (1984). 'Inequality Decomposition by Population Subgroups'. *Econometrica* 52: 1369-85.

——— (1995). 'Revising the Sen Poverty Index'. *Econometrica* 63 (5): 1225-30.

Shorrocks, Anthony F. and Guanghua Wan (2009). 'Ungrouping Income Distributions: Synthesising Samples for Inequality and Poverty Analysis'. In Basu and Kanbur (2009), Vol. I: 414-35.

Shubik, Martin, ed. (1967). *Essays in Mathematical Economics, in Honor of Oskar Morgenstern*. Princeton, N. J.: Princeton University Press.

Sidgwick, Henry (1874). *The Methods of Ethics*. London: Macmillan & Co. Republished, New York: Dover, 1966.

Siegel, Sidney and Lawrence E. Fouraker (1960). *Bargaining and Group Decision Making: Experiments in Bilateral Monopoly*. New York: McGraw-Hill.

Singer, Marcus G. (1961). *Generalizations in Ethics: An Essay in the Logic of Ethics, with the Rudiments of a System of Moral Philosophy*. New York: Knopf.

Sjoberg, Lennart (1975). 'Models of Similarity and Intensity'. *Psychological Bulletin* 82: 191-206.

Skidelsky, Robert (2014). *Five Years of Economic Crisis*. London: Centre for Global Studies.

Skidelsky, Robert and Edward Skidelsky (2012). *How Much Is Enough? Money and the Good Life*. New York: Other Press. 村井章子訳『じゅうぶん豊かで、貧しい社会：理念なき資本主義の末路』筑摩書房，2014 年.

Skinner, Quentin (1998). *Liberty before Liberalism*. Cambridge: Cambridge University Press. 梅津順一訳『自由主義に先立つ自由』聖学院大学出版会，2001 年.

Slesnick, Daniel T. (1998). 'Empirical Approaches to the Measurement of Welfare'. *Journal of Economic Literature* 36 (4): 2108-65.

Slutsky, Steven. (1977). 'A Voting Model for the Allocation of Public Goods: Existence of an Equilibrium'. *Journal of Economic Theory* 14 (2): 299-325.

Smith, Adam. (1759). *The Theory of Moral Sentiments*. Printed for A. Millar, in the Strand and A. Kincaid and J. Bell, in Edinburgh; republished London: A. Millar in

1790; and London: Penguin in 2009, with an introduction by Amartya K. Sen. 村井章子・北川知子訳『道徳感情論』日経 BP 社, 2014 年.

―――. (1776). *An Inquiry into the Nature and Causes of the Wealth of Nations*. London: W. Strahan and T. Cadell; republished, eds. R. H. Campbell and A. S. Skinner, Oxford: Oxford University Press, 1976; and Penguin Classics edition, 1982. 山岡洋一訳『国富論：国の豊かさの本質と原因についての研究』［上・下］日本経済新聞出版社, 2007 年.

―――(1978). *Lectures on Jurisprudence*. Edited by R. L. Meek, D. D. Raphael and P. G. Stein. Oxford: Oxford University Press; reprinted Indianapolis: Liberty Press, 1982. 水田洋・篠原久・只腰親和・前田俊文訳『アダム・スミス法学講義：1762-1763』アダム・スミスの会, 名古屋大学出版会, 2012 年.

Smith, John H. (1973). 'Aggregation of Preferences with Variable Electorate'. *Econometrica* 41 (6): 1027-41.

Snow, C. P. (1951). *The Masters. Strangers and Brothers*. London: Macmillan.

Sobel, Joel (1979). 'Fair Allocations of a Renewable Resource'. *Journal of Economic Theory* 21 (2): 235-48.

Sobhan, Rehman (2009). 'Agents into Principles: Democratizing Development in South Asia'. In Basu and Kanbur (2009), Vol. II: 542-62.

Solow, Robert M. (1995). 'Mass Unemployment as a Social Problem'. In Basu, Pattanaik and Suzumura (1995): 313-22.

―――(2009). 'Imposed Environmental Standards and International Trade'. In Basu and Kanbur (2009), Vol. II: 411-21.

Sonnenschein, Hugo (1965). 'The Relationship between Transitive Preference and the Structure of the Choice Space'. *Econometrica* 33 (3): 624-34.

―――(1967). 'Reply to "A Note on Orderings" '. *Econometrica* 35 (3-4): 540-2.

Steiner, Hillel (1990). 'Putting Rights in Their Place'. *Recherches Économiques de Louvain / Louvain Economic Review* 56 (3/4): 391-408.

Stern, Nicholas (2006). *The Stern Review on the Economics of Climate Change*. Cambridge: Cambridge University Press.

―――(2009). *A Blueprint for a Safer Planet*. London: Bodley Head.

―――(2015). *Why Are We Waiting? The Logic, Urgency, and Promise of Tackling Climate Change*. Cambridge, Mass.: MIT Press.

Stevens, Stanley S. (1951a). 'Mathematics, Measurement, and Psychophysics'. In Stevens (1951b), 1-49.

————ed. (1951b). *Handbook of Experimental Psychology*. New York: Wiley.

————(1960). 'The Psychophysics of Sensory Function'. *American Scientist* 48 (2): 226-53.

Stevenson, Charles (1944). *Ethics and Language*. New Haven: Yale University Press. 島田四郎訳『倫理と言語』内田老鶴圃, 1976 年.

————(1963). *Facts and Values: Studies in Ethical Analysis*. New Haven: Yale University Press.

Stewart, Frances (1985). *Planning to Meet Basic Needs*. London: Macmillan.

Stigler, G. J. (1943). 'A Note on the New Welfare Economics'. *American Economic Review* 33 (2): 355-9.

Stiglitz, Joseph E. (2009). 'Simple Formulae for Optimal Income Taxation and the Measurement of Inequality: An Essay in Honor of Amartya Sen'. In Basu and Kanbur (2009), Vol. I: 535-66.

Strasnick, Steven (1976). 'Social Choice and the Derivation of Rawls's Difference Principle'. *Journal of Philosophy* 73 (4): 85-90.

Strassman, Diana L. (1994). 'Feminist Thought and Economics; Or, What Do the Visigoths Know?' *American Economic Review* 84: 153-8.

Streeten, Paul (1950). 'Economics and Value Judgement'. *Quarterly Journal of Economics* 64 (4): 583-95.

————(1958). 'Introduction'. In Myrdal (1958).

————(1981). *Development Perspectives*. London: Macmillan.

————(1984). 'Basic Needs: Some Unsettled Questions'. *World Development* 12 (9): 85-99.

Strotz, Robert H. (1958). 'How Income Ought to Be Distributed: A Paradox in Distributive Ethics'. *Journal of Political Economy* 66: 189-205.

————(1961). 'How Income Ought to Be Distributed: Paradox Regained'. *Journal of Political Economy* 69: 271-8.

Subramanian, S. (2009). 'A Practical Proposal for Simplifying the Measurement of Income Poverty'. In Basu and Kanbur (2009), Vol. I: 435-52.

Sugden, Robert (1981). *The Political Economy of Public Choice: An Introduction to Welfare Economics*. New York: Wiley.

————(1985). 'Liberty, Preference and Choice'. *Economics and Philosophy* 1: 213-29.

————(1986). *The Economics of Rights, Co-Operation, and Welfare*. Oxford: Blackwell. 友野典男訳『慣習と秩序の経済学：進化ゲーム理論アプローチ』（原著第2版の邦訳）日本評論社，2008年.

———(1993). 'Welfare, Resources and Capabilities: A Review of *Inequality Reexamined* by Amartya Sen'. *Journal of Economic Literature* 31 (4): 1947-62.

———(1998). 'The Metric of Opportunity'. *Economics and Philosophy* 14: 307-37.

Sunstein, Cass R. (1990). *After the Rights Revolution: Reconsidering the Regulatory State*. Cambridge, Mass.: Harvard University Press.

———(1995). 'Incompletely Theorized Agreements'. *Harvard Law Review* 108 (7): 1733-72.

Suppes, Patrick (1951). 'The Role of Subjective Probability and Utility in Decision-Making'. In Neyman (1951): 61-73. http://projecteuclid.org/euclid.bsmsp/1200500251.

———(1958). *Introduction to Logic*. Princeton, N. J.: Van Nostrand.

———(1966). 'Some Formal Models of Grading Principles'. *Synthese* 16 (3-4): 284-306.

———(1987). 'Maximizing Freedom of Decision: An Axiomatic Analysis'. In *Arrow and the Foundations of Economic Policy*, edited by George R. Feiwel. New York: New York University Press: 243-54.

Suppes, Patrick and Muriel Winet (1955). 'An Axiomatization of Utility Based on the Notion of Utility Differences'. *Management Science* 1 (3-4): 259-70.

Suzumura, Kotaro (1976a). 'Rational Choice and Revealed Preference'. *Review of Economic Studies* 43 (1): 149-58.

———(1976b). 'Remarks on the Theory of Collective Choice'. *Economica* 43 (172): 381-90.

———(1980). 'Liberal Paradox and the Voluntary Exchange of Rights-Exercising'. *Journal of Economic Theory* 22 (3): 407-22.

———(1983). *Rational Choice, Collective Decisions, and Social Welfare*. Cambridge: Cambridge University Press.

———(1995). *Competition, Commitment, and Welfare*. Oxford: Oxford University Press.

———(1996). 'Welfare, Rights, and Social Choice Procedure: A Perspective'. *Analyse & Kritik* 18 (1): 20-37.

———(1997). 'Interpersonal Comparisons of the Extended Sympathy Type and the Possibility of Social Choice'. In Arrow, Sen and Suzumura (1997): 202-29.

———(1999). 'Consequences, Opportunities, and Procedures'. *Social Choice and Welfare* 16 (1): 17-40.

———(2011). 'Welfarism, Individual Rights, and Procedural Fairness'. In Arrow, Sen and Suzumura (2011a): 605-85.

———(2014). *Between Welfare and Rights*. Kyoto: Minerva Publishing Co. 鈴村興太郎『厚生と権利の狭間』ミネルヴァ書房, 2014 年.

———(2016). *Choice, Preferences, and Procedures: A Rational Choice Theoretic Approach*. Cambridge, Mass.: Harvard University Press.

Svedberg, Peter (1999). *Poverty and Undernutrition: Theory, Measurement, and Policy*. Oxford: Oxford University Press.

Svensson, Lars-Gunnar (1977). *Social Justice and Fair Distributions*. Lund: Lund University.

———(1980). 'Equity among Generations'. *Econometrica* 48 (5): 1251-6.

Swift, Adam (1999). 'Public Opinion and Political Philosophy: The Relation between Social-Scientific and Philosophical Analyses of Distributive Justice'. *Ethical Theory and Moral Practice* 2 (4): 337-63.

Szpilrajn, Edward (1930). 'Sur l'extension de l'ordre partiel'. *Fundamenta Mathematicae* 16 (1): 386-9.

Tarski, Alfred (1941). *Introduction to Logic: And to the Methodology of the Deductive Sciences*. New York: Oxford University Press; revised 1946 and 1965.

Tasioulas, John (2007). 'The Moral Reality of Human Rights'. In *Freedom From Poverty as a Human Right: Who Owes What to the Very Poor?* Edited by Thomas Pogge. Oxford: Oxford University Press and New York: UNESCO, 75-101.

———(2012). 'Towards a Philosophy of Human Rights'. *Current Legal Problems* 65 (1): 1-30.

———(2013a). 'Justice, Equality and Rights'. In *The Oxford Handbook of the History of Ethics*, edited by Roger Crisp. Oxford: Oxford University Press.

———(2013b). 'Human Rights, Legitimacy, and International Law'. *American Journal of Jurisprudence* 58 (1): 1-25.

Temkin, Larry S. (1986). 'Inequality'. *Philosophy & Public Affairs* 15 (2): 99-121.

———(1993). *Inequality*. Oxford: Oxford University Press.

———(2012). *Rethinking the Good: Moral Ideas and the Nature of Practical Reasoning*. Oxford: Oxford University Press.

Theil, H. (1963). 'On the Symmetry Approach to the Committee Decision Problem'. *Management Science* 9 (3): 380-93.

Thirlwall, Anthony (2011). *Economics of Development: Theory and Evidence*, 9th edn. New York: Russell Sage Foundation.

Thomson, William (1995). *The Theory of Fair Allocation*. Princeton, N. J.: Princeton University Press.

―――(2011). 'Fair Allocation Rules'. In Arrow, Sen and Suzumura (2011a): 393-506.

Thrall, R. M., Clyde H. Coombs and R. L. Davis, eds. (1954). *Decision Processes*. New York: Wiley.

Thurstone, L. L. (1927). 'A Law of Comparative Judgment'. *Psychological Review* 34: 273-86.

Tideman, Nicolaus (1995). 'The Single Transferable Vote'. *Journal of Economic Perspectives* 9 (1): 27-38.

Tintner, Gerhard (1946). 'A Note on Welfare Economics'. *Econometrica* 14 (1): 69-78.

Tocqueville, Alexis de (1840). *De la démocratie en Amérique*. London: Saunders and Otley. 松本礼二訳『アメリカのデモクラシー』［全4巻］岩波書店，2005-8 年.

―――(1945). *Democracy in America*. New York: A. A. Knopf.

―――(1990). *Democracy in America*. Edited by George Lawrence. Chicago: Encyclopaedia Britannica. 岩永健吉郎抄訳『アメリカにおけるデモクラシーについて』中央公論新社，2015 年.

Trannoy, Alain and John A. Weymark (2009). 'Dominance Criteria for Critical-Level Generalized Utilitarianism'. In Basu and Kanbur (2009), Vol. I: 262-79.

Traub, S., C. Seidl and U. Schmidt (2009). 'An Empirical Study of Individual Choice, Social Welfare, and Social Preference'. *European Economic Review* 53: 385-400.

Tuck, Richard (2008). *Free Riding*. Cambridge, Mass.: Harvard University Press.

Tullock, Gordon (1959). 'Problems of Majority Voting'. *Journal of Political Economy* 67 (6): 571-9.

―――(1961). 'Problems of Majority Voting: Reply to a Traditionalist'. *Journal of Political Economy* 69 (2): 200-3.

―――(1964). 'The Irrationality of Intransitivity'. *Oxford Economic Papers* 16 (3): 401-6.

―――(1967). 'The General Irrelevance of the General Impossibility Theorem'.

Quarterly Journal of Economics 81 (2): 256-70.

───(1968). *Toward a Mathematics of Politics*. Ann Arbor: The University of Michigan Press.

Tungodden, Bertil (2003). 'The Value of Equality'. *Economics and Philosophy* 19 (1): 1-44.

───(2009). 'Equality and Priority'. In Anand, Pattanaik and Puppe (2009): 411-32.

Tymieniecka, Anna-Teresa, ed. (1965). *Contributions to Logic and Methodology in Honor of J. M. Bocheński*. Amsterdam: North-Holland Publishing Company.

Ulmer, S., ed. (1965). *Mathematical Applications in Political Science*. Carbondale: Southern Illinois University Press.

Ulph, Alistair M. (1978). 'A Model of Resource Depletion with Multiple Grades'. *Economic Record* 54 (3): 334-45.

United Nations Development Programme (UNDP) (1990). *The Human Development Report 1990*. New York: Oxford University Press.

Uzawa, H. (1960). 'Preference and Rational Choice in the Theory of Consumption'. In Arrow, Karlin and Suppes (1960a): 129-48.

Van Parijs, Philippe (1995). *Real Freedom for All: What (if Anything) Can Justify Capitalism?* Oxford: Oxford University Press. 後藤玲子・齊藤拓訳『ベーシック・インカムの哲学：すべての人にリアルな自由を』勁草書房，2009 年.

───(2000). 'A Basic Income for All'. *Boston Review*, October-November.

Varian, Hal R. (1974). 'Equity, Envy, and Efficiency'. *Journal of Economic Theory* 9, 63-91.

───(1975). 'Distributive Justice, Welfare Economics, and the Theory of Fairness'. *Philosophy & Public Affairs* 4 (3): 223-47.

───(1976a). 'On the History of Concepts of Fairness'. *Journal of Economic Theory* 13 (3): 486-7.

───(1976b). 'Two Problems in the Theory of Fairness'. *Journal of Public Economics* 5 (3-4): 249-60.

Varshney, Ashutosh (2009). 'Poverty and Famines: An Extension'. In Basu and Kanbur (2009), Vol. II: 139-54.

Vaughan, Megan (1987). *The Story of an African Famine: Gender and Famine in*

Twentieth-Century Malawi. Cambridge: Cambridge University Press.

Veblen, Thorstein (1899). *The Theory of the Leisure Class: An Economic Study of Institutions*. London: Macmillan. 村井章子訳『有閑階級の理論』筑摩書房，2016 年.

Venkatapuram, Sridhar (2011). *Health Justice: An Argument from the Capabilities Approach*. Cambridge: Polity Press.

Vickrey, William (1945). 'Measuring Marginal Utility by Reactions to Risk'. *Econometrica* 13 (4): 319-33.

——— (1960). 'Utility, Strategy and Social Decision Rules'. *Quarterly Journal of Economics* 74 (4): 507-35.

Waldner, Ilmar (1972). 'The Empirical Meaningfulness of Interpersonal Utility Comparisons'. *Journal of Philosophy* 69 (4): 87-103.

Waldron, Jeremy, ed. (1984). *Theories of Rights*. Oxford and New York: Oxford University Press.

——— (1999). *Law and Disagreement*. Oxford: Oxford University Press.

Walsh, Vivian (1996). *Rationality, Allocation, and Reproduction*. Oxford: Oxford University Press.

——— (2003). 'Sen after Putnam'. *Review of Political Economy* 15 (3): 315-94.

Ward, Benjamin (1965). 'Majority Voting and Alternative Forms of Public Enterprises'. In Margolis (1965): 112-26.

Weber, Robert J. (1995). 'Approval Voting'. *Journal of Economic Perspectives* 9 (1): 39-49.

Weibull, Jörgen W. (1995). *Evolutionary Game Theory*. Cambridge, Mass.: MIT Press. 大和瀬達二監訳，三澤哲也・赤尾健一・大阿久博・横尾昌紀訳『進化ゲームの理論』オフィスカノウチ，文化書房博文社（発売），1999 年.

Weldon, J. C. (1962). 'On the Problem of Social Welfare Functions'. *Canadian Journal of Economics and Political Scinence* 18 (4): 452-63.

Werhane, Patricia Hogue (1991). *Adam Smith and His Legacy for Modern Capitalism*. Oxford: Oxford University Press.

Weymark, John A. (2014). 'An Introduction to Allan Gibbard's Harvard Seminar Paper'. *Economics and Philosophy* 30 (3): 263-8.

Whitehead, Alfred North, and Bertrand Russell. (1913). *Principia Mathematica*. Cambridge: Cambridge University Press. 岡本賢吾ほか部分訳『プリンキピア・マテマティカ序論』哲学書房，1988 年.

Wicksell, Knut. (1935). *Lectures on Political Economy*, Vol. II, *Money*, ed. with introduction by Lionel Robbins, London: Routledge. 堀経夫・三谷友吉訳『國民經濟學講義』（訂正再版 理論の部 第二巻 貨幣・信用）經濟図書，1943 年.

Williams, Bernard (1981). *Moral Luck*. Cambridge: Cambridge University Press. 伊勢田哲治監訳『道徳的な運：哲学論集一九七三～一九八〇』勁草書房，2019 年.

——— (1985). *Ethics and the Limits of Philosophy*. Cambridge, Mass.: Harvard University Press. 森際康友・下川潔訳『生き方について哲学は何が言えるか』産業図書，1993 年.

Williamson, Oliver E. and Thomas J. Sargent (1967). 'Social Choice: A Probabilistic Approach'. *Economic Journal* 77 (308): 797-813.

Wilson, James Q. and Edward C. Banfield (1958). 'Public-Regardingness as a Value Premise in Voting Behavior'. *American Political Science Review* 58 (4): 876-87.

Wilson, Robert B. (1968a). 'A Class of Solutions for Voting Games'. Working Paper No. 3. Graduate School of Business, Stanford University.

——— (1968b). 'A Game Theoretic Analysis of Social Choice'. Discussion Paper No. 2. Institute of Public Policy Analysis, Stanford University: 393-407.

——— (1968c). 'An Axiomatic Model of Logrolling'. Working Paper No. 3. Graduate School of Economics, Stanford University. Subsequently published in *American Economic Review* 59 (3): 331-41.

——— (1971). 'A Game-Theoretic Analysis of Social Choice'. In *Social Choice*, edited by B. Lieberman. New York: Gordon and Breach.

——— (1972). 'The Game-Theoretic Structure of Arrow's General Possibility Theorem'. *Journal of Economic Theory* 5 (1): 14-20.

——— (1975). 'On the Theory of Aggregation'. *Journal of Economic Theory* 10 (1): 89-99.

Wolff, Jonathan and Avner de-Shalit (2007). *Disadvantage*. Oxford Political Theory. Oxford: Oxford University Press.

Wollstonecraft, Mary (1790/1996). *A Vindication of the Rights of Men, in a Letter to the Right Honourable Edmund Burke; Occasioned by His Reflections on the Revolution in France*, 1790. Republished Amherst: Prometheus Books, 1996. 清水和子・後藤浩子・梅垣千尋訳『人間の権利の擁護／娘達の教育について』京都大学学術出版会，2020 年.

——— (1792/1929/2010). *A Vindication of the Rights of Woman: With Strictures on Political and Moral Subjects*, 1792. Republished London: Dent and New York:

Dutton, 1929 and Cambridge: Cambridge University Press, 2010. 白井尭子訳『女性の権利の擁護：政治および道徳問題の批判をこめて』未來社, 1980 年.

Wood, John Cunningham and Robert D. Wood, eds. (2007). *Amartya Sen: Critical Assessments of Contemporary Economists*. London: Routledge.

Wright, G. H. von. (1963). *Logic of Preference*. Edinburgh: Edinburgh University Press.

Wriglesworth, John L. (1985). *Libertarian Conflicts in Social Choice*. Cambridge: Cambridge University Press.

Yaari, Menahem E. (1978). 'Separably Concave Utilities or the Principle of Diminishing Eagerness to Trade'. *Journal of Economic Theory* 18 (1): 102-18.

Yaari, Menahem E. and M. Bar-Hillel (1984). 'On Dividing Justly'. *Social Choice and Welfare* 1: 1-24.

Young, H. P. (1974a). 'An Axiomatization of Borda's Rule'. *Journal of Economic Theory* 9 (1): 43-52.

———(1974b). 'A Note on Preference Aggregation'. *Econometrica* 42: 1129-31.

———(1975). 'Social Choice Scoring Functions'. *SIAM Journal of Applied Mathematics* 28 (4): 824-38.

———(1977). 'Extending Condorcet's Rule'. *Journal of Economic Theory* 16 (2): 335-53.

———ed. (1985). *Fair Allocation*. Providence, R. I.: American Mathematical Society.

———(1988). 'Condorcet's Theory of Voting'. *American Political Science Review* 82 (4): 1231-44.

Zeckhauser, Richard (1968). 'Group Decision and Allocations'. Disscusion Paper No. 51. Cambridge, Mass.: Harvard Institute of Economic Research.

———(1969). 'Majority Rule with Lotteiries on Alternatives'. *Quarterly Journal of Economics* 83 (4): 696-703.

Zeuthen, Frederik (1930). *Problems of Monopoly and Economic Warfare*. Abingdon: Routledge & Kegan Paul.

監訳者解題
センの規範的経済学と主著『集団的選択と社会厚生』

鈴村興太郎[1]

1. プロローグ

　本書の著者アマルティア・K. センが重要な学術的貢献を果たした研究分野は膨大だが，その核心が厚生経済学と社会的選択の理論及び正義論を巡る道徳哲学と政治哲学にあることは，衆目が一致して認めるところである．1998 年に彼がノーベル経済学賞を受賞[2] した際に規範的経済学[3] への彼の創造的な貢献が業績評価の核心として脚光を浴びたことは当然のことだが，彼の研究は自由論・権利論・民主主義論など，道徳哲学と政治哲学への幅広い関心に終始一貫して裏打ちされている．また，センの主要な貢献は規範的経済学の基礎論に寄与する理論的な性格のものだが，その研究活動は決して専門研究者のサークル外部では理解されない秘儀的なゲームにとどまってはいない．《人間生活の改善の道具》（アーサー・ピグー）を鍛える実践的な研究の水路を開拓して，応用研究と実践活動に多大な影響を及ぼした業績が質量ともに数多いことは，彼の

1　本稿は "John Hicks's Farewell to Economic Welfarism: How Deeply Rooted and Far-Reaching was His *Non-Welfarist Manifesto*?"［Suzumura（2018a）並びに "Reflections on Arrow's Research Program of Social Choice Theory"［Suzumura（2018b）に，部分的に依拠して書かれている．

2　センへのノーベル経済学賞の授賞理由は，《経済学の倫理的側面》に関する研究とされている．

3　《規範的経済学》という表現を《事実解明的経済学》の対概念として明確に導入したのは，奥野・鈴村のミクロ経済学のテキストブック［奥野・鈴村（第 I 巻 1985 年；第 II 巻 1988 年）］だった．同書第 I 巻第 1 章と第 II 巻第 31 章で説明したように，ミクロ経済学は事実解明的アプローチと規範的アプローチの両翼から構成されている．事実解明的アプローチは，ある経済制度が様々な経済問題を実際に解決する仕組みを調べて，その制度の運行実態の解明を試みる．これに対して規範的アプローチは，ある経済問題はいかに解くべきか——ある経済問題を解くためには，経済制度はいかにあるべきか——という問題を課題とするアプローチである．この際，あるべき経済制度のメニューが現存する・あるいは歴史上実在した制度的な仕組みのリストに限定されるべき特別な理由はない．このようにして，ミクロ経済学の規範的なアプローチは，**あるべき経済制度の理論的設計**という壮大な課題と，自然なインターフェイスを持つことになるのである．

研究の大きな特徴である．この事実は人びとの処遇の衡平性に関するセンの研究の卓越した影響力，貧困・飢餓・飢饉に関する彼の理論的な研究が開発経済学の分野において実践的研究を誘発してきたこと，国連と世界銀行の開発援助政策の変貌に重要な役割を果たしてきたことに，よく反映されている．センの研究の中核を占める理論的な成果から生まれる政治的メッセージを発信して，世界を変えようとする積極的な努力も，彼の精力的な活動の不可欠な一部なのである．この活動の代表的事例には，中国の《大躍進》期に進行していた悲惨な大飢饉を，ベンガル大飢饉以降にインドでは大飢饉の発生が絶無であるという事実と対比して，《報道の自由》と《民主的な選挙制度》が大飢饉の警告と防止に果たす機能を炙り出した研究や，ジェンダー間の衡平な処遇を要求する声を支援した "More Than 100 Million Women Are Missing" という論文 [Sen (1990)]，最近の例では，アメリカ大統領の予備選挙の制度的な仕組みは民意を的確に反映する機能を実現できているかという重要問題を巡ってエリック・マスキンと共同執筆した研究 [Maskin and Sen (2017)] などが含まれている．

　社会的選択の理論に関するセンの『集団的選択と社会厚生』（初版 1970 年）の拡大新版（2017 年）の邦訳を提供するこの機会に，厚生経済学と社会的選択の理論の生成過程をたどりつつ，当該分野における彼の理論的貢献の骨格と性格及びその意義を監訳者の責務として簡潔に解説することにしたい．

2. 規範的経済学の第一の主翼：厚生経済学の誕生と変遷

　規範的経済学へのセンの主要な貢献の核心には，厚生経済学の情報的基礎の再構築と社会的選択の理論の創造的な革新がある．規範的経済学の生成過程に触れつつ，まずこの事実を簡潔に説明することにしたい．

　厚生経済学（welfare economics）は，ジェレミー・ベンサムに発端するイギリス功利主義の伝統を継ぐピグーの『厚生経済学』[Pigou (1920)] によって独立した研究分野として確立された．その序文の末尾には，経済学者が追求する複雑な分析は単なる頭脳の訓練ではなく，《人間生活の改善の道具》を鍛錬する作業であるというピグーの創業の理念が述べられている．この理念を具体化するためには，人間生活の《改善》を目指す前提として，【善】の観念を明確にする必要がある．ピグーの『厚生経済学』は，彼が前提する【善】の観念を

明示していないが，彼の厚生経済学の道徳哲学的基礎がベンサムに端を発する《功利主義》哲学の岩盤に立っていることは，多くの研究者が認めるところである．【善】の功利主義的観念を承認すれば，人間生活の【善】の追求とは人びとの《最大多数の最大幸福》の実現を目指すことにほかならないことになる．エッジワースと同様にピグーにとっても，人びとが財やサービスを得ることから獲得する《効用》は，彼らが獲得するリンゴと同じく個数を列挙できる《基数的》（cardinal）な概念であるうえに，《個人間で比較可能》（interpersonally comparable）な概念でもあった．そうであれば，社会的に望ましい経済的変化とは個人的な効用の社会的総和を最大化する変化であると考えるのは，論理的に当然だとはいえないまでも，ごく自然なことに思われたのである．

　ピグーの【旧】厚生経済学の功利主義的な情報的基礎を破壊する批判の口火は，厚生経済学の建設の槌音もいまだ鎮まらない 1930 年代初頭にライオネル・ロビンズ［Robbins (1932)］によって切られた．彼によれば，異なる人びとの効用を個人間で比較するとか，その社会的な総和を作ることには《科学的》な根拠はなく，人びとの間に利害対立が発生する状況で社会的《改善》を客観的に判定することは不可能な難題なのだった．彼の批判はピグーの厚生経済学の信認を大きく毀損して，人間生活の改善の科学を標榜する厚生経済学を志向する若い世代に，大きな衝撃をもたらしたのである．ロビンズの批判の激震を体験したポール・サミュエルソン［Samuelson (1981)］は，彼一流のレトリックを駆使して印象的な証言を後世に残している．彼によれば，

　　ロビンズが王様は裸だと叫んだとき，すなわち異なる人びとの効用を比較することの規範的な妥当性を，客観的な科学が駆使するいかなる経験的な観察によっても検証したり証明したりできないと述べたとき，その時代のすべての経済学者たちは，突然寒空のもとで自分は裸であると感じたのである．彼らのうちの多くは【善】を追求して経済学を専攻したのに，彼らの仕事は配管工や歯医者あるいは会計士のようなものに過ぎないと途中で気づくことは，悲しい衝撃だった

のである．このような経緯をたどってピグーの厚生経済学には早々に【旧】厚

生経済学という烙印が押されたのだが，彼の創業の理念をそれで一挙に埋葬するには，ピグーが提起した課題はあまりにも重要だった．そのため，《人間生活の改善の道具》を鍛錬する経済政策論の基礎を，序数的で個人間比較を求めない効用情報に立脚して再構成する企てをその後多くの研究者が追求するようになった．【新】厚生経済学と総称されるこの企ては，イギリスでニコラス・カルドア［Kaldor (1939)］とジョン・ヒックス［Hicks (1939; 1940)］が先導した《補償原理》学派及びアメリカでアブラム・バーグソン［Bergson (1938)］とポール・サミュエルソン［Samuelson (1947, Chapter 8)］が先導した《社会厚生関数》学派という，明瞭に識別可能な2つの支流に分かれていた．以下ではセンの業績の意義とその評価を浮き彫りにする目標に的を絞って，【新】厚生経済学の2つの支流の意味と意義，ケネス・アロー［Arrow (1951)］によって展開された社会的選択の理論の骨格と彼の一般不可能性定理について，必要最小限度の予備的な解説を与えることにする[4]．

　補償原理学派の【新】厚生経済学は，ある経済的な変化から受益する人びとと損失を被る人びととの間で仮説的な補償がなされることを前提に，その変化の是非を判断する【善】の基準の射程を，人びとの間で異論が並立する状況まで拡張する試みだった．対照的に，社会厚生関数学派の【新】厚生経済学は，【善】の社会的判断基準とは経済学者がその起源や形成手順に関心を持つべき**概念ではないこと**，彼らの任務は，経済学の外部から示される【善】の判断基準が《最善》と認定する選択肢を効率的に達成する政策の設計と実装に専念することに限定されるべきだと高らかに宣言したのである．この学派の【新】厚生経済学は，現在も多くのミクロ経済学の教科書で当然の真理であるかのように解説されている．

　アローの『社会的選択と個人的評価』［Arrow (1951)］は，【新】厚生経済学の両学派に対する批判を踏まえて規範的な経済学の軌道を大きく変革する役割を果たした古典である．補償原理学派の【新】厚生経済学に対して，アローはこの学派が構成する【善】の判断基準の**論理的**な破綻を指摘するのみならず，**仮説的**な補償という理論的な虚構を駆使して，**現実的**な個人間の利害対立を解

4　【新】厚生経済学に対する体系的な評価に興味を持たれる読者には，Suzumura (1999) の参照をお勧めしたい．

決する役割を回避して社会的選択を決定する考え方を，**倫理的**な観点から批判した．社会厚生関数学派の【新】厚生経済学が，社会的な【善】の判断基準を経済学の外部から指定される与件とみなす考え方に対してもアローは社会を構成する人びとの**個人的な**【善】の判断を民主的な手続きで集計して，**社会的な**【善】の判断を形成する任務を厚生経済学の課題に位置づけるべきだと主張して批判した．アローのこの主張こそ彼の社会的選択の理論が達成した《量子力学的な飛躍》（quantum leap）だったのである．この飛躍には，それを支える2つの重要な踏み石があった．

第一に，バーグソン‒サミュエルソンが導入した社会厚生関数は，社会的な【善】に関する《価値》の分析を経済学の守備範囲から追放して，厚生経済学の本来の守備範囲を，所与の《価値》を最適に達成する選択肢を実装するゲームの設計に限定することを目標に導入されている．このように，社会的な【善】に関わる《価値》の**世界**とその価値に照らして《最善》な選択肢の社会工学的な実装に関わる《事実》の**世界**を整然と二分する考え方と正面から対立して，アローの社会的選択の理論は，社会的な【善】の民主的な形成という問題を厚生経済学の正統な課題に位置づけて，《価値》の**世界**と《事実》の**世界**の二分法を脱却する離れ業（tour de force）に飛躍的な貢献をしたのである．

実のところ《価値》の世界と《事実》の世界を整然と分離する企ての原理的な可能性に関しては，哲学者の間でも根強い論争が戦われてきた．この論争の過程で重要な役割を担ったヒラリー・パットナム［Putnam (2002)］が的確に指摘したように，事実と価値の二分法に関して最悪のことは，それが**議論停止装置**として，しかも単なる議論停止装置ではなく**思考停止装置**として機能することである．アローは，社会的な【善】を追求する厚生経済学を，パットナムが警鐘を鳴らした思考停止装置から解放して人間生活の改善の道具を探求する軌道を刷新したのである．アローのこの貢献を踏まえて，社会的な【善】を追求する厚生経済学の具体化に，多岐にわたる独創的な貢献を果たした経済学者こそセンだった．

1930年代の【新】厚生経済学の誕生以来せいぜい20年間の歴史を展望した論文の冒頭で，エズラ・ミシャン［Mishan (1960)］は「厚生経済学に生涯を通して献身した経済学者はいまだかつて存在しない．この学問は，経済学者が道

楽半分に手を出してその後捨ててしまい，やがて良心の痛みを覚えて戻ってくるような研究分野である」と，痛烈な皮肉を飛ばしたことがある．私見によれば，ミシャンの皮肉は少々先走り過ぎだったようである．センはまさに，「厚生経済学にその生涯を通して献身した」経済学者と呼ぶにふさわしい研究者なのである[5].

　アローの tour de force の第二の踏み石は，彼が確立した《一般不可能性定理》（general impossibility theorem）である．補償原理学派と社会厚生関数学派の【新】厚生経済学が共通して前提した情報的基礎を継承して，アローの社会的選択の理論は，序数的で個人間比較不可能な個人的選好順序のプロファイルを投入して，序数的な社会的選好順序を産出する，選好集計ルール［アローの意味の社会厚生関数］を考察の中核に位置づけた．自らの議論の《場》をこう設定したうえで，アローは個人に（論理的な整合性を持つ限りで）いかなる選好順序でも表明する《自由》を認める民主的・情報効率的な選好集計ルールは，ある特定の個人［《独裁者》（dictator)］の選好順序を，社会的選好順序として神聖視する《独裁的ルール》しか存在しないという大定理を論証した．個人的選好評価を民主的に集計して社会的選択を基礎づける試みは，論理的障碍に逢着せざるを得ないことを剔抉したこの定理は，表面的には徹底的に破壊的な命題である．ダンテの『神曲』の地獄の門の銘文——われを過ぎんとするものは，いっさいの望みを捨てよ——にも似て，アローの不可能性定理は，厚生経済学が《価値》の世界から諦念とともに静かに退却して，ピグーの創業宣言からはるかに隔たった地点まで後退する口実とされることさえあった．

　これに対してセンは，アローの不可能性定理は人間生活の改善の道具を求める研究において《発見手続き》（discovery procedure）として機能できる可能性を持つことを示して，大きな足跡を残したのである．彼にとって，アローの不可能性定理を最初の頂点とする社会的選択の理論は，逆説の迷宮巡りを楽しむ論理ゲームとか，アリアドネーの糸玉のように迷宮の怪物を退治する手掛かり

5　かつてセンは，インドの村々で行った現地調査について興味深いエピソードを私に語ったことがある．彼は各村で男児と女児の身長と体重を計測して児童の成長のジェンダー格差を詳細に調査したことがあるが，その際「あなたはいったいなにをしているのか」と尋ねられたならば，「私は厚生経済学を実践しているのだ」と答えたことだろうというのである．このエピソードは厚生経済学者としてのセンの研究スタンスの一貫性を語って余りあるように思われる．

の発見を競い合う知的遊戯などではなく，厚生経済学の進路を煌々と照らす探照灯の役割を担う《可能性の科学》にほかならなかったのである．

3. 規範的経済学の第二の主翼：選挙と投票の理論の起源と変遷

規範的経済学の第二の主翼である選挙と投票の理論の起源は非常に古いが，フランス革命とナポレオン戦争の激動に翻弄されつつ，この理論に現代の社会的選択の理論につながる飛躍をもたらしたのは，ジャン゠シャルル・ド・ボルダ（1733-1799）とニコラ・ド・コンドルセ（1743-1794）が踵を接して挙げた業績だった[6]．ボルダは，有権者が候補者に対して表明する選好情報に基づいて民意を的確に集約する候補者を選出するルールとして，《順位得点集計ルール》（rank-order counting rule）ないし《ボルダ・ルール》（Borda rule）と呼ばれる選挙と投票のルールを提案した．多数の有権者が表明する個人的評価を社会的に集約する手続きとして我々の念頭に自然に浮かぶルールの代表例は《多数決投票》（majority voting）ルールだと思われるが，ボルダはこの標準的な手続きに対して代替的な選択肢を提案したわけである．これに対してコンドルセは，《単純多数決投票》（simple majority voting）という多数決の典型的な一類型に，かつてなく重要な理解の光をもたらした．ボルダの貢献はこの単純投票ルールを批判して登場したのだが，説明の便宜のために，まずコンドルセの貢献の要点から以下の解説を開始することにしたい[7]．

多数決投票と総称される手続き的ルールには《相対多数決ルール》（plurality decision rule; 略称 PD ルール）と《単純多数決ルール》（simple majority decision rule; 略称 SMD ルール）の2種類が含まれている．議論のキャンバスとして，n

---

6 ボルダとコンドルセの事績に関しては，鈴村興太郎（2018）の第9章で簡潔に述べられている．いっそう詳しくはこの文献で挙げられている論文及び著書を参照されたい．

7 単純多数決ルールの性能に関するコンドルセの主著［Condorcet（1785）］に先駆けて，1770年にボルダはフランス科学アカデミーにおいて公正な選挙方法に関する研究報告を行って，ボルダ・ルールと呼ばれるルールを提唱したが，この報告が論文として執筆されたのは11年後の1781年のことだった．この論文が『王立科学アカデミー紀要』に公刊されるまでにはさらに3年の歳月が費やされている．フランス科学アカデミーの終身事務局長を務めていたコンドルセが，ボルダ論文の公刊と無関係であったとは思われない．公刊されたボルダ論文には匿名の評者による注釈が付されていてその著者がコンドルセだったことは，現在では広く学界に認められている事実である．

人 $(2 \leq n < +\infty)$ の有権者が，有限の候補者の集合 $S (2 \leq \#S < +\infty)$ の上で表明する個人的選好に基づいて，集団として集合 S から候補者を選択する状況を考える．議論を単純化するために，どの有権者の選好も異なる候補者の間で無差別関係を持つことはないものと仮定する．

有権者の選好順序のプロファイル $\succ = (\succ_1, \succ_2, ..., \succ_n)$ のもとで，候補者 $s \in S$ を選好順序の最上位に据える有権者の総数を $\tau(s: \succ)$ と書くとき，相対多数決ルール $\succ_\succ^{PD}$ は，任意の $s, t \in S$ に対して

$$s \succ_\succ^{PD} t \Leftrightarrow \tau(s: \succ) > \tau(t: \succ)$$

として定義される．相対多数決ルールが候補者の集合 S から集団的に選択する候補者は，

$$s^* = \arg \max \tau(s: \succ) \text{ over all } s \in S$$

によって与えられる[8]．これに対して単純多数決ルール $\succ_\succ^{SMD}$ は，選択肢の任意のペア $s, t \in S$ ごとに**単純多数決コンテスト**を遂行して

$$s \succ_\succ^{SMD} t \Leftrightarrow \#\{i \in N: s \succ_i t\} > \#\{i \in N: t \succ_i s\}$$

によって定義される[9]．単純多数決ルールが，候補者の集合 S から集団的に選択する候補者は，他のどの候補者との単純多数決コンテストにおいても勝利する候補者——そのような候補者は**コンドルセ勝者**（Condorcet winner）と呼ばれている——にほかならないのである[10]．

相対多数決ルールと単純多数決ルールとの間に深刻な齟齬がある事実は，現

---

8 平易な表現をすれば，相対多数決で勝利する候補者とは，その候補者を選好の最上位に置く有権者の数が最大になる候補者のことである．

9 有権者の集合 N の任意の部分集合 $G \subseteq N$ に対して，G に含まれる有権者の総数を $\#G$ で表している．

10 これはコンドルセ勝者という概念の定義に過ぎない．有権者の選好プロファイルの在り様次第でコンドルセ勝者が存在しない可能性は，当然のことながら残されている．

在ではよく知られている．この解説ではセンがマスキンと共同で公表したエッセイ［Maskin and Sen (2017)］が挙げたアメリカ大統領選挙の例に即して，この事実を確認しておきたい．

例1　［ヒラリー・クリントン vs. ドナルド・トランプ］

　2016年のアメリカ大統領選挙で民主党候補ヒラリー・クリントン氏と最終対決した共和党候補ドナルド・トランプ氏は選挙戦の開始当初は共和党の予備選挙の泡沫候補と侮られていたが，対立候補に次々と勝利して，予備選挙の最終段階に到達した．この段階に勝ち残った候補者はトランプ（Trump）氏，ケーシック（Kasich）氏，クルーズ（Cruz）氏の3名だった．共和党支持者は3氏に対して以下のような選好評価ランキングを持っていたと考えて，さほど的外れではなさそうである[11].

> 有権者の40%:　Mr. Trump ≻ Mr. Kasich ≻ Mr. Cruz
> 有権者の35%:　Mr. Cruz ≻ Mr. Kasich ≻ Mr. Trump
> 有権者の25%:　Mr. Kasich ≻ Mr. Cruz ≻ Mr. Trump

　予備選挙で使用されたのは相対多数決ルールであったため，予備選挙の最終段階を勝ち抜いた共和党候補は有権者の40%の支持を得たトランプ氏だった．彼は民主党の予備選挙を同様に勝ち抜いたクリントン氏を撃破して，第45代アメリカ大統領の地位を獲得したのである．

　この選挙戦では，辟易するほどに悪質な虚偽情報が大量に流布されて，選挙の手続きが戦略的な情報操作によって歪められたことも，民主主義の手続き的な公正性の観点から大問題だったのだが，ここで我々が考察の俎上に据えているのは，**相対多数決ルールと単純多数決ルールの性能比較**の問題である．候補者のペアごとに単純多数決コンテストを実行すれば，有権者の選好評価ランキングが上掲したもので与えられる場合には，

11　この式の第1行は有権者の40%がトランプ候補をケーシック候補より，ケーシック候補をクルーズ候補より，そしてトランプ候補をクルーズ候補より選好していることを示している．第2行と第3行の意味も同様にして理解できるはずである．

Mr. Kasich $s \succ_{\succ}^{SMD}$ Mr. Trump [60% vs. 40% majority]

Mr. Kasich $s \succ_{\succ}^{SMD}$ Mr. Cruz [65% vs. 35% majority]

Mr. Cruz $s \succ_{\succ}^{SMD}$ Mr. Trump [60% vs. 40% majority]

となる．この結果は，共和党の大統領候補の予備選挙のコンドルセ勝利者は，ケーシック氏だったことを示している．トランプ氏はケーシック氏のみならずクルーズ氏にも単純多数決コンテストで敗北するために，相対多数決ルールに替えて単純多数決ルールが予備選挙の手続き的なルールに採用されていれば，民主党の候補者と最終対決する以前に，大統領の決定プロセスから姿を消していたはずだったのである．∥

　単純多数決ルールと相対多数決ルールは，いずれも多数決投票にその基礎を持つ民意の集約手続きでありつつも，両者の間には社会的選択のルールとして著しい差異を生じさせる懸隔があることを，例1は明瞭に示している．

　そもそも多数派の支持を得ることを根拠として社会的な意思決定を行うことにはいかなる長所と短所があるのだろうか．また，相対多数決ルールとの比較では優位性を持つかに見える単純多数決ルールながら，民意を的確に反映する手続き的ルールとして，単純多数決ルールがそもそもどんな性能を備える社会的意思決定プロセスであるかという問いに正確な回答を与えることも，社会的選択の理論が担う課題の重要な一部である．

　ところで，相対多数決ルールと比較して優位性を持つかに見える単純多数決ルールだが，このルールは逆説的な結果を生み出す可能性を秘めていることをコンドルセは例示して，大きな波紋を広げた．この**投票の逆理**（paradox of voting）を具体的に示す単純な例を次に挙げておきたい．

例2　［コンドルセ・サイクル］

　候補者がA, B, Cの3名，有権者が1, 2, 3の3名の選挙状況で，有権者たちの選好評価のランキングが以下のように与えられる場合を考える．

　　　有権者1:　A $\succ_1$ B $\succ_1$ C

　　　有権者 2:　B $\succ_2$ C $\succ_2$ A

　　　有権者 3:　C $\succ_3$ A $\succ_3$ B

単純多数決ルールを適用するため，候補者のペアごとに単純多数決コンテスト
を実行すれば，

　　　候補者 A vs. 候補者 B: 2 票 vs. 1 票で A $\succ^{SMD}$ B
　　　候補者 B vs. 候補者 C: 2 票 vs. 1 票で B $\succ^{SMD}$ C
　　　候補者 C vs. 候補者 A: 2 票 vs. 1 票で C $\succ^{SMD}$ A

が得られる．そのため単純多数決ルールは A $\succ^{SMD}$ B $\succ^{SMD}$ C $\succ^{SMD}$ A という**循
環的選好**（コンドルセ・サイクル）を作り出して，集合 {A, B, C} からルールに
基づいて最善の候補者を選択することは，論理的に不可能ということになる．
{A, B, C} からどの候補者を選択しても，単純多数決コンテストでその候補者
に勝利する候補者が，{A, B, C} のなかに必ず存在するからである．　‖

　例 2 によれば，単純多数決ルールも，集団のメンバーが表明する選好評価を
集約して社会的な選択を行う手続き的ルールとして，普遍的な妥当性は持って
いないことになる．コンドルセと同時代を生きた工学者ボルダは，コンドルセ
の逆説を乗り越える代替的な集団的選好の形成手続きを提案して，社会的選択
の理論を前進させる大きな推進力となったのである．

　まず，社会を構成する個人の集合 $N = \{1, ..., i, ..., n\}$ $(2 \leq n < +\infty)$ と社会的な
選択肢の集合 $S(3 \leq \#S)$ が与えられたとき，個人 $i \in N$ が選択肢 $x \in S$ に与え
る《ボルダ得点》（Borda count）を

$$\beta_i(x: S, \succ_i) = \#\{s \in S \mid x \succ_i s\}$$

で定義する．これは，個人 i の選好評価 $\succ_i$ によって，選択肢 x より低評価を
与えられる選択肢の個数であるが，標準的な解釈によれば個人 i が選択肢 x に

認めるメリットの測度と考えられている．この解釈に基づいて，選択肢の任意のペアに対する社会的優越ランキング $\succ_{\flat}^{B}$ を

$$x \succ_{\flat}^{B} y \Leftrightarrow \Sigma_{i \in N} \beta_i(x: S, \succ_i) > \Sigma_{i \in N} \beta_i(y: S, \succ_i)$$

によって定義するのが，ボルダの社会的評価順序の形成方法である．ボルダ・ルールによる選択肢の集合 S からの集団的な選択は，社会的優越ランキング $\succ_{\flat}^{B}$ が集合 S 内で最善と判定する選択肢である．

　コンドルセが推奨する単純多数決ルールの場合は，コンドルセ・サイクルが発生すれば社会的選択を決定できないが，ボルダが推奨した社会的選択の決定手続きは投票の逆理に足をすくわれることはない．選択肢の総数が有限ならば，集計的ボルダ得点を最大化する選択肢は確実に存在するからである．この限りにおいて，ボルダ・ルールは単純多数決ルールに優越するかに思われるが，社会的な評価順序の形成方法の優劣を比較する作業は決してそれほど単純ではない．

　集団を構成する個人が表明する選好評価のランキングを集計して，社会的な評価を形成する複数個のプロセスないしルールを優劣比較する方法としては，基本的に 2 種類の考え方がある．第一の考え方はそれぞれのプロセスやルールを採用して得られる選択結果の【善】【悪】を判定する《帰結道徳律》（outcome morality）を先験的に導入して，善い結果をもたらす手続きは善い手続きだとする方法——《帰結主義的評価方法》（consequentialist method of evaluation）——である[12]．これとは対照的な第二の考え方によれば，選択手続きの適宜性を判定するためには，得られる結果の【善】【悪】のみにとどまらず，選択手続きが【正義】に適うことを，優先的に配慮するべきである．当然ながら，手続き的な正義に適う社会的選択のプロセスないしルールとはなにかという問題は重要であり，しばしば神々の争いに帰着しかねない論争的な難問でもある．しかし，選択手続きの【正義】を選択結果の【善】【悪】に優先して配慮すべきだとする《非帰結主義的評価方法》（non-consequentialist method of evaluation）

12　ここでいう帰結道徳律の典型例は《パレート効率性》（Pareto efficiency）という評価基準である．

は，規範的経済学の両翼に共通して，無視されるべきではない重要な視点であることを強調したい[13].

これだけの準備を踏まえて，単純多数決ルールとボルダ・ルールの性能比較の問題に戻りたい．結論を先取りすれば，単純多数決ルールの失敗を補整する社会的選択ルールとして，ボルダ・ルールは完璧に優越的な性能を持つルールであるとはいえそうにない．その理由は基本的に3つある．

第一に，ボルダ・ルールは投票の逆理による社会的選択の迷走を，形式的に回避できるが，その実態は満足なものとは思われない．コンドルセ・サイクルが生じる例2の状況にボルダ・ルールを適用してみると，集計的ボルダ得点は

$$\Sigma_{i \in N} \beta_i(A: \{A, B, C\}, \succ_i) = \Sigma_{i \in N} \beta_i(B: \{A, B, C\}, \succ_i) = \Sigma_{i \in N} \beta_i(C: \{A, B, C\}, \succ_i)$$

となって，{A, B, C} から選択される候補者の集合は全候補者の集合 {A, B, C} となる．例2の状況で単純多数決ルールは「なにも選べない」が，同一の状況でボルダ・ルールは「なにを選んでもかまわない」と判定する．この状況を見て，ボルダ・ルールは単純多数決コンテストに優越していると判定することには，随分無理があるように思われる[14].

ボルダ・ルールに対する第二の留保は，慧眼の数学者ピエール＝シモン・ド・ラプラス（1749-1827）がフランス科学アカデミーの会員を選出する手続きとしてボルダ・ルールが提案された際に指摘した問題点である．その要諦は，以下の例で説明できる．

例3 ［ボルダ・ルールの戦略的な操作可能性］

---

13 非帰結主義的評価方法といっても，結果の【善】【悪】の判断を評価の基礎から完全に排除する立場に限られているわけではない．社会的選択のプロセスが生む結果の評価を補完して手続き的な衡平性の観点にも果たすべき役割を認める立場こそ，非帰結主義的評価方法なのである．

14 最終的には，候補者の集合 {A, B, C} からひとりの候補者を選ぶほかはないが，その選択のためにはサイコロを振るなど偶然機構に頼るとか，誰かにチェアマンとしての最終的な決定権を委ねることにせざるを得ない．そうなれば，コンドルセ・サイクルを構成する選択肢の集合から，偶然機構の使用や決定権限の付与によって単純多数決ルールを補完して，最終的な選択を制度化する措置と比較して，ボルダ・ルールがどのような意味で優越するといえるのか，疑問の余地が残ると言わざるを得ない．

AとBを候補者とする選挙で，30名の有権者のうちの19名がBを支持しているものとする．ボルダ・ルールを用いれば，この状況でBの選出は避けられない．この事実を見抜いて，Aの全支持者が本心では嫌悪するCを第三の候補者に担いだうえで，真の選好 A $\succ_i$ B $\succ_i$ C を偽ってCを第二位に置く戦略的な選好順序 A $\succ_i^*$ B $\succ_i^*$ C を表明すれば，最有力な対立候補Bの当選を阻止できる．なぜならば，Aの支持者が選好を虚偽表明するとき，ボルダ得点は

$$\text{有権者 } 1\sim19\colon \ \beta_i(B:S,\succ_i)=2,\ \beta_i(A:S,\succ_i)=1,\ \beta_i(C:S,\succ_i)=0$$
$$\text{有権者 } 20\sim30\colon \ \beta_i(A:S,\succ_i)=2,\ \beta_i(C:S,\succ_i)=1,\ \beta_i(B:S,\succ_i)=0$$

となるため

$$\Sigma_{i=1}^{19}\beta_i(A:S,\succ_i)+\Sigma_{i=20}^{30}\beta_i(A:S,\succ_i^*)=41,$$
$$\Sigma_{i=1}^{19}\beta_i(B:S,\succ_i)+\Sigma_{i=20}^{30}\beta_i(B:S,\succ_i^*)=38,$$
$$\Sigma_{i=1}^{19}\beta_i(C:S,\succ_i)+\Sigma_{i=20}^{30}\beta_i(C:S,\succ_i^*)=11$$

が得られるからである．ボルダ・ルールが採用されれば，候補者Aの支持者による虚偽選好 $\succ_i^*$ の戦略的な表明によって選挙結果は操作されて，真の選好 $\succ_i$ のもとでの社会的な選択BはAに変更されてしまうのである[15]．　‖

　ボルダ・ルールへの第三の留保条件は，どの有権者も積極的には支持しない凡庸な候補者を優遇する傾向がボルダ・ルールにはある事実である．この点は，次の例によって具体的に示されている．

例4　［ボルダ・ルールは凡庸な候補者を優先的に処遇する手続きか］
　候補者が A, B, C, D の4名，有権者が30名いる選挙の状況で，有権者たちの

15　ラプラスの批判に直面したボルダは，彼の提案は誠実な有権者のみを対象としていると答えたと伝えられている．この応答が奏功したとは信じにくいのだが，実際に彼が提案したルールは，アカデミーの選挙手続きとして採用されている．だが，その後ある会員の批判によってこのルールは廃止された．その会員はナポレオン・ボナパルトだった．

選好評価ランキングが以下のように与えられているものとする.

> 有権者　1〜11：$A >_i B >_i C >_i D$
> 有権者 12〜21：$D >_i B >_i C >_i A$
> 有権者 22〜30：$C >_i B >_i D >_i A$

　このプロファイルの著しい特徴は，候補者 B が占める特異な地位である．他の候補者 A, C, D には，彼・彼女を選好の第 1 位に据える有権者のグループが各々存在するが，候補者 B を選好の第 1 位に据える有権者は誰ひとりとして存在しない．この場合のボルダ得点は，$S = \{A, B, C, D\}$ とするとき

> 有権者　1〜11：$\beta_i(A : S, >_i) = 3, \beta_i(B : S, >_i) = 2, \beta_i(C : S, >_i) = 1,$
> 　　　　　　　$\beta_i(D : S, >_i) = 0$
> 有権者 12〜21：$\beta_i(D : S, >_i) = 3, \beta_i(B : S, >_i) = 2, \beta_i(C : S, >_i) = 1,$
> 　　　　　　　$\beta_i(A : S, >_i) = 0$
> 有権者 22〜30：$\beta_i(C : S, >_i) = 3, \beta_i(B : S, >_i) = 2, \beta_i(D : S, >_i) = 1,$
> 　　　　　　　$\beta_i(A : S, >_i) = 0$

となるため，各候補者が獲得する集計的ボルダ得点は

$$\Sigma_{i=1}^{30} \beta_i(A : S, >_i) = 33, \ \Sigma_{i=1}^{30} \beta_i(B : S, >_i) = 60,$$
$$\Sigma_{i=1}^{30} \beta_i(C : S, >_i) = 48,$$
$$\Sigma_{i=1}^{30} \beta_i(D : S, >_i) = 39$$

となり，このルールによる候補者の社会的ランキングは $B >_s^B C >_s^B D >_s^B A$ と定まる．ボルダ・ルールによる社会的選択は，有権者が誰ひとり最善とは評価しない候補者 B となるのである．　‖

　この例の教訓は，ボルダ・ルールを選挙手続きとして採用する社会は，最大多数の最大支持を求める候補者たちが最前線で熾烈に戦う姿を横目で眺めて，

中庸な支持票を収拾する凡庸な候補者を選ぶ社会になりかねないことである.

　単純多数決ルールとボルダ・ルールを性能比較する以上の議論を踏まえると,社会を構成する人びとの選好評価を集約して集団的な意思決定を下すプロセスないしルールを選択するためには,補完的な3つの評価作業が必要となることに気づかされる.

　第一の作業は,仮説的な決定状況に対して社会的な決定プロセスが生み出す帰結の評価から遡及してプロセスの適宜性を評価する帰結主義的な作業である.例2の仮説的な状況で単純多数決ルールが社会的決定を下せないことを理由に挙げて,SMD ルールの適用可能性に疑問を呈する議論は,第一の評価作業の単純な一例である.また,例3の仮説的な状況で,ボルダ・ルールが狡猾な有権者の戦略的虚偽情報の発信によって一部の有権者の私的な利益のため操作される可能性があるために,ボルダ・ルールの普遍的な適用可能性に疑問符を付けるのも,第一の評価作業の一例である.

　第二の作業は,決定プロセスに備わると期待される帰結主義的な性能基準と非帰結主義的な性能基準を列挙して,それらの基準を満足する決定プロセスを発見する作業である.列挙された性能基準を満たすユニークな決定プロセスを幸運にも発見できれば,その限りで適宜性を備えた社会的決定プロセスないしルールを探索する巡礼の旅は,ハッピー・エンドを迎えることになる[16,17].これに対して,列挙された性能基準をすべて満足する決定プロセスが存在しない場合には,我々は第三の評価作業に進むことになる.その作業が,列挙された性能基準をクリアする決定プロセスの存在不可能性が白日のもとにさらされたことに鑑みて,先験的には望ましく思われた性能基準の妥当性を厳しく再吟味する作業である.この作業の延長線上には,当初は自然な前提と考えられた性能基準の非整合性に鑑みて要請を緩和して修正された性能基準を満足する社会的決定プロセスに活躍の《場》を確保する作業である.例えば,単純多数決ルー

16　列挙された性能基準を満たすユニークな決定プロセスが発見された場合には,我々はそのルールの《公理的特徴づけ》(axiomatic characterization) に成功したことになる.単純多数決ルールを公理的に特徴づけたケネス・メイ［May (1952)］の定理,ボルダ・ルールの公理的特徴づけに成功したペイトン・ヤング［Young (1974)］の定理は,その代表的な2例である.

17　列挙した性能基準を満足する社会的な決定プロセスが複数個存在する場合には,どのプロセスを最終的に採用するかを絞り込むいっそうの検討作業が必要となる.

ルは全有権者に手続き的に平等な処遇を保証して，全候補者を中立的に——依怙贔屓なく——処遇するなど，優れた性能を備えているが，投票の逆理が発生する場合には機能障害を発生させるという理由から，棄却されることになりかねない．しかし，この逆理を生む選好評価プロファイルでは有権者の選好が特異な性質を持っていることに注目して，集計プロセスの適用範囲を的確に狭めれば，《制約された定義域》（restricted domain）の上では満足に機能する手続きとして単純多数決ルールが復権する可能性が，ごく自然に浮上してくることになる．

　このように，18 世紀末のコンドルセとボルダの先駆的な貢献は，選挙と投票の理論を展開する進路の可能性について豊かな示唆を与えている．だが，この可能性を実際に探索する研究が体系的に開始されるまでには，20 世紀の中葉に登場して直ちに現代の社会的選択の理論の古典となったダンカン・ブラックの『委員会と選挙の理論』［Black (1958)］並びにケネス・アローの『社会的選択と個人的評価』［Arrow (1951)］の登場を待つほかはなかったのである[18]．ブラックとアローは，個人的な選好評価が《単峰型選好》（single-peaked preference）と称する類似性を持てば，単純多数決ルールが投票の逆理を回避できることを論証して，社会的選択の可能性を発見する道筋を付けたのである．彼らが導入した単峰型選好仮説は，単純多数決ルールが民意の集約に成功する可能性を示す重要な一歩だったが，投票の逆理を回避する個人的選好評価の類似性の表現として，単峰型選好は最初の一例であるに過ぎない．ブラック–アローが開拓したフロンティアを前進させた重要な貢献は，1960 年代後半に登場したセン［Sen (1966); Sen and Pattanaik (1969)］の業績に帰着するのである[19]．

18　フランス革命期のボルダ–コンドルセと，第二次世界大戦後のブラック–アローの間にも，社会的選択の理論の歴史に刻まれるべき研究が皆無だったわけではない．その代表例としてはボルダとコンドルセの研究と踵を接して登場したピエール・クロード・フランソワ・ドヌーの貢献，19 世紀末のオックスフォード大学の数学教師チャールズ・ラトウィッジ・ドジソン（別名ルイス・キャロル）の投票理論を挙げることができる．彼らの研究に興味を持つ読者はサルヴァドール・バーベラとウォルター・ボッサールと鈴村興太郎［Barberà, Bossert and Suzumura (2021)］及びウォルター・ボッサールと鈴村興太郎［Bossert and Suzumura (2020a)］の参照をお勧めしたい．

19　この分野において稲田献一教授が挙げた業績［Inada (1969)］も特筆に値する．

アローが社会的選択の現代理論の始祖とされる理由は，単純多数決ルールの性能を精密化した上述の業績もさることながら，社会的選択の理論的枠組みを根本的に拡充して，分析手法にも飛躍的な革新を導入したことにある．候補者の総数が m $(3 \leq m < +\infty)$ 人，有権者の総数が n $(2 \leq n < +\infty)$ 人の選挙の状況を前提して，この事実を説明したい．各々の有権者が候補者の集合 $S = \{s_1, s_2, ..., s_m\}$ 上で持つ線型順序は，候補者を最善から最悪まで整列する方法であって，その総数は $m!$ で尽くされる．アローの社会的選択の理論は有権者が表明する個人的選好評価のプロファイルを社会的選好評価に集約するルールの分析に焦点を合わせているので社会的集計ルールの論理的に可能な総数は $(m!)^{(m!)^n}$ 個で尽くされることになる[20]．$m = 3$，$n = 2$ というミニチュア社会でさえこの総数は 6^{36} 個となって，アボガドロ定数を優に超える膨大な数になる[21]．そのため，関心を持つルールをもれなく列挙してなんらかの基準を用いてその適宜性を各個撃破的にチェックする作業は，絶望的に困難である．この袋小路を脱出するためにアローが経済学に最初に導入した分析方法こそ，公理主義的な方法だったのである．個人的選好評価のプロファイルを社会的選好評価に集計するプロセスあるいはルール全体を対象に，ルールの適宜性を判定する一群の性能基準を《公理》として導入して，適格なプロセスないしルールを特徴づける方法である．この新たな方法を駆使して，『社会的選択と個人的評価』でアローが論証した衝撃的な命題こそ，民主主義的・情報効率的・合理的なルールは一般に存在不可能であることを主張する《一般不可能性定理》だったのである[22]．

20　本節で《個人的選好評価のプロファイルを社会的な選好評価に集約するルール》と呼ぶものは，第2節で《アローの意味の社会厚生関数》と呼んだものと基本的に同一である．このルールは，有権者が候補者に対して持つ選好評価の線型順序をリストしたプロファイルに，社会的な選好評価の線型順序を対応させる機能を担うものである．総数 $(m!)^n$ 個存在するプロファイルに対応させる社会的な選好評価の線型順序の総数は $m!$ 個あるので，総数 $(m!)^{(m!)^n}$ 個のアローのルールが存在することになる．

21　ブリタニカ国際大百科事典の小項目事典によれば，アボガドロ定数とはある量の物質が含む要素粒子（原子，分子，イオン，電子など）の数をその物質量で割った基本物理定数のひとつであり，$6.02214076 \times 10^{23} mol^{-1}$ の値を持っている．

22　アローの社会的選択の現代理論は，個人的な評価順序を集計して，社会的な評価順序を形成するプロセスないしルールを，社会にとって外生的な《与件》ではなく，設計と選択の対象とされるべき《変数》と考える点で，フリードリッヒ・ハイエクとオスカー・ランゲを両陣営の代表者として，資本主義的経済制度と社会主義的経済制度の性能比較を中心として1930年代に展開された《経済計画論争》（economic planning controversy）を継承する側面を持っている．この論争

アローが軌道を敷いた社会的選択の理論と一般不可能性定理は，社会的選択
の理論のその後の進化と展開を先導する輝かしい道標として，決定的な役割を
果たしてきた．アロー以降の社会的選択の理論の特別に意義深い進化と展開の
例は，個人的選好の戦略的な虚偽表明によって操作不可能な社会的選択ルール
は独裁的ルールを除外すれば一般に存在不可能であることを論証したアラン・
ギバード［Allan Gibbard（1973）］並びにマーク・サタースウェイト［Mark
Satterthwaite（1975）］の一般不可能性定理である．彼らの定理によれば，選好
の戦略的な虚偽表明による操作可能性を理由に，ラプラスによって糾弾された
ボルダ・ルールは，やや不当な非難にさらされてきたというべきなのかもしれ
ない[23]．

アロー以降の社会的選択の理論に大きな波紋を広げたもうひとつの重要な成
果は，個人の自由主義的な権利の社会的な尊重を要請する非帰結主義的な公理
と社会的選択のパレート効率性を要請する帰結主義的な公理が論理的に対立す
ることを剔抉したセン［Sen（1970a; 1970b, Chapter 6*; 1976a）］の《パレート派リ
ベラルの不可能性定理》（Impossibility of a Paretian Liberal）である．センの定
理に関して，詳しくは本解題の第5.3節の解説に委ねることにするが，これら
の一般不可能性定理は社会的選択ルールの適宜性――帰結主義的な【善】と，
非帰結主義的な【正】の両立可能性――の前提条件を発見する《発見手続き》
（discovery procedure）として積極的な役割を果たしていることを，ここで強調
しておきたい．

4. 社会的選択の理論に対するセンの貢献：2つの主軸

多岐にわたるセンの厚生経済学と社会的選択の理論への貢献のうち，本節は
彼の社会的選択の理論の主著『集団的選択と社会厚生』［Sen（1970b/2017）］と
政治哲学の主著『正義のアイデア』［Sen（2009）］に的を絞って，その理論的な
貢献の特徴を浮き彫りにすることを試みる．

に関してはハイエク［Hayek（1935）］を参照されたい．制度を変数と考える経済学の構想を体
系的に展開した記念碑的な業績として，レオニード・ハーヴィッツ［Hurwicz（1960; 1973）］の
参照もこの機会にお勧めしておくことにしたい．
23 選好の戦略的な虚偽表明による社会的選択の操作可能性に関する研究の浩瀚な展望論文として，
サルヴァドール・バーベラの研究［Barberà（2012）］に言及しておきたい．

『集団的選択と社会厚生』が提唱した建設的な研究計画は，【新】厚生経済学に浴びせられた《エレガンス・ニヒリズム》という冷笑や，社会的選択の理論に投げられた《不可能性の科学》(science of the impossible) という理不尽な酷評を払拭できるだけの迫力を備えていた．振り返れば，【新】厚生経済学の両学派とアローの社会的選択の理論は，功利主義的基礎に立つピグーの【旧】厚生経済学を地軸の《北極》に位置づければ，選好順序の基数性と個人間比較可能性を完全に排除して地軸の他方の極端——《南極》——を選ぶ旗幟を鮮明にするものだった．センは地軸の両極端を厚生経済学の情報的基礎とする純粋主義者たちのスタンスの限界を巧妙に指摘して，規範的経済学の新たな研究プランを鮮やかに際立たせたのである．

　センによれば，社会的選択の純粋システムは，集団的な意思決定を理論的に研究するうえでは便利であり，魅力的でもあるが，人間の福祉と自由の促進を目指す研究にとって必ずしも有用なシステムであるとは言えない．この点に留意して，『集団的選択と社会厚生』は様々な点で純粋の極とは距離がある概念——不完全な個人間比較可能性，部分的な基数性，制約条件下の定義域，推移性を欠く社会的無差別関係，不完備な社会的選好関係など——を駆使して展開されている．純粋理論家たちは社会的選択の純粋システムのほうに親近感を覚えるだろうが，不完全性に満ちた社会・経済制度を観察するうえでも理論的な考察の枠組みの観点からも，純粋システムには拘束されない分析の現実関連性は，非常に高いというべきである．本書 1970 年版部分の末尾で，「純粋さはオリーブ・オイルや海辺の空気，おとぎ話のヒロインにとっては文句なしの美徳だが，集団的選択のシステムにとっては，そうでもないのである」とセンは述べている．これが彼の理論の重要な一側面であることには，異論の余地はない．純粋で透明な極地に生存適地を限定しないシステムの考察に多彩な道筋を付けることが，センの社会的選択の理論が意図した役割のひとつであったことは事実だからである．

　とはいえ，両極端の純粋システムの隙間を補充する中間システムの開発こそが彼の貢献の核心であると考えるのは，早計である．センの貢献の最大の意義は，アローの理論の射程を大きく超えて，社会的選択の理論の研究領域を，豊かに拡張することにあったからである．この拡張によって，効率性至上主義に

618

陥っていた【新】厚生経済学を大胆に旋回させて，所得や富の分配の衡平性の研究，個人の自由主義的な《権利》と公共の《福祉》の内在的な衝突（パレート派リベラルの不可能性定理）の発見とその解決，貧困と飢餓の理論と計測の分析的枠組みの展開などに踏み込んだこと，またアダム・スミスが『道徳感情論』[Smith (1759)] で道徳哲学の情報的基礎とした《同感の倫理と論理》を精緻化して，その延長線上でジョン・ロールズの『正義論』[Rawls (1971)] を公理化したことなど，伝統的な厚生経済学の研究領域を外延的に大きく拡張したことこそ，センの貢献の精粋として評価されるべきである[24]．

　一方，哲学におけるセンの代表作は『正義のアイデア』である．この著書でセンは，ヨーロッパ啓蒙主義思想以降の**正義論の系譜**を鮮やかに二大別した．ジャン＝ジャック・ルソーに源泉を持ち，イマニュエル・カントを経由して，ジョン・ロールズが継承した**《超越論的制度主義》**(transcendental institutionalism) の系譜と，スミス，コンドルセ，ウルストンクラフト，ベンサム，J. S. ミル，ピグーを経由して，アローによって継承された**《比較評価アプローチ》**(comparative assessment approach) の系譜である．

　センによれば，超越論的制度主義の正義論は理想的な正義に適う制度の特徴づけに専念したのとは対照的に，比較評価アプローチの正義論は現実社会に蔓延する不正義の漸進的な《改善》こそ正義論の主要な任務であると考えた．本来は正義論の文脈で導入されたセンの政治哲学の系譜論だが，不完全な現状を改善する道具を求めて《厚生経済学の貧困》を克服する方法を模索する規範的経済学にも，この系譜論は重要な含意を持っている．この事実を明らかにする目的で，ベンサム流の功利主義の基礎に立つピグーの【旧】厚生経済学には両立不可能な以下の2つの理解方法があることに注目したい．

　第一の理解方法は，《最大多数の最大幸福》という功利主義思想の旗印を，個人的効用の社会的な総和を最大化せよという指令であると解釈して，ピグーの【旧】厚生経済学の研究プログラムを「実行可能な社会的選択肢の集合内で，個人的効用の社会的な総和を最大化する《最善》の選択肢を発見して実装する

24　厚生経済学と社会的選択の理論のフロンティアを豊かに拡張したセンの代表的貢献は，第5節で簡潔な紹介と論評の対象とされる．

経済の制度的な仕組みを設計せよ」と表現する方法である[25].

　ピグーの研究プログラムに対するこの第一の理解方法は，社会厚生関数学派の【新】厚生経済学との関連で，厚生経済学の【新】と【旧】の対比について従来と異なる展望を拓くことになる．この点を説明するために，社会厚生関数学派の【新】厚生経済学の研究プログラムを，「実行可能な社会的選択肢の集合内で，個人主義的なバーグソン‒サミュエルソンの社会厚生関数を最大化する《最善》の選択肢の発見と実装に携わる経済の制度的仕組みを設計せよ」と表現しておくことにする[26, 27].

　ピグーの【旧】厚生経済学の第一の理解方法と社会厚生関数学派の【新】厚生経済学の理解方法を並置して，ロビンズの批判を契機に厚生経済学の【旧】版を清算して【新】版を模索する作業が開始された経緯を踏まえるとき，両者が前提する【善】の観念——個人的効用の社会的総和の最大化 vs. 社会厚生関数の最適化——の相違にもっぱら関心が絞られてきたことには，無理もない側面がある．両者の研究計画が前提する社会的な【善】の観念の対照的な性格はまぎれもない事実であるし，その事実は 1930 年代の経済学の《序数主義革命》（ordinalist revolution）の観点から見れば重要でもあるからである．だが，ここでむしろ重視したい点は，両者が厚生経済学の研究課題を，《制約条件下の最適化》（constrained optimization）というシナリオに即して把握するという点では，完全に同じ軌道に載っているという事実である．ピグーの研究計画の第一の理解方法を受け入れる限り，彼の【旧】厚生経済学と社会厚生関数学派の【新】厚生経済学は，超越論的制度主義の規範的経済学の 2 つの変種であるに過ぎないと認めざるを得ないことになる．

　ピグーの研究計画に関する第二の理解方法は，功利主義思想の旗印に対してではなくピグーの創業の理念に対して忠実に，「不完全な現状（status quo）を

25　ベンサムの功利主義思想の簡潔な解説として，ディンウィディ［Dinwiddy (1989)］及びラザリとラディクとシンガー［Lazari-Radek and Singer (2017)］を挙げておきたい.

26　個人主義的なバーグソンとサミュエルソンの社会厚生関数は，任意の社会的選択肢における社会厚生の（序数的）数値指標を，その選択肢で各個人が享受する（序数的）効用の数値指標のプロファイルを集約して形成する関数を指している.

27　社会厚生関数学派の【新】厚生経済学の研究プログラムに対するこの表現方法は，ミクロ経済学の標準的なテキストブックで広範に採用されている.

漸進的に改善する選択肢を処方して，的確な選択肢を実装する経済の制度的な仕組みを設計すること」こそ，厚生経済学の正統な任務であると考える方法である．この理解方法に従えば，ピグーの【旧】厚生経済学の生成と崩壊以降の規範的経済学の展開に対して，《超越論的制度主義の規範的経済学》とは非常に対照的な展望を拓くことができる．

　第一に，仮説的補償原理学派の【新】厚生経済学は不完全な現状（status quo）を改善する方法を模索した《比較評価アプローチの規範的経済学》の試みの一例として復権される資格がある．この学派が模索した厚生判断の基準が論理的にも倫理的にも破綻したことは事実だが，仮説的補償原理学派の【新】厚生経済学の歴史的な意義までそれで抹消するのは不適切ではないかというのが，私の現状認識なのである．

　第二に，比較評価アプローチの規範的経済学は，アローの社会的選択の理論の意味と意義に関しても新たな理解の契機となることを指摘したい．社会厚生の分析的な枠組みとしてアローが構成した社会的選択の理論に対しては様々な観点から批判が提出されてきたが，重要な批判のひとつは《羨望のない状態としての衡平性》（equity-as-no-envy）の理論の研究者によって提起されたものである．ハル・ヴァリアン［Varian (1974, p. 65)］の主張によれば，厚生経済学が本来必要とするのは【善】をもたらす社会状態に過ぎないのに，社会的選択の理論は様々な社会状態の完全な順序づけを求めるという意味で，過大な要請を課している．羨望のない状態としての衡平性の理論は，衡平性を満たさない社会状態相互の間では優劣比較を行えないが，この点で過大な要求を自制することによって，本来の問題に解決を与えているというのである．セルジュ・クリストフ・コルム［Kolm (1996, p. 439)］はさらに攻撃的に，社会的選択の理論の完備順序の要請はもともと問題含みの要求であり，社会的選択のためには最善の選択肢を発見さえすれば十分であるのに，なぜ193番目にランクされる選択肢を知る必要があるかと，社会的選択の理論家を詰問したのである．

　ヴァリアン‐コルムの批判の要諦は，社会的に《最善》な選択肢を発見する手段として見る限り，アローの社会的選択の理論のようにすべての選択肢を優劣比較できる社会的選好順序を要求する必要はなく，直截に《最善》の社会的な選択肢を知りさえすれば十分だということに尽きている．彼らの批判は，暗

黙裡に超越論的制度主義の規範的経済学に依拠して、《最善》の選択肢の特徴づけと、その実装に導く制度設計に専念する考え方に軸足を据えている。これに対して比較評価アプローチの規範的経済学の考え方に軸足を置けば、《最善》の選択肢に視点を絞ることは不適切であって、どのように不完全な現状であっても、それを改善する選択肢を発見して実装する必要がある。この目的を達成するためには、ありとあらゆる社会的選択肢の相対的な優劣を比較できるアローの社会的選好順序の構成可能性が、規範的な経済学の正統な研究課題となるのである。『正義のアイデア』でセンがアローを比較評価アプローチの重要なプレーヤーに位置づけた理由は、まさにこの考え方に基づいていたのである。

　第三に、《最後の功利主義者》と呼ばれたジェームズ・ミード（1907-1995）の生誕80年を祝福する論文で、ロバート・ソローは次のように述べた。私はミードを、血の通った厚生経済学の基礎理論を追求した経済学者だと考えている。彼が考えた厚生経済学は、「万物が凸性を持って、万人が万物を熟知しているのみならず、すべての将来の状態——そのうちには現在では呼び名さえもついていない状態も含まれる——指定付きの財に対して、完全競争的な市場が存在する場合には、取引費用が必要とされない一括移転のもとで、想像可能な最善世界のうちでも最善の成果を実現することができる」と結論するような衰弱の極みに到達した厚生経済学ではない。彼は厚生経済学に諦念を伝道する役割を求めるのではなく、人間の福祉の改善のために勧告する役割を期待したのである、と。

　ソローの《血の通った厚生経済学》（welfare economics with red corpuscles）は、私がピグーの研究プログラムに対する第二の理解方法と呼ぶ厚生経済学の比較評価アプローチのひとつの理念型である。ピグーからミードを経由してセンに至る**血の通った厚生経済学**は、精緻化の極地に到達したソローが意味する**衰弱した厚生経済学**を逞しく蘇生させるアプローチとして、今後のいっそうの充実が待たれている。

　規範的経済学の分野におけるセンの精力的な研究は、血の通った厚生経済学の理念型に強固な理論的基礎を提供するのみならず、厚生経済学に実際に血を通わせる実践活動にも及んでいることに、読者の注意を改めて喚起しておくこ

とにしたい.

5. センの規範的経済学への貢献の代表例

　この解題では，センの規範的経済学への理論的貢献の骨格と性格を，経済学のこの分野の主翼である厚生経済学と社会的選択の理論の生成過程に触れつつ，直裁に特徴づけることを試みた．この最終節では，規範的経済学の情報的基礎を充実させて，社会的選択の理論を創造的に革新したセンの貢献のいくつかの具体例を挙げて，これまでの抽象的な特徴づけを肉付けすることにしたい.

5.1. 合理的選択と顕示選好

　個人の選択行動にせよ，個人のグループの選択行動にせよ，正統派の経済学は選択行動の《合理性》(rationality) を前提にして，様々な論脈で合理的選択行動のインプリケーションを明らかにする作業に従事してきた．アローにせよセンにせよ，彼らが社会的選択の理論の前提とした合理性は，《合理化可能性としての合理性》(rationality as rationalizability) という基本概念であった[28]．この基本概念によれば，ある選択行動を《動機づけ》(motivate) する内在的な《目標》(objective) があり，この目標の最適な達成が選択行動の動機であると理解できる場合，そしてその場合にのみ，この選択行動は合理的なのである.

　合理化可能性という意味で合理的な選択行動の分析を意識的に推進する最初の一歩は，消費者選択の純粋理論の論脈においてポール・サミュエルソン [Samuelson (1938)] によって踏み出されている．彼は，完全競争的な財市場における消費者の選択行動に関心を絞る《顕示選好理論》(revealed preference theory) という理論を提唱して，合理化可能性の理論に先鞭をつけたのである[29]．この理論を精緻化して顕示選好理論をいっそうの精微化へと導いた功績は，ヘンドリック・ハウタッカー [Houthakker (1950)] に帰着する．彼らが築いた理論——以下では《S-H理論》と呼ぶ——は，基数的効用の残滓を払拭した消費者選択の純粋理論として一世を風靡したとはいえ，この理論には選択行

28　この合理性の概念の歴史的な背景と，合理化可能性という意味で合理的な選択行動の公理主義的な分析を行うことの意義は，Bossert and Suzumura (2010) で詳しく体系的に説明されている.

29　この分野を開拓したサミュエルソンの古典的な論文は，Samuelson (1938; 1950b) である.

動の合理性の一般理論としての戴冠を許さない2つの制約があった。第一に，S-H理論を適用できる範囲は，あくまで完全競争的な財市場における消費者選択の論脈に限定されていて，この論脈を超えて普遍的な適用可能性を要求する理論としての資格を備えていなかった。第二に，S-H理論は所与の所得と競争的価格ベクトルが規定する予算集合から選択される財ベクトルは，唯一に決まること——消費者の《需要関数》(demand function) は一価関数であること——を前提していた。これも，合理的選択の一般理論を志向する観点からすれば，窮屈な拘束衣となっていた。

　S-H理論のこれらの制約を克服して，合理化可能性としての合理的選択の理論の展開に大きく貢献したのは，アロー［Arrow (1959)］に先導されてセン［Sen (1971)］が彫琢した《A-S理論》だった[30]。彼らの理論の出発点は，選択肢の普遍集合 X の非空部分集合の集合族 S で定義される《選択関数》(choice function) という概念だった。集合族 S で定義される選択関数 C とは，選択の《機会集合》(opportunity set) $S \in S$ に S の非空部分集合 $C(S)$ を対応させる関数であり，集合 $C(S) \subseteq S$ は機会集合 $S \in S$ からの《選択集合》(choice set) と呼ばれている。概念的に見る限り，S-H理論は選択肢の普遍集合 X が財空間であり，選択の機会集合が所得と競争的価格ベクトルに対応する《予算集合》(budget set) となる A-S 理論の特殊ケースと考えることができる。しかし，合理化可能性としての合理的選択の理論を A-S 理論が簡素化できた理由は，S-H理論が考察の対象とした財空間内の予算集合を，許容される選択の機会集合族から排除する効果を持つという意味で両刃の剣だった事実は，見過ごすことはできない。その理由とは，A-S 理論が前提する機会集合が，普遍集合の非空《有限》部分集合に限られていたことである。A-S 理論が単純性と機動性を獲得する対価として支払ったこの制約を，S-H理論が前提とする予算集合は満たさない。財空間内の凸多角形 (convex polyhedron) となる予算集合は，**連続濃度を持つ《無限》集合**であるからである。

　S-H理論の限界をある意味で克服した A-S 理論の影響力は非常に強力で，

30　実はアローとセンの合理的選択の理論の間には微妙な差異があるが，本解題はこの細部の差異にはこだわらず彼らが開拓した合理的選択の理論を一括して，簡潔に A-S 理論と称することにする。

顕示選好と合理的選択の理論は，その後アローとセンが敷いた軌道の上で展開されることが支配的な潮流になった．だが，A-S 理論に対しても，根強い 2 つの批判がある．第一の批判は，マーセル・リクター ［Richter（1966; 1971）］，ベングト・ハンソン ［Hansson（1968）］，鈴村興太郎 ［Suzumura（1976; 1977）; Bossert and Suzumura（2008; 2010）］によって展開された《合理的選択の一般理論》（general theory of rational choice）の観点に立つ批判である．第二の批判は，A-S 理論を推進したセン自らが《選択の内的整合性》（internal consistency of choice）に対して提起した非常にラディカルな批判 ［Sen（1993）］である．以下ではこれらの批判を簡潔に解説していきたい．

リクター‐ハンソン‐鈴村の合理的選択の一般理論——《R-H-S 理論》——の要諦は，選択の機会集合を**有限次元の財空間内の予算集合**——S-H 理論の場合——とか，**普遍集合の非空有限部分集合**——A-S 理論の場合——に限る慣行に逆らい，**任意の普遍集合の任意の非空部分集合に選択集合を対応させる一般的な選択関数**を対象に，合理的選択の一般理論を展開したことに認められる．この意味で一般化された合理的選択の理論は，S-H 理論と A-S 理論の双方を特殊ケースとして包摂することは明らかである．

表面的に眺めると，R-H-S 理論が追求した選択関数の定義域に関する包括的な考え方は，経済理論の**実質的な一般化**というよりは合理化可能性としての合理的選択の理論の**形式的な一般化**であって，実質的・内容的な飛躍には関わりないと思われるかもしれない．この見解に対する我々の議論の要諦は以下のものである．選択行動の舞台を有限次元ユークリッド空間の凸多角形に限るとか，選択の機会集合を選択肢の有限集合に限るなど，選択という行為の内容とは関係ない《**外来的な制約条件**》（external constraints）の指定次第で選択行動の合理性・非合理性の論理が修正されることは，不条理である．選択の一般理論が探索する論理は，外来的な制約条件によって左右されることがない**選択行動に内在する合理性の根拠づけ**なのである，と．

R-H-S 理論の推進者は，この考え方に基づいて**合理的選択の論理それ自体**の結晶化に関心を絞り，選択関数の定義域に対する外来的な制約とは独立に，合理化可能性としての合理的選択の一般理論の構築を試みたのである[31]．この試みでは普遍集合 X に対して空集合でないこと以外にはなんらの構造——線型

構造，位相構造——も前提してはいないため，分析の進路は相当に峻険である．別の論脈でナイジェル・ハワード［Howard（1971, p.xvii）］が喝破したように，「構造を持たない集合の上には寒風が吹き渡っている」からである．

　以下では，考察の対象として普遍集合 X の非空部分集合の集合族 $\mathcal{S}$ の上で定義される選択関数 C を前提して，合理化可能性としての合理的選択の一般理論の精粋を述べることにしたい．この作業はセンの根源的な批判を論評するための準備作業としても，後に役割を果たすことになる．

　S-H 理論の論脈でサミュエルソンとハウタッカーが導入した顕示選好公理を，合理的選択の一般理論の論脈で定式化することから出発したい．この議論の起点となるのは普遍集合 X 上の顕示選好関係 R_C と R_C^s である．S-H 理論の論脈でこれらの概念を最初に導入したのはサミュエルソンだった．

$$\forall x, y \in X: (x, y) \in R_C \Leftrightarrow \{\exists S \in \mathcal{S}: x \in C(S) \,\&\, y \in S\};$$

$$\forall x, y \in X: (x, y) \in R_C^s \Leftrightarrow \{\exists S \in \mathcal{S}: x \in C(S) \,\&\, y \in S \setminus C(S)\}.$$

いずれの顕示選好関係も，選択主体の心裡に内在する選好の断片が選択行動によって顕示された結果を示すものと解釈できる．ある機会集合 S から y を選択できる状況で x を選択する（resp. y を選択することもできるがあえて選択せず x を選択する）行動の根底には，x を y と比較して，少なくとも同程度には選好するという意味で，$(x, y) \in R_C$ が成立する（resp. x を y より強く選好するという意味で，$(x, y) \in R_C^s$ が成立する）というのが，2 つの顕示選好関係の解釈である．この解釈を踏まえれば，サミュエルソンとハウタッカーが S-H 理論の論脈で導入した顕示選好の公理はかなり強い説得力を備えていると思われる．

　顕示選好の理論の最初の一歩を画したサミュエルソン［Samuelson（1937）］が S-H 理論の論脈で導入した公理は，R-H-S 理論の論脈では次のように表現される．

31　私が推進した R-H-S 理論の現在までの到達点は，Bossert and Suzumura（2010）において簡潔に説明されている．Bossert and Suzumura（2009b）も参照せよ．

サミュエルソンの弱公理[32]（weak axiom of revealed preference; **WARP**）

$$\forall x, y \in X: (x, y) \in R_C^s \Rightarrow (y, x) \notin R_C.$$

顕示選好関係 R_C と R_C^s の意味を理解すれば，公理 **WARP** の意味は容易に理解されるはずである．この公理の主張に反して，$(x, y) \in R_C$ と $(y, x) \in R_C$ を満足する $x, y \in X$ が存在すれば，選択行動が顕示する選好の断片は選択者の心裡に内在する選好について，矛盾した情報を伝えていることになるからである．その限りでは公理 **WARP** の説得力は強いが，この公理が独力では排除できない複雑な顕示選好の矛盾が発生する余地は十分に残されている．少なくとも 3 項以上の選択肢が構成する矛盾を体系的に排除する顕示選好公理を提示したのはハウタッカー［Houthakker (1950)］の功績である．彼の《半推移性の公理》（semi-transitivity axiom）を高く評価したサミュエルソン［Samuelson (1950b)］は，ハウタッカーの公理を微妙に修正して，《顕示選好の強公理》（strong axiom of revealed preference）を導入した．彼らが S-H 理論の論脈で導入した公理を R-H-S 理論の論脈で表現して，鈴村興太郎［Suzumura (1977; 1983, Chapter 2)］は 2 種類の顕示選好公理を定式化した．これらの公理の表現を簡素化する手段として，普遍集合 X 上の任意の二項関係 R に対して，R の《推移的閉包》（transitive closure）$T(R)$ を，以下の手順で導入する．$T(R)$ は R を含む**最小の推移的二項関係**であって，

$$\forall x, y \in X: (x, y) \in T(R) \Leftrightarrow \text{there exists a finite chain of preferences}$$
$$\text{according to } R, \text{which leads from } x \text{ to } y$$

として定義される．容易に確認されるように，二項関係 R は $R = T(R)$ が成立するとき，そしてそのときにのみ推移性を満たすのである[33]．この概念を活用すれば，2 つの顕示選好公理を R-H-S 理論の論脈において簡潔に表現するこ

32　Samuelson (1938).

33　普遍集合 X 上の二項関係全体の集合上の**推移的閉包オペレーター** T は，$(T_1)T(R) \supseteq R; (T_2)R^1 \supseteq R^2$
$\Rightarrow T(R^1) \supseteq T(R^2); (T_3)T[T(R)] = T(R); (T_4)T(\emptyset) = \emptyset$ という《閉包オペレーター》の性質を満足している．

とができる.

ハウタッカーの公理[34] (Houthakker's axiom of revealed preference; HARP)

$\forall x, y \in X: (x, y) \in T(R_C) \Rightarrow (y, x) \notin R_C^s.$

サミュエルソンの強公理[35] (strong axiom of revealed preference; SARP)

$\forall x, y \in X: (x, y) \in T(R_C^s) \Rightarrow (y, x) \notin R_C.$

　顕示選好の3つの公理間の強弱関係は容易に確認することができる．まず，$R_C^s \subseteq T(R_C)$ であることに留意すれば，サミュエルソンの強公理が弱公理よりも強い公理であることは明らかである．ハウタッカーの公理とサミュエルソンの強公理の関係については，いずれの公理も顕示選好関係の鎖で連結された有限の輪の存在を否定する要請であるという意味では同一の軌道上にある要請だが，ハウタッカーの公理が排除する輪の範囲はサミュエルソンの強公理が排除する輪の範囲よりも広範であるという明瞭な意味で，ハウタッカーの公理はサミュエルソンの強公理よりも強い論理的な要請となっている[36]．

　議論の次のステップは**合理化可能性としての合理的選択の概念**に正確な表現を与えることである．普遍集合 X の非空部分集合の集合族 $\mathcal{S}$ 上の選択関数 C は，X 上の二項関係（選好関係）R が存在して，

(1)　$\forall S \in \mathcal{S}: C(S) = \{x^* \in S \mid \forall x \in S: (x^*, x) \in R\}$

が成立するとき，そしてそのときにのみ，合理化可能性としての合理性を持つ選択関数であるという．この定義の意味は容易に理解できる．二項関係 R は，$(x, y) \in R \Leftrightarrow x$ は y と比較して少なくとも同程度に望ましいことを意味するも

34　Houthakker (1950).

35　Samuelson (1950b).

36　サミュエルソンが弱公理と強公理を定式化した際にはS-H理論の論脈が前提されていて，彼が取り扱った選択関数も一価関数としての需要関数だった．この論脈ではハウタッカーの半推移性公理とサミュエルソンの強公理との間隔は消滅するが，R-H-S理論の論脈では，両公理の間に非常に大きな間隔が生まれるのである．

のと解釈するとき，選択関数 C は任意の機会集合 $S \in \mathcal{S}$ から選好関係 R を最適化する選択肢を選ぶという行動を示していると理解できるのである．

　合理化可能性としての合理性の定義（1）は，選択関数 C を合理化する二項関係 R が選好の《整合性》（consistency）の要請を満足することを要求してはいない．顕示選好理論以前の消費者選択の純粋理論では，消費者の需要関数は予算制約のもとでの効用最大化によって説明されてきた．消費者の効用関数を $u: X \rightarrow \mathbb{R}$ と書き，彼の選好関係 R を

(2)　　$\forall x \in X: (x, y) \in R \Leftrightarrow u(x) \geqq u(y)$

によって定義すれば，選好関係 R は完備性，反射性及び推移性を満足する順序関係となる．普遍集合 X の非空部分集合の集合族 $\mathcal{S}$ 上で定義される選択関数 C が，順序の公理を満足する選好関係によって合理化される場合には，C は《完全合理性》（full rationality）を満足する選択関数であるという．

　R-H-S 理論の基本定理である次の命題は，顕示選好理論の到達点として，強調されるべき意義を持っている．

定理 1［Suzumura（1977; 1983, Chapter 2）］
　普遍集合 X の非空部分集合の集合族 $\mathcal{S}$ 上の選択関数 C が完全合理性を満たすための必要十分条件は，C がハウタッカーの顕示選好公理を満たすことである[37]．

　この論脈でセンが先鞭をつけたもうひとつの研究プログラムは，完全合理性ほど完璧な整合性を要請しないまでも，選択を合理化する整合的な選好関係の存在を保証する顕示選好の公理を追求するシナリオである．センが導入した準推移性の概念を中核に置く《準推移的合理性》（quasi-transitive rationality）は，その代表的な一例である．センの研究に触発されて，彼のシナリオに追随する

37　Richter（1966）及び Hansson（1968）は，定理 1 のハウタッカーの顕示選好公理と同値な条件をそれぞれ発見して，実質的に定理 1 と同値な命題を確立している．

多くの研究が，A-S 理論の枠組みを活用して展開されている[38]．

　以上で素描したように，顕示選好の現代理論に対して多大な影響を及ぼしてきたセンだが，彼はこの理論に対するラディカルな批判者としても，強い影響を及ぼす問題提起を行ってきた．彼の批判の要諦は，いくつかの直観的な例を挙げて説明するほうが，理解しやすいように思われる．

例 5［Sen（1993, pp. 191-192）］

　招待されたディナー・テーブルで回された果物かごに，あなた好みのリンゴがひとつだけ残されていたとする．この最後のリンゴを喜んで選択する（y）か，あなたの後の客に選択の機会を残すため，自分はリンゴを選択せずに果物かごを回す（x）か，という問題に直面して，マナーを重視するあなたはその気にさえなれば選択できる y ではなくあえて x を選択する．しかし，果物かごに魅力的なリンゴが複数個あって，あなたが直面する選択問題が x を選ぶか，y を選ぶか，もうひとつのリンゴを選ぶ（z）か，というものになれば，あなたはマナーの違反を気遣う必要がなくなって，y を選ぶことができる．

　あなたの選択関数を C と表記するとき，あなたの選択行動は

$$C(\{x, y\}) = \{x\}; C(\{x, y, z\}) = \{y\}$$

で表現されることになり，これは顕示選好の弱公理を明白に侵犯する選択行動である[39]．とはいえ，あなたの行動は社会生活のマナーを遵守する立派な行動であって，非合理的な選択行動として非難されるべき余地はまったくない．　‖

例 6［Luce and Raiffa（1957, p. 288）］

　見知らぬ街で夕食の時間を迎えたあなたは，街角の地味なレストランに目をつける．レストランのウエイターは，今夜は 2000 円でサーモンのグリルと，

38　R-H-S 理論の論脈でこのシナリオを継承して，なかでも《鈴村整合的合理性》（Suzumura consistent rationalizability）の公理的な特徴づけを与えた研究として，Bossert, Sprumont, and Suzumura（2005; 2006）及び Bossert and Suzumura（2010）を挙げておきたい．

39　ましてやこの選択行動は，サミュエルソンの強公理やハウタッカーの公理を満足しない．

4000 円でビーフ・ステーキを提供できますと告げる．一流のレストランなら
ば躊躇なくビーフ・ステーキを選択するあなただが，このレストランの水準の
知識が皆無な状況では，無難な選択としてサーモンのグリルを注文することに
なる．一度は厨房に引っ込んだウエイターは慌てて引き返してきて，大げさな
弁解を交えて，シェフが伝え忘れていたのですが，フォアグラのソテーと鮑の
ステーキも同じ 4000 円で今夜は提供できますとあなたに告げる．あなたは，
「それは素晴らしい．それではビーフ・ステーキにしよう」と，ウエイターに
告げる．あなたのこの選択行動は非合理的だと非難されるべきか．あなたの選
択関数を C^* とするとき，料理の選択に関するあなたの行動は

$$C^*(\{ \text{サーモン，ビーフ} \}) = \{ \text{サーモン} \};$$
$$C^*(\{ \text{サーモン，ビーフ，フォアグラ，鮑} \}) = \{ \text{ビーフ} \}$$

となるが，この選択行動は顕示選好の弱公理さえ——ましてやサミュエルソン
の強公理やハウタッカーの公理を——満たさないからである．

　表面的に眺めると，ビーフ・ステーキは当初から選択肢としてあなたに提供
されていたのに，フォアグラのソテーと鮑のステーキという——最終的な選択
とは無関係な——選択肢が追加された途端に当初の選択をビーフ・ステーキに
変更するあなたの行動は，いかにも非合理的に思われるかもしれない．だが，
このレストランが提供する料理の質に関する判断材料が皆無だったあなただけ
に，フォアグラと鮑という高級な選択肢が追加的に提供されたことによって，
レストランの料理の質に関する信頼感を補強されて，あなたが注文をビーフ・
ステーキに切り替えることには，合理的な根拠があると考えることもできる．
　{ サーモン・グリル，ビーフ・ステーキ，フォアグラのソテー，鮑のステー
キ } というフル・メニューは，レストランの料理の質に関して，たしかに重要
な情報を含んでいるからである[40]．　‖

　これらの例の教訓を踏まえて，センは選択関数の内部構造に関する情報だけ

40　この意味で，例 6 は《メニューの認識論的な価値》(epistemic value of the menu) を示す格好
　の事例であると思われる．

では，選択行動の合理性・非合理性を判断する素材としては不十分であって，選択行動の外部にあるなんらかの情報を提供されない限りは，選択行動の合理性・非合理性を判断することは不可能であると主張したのである．

　この議論の意義を正確に理解するためには，顕示選好の S-H 理論の誕生時点に遡って，その当時行われた議論に一瞥を与えておく必要がある．このアプローチの創始者であるサミュエルソンは，彼の研究シナリオの意図は，「効用理論のいかなる残滓からも解放された」消費者選択の理論を展開することにあると宣言した[41]．伝統的な消費者選択の効用理論の完成者ジョン・ヒックス[42]は，サミュエルソンの議論に説得されて，顕示選好の理論は人間をある種の市場行動のパターンの持ち主としてのみ研究する理論であり，彼らの心の内部を覗きこむ振りをしない考え方であるとして積極的に是認した[43]．イアン・リトルも顕示選好アプローチの方法論を熱狂的に支持して，「［サミュエルソンの顕示選好アプローチは，］伝統的な理論よりも科学的に尊重される資格がある．なぜならば，個人の行動が整合的である限り，この新理論は選択行動以外のなにも参照しないまま，選択行動を説明することができるからである」として賞賛の刻印を押したのである[44]．顕示選好の理論の誕生を祝福して，《選択の内的整合性》（internal consistency of choice）を選択理論の精粋として是認したこの動向を背景に置けば，センの批判が非常にラディカルな意義を持つことを理解できるはずである．

　アンドリュー・マスコレル［Mas-Colell（1982, p. 72）］が，サミュエルソンを肯定的に引用して主張したように，顕示選好理論は考えられる限り最も建設的で，純粋に理論的な主題である．事実，今後百年を経過した後でも，合理的選択の純粋理論の研究は継続されていると思われるのだが，果たしてどれだけのテーマについて同様の予言をすることができるだろうか，と．私見によればセンの批判は合理的選択の純粋理論のいっそうの進化を促すシグナルなのであって，決してその逝去を伝える弔鐘ではないと考えるべきだと思われる[45]．

41　Samuelson（1938, p. 71）.

42　Hicks（1939a/1946）.

43　Hicks（1956, p. 6）.

44　Little（1949, p. 90）.

45　センのシグナルに啓発されて，その後多くの後継研究が彼の批判を前向きに生かす試みを重ねて

5.2. 社会的評価の情報の《樹》：《帰結主義》vs.《非帰結主義》，《厚生主義》 vs.《非厚生主義》

　センの社会的選択の理論に対する貢献の特徴のひとつは，社会的評価を民主的に形成するために社会的選択の帰結や手続きに関して収集すべき情報を，先行研究の限界を超えて大きく拡張したこと，この拡張によって，従来は情報制約のために視野の外部に放置されてきた社会的選択の重要側面を，規範的研究の表舞台に連れ戻したこと，この新たな情報的基礎を縦横に活用して従来は社会的選択の理論の触手が及ばなかった重要問題を提起して，解かれるべき新たな難問を提起したことにある．まず，情報的基礎の拡充という表現の意味と意義を正確に把握するために，《規範的評価の情報の樹》（informational tree of normative evaluation）という重要な概念を導入することにしたい[46]．

　ある経済政策を実施すべきかどうかの判断の岐路に立たされたとき，あなたはその政策の是非を判断する基礎として，いかなる情報の収集及び精査を要求するだろうか．考察の起点 n_0 に立って多くの人が真っ先に提供を要請する情報は，その政策を実施すればどんな《帰結》（consequence）ないし《結果》（outcome）が実現されるかという情報ではないだろうか．もしあなたが，政策の帰結に関する情報のみに関心を示して，帰結以外には政策が持つどのような特性にも興味を示さなければ，あなたは《帰結主義》者（consequentialist）と呼ばれるにふさわしい．これとは対照的に，あなたが政策の帰結に関する情報もさりながら，それ以外の政策の特徴——例えば，その政策を実施する手続きやプロセスは個人の自由を侵害する強制を伴うものではないかとか，政策の実施の即時的な効果を超えて個人及び社会の将来の選択機会にマイナスの効果を及ぼす危険性はないかなど，政策の即時的な帰結を超越する情報——までも，その政策の採用の是非に関する判断材料として要求するならば，あなたは《非帰結主義》者（non-consequentialist）と呼ばれるにふさわしい．そのいずれであるかに応じて，あなたは樹状図の起点 n_0 から結節点 n_1 あるいは n_1^* に移動す

　　いる．その一例として，Bossert and Suzumura（2009a）は例5を教訓として，《規範の制約下の合理的選択の理論》（norm-constrained theory of rational choice）を展開して，センが例5から抽出した批判を解消する合理的選択の理論を展開している．

46　規範的評価の情報の樹は Suzumura（2016）によって導入されて体系的に活用された．

ることになる.

　大多数の経済学者がそうであるように，あなたは帰結主義者であるとしよう.

　そのとき，帰結主義の結節点 n_1 に立つあなたには，帰結を記述する方法として《厚生主義》（welfarism）的な記述方法と，《非厚生主義》（non-welfarism）的な記述方法という 2 つの選択肢があることになる.

　厚生主義的な記述方法とは，帰結の【善】【悪】の判断を行う際に，その判断の情報的基礎として，社会を構成する個人がその帰結から享受する《厚生》（welfare）にもっぱら注目する方法である．これに対して，非厚生主義的な記述方法とは，各帰結における個人的厚生のプロファイルを無視しないまでも，厚生情報以外にも帰結を記述する情報を獲得して，政策の採用の是非を判断する方法である[47]．このいずれの方法を採用するかに応じて，帰結主義の結節点 n_1 に立つあなたは，厚生主義的帰結主義の結節点 n_2 ないし非厚生主義的帰結主義の結節点 n_2^* に移動することになる.

　あなたは厚生主義的帰結主義者（略称：**厚生主義者**）であるものと仮定して，結節点 n_2 に移動したあなたが，次に直面する選択の問題を考えてみる．その問題とは，厚生主義者として注目する厚生の《基数性》（cardinality）vs.《序数性》（ordinality）及び厚生の《個人間比較可能性》（interpersonal comparability）vs.《個人間比較不可能性》（interpersonal non-comparability）という二重の選択問題である.

　2 つの分岐点における 2 つの選択肢の間の選択次第で，あなたは 4 つの最終的な結節点に到着するわけであるが，本文中に挿入された規範的評価の情報の樹が必要以上に煩雑化することを避けるため，この図のなかには《個人間比較不可能な序数的厚生に基づく厚生主義》の終端点 t_1 と《個人間比較可能な序数的厚生に基づく厚生主義》の終端点 t_2 だけが記入されている.

　こうして完成された規範的評価の情報の樹が伝えるメッセージは，現代的な厚生経済学と社会的選択の理論が標準的に立脚する情報的基礎が，非常に特殊

47　評価の対象となる政策が，所得や富の再分配を目標とする場合には，厚生主義的な評価方法（resp. 非厚生主義的な評価方法）は政策の帰結を個人の厚生というフィルターを通過する情報のみに限定して評価する（resp. 厚生情報を無視しないまでも，所得や富の分布を記述する統計的情報——ローレンツ曲線やジニ係数など——も考慮して評価する）方法である.

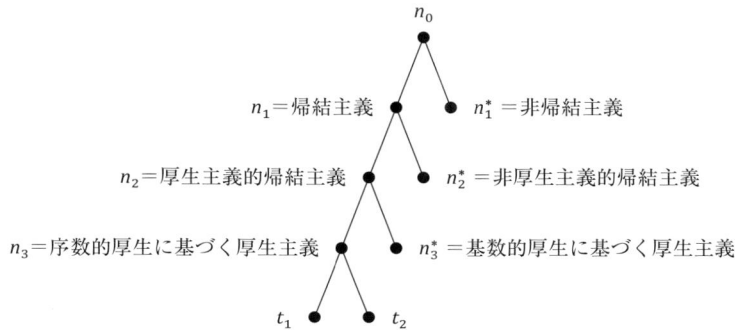

n_0

n_1＝帰結主義　　　n_1^*＝非帰結主義

n_2＝厚生主義的帰結主義　　　n_2^*＝非厚生主義的帰結主義

n_3＝序数的厚生に基づく厚生主義　　　n_3^*＝基数的厚生に基づく厚生主義

t_1　　　t_2

t_1＝個人間比較不可能な序数的厚生に基づく厚生主義.
t_2＝個人間比較可能な序数的厚生に基づく厚生主義.

【新】厚生経済学とアローの社会的選択の理論の情報的基礎は、端点 t_1 に対応している.

規範的評価の情報の樹

な選択であるということである.【新】厚生経済学の2つの学派——カルドア - ヒックスの補償原理学派とバーグソン - サミュエルソンの社会厚生関数学派 ——は，共通に**個人間比較不可能な序数的厚生に基づく厚生主義**をその情報的基礎として採用している．それのみならず，ボルダ - コンドルセに発端して，20世紀中葉のブラック - アローの研究によって本格的な軌道に載せられた選挙と投票の理論の情報的基礎も，個人間比較不可能な序数的厚生を活用する厚生主義だったのである．

　現代の規範的経済学において，個人間比較不可能な序数的厚生に基づく厚生主義が支配的な影響力を振るってきたことに警告の一石を投じて，社会的選択の研究者サークルの間に大きな波紋を広げたのは，1970年代初頭にセンが提起した**パレート派自由主義者の不可能性**という問題提起だった．項を改めて，彼の問題提起の意味と意義を説明することにしたい．

5.3. 厚生と自由の狭間：パレート派リベラルの不可能性

　センの問題提起の焦点は，**個人の自由主義的権利の社会的な尊重**という要請と，**社会福祉のパレート改善の達成**という【新】厚生経済学の伝統的な要請の

間には，重要な論理的対立が発生するという事実の発見だった．この対立を
《パレート派リベラルの不可能性》（Impossibility of a Paretian Liberal）という不
可能性定理に結晶化して，センは社会的選択の理論がその解消に取り組むべき
新たな課題を提起したのである．数学的にはとるに足りないという酷評を浴び
ることもあるこの定理だが，自由主義と民主主義の本質的な衝突を，社会的選
択の理論の枠組みを駆使して分析の俎上に載せたことは，センの重要な貢献の
うちに数えるだけの価値がある．

　センはレトリックの名手であって，自由主義的権利の要請とパレート改善の
要請の論理的な対立を示す彼の不可能性定理も，『チャタレー夫人の恋人』と
いう D. H. ロレンスの論争的な小説を格好の素材とする寓話によって，巧妙に
表現されている．ここでは，センの不可能性定理の論理的な骨格にもっぱら議
論を絞るが，以下の議論の直観的な動機づけを必要とされる読者にはセン
[Sen（1970a）]，本書の第 6 章及び第 6* 章の参照をお勧めしたい．

　個人の自由主義的な権利に焦点を絞る本項では，社会状態の記述は社会の**公
共的特性**の記述と各個人の**私的特性**の記述のリストによって与えられるものと
する．すなわち，社会状態の普遍集合 X は社会の公共的な特性全体の集合 と
各個人の私的特性全体の集合 X_i $(i \in N)$ の直積集合

$$X := X_0 \times (\times_{i \in N} X_i)$$

で与えられるのである[48]．

　2 つの社会状態 $x, y \in X$ が，ある個人 $i \in N$ の私的特性の記述以外では完全に
一致している場合には，ペア (x, y) は個人 i の《私的ペア》（private pair）であ
ると称することにする．個人 i の私的ペア全体の集合を，彼・彼女の《私的領
域》（private sphere）と呼べば，私的領域は

$$D_i = \{(x, y) \in X \times X \mid x_{-i} = y_{-i}\} \ (i \in N)$$

---

[48] 社会の公共的特性の例は公共事業の種類と規模，公的扶助の範囲と水準などであり，個人の私的
特性の例は彼・彼女の寝室の壁の色，私的な日記の内容などである．

で与えられる．ただしここで，x_{-i} と y_{-i} は，それぞれ x, y からその第 i 番目の私的成分を除去した，公共的特性と第 i 個人以外の私的特性のリストである．考察の俎上に載る社会次第では，ある個人の私的領域に属するペアであっても，その個人の選好が社会的に尊重されるとは限らないこと——思想と信教の自由の束縛，公衆の面前で女性が素顔・頭髪・素足を露出することの禁止など——に留意して，D_i に属する私的ペアのうちで，当該個人の選好が社会的に尊重されるものの集合を彼・彼女の《保護領域》（protected sphere）と呼び，記号 D_i^* で示すことにする．

次に，社会状態の集合 X 上の選好順序全体の集合を $\Re$ で表現して，論理的に可能な個人的選好順序のプロファイル $R^N = (R_1, R_2, ..., R_n)$ 全体の集合を $\Re^N$ で表現する．これらの概念を用いて，社会的決定のルールないしプロセスを，$\Re^N$ に所属する任意のプロファイル R^N を集合族 $\mathcal{S}$ 上で定義される社会的選択関数 $C(\cdot, R^N)$ に集約する《社会的決定関数》（social decision function）g によって表現する．社会的選択の機会集合 $S \in \mathcal{S}$ が与えられた場合に，社会が選択する状態の集合は $C(S, R^N) \subseteq S$ となるわけである．

社会的決定関数にセンが課した第一の要請は，ルール g が広範に適用可能であることである．

公理 U（社会的決定関数の定義域の広範性）

社会的決定関数 g は，論理的に可能である限り個人的選好順序のどのプロファイルに対しても，社会的選択関数を対応させることができる．

個人の自由主義的な権利の社会的尊重というセンの要請は，社会的決定関数の概念を活用して，次のように表現することができる．

公理 SL（個人の自由主義的権利の社会的尊重）

社会状態の任意のペア $x, y \in X$，任意の個人 $i \in N$，個人的選好順序の任意のプロファイル $R^N \in \Re^N$ に対して，$(x, y) \in D_i^* \cap P(R_i)$ が成立すれば，社会的選択肢の任意の機会集合 $S \in \mathcal{S}$ に対して，

$$x \in S \Rightarrow y \notin C(S, R^N), \text{where } C(\cdot, R^N) = g(R^N)$$

が成立する[49].

　センが導入した最後の条件は，社会福祉のパレート改善の達成という要請である．

公理 PC（パレート改善との整合性）
　社会状態の任意のペア $x, y \in X$ 及び個人的選好順序の任意のプロファイル $R^N \in \mathfrak{R}^N$ に対して $(x, y) \in \cap_{i \in N} P(R_i)$ ならば，社会的選択肢の任意の機会集合 $S \in \mathcal{S}$ に対して，

$$x \in S \Rightarrow y \notin C(S, R^N), \text{where } C(\cdot, R^N) = g(R^N)$$

が成立する．

　センの一般不可能性定理は次のように定式化できる．

定理 2　［Sen（1970a）; Sen（1970b, Chapter 6*）］
　個人が少なくとも 2 人いて，各個人の私的特性の種類が少なくとも 2 つあり，各個人の保護領域が少なくとも 2 つの社会状態のペアを含んでいれば，公理 U，公理 SL，公理 PC を満たす社会的決定関数は，論理的に存在しない[50].

49　公理 SL の要請に反して，社会状態のあるペア $(x, y) \in D_i \cap P(R_i)$ と機会集合 $S \in \mathcal{S}$ に対して，$x \in S$ かつ $y \notin C(S, R^N)$ が成立するものとせよ．その場合，x と y は個人 i の私的特性のみで区別され，i は x を y より選好しているにもかかわらず，y は S からの選択集合に含まれていることになって，i はその自由主義的権利の要求を社会的に尊重されないことになる．こうして公理 SL の形式化された要請は，センの直観的な自由主義の観念を正確に表現していることになる．

50　センの問題提起を受け継いで，社会的選択の理論の研究者は（1）センの不可能性定理の頑健性の検討，（2）センの不可能性の隘路を脱出する経路の模索，（3）センによる自由主義的な権利の社会的尊重の要請の定式化の適格性に疑問を提起して，代替的な権利論の定式化を提唱する試みなどに，多数の研究を積み重ねてきた．これらの後継研究を体系的に展望して評価した文献として，興味ある読者は Sen（1976a），Suzumura（1996; 2016, Essay 16）などを参照せよ．

　センの不可能性定理は，先行するアローの不可能性定理と比較して，少なくとも2つの決定的な相違点を持っている．

　第一に，アローの定理では決定的に重要な役割を担っている社会的選択関数の《合理化可能性としての合理性》の要請は，センの定理においてはなんらの役割も果たしていない．

　第二に，アローの定理では不可能性の隘路に我々を導びく強力な推進機関として機能した《無関係な選択肢からの独立性》（independence of irrelevant alternatives）の公理は，センの定理ではその影さえも見せていない．

　アローの定理とのこれらの形式的な比較を超えて，センの定理は射程が長大な重要メッセージを，少なくとも2つ含んでいる．

　第一に，J. S. ミルの『自由論』（1859）や，アイザイア・バーリンの『2つの自由概念』（1958）が指摘したように，民主主義と自由主義はしばしば対立する要請を社会的な意思決定プロセスに課すことになる．バーリン［Berlin (1958, pp. 15-16)］が的確に指摘したように，民主主義と自由主義はそれぞれにきわめて本質的な価値でありつつ，両者をともに追求しようとすれば，不可避的な価値の衝突に直進してしまう危険性があるのである．

　　　民主主義と自由主義との関連は，これらの思想を擁護してきた多くの人びとの想定を超えてはるかに薄弱である．自分自身の支配者でありたいという願望，少なくとも自分の人生が制御されるプロセスへの参加の願望は，行動の自由を求める願望と同様に心からの願望であり，歴史的に言えば後者への願望以上に起源が古いものだろう．しかし，それらは同じものに対する願望ではない．実際には両者はあまりにも異なる願望であって，究極的には我々の世界を支配するイデオロギー間の激突に導いたのである．

　これらの価値の衝突の発生源を探って，その対立を止揚する道筋を発見するために，社会的選択の理論は政治哲学・道徳哲学との間で往復運動を行う必要がある．センの定理は，自由主義の要請と民主主義の要請の論理的な対立の不可避性を白日のもとにさらすことによって，社会的選択の理論と政治哲学・道徳哲学とのインターフェイスを充実させることを，重要なアジェンダとして確

立したのである.

　第二に，センの不可能性定理を契機に勃発した論争は，社会的選択の理論の情報的な基礎を充実させる必要性を否応なく我々に納得させる役割を果たした.社会状態のあるペア (x, y) に対して，センの公理 SL（個人の自由主義的権利の社会的尊重）が適用可能であるか否かを判定するためには，ペア (x, y) に対する個人の選好——**厚生主義的な情報**——を問うだけでは不十分であって，ペア (x, y) がその保護領域 $D_i^* \subseteq D_i$ に所属する個人 $i \in N$ が存在するか否か——**非厚生主義的な情報**——を確認する必要があることに留意すれば，この事実は容易に得心できるはずである.センの定理は厚生主義的な公理 PC と非厚生主義的な公理 SL が，社会的決定プロセスの広範な適用可能性という要請のもとでは両立不可能であることを示すことにより，社会的選択の情報的基礎に関する新たなパースペクティブを開拓して，従来の社会的選択の理論を閉じ込めていた情報制約のパンドラの箱を開けてしまったわけである.

　このように，センのパレート派リベラルの不可能性定理は，アローが軌道を敷いた社会的選択の理論の視野と射程を大きく拡張する役割を果たしてきた.前項で導入された規範的評価の情報の樹を参照していえば，セン以降の社会的選択の理論は，**個人間比較不可能な序数的厚生に基づく厚生主義の鳥籠から脱出して，情報の樹を遡って新たな情報的基礎に立つ理論を構成する旅に出たわけだが，**この旅の最終的な行く末はまだ誰の目にも明らかになっていないのが現状である.

6. エピローグ

　社会的選択の現代理論の礎石を据えたアローは，センがノーベル経済学賞を受賞した際に，彼の業績を論評した論文「社会厚生の研究へのアマルティア・センの貢献」[Arrow (1999)] で次のように述べている.アマルティア・センの著作は膨大な数にのぼるが，きわめて顕著な統一性を保持している.彼の研究は一貫して経済社会を構成する個人の厚生への関心に動機づけられているが，その関心は特に所得階層の低位を占める個人の厚生に焦点を合わせている.センが重視するのは厚生の《分配》であり，厚生の《平均》値は健全な倫理的判断を形成するうえで重要な情報を隠蔽する危険性を秘めている.そうであれば

こそ彼は不平等の意味及び計測を重視したのであり，貧困を経済学的にも道徳哲学的にも重要な範疇として強調したのだ，と．アローによれば，センの貢献を比類のないものにしているのは，社会政策を基礎に据えて経済学的な推論と哲学的な推論を綜合する驚異的な力業であるというものだった．彼が到達した包括的な評価は，この監訳者解題で私が述べてきた評価と，基本的に整合的である．

『集団的選択と社会厚生』の拡大新版は規範的経済学，道徳哲学，政治哲学のどの側面から見ても独創的なアイデアの豊かな宝庫であり，前節で具体的に説明されたセンの革新的な貢献は，彼の代表的な貢献のわずかな数例であるに過ぎない．

アローの古典『社会的選択と個人的評価』が開拓した大地に新たな生命を発芽させたセンの『集団的選択と社会厚生』の初版に触発されて，現代の規範的経済学はその後いっそう多様な進化を達成したが，この進化のプロセスを跡づけた本書拡大版の前方には，さらに肥沃な大地が拓かれている．この沃野の包括的な展望を求める読者にはアロー，センと私が共同で企画・編集した *Handbook of Social Choice and Welfare*, 2 vols.（第 1 巻 2002 年，第 2 巻 2011 年）を最初の手掛かりとして紹介しておきたい．本書拡大版の熟読から学んだ読者が，規範的経済学の新たなフロンティアに踏み込んで，現代の社会と経済が直面している社会的選択の問題との取り組みを目指して思索を開始されることになれば，本書拡大版の邦訳・紹介に取り組んだ私にとって，これに優る喜びはない．Bon Voyage!

参照文献

Arrow, K. J., *Social Choice and Individual Values*, 1ˢᵗ edition, New York: John Wiley & Sons, 1951; 2ⁿᵈ edition with "Notes on the Theory of Social Choice, 1963," New York: John Wiley & Sons, 1963; 3ʳᵈ edition with a Foreword by E. S. Maskin, New Haven: Yale University Press, 2012.

Arrow, K. J., "Rational Choice Functions and Orderings," *Economica*, Vol. 26, 1959, pp. 121-127.

Arrow, K. J., "Amartya Sen's Contributions to the Study of Social Welfare," *Scandinavian Journal of Economics*, Vol. 101, 1999, pp. 163–172.

Arrow, K. J., A. K. Sen and K. Suzumura, eds., *Handbook of Social Choice and Welfare*, Vol. 1, Amsterdam: North-Holland, 2002; Vol. 2, Amsterdam: Elsevier Science B. V., 2011.

Barberà, S., "Strategyproof Social Choice," in Arrow, Sen and Suzumura (2011), pp. 731–831.

Barberà, S., W. Bossert and K. Suzumura, "Daunou's Voting Rule and the Lexicographic Assignment of Priorities," *Social Choice and Welfare*, Vol. 56, 2021, pp. 259–289.

Bergson, A., "A Reformulation of Certain Aspects of Welfare Economics," *Quarterly Journal of Economics*, Vol. 52, 1938, pp. 310–334.

Berlin, I., *Two Concepts of Liberty: An Inaugural Lecture Before the University of Oxford on 31*, October, 1958, Oxford: Clarendon Press, 1958.

Black, D., *The Theory of Committees and Elections*, Cambridge, UK: Cambridge University Press, 1958.

Borda, J.-C., Mémoire sur les élections au scrutin, *Mémoires de l'Acadmie Royale des Sciences année 1781*, 1781, pp. 657–665.

Bossert, W., Y. Sprumont and K. Suzumura, "Consistent Rationalizability," *Economica*, Vol. 72, 2005, pp. 185–200.

Bossert, W., Y. Sprumont and K. Suzumura, "Rationalizability of Choice Functions on General Domains without Full Rationalizability," *Social Choice and Welfare*, Vol. 27, 2006, pp. 435–458.

Bossert, W. and K. Suzumura, "A Characterization of Consistent Collective Choice Rules," *Journal of Economic Theory*, Vol. 138, 2008, pp. 311–320. "An Erratum by the Editors," *Journal of Economic Theory*, Vol. 140, 2008, p. 355.

Bossert, W. and K. Suzumura, "External Norms and Rationality of Choice," *Economics and Philosophy*, Vol. 25, 2009a, pp. 139–152.

Bossert, W. and K. Suzumura, "Rational Choice on General Domains," in K. Basu and R. Kanbur, eds., *Arguments for a Better World: Essays in Honor of Amartya Sen*, Vol. I, *Ethics, Welfare, and Measurement*, Oxford: Oxford University Press, 2009b, pp. 103–135.

Bossert, W. and K. Suzumura, *Consistency, Choice, and Rationality*, Cambridge, Mass.: Harvard University Press, 2010.

Bossert, W. and K. Suzumura, "The Greatest Unhappiness of the Least Number," *Social Choice and Welfare*, Vol. 47, 2016, pp. 187–205.

Bossert, W. and K. Suzumura, "Vote Budgets and Dodgson's Method of Marks," *Oxford Economic Papers*, Vol. 72, 2020a, pp. 235–246.

Bossert, W. and K. Suzumura, "Positional Voting Rules: A General Definition and Axiomatic Characterizations," *Social Choice and Welfare*, Vol. 55, 2020b, pp. 85–116.

Condorcet, M. J. A. N. de, *Essai sur l'application de l'analyse à la probabilité des decisions rendues à la pluralité des vois*, Paris: Imprimerie Royale, 1785.

d'Aspremont, C. and L. Gevers, "Equity and Informational Basis of Collective Choice," *Review of Economic Studies*, Vol. 46, 1977, pp. 199–210.

Dinwiddy, J. R., *Bentham*, Past Masters Series, Oxford: Oxford University Press, 1989. 永井義雄・近藤加代子訳『ベンサム』日本経済評論社, 1993 年.

Gaertner, W., P. K. Pattanaik and K. Suzumura, "Individual Rights Revisited," *Economica*, Vol. 59, 1992, pp. 161–177.

Gärdenfors, P., "Positionalist Voting Functions," *Theory and Decision*, Vol. 4, 1973, pp. 1–24.

Hammond, P. J., "Equity, Arrow's Conditions, and Rawls' Difference Principle," *Econometrica*, Vol. 44, 1976, pp. 793–804.

Hansson, B., "Choice Structures and Preference Relations," *Synthese*, Vol. 18, 1968, pp. 443–458.

Hayek, F. A., ed., *Collectivist Economic Planning*, London: Routledge, 1935.

Hicks, J. R., *Value and Capital*, Oxford: Clarendon Press, 1st edn., 1939a; Revised 2nd edn., 1946.

Hicks, J. R., "The Foundations of Welfare Economics," *Economic Journal*, Vol. 49, 1939b, pp. 696–712.

Hicks, J. R., "The Valuation of the Social Income," *Economica*, Vol. 7, 1940, pp. 105–124.

Hicks, J. R., *A Revision of Demand Theory*, Oxford: Clarendon Press, 1956.

Howard, N., *Paradoxes of Rationality: Theory of Metagames and Political Behavior*, Cambridge, Mass.: MIT Press, 1971.

Houthakker, H. S., "Revealed Preference and the Utility Functions," *Economica*, Vol. 17, 1950, pp. 159–174.

Hurwicz, L., "Optimality and Informational Efficiency in Resource Allocation

Processes," in Arrow, K. J., S. Karlin and P. Suppes, eds., *Mathematical Methods in the Social Sciences 1959*, Stanford, Cal.: Stanford University Press, 1960, pp. 27-46.

Hurwicz, L., "The Design of Resource Allocation Mechanisms," *American Economic Review*, Vol. 58, 1973, pp. 1-30.

Inada, K.-I., "On the Simple Majority Decision Rule," *Econometrica*, Vol. 37, 1969, pp. 490-506.

Kaldor, N., "Welfare Propositions of Economics and Interpersonal Comparisons of Utility," *Economic Journal*, Vol. 49, 1939, pp. 549-552.

Kolm, S.-Ch., *Modern Theories of Justice*, Cambridge, Mass.: MIT Press, 1996.

Lazari-Radek, K. and P. Singer, *Utilitarianism: A Very Short Introduction*, Oxford: Oxford University Press, 2017. 森村進・森村たまき訳『功利主義とは何か』岩波書店, 2018 年.

Little, I. M. D., "A Reformulation of the Theory of Consumer's Behaviour," *Oxford Economic Papers*, Vol. 1, 1949, pp. 90-99.

Luce, R. D. and H. Raifa, *Games and Decision*, New York: Wiley, 1957.

Mas-Colell, A., "Revealed Preference After Samuelson," in G. R. Feiwel, ed., *Samuelson and Neoclassical Economics*, Amsterdam: Kluwer, 1982, pp. 72-82.

Maskin, E. and A. K. Sen, "The Rules of the Game: A New Electoral System," *The New York Review of Books*, January 19, 2017.

May, K. O., "A Set of Independent Necessary and Sufficient Conditions for Simple Majority Decision," *Econometrica*, Vol. 20, 1952, pp. 680-684.

Mishan, E. J., "A Survey of Welfare Economics, 1939-59," *Economic Journal*, Vol. 70, 1960, pp. 197-265.

Pigou, A. C., *The Economics of Welfare*, London: Macmillan, 1st ed., 1920; 4th ed., 1932. 永田清・千種義人監修, 気賀健三・千種義人・鈴木諒一・福岡正夫・大熊一郎訳『厚生経済学』東洋経済新報社, 1953-1955 年.

Putnam, H., *The Collapse of the Fact/Value Dichotomy and Other Essays*, Cambridge, Mass.: Harvard University Press, 2002. 藤田晋吾・中村正利訳『事実価値二分法の崩壊』法政大学出版局, 2006 年.

Rawls, J., *A Theory of Justice*, Cambridge, Mass.: Harvard University Press, 1971. 川本隆史・福間聡・神島裕子訳『正義論』[改訂版] 紀伊國屋書店, 2010 年.

Richter, M. K., "Revealed Preference Theory," *Econometrica*, Vol. 41, 1966, pp. 1075-1091.

Richter, M. K., "Rational Choice," in J. S. Chipman, L. Hurwicz, M. K. Richter and H. F. Sonnenschein, eds., *Preferences, Utility, and Demand*, New York: Harcourt Brace Jovanovich, 1971, pp. 29-58.

Robbins, L., *An Essay on the Nature and Significance of Economic Science*, London: Macmillan, 1932. 小峯敦・大槻忠史訳『経済学の本質と意義』京都大学学術出版会, 2016年.

Samuelson, P. A., "A Note on the Pure Theory of Consumer's Behaviour," *Economica*, Vol. 5, 1938, pp. 353-354.

Samuelson, P. A., *Foundations of Economic Analysis*, Cambridge, Mass.: Harvard University Press, 1947. Enlarged 2nd ed., 1983.

Samuelson, P. A., "Evaluation of Real National Income," *Oxford Economic Papers*, Vol. 2, 1950a. pp. 1-29.

Samuelson, P. A., "The Problem of Integrability in Utility Theory," *Economica*, Vol. 17, 1950b, pp. 355-385.

Samuelson, P. A., "Bergsonian Welfare Economics," in S. Rosefielde, ed., *Economic Welfare and the Economics of Soviet Socialism: Essays in Honor of Abram Bergson*, Cambridge, Mass.: Cambridge University Press, 1981, pp. 223-266.

Sen, A. K., "A Possibility Theorem on Majority Decisions," *Econometrica*, Vol. 34, 1966, pp. 491-499.

Sen, A. K., "Quasi-Transitivity, Rational Choice and Collective Decisions," *Review of Economic Studies*, Vol. 36, 1969, pp. 383-393.

Sen, A. K., "The Impossibility of a Paretian Liberal," *Journal of Political Economy*, Vol. 78, 1970a, pp. 152-157.

Sen, A. K., *Collective Choice and Social Welfare*, original edition, San Francisco: Holden-Day, 1970b. Expanded edition, London: Penguin Books, 2017.

Sen, A. K., "Choice Functions and Revealed Preference," *Review of Economic Studies*, Vol. 38, 1971, pp. 307-317.

Sen, A. K., *On Economic Inequality*, Oxford: Oxford University Press, 1st edition, 1973. Republished with Addendum by J. Foster and A. Sen, Oxford: Oxford University Press, 1997. 鈴村興太郎・須賀晃一訳『不平等の経済学』［拡大版］東洋経済新報社, 2000年.

Sen, A. K., "Liberty, Unanimity and Rights," *Economica*, Vol. 43, 1976a, pp. 217-245.

Sen, A. K., "Poverty: An Ordinal Approach to Measurement," *Econometrica*, Vol. 44, 1976b, pp. 219-231.

Sen, A. K., "On Weights and Measures: Informational Constraints in Social Welfare Analysis," *Econometrica*, Vol. 45, 1977, pp. 1539-1572.

Sen, A. K., "Social Choice Theory: A Re-Examination," *Econometrica*, Vol. 45, 1977, pp. 53-89.

Sen, A. K., *Choice, Welfare and Measurement*, Oxford: Basil Blackwell, 1982.

Sen, A. K., *Commodities and Capabilities*, Amsterdam: North-Holland, 1985. 鈴村興太郎訳『福祉の経済学：財と潜在能力』岩波書店，1988 年.

Sen, A. K., "More Than 100 Million Women Are Missing," *The New York Review of Books*, 20 December 1990.

Sen, A. K., *Inequality Reexamined*, Cambridge, Mass.: Harvard University Press, 1992. 池本幸生・野上裕生・佐藤仁訳『不平等の再検討：潜在能力と自由』岩波書店，1999 年.

Sen, A. K., "Internal Consistency of Choice," *Econometrica*, Vol. 61, 1993, pp. 495-521.

Sen, A. K., "Is the Idea of Purely Internal Consistency of Choice Bizarre?" in J. E. J. Altham and T. Ross Harrison, eds., *World, Mind, and Ethics: Essays on the Ethical Philosophy of Bernard Williams*, Cambridge, UK: Cambridge University Press, 1995, pp. 19-31.

Sen, A. K., *Development as Freedom*, Oxford: Oxford University Press, 1999. 石塚雅彦訳『自由と経済開発』日本経済新聞社，2000 年.

Sen, A. K., *The Idea of Justice*, Cambridge, Mass.: Harvard University Press, 2009. 池本幸生訳『正義のアイデア』明石書店，2011 年.

Sen, A. K., "The Importance of Incompleteness," Individual Choice and Social Welfare: Special Issue in Honor of Kotaro Suzumura, *International Journal of Economic Theory*, Vol. 14, 2018, pp. 9-20.

Sen, A. K. and P. K. Pattanaik, "Necessary and Sufficient Conditions for Rational Choice under Majority Decision," *Journal of Economic Theory*, Vol. 1, 1969, pp. 178-202.

Smith, A., *The Theory of Moral Sentiments*, first published in Great Britain by London: A. Millar, and Edinburgh: A. Kincaid & J. Bell, 1759. Penguin Classics edition with Introduction by A. Sen and edited with notes by R. P. Hanley, London: Penguin Book Ltd., 2009. 村井章子・北川知子訳『道徳感情論』日経 BP 社，2014 年.

Solow, R. M., "James Meade at Eighty," *Economic Journal*, Vol. 97, 1987, pp. 986-988.

Sugden, R., "Liberty, Preference and Choice," *Economics and Philosophy*, Vol. 1, 1985, pp. 213-229.

Suzumura, K., "Rational Choice and Revealed Preference," *Review of Economic Studies*, Vol. 43, 1976a, pp. 149-158.

Suzumura, K., "Remarks on the Theory of Collective Choice," *Economica*, Vol. 43, 1976b, pp. 381-390.

Suzumura, K., "Houthakker's Axiom in the Theory of Rational Choice," *Journal of Economic Theory*, Vol. 14, 1977, pp. 284-290.

Suzumura, K., "On the Consistency of Libertarian Claims," *Review of Economic Studies*, Vol. 45, 1978, pp. 329-342.

Suzumura, K., *Rational Choice, Collective Decisions, and Social Welfare*, original edition, New York: Cambridge University Press, 1983. Paperback edition, 2009.

Suzumura, K., "Welfare, Rights, and Social Choice Procedures: A Perspective," *Analyse & Kritik*, Vol. 18, 1996, pp. 20-37.

Suzumura, K., "Paretian Welfare Judgments and Bergsonian Social Choice," *Economic Journal*, Vol. 109, 1999, pp. 204-220.

Suzumura, K., "An Interview with Paul Samuelson: Welfare Economics, 'Old' and 'New', and Social Choice Theory," *Social Choice and Welfare*, Vol. 25, 2005, pp. 327-356. Reprinted in J. Murray, ed., *Collected Scientific Papers of Paul A. Samuelson*, Vol. 6, Cambridge, Mass.: The MIT Press, 2011, pp. 843-874.

Suzumura, K., *Choice, Preferences, and Procedures: A Rational Choice Theoretic Approach*, Cambridge, Mass.: Harvard University Press, 2016.

Suzumura, K., "John Hicks's Farewell to Economic Welfarism: How Deeply Rooted and Far Reaching Was His *Non-Welfarist Manifesto*?" in R. Backhouse, A. Baujard, and T. Nishizawa, eds., *Welfare Theory, Public Action, and Ethical Values: Revisiting the History of Welfare Economics*, Cambridge, UK: Cambridge University Press, 2021.

Suzumura, K., "Reflections on Arrow's Research Program of Social Choice Theory," *Social Choice and Welfare*, Vol. 54, 2020, pp. 219-235.

Varian, Hal R., "Equity, Envy, and Efficiency," *Journal of Economic Theory*, Vol. 9, 1974, pp. 63-91.

Young, H. P., "An Axiomatization of Borda's Rule," *Journal of Economic Theory*, Vol. 9, 1974, pp. 43-52.

Young, H. P., "Social Choice Scoring Functions," *SIAM Journal of Applied*

Mathematics, Vol. 28, 1975, pp. 824-838.

奥野正寛・鈴村興太郎『ミクロ経済学』岩波書店，第Ⅰ巻，1985 年，第Ⅱ巻，1988 年．

鈴村興太郎『厚生と権利の狭間』［シリーズ「自伝」my life my world］ミネルヴァ書房，2014 年．

鈴村興太郎『厚生経済学と経済政策論の対話：福祉と権利、競争と規制、制度の設計と選択』東京大学出版会，2018 年．

監訳者あとがき

I

　アマルティア・セン『集団的選択と社会厚生』（1970 年初版）は，現代の社会的選択の理論の基礎を一挙に建設したケネス・アローの古典『社会的選択と個人的評価』（1951 年）を正面から継承しつつ，創意と革新に満ちた包括的な貢献を積み上げて 1970 年代以降のこの研究分野の進路に支配的な影響を発揮した現代の古典である．本書『集団的選択と社会厚生』の拡大新版（2017 年）は，初版の出現以降に登場した膨大な研究を踏まえて，社会的選択の理論の来し方・行く末を縦横に論じた大著である．

　本書の邦語版の監修を引き受けた経緯について，簡潔に説明しておくことにしたい．私は，ほぼ 50 年にわたるセンとの親密な交流から学び，彼との研究関心の密接な重なりを研究者人生の幸運として，厚生経済学と社会的選択理論の研究に終生専念してきた．この過程では，オックスフォード大学オール・ソウルズ・カレッジのヴィジティング・フェロー，ケンブリッジ大学トリニティ・カレッジのヴィジティング・フェロー・コモナー，ハーヴァード大学のフルブライト客員フェローとして招聘されてセンの近傍で研究に専念する機会を得た．『集団的選択と社会厚生』の拡大新版の出版に関しては，これらの機会に何度も彼と話す折があった．旧版を第 1 部として新規執筆の第 2 部を追加するという 2 部構成と，星付きの章と星なしの章をペアとする（旧版で導入されて成功を納めた）構成を拡大新版でも維持する構想は，この議論の過程で次第に具体化されていったものである．それだけに，私が邦語版を作成するチームを編成して，監修責任を引き受けることを打診されたときには，これを拒否するという選択肢は私にはなかったのである．幸いなことに，私が一橋大学大学院で研究を指導する機会を得た栗林寛幸，坂本徳仁，宮城島要の 3 名の新進気鋭の研究者の全面的な協力を得て，この拡大新版の邦語版を世に送り出すことができたことは，私にとって大きな喜びである．この監訳作業の過程で，早稲田大学政治経済学術院の大学院生・小林 伸君が，翻訳の予備稿の整理，図表

の作成，参考資料の収集で献身的な協力を惜しまれなかった．ここに明記して，同君に感謝したい．

　新版の邦訳稿を作成する過程では，私を含めて4名の訳者が作成した草稿を訳者全員が読み，修正意見があれば提案したうえで，最後に私がすべての草稿を繰り返し推敲して，翻訳としての正確さと読みやすさを確保することを期して，作業を開始した．この意味で，本訳書の下敷きは我々4名の完全な共訳であるが，諸々の事情もあって翻訳の質の保証に関する責任は監訳者である私が全面的に引き受けることを，ここに明記しておきたい．

　本訳書の最終的な制作過程では，勁草書房の担当編集者・渡辺光氏の編集作業から，大いに裨益することができた．深甚の感謝を申し上げる次第である．

　センの拡大新版と邦訳版との間には，記号法の選択と脚注の使用法に関してわずかな相違点があることに，読者の注意を喚起する必要がある．拡大新版の原著41ページには "A Note on the Texts" という短い覚書が収録され，初版と拡大新版との記号法の若干の相違点について読者への警告が述べられている（本書48頁参照）．この不整合性に加えて，そもそもセンの記号法には現在の研究者サークルで標準的に使用されている記号法と齟齬する箇所が含まれている．この邦訳版では——センの全面的な同意を得て——現在の標準的な記号法を統一的・整合的に使用することにした．

　また原著と邦語版との間には，脚注に関しても記法の差異がある．原著には，脚注が付された箇所のページの最下部に脚注内容を記載する場合と全冊末尾に脚注内容を一括して記載する場合が，混在して登場する．前者の脚注には各章ごとにアラビア数字（1, 2, 3, …）が付され，後者の脚注には各章ごとにローマ数字の小文字（i, ii, iii, …）が付されていて，両者の間には本質的な混乱はない．しかし，この二重の脚注は読書の過程を著しく煩雑にすることは確かな事実である．この邦訳版では，すべての脚注に各章ごとにアラビア数字で番号を付けて，すべての脚注はそれが付されたページの最下部に統一的に記載することにした．訳者一同は，この脚注の統一的な使用方法によって，本書の内容を読者がたどっていく過程で煩雑さが格段に軽減されていることを確信している．

　2018年1月以降の監訳者の闘病生活のために監訳作業の進行が乱れて，邦語原稿の完成が遅れたことが改めて悔やまれる．ようやく完成の目処がついて

制作作業が開始された時点で監訳者が覚えた感懐はホレイショ・ネルソンの "Thank God! I have done my duty" という言葉に多少とも通じるものがあったというと，いささか感傷が過ぎると思われるだろうか.

　読者がセンの畢生の名著に触れられて，現代の社会的選択の理論が持つ意義を十分に理解されること，社会的選択プロセスを批判的に評価して，その改善のために積極的な思索に参加・貢献されることを期待している.

鈴村　興太郎

監訳者あとがき
II

　2019年12月5日，後藤玲子氏と私は鈴村興太郎先生から衝撃的なメールを受け取った．闘病中の先生から，アマルティア・セン『集団的選択と社会厚生拡大新版』の翻訳の監修作業は思った以上に時間も精力も要する仕事となって，なかなか進展していない状況だとお聞きしてはいた．病が身体をむしばみ，とうとう道半ばにして断念せざるを得ないとの決断をなさり，私たちに後を託したいとのメールの内容であったのだ．私たちは深い悲しみと動揺のなかで現実を受け入れるのに戸惑いながらも，鈴村先生の思いを精一杯受けとめることを決意したのである．先生は最期まで学者としての生き方を後進に示しつつ，ご家族に見守られながら2020年1月15日，76年間の生涯を終えられた．

　鈴村先生が監訳者として改訳作業を完了していたのは1970年版部分の第7章の途中までであり，その残りの章と2017年版で新たに加えられた章のすべての監訳作業を私たちが引き継ぐこととなった．鈴村先生の原稿には徹底的で緻密な改訳の跡が残されており，私たちも力の及ぶ限り先生の仕事のレベルに近づくことを目標として掲げた．

　翻訳を完成させるまでにはいくつものステップが必要である．まず，監訳者・翻訳者全員が原著の内容を，定理の言明と証明も含めて細部まで正確に理解する．次に，その共通理解の上に論理的に正確であるとともに，著者の意図や熱意が伝わる表現を探す．最後に，読者にできるだけわかりやすい表現を心がける．後藤氏と私は旧知の栗林寛幸氏，坂本徳仁氏及び宮城島要氏の3名と「セン翻訳チーム」を作り，何度もオンラインでミーティングを重ねてきた．それはまさに「研究会」であり，原著の内容について互いに議論を尽くし，より正確な表現，よりわかりやすい表現を求めていく過程を辿ったのである．とりわけ拡大新版で新たに加えられた章は，1970年以降の厚生経済学と社会的選択理論の膨大な研究を網羅するとともに，アマルティア・セン独自の挑戦的かつ建設的な議論も多々含んでおり，その意図と熱意を伝えることにも腐心し

た．こうして翻訳原稿のほぼすべてのページに朱を入れ，改訳原稿を完成させるまでには多大な時間を要することとなった．この一連のプロセスにおいてわれわれ自身，多くの新しい知見を得るだけでなく，センの熱い語り口から規範的経済学の役割とこれから進むべき方向について学び，思索し，学問に取り組む新たな勇気を与えられた．恩師であり，メンターであり，共同研究者である鈴村先生が最期に残してくれた貴重な学びの機会ともなったのである．

鈴村先生から大切なバトンを受け継いで，いまこうしてようやく形になったことは誠に感慨深い．われわれ翻訳チームは結束して持てる限りの力を注いできたが，翻訳の完成が予定より大幅に遅れたことについては，本書の出版を心待ちにしておられた読者の方々に深くお詫び申し上げる．勁草書房の上原正信氏は，遅々として進まない作業を辛抱強く見守り，監訳者と翻訳者を叱咤激励し続けてくださった．また，校正の段階では用語の統一などで大きな助力をいただいた．ここに記して感謝の意を表したい．

規範的経済学の系譜における本書の位置づけと意義については，鈴村先生が「監訳者解題」で珠玉の論考を展開されているので，これ以上付け加える必要はないであろう．ケネス・アローの画期的な業績によって確立された現代の厚生経済学と社会的選択理論は，アマルティア・センの多方面にわたる研究と実践によって射程を大きく拡張して深化し，真の福祉の経済学・社会改善の経済学へと発展してきた．読者の方々がセンの名著を通してその理論を咀嚼し，さらに磨き拡げて，よりよい世界を希求する過程に参画されることを期待してやまない．

蓼沼 宏一

監訳者あとがき
III

　人生の晩年，アマルティア・センは2つの仕事に取り組んだ．1つは自分史の執筆である．お会いするたびに尋ねた．「自分史の執筆は進みましたか」，「うん，やっと6歳まで到達したよ」，「それは……，もうあと少しですね！」セ ンは，その仕事をゆっくりと楽しみながら，また，大学での講義（数学論理）に勤しみながら．もう1つの仕事の完成を急いだ．それが本書である．

　本書の翻訳プロジェクトを主導した鈴村興太郎は，襲いくる病と闘いながら，訳稿の校正を急いだ．センよりひと回り若い鈴村にとって，センは学術論文の刊行を競い合う年長のライバル（そうして社会的選択理論に大きく貢献してきた）だった．その鈴村が，センに伴走し，彼の本の翻訳に多大な時間を注ぐことを決めたのはなぜだろう．

　センと鈴村という2つの異なる理由の系列が，偶々交差した地点には，ケネス・アローを始めとする多くの知が結集している．鈴村の要請に応えた翻訳者たちと監訳者の蓼沼宏一はその知の主要メンバーである．本書が「社会的選択理論」と呼ばれる経済学の一専門分野を凝縮した格好のテキスト・ブックであることは間違いない．

　だが，もし初版改訂を目的とするだけであれば，もっとコンパクトに，余分なものを削ぎ落とし，精度を上げる手もあった（そうであれば，翻訳チームの苦労はまちがいなく半減しただろう）．けれども，センはその手をとらなかった．鈴村は，センはその手をとらない理由を正しく理解したうえで，本書が広く読まれることに希望を託したのである．

　どんな希望を？　おそらくは，社会的選択理論の原点に立ち返り，その主題と関心の在り処を確かめることへの，そして，読者とともに，社会的選択理論の到達点を可能な限り遠くへ，広く，深く引き延ばしていくことへの，希望である．

　社会的選択理論は，アローの不可能性定理，センのリベラル・パラドックス，

ギバード‐サタースウェイトの不可能性定理などのエポックメイキングな論文をノードとして，優れた論文を派出させてきた歴史を持つ．基本モデルの設定，諸概念の定義，諸公理（諸条件）の提示，諸定理の記述，証明という厳密なスタイルのもと，数学論理を駆使して，人間と社会に存する矛盾や葛藤に切り込んできた．本書は，セン自身の論文を通してそのスタイルを実践的に習得することを可能とするのみならず，方法的な見取り図を提供する．その意味で，繰り返しになるが，本書は社会的選択理論の優れたテキスト・ブックである．

　だが，実のところ，本書の初版には，そのスタイルには回収されない，哲学的・人文学的分析が，深く折り畳まれていた．拡大新版ではその割合が大幅に増加した．鈴村は，自身の論文では厳密なスタイルを手放すことがなかったが，センの作品に関しては，その哲学的洞察と人文学的表象の最大の理解者であり，享受者（こよなく愛した）だった．

　2人はともに，経済学には規範の事実解明的な分析と並んで，規範の規範的（哲学的・人文学的）分析が必要不可欠であること，そして，それらを事実の規範的分析と接合させることの有効性を，現実の制度政策への拙速な適用の危険性とともに，深く認識していたのだ．

　社会的選択理論は個人の意図や思惑をはるかに超えて展開する個人間の相互関係性を捉える．この壮大なパラダイムの要となるのが，選好である．選好は推論の産物であり，新たな推論の素材ともなる．アローは想定しうる社会状態をすべて推移的かつ完備的に並べて順序づける選好を想定した．選好は，個人的であれ，集団的であれ，社会的であれ，実行可能性条件に応じて，所与の選択肢集合から，つねに，最適値集合を選択することを可能とする．

　センは，あえてこの壮大なパラダイムの，いわば関節を外しにかかった．推移性を緩め，完備性を緩め，最適性を緩め，定義域の非制約性を緩める．代わりに，単位や水準の個人間比較可能性を入れ，基数性を入れ，所得と効用空間を機能と潜在能力空間に拡げる．また，個人の選好や欲求に「区別」を入れ，個人としての選好に市民としての公共的判断を加える．

　このような改変は，一般不可能性定理のような命題を提示することを難しくするかもしれない．けれども，その分，解かなければならない問題に即して，より的確に，モデルを設定し，諸条件を選び，命題を作ることを可能とする．

問題の当事者たちの声を社会的意思決定に反映する途も開かれるだろう．理の
ある諸条件のもとで有効な社会的選択ルールを設計すること，それらをより基
礎的な諸公理で特徴づけること，そして同様に妥当性を持つ他の社会的選択ル
ールとの両立可能性を探ることなど，社会的選択理論の仕事は尽きない．

　最後に一点注記したい．本書でいう「推論（reasoning）」がきわめて広義の
意味を持つことに読者は気づくだろう．本翻訳では，基本的に名詞は「理性」，
動詞は「推論（する）」とし，それ以上の訳し分けを控えた．読者自身の意味
解釈に委ねたい．第 A6 章の結語の少し手前に次の一文がある．「我々がアロ
ー自身の枠組みから離れる場合でも，公共的推論を含めた人間の推論の役割と
の結びつきは強いままである．それは我々が社会的選択アプローチと呼ぶもの
の不可欠な部分なのである」．規範的経済学としての社会的選択理論の（そし
て鈴村が本書に託した）希望が，ここに凝縮されている．

後藤　玲子

事項索引

著者略歴

アマルティア・セン（Amartya Sen）
1933 年生まれ．ハーヴァード大学経済学・哲学教授．デリー経済学院，LSE，オックスフォードの各大学で教鞭をとり，1998 年から 2004 年までケンブリッジ大学トリニティ・カレッジの学寮長（マスター）を務める．1998 年にノーベル経済学賞を受賞．主著は『福祉の経済学：財と潜在能力』岩波書店，1988 年；『自由と経済開発』日本経済新聞社，2000 年；『不平等の経済学』東洋経済新報社，2000 年；『正義のアイデア』明石書店，2011 年；『合理性と自由』上下，勁草書房，2014 年；『アマルティア・セン回顧録』上下，勁草書房，2022 年など．

監訳者略歴

鈴村興太郎（すずむら・こうたろう）
1944 年愛知県生まれ．一橋大学名誉教授，早稲田大学名誉教授・栄誉フェロー，日本学士院会員．日本経済学会会長，President of the Society for Social Choice and Welfare, Fellow of the Econometric Society, Fellow of the International Economic Association を歴任．2020 年逝去．主著は *Rational Choice, Collective Decisions, and Social Welfare*, New York: Cambridge University Press, 1983; *Choice, Preferences, and Procedures: A Rational Choice Theoretic Approach*, Cambridge, Mass.: Harvard University Press, 2016;『厚生と権利の狭間』［シリーズ「自伝」my life my world］ミネルヴァ書房，2014 年；『厚生経済学と経済政策論の対話：福祉と権利，競争と規制，制度の設計と選択』東京大学出版会，2018 年など．

蓼沼宏一（たでぬま・こういち）
1959 年東京都生まれ．一橋大学名誉教授および特任教授．一橋大学教授，一橋大学大学院経済学研究科長，一橋大学学長などを歴任．主著は『幸せのための経済学：効率と衡平の考え方』岩波書店，2011 年；*Rational Choice and Social Welfare: Theory and Applications*, Springer 2008（共編著），主要論文の掲載誌は *Econometrica, Review of Economic Studies, Journal of Economic Theory, Social Choice and Welfare, Games and Economic Behavior* など．

後藤玲子（ごとう・れいこ）
1958 年新潟県生まれ．帝京大学経済学部・先端総合研究機構兼担教授，一橋大学名誉教授．立命館大学教授，一橋大学教授などを歴任．専門は経済哲学．主著は *Dignity, Freedom and Justice*, Springer, 2024（編著）；『潜在能力アプローチ——倫理と

経済』岩波書店，2017；『福祉の経済哲学』ミネルヴァ書房，2015 年；『正義の経済哲学——ロールズとセン』東洋経済新報社，2002 年など．

訳者略歴

栗林寛幸（くりばやし・ひろゆき）
1971 年千葉県生まれ．英国ケンブリッジ大学大学院修士課程（経済学）修了．訳書にケン・ビンモア『正義のゲーム理論的基礎』NTT 出版，2015 年；カウシック・バスー『見えざる手をこえて』NTT 出版，2016 年など．監訳にマイケル・マーモット『健康格差』日本評論社，2017 年．

坂本徳仁（さかもと・のりひと）
1978 年茨城県生まれ．東京理科大学教養教育研究院教授．主要論文 "No-Envy, Efficiency, and Collective Rationality," *Social Choice and Welfare*, Vol. 40, 2013, pp. 1033-1045; "Economic Consequences of Employment Quota System for Disabled People: Evidence from a Regression Discontinuity Design in Japan," *Journal of the Japanese and International Economies*, Vol. 48, 2018, pp. 1-14 (with Y. Mori).

宮城島要（みやぎしま・かなめ）
1980 年北海道生まれ．青山学院大学経済学部教授．主要論文 "Time-Consistent Fair Social Choice," *Theoretical Economics*, Vol. 18, 2023 pp. 941-964; "Efficiency, Equity, and Social Rationality under Uncertainty, *Economic Theory*, Vol. 73, 2022, pp. 237-255.

集団的選択と社会厚生 ［拡大新版］

2025 年 2 月 20 日　第 1 版第 1 刷発行

著　者　アマルティア・セン

監訳者　鈴村興太郎

蓼沼宏一

後藤玲子

訳　者　栗林寛幸

坂本徳仁

宮城島要

発行者　井村寿人

発行所　株式会社　勁草書房

112-0005　東京都文京区水道 2-1-1　振替 00150-2-175253
（編集）電話 03-3815-5277／FAX 03-3814-6968
（営業）電話 03-3814-6861／FAX 03-3814-6854
三秀舎・牧製本

© SUZUMURA Kotaro, TADENUMA Koichi, GOTO Reiko　2025

ISBN978-4-326-50510-4　　Printed in Japan

アマルティア・セン著／東郷えりか 訳　　　　　　　　　四六判　各2,970円
アマルティア・セン回顧録（上・下）　　　　　　　　　　　　　55089-0
　　　　　　　　　　　　　　　　　　　　　　　　　　　　　55090-6

アマルティア・セン著／大門毅 監訳・東郷えりか 訳
アイデンティティと暴力　　　　　　　　　　　四六判　2,310円
　　──運命は幻想である　　　　　　　　　　　　　　　　15416-6

アマルティア・セン著／若松良樹・須賀晃一・後藤玲子 監訳　　A5判　各5,060円
合　理　性　と　自　由〈上・下〉　　　　　　　　　　　10239-6
　　　　　　　　　　　　　　　　　　　　　　　　　　　　　10240-2

アマルティア・セン著／大庭健・川本隆史 訳
合　理　的　な　愚　か　者　　　　　　　　四六判　3,300円
　　──経済学＝倫理学的探求　　　　　　　　　　　　　　15217-9

ケネス・J・アロー著／長名寛明 訳　　　　　　　　　　　　　A5判　3,520円
社会的選択と個人的評価 第三版　　　　　　　　　　　　50373-5

勁草書房

＊表示価格は2025年2月現在，消費税込み。